August Johann Gottfried Bielenstein

**Die lettische Sprache nach ihren Lauten und Formen**

erklärend und vergleichend

August Johann Gottfried Bielenstein

**Die lettische Sprache nach ihren Lauten und Formen**
*erklärend und vergleichend*

ISBN/EAN: 9783743649262

Hergestellt in Europa, USA, Kanada, Australien, Japan

Cover: Foto ©Paul-Georg Meister /pixelio.de

Weitere Bücher finden Sie auf **www.hansebooks.com**

DIE

# LETTISCHE SPRACHE

NACH

## IHREN LAUTEN UND FORMEN

ERKLÄREND UND VERGLEICHEND

DARGESTELLT

VON

## A. BIELENSTEIN

EV. LUTH. PASTOR ZU NEU-AUTZ IN KURLAND.

**ERSTER THEIL.**
DIE LAUTE. DIE WORTBILDUNG.

BERLIN,
FERD. DÜMMLER'S VERLAGSBUCHHANDLUNG
HARRWITZ UND GOSSMANN
1863.

DER

# ALMA MATER PORTA

IN DANKBARER PIETÄT

GEWIDMET

von

VERFASSER.

# Vorwort.

Zur Einsicht in Veranlassung, Geschichte und Tendenz vorliegenden Werkes diene Folgendes. Im December 1854 forderte mein geehrter und lieber Freund, Pastor Rud. Schulz zu Mitau, d. Z. Präsident der lettisch-literärischen Gesellschaft, mich zur Bearbeitung einer neuen Ausgabe der Hesselbergschen lett. Sprachlehre auf, da sowohl diese als auch die anderen lettischen Sprachlehren, namentlich auch die von Rosenberger und Stender bereits ganz oder fast ganz vergriffen worden waren. Ich übernahm es sofort für eine lettische Grammatik zu arbeiten, ohne jedoch bestimmten Verpflichtungen in Bezug auf die Art meiner Arbeit der lett. liter. Gesellschaft gegenüber mich zu unterziehen. Nach Jahresfrist stattete ich der Gesellschaft einen Bericht ab und erklärte, daß ich meinerseits nicht die neue Herausgabe einer der älteren populären lett. Grammatiken zum practischen Gebrauch besorgen könne, sondern erst eine vollere, tiefere, reichere Erkenntniß der lettischen Sprache mit den Hilfsmitteln der heutigen Sprachwissenschaft suchen müsse, um so überhaupt erst die Basis für die Abfassung eines populären Lehrbuchs zu gewinnen.

Das Resultat meines Suchens ist vorliegendes Werk. Drei Gesichtspunkte haben mich von jener Zeit an, wo ich das erste Material zu sammeln begann, unablässig geleitet:

1. ein philosophischer,
2. ein naturwissenschaftlicher,
3. ein historischer.

1. Ich habe die Sprache aufgefaßt als die unmittelbarste
Aeußerung des menschlichen Geistes, genauer gesagt, als den
unmittelbarsten Ausdruck dessen, was in der menschlichen Seele
vorgeht, und dessen, wie die ganze Welt in der Seele sich ab-
spiegelt, und habe die Gesetze des geistigen Lebens, sowohl
die logischen (im weitesten Sinn des Wortes), als auch vor
Allem die psychologischen in der Sprache beachtet. Freilich
mußte ich aber eigentlich sprachphilosophische Untersuchungen
aus der zu veröffentlichenden Form des Buches grund-
sätzlich ausscheiden, um nicht zu weit von der concreten Aufgabe abzukommen, und habe nur einzelne gelegentliche Hin-
weisungen und Andeutungen mir nicht versagen können. —
Wenn aber die Philosophie nicht bloß den menschlichen Geist
zum Objecte hat, sondern Alles umfaßt und alle Wissenschaften
in ihren Kreis zieht, indem sie überhaupt Klarheit der Begriffe
und der Erkenntniß und Angemessenheit der Methode erstrebt
und ermöglicht, so ist meine Arbeit durchweg eine philosophische gewesen, sofern ich darum mich bemühte nicht bloß
die speciell „grammaticalischen" Begriffe richtig aufzufassen,
sondern überhaupt das Wesen der sprachlichen Erscheinungen
mit scharfer Unterscheidung des Factischen und des Fraglichen,
des Möglichen und des Wahrscheinlichen zu erkennen und zu
erklären und das Ergebniß der Forschung in sachgemäßer,
klarer, systematischer Ordnung darzustellen.

2. Mein zweiter Gesichtspunkt war ein naturwissenschaftlicher. Ich habe die Sprache aufgefaßt als ein
Naturprodukt, d. h. weder als ein zufälliges, noch als ein will-
kürliches Machwerk der Menschen, sondern als ein empirisch
gegebenes, aus der Natur des menschlichen Geistes und aus
der Natur der menschlichen Sprachorgane nach ganz bestimmten
und nachweisbaren Gesetzen mit Nothwendigkeit gewordenes
Etwas. Von diesem Gesichtspunkt aus habe ich mich bemüht,
an die sprachlichen Erscheinungen nicht den Maaßstab irgend
einer abstracten Theorie anzulegen, sondern dieselben zunächst

in ihrer reichen und bunten Fülle zu beobachten und zu sammeln, die oft fraglichen Thatsachen überhaupt erst festzustellen, das Zusammengehörige zusammen zu ordnen, das Analoge zu vergleichen, die Ursachen von jeglicher Erscheinung zu suchen, in der Voraussetzung, daſs jede eben eine Ursache habe, die Gesetze zu ermitteln für den Zusammenhang von Ursache und Wirkung und so die sprachlichen Erscheinungen in ihrer Eigenthümlichkeit zu erklären. Das Verfahren entspricht ziemlich genau demjenigen eines jeden Naturforschers. Und im Verlauf vorliegenden Werkes werden sich zahlreiche Belege dafür finden, daſs man vollkommen berechtigt ist, geradezu einzelne naturwissenschaftliche Disciplinen natürlich mutatis mutandis in der Sprachwissenschaft wiederzufinden, daſs man wirklich berechtigt ist z. B. von einer Chemie der Sprache zu reden — bei den gegenseitigen Modificationen der Laute —, von einer Anatomie der Sprache — bei der Gliederung der Wörter und Wortformen —, von einer Physiologie und Entwicklungsgeschichte der Sprache — bei der Bildung der Wörter —, von einer Geographie der Sprache, — wie es eine Pflanzengeographie giebt —, u. s. w. u. s. w.

3. Mein dritter Gesichtspunkt war ein historischer. Die Sprache ist vor Jahrtausenden entstanden und hat seitdem sich unablässig, wenngleich sehr allmählich verändert. Das Gegenwärtige läſst sich nur aus dem Früheren erklären und begreifen. Wenn nun aber die lettischen schriftlichen Denkmäler nur einen sehr kleinen Zeitraum (von etwa 250 Jahren) uns vor die Augen stellen, so muſsten die weiteren Hilfsmittel, die die neuere Sprachwissenschaft in Vergleichung der verwandten jüngeren und älteren Sprachen geschaffen hat, herbeigezogen werden und die Entstehung des heutigen Lettisch einerseits durch Vergleichung des verschwisterten alterthümlicheren Littauischen und Altpreuſsischen, in zweiter Linie des Slavischen, in dritter Linie des Germanischen, Lateinischen, Griechischen und Sanskrit, andererseits aber durch Vergleichung der verschiedenen hinsichtlich der Entwicklung auf verschiedenen Stufen befindlichen lettischen Dialecte unter einander beleuchtet werden.

Nach diesen drei Gesichtspunkten habe ich an vorliegen-

dem Werk volle sechs Jahr iu den Mufsestunden, die mein
Pfarramt und zuletzt ein Halsleiden in gröfserem Umfang mir
gewährte, mit grofser Anstrengung, aber auch mit grofser Freude
und Liebe gearbeitet. Das siebente Jahr ist hingegangen theils
mit der Beprüfung des Werkes im Manuscript von Seiten der
Kaiserlichen Akademie der Wissenschaften zu St. Petersburg,
deren Urtheil es unterbreitet war, theils mit der letzten Durch-
sicht, Berichtigung, Vervollständigung. Die St. Petersburger
Akademie hat das Werk für würdig gehalten, dafs es mit einem
der Demidowschen Preise gekrönt werde, und die Glieder der
linguistischen Commission, die Herren Akademiker O. Böhtlingk,
F. Wiedemann und A. Schiefner haben in ihrem herzlichen Wohl-
wollen und in ihrem lebhaften Interesse für vorliegendes Werk
mir eine Reihe von sehr eingehenden Bemerkungen, Berichti-
gungen und Rathschlägen zukommen lassen, die ich mit Freu-
den befolgt und benutzt habe, und für die ich den genannten
Herren auch hier noch meinen innigsten Dank auszusprechen
mich verspflichtet fühle. Namentlich ist in Folge jener Rath-
schläge die Vergleichung des Lettischen mit den ferner liegenden
Sprachen des indogermanischen Stammes, um Hypothetisches
zu vermeiden und um Kürze zu erzielen, wesentlich beseitigt
und um so mehr die mit dem näher verwandten Litthauischen
und Slavischen in den Vordergrund gehoben worden.

Dafs ich die vorhandenen und mir zugänglichen Hilfsmittel
gewissenhaft benutzt, möge man mir glauben und wird man
beim Lesen des Buches bemerken, auch wenn nicht überall die
Autoritäten angeführt sind. Als die mir am fruchtbarsten und
nützlichsten gewesenen Hilfsmittel speciell fürs Lettische
mufs ich aufser der Beobachtung der lebendigen Sprache im
Volksmunde hier namhaft machen, aus älterer Zeit: Stenders
lettische Grammatik (1. Ed. 1761. 2. Ed. 1783) und Harders
„Anmerkungen und Zusätze" (1. Ed. 1790. 2. Ed. 1809); aus
jüngerer Zeit: Hesselbergs „lett. Sprachlehre" (1841) und
Rosenbergers lett. „Formenlehre" (1848), sodann die Samm-
lung lettischer Volkslieder, herausgegeben von Hrn. Pastor G. F.
Büttner zu Kabillen (Magazin der lett. liter. Gesellschaft, Mitau,
Steffenhagen, 1845), einige treffliche, leider zu wenig umfang-

reiche Aufsätze von Herrn Dr. Baar zu Goldingen*), endlich
die werthvollen ausführlichen handschriftlichen Bemerkungen des
jetzigen Bischofs und Vicepräsidenten des Evangelisch-Luther-
ischen Generalconsistoriums zu St. Petersburg, Dr. Chr. Ulmann
und des Herrn Pastor G. Brasche zu Niederbartau zu Hesselbergs lettischer Sprachlehre.

Mein ganz besonders herzlicher und inniger Dank gebührt
aber denjenigen Männern, die meinen Arbeiten nicht bloß rege
Theilnahme geschenkt, sondern auch durch eigene Mitwirkung
dieselben gefördert haben, sei es durch Ertheilung manichfaltiger
Auskunft, sei es durch Prüfung und Begutachtung einzelner Par-
thieen meines Werkes, sei es durch Herbeischaffung von literarischen Hilfsmitteln.   Vor allen nenne ich außer den schon
erwähnten Gliedern der St. Petersburger Akademie meine ge-
ehrten und lieben Freunde, zuerst den leider zu früh heimge-
gangenen Pastor J. Elverfeld (in Zelmeucken), sodann Hrn.
Pastor Brasche in Niederbartau, Hrn. Pastor Büttner in Kabillen, Hrn. Propst Döbner in Kalzenau (Livland), Hrn. Dr.
G. H. Baar in Goldingen, Hrn. Dr. Buchholz in Riga (d. Z. Secretär der lettisch-literärischen Gesellschaft) und endlich Hrn.
Prof. Dr. A. Schleicher in Jena, der durch briefliche Zusen-
dung manchen wohlwollenden Rathes Einfluß auf meine Arbeit
geübt hat.

Für die Sprachvergleichung sind meine Haupthilfs-
mittel gewesen: A. Schleicher: Handbuch der litauischen
Sprache, Prag 1856; G. H. F. Nesselmann, Wörterbuch der
littauischen Sprache, Königsberg 1851; G. H. F. Nesselmann,
die Sprache der alten Preußen, Berlin 1845; A. Schleicher,
Formenlehre der kirchenslavischen Sprache, Bonn 1852; Fr.
Bopp, vergleichende Grammatik des Sanskrit, Zend, Griechi-
schen, Lateinischen, Litthauischen, Gothischen und Deutschen.
Berlin 1833.  (Leider habe ich die ersten Lieferungen der zweiten
Ausgabe nicht mehr benutzen können).

Für das Sprachphilosophische: H. Steinthal, Grammatik, Logik und Psychologie, Berlin 1855; K. W. L. Heyse,
System der Sprachwissenschaft, ed. Steinthal, Berlin 1856.

*) Die genaueren Titel s. unten, Einleitung §. 9.

Was den Titel vorliegenden Buches anlangt, so habe ich
letzteres nicht als „lettische Grammatik" bezeichnen können,
weil es theils mehr, theils weniger enthält, als man von einer
„lettischen Grammatik" erwartet, weniger insofern, als eine
eigentliche Syntax fehlt, obschon wohl das meiste von dem,
was gewöhnlich in den Syntaxen dargestellt zu werden pflegt
von mir in die Formenlehre nach erweitertem Begriff derselben
verarbeitet worden ist; mehr insofern, als eben die gewöhnlichen Grammatiken Regeln zur Erlernung der Sprache zu
enthalten pflegen, während hier die Gesetze — nicht etwa
erfundene, sondern aus der Natur der Sprache abstrahierte —
aufgestellt sind zum tieferen Verständnifs der Sprache. Dieses Buch ist nicht für diejenigen geschrieben, die kurz und
rasch lettisch zu sprechen und zu schreiben lernen wollen, sondern für diejenigen, die eine Einsicht in das Wesen der lettischen Sprache zu gewinnen wünschen. Dieses Buch ist keine
populäre und practische lettische Grammatik für den Laien, sondern erst die Basis zu einer solchen: es ist eine Darlegung des
Genius der lettischen Sprache, es ist eine Basis für die Erkennung des classischen, allgemein giltigen Lettisch und des nur
dialectisch oder local berechtigten und somit eine Basis für
die Feststellung einer genauen lettischen Schriftsprache, ganz
abgesehen von der Frage ob es sich der Mühe verlohne die lettische Literatur zu pflegen oder nicht, ob es das Schicksal der
Letten sei germanisiert oder russificiert zu werden, oder aber
in ihrer eigenthümlichen Nationalität zu beharren. Es ist unzweifelhaft, dafs vor der Hand in der Gegenwart und für ein
gut Stück der nächsten Zukunft auch eine populäre, rein practische lettische Grammatik noch Bedürfnifs ist, und diesem
komme ich durch gleichzeitige Herausgabe eines kleineren Buches entgegen, das theils Auszug, theils Bearbeitung dieses
gröfseren ist, theils auch ganz selbständige Partieen enthält,
z. B. eine Syntax, und in welchem alles Gelehrte, alles Sprach-
vergleichende, alles Erklärende und Begründende bei Seite ge-
schoben ist.

Eine weitere Vergleichung meines Buches mit den früheren
lettischen Grammatiken nach Tendenz und Character ist hier

nicht am Platz. Sie liegt den Kennern und Recensenten ob.
Ich kann es mir aber nicht versagen die Freunde der lettischen
Sprache beiläufig auf einige Punkte oder auf einige Partieen
dieses Buches aufmerksam zu machen als auf solche, die ich
mit besonderer Liebe gearbeitet habe. Es sind zu erwähnen

1) die Vergleichungen des Lettischen mit dem Litthauischen
und deren durchs ganze Werk zerstreuten interessanten Er-
gebnisse;

2) die Lautlehre, die in früheren lettischen Grammatiken
gewöhnlich auf wenigen Blättern abgehandelt war. (Cf. unter
andern namentlich die Unterscheidung des gestofsenen und gedehnten Tones);

3) das Conjugationssystem;

4) die Cataloge der Verba zu den verschiedenen Verbalclassen;

5) die Lehre von den Partikeln, namentlich den Praepositionen und Conjunctionen, wo zum ersten Mal der Sprachgebrauch des Volkes aus dem Volksliede als Grundlage hat
dienen können.

Ist es mir gelungen über dunkle Fragen und Erscheinungen
Licht zu verbreiten, so ist es zum geringsten Theil mein Verdienst, vielmehr wesentlich der Ruhm der Männer, die die neuere
Sprachwissenschaft ins Leben gerufen haben und von deren
Forschungen ich die Resultate aufs Lettische habe anwenden
können. Die Schwierigkeiten und die Mängel meines Werkes
sind mir selbst so lebhaft bewufst als irgend Einem und jedenfalls lebhafter als demjenigen, der nicht über einen ähnlichen
Gegenstand gearbeitet hat. Die Philologen von Fach bitte ich
bei ihrer Beurtheilung wohlwollend zu berücksichtigen, dafs ich
ja nur ein Dilettant auf philologischem Gebiete bin.

Schliefslich bedarf einer kurzen Rechtfertigung die Wahl
der lateinischen Lettern zum Druck des Lettischen, während
sonst gegenwärtig die deutschen Lettern üblich sind. Mein
Motiv hiefür war einmal der Wunsch mich anzuschliefsen an
den Usus der Sprachforscher, die heutzutage ziemlich alle indogermanischen Sprachen aufser dem Russischen, Kirchenslavischen
und Griechischen mit lateinischen Lettern schreiben und drucken.

Fürs Lettische selbst ist es auch nicht einmal eine unerhörte
Neuerung, da in Stenders lettischem Lexicon und in Harders
„Anmerkungen und Zusätzen" dieselben lateinischen Lettern
gebraucht sind. Endlich ist dann nur eine Uebereinstimmung
zwischen lettischer Schrift und lettischem Druck hergestellt, die
bisher in auffallendem Zwiespalt sich befinden. Für die Frage
aber, ob künftig alle Volksschriften auch also gedruckt werden
sollen oder auch nur können, ist dadurch gar kein Präjudiz
ausgesprochen.

Bächhof-Sackenhausen in Kurland,
        d. 24. Juni 1862.


                                A. Bielenstein.

# Inhaltsverzeichnis.

———

## Einleitung.

## Erster Theil: Lautlehre.

### Erste Abtheilung: Quantität der Laute.

### Erster Abschnitt: Lautsystem, Aussprache, Schreibung.

#### Erstes Capitel: Vocale.

# Zweiter Abschnitt: Lautabänderung.

## Erstes Capitel: Lautwandel oder Lautwechsel.

## Dritter Abschnitt: Composition.

## Anhang. Ueber Entlehnungen aus fremden Sprachen.

## Erklärung einiger Abkürzungen.

B. oder Büttner bedeutet die Büttnersche Sammlung lettischer Volkslieder, erschienen Mitau bei Reffenhagen 1844, unter dem Titel: *Latweeschu tautas dseesmas un singes.*
Dr. B. bedeutet Dr. Baar.     N. A. bedeutet Neu Antz.     N. B. bedeutet Nieder-Bartau.     St. bedeutet Stender.

# Einleitung.

---

## Von der lettischen Sprache, ihren Dialecten und ihrer Geschichte.

### 1. Verhältnifs des Lettisch-Litthauischen zu den Familien des indogermanischen Sprachstamms.

§. 1. Die lettische Sprache gehört zum indo-germanischen Sprachstamm. Sie ist zunächst verschwistert mit dem Litthauischen und Altpreufsischen und bildet mit diesen beiden eine Gruppe, die im Verein mit der slavischen Sprachengruppe als litthauisch-slavische Familie der indisch-persischen, der griechisch-italisch-celtischen, und der germanischen Familie einigermafsen coordiniert ist. Folgende Uebersicht wird die Verzweigung des indogermanischen Sprachstamms anschaulich machen*):

(in Asien):

    1. das arische Familienpaar,
        a) indische Familie; Hauptzweig: Sanskrit;
        b) persische Familie; Hauptzweig: Zend;

(in Europa):

    2. die pelasgo-celtische Familie,
        a) griechische Gruppe;
        b) italische Gruppe; Hauptzweig: Lateinisch;
        c) celtische Gruppe;
    3. die litthauisch-slavische Familie,
        a) lettisch-litthauische Gruppe;
        b) slavische Gruppe;

---

*) Cf. Schleicher: Formenlehre der kirchenslav. Sprache. Bonn 1852. p. 34. Derselbe: Die deutsche Sprache. Stuttgart 1860. p. 81.

4. die germanische Familie,
    1) auf der ersten Lautstufe beharrend,
        a) Gothisch;
        b) Nordisch (Skandinavisch),
        c) Angelsächsisch,
        d) Niederdeutsch,
        e) Friesisch;
    2) zur zweiten Lautstufe fortgeschritten: das Hochdeutsche.

## 2. Verhältniſs der lettisch-litthauischen zur slavischen Sprachengruppe.

§. 2. Ursprünglich sind die von Letten und Litthauern bewohnten Landstriche fast ringsum (östlich, südlich und westlich) von slavischen Völkerschaften umgeben gewesen. Abgesehen von diesen und von den ganz stammverschiedenen Esthen, deren südwestliche Grenzen mit den nordöstlichen der Letten zusammenstoſsen, erscheinen räumlich als die nächsten Nachbaren und dazu Stammgenossen im Westen die Germanen. Die räumliche Lage der lettisch-litthauischen Völkerschaften zwischen den slavischen (Osten, Südosten) einerseits und den germanischen (Westen, Nordwesten) andererseits beweist allerdings noch keinesweges die innere Verwandtschaft der lettischen Sprachen mit den slavischen und germanischen, aber sie läſst die auf andere Art nachzuweisende Verwandtschaft erklärlich finden. In der geographischen Reihenfolge der europäischen Völker von Westen (Nordwesten) nach Osten (Südosten) ist nämlich die zeitliche Reihenfolge der Auswanderung aus der Urheimath im südlichen Mittelasien sicher angedeutet, und die benachbarten Völker, wenn sie überhaupt stammverwandt sind, müssen sich später von einander gesondert haben, als die räumlich von einander entfernteren.

Die alte Streitfrage, ob die Letten und Litthauer mehr zu den Germanen, oder mehr zu den Slaven gehören, oder ob sie vielleicht ein coordiniertes Drittes neben Germanen und Slaven bilden, kann man heutzutage als im Wesentlichen gelöst betrachten. Seit Aug. Friedr. Pott's Untersuchungen[*] hat die

---

[*] De Borusso-Lithuanicae tam in Slavicis, quam in Letticis linguis principatu commentatio. Halis. MDCCCXXXVII; und: De linguarum letticarum cum vicinis nexu commentatio. Halis. MDCCCXLI.

Ueberzeugung sich Geltung verschafft, daſs die Verwandtschaft
des Lettisch-Litthauischen mit dem Slavischen die engere sei,
daſs aber das Lettisch-Litthauische zum Slavischen sich nicht
etwa wie die Tochter zur Mutter, sondern wie die ältere
Schwester zur jüngeren verhalte („Letticas linguas Slavicarum
sororum ipsas praesules chorum ducere"). Die lett.-litth. Sprachengruppe erscheint dreigliedrig, die slavische, räumlich und
ihrem Wesen nach in zwei Abtheilungen zerfallend, hat viel
mehr Glieder.

1. Lettisch-litthauische Gruppe, im Nordwesten des
   ganzen litth.-slavischen Gebietes an der Ostseeküste zu-
   sammengedrängt,
   - a. Altpreuſsisch, bereits ausgestorben,
   - b. Litthauisch,
     - α) Preuſsisch-Littauisch,
     - β) Polnisch-Litthauisch (Samogitisch),
   - c. Lettisch.
2. Slavische Gruppe,
   1. Nordwestliche Abtheilung, zunächst um das lett.-litth.
      Gebiet sich herumlagernd,
      - a. Polnisch,
      - b. Böhmisch (Tschechisch),
      - c. Sorbisch oder Lausitzisch,
      - d. Polabisch (Elbeslavisch), bereits ausgestorben.
   2. Oestlich-südliche Abtheilung, in weiterem Kreise
      beide erstgenannten Gruppen umgebend,
      - a. Russisch (α. Groſsrussisch, β. Kleinrussisch,
        γ. Weiſsrussisch),
      - b. Bulgarisch, dessen älteste Form uns im Kirchen-
        slavischen aufbewahrt ist,
      - c. Illyrisch,
        - α) Serbisch (Illyrisch),
        - β) Slovenisch (Windisch oder Krainisch, Kärn-
          therisch, Steirisch).

Um das Verhältniſs des Lettisch-Litthauischen zum Slavischen materiell zu charakterisieren, genüge es einige Hauptpunkte
aus der Laut- und Formenlehre kurz namhaft zu machen (cf.
Schleicher k.slav. Formenlehre p. 9. 10). Die augenfällige Verwandtschaft des Wortschatzes (Lexicon) bleibe bei Seite gestellt,
weil sie sich weit über die Grenzen des Lettisch-Litthauischen

und des Slavischen hinaus erstreckt, nämlich bis über alle indogermanischen Sprachen, die im Wesentlichen dieselben Wort-
wurzeln haben.

Gemeinsam sind dem Lettisch-Litthauischen und dem Slavischen rücksichtlich des Lautsystems und der Lautgesetze:

1. der gelinde, halbvocalische, tönende Zischlaut ſ, lith. s,
   slav. з und dessen Trübungen ſch, lth. ż, slav. ж;
2. Das Fehlen des Hauchlautes (h) und der Aspiraten, abgesehen von der Gutturalis х (= ch, griech. χ), die wenigstens im Slavischen sich findet;
3. der Uebergang des t (d) vor t (d) in s (ſ) (Dissimilation);
4. die Assimilation der Gutturalen an folgende palatale Vocale, wo litth. k zu k̓, g zu g̓, lett. k zu k̓ oder z, g zu g̓
   oder dſ, slav. к zu ч, г zu ж oder з, х zu ш
   oder c wird;
5. die Verschmelzung von j mit vorhergehendem Consonanten
   (Zetacismus), wo lett. kj zu k̓ oder z, gj zu g̓ oder dſ,
   slav. кj zu ч, гj zu ж, хj zu ш, lett. tj und sj zu ſch, dj und
   ſj zu ſch, zj zu tsch, slav. тj zu шт (= чт?), дj zu жд
   (= дж?), cj zu ш, зj zu ж, нj zu ѵ wird. Im Litth. findet
   sich dieselbe Erscheinung, doch nur in ihren Anfängen, noch
   nicht so weit entwickelt, als im Lettischen und Slavischen.

Ferner gemeinsam ist beiden Sprachgruppen rücksichtlich
der Formenlehre:

1. der Mangel eigentlicher Passivformen;
2. die Anfügung des Pronom. reflex. an alle Activformen behufs Bildung eines Mediums, das im Lett.-Litth. ächte
   Medialbedeutung, im Slav. oft auch Passivbedeutung hat;
3. der Mangel von Perfect-Reduplication und Augment;
4. die Definierung der Adjectiva durch Anfügung des Pronom.
   demonstrat. lett.-litth. jis, slav. и.

Von den Verschiedenheiten beider Sprachgruppen, die,
beiläufig gesagt, viel gröſser sind, als die zwischen den einzelnen
Gliedern der germanischen Familie, seien es auch die entfern-
testen, z. B. zwischen Gothisch und Angelsächsisch, mögen folgende erwähnt werden,

      rücksichtlich der Lautlehre:

1. der Lette und der Litthauer bewahrt ursprüngliches s, wo
   der Slave es in den Kehllaut wandelt (cf. Locativ litth.
   -sc, -sa, slav. -хъ, sanskr. -su).

2. Bei *r* und *l* hat der Slave den Vocal nach diesen Lauten, wenn sie im Litth. die Sylbe schliessen, cf. rasa, litth. *galwa*, lett. *ga'lwa*, Kopf; карта, litth. *kartas*, lett. *kárta*, Schicht, Mal. Das Lett. steht hier, wie oft, in der Mitte zwischen dem Litth. und dem Slav., sofern in gewissen Gegenden die Liquida von dem folgenden Consonanten sich loszulösen scheint und *ga'lwa* fast wie *gallawa*, *kárta* fast wie *karrāta* klingt.

3. Das (Alt-) Slavische duldet nur vocalischen Wortauslaut, hat also unendlich oft Consonanten am Ende des Worts verloren, die das Lett.-Litthauische bewahrt.

Rücksichtlich der Formenlehre ist

1. die Gradation der Adjectiva sowohl im Slav. und Litth. als auch sogar im Litth. und Lett. verschieden.

2. Lett. und Litth. hat die alte Futurbildung mittelst *s* (Rest von der Wurzel des Hilfszeitworts) bewahrt, im Slav. ist dieselbe untergegangen.

3. Im Slav. giebt es beide Aoriste, im Lett.-Litth. fehlen sie.

4. Das Slav. hat eine eigenthümliche Form für die 3. P. Plur. bewahrt, das Lett.-Litth. hat sie durchweg eingebüßt.

5. Das Lett.-Litth. kennt nicht den slav. Unterschied momentaner und durativer Verba.

6. Ueberhaupt ist im Verbum das Slav. alterthümlicher und ausgebildeter, im Nomen das Lett.-Litthauische.

### 3. Verhältniss des Lettischen zum Litthauischen.

§. 3. Von den drei Gliedern der lettischen Sprachengruppe ist das eine, die Sprache der alten Preußen[*]), einst gesprochen in dem Küstenstrich zwischen Weichsel und Niemen, bereits ausgestorben und vom Deutschen verdrängt. Wenige literarische Monumente derselben sind uns erhalten und diese zeigen die Sprache in einer Gestalt, die einestheils allerdings alterthümlicher ist, als die des Litthauischen, anderentheils aber so ungenau fixiert, so ungenau wiedergegeben, was Formenbildung und Orthographie anlangt, daß nur in wenigen Punkten sich eine fruchtbare grammatikalische Vergleichung anstellen läßt.

---

[*]) Cf. Dr. G. H. F. Nesselmann, die Sprache der alten Preußen; Berlin 1845. Fr. Bopp, die Sprache der alten Preußen; Berlin 1853.

Die beiden anderen Glieder, Litthauisch und Lettisch, leben bis heute, ersteres im nördlichen Theil der preuſsischen Provinz Ostpreuſsen und in weiterer Ausdehnung in den angrenzenden Theilen Ruſslands, in dem Ländergebiet etwa zwischen Labiau am kurischen Haff, Grodno, Dünaburg und Polangen. Ueber die Grenzen des lett. Sprachgebietes s. §. 5. Beide Schwestersprachen haben eine, wenn auch nicht nationale, Literatur und sind auch vielfach mit mehr oder weniger Geschick erforscht und dargestellt *). Litth. und Lettisch sind mit einander so nah verschwistert, daſs wir vom Gemeinsamen absehen dürfen und nur das wichtigste Abweichende kurz zu erwähnen brauchen.

Rücksichtlich der Laute zeigt das Lettische einiges Ursprünglichere, z. B.

1. die Spiranten *s*, *ſ*, wo der Litthauer die jüngeren Trübungen *sz* und *ż* hat eintreten lassen;

2. das reine ursprüngliche *ā*, dem im Litth. das entartete *o* entspricht; das reine *ē*, dem im Litth. sich leicht ein Nachklang *a* oder ein Vorklang *i* gesellt: *eͣ*, *iͤ*, *iͤ*;

3. überhaupt oft Vocalkürzen (*ă*, *ĕ* u. s. w.), wo das Litth. Vocallängen (*ā*, *ē* u. s. w.) hat.

Meistens aber bewährt sich das Litthauische bei den Verschiedenheiten beider Sprachen als die ältere Schwester, und das Lett. zeigt dann die ärgere Entartung, die weitere Entwickelung, den gröſseren Verlust an Lauten oder Formen, z. B.

1. das Litth. geht in der Assimilation der Gutturalen *k* und *g* an folgendes *i* oder *e* nur bis zu den Palatalen *k̀*, *g̀*, das Lett. bis zu den Dentalen *s*, *dſ*, also einen Schritt weiter.

2. Das Litth. bewahrt in der Regel noch den Nasal zwischen vorhergehendem Vocal und folgendem Consonanten, das Lett. wirft ihn in der Regel aus unter Modification des vorhergehenden Vocals.

3. Das Litth. bewahrt theils in der Aussprache, theils wenigstens in der Schrift, die Vocale der Endsylben, die im Lett. entweder gekürzt oder ganz aus- oder abgefallen sind.

---

*) Von den gramm. Werken über das Litthauische sei nur das Neueste und Beste erwähnt: K u r s c h a t, Beiträge zur Kunde der litth. Sprache. I. Heft: deutsch-litth. Phraseologie der Präpositionen, Königsberg 1843. II. Heft: Laut- und Tonlehre der litth. Spr., Königsberg 1849. A u g. S c h l e i c h e r, Handbuch der litthauischen Sprache. I. Band: Grammatik. II. Band: Lesebuch und Glossar. Prag 1856.

4. Die im Litth. reiche und bunte Accentuation der Wörter hat sich im Lett. dahin vereinfacht, daſs stets nur die erste Wortsylbe (Wurzelsylbe) den Hauptton hat.

5. Von Flexionsformen, die im Litth. existieren, fehlt dem Lettischen:

das Genus neutrum, } bis auf noch viel geringere Spu-
der Numerus dualis, } ren als im Litthauischen,
(der Instrumentalis des Singular),
das Particip. Futur. Passivi auf *-si-m(a)-s*,
das Particip. Necessitatis auf *-ti-n(a)-s*,
der Modus Permissivus, den der Litthauer mittelst des
Präfixes *te-* bildet,
das Imperfectum compositum auf *-dawas*.
(Dagegen ist der litth. mittelst Einschiebung von *k* gebildete Imperativ ein jüngeres Product als der lett.
Imperativ, der sich dem Präsens anschlieſst).

6. Das Litth. zeigt noch vollständigere Casussuffixa als das Lett. cf. Dat. (u. Instrum.) Sing. masc. lett. *-m*, litth. *-mi*; Locat. Plur. lett. *-s*, litth. *-se*, *-sa*. Dat. (Instrum.) Pl. lett. *-m*, litth. *-m(u)s*, *-mis* u. s. w.

7. Das Litth. hat noch adjectivische *u*-Stämme, das Lett. nicht mehr.

8. Das Litth. flectiert (gleich dem Slav.) bei den definiten Adjectiven sowohl das suffigierte Pronom. demonstr. *jis*, als auch das Adjectiv selbst, das Lett. dagegen nur noch das Pronomen, das Adjectiv dagegen nicht mehr.

9. Die Gradation der Adjectiva ist in beiden Sprachen ganz verschieden.

10. Das Litth. zeigt viel mehr Reste der bindevocallosen Conjugation, als das Lettische.

Das Lettische verhält sich also hiernach zum Litth. nicht, wie etwa das Italienische zum Lateinischen (Schleicher: litth. Gramm. §. 2.), sondern höchstens, wenn man die Entwickelungsepochen berücksichtigt, wie das Mittelhochdeutsche zum Althochdeutschen, überhaupt eben nicht wie die Tochter zur Mutter, sondern nur wie die jüngere Schwester zur älteren (Schleicher, die deutsche Sprache p. 58.). Die lett. Sprache hat in dem Proceſs der Desorganisierung, den alle Sprachen naturgemäſs durchmachen, und der wesentlich in einseitiger Entwickelung theils des phonetischen, theils des geistigen Elementes besteht (Heyse,

System der Sprachwissenschaft, §§. 91. 92.) ein rascheres Tempo
befolgt, als das Litth. und ist daher in Ausbildung des Lautsystems, in Gestaltung der Sprache nach dem Princip der Euphonie, im bedeutungslosen Lautwandel, sodann in der Hervorhebung des geistigen Elements (cf. Betonung), in der Schmäle-
rung des Lautkörpers, in der Verkürzung, Zusammenziehung,
Abstumpfung der Flexions-Endungen oder gar Ersetzung derselben durch besondere Formwörter dem Litth. um einige Schritt
vorausgeeilt.

Dabei bildet aber das Lett. immer doch den einen Zweig
einer Stammsprache und gehört, was dasselbe ist, zu den andern Sprachen primärer Formation, da sein Wortschatz
nicht oder nur ganz unbedeutend mit fremden Elementen gemischt und sein grammatisches System nur nach eigenem Bil-
dungstriebe von Innen heraus entwickelt und nicht durch ein
neues Princip von Aufsen umgestaltet ist. Würde das Lett.
sich zum Litth. verhalten, wie das Italienische zum Lateinischen,
so müfste es den Sprachen secundärer Formation, den abgeleiteten Sprachen zugezählt werden, die durch den Verfall des
alten Sprachstoffs, durch das Hinzutreten eines neuen fremd-
artigen Elementes und durch Zerrüttung und Umformung des
natürlichen Organismus der Stammsprache characterisiert sind
(Heyse, System der Sprachwiss. §§. 84 seqq.). Von all dem findet
sich aber im Lettischen nichts. Das Lettische unterscheidet sich
z. B. von allen romanischen Sprachen, auch vom Italienischen

1. dadurch, dafs es durchaus keine Mischsprache ist,
2. durch den continuierlichen und unmittelbaren Zusammenhang mit den früheren Epochen seiner Entwickelung.
3. Durch die Leichtigkeit, mit der man in den Wörtern die
   Wurzel erkennen und von der Wurzelsylbe die Derivations-
   Elemente, die Flexionssuffixa u. s. w. sondern kann.
4. Durch den Reichthum und die Lebenskraft der Flexionsformen, die in den allermeisten Fällen die Hilfe von besondern Formwörtern überflüssig machen (z. B. das Pronom
   zum Ausdruck der Personalbeziehung des Verbi, u. s. w.).

### 4. Das Lettische und seine Dialecte.

#### a. Name.

§. 4. Die Letten nennen sich selbst *Latw-ischi* (Sing. *Latwitis*) oder auch *Latw-ji* (Sing. *Latw-is*), dem die litth. Bezeich-

nung *Latw-ys*, polnisch *Łotw-in*, russ. Латыш, lat. *Lett-us*
(bei Heinrich d. Letten) entspricht. Das von ihnen bewohnte
Ländergebiet nennen sie *Latwischu* oder *Latuju feme*, d. i. Letten-
land, litth. *Latw-ija* (speciell vom lettischen Livland), polnisch
*Łotw-a*, russ. (besonders in älterer Zeit, cf. Nestor) Лѣтъ-гола
oder Латы-гола, d. i. Letten-Ende, cf. *ga'ls* litth. *galas* Ende;
ihre Sprache: *Latwischu walüda*, Adverb: *latw-isk(a)-i*, lettisch,
von dem jetzt selten gebrauchten Adj. *latw-isk(a)-s*, ltth. *latw-*
*iszka-s*, poln. *łotew-ski*, russ. латышскій. Die Etymologie der
Stammsylbe *Latw-* ist dunkel. Jedenfalls aber findet sie sich
in den Benennungen des litth. Landes und Volkes wieder: litth.
*Lëtuw-a*, oder *Lëtaw-a*, Litthauen (Litthawen), lett. *Leischu feme*,
d. i. Litthauer-Land, poln. *Litwa*, russ. Литва; *Lëtuw-i-ninkas*,
Litthauer, lett. *Leit-is*, poln. *Litw-in*, russ. Литов-ецъ oder
Литв-инъ, lat. *Letto*, Gen. *-onis*; Adject. litth. *lëtuw-iszkas*,
lett. *leit-isk(a)-s*, poln. *litew-ski*, russ. литов-скій.

Von allen etymologischen Hypothesen verdient nur eine
einzige, als die am wenigsten unwahrscheinliche, Erwähnung, die
von Pott, wornach, wenn *Lë-tuwa* wirklich der ganzen Wortfamilie zu Grunde liegt, die Wurzel *li* angenommen werden
könnte, cf. *li-t*, gießen, *lëi-ja*, Niederung, und wornach also
*Leitis* (= *Lëij-ltis?*?) den in der Niederung Wohnenden bezeichnen würde, genau so wie das litth. *Żem-aitis*, der Samogitier,
Bewohner des russischen Litthauens und des preußsischen bis
südlich zum Memelstrom, welches Gebiet niedriger liegt als das
preußsische Litthauen auf dem linken südlichen Memelufer (Hoch-
litthauen), poln. *Żmudsin*, *Żmudzianin* (von litth. *zeme*, lett. *feme*,
Erde, Land, Boden, Adj. *zemas*, lett. *fe'ms*, niedrig), oder das
lett. *Sem-gal-itis*, Bewohner von Semgallen, lett. *Sem-gale*; d. i.
der niedrigste, wasserreichste und ebenste Theil Kurlands im
Süden des rigischen Meerbusens zwischen Wallhof und Autz
(cf. *se'ms ga'ls*, niedriges Ende); der Länder-Name *Lëtuwa* aber
ganz parallel mit Semgallen, cf. Samland in Preußsen, Nieder-
land, Pays bas, u. s. w. Unerklärt aber bleibt freilich bei
dieser Hypothese, wie bei einer Wurzel *li-* in die Formen *Latwis*,
*Latwitis*, *Latwija*, etc. der Vocal *a* gekommen, der eigentlich
auf eine Wurzel *la..* hinweist.

Während der eben erwähnte Name *Latwju-feme*, litth.
*Latwija* für das lett. Livland lediglich nach der Nationalität den

Landstrich bezeichnet, hat der Name *Ku'rſeme* oder *Kúrseme*
d. i. *Kúru ſeme*, Kuren-Land, Kurland, heutzutage eine geogra-
phisch-politische Bedeutung und *Kúrſemnīks* oder *Ku'rſemnīks*
heiſst nicht bloſs der kurländische Lette, sondern jeder Bewohner des Gouvernements Kurland. Das alte Volk der Kuren, lett.
*Kúri*, Sing. *Kúris*, litth. *Kurssei*, Sing. *Kurssis* (jetzt wohl nur
von den ächt lettischen Bewohnern der kurischen Nehrung gebraucht, russ. Корѣ (bei Nestor), lat. *Chori* (bei Adam von
Bremen), *Curii* (bei Saxo Grammaticus), ist aller Wahrscheinlichkeit nach eigentlich mit Letten und Litthauern gar nicht stamm-
verwaudt gewesen, sondern scheint mit Liven, Esthen und Finnen
zusammengehört zu haben. Es scheint bei Beginn der historischen Zeit im nördlichen und westlichen Kurland bis Tuckum,
Kabillen, Sehrunden gewohnt zu haben, ehe es von den weiter
rückenden lettischen Stämmen assimiliert oder nordwärts an die
Küste zu den Wohnsitzen der heutigen Liven gedrängt ist. Daher viele Jahrhunderte lang die Eintheilung Kurlands in „Kurland" in engerem Sinn (Kandausche, Zabelsche, Goldingensche,
Hasenpothsche Gegend bis Libau, Hauptstadt: Goldingen) und
Semgallen (Autzsche, Mitausche, Bauskesche Gegend, Hauptstadt: Mitau) und Oberland (jenseit des Tauerkalnschen Waldes
und Friedrichstadt) — lett. *áugsch-seme*, Hochland, Oberland,
*áugsch-galītis*, Oberländer —. Daher der Name Bisthum „Kurland", das nur die Gebiete von Amboten, Neuhausen, Hasenpoth,
Pilten (Bischofssitz), Angermünde, Dondangen und Erwahlen
umfaſst hat. Aechte Kuren finnischen Stammes giebt es nicht
mehr, wenn man sie nicht in den Resten der Liven an der Nord-
küste Kurlands finden will. Ein Zeugniſs für ihre ehemalige
Existenz und ihre ehemaligen Wohnplätze giebt der Name *Kúr-
ſeme*, Kurland, der erst in jüngerer Zeit seinen Begriff erweitert hat und nun die ganze Provinz mit Einschluſs von Semgallen und Oberland umfaſst.

Die Etymologie des Namens *Kúri* ist dunkel.

### b. Grenzen.

§. 5. Das Lettische wird gegenwärtig vom Volke gesprochen
1. in der ganzen Provinz Kurland mit Ausnahme des schma-
    len Küstenstriches, 56 Werst vom Vorgebirge Domesnäs

westlich und 12 Werst von eben da ab südöstlich, wo noch finnische Liven wohnen (c. 2000 Seelen) *);

2. in dem südlichen Theil Livlands, den man Lettland nennt,

3. in dem südwestlichen Theil des Gouvernement Witepsk (Kreis Ljuzin, Rositten (Rjeshitza) und Dünaburg);

4. in einigen verhältnismäfsig kleinen Theilen von Litthauen an der Südgrenze von Kurland, namentlich in den beiden evangelischen Gemeinden Birsen und Żaimen unweit Bauske;

5. in Preufsen auf der kurischen Nehrung, wohin sich bei dem früher lebhafteren Verkehr zur See wahrscheinlich lettische Ansiedler (Fischerbauern) vor Zeiten begeben haben.

Dieses ganze lett. Gebiet wird nordwestlich durch die Ostsee mit dem rigischen Meerbusen, nördlich in Kurland von dem Reste finnischer Liven, in Livland von den Esthen, westlich von den pleskauschen und witepskischen Russen, südlich von den Żemaiten umschlossen. Die Grenzlinie dürfte an der Ostseite des rigischen Meerbusens etwas nördlich von Salis beginnen, und von da nördlich an Rujen, am Städtchen Walk und an Oppekaln vorbei in das Witepskische hineingehen, dann sich südlich wenden an Marienhausen und Rositten (Rjeshitza) vorüber bis gegen die Ostspitze Kurlands und endlich von dort mit Einschliefsung von Birsen und Żaimen auf der Grenze von Kurland und Litthauen fortlaufen bis Polangen, wo sie wiederum an die Ostsee stöfst. Die Gröfse des so umgrenzten Gebietes läfst sich auf etwa höchstens 1000 Quadratmeilen abschätzen und die Zahl der darauf wohnenden lettisch redenden Menschen auf reichlich eine Million **).

Ungefähr eben so hoch dürfte die Zahl der Litthauer und die Gröfse des von ihnen bewohnten Ländergebietes anzunehmen sein. Während aber der Umfang des litth. Volkes wenigstens

---

*) Cfr. Ueber die livische Sprache und ihr Verhältnifs zu der esthnischen von F. J. Wiedemann, im Bulletin der St. Petersburger Akademie, Band XVI. No. 13. No. 373, 10.

**) Köppen (d. litth. Volkstamm, cf. Melanges russes, Tom. II, 1. St. Petersb. 1851.) giebt die Zahl sämmtlicher Letten (meist nach d. Volkszählung von 1834) auf 872107 an. Die Ziffer ist heute entschieden viel zu klein. Für Kurland setzt Köppen z. B. 401939 Letten, das statistische Jahrbuch für das Gouvernement Kurland für 1861 dagegen: 480945. Sollte die Zunahme der Letten überall in gleichem Verhältnifs stattgefunden haben, so käme als Gesammtzahl etwa 1043000 heraus.

in Preußen durch Germanisierung von Jahr zu Jahr allmählich
einschmilzt und seine Südwestgrenze bereits von der Weichsel
bis an das kurische Haff und fast bis an den Memelstrom hat
zurückziehen müssen, bewahrt das lett. Volk seine Nationalität
bis heute noch ungestört und unverändert fort. Das Lettische
ist noch nirgends ausgestorben, höchstens ist es in den Städten
und deren Nähe durch das Deutsche oder an den äußersten
Ostgrenzen durch das Russische oder Polnische ein Weniges in-
ficiert und alteriert. Aber bemerkenswerth ist es für die geistige
Ausbildung der Sprache und die Entwickelung der Literatur,
daß das Lettische nebst dem Litthauischen durch die eingewanderten geistig und politisch herrschenden Deutschen in Kurland und Preußen, durch die Polen in Litthauen und im Witepskischen auf die Ackerbauerbevölkerung des Landes oder den
Dienstbotenstand der Städte zurückgedrängt und beschränkt ist,
daß der Bürger und Handwerker, der Industrielle und der Kauf-
mann, der Literat und der Beamte, der Geistliche und der Guts-
besitzer in diesen Landstrichen entweder nie Lette (Litthauer),
sondern Deutscher, (Russe,) Pole seiner Herkunft nach gewesen
ist, oder aber seine lettisch-litthauische Nationalität längst vorher aufgegeben hat um die der herrschenden Volksklasse und
damit die sonst fehlende geistige und politische Ebenbürtigkeit
sich anzueignen.

### c. Dialecte.

§. 6. Der lettische Zweig des lett.-litth. Sprachstammes
zerfällt in drei Hauptdialecte:

    1. den oberländischen (Hochlettisch),
    2. den nordwestkurischen   } (Niederlettisch).
    3. den mittleren

    1. Der oberländische Dialect wird im östlichen und
südöstlichen Theil des lett. Sprachgebietes gesprochen, nördlich
von der Düna: in den lettischen Distrikten des witepskischen
Gouvernements und in einem angränzenden Strich des Gouvernement Livland (Dialect der „*Rēdini*“ bei Stender), südlich von
der Düna: in dem oberen Ende von Kurland, d. h. in der Il-
luxtschen Hauptmannschaft und ganz besonders in dem östlich
von Dünaburg gelegenen Kirchspiel Oberlauz. Stender nennt letztere Mundart insbesondere die „Oberlauzsche“ und unterscheidet von ihr wohl mit Unrecht noch die der *Sūiki* eig. == Sprach-

menger (Sing. *Süikis* f. *Süit-ji-s* von dem Adj. *süit-(a)-s*, überflüssig, zuviel), eine Bezeichnung, die merkwürdiger Weise für
die (katholischen) Grenzletten ebenso im Osten, als im Westen
(z. B. im Alschwangenschen) üblich ist. Das Wort *Süikis* scheint
eben nur ein Spottname zu sein, den die Letten der mittleren Gegenden den abweichend Sprechenden gegeben haben. Uebrigens
kann immerhin eine Sprachmengerei auch angedeutet sein, denn
der Wortschatz des äufsersten Ostens führt ebenso slavische Elemente in sich, wie der des Nordwestens von Kurland livische.

Der oberländische Dialect verhält sich zu allen andern lett.
Mundarten und insbesondere zu der nordwestkurischen, wie das
Hochlitthauische (südlich vom Niemen) zum Niederlitth. (Žemai-
tischen) oder zum Theil und ungefähr so, wie das Hochdeutsche
zum Niederdeutschen oder das Aeolisch-Dorische zum Attisch-
Ionischen. Er unterscheidet sich in seinen Flexionsformen und
im Consonantismus nur unwesentlich vom übrigen Lettisch, be-
dentend aber im Vocalismus, der theils durch Ursprünglichkeit
sich auszeichnet (treueres Beharren der Urvocale: *a*, *i*, *u*, und
daher Vorwalten derselben), theils aber auch mehr entartet ist
(Wandlung von urspr. *a* zu *o*, wie im Hochlitth., breite Aussprache des *e* fast wie *a*, Wandlung des urspr. *i* in *ei*, u. s. w.).

Der oberländische Dialect entbehrt auch nicht einer gewissen Anzahl schriftlicher Denkmäler, namentlich defshalb, weil
die ihn sprechenden Letten zum gröfseren Theil der katholischen
Confession angehören. Während nämlich den evangelischen
Letten des kurischen oder livländischen Oberlandes im Schrift-
dialekt, dem mittleren, gepredigt wird, und sie die in derselben
Mundart verfafsten Gesang- und Schulbücher, Zeitungen, u. s. w.
in Haus und Kirche gebrauchen, so wird der katholische Theil
der lett. Bewohner von Witepsk und Oberlauz u. s. w. durch
seine katholischen Pfarrer mit Büchern versorgt, die in dem
Dialect jener katholischen Bevölkerung verfafst und beiläufig
gesagt meist in Wilna, dem geistigen Mittelpunkt des katholischen Litthauens und mit lateinischen Lettern und oft polnischer
Orthographie gedruckt sind. Steht doch auch das Hochlettische
dem Litthauischen, insbesondere dem Hochlitthauischen sprachlich weit näher, als die anderen lett. Mundarten.

Anmerk. Als Literatur-Nachweis und als Sprachprobe mögen hier einige
Büchertitel stehen:
Wyssa Mocieyba katoliszka Caur waycoszonom un atsacieyszonom salykta.
ar mocieybom, Swatu Roksta yordim un potikaszonom nu tim passym Swatim

\*

Rokstim tzimtom tzakaydryneta: Diel Latwiszu pawuycleyszonys un' abakay-
drynoszonys, nu wina Baźnicyskunga pirakstieyta. Polocka pi Baźnicyskungú
Jezuïtd izdrukawota Goda 1805. (195 S.).

     Pawinnastas kristigas aba Katechismus, kurs moca ku ikkurs kristigu cyl-
waks pawinns irr tycet, zinnot un darreyt, kad warratu byut ispestits. Ar da-
lykezonn dandzkertigu wehl dzizmn. Wilna 1808. (221 S. 12.).

     Mociba lasiaszynas gramota Kursemieku prieks maziem berniem ar wiszadu
Diwa lukszynn un isn mocibu katolu salikta un por pawelesszinn gałwu de-
weselszku izdrukota. Gadoszi 1820.   Wilnio drukarnie, pi baznickunga
Bazilianu.

     Cf. aus Naplerskys Chronol. Conspect der lett. Literatur im Magasin der
lett. lit. Gesellsch. No. 550, b. c. 562. 563. 564. 565. 566. 569. 570. 574.
607. (626.) 814. 837. 911. 1051. 1071. 1074. 1075. (1095.) 1166.

     Eine besondere Grammatik dieses Dialektes ist in polnischer Sprache er-
schienen von dem Canonicus Joseph Akielewicz: Gramatyka Inflansko-Łotewska
krótko zebrana lla Uczących sie Języka Łotewskiego. W Wilnie w Drukarni
XX. Misyonarzow p. K. S. Kazimierza Roku 1817. (44 S. 8.).

    **2. Der nordwestkurische („tahmische") Dialect** wird
auf beiden Seiten des unteren Windaustromes gesprochen, in
dem Landstrich zwischen der Ostseeküste einerseits und ungefähr den Orten Durben, Hasenpoth, Goldingen, Zabeln, Dondangen andererseits, in dem Landstrich, den ehemals nach den
ältesten vorhandenen Nachrichten die wahrscheinlich lettischen
Wenden (die Venedi bei Tacitus und Ptolemaeus) — auf dem
linken Windau-Ufer und die finnischen Kuren — auf dem rechten
Windau-Ufer zwischen Goldingen, Zabele, Dondangen, Popen
— bewohnten. Die Wenden sollen nach Heinrich dem Letten
von den Kuren aus ihren Wohnsitzen vertrieben und erst in die
Gegend von Riga, später in Veranlassung neuer Kämpfe mit
den Kuren in das mittlere Livland bei Wenden gewandert sein.
Die Kuren selbst sind nachmals an die Dondangensche Meeres-
küste gedrängt, wo sie unter dem Namen der Liven fortleben,
und von Südosten heranrückende Letten haben die in Rede
stehenden Gebiete allmählich eingenommen [*]). Es ist nächst
den verschwundenen Wenden der äufserste Vortrab des ganzen
lett.-litth. Stammes. Sein Dialect ist characterisiert durch man-
cherlei Ursprünglichkeit in den Flexionsformen (cf. d. Endung
des Locat. Sing. mit Bewahrung des Casussuffixes: -di, -éi, (-é),
-ui; des Dat. und Instrumental. Plur. -assis, -(a)is; die Einschiebung des Reflexivsuffixes im Medio bei Verbis compos. zwischen
Wurzelsylbe und Praeposition, -s(a)-); sodann aber auch durch
aufserordentliche Desorganisation des Vocalismus und Kürzung,

---

  [*]) Cf. J. A. Sjögren's livische Gramm., bearbeitet und mit einer histor.-ethnogr.
Einl. versehen von F. J. Wiedemann. Petersb. 1861. P. XXII seqq. Richter, Gesch.
der deutschen Ostseeprovinzen. I, 324.

Schwächung, Contraction, Verstümmelung der Endsylben, beides in wachsenden Proportionen nach dem Norden Kurlands zu (cf. neben selten bewahrten Urvocalen *a*, *i*, *u*, die Vorliebe für unorganisches, breites *a*; Verlängerung kurzer Wurzelvocale; der Uebergang von *i* in *i̅*, *ē*, von *u* in *u̅*, *ŏ*, besonders vor *r*; mit der Verstümmelung der Endsylben steht in Zusammenhang die Reduction der Geschlechtsunterschiede und der Eintritt der mascul. Form fürs Genus femin.). Von der Vorliebe dieser Letten für Vocaldehnung sollen sie, wie wenigstens Stender vermuthet, den Namen *Tåmeniki* bekommen haben. Er ist ebenso ein Spottname als der oben erwähnte der *Suiki*. Eine Literatur giebt es hier nicht aufser den Volksliedern, die in neuerer Zeit von Sammlern wie Pastor Büttner aufgezeichnet sind. Kirchen- und Schulsprache ist im ganzen nordwestlichen Kurland überall das Schriftlettisch.

3. Der dritte Hauptdialect herrscht in dem dritten überwiegend gröfsten Theil des lettischen Gebietes, von Goldingen bis Friedrichstadt, von Niederbartau unweit der preufsischen Grenze bis Wolmar in der Nähe der Esthen. Er läfst sich füglich der „mittlere" Dialect nennen, sowohl wegen der geographischen Lage, als auch wegen seines Wesens, das zwischen oberländischer Starrheit und Härte und tahmischer Zerflossenheit und Weichheit eine mittlere Linie einhält und defshalb ebenso zur allgemein giltigen Schriftsprache sich erhoben hat, als das attische Griechisch (Grundlage der $\varkappa o\iota\nu\dot\eta$ $\delta\iota\acute\alpha\lambda\epsilon\varkappa\tau o\varsigma$) zwischen dem Dorischen und Ionischen und das obersächsische und fränkische Deutsch zwischen dem Oberdeutschen (im engeren Sinn) und Niederdeutschen.

Freilich ist zu bemerken, dafs ebenso wie innerhalb des nordwestkurischen oder innerhalb des oberländischen Dialectes verschiedene Mundarten sich finden (cf. Sackenhausensches und Angermündensches oder Jakobstädtsches und Oberlauzsches Lettisch), und wie die Uebergänge von einem Hauptdialect zum andern auch nur allmählich durch eine Menge verschiedener Schattierungen hindurch gehen, wefshalb auch die Grenzlinien unmöglich genau angegeben werden können, dafs ebenso auch die Sprache von Niederbartau bis Wolmar nicht genau dieselbe sein kann und nicht dieselbe ist. In Folge des bisher immer noch verhältnifsmäfsig geringen Verkehrs hat jede Gegend z. B. die Niederbartausche, die Essernsche, die Autzsche, die Kandau-Tuckumsche, die Mitau-Doblensche, die Bauskesche, die Wol-

marsche etc., ferner sogar jedes Kirchspiel, ja, man könnte sagen, jede auch die kleinste Gutsgemeinde ihre Mundart, an
deren Eigenthümlichkeiten das aufmerksame und geübte Ohr
die Herkunft des Sprechenden mit Sicherheit erkennt. Aber
alle diese Abweichungen sind erstlich unbedeutend im Verhältniſs
zu den Unterschieden jener beiden Extreme im Osten und Westen,
sodann liegen sie oft mehr in der Aussprache als in dem Wesen
der Formen, so weit es möglich ist diese in der Schrift zu fixieren
(cf. wie der Neu-Autzer den benachbarten Groſs-Autzer an einer
absonderlichen Spitzigkeit des *i* erkennt), oder in verschiedener
Benutzung des Wortschatzes (cf. *kálét*, während — in Kerklingen
—, wofür der benachbarte Neu-Autzer stets nur *kámér* braucht;
cf. *pa'mpáli*, Kartoffeln, eig. geschwollene, rundliche Früchte
[pa'mpt, schwellen] — in Neuenburg —, die anderswo *rátsíni*
heiſsen, d. i. Erdfrüchte, die man graben [rakt] muſs;) und nur
eine kleine Zahl von Fällen bleibt übrig, wo die Untermundarten mehr oder weniger consequent in Anwendung gewisser
Lautgesetze sind oder in verschiedener Art Flexions- oder Deri-
vationsformen bilden (cf. z. B. die Trübung des Nominativzeichens
-*s* in der Nominal-Endung -*ájsch*, -*éjsch*, — in Essern — für
sonstiges -*áj'(i)s*, -*éj'(i)s*; das nach litth. Analogie gebildete Prä-
teritum: *meschu*, ich warf, *weschu*, ich führte — in Niederbartau
— für sonstiges *mettu*, *weddu*, dem allerdings *metju*, *wedju* zu
Grunde liegt; die grundlose Erweiterung des Futurs bei Verbis
Cl. I-V. nach Analogie von Cl. VIII. z. B. *némischu*, ich werde
nehmen, *mirischu*, ich werde sterben — in Livland — für sonstiges *ne'mschu*, *mirschu*).

Solche locale mundartliche Eigenthümlichkeiten hat die
Schriftsprache meist mit richtigem Takt von sich fern gehalten.
Anderentheils aber hat sie zu wenig aus dem reichen und lebendigen Born der Volkssprache geschöpft. Die Gründer und Pfleger
der lett. Literatur sind in der Regel von Geburt und jedenfalls
immer von Erziehung und Bildung Deutsche gewesen, und nur
die wenigsten von ihnen haben sich die Genuinität lettischen
Sprechens und lettischen Denkens anzueignen vermocht. So
bedarf die übliche lett. Schriftsprache einer Kritik und einer
Regeneration aus tieferem Studium der Sprache, wie das Volk
und zwar namentlich in jenen mittleren Gegenden Kurlands und
Livlands sie spricht, und eine Hauptquelle der Erkenntniſs ist
neben dem flüchtigen Wort, das aus dem Munde unser Ohr

trifft, und neben den klassischen Producten der Kunstliteratur, jener reiche und zum Theil bereits aufgezeichnete Schatz von Volksliedern, der nicht blofs — bei seinem Alter — die Beschaffenheit der ehemaligen Sprache zeigt, sondern auch Norm und Muster für die gegenwärtige sein mufs.

Zum Schlufs dieses ganzen Abschnittes über das Verhältnifs des Lettischen zum Litthauischen und der lett. Dialecte zu einander mufs darauf aufmerksam gemacht werden, wie aus der geographischen Lage der lett. und litth. Dialecte bedeutungsvolle Schlüsse sich ziehen lassen in Bezug auf die Urgeschichte dieses Volksstammes, insbesondere auf die Richtung, in welcher er aus Asien hergewandert ist. Es sind nämlich die Volksschichten, die räumlichen Verhältnisse der auf einander folgenden Volkslagerungen, wenn man diesen Ausdruck in dem Sinne nimmt, wie man von Gesteinlagerungen im Schoofse der Erde spricht, höchst auffallend. Sie folgen auf einander in der Richtung von Nordwest nach Südost in schmalen Streifen, deren Längenausdehnung genau von Nordost nach Südwest sich erstreckt. Vorne im äufsersten Nordwesten liegen die Tahmen von Dondangen bis gegen Libau. Zunächst dahinter, von Wolmar ab bis zur Mündung des Memelstromes, der Hauptstamm der Letten und daneben die Żamaiten (mittlerer lettischer Dialect — żamaitischer oder niederlitthauischer Dialect), dahinter endlich als Nachtrab die lettischen und litthauischen Oberländer von den Grenzen des Pleskowschen Gouvernements bis nach Labiau am kurischen Haff, ehemals bis Königsberg und noch weiter südlich (oberländischer, hochlettischer und hochlitthauischer Dialect). Die Grenzlinien dieser drei Gruppen verhalten sich zu einander fast wie concentrische Kreise, 1) ungefähr von Dondangen über Goldingen nach Libau, 2) etwa von Oppekaln in Livland nach der Mündung der Ewst in die Düna, dann über Wilkomir, Kowno, den Memelstrom entlang bis zur Mündung, 3) etwa von Rositten oder Ljuzin über Braslaw, Oszmiany, Grodno, Goldapp in Preufsen nach Labiau. Zu dieser geographischen Lage kommt die besondere Verwandtschaft des oberländischen d. i. des hochlettischen und des hochlitthauischen und wiederum des mittleren d. i. niederlettischen und des niederlitthauischen (żamaitischen) Dialects. Und wir dürfen mit Sicherheit folgern, dafs die lettischen Stämme in derselben oder sehr ähnlicher Gruppirung den Zug von Südosten her gemacht haben.

## 5. Geschichte der lettischen Sprache.

§. 7. Der räumlichen Sonderung einer Sprache in verschiedene Dialecte steht die zeitliche in verschiedene Epochen der Entwickelung zur Seite.

Eine Geschichte der lett. Sprache giebt es eigentlich nicht, wenigstens nicht in dem Zeitraum, der uns schriftlich fixierte Denkmäler der Sprache darbietet. Das Lettische des Mancelius (geb. 1593, gest. 1654) ist, wenn wir von der damaligen, jetzt vielfach veralteten Orthographie absehen, in Lauten und Formen wesentlich dasselbe, wie es noch heute gesprochen und geschrieben wird. Ebenso wenig weichen die vor Mancelius im 16. Jahrhundert gedruckten Literaturwerke wesentlich von der heutigen Sprache ab.

Demungeachtet kann man eine Geschichte der lettischen Sprache auf dem Wege der Vergleichung erschliefsen, eine Geschichte derjenigen Veränderungen, die lange vor Entstehung einer lett. Literatur von dem Zeitpunkte an geschehen sind, wo das Lettische sich vom Litthauischen (im weitesten Sinne als ganze Familie gefafst) zu sondern und in verschiedene Dialecte sich zu differentiieren begonnen hat.

Wir können und sollen hier keine solche Geschichte des Lettischen geben. Nur die Methode, um jene zu finden, können wir andeuten. Es giebt fast zu jeglicher in der Schriftsprache üblichen Form mehr oder minder abweichende Nebenformen in den Dialecten oder localen Mundarten, sodann Parallelformen in dem verschwisterten Litthauischen und es giebt allgemeine Gesetze der Sprachentwickelung, nach denen man, in einer solchen Reihe von — dem Sinn nach identischen, dem Lautbestande nach verschiedenen — Formen, die älteren und die jüngeren mit Sicherheit erkennen kann. Es giebt sodann in derselbigen Gegend in der Sprache der heutigen Generation einzelne Formen, die sich mit nichts besser vergleichen lassen, als mit Versteinerungen von Pflanzen oder Thieren aus einer früheren Entwickelungs-Periode, die in den Grund und Boden einer späteren Periode eingestreut sind. Diese Solöcismen, sie mögen allgemein giltig sein, aber sie sind absonderlich, sie scheinen unregelmäfsig, sind es aber nicht, sondern richten sich nach einer Regel, die früher allgemein gegolten, (cf. Accus. Sing. auf -am, -an; Instr. und Dat. Plur. auf -mis; Reflexiv. Pronom.

beim Medium nicht suffigiert, sondern infigiert; Pron. Suffix
bei d. 1. und 2. Prs. Plural. Verbi: -ma, -ta etc.). Nur darauf
kommt es an jene frühere Regel zu finden und anzuwenden,
nach welcher das scheinbar Unregelmäfsige sich als regelmäfsig
erweist. Zu jenen „Versteinerungen" aus sehr alter Sprachepoche gehört noch insbesondere zweierlei; einmal vieles aus
den Volksliedern, die heute noch gesungen werden, sodann viele
Orts-Namen. Dort hat sich Altes unter dem Schutz des Rhythmus erhalten, hier auf die Art, dafs das Appellativ Nom. proprium geworden ist und man keinen Grund gehabt hat später
immer die ursprüngliche Bedeutung sich zu vergegenwärtigen
und bei fortschreitender Sprachentwickelung beliebter werdende
Lautverhältnisse oder beliebtere Synonyme zu wählen.

Es giebt endlich weit verbreitete Erscheinungen in der
Sprache, die gewissen Lautgesetzen zu widersprechen scheinen,
aber nur deshalb, weil Nachwirkungen fortbestehen von Ursachen, die nicht mehr vor Augen liegen, aber doch mit Sicherheit historisch sich nachweisen lassen, Nachwirkungen insbesondere von Lauten, die im Lauf der Zeit verloren gegangen
sind, (cf. das Beharren von *k* und *g* vor *i* im Nom. Plur. und
in der 2. P. S. Praet. in Folge eines untergegangenen *a*, das
einst zwischen dem Kehllaut und dem Suffix *i* gestanden). Sodann sind in einzelnen anderen Fällen diese Nachwirkungen
bereits untergegangen und man darf schliefsen, dafs die Ursache
dafür in relativ früherer Zeit geschwunden sein mufs, weil unter
gleichen Umständen die Nachwirkungen hier wie dort sich finden müfsten, (cf. z. B. die Assimilation der Gutturalis an das *i*
in der 2. P. S. Praes.). Alle diese Combinationen werden durch
die Vergleichung der älteren Dialecte und Schwestersprachen
gestützt, und es kann, das ist die Hauptsache, eine Geschichte
der Sprache, insbesondere der lettischen, construiert werden nicht
a priori, sondern auf der sicheren Basis der Thatsachen, eine
Geschichte, die viele Jahrhunderte über den Anfang der sogenannten historischen Zeit d. h. der durch historische Denkmäler
charakterisierten Zeit zurückreicht. Die Sprache selbst ist das
historische Denkmal, das hier Aufschlufs giebt, sobald es nur
als solches betrachtet und erforscht wird.

## 6. Geschichte der lettischen Grammatik.

§. 8. Die Geschichte der lettischen Grammatik, d. h. die Geschichte des Fortschritts in der Erforschung und Darstellung der lettischen Sprache zerfällt in drei Perioden:

1. von Fürecker und Mancelius bis Stender (1761),
2. von Stender (1761) bis Rosenberger (1848),
3. von Rosenberger (1848) bis heute.

1. Die erste Periode ist die der Anfänge, der ersten Versuche, die nicht nach der Geringfügigkeit ihrer Resultate, nicht nach dem Maaßstab heutiger Wissenschaft, sondern nach der Schwierigkeit und nach der großen Bedeutung eben der ersten Schritte beurtheilt werden müssen. Die ersten Forscher auf dem Gebiete der lettischen Sprache sind gewesen:

Chr. Fürecker, Cand. Theol. (um die Mitte des 17. Jahrhunderts), dessen nie zum Druck gekommene Arbeit über die „Declinationes und Conjugationes" Adolphi in der Vorrede zu seiner Grammatik von 1685 als das Reichhaltigste und Beste jener Zeit belobt und wahrscheinlich in seiner Grammatik verarbeitet hat.

Georg Mancelius, gest. als herzoglich kurländischer Hofprediger in Mitau 1654, dessen „Lettus" (13 Bog. unpag. kl. 8) und „Phraseologia lettica" (12 Bog. unpag. kl. 8) beide Theile: Riga 1638.*) nicht eigentlich eine Grammatik, sondern die Anfänge eines deutsch-lettischen Wörterbuchs und eine Sammlung von Redensarten und Gesprächen enthalten.

Joh. Georg Rehehausen, Pastor zu Ascheraden in Livland, gest. nach 1664, dessen „manuductio ad linguam letticam facilis et certa monstrata" ed. Riga 1644. in einem einzigen Exemplar auf der Universitätsbibliothek zu Upsala sich befindet.

Dem wachsenden praktischen Bedürfniß der in- und ausländischen Deutschen in den lettischen Provinzen kamen unabhängig von einander im Jahre 1685 zwei Grammatiken auf einmal entgegen, die von Georg Dressel, Pastor zu Pinkenhof bei Riga, gest. 1698, und die von H. Adolphi, kurländischem Superintendenten und deutschem Oberpastor zu Mitau, gest. 1686. Des ersteren „Gantz kurtze Anleitung Zur Lettischen Sprache"

*) Rücksichtlich der literargeschichtlichen und biographischen Notizen verweist Verfasser auf den chronologischen Conspect der lett. Literatur von C. E. Napiersky im Magazin der lett. lit. Gesellschaft III, 2. 3. VII, 3. XII, 1.

Riga 1685, 68 S. 12. giebt in wirklich unglaublicher Kürze und
grofser Dürftigkeit einen Abrifs über Declination und Conjugation
nebst Paradigmen, einen freilich mangelhaften Catalog der einsylbigen Verba und auf zwei Duodezseiten Einiges über Adverbien
und Präpositionen, dagegen nichts von Lautlehre, nichts von
Syntax und in der Formenlehre nichts oder fast nichts von den
Adjectiven, Zahlwörtern, Conjunctionen, nichts von der Wortbildung. Dressels 5 Declinationen, die Adolphi auf die Sechszahl
gebracht, sind die Grundlage geblieben für alle späteren Grammatiker bis heute. Bei den Conjugationen findet sich wenigstens schon die Unterscheidung der ein- und der mehr-sylbigen
Verba. Die Angaben der lettischen Formen sind abgesehen von
einigen, nicht zahlreichen Irrthümern (z. B. Accus. Plur. der
weiblichen *a*- oder contr. *ja*-Stämme auf -*us*; Personalendungen
des Conditional: S. 1. -*tu*, 2. -*ti*, 3. -*ta*, Pl. 1. -*tahm*, 2. -*taht*,
3. -*ta*.) zuverlässig und in manchem Stück alterthümlicher als
bei Adolphi (z. B. Gen. S. der fem. *a*-Stämme mit langem Vocal
-*ahs*; Endung der 3. P. Praes. der einsylbigen Verba mit Bewahrung des -*a* u. s. w.).

II. Adolphi's „Erster Versuch Einer kurz-gefasseten Anleitung Zur Lettischen Sprache" Mitau 1685. 264 S. kl. 8. ist
ungleich reichhaltiger. Hier finden sich schon die Anfänge einer
Laut- und Accentuationslehre und Einiges über die Wortbildung, ja sogar 8 Seiten syntactische Bemerkungen. Die Formenlehre leidet ebenso wie bei Dressel noch Gewalt unter dem
Einfluß der Grammatik der classischen Sprachen (z. B. bemüht
Adolphi sich einen nicht existierenden Ablativ oder einen Inf.
Praet. oder Futuri nachzuweisen), aber doch sind auch bereits
viele Eigenthümlichkeiten des Lettischen erwähnt (cf. Locativ,
Definition der Adjectiva, Debitiv mit dem Präfix *jā*, der Con-
junctiv umschrieben durchs Particip Präs. Act.). Beim Verbum
hat Adolphi einen falschen Weg eingeschlagen, dem leider Stender gefolgt ist, der Dressel gegenüber keinen Fortschritt involviert, nämlich bei Annahme von 3 Conjugationen durch Sonderung der einsylbigen Verba in 2 Classen (vocalisch auslautende
Wurzelsylbe und consonantisch auslautende Wurzelsylbe). Eine
reiche Menge von Paradigmen, ein reiches Material im Catalog
der einsylbigen Verba, aber keine Ordnung, keine Klarheit und
keine Regel. Ueberhaupt giebt das ganze Werk viele gute einzelne
Bemerkungen, aber nicht von allgemeinem Gesichtspunkte aus.

§. 9. 2. Eine neue Epoche beginnt, wie in der Geschichte der lett. Literatur, wie in der Culturgeschichte des lett. Volkes, so auch in der Geschichte der lett. Grammatik, mit Gotthard Friedrich Stender, geb. 1714, gest. als Probst der Selburgschen Diöcese und Pastor zu Sonnaxt 1796. Seine lettische Grammatik, Ed. 1. Braunschweig 1761. 164 S. Ed. 2. Mitau 1783. 312 S. 8. zeichnet sich aus durch den Reichthum und die relative Vollständigkeit ihres Inhalts, durch die musterhafte Richtigkeit und Genuinität der lett. Sprache und durch die geistvoll klare und practisch populäre Darstellung.

Es sind nicht allein alle die Abschnitte der Formenlehre gleichmäßiger ausgearbeitet als in den früheren Grammatiken (insbesondere von der Derivation und Composition), nicht allein eine Menge feiner Bemerkungen über den lett. Sprachgebrauch und zahlreicher Beispiele in der Syntax zusammengetragen (cf. auch „Syntaxis figurata“ §§.177—181, „Idiotismus“ §§.198—215), sondern auch bemerkenswerthere Anfänge einer Lautlehre und werthvolle Abschnitte über die lett. Sprache, ihre Herkunft (Einleitung), über die lett. Dialecte (mit guter Kritik) gegeben, ja endlich, was streng genommen nicht in die Grammatik gehören dürfte, aber für Stenders umfassendes Genie und sein Eingehen in den Geist der lett. Sprache und des lett. Volkes characteristisch ist: Sammlungen lettischer Sprüchwörter und Räthsel, Bemerkungen über die lett. Mythologie und das lett. Volkslied, Anleitung sogar zur lett. Dichtkunst.

Die Richtigkeit des Materials ist am bewunderungswürdigsten da, wo scheinbare Unregelmäßigkeiten sich finden, und wo Stenders Objectivität nicht nach Willkühr und mit Gewalt eine Regelmäßigkeit hat dichten wollen, wie es bei den früheren und sogar späteren Grammatikern ab und zu geschieht. Höchst selten sind Formen irrthümlich angegeben oder alterthümliche Formen verkannt und wegen Anflickung „überflüssiger Buchstaben“ verworfen. Durch die reiche und umfassende Fülle der Sprachkenntniß ist Stender die Ausmittelung und Aufstellung von Regeln ermöglicht, wo früher nur vereinzelte Bemerkungen gemacht werden konnten. Nur in einem Abschnitt ist es auch bei Stender zur Klarheit nicht gekommen, nämlich in dem von der Conjugation. Allerdings ist der Unterschied der mehrsylbigen Verba (I. Coujug.) rücksichtlich der Präsensbildung bemerkt (cf. bei uns Gruppe B. und Gruppe C.), aber die ver-

schiedenen Classen der einsylbigen Verba liegen unentwirrt als
rudis indigestaque moles.

Diesem Mangel abzuhelfen war dem Propst zu Papendorf
in Livland, Christoph Harder, gest. 1818, vorbehalten, der
als ebenbürtiger Beurtheiler Stenders seine „Anmerkungen und
Zusätze" zu des letzteren Grammatik 1790. 72 S. und 2. Auf-
lage Mitau 1809. 96 S. 8. herausgegeben hat. Dieses kleine
Büchlein ist durch des Verfassers genaue Bekanntschaft mit
dem Stoff, seinen feinen philologischen Tact und durch die zum
ersten Mal versuchte Vergleichung und Benutzung des verschwisterten Litthauischen mit das Beste, was je über die lett.
Sprache geschrieben ist. Zwei dunkle Punkte sind insbesondere
für alle Zeiten fruchtbar beleuchtet, einmal die Natur, Verwandtschaft und Wandlung der Laute, sodann die Conjugation. Die
Eintheilung der einsylbigen Verba in 3 Classen: 1) wo unmittelbar ante characteristicam mutam ein kurzer Vocal vorhergeht
(in vorliegender Grammatik Cl. I — III); 2) alle übrigen Verba
activa (bei uns Cl. IV. Cl.suffix -ja); 3) alle übrigen Verba
neutra (bei uns Cl. V. Cl.suffix -(s)ta); — ist nebst den Regeln
für Unterscheidung der beiden Classen mehrsylbiger Verba
epochemachend und bewunderungswürdig übereinstimmend mit
den Resultaten der Jahrzehnde später erst erblühenden vergleichenden Sprachforschung.

Nach der Zeit dieser beiden Heroen, Stender und Harder,
kommt für mehre Jahrzehnde ein Zeitalter der Epigonen, die
weniger Neues und Grofses für die Erkenntnifs der lett. Sprache
im Ganzen, als vielmehr im Einzelnen und Kleinen zur Vollendung und zur Reparatur des grofsen Gebäudes, das jene Beiden
aufgeführt, beigetragen haben.

Das wichtigste Ereignifs ist hier die Gründung der lett.
literärischen Gesellschaft im Jahre 1824 auf Anregung
des damaligen Pastors zu Nitau (Livl.), nachmaligen livländischen Generalsuperintendenten Gust. Reinh. von Klot. Sta-
tutenmäfsig war ihr nächster Zweck die lett. Sprache zu er-
forschen und auszubilden und die von 1828 an jährlich erschei-
nenden Hefte ihres „Magazin's" legen durch eine lange Reihe
von Abhandlungen und Aufsätzen auch insbesondere grammatikalischen Inhalts ein rühmliches Zeugnifs ihres Strebens dar.
Aufserdem wurde schon im Jahre 1830 ein Preis von 200 R. S.
für die beste neu herauszugebende lett. Grammatik von der

Gesellschaft ausgeschrieben und zur Bewerbung darum auf-
gefordert.

Von jenen grammatikalischen Abhandlungen wollen wir
nur das Wichtigste in sachlicher, nicht chronologischer Ordnung
namhaft machen und zwar zuerst im Anschluß an das Sten-
dersche Werk:

„Anmerkungen zu Stender's lett. Grammatik von Schultz,
Pastor zu Biršgallen, Mylich, Pastor zu Blieden, Wagner,
Pastor zu Nerft und Croon, Pastor zu Lennewarden, geordnet
und vermehrt durch F. E. Neander, Pastor zu Kursieten" (ge-
genwärtig zu Mitau), Magazin II, 1. (1829) Pag. 1—29 und
II, 2. (1830) Pag. 1—30; und:

„Bemerkungen zur lettischen Grammatik Stenders" von
C. Chr. Ulmann, gegenwärtig Vicepräsident des Generalconsistoriums zu Petersburg und Bischof. Magazin III, 1. (1831)
Pag. 1—79. — Letztere besonders werthvoll, weil sie auf der
von Harder betretenen Bahn fortschreiten.

Zur Lautlehre, insbesondere zum Abschnitt von der Aussprache und der Orthographie gehören:

K. Fr. Jak. Hugenberger, Pastor zu Erwahlen: „Ueber
die regelmäßige Aussprache der lettischen Vocale." Magazin I, 2.
(1829) Pag. 32—45.

Chr. Fr. Schmidt von der Launitz, Propst zu Grobin:
„Etwas zur lettischen Grammatik." Magazin II, 2. (1830)
Pag. 30—47.

K. Fr. Kyber, Pastor zu Arrasch in Livland: „Einige
Wünsche und Vorschläge rücksichtlich der Orthographie in der
lettischen Sprache." Magazin I, 1. (1828) Pag. 12—22.

C. Chr. Ulmann: „Ueber die Feststellung der lettischen
Orthographie durch die lettische literarische Gesellschaft." „Bemerkungen über den Vorschlag des Herrn Pastor Ulmann zur
Feststellung der lettischen Orthographie von verschiedenen Mit-
gliedern der Gesellschaft. C. Chr. Ulmann: Relation über die
verschiedenen durch vorstehenden Vorschlag „veranlaßten Bemerkungen." Magazin IV, 2. (1833) Pag. 215—258.

G. F. Büttner, Pastor zu Kabillen: „Untersuchungen über
die lettischen Sprachlaute." Magazin IX, 1. (1847) Pag. 3—20.

Doctor G. H. Baar: „Ueber die in der lettischen Sprache
vorkommenden Laute und deren einfache Bezeichnung in der
Schrift." Magazin IX, 1. (1847) Pag. 21—48.

Beide letzteren Aufsätze höchst bedeutungsvoll für die Darlegung der verschiedenen Tonqualität im Lettischen, des gedehnten und gestoßenen Tones nämlich; Doctor Baar beleuchtet außerdem in trefflicher Weise einige Grundgesetze der Consonantenverbindung und die bald breite, bald spitze Aussprache des *e*.

Zur Flexionslehre:

Fr. Ant. Bockhorn, Pastor zu Edsen: „Zusammenstellung der einsylbigen lettischen Verba." Magazin II, 1. (1829) Pag. 73—99. Leider durch die Anordnung der Classen je nach dem Auslaut der Wurzelsylbe ein großer Rückschritt gegen das Conjugationssystem Harder's.

Doctor G. H. Baar: „Beitrag zur Lehre vom Medium der lettischen Sprache." Magazin IX, 1. Pag. 49—60; trefflich auch durch die fruchtbare Vergleichung mit dem Litthauischen.

E. Elverfeld, Pastor zu Zelmeneeken: „Ueber das lettische Zahlwort." Magazin XI, 2. (1856) Pag. 53—90. Eine Formenlehre und Syntax umfassende Monographie, reich an feinen Beobachtungen über den Sprachgebrauch und zuverlässig in ihren Angaben.

Zur Lehre von der Wortbildung:

K. Fr. Jak. Hugenberger: „Von den Substantivis verbalibus auf -*klis*." Magazin II, 1 (1829) Pag. 67—72.

Derselbe: „Von den Adverbien." Magazin II, 2. (1830) Pag. 47—65.

Herm. Ehrenf. Katterfeld, Pastor zu Preekuln, jetzt zu Durben: „Beiträge zur lettischen Sprachlehre." Magazin IV, 2. (1833) Pag. 1—8.

J. F. Seeberg, Pastor zu Wahnen: „Merkwürdige Wortbildung." Magazin V, 1. 2. (1835) Pag. 225—227.

A. Bielenstein (Verfasser vorliegender Grammatik): „Ueber die lettischen Substantiva reflexiva." Magazin XI, 2. (1856) Pag. 31—52. Die drei letztgenannten Aufsätze besprechen zuerst die von Pastor Brasche zu Niederbartau entdeckte eigenthümliche Erscheinung der reflexiven Substantiva auf -*schands*.

Zur Syntax:

K. Fr. Jak. Hugenberger: „Von den Präpositionen." „Von den Conjunctionen." Magazin II, 2. (1830) Pag. 66—100.

H. Trey, Pastor an St. Johannis zu Riga: „Ueber den Gebrauch der lettischen Pronomina *sewis, saws, saweis*." Magazin II, 2. (1830) Pag. 156—162. Wichtig als erster Ver-

such den Sprachgebrauch aus dem Volksliede zu ermitteln und
zu belegen.

Neben diesen im „Magazin" gesammelten gramm. Materia-
lien, zum Theil als Frucht derselben und hervorgerufen durch
die Aufforderung der lettisch-liter. Gesellschaft, erschien 1841
eine neue vollständige Grammatik von

Heinr. Hesselberg, Pastor zu Dalbingen: „Lettische
Sprachlehre, gekrönte Preisschrift." 151 S. Der Verfasser hat
sich selbst das Ziel gesteckt nur den reinsten (d. i. Mitauschen)
Dialect treu darzustellen, und dieses Ziel hat er erreicht. Der
Werth des Büchleins besteht in der Treue und Zuverlässigkeit
seiner Angaben, sodann in der Kürze und Klarheit seiner Darstellung und materiell noch in dem Reichthum der Syntax,
wenn man sie vergleicht mit dem, was früher hierin geleistet
war. Die Fortschritte in der Laut- und Formenlehre sind
nicht so sehr zu rühmen. Die Reduction der 6 Declinationen
Stenders auf 2 und die Darstellung der Conjugationen involviert
im Vergleich mit den Leistungen Harders geradezu einen Rückschritt. Erklärlich sind die Mängel in Laut- und Formenlehre
durch die Unbekanntschaft des Verfassers mit den Resultaten
der neueren allgemeinen Sprachforschung *).

§. 10.  3. Die beiden ersten Perioden der Geschichte der
lett. Grammatik bis Hesselberg haben wesentlich nur Material
zur eigentlichen Erforschung der lett. Sprache zusammengetragen. Weniges nur und Fragmentarisches hatte für die eigentliche Erkenntniß der Sprache geschehen können. Es war aber
nicht anders möglich, weil im zweiten Viertel dieses Jahrhunderts überhaupt erst der Grund zu einer eigentlichen Sprachwissenschaft gelegt worden ist, als Männer wie Jak. Grimm,
Aug. Fr. Pott und Franz Bopp nicht allein die Kenntniß
der germanischen Sprachen-Familien bis zum Gothischen hinauf
und des Sanskrit erschlossen, sondern auch die Vergleichung
aller der zum indo-germanischen Sprachstamm gehörigen Glieder
auf die fruchtbarste Weise ins Werk setzten. Die linguistischen
Schriften jener Männer, hier zu nennen ist überflüssig. Nur zwei
Abhandlungen von Aug. Fr. Pott gehören speciell hierher und

---

*) Sehr werthvolle, ausführliche handschriftliche Bemerkungen zu Hesselberg's
Grammatik von Dr. Chr. Ulmann und von Pastor Sigm. Gust. Brasche, Pastor zu
Niederbartau, haben dem Verf. bei seinen Arbeiten zur Benutzung vorgelegen.

bezeichnen den Anfang einer neuen Aera für die Erforschung
des Lettischen:

I. De Borusso-Lithuanicae tam in Slavicis quam Letticis linguis principatu commentatio. Halis Saxonum MDCCCXXXVII.
(71 S. gr. 4).

II. De linguarum letticarum cum vicinis nexu, Commentatio. MDCCCXLI. (72 S. gr. 4.). Namentlich die erste Abhandlung vindicirt unwiderleglich der lett.-litth. Sprachenfamilie
Selbstständigkeit n e b e n — und Alterthümlichkeit v o r dem
ferner stehenden Germanischen und näher verwandten Slavischen und legt den ersten Grund zu einer wissenschaftlichen
lettischen Lautlehre. Demselben Ziele streben namentlich in
Bezug auf den ersten Punkt zwei werthvolle Abhandlungen in
dem Magazin der lett.-lit. Gesellschaft aus nicht späterer Zeit zu:

D o c t o r Pet. v o n K ö p p e n : „Ueber den Ursprung, die
Sprache und Literatur der litthauischen Völkerschaften." Magazin I, 3. (1829) Pag. 1—112.

D o c t o r Benj. v o n B e r g m a n n , Pastor zu Rujen in Livland: „Ueber den Ursprung der lettischen Sprache." Magazin
VI. (1838) Pag. 1—425. Dort wird die Zusammengehörigkeit
der Letten mit den alten Bewohnern Preußens, den preußischen
Litthauern und den Schmuden (Samojitiern) geltend gemacht,
hier nach dem Vorgange P. von Bohlen's und Franz Bopp's
die Selbständigkeit des litth.-lettischen Sprachstammes neben
dem slavischen und die Verwandtschaft desselben mit dem
Sanskrit.

Dürfen wir die Arbeiten der letztgenannten drei Männer
Vorarbeiten für eine wissenschaftliche lett. Grammatik nennen,
so wird es erlaubt sein als epochemachend für die Geschichte
der lett. Grammatik selbst die Herausgabe der „Formenlehre
der lettischen Sprache in neuer Darstellung" von O. Benj.
Gottfr. R o s e n b e r g e r , Lector an der Universität Dorpat.
Mitau 1848. (im Magazin der lett. lit. Gesellschaft IX, 2) zu be-
zeichnen. Diesem Werk hatte derselbe Verfasser bereits früher
zwei andere, nicht so bedeutende, vorausgeschickt: „Flections-
Tabellen für die lettischen Verba" 1808. und „Formenlehre der
lettischen Sprache" 1830. und ließ zur Vervollständigung im
Jahre 1852 (Magazin X, 1.) als zweiten Theil die Syntax folgen.
In jener Formenlehre „neuer Darstellung" haben wir den ersten
Versuch einer eigentlich wissenschaftlichen lett. Grammatik, die

nicht zunächst den Zweck hat der practischen Erlernung der
Sprache zu dienen, sondern zunächst die Erkenntnifs und das
Verständnifs derselben zu fördern.    Wir finden in ihr nicht
blofs Thatsachen und Regeln, sondern bereits Deutung, Erklärung, Begründung der sprachlichen Erscheinungen, und letzteres
wiederum insbesondere durch eine durchgängige Vergleichung
mit dem Sanskrit.  Mit der Benutzung der Resultate der Lin-
guistik geht Hand in Hand die umsichtige und kritische Benutzung dessen, was im Inlande fürs Lettische insbesondere
schon geleistet war.  So ist der Abschnitt über die Conjugationen
nach Harder das lichtvollste, was vorliegt.  Ebenso das beste
und reichhaltigste: die Lautlehre und der Abschnitt über die
Wortbildung.  Die Mängel des Buchs sind meistens darin begründet, dafs der Verfasser mindere Bekanntschaft mit den verschiedenen lett. Dialecten zeigt und die fruchtbare Vergleichung
mit dem Litthauischen und Slavischen meist ganz unterläfst,
sodann auch in der Form der Darstellung, die oft mehr den
Character einer Vorarbeit hat, als den einer eigentlichen fertigen
Grammatik.  Jedenfalls wird die Bahn für die Entwickelung
der lett. Grammatik zu einem gedeihlichen Ziel, abgesehen von
den Linguisten des Auslandes, bezeichnet durch die Namen und
Schriften eines Stender, Harder und Rosenberger.

# Erster Theil.

# Lautlehre.

---

## Uebersicht.

§. 11. Die Lautlehre behandelt die sinnlichen Elemente der Sprache, abgesehen von der geistigen Bedeutsamkeit, die sie entweder für sich oder als Complexe im Worte haben. Am Laut ist Qualität und Quantität zu unterscheiden. Hieraus ergeben sich die beiden Hauptabtheilungen der Lautlehre. In der ersten betrachten wir

1. die Qualität der einzelnen oder zusammengesetzten Laute für sich in ihrem Beharren (Lautsystem);
2. alle diejenigen Abänderungen der Laute, die rein physisch sind, d. h. nicht bedingt durch den geistigen Inhalt der Sprache und nicht bedeutsam für denselben.
   In der zweiten betrachten wir
1. die extensive Quantität der Laute, besonders der Vocale, somit der Sylben (Länge und Kürze);
2. die intensive Quantität der Laute (Accent).

## Erste Abtheilung.

## Qualität der Laute.

### Erster Abschnitt.

### Lautsystem, Aussprache, Schreibung.

### Erstes Kapitel.

### Vocale.

#### I. System der Vocale.

#### 1. Reine Vocale.

§. 12. Die lettische Sprache hat, wie jede andere, nur drei ursprüngliche reine einfache Vocallaute: *a, i, u.*

Die Qualität derselben ist bedingt theils durch das Maaſs der Mundhöhlenöffnung, theils durch das Maaſs der Lippen-öffnung *):

     *a*: Mundhöhle halboffen, Lippen möglichst offen;

     *i*: Mundhöhle (unter Hebung und Vorstreckung der Zunge) möglichst geschlossen, Lippen halb offen;

     *u*: Mundhöhle möglichst offen, Lippen möglichst ge-schlossen.

So ordnen sich die Urvocale nach dem Grade der Lippen-öffnung in die absteigende Reihe: *a*, (*i*,) *u*; nach dem Grade der Mundhöhlenöffnung in die aufsteigende Reihe: *i*, *a*, *u*.

Alle drei Urvocale stellen Vocallaut-Extreme dar, namentlich aber *i* und *u*. Werden die Lippen noch um ein weniges mehr geschlossen, als bei *u*, so wandelt der Vocal sich in den Consonanten *w* (cf. §. 46). Wird die Mundhöhle unter Hebung und Vorstreckung der Zunge noch um ein weniges mehr ge-schlossen, als bei *i* geschieht, so geht der Vocal über in den Consonanten *j*. Das *a* kommt ohne Behinderung von Seiten der Lippen oder des Gaumens aus der Kehle und steht, wie das *u* den Labialen und das *i* den Dentalen oder Palatalen, so seinerseits den Gutturalen am nächsten, zu denen der reine Hauch (Spiritus asper) den Uebergang macht. Unten wird sich zeigen, daſs die lettische Sprache das *w* und *j* liebt, das *h* aber ursprünglich nicht kennt.

## 2. Gemischte oder Mittellaute.

§. 13. Sofern *a*, *i*, *u* Extreme in der Reihe der Vocallaute sind, so giebts keine, die über sie hinausliegen. Eine mehr oder minder groſse Anzahl aber giebt es ja in den verschiedenen Sprachen, die zwischen *a*, *i*, *u* liegen. Diese anderen Vocal-laute sind entweder Mittellaute, Mittelstufen zwischen *a* und *i*, zwischen *a* und *u* u. s. w., die zugleich als Mischungen oder Verschmelzungen von *a* und *i*, *a* und *u* u. s. w. angesehen werden können und in manchen Fällen angesehen werden müs-sen, oder aber Zusammensetzungen zweier einfachen Vocale, d. h. Doppelvocale, Diphthongen.

Die zwischen *a*, *i*, *u* in der Mitte liegenden Vocallaute kön-nen, falls sie auch aus zwei Urvocalen gemischt oder verschmol-

---

*) Cf. Heyse, System der Sprachwissenschaft, §. 31.   Berlin 1856.

zen sind, doch noch einfach genannt werden, sofern das Ohr
nicht die beiden zu Grunde liegenden Bestandtheile, sondern
nur deren Produkt vernimmt. Oft übrigens ist solche Mischung
etymologisch-historisch nicht nachweisbar. Bei den Diphthongen
unterscheidet das Ohr trotz der factischen Lauteinheit doch die
zu Grunde liegenden Bestandtheile.

Die lettische Sprache hat in demjenigen Dialecte, den wir
hauptsächlich in vorliegender Grammatik darstellen, der im mittleren, südlichen und südwestlichen Kurland herrscht und im
Wesentlichen der üblichen Schriftsprache congruent ist, von
Mittellauten nur zwischen *a* und *i* das offene und das geschlossene *e*, jenes dem *a*, dieses dem *i* näherstehend. Im hochlettischen Dialect des kurischen Oberlandes und des südöstlichen
Livland, und nur da, findet sich auch der Mittellaut zwischen
*a* und *u*: *o*.

Alle genannten Vocallaute, auch das offene *e* (spr. *ae*) können im Lettischen sowohl kurz als lang sein.

Bildlich läfst sich die Uebersicht des Systems der einfachen
(und gemischten) Vocallaute, abgesehen von der lettischen Orthographie, in folgender Figur geben:

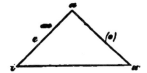

## 3. Diphthonge.

§. 14.  Die Diphthonge unterscheiden sich von den Mischvocalen *e*, (*o*), dadurch, dafs sie trotz der Lauteinheit doch
die Eigenthümlichkeit der beiden Bestandtheile bewahren. Hieraus folgt erstens, dafs jeder Diphthong (als Summe zweier Kürzen) stets lang ist; sodann, dafs der Diphthong nicht forttönen
kann, sondern bei desfallsigem Versuch nur sein zweites Element hören läfst. Wenn man *ai* continuieren will, so continuiert
man in Wirklichkeit nur das *i*, nicht den Complex *ai* als solchen.

Die lettische Sprache hat die sämmtlichen sechs Diphthonge,
die durch Verbindung von je zweien der drei Urvocale entstehen:
*ai*, *i* (= *ia*), *au*, *u* (= *ua*), *ui*, *iu*. Neben *ai* steht aufserdem
die Verbindung von *e* und *i*: *ei*, und in *i* kann das Ohr oft
ebensosehr *i-e* als *i-a* zu finden glauben.

Die genannten Diphthonge zerfallen in zwei Gruppen: die einen können eine innigere, continuierlichere Verbindung ihrer beiden Bestandtheile zeigen, weil Mundhöhle und Lippen in einer continuierlichen gleichartigen Bewegung von dem ersten offeneren Element zum zweiten geschlosseneren fortschreiten können, — ächte Diphthonge: *ai, ei, au, ui*.

Die anderen zeigen stets eine minder continuierliche, eine mehr lockere Verbindung der beiden Bestandtheile, weil Mundhöhle oder Lippen eine doppelte, verschiedenartige Bewegung machen müssen, erst sich schliefsend, dann wieder sich öffnend, um von dem ersten zum zweiten Element zu kommen, — unächte, gebrochene Diphthonge: *i* (= *ia*), *u* (= *ua*), *iu*. Bildlich läfst sich das System der sämmtlichen genannten Vocallaute in folgender Figur darstellen:

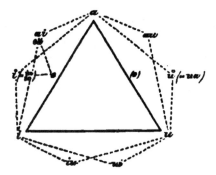

## 4. Gedehnter und gestofsener Ton.

§. 15. Dafs sämmtliche Diphthonge stets lang*) sind, die übrigen reinen oder gemischten Vocallaute entweder lang oder kurz sein können, ist bereits bemerkt; defsgleichen, dafs jeder Diphthong lang ist, sofern er eine Summe wenigstens von zwei kurzen Vocalen darstellt (unter Umständeu könnte es die Summe von einem kurzen und einem langen oder gar von zwei langen Vocalen sein). Ebenso gilt auch der einfache lange Vocal als der zweimal genommene kurze, wie ja in manchen Sprachen und zu verschiedenen Zeiten die Länge des Vocals durch dop-

---

*) Ausnahmsweise lautet der Diphthong in gewissen Partikeln oder Interjectionalen Imperativen auffallend kurz; cf. *vdi*, ob (Fragepartikel); *rau* f. *raugi*, schau, sieh! *klau*, f. *klausis*, horch, höre! *ei*, geh! (§§. 600. 634).

pelte Schreibung des Vocalzeichens ausgedrückt worden ist (cf.
nur das griechische ω).

Diese Bemerkungen werden zum Verständnifs einer der
merkwürdigsten, eigenthümlichsten und tiefgreifendsten Erscheinungen des lettischen Vocalsystems führen, zum Verständnifs nämlich der Unterscheidung zwischen gedehntem und
gestofsenem Ton. Die Betrachtung desselben gehört hierher und nicht in den weiter unten folgenden Abschnitt vom Accent, denn es handelt sich hier nicht um mehr oder weniger
intensive Quantität des Ictus, die sich ergiebt bei Vergleichung
der verschiedenen Sylben eines Wortes, sondern um eine Verschiedenheit der Betonung der oft erst durch absichtliche Abstraction zu sondernden Bestandtheile eines und desselben langen (resp. diphthongischen) Vocallautes, die von dem Wortaccent
eigentlich ganz unabhängig ist und nur in den stark betonten
Wurzelsylben mehr ins Ohr fällt, als in den weniger hervorgehobenen Nebensylben. Jene Verschiedenheit läfst sich, wenn
man die Lauteinheit des langen (resp. diphthongischen) Vocals
ins Auge fafst, eine qualitative Verschiedenheit des Tones
nennen, durch welche die Qualität des Vocallautes, sei es auch
nur formaliter modificiert wird, und deshalb ist hier davon
die Rede.

§. 16. Bei den Diphthongen ist der Unterschied am einfachsten und klarsten, und ein ähnlicher bereits auch in andern
Sprachen nicht allein nachgewiesen, sondern selbst in der Schreibung durchgeführt. Zwei Fälle nämlich sind im Lettischen
möglich:

Entweder tönen die beiden Elemente des Diphthongs (sei
er nun ein ächter, oder ein gebrochener) so continuierlich
zu einer Einheit zusammen, als es eben möglich ist, und der
Ton liegt zwischen oder auf beiden Elementen in der Mitte,
so dafs also keines von beiden Elementen vor dem andern vorwaltet. Man könnte diese Art der Verbindung und Betonung
durch einen Strich über dem Diphthong bezeichnen: $\bar{ai}$, $\bar{ei}$, $\bar{au}$,
$\bar{ui}$, $\bar{ia}$, $\bar{ua}$, $\bar{ie}$. In vorliegendem Werk habe ich aber fürs Lettische den möglichst continuierlichen, gleichmäfsigen, gedehnten
Ton bei ai, ei, au, ui, ie gar nicht bezeichnet, da diese einfache nackte Schreibung schon fürs Auge beide Elemente als
gleichberechtigt hinstellt, für ia und ua aber, da in Folge des
in der Mitte ruhenden Tones gerade der Mittellaut, dort zwischen

*i* und *a*: *e*, und hier zwischen *u* und *a*: *o* vorzugsweise ins
Ohr fällt, diesen Mittellaut auch dem Auge vorführen zu müssen
geglaubt in der Schreibung *ė* für *ia* und *ō* für *ūa*. (Genaueres
über die Orthographie cf. §. 25).

Oder der Ton ruht nicht in der Mitte auf beiden Elementen, genauer: auf dem Uebergang beider Elemente des Diphthongs, sondern entschieden auf dem ersten Element, und das
zweite klingt tonlos, deshalb gelinder und kürzer nach. Durch
diese Art der Betonung verliert auch der ächte Diphthong die
sonst ihm anhaftende Continuität des Lautes und nähert sich
der Eigenthümlichkeit des unächten, gebrochenen Diphthongen,
sofern die beiden Elemente sich mehr und mehr sondern. Gegenüber jenem continuierlich gedehnten Ton dort können wir
den hier waltenden einen gestofsenen nennen. Zur Bezeichnung des letzteren empfiehlt sich naturgemäfs der Acut auf dem
ersten Element des Diphthongs: *ái, éi, áu, áü, íu*, wobei, wenn
man noch genauer verfahren wollte, das zweite Element mit
kleinerer Letter gegeben und der Bruch in der Mitte durch
einen Apostroph angedeutet werden könnte: *á'ᵢ, é'ᵢ, á'ᵤ, ú'ᵤ, í'ᵤ*.\*).

_____

\*) Ueber die Natur der Stofsung und Dehnung der Diphthonge hat Verf. sich
mit dem gründlichsten Kenner des Lettischen, Dr. Baar, nicht einigen können. Der
Unterschied der Auffassungen ist folgender. Künftige Untersuchungen mögen fest-
stellen, wer genauer gehört hat. Verf. meint nämlich nach Obigem, dafs das Wesen
der Stofsung und Dehnung in dem Verhalten der beiden Elemente des Diphthongs zu einander liege, je nachdem beide sich von einander ablösen unter
Vorwalten des ersten Elementes, oder je nachdem beide continuierlich und gleichberechtigt zusammen klingen. Dr. Baar meint dagegen, dafs das Wesen der Stofsung
und Dehnung lediglich in dem Verhalten des zweiten Elementes ganz allein liege,
mit andern Worten, dafs die Stofsung oder Dehnung durchaus nicht zwischen den
beiden Bestandtheilen des Diphthongs, sondern entschieden innerhalb des zweiten
Lautes ruhe. Der Unterschied der Auffassungen macht sich besonders bei den gestofsenen Diphthongen geltend. Während Verf. dieselben dem Auge also anschaulich
machen möchte: *á'ᵢ, é'ᵢ, á'ᵤ,* u. s. w., so stellt Dr. Baar sie also dar: *ai'ᵢ,
ei'ᵢ, au'ᵤ, uu'ᵤ*. Es handelt sich hier um Thatsachen, die empirisch ausgemittelt
werden müssen. Verf. glaubt inzwischen, dafs Dr. Baars Ansicht auf einer leicht
erklärlichen Selbsttäuschung beruht. Das erste Element der gestofsenen Diphthonge
ist nämlich in der Regel, wenn nicht immer, entschieden kurz und deshalb ist
die vollkommene Sonderung vom folgenden Element namentlich bei schnellerem
Sprechen aufserordentlich schwer oder vielleicht unmöglich und es kann wohl
scheinen, dafs der zweite Laut schon vor dem durch den Apostroph angedeuteten
Hiatus einmal bei und an dem ersten Laut anticipiert sei, obschon er es nach des
Verf. Ansicht in Wirklichkeit nicht ist. Hätte ferner Dr. Baar Recht, so müfste
unzweifelhaft das zweite Element des Diphthongs viel mehr ins Ohr fallen, als es
diese that, denn es würde in zwei oder in wenigstens anderthalb Kürzen im Diphthong existieren, während das erste Element factisch nur in einer Kürze da ist
(*au'ᵤ*, = *á* + *ŭ* + ½ *ŭ*). Dafs aber die doppelte Existenz oder, wollen wir sagen, die
Spaltung des zweiten Elementes nicht dem Sachverhalt entspricht, scheint sich ganz
klar bei den unächten gestofsenen Diphthongen zu ergeben. *i, u, iu* sind nach des

Für *ia* aber und *ua* sind nach unten (§. 25.) erörterten Gründen als die passendsten Zeichen *ī* und *ū* gewählt und in vorliegender Grammatik durchgeführt.

Ordnen wir nun die ächten und unächten theils gedehnten, theils gestofsenen Diphthonge nach dem Grade der Verflössung der beiden differenten Vocale zu einem Lautcontinuum, so ergeben sich vier oder fünf Gruppen, wobei zu beachten, dafs die gedehnten unächten Diphthonge continuierlicher lauten, als die gestofsenen ächten.

1) *ai, ei, au, ui.*
2) *ē, ō.*
3) *iu.*
4) *ái, éi, áu, úi.*
5) *ī, ū, iŭ.*

Wesentlich denselben Unterschied in der Aussprache der Diphthonge hat J. Grimm fürs Gothische geltend gemacht, nur dafs er die beiden Fälle so stellt: entweder überwiege das erste Element (*ái, áu*), oder das zweite (*aí, aú*). Im Lettischen kann nach dem Genius der Sprache das zweite Element nie überwiegen; es kann höchstens dem ersten an Gewicht gleich sein. Genau derselbe Unterschied, wie er im Lettischen besteht, ist fürs Litthauische von Schleicher (litth. Grammatik P. 13.) anerkannt. Im Litthauischen kommen aber gestofsene Diphthongen nur in betonter Sylbe vor, im Lettischen in jeder, sei sie betont oder unbetont.

§. 17. Die lettische Zunge führt nun diesen an den Diphthongen vollkommen klaren Unterschied der Betonung mit gröfster Consequenz auch an den einfachen langen Vocalen durch. Das Wesen der Erscheinung wird hier nicht minder verständlich sein, sobald wir nur den einfachen langen Vocal aus zwei kurzen Vocalen uns bestehend denken, wenn auch durchaus nicht immer seine Entstehung aus zwei Kürzen etymologisch nachweisbar ist. Die beiden kurzen mit einander identischen Vocale nun können mit gedehntem Ton continuierlich zusammen klingen, oder aber der Ictus hebt das erste Element vor dem zweiten

---

Verf. Auffassung = *ī'₂, ū'₂, iŭ'₂*, nach Dr. Baar aber = *ia'₂, ua'₂, iu'₂*, eine Aussprache, in der nothwendig das zweite Element vorwalten müfste, was Verf. aber niemals hat wahrnehmen können. Endlich scheint es, dafs Spaltung eines kurzen Vocals überhaupt eine Unmöglichkeit sei, das zweite Element der Diphthonge ist aber entschieden nicht lang, sondern kurz.

nachdrücklich hervor und läfst das vom ersten gewissermafsen abgebrochene, gewissermafsen durch ein freilich unendlich kleines Vacuum vom ersten getrennte zweite Element leicht und kurz nachhallen.

Zur Bezeichnung der gedehnten Länge ist im Folgenden bei einfachen und gemischten Vocalen　　gewählt: á, é, í, ú (= āā, ēe, īi, ūu). Die gestofsene Länge könnte genau genommen nicht besser bezeichnet werden, als durch doppelte Schreibung des Vocals (das zweite Mal mit kleinerer Letter), mit Acut auf dem ersten und Apostroph zwischen beiden, also: á'a, é'e, í'i, ú'u. Der Kürze halber ist im Folgenden nur der Acut als Zeichen der gestofsenen Länge gebraucht: á, é, í, ú*).

Beide Zeichen,　　und ', deuten im Folgenden stets nur die Art des Vocallautes, niemals den Wortaccent an. Letzterer bedarf, wie unten (§§. 157 seqq.) gezeigt wird, keiner Bezeichnung.

Das Hochlitthauische kennt nach Schleicher diese Unterschiedlichkeit des Tones bei den einfachen langen Vocalen nicht. Das Niederlitthauische (Žamaitische) südlich bis an den Niemen theilt dieselbe mit dem Lettischen vollkommen, wie Kurschat (Beiträge zur Kunde der litth. Spr., zweites Heft) nachweist.

Ueber eine mit Obigem ganz analoge im Lettischen und Niederlitthauischen gleicherweise sich findende Erscheinung, über die gestofsene oder nicht gestofsene Aussprache kurzer Vocale vor Liquidis, worauf ein anderer Consonant folgt, cf. unten §. 27.

Beiläufig mufs bemerkt werden, dafs das Verdienst zuerst und nachdrücklich die Unterscheidung des gestofsenen und gedehnten Tones im Lettischen geltend gemacht zu haben, dem Dr. Baar in Goldingen und dem Pastor Büttner in Kabillen gebührt. Cf. deren Aufsätze hierüber im Magazin der lettisch-literärischen Gesellschaft IX, 1. (1847). Cf. auch Rosenberger, Formenlehre der lett. Spr. Mitau 1830.

§. 18. Ehe wir zur genaueren Erörterung der Aussprache der lettischen Vocallaute übergehen, stellen wir die nun gewonnenen sämmtlichen Vocallaute in folgender Tabelle zusammen. In Parenthese ist bei jedem Vocalzeichen die Geltung angegeben.

---

*) Das bisher übliche ā als Zeichen der Vocallänge ist also von uns vollständig aufgegeben und ist auch, abgesehen davon, dafs es als Hauchzeichen der lettischen Sprache fremd und zuwider ist, unbrauchbar, erstens, sofern es keine Unterscheidung gedehnten und gestofsenen Tones zuläfst, zweitens, sofern es in den Nebensylben nur mit Inconsequenz üblich gewesen und hier in jedem Fall den Nichtkenner des Lettischen über die Quantität der Vocale im Dunkeln läfst.

| | Einfache Vocale | | | Diphthonge | | | |
| --- | --- | --- | --- | --- | --- | --- | --- |
| | kurze | lange | | leichte | | schwere | |
| | | gedehnt | gestossen | gedehnt | gestossen | gedehnt | gestossen |
| Guttural . . . | *a* (*ă*) | *â* (*ă*) | *å* (*ă'ₒ*) | *ai* (*aī*) | *ai* (*ă'ᵢ*) | | |
| Palatal . . . | *e* {(*äĕ*) (*ĕ*)} | *ê* {(*äē*) (*ē*)} | *ê* {(*äē'ₒₒ*) (*ē'ₒ*)} | *ei* (*eī*) | *ei* (*ĕ'ᵢ*) | *ê* (*īĕₒ*) | *ê* (*ī'ₒ*) |
| Dental . . . | *i* (*ĭ*) | *î* (*ī*) | *î* (*ī'ᵢ*) | *au* (*aū*) | *au* (*ă'ₒ*) | | |
| Labial . . . | *u* (*ŭ*) | *û* (*ū*) | *û* (*ū'ₒ*) | *ui* (*uī*) | *ui* (*ŭ'ᵢ*) | *ô* (*ūŏₒ*) *ûu* (*ūū*) | *ô* (*ū'ₒ*) *ûu* (*ū'ₒ*) |

## II. Aussprache der Vocallaute. Orthographie.

### 1. *a, i, u; (o).*

§. 19. Abgesehen von den unächten Diphthongen und dem
gestofsenen Ton ist die Aussprache der Vocallaute im Lettischen
derjenigen im Deutschen sehr ähnlich.  Namentlich haben *a, i,
u,* die drei Urvocale, wie in ihrer Natur liegt, eine reine und
in ziemlich allen Zungen gleichartige Aussprache.  Besonders
starr und keinen Nüancierungen ausgesetzt beweisen sich *i* und
*u; a* dagegen verliert wohl, wie im Englischen (*all, hall*), im
Skandinavischen (*á*), im Litthauischen (*o = a*), so auch in lettischen Mundarten (Oberland und südöstliches Livland) den
reinen Laut und nähert sich dem *o.*  Dort spricht man *mázitáis,*
Prediger, wie *mózitáis; gars,* Geist, wie *gors.*  Aber diese Nüan-
cierung ist nur mundartlich.  Ein reines *o,* Mittellaut zwischen
*a* und *u,* giebts im übrigen Kur- und Lettland vielleicht nur
in dem Zuruf an Pferde: *kosch!* oder wiederholt: *kosch kosch!*
Vocativ des Deminutiv: *koschin,* Pferdchen, in der Kindersprache
und im Volksliede (Büttnersche Sammlung 2530); in dem Jubel-
ruf: *ligô* (= *ligu,* Imperat. v. *ligut,* schwanken, schaukeln); in
der Interjection *nô,* na! womit man die Pferde antreibt: Büttner,
Magazin der lett. lit. Gesellschaft IX, 1. p. 15. führt noch die
mir unbekannten Interjectionen *lellô, memmó,* das Verbum *kollét,*
durcheinandersprechen, und das Nom. propr. *Bofche* an.

### 2. *e.*

§. 20.  Der Mittellaut *e* hat als solcher naturgemäfs weit
mehr eine schwankende Natur.  Er repräsentiert je nach mundartlicher oder localer Liebhaberei die lange reiche Scala von
Lauten, die auf der Seite nach *a* hin mit dem breitesten *ae* beginnt, auf der andern Seite nach *i* hin in ein tonloses, stummes,
kaum von *i* zu unterscheidendes spitzes *e* ausläuft.  Alle Nü-
ancen des *e*-Lautes zu charakterisieren ist unmöglich, doch kann
man drei wesentlich verschiedene wohl namhaft machen.  Entweder nämlich lautet *e*

1) offen, ziemlich gleich dem (ostpreufsisch-) deutschen *ä*
   in Wörtern wie jäh, zäh, oder dem *e* in schwer, leben,
   (*e* ouvert der Franzosen), oder

2) geschlossen, als reines *e,* als ächte Mitte zwischen *a* und
   *i,* ähnlich wie in Reh, See oder (provinziell) in den ersten

Sylben der deutschen Wörter: Ende, essen, (e termé im Französischen). Von dem geschlossenen e läfst sich noch unterscheiden

3) eine Nüance, die dem i am nächsten steht. Dieses e entspricht dem deutschen stummen e (cf. die Endsylben in Liebe, haben) und findet sich nur in ganz unbetonten Sylben.

In allen drei Fällen ist der lettische e-Laut, mag er kurz oder lang sein, ein vollkommen einfacher und läfst durchaus keinen Nachklang a hören, wie das litthauische namentlich lange e so oft thut (Schleicher litth. Gramm. p. 7. 8), nähert sich also nicht den oben erwähnten Diphthongen ë oder ï. Eine Bezeichnung der Länge (und somit der Kürze), des gestofsenen und gedehnten Tones ist beim e, wie bei jedem Vocallaut nothwendig und im Folgenden nach den bereits angegebenen Grundsätzen durchgeführt. Eine Bezeichnung der offeneren oder geschlosseneren Aussprache aber ist weder gut möglich, noch im Grunde nöthig. Denn wenn auch nach mundartlicher Eigenthümlichkeit das e in demselben Fall anderswo offener und breiter (im Hochlettischen), anderswo geschlossener, spitzer gesprochen wird, so giebts doch ein für alle lettischen Mundarten *) unverbrüchlich geltendes Gesetz rücksichtlich des relativen Unterschiedes zwischen offenem und geschlossenem e. Je mehr dieses Gesetz in Zusammenhang steht mit der Beschaffenheit der menschlichen Sprachorgane und deshalb auch mit ähnlichen Erscheinungen in andern Sprachen, um so geeigneter ist es die reineren Dialecte des Lettischen aus den unreineren herauszufinden. Das Gesetz beruht auf der Assimilation des e-Lauts in erster Linie an den folgenden Consonanten, in zweiter Linie an den in der folgenden Sylbe stehenden Vocal. Der erste Fall läfst sich aber, wie wir sehen werden, am Ende auch auf den zweiten zurückführen und die ganze Erscheinung ist im Wesentlichen dann nichts anderes, als das, was in der deutschen Sprache Umlaut genannt wird (§. 117.).

§. 21. 1. Der e-Laut ist nämlich überall ein relativ geschlossener, spitzer,

a) wo in der folgenden Sylbe einer der dentalen oder palatalen (§. 18) geschlossenen Vocallaute steht, d. h. also:

---

*) Im Hochlettischen giebt es fast kein geschlossenes e, aber dafür pflegt das sonst offene e dort sich in a zu wandeln, cf. §. 56, b.

*i*, (*i*, *ì*), *ï*, *ĭ*, *ei*, (*ĕi*), und geschlossen *e*, (*ĕ*, *è*), das oft, namentlich in der Declination der weiblichen contrahierten *ja*-Stämme, nachweisbar durch eine Verschmelzung von *i* und *a* oder *j* und *a* entstanden ist (§. 127).

b) wo im Anlaut der auf *e* folgenden Sylbe (also möglicher Weise von *e* noch durch einen reinen Conson. getrennt) ein *j* oder ein durch *j* getrübter Consonant, ein mouillierter Palatal steht, d. h. also: *j* (*pj, bj, mj, wj*), *n*, *l*, *r*, *sch*, *fch, tfch, (dfch?), k, g* (§§. 123 seqq.)\*). Die rein dentalen *s* und *ds* gelten, auch wenn sie nachweisbar aus *kj* und *gj* entstanden sind, doch als reine Laute und bewirken an sich geschlossene Aussprache eines vorhergehenden *e* niemals.

c) Endlich giebt es auch einige leicht zu characterisierende Fälle, wo das ursprünglich hinter *e* vorhandene *i* oder *j* aus- oder abgefallen ist, ohne den vorhergehenden Consonanten zu trüben, und doch eine umlautende Nachwirkung auf das *e* der vorhergehenden Sylbe ausübt.

Beispiele ad a) *nésis*, Tracht; *tirelis*, Morast; *degsnis*, ausgebrannte Rödung; *kreklinsch*, Hemdchen; — *swétit*, heiligen; *seriba*, Hoffnung; *ifdewigs*, ergiebig; *fchéligs*, barmherzig; *bédigs*, kummervoll; — *mettins*, Wurf; *nessit*, ihr traget; *senî*, die alten, längst vergangenen (Nom. Pl. masc. von der definiten Form, f. *senáji*); *femniks*, Landmann; — *bedre*, Grube; *dwésele*, Seele; *mélé* (Locat.), auf der Zunge; *wélét*, wünschen.

ad b) *séja*, Saat(feld); *wéjsch*, Wind; *dewéj's*, Geber; *slépju*, ich verheimliche; *strebju*, ich schlürfe; *wemju*, ich vomiere; *kéwju* (Gen. Plur.), der Stuten; *sénu* (Gen. Plur.), der Pilze; *skábenu* (Gen. Plur.), des Sauerampfers; *welu*, ich wälze; *tela*, des Kalbes; *sela*, des Weges; *keru*, ich greife; *bedru* (Gen. Pl.), der Gruben; *mérit*, messen; *méra* (Gen. Sing.), der Pest; *pléscham*, wir reißen; *degschu*, ich werde brennen; *sweschums*, Fremde; *efcha*, Feldrain, Acc. Sing. *efchu*; *wetscha* (Gen. Sing. von *wessis*), des Alten; *bréka*, des Schreihalses, Accus. Sing. *bréku* neben *bréki*; *degga*, des Brantweinbrenners; *négu* (Gen. Pl.), der Neunaugen.

---

\*) Dieselbe Erscheinung findet sich im Russischen, wo *ѣ* und *e* vor unmouillierten Conson. wie *ê*, vor mouillirten Conson. wie spitzes *e* lauten. Cf. O. Böhtlingk, Beitr. zur russ. Gramm. in Mélanges russes II, 1. P. 54 seqq.

ad c) Umlautende Nachwirkung eines bereits ganz verschwundenen *i* oder *j* findet sich namentlich in folgenden
Fällen:

α) im Praeteritum Act. (durch alle Personen beider Numeri) aller Verba Cl. I. und IV., oder allgemeiner: aller
einsylbigen Verba, deren Wurzelsylbenvocal eben *e* ist:
*mettu*, ich warf; *weddu*, ich führte; *nessu*, ich trug; *slēpām*,
wir verbargen; *kērām*, wir haschten; *wēmām*, wir vomierten;
*brēsāt*, ihr schrieet; *slēdsāt*, ihr schlosset. Den historischen Nachweis, daſs hinter der Wurzelsylbe ein *j* wirklich ausgefallen, s. §. 436; cf. auch *dewu*, ich gab, §. 117.

β) Das *e* in der Wurzelsylbe aller einsylbigen Verba und in
der Derivationssylbe aller Verba von Cl. IX. und XII. ist
im Infinitiv geschlossen in Folge des vom Infinitiv-
character *-ti* abgefallenen *i*: *ēst*, essen; *se'lt*, heben, *ne'mt*,
nehmen; *rawēt*, jäten; *dadsēt*, groſsziehen; *dsi'rdēt*, hören; *tuppēt*, hocken, für älteres *ēsti*, *se'lti*, *ne'mti*, *rawēti*
u. s. w. *).

Die relativ breite Aussprache des *ē* im Infinitiv der
Verba Cl. IX. und XII., wie man sie in Niederbartau
hört, ist nicht dem Genius der Sprache und der Analogie
gemäſs.

γ) Eine mehr locale oder dialectische Bedeutung hat die Erscheinung, daſs das *e* in der Wurzelsylbe Präs. Verborum
primitivorum Cl. XII. gespitzt wird, auch wo kein *i* oder
*j* folgt, entsprechend der Eigenthümlichkeit dieser Verba
Cl. XII., die öfter die Charaktersylbe *ja* von Cl. IV. adoptieren (§§. 278. 279); cf. *drebbu*, ich zittere; *pe'ldu*, ich
schwimme; *pelu*, ich schimmele; *peru*, ich brüte; *stenu*,
ich stöhne; *trenu*, ich modere; *seru*, ich hoffe, parallel
mit *dsi'rschu* neben *dsi'rdu*, ich höre; *redschu* neben *redsu*,
ich sehe; *titschu* neben *tissu*, ich glaube; *turu* neben *turu*,
ich halte. Die Spitzung des *e* ist beliebt in Mittelkurland westlich bis inclusive Antz, weiter westlich nicht
mehr.

Die nur scheinbaren Ausnahmen von diesem Gesetz, wo

---

*) Im nordwestkurischen Dialect, der längst die Endsylben mehr verstümmelt
, ist solche Nachwirkung bereits untergegangen und das *e* in einsylbigen Infini-
n wird breit gesprochen gleich wie (gegen §. 28) das *e* in allen einsylbigen
rtern, cf. *mēs*, wir; *es*, ich; *ne*, nicht.

nämlich ein *e* vor dem *i* Nominativi Plur. masc. oder vor dem
*f* Dativi Plur. masc. oder vor der Adverbialendung -i u. s. w.
doch breit und offen lautet, werden sich gleich unten (§. 22)
unter das Gesetz subsumiert finden.

Eine wirkliche Ausnahme bildet das gegen lettischen Sprachgenius spitz gesprochene *e* in Fremdwörtern und Fremdnamen:
*Metufalems*, Methusalem; *Élus*, Eli; *Emmaüs*, Emmaus; *Getse-
mane*, Gethsemane; *ewangélijums* neben *éwangélijums*, Evange-
lium. Von lettischen Wörtern bildet vielleicht die einzige wirkliche Ausnahme das Verbum *médit*, spotten. Wenn in Nord-
kurland die Verba Cl. X. z. B. *mettinât*, oft werfen, *tessinât*,
laufen machen, *édinât*, essen machen, offenes *e* haben, so ist
das eine dialektische und nicht classische Liebhaberei. In
jedem Fall beachte man überall die Relativität des
spitzen und geschlossenen *e*.

§. 22. 2. Der *e*-Laut ist überall ein relativ offener, breiter, wo nach reinem Consonanten (*s* und *df* gehören
auch hierzu, selbst wenn sie nachweislich aus *kj*, *gj* entstanden
sind) einer der gutturalen oder labialen Vocallaute folgt (beide
werden mit offener Mundhöhle gesprochen), also: *a*, (*á*, *á*), of-
fenes *e*, (*é*, *é*), *u*, (*ú*, *ú*), *ai*, (*ái*), *au*, (*áu*), *ô*, *ú*, *ui*, (*úi*). Ja es
giebt einige leicht zu characterisierende Fälle, wo in der fol-
genden Sylbe ursprünglich ein *a* bestanden hat, im Lauf der
Zeit aber entweder ausgefallen, oder durch ein weiter folgendes
zum Flexionscharacter gehöriges *i* verdrängt, oder aber endlich
zu *i* geschwächt ist und dennoch seiner ursprünglichen Natur
gemäß immer noch nachwirkt und seine eigene frühere Existenz
durch dauernde und allgemeine breite Aussprache des vorhergehenden *e* beweist.

Beisp.: *krekla*, des Hemdes; *swétam*, dem heiligen; *weddam*,
wir führen; *nessam*, wir tragen; *wessó sétá* (Locat.), in dem
altenGehöft; — *mérens*, mäßig, maßvoll; *wéléts*, gewünscht; *re-
dsêts*, gesehen; — *mettu*, ich werfe; *meddu* (Acc. Sing.), Honig;
*bréwu*, ich schreie; *slédfu*, ich schließe; — *pérnáis*, der vorig-
jährige; *wessáis*, der alte; *sprégáinsch*, zerborsten, rissig; *sétái*
(Dat. Sing.), dem Gehöft; — *térauds*, Stahl; — *pérkúns*, Donner;
*mettúts*, werfend; *schélút*, bemitleiden.

Nachwirkung eines nicht mehr vorhandenen *a*
auf die Aussprache des vorhergehenden *e* findet sich namentlich
in folgenden Fällen, die also zum Theil als scheinbare Aus-

nahmen von dem eben besprochenen Gesetz angesehen werden können:

*a*) im Nom. Plur. der männl. *a*-Stämme, wo der Stammauslaut -*a* vom Nominativzeichen *i* verdrängt ist (§§. 334. 335): *fēni*, Knaben; *mēri*, Maaſse; *dēli*, Söhne; *grēki*, Sünden; *redſēti*, gesehene; *swēti*, heilige; für die älteren Formen: *fēnai*, *mērai*, *dēlai*, *grēkai* u. s. w.

*β*) im Dat. Plur. der männlichen *a*-Stämme, wo der Stammauslaut *a* erst sich zu *i* geschwächt und dann sich zu *ī* gesteigert hat (§. 339) und doch vorhergehendes *e* nicht spitz macht, sondern offen und breit beharren läſst: *grēkim*, den Sünden: *dēlim*, den Söhnen; *kaſlēnim*, den jungen Ziegen; für die ursprünglichen Formen *grēka-ms*, *dēla-ms*, *kaſlēna-ms*.

*γ*) In den Adverbien, in deren Endung der Stammauslaut *a* durch das Casussuffix *-i* (§. 526) verdrängt ist: *swēti*, heilig; *lēti*, billig; *mēreni*, mittelmäſsig, für urspr. *swētái*, *lētái*, *mērendi*, welche vollständige Endung sich in Pronominal-Adverbiis wie *tikkái*, nur, *tádái*, so, u. s. w. erhalten hat. In manchen Fällen ist nicht allein das *a*, sondern das *i* dazu verloren gegangen, cf. *fchēl'* f. *fchēlái*, kläglich, mitleidig; *pērn'* f. *pērnái*, im vorigen Jahr (§. 526); auch hier bleibt die Aussprache des *e* offen. In Adverbien, wo kein *a* verdrängt ist, hat das *i* sofort umlautende Kraft z. B. in *we'lti*, umsonst, = *pawe'lti*, eig. zum Geschenk (Präposition *pa* und Acc. Sing. von *we'lte*, Geschenk).

*δ*) im Nom. Sing. der männl. *a*-Stämme (Subst. Adj. Partic.), wo der Stammauslaut *a* vor dem Nominativzeichen *-s* in der Regel ausgefallen ist (§§. 324. 325): *dēls*, Sohn; *kaſlēns*, junge Ziege; *sī lwēks*, Mensch; *wess*, alt; *lēns*, sanft; *gurdens*, matt; *mīlēts*, geliebt; *rāudſēts*, gesäuert; für älteres *dēlas*, *kaſlēnas*, *sī lwēkas* u. s. w. Wo in Folge von Consonantenhäufung dieses *a* nicht hat ausfallen können, sondern sich wenigstens in geschwächter Gestalt als („euphonisches") *i* hat erhalten müssen (§. 140, 1), besitzt es doch ebenso wenig umlautende Kraft als das *i* im Dat. Plur. masc. Cf. *grefnis*, schön; *lepnis*, stolz; *kreklis*, Hemd; *krēslis*, Stuhl, für urspr. *grefnas*, *lepnas* u. s. w. Uebrigens läſst man in der Schrift jenes „euphonische" i ebenso wie das ursprüngliche a besser weg.

ε) in der 3. Pers. Präsent. Act. Verbb. Cl. I. u. II, wo zu allermeist das Klassenzeichen a hinter der Wurzelsylbe abgefallen ist (§§. 419. 420): *mett'*, er wirft; *wedd'*, er führt; *ness'*, er trägt; *we'lk'*, er zieht; *dsen'*, er treibt, f. urspr. *metta*, *wedda*, *nessa* u. s. w.

ζ) die Aussprache des *e* in *swet-dina*, Sontag, f. *swêta dîna* (heiliger Tag), schwankt. Sie ist offener, je mehr und wo das Bewußtsein der historischen Entstehung des Wortes lebendig ist (Gr. Essern). Wo letzteres mehr geschwunden und in Folge dessen das Compositum aufs Innigste zur Einheit verschmolzen ist, beginnt der umlautende Einfluß des folgenden *i* (Autz).

§. 23. 3. Wo der e-Laut in der Endsylbe eines Wortes steht, ohne daß dahinter noch ein Vocal verloren gegangen wäre, ist jener ein geschlossener *). Uebrigens ist der Fall selten, daß der e-Laut in urspr. Endsylbe vorkommt. Hauptsächlich gehört hierher die Flexion der weibl. contrahierten *ja*-Stämme mit Nom. Sing. auf -*e*. Das *e* ist hier durchweg spitz und geschlossen, ja, wo es kurz ist, fast stumm, wie das deutsche tonlose und stumme *e*; cf. *mêle*, Zunge; *dwêsele*, Seele; Nom. Plur.: *mêles*, *dwêseles*. Dat. Plur. *mêlēm*, *dwêselēm*.

Eine wirkliche Ausnahme bilden die Partikeln: *mē*, Nachspottungslaut; *bē*, Schallwort für das Blöken der Schaafe; *se se*, Zuruf an Hunde (in Niederbartau geradezu *sa sa*); *we*, pfui.

Das Verständniß obiger drei Gesetze macht eine unterscheidende Bezeichnung des offenen und des geschlossenen e-Lauts in der Schrift überflüssig **).

### 3. ai, ei, au, ui, iu.

§. 24. Die Aussprache der Diphthonge *ai*, *ei*, *au*, *ui*, (*iu* kommt sehr selten vor), ist abgesehen vom gestoßenen und gedehnten Ton genau dieselbe, wie im Deutschen; cf. Hain,

---

*) Gerade umgekehrt wird das russische ѣ oder e im Wortanslaut stets breit ausgesprochen. Cf. O. Böhtlingk, Mélanges russes II, 1. p. 56.

**) Aus Hesselbergs Gramm. möge hier folgender Satz als zusammenfassendes Beispiel aller möglichen e-Laute stehen: *dēls wēll tewim dēli un wēle wēlu dēli*, der Sohn erlaubt Dir das Brett und wälzte spät einen Blutigel, (spr. *dēs'₁le wēll'*, *tēwim dēli un wē'₂le wēe'₃₁lu dē'₄li*).

Meile, Baum, pfui. Nur ist der Unterschied zwischen *ai* und
*ei* schärfer zu bewahren, als in manchen deutschen Mundarten
geschieht. In *ei* ist das *e* schon durch den Einfluß des folgenden *i* stets *) ein geschlossenes und nähert sich niemals dem
*a*; in *ai* dagegen wiederum ist überall außer in dem lautlich
vielfach entarteten Dialect Nordwestkurlands (§. 58) das *a* in
der Regel ein reines, volles, nicht zu *e* umgelautetes.

> **Anmerk.** Den Diphthong *oi* einzuführen lohnt sich nicht, da er einzig in
> der Fragpartikel *wói*, ob, und auch da nicht mit Recht gefunden wird. In Mittel-
> kurland hört man *wái* oder *wa* statt *wói*, das eine zum Theil durch Einfluß des
> *w* bedingte mundartliche Verdumpfung von *wái* ist (§. 120, d). Im Oberlande wird
> *wói* sogar zu *wái*. — In einem alten Volksliede findet sich noch ein Beispiel von
> *ei*: *oischu, oischu bērnin, tas itö bidès nämirris*, weh, weh über das Kindlein, das
> ist im Elend verstorben.

## 4. *i, u, í, ó*.

§. 25. Die unächten Diphthonge *i, u, í, ó* machen dem
Nichtletten eine gröfsere Schwierigkeit, die aber nicht so sehr
in dem Wesen der Laute selbst liegt als in der Mangelhaftig-
keit der bisherigen Bezeichnung: *ee* f. *i* und *í*; *o, oh* f. *u* und
*ó*, und der unzulänglichen Einsicht in den Character dieser
Laute. Um letzteren darzustellen, müssen wir sofort den Unterschied des gestofsenen und gedehnten Tones berücksichtigen.
Die Elemente von *i* und *í* sind *i-a*, die von *u* und *ó* sind *u-a*.
Bei gestofsenem Ton wird das erste Element, also *i* oder *u*,
scharf betont, fast kurz, aber nachdrücklich hervorgestofsen,
und das zweite Element (*a*) hallt leise, kurz, leicht nach; also
*i* = *i'a*, *u* = *u'a*. Der Apostroph bezeichnet die reinliche Sonderung der beiden Elemente. Gemäfs diesem Charakter der
Laute hat Verf. in der Schrift ein vom bisherigen Gebrauch ab-
weichendes Zeichen gewählt, wo *i* und *u* schon für das Auge
vorwaltet und das kleine ° das leicht nachhallende *a* andeutet.
Das Zeichen *u* ist im Litthauischen lange eingebürgert. Das
*i* hat Verf. selbst nach der Analogie von *u* zu bilden gewagt.
Beide Zeichen empfehlen sich auch dadurch, dafs, wie unten
bei vielen Gelegenheiten sich ergeben wird, *i* und *u* historisch
aus *i* und *u* entstanden und dialectisch vielfach noch gar nicht
für *i* und *u* eingetreten sind (§. 55).

---

*) Dafs der hochlettische Dialect eigentlich kein geschlossenes *e* hat, ist schon
bemerkt. Dort lautet also auch *ei* fast wie *ai*, *méita*, Mädchen, fast wie *máita*, Aas.

Dieselben Elemente *i-u* und *u-a* mit gedehntem Ton lassen,
weil hier der Nachdruck nicht auf dem *i* oder *u*, sondern auf
der Mitte zwischen *i* und *a* einerseits und zwischen *u* und *a*
andererseits ruht, vornehmlich den zwischeu ihnen factisch liegenden Mittellaut, dort *e*, hier *o* ins Ohr fallen. Derselbe ist
aber nicht rein, sondern hat Vorklänge dort von *i*, hier von *u*
anhebend und Nachklänge beidemal in *a* auslaufend. Da der
gedehnte Ton Continuität der Lautübergänge bedingt, so kann
man sagen, daſs bei *ê* die ganze Scala der Laute von *i* durch
*e* und *ae* bis *a*, bei *ô* die ganze Scala von *u* durch *o* bis *a*
mit der Stimme durchlaufen wird, so aber, daſs der Mittellaut
der bevorzugte ist; ‾*e*ₐ, ‾*o*ₐ. Hierdurch schon ist die Wahl der
Schriftzeichen *ê*, *ô* begründet und gerechtfertigt. Dem Auge
wird derselbe Laut vorgeführt, der für's Ohr der characteristische ist. Der Circumflex deutet den Schnörkel der Stimme
an, die durch so viele Lautnüancen sich hindurch bewegen muſs.
Das eine Zeichen, *ê*, ist theilweise im Litthauischen gebräuchlich.
(Nesselmanns Lexicon, Kurschats Beiträge), das andere, *ô*, ist
nach dieser Analogie vom Verf. gebildet.

Schleicher in seiner litth. Gramm. rechnet die entsprechenden litthauischen Laute nicht zu den Diphthongeu und unterscheidet dem zu Grunde gelegten hochlitthauischen Dialect gemäſs bei den langen Vocalen den gestoſsenen und gedehnten
Ton nicht. So entspricht ungefähr unserm lett. *ĭ* und *ê* sein
litth. *ë* und *ė*, unserm lett. *ŭ* und *ô* sein *ů* (§§. 71. 72). Auſser
in dem nächst verschwisterten Litthauischen finden sich kaum
in einer andern Sprache genau entsprechende Analogieen zu
den in Rede stehenden Lauten. Vielleicht lassen sich die alt-
und mittelhochdeutschen, in Volksmundarten noch fortlebenden
unächten Diphthonge *uo* und *ie* vergleichen, cf. *guot*, gut. Das
französische *oi* und das russische *ѣ* unterscheidet sich wesentlicher von dem lett. *ŭ* (*ô*) und *ĭ* (*ê*), sofern in beiden jenen
Vocallauten der Ton entschieden auf dem zweiten Element
haftet: franz. *oi* = *ua*, russ. *ѣ* = *je* oder *jä* (nie diphthongisch
*iê*, *iä*).

Als Beispiele für lett. *ĭ*, *ê*, *ŭ*, *ô* mögen vorläufig folgende
leicht zu verwechselnde Wörter dienen: *lĭls*, Schienbein (spr.
*li'ₐls*); *lêls*, groſs (spr. *lēₑls*); *lŭki* (Nom.Pl.), Krummhölzer (spr.
*lu'ₐki*); *lôki* (Nom. Pl.), Lauch (spr. *Lōₐki*). Eine vollständigere
Beispielsammlung s. unten §§. 36. 38.

## 5. Gestoſsener und gedehnter Ton.

§. 26. Die Aussprache des gestoſsenen Tones einerseits und des gedehnten andererseits, wie er an Diphthongen und langen Vocalen haftet, ist oben (§§. 15—17) bei Darlegung des lett. Vocalsystems bereits genügend characterisiert. Hier mögen einige vorläufige Beispiele den Unterschied anschaulich machen.

*a* und *á*: *kāpu* (Acc.Sing.), den Haufen (spr. *kāpu*); *kápu*, ich stieg (spr. *kä'„pu*).

*e* und *é*: *pérnu* (Acc. S. m.), den vorigjährigen (spr. *pāernu*); *pérku*, ich kaufe (spr. *päe'„rku*).

*wél'*, er erlaubt (spr. *wēl'*); *wél'*, noch (spr. *wé'„l'*).

*i* und *í*: *likt* (oder *ligt*), dingen, miethen (spr. *likt*); *likt*, krumm werden (*li'„kt*).

*u* nnd *ú*: *pút*, faulen (spr. *pūt*); *pút* blase! (spr. *pú'„t*).

*ai* nnd *ái*: *laiks*, Zeit (spr. *laīks*); *sláiks*, schlank (spr. *slā'„ks*).

*ei* und *éi*: *eita*, gehet! (spr. *ēita*); *méita*, Mädchen (spr. *mé'„ta*).

*au* und *áu*: *lauks*, Feld (spr. *laūks*); *láuks* (Adj.), eine Bläſse, d. h. einen weiſsen Fleck an der Stirn habend (spr. *lá'„ks*); *auksts*, kalt (spr. *aūksts*); *áugſts*, hoch (spr. *á'„gſts*).

*ui* und *úi*: *puisis*, Junge (spr. *puīsis*); *súits*, überflüssig (Stender), (spr. *sú'„ts*).

*iu* und *íu*: *ſchwiugs*, ein das Klatschen einer Ohrfeige nach-ahmendes Schallwort (spr. *ſchwiūgs*); *Kíuka*, Nom. propr. eines Morastes bei Dondangen (spr. *Kí'„ka*).

Dem in Kur- oder Livland einheimischen Deutschen macht diese Unterscheidung des gedehnten und gestoſsenen Tones nicht so gar groſse Schwierigkeit, da dieselbe, — wie Verf. vermuthet, aus dem Lettischen herrührend, — auch in unserm provinziellen Deutsch sich eingebürgert hat. Provinziell ausgesprochen lautet die erste Sylbe von aber, Lieber, genau wie die erste des lett. *ábuls*, Apfel, *lípu*, ich klebe: á'„ber, á'„buls; Lí'„ber, lí'„pu.

§. 27. Hier bedarf es eines Nachtrags und einer Ergän-zung zu dem über die Ton-Art Erörterten. Es giebt nämlich im Lettischen in gewissen Fällen auch eine Unterscheidung gestoſsenen und nichtgestoſsenen Tones an *kurzen* Vocalen. Allerdings scheint das nach dem Wesen des ge-stoſsenen Tones unmöglich, sofern in kurzem Vocal sich nicht zwei Elemente sondern lassen, die das eine Mal continuierlich zusammenlauten, das andere Mal getheilt, gespalten erscheinen mit Hervorhebung des ersten und Beeinträchtigung des zweiten Elementes. So ists aber auch in der That nicht. Doch wenn auf den kurzen Vocal, namentlich in der stets betonten Wurzelsylbe, zunächst eine, gleichviel ob reine oder mouillierte Liquida (m, mj, l, ł, n, ń, r, ŕ), und unmittelbar darauf ein anderer Consonant folgt, so tritt ganz wie bei den Diphthongen, nur daſs hier die Liquida dem zweiten Element des Diphthonges entspricht, die doppelte Möglichkeit ein:

> entweder lautet der kurze Vocal mit der Liquida continuierlich, innig zusammen, in Folge dessen die Liquida naturgemäſs geschärft, gleichsam verdoppelt ins Ohr fällt.

> oder der kurze Vocal wird mit scharfem Ictus hervorgestoſsen, ohne daſs die Liquida mit davon berührt wird. Zwischen dem kurzen Vocal und der Liquida zeigt sich gewissermaſsen ein kleiner, freilich kleiner Hiatus, ein kleines, freilich kleines, doch für das etwas geübte Ohr durchaus zu bemerkendes Vacuum, und die Liquida hallt leise und leicht nach. Die Continuität der lautenden Stimme ist zwischen kurzem Vocal und Liquida wie durchgebrochen *).

Da obige Erscheinung keineswegs zu den unfruchtbaren Spitzfindigkeiten gehört, und noch weit weniger eine Erfindung der Phantasie ist, sondern erstlich eine sichere Thatsache ist und sodann, einmal erkannt, den Schlüssel zum Verständniſs mancher anderen Sprachverhältnisse bietet, so hat Verf. in einem

---

*) Wie bei den Diphthongen, so differiert hier bei der eigenthümlichen Complication kurzer Vocale mit folgender Liquida vor andern Consonanten die Auffassung des Verf. von der des Dr. Baar. Verf. findet das Wesen der Stoſsung oder Nicht-Stoſsung in dem Verhalten des kurzen Vocals und der Liquida zu einander, Dr. Baar ausschlieſslich in dem Verhalten der Liquida für sich. Verf. drückt gestoſsene und nicht-gestoſsene Formen also aus: ga'łwa, ju'mł, — spałwa, stumł, Dr. Baar dagegen: gałłwa, jumʼmł, — spałłwa, stummł. Die Differenz macht sich wieder namentlich bei der Stoſsung geltend. Wäre ihr Wesen das, was Dr. Baar annimmt, so müſste die Liquida viel mehr ins Ohr fallen, als sie in Wirklichkeit es thut. Verf. erklärt Dr. Baars Auffassung aus einer Selbsttäuschung, wie bei den gestoſsenen (ächten) Diphthongen (Anmerk. zu §. 16.) und meint, daſs die leichte, rasche Sprache des täglichen Lebens sich überhaupt nicht die Zeit nehmen dürfte zur Spaltung eines Consonanten in der Art, als die Schreibung gałłwa andeutet, während umgekehrt die „Dehnung" einer Liquida selbst vor andern Consonanten wohl geschieht und geschehen kann, da die Liquidae zu den continuierbaren, nicht zu den momentanen (explosiven) Consonanten gehören (§. 41). Schlieſslich cf. das Verhalten des l z. B. in ga'łwa (= gā́-łwa) und in kala (er schmiedete) = kǔ-la; das Ohr des Verfassers merkt in demselben durchaus keinen Unterschied.

wissenschaftlichen Werk, wie vorliegendes sein möchte, sich der Bezeichnung jenes Unterschiedes beim Schreiben nicht entziehen dürfen. Ein passenderes Zeichen aber als ein Apostroph zwischen dem kurzen Vocal und der Liquida hat sich nicht auffinden lassen. Er deutet die Sonderung beider Laute von einander an. Wo sie beide continuierlich zusammenklingen bedarf es dann natürlich keines Zeichens. Nun vergleiche man die Aussprache von:

spalwa, Feder (spr. *spallwa*), und *ga'lwa*, Kopf (spr. fast wie *ga'lwa*);

*pils*, richtiger *pilns*, voll (spr. *pills*); und *pi'ls* (f. *pilis*), Schloß, Burg (spr. *pi'ls*);

*kulta* (Nom. Sing. fem.), gedroschen (spr. *kullta*); *gu'lta*, Bett (spr. *gu'lta*);

*pulkis*, Pflock (spr. *pullkis*); *mu'lkis*, Dummkopf (spr. *mu'lkis*);

*wemt*, vomieren (spr. *wemmt*); *ne'mt*, nehmen (spr. *ne'mt*);

*stumt*, stoſsen (spr. *stummt*); *ju'mt*, dachdecken (spr. *ju'mt*);

*runga*, Fuderstütze (spr. *runnga*); *kunga*, des Wanstes (spr. *kunnga*); } *ku'nga*, des Herrn (spr. *ku'nga*);

*birst*, es rieselt (spr. *birrst*); *si'rst*, hauen, schlagen (spr. *si'rst*).

Wie wichtig die Unterscheidung beider Ton-Arten z. B. für die Flexion ist, erhellt aus der Thatsache, daſs bei den Verbis Cl. IV., wo der Wurzelsylbenvocal im Präterit. sich steigert, verlängert, der gestoſsene kurze Vocallaut nur in den gestoſsenen langen und der kurze nicht gestoſsene (gedehnt darf man ihn füglich nicht nennen) nur in den gedehnten langen übergeht; cf. *kult*, dreschen, Prät. *kūlu*; *wemt*, vomieren, Prät. *wēmu*; *durt*, stechen, Prät. *dūru*; *bert*, schütten, streuen, Prät. *bēru*; aber *sme'lt*, schöpfen, Prät. *smēlu*; *ne'mt*, nehmen, Prät. *nēmu*; *ke'rt*, haschen, Prät. *kēru*.

## 6. Schluſsergebniſs für die Orthographie der Vocale.

§. 28. Die im Obigen vorgeschlagene und im vorliegenden Werk durchgeführte Orthographie der Vocallaute unterscheidet sich von der bisher im Allgemeinen gebräuchlichen in folgenden Punkten:

1) Der gedehnte und der gestoſsene Ton ist durchweg in Wurzel- und Nebensylben bezeichnet. Die Scriptio vulgata bezeichnet ihn gar nicht.

2) Das *h* als Zeichen für die Länge des Vocals, ohnehin im Lettischen eine Inconvenienz, ist nun als überflüssig durchweg beseitigt. Die consequente Bezeichnung des gestofsenen und gedehnten Tones läfst in allen Sylben die Länge oder Kürze des Vocales unzweifelhaft erkennen. Bei der herrschenden Orthographie, wo das *h* in der Regel nur in der Wurzelsylbe gesetzt zu werden pflegt, in den Nebensylben aber nur mit Inconsequenz und nach Willkür, bleibt für den Nichtkenner die Quantität der Nebensylben in unzähligen Fällen fraglich.

3) Das bisher übliche Zeichen *ee* für die Laute *iä* und *ia* ist hier ersetzt durch *ê* und *ī*; ebenso das bisher übliche Zeichen *o* oder *oh* für die Laute *ūā* und *ua* durch *ô* und *ū*.

Alle diese Aenderungen zum Zweck der genaueren Darstellung der Sprache sind in einer wissenschaftlichen Grammatik unzweifelhaft nothwendig gewesen. Ob dieselben in eben der Ausdehnung und genau in eben dieser Art, ja ob sie überhaupt in die übrige lettische Literatur durch den Druck eingeführt werden sollen und können, das ist eine Frage, die nicht hierher gehört und für deren Beantwortung durch vorliegende Grammatik kein Präjudiz ausgesprochen sein soll.

### III. Beispielsammlung für die verschiedenen lett. Vocallaute.

§. 29. Da es weder möglich noch nöthig ist sämmtliche lett. Wörter hier in ihre Rubrik einzufügen, so begnügen wir uns die gebräuchlicheren Stammwörter namhaft zu machen *). Am Ende jeder Reihe scheint es zweckmäfsig die bedeutenderen Derivationssuffixa und Flexions-Endungen (nicht Flexionssuffixa, sondern Endsylben zu deren Form Stammauslaut und Flexionssuffix meist zusammenwirken), wo gehörig, zu erwähnen. Damit die Sammlung practisch brauchbar sei, stellen wir die nur durch Quantität und Ton-Art verschiedenen Vocalreihen zunächst neben einander. So wird die Vergleichung ähnlich lautender Wörter und das Aufsuchen derer, die man rücksichtlich ihres Tones noch nicht genau kennt, wesentlich erleichtert.

---

*) Aus dem Deutschen oder wenigstens von den Deutschen entlehnte Wörter sind in Parenthese geschlossen. Sie zeigen, und das ist das Bemerkenswerthe, fast niemals einen gestofsenen Ton (cf. §. 308). Etwaige Entlehnungen aus dem Slav. oder Finnischen sind hier als solche nicht angedeutet.

§. 30.   1. ǎ, ā', ã, á.

**ǎ**

ubbi, beide.
abra, Backtrog.
addini, Sommerrog-
    gen.
addit, stricken.
agri, früh, Adv.
(ak, ach).
akka, Brunnen.
akkūts, Hachel.
akme'ns, Stein.
aknis, Leber.
ala, Höhle.
allafch, zuweilen.
(altāris, Altar).
(alūns, Alaun).
alus, Bier.
(amats, Handwerk).
(andele, Handel).
andrus, Schiffskiel.
ap (Präp.) um.
apla'ms, unbesonnen.
appini, Hopfen.
apse, Espe.
(aptēka, Apothekr).
(apustalis, Apostel).
ar (Präp.), mit.
aru, ich pflüge.
asnis, Keimspitze.
ass, Klafter.
assara, Thräne.
asse'rs, Bars.
assi'ns, Blut.
asta, Schwanz.
astūni, acht.
at (Präp. insepar.), zu-
    rück.
awiechi (Pl.), Himbee-
    ren.
aws, Schaaf.
auu (auu), ich beklei-
    dete die Füsse.
awûts, Quell.
azs, Auge.
ba, enclitische Her-
    vorhebungspartikel.
baddit, stossen.
bads, Hunger.
baggāts, reich.
bajārs, Bojar.
(bakkas, Pl. Pocken).
(bakkis, Pack).
bakstit, stochern.
(balkis, Balken).
(balla, Kübel, Bot-
    tich).

**a'**

a'lga, Lohn.
a'lksnis, Erle.
a'lkt, schmachten.
a'lra, Zinn.
a'rdit, trennen, rof-
    feln (dial. ardīt).
a'rt, pflügen.

ba'lss, Stimme.
ba'lsts, Stütze.
ba'rda, Bart (dial.
    bārda).
bla'adit, umher-
    schweifen.
bra'ugs, prächtig.

**ã**

ã, Interject.
(ābize, Abece).
(ādere, Ader).
(ākis, Haken).
āla, Pinsel, Dumm-
    kopf.
ālawa, güste Kuh,
    (die in dem Jahr
    kein Kalb hat).
ālit, Netze unter dem
    Eise treiben lassen.
ālingis, Wuhne.
(ārsta, Arzt).
āte, Steinbutte.
ātrs, rasch.

bāba, altes Weib.
bāls, bleich.
(bānnis, Gang, Bahn).
bāris, Waise.
bāru, ich schalt.
blākis, Schicht.
(brākēt, wraken).
brālis, Bruder.
brāst, abstreifen.

**á**

ābālis, Apfel.
dda, Haut.
ápsis, Dachs.
árá (Loc.), draussen.
áfis, Bock.

bárgs, streng.
báſt, stopfen.
bláſma, Feuerschein,
    (blāſma, NA).
blāuru, ich schrie.

(*balle*, Ball).
*balts*, weiſs.
*baludis*, Taube.
*barstit*, streuen (dial. *bârstit*).
*bart*, schelten (NA; *bârt*, Nerfft).
*barút*, mästen.
*bass*, barfufs.
*baſníza*, Kirche.
*blakkam*, nebenbei.
*blakts*, Wanze.
(*blaschke*, Flasche).
*braddát*, waten.
*braksch* (Schallwort).
(*brandawins*, Branntwein).
*brasls*, Furth.
*braſdét*, poltern.
*da* (Präp.), bis, nach.
*dabba*, Natur.
*dakscha*, Mistgabel.
(*dakteris*, Doctor).
(*dakts*, Docht).
*dalit*, theilen.
(*dambis*, Damm).
*danga*, Ecke.
(*danzát*, tanzen).
*darit*, machen.
*darwa*, Theer.
*dasch*, mancher.
*dadſis*, Distel.
*draggát*, schmettern.
(*drankis*, Schweinetrank).
*drawa*, Bienenstock im Walde, im Baum.
*gabba'ls*, Stück.
*gabba'ns*, Heuschober.
*gads*, Jahr.
*gala*, Fleisch.
*galds*, Tisch.
*galâde*, Wetzstein.
*gana*, genug.
(*gangis*, Gang).
*ganit*, hüten.
*gars*, Geist.
*garúse*, Brodrinde.
*gaspaſcha*, Herrin.
*gattaws*, fertig.
*gaiwa*, Gase.
*gawét*, fasten.
*gawilét*, juheln.
*glabbát*, bewahren.
*grabbét*, rasseln.
(*grassis*, Groschen).
*grasnit*, drohen.
*grawa*, Grube.

*da'rbs*, Arbeit (dial. *dârbs*).
*da'rgs*, theuer (dial. *dârgs*).
*da'rſs*, Garten (dial. *dârſs*).
*ga'ls*, Ende.
*ga'lwa*, Kopf.
*ga'ns*, Hirt.
*ga'rds*, wohlschmekkend (dial. *gârds*).
*ga'rwas* (Pl.), Grünkohl (dial. *gârwas*).
*ga'rsch*, lang.
*gra'ndit*, poltern.

(*dâlderis*, Thalor).
*drâna*, Tuch.
*drâſt*, schnitzen.
*gâdát*, sorgen.
*gâja*, ich gieng.
(*glâſe*, Glas).
*glâſenas* (Pl.), Blauheeren.
*grâbsti*, greifen.
*grâmata*, Buch.
(*grâpis*, Kessel).
(*grâwis*, Graben).

*dáwana*, Gabe.
*dáwát*, schenken.
*gánit*, besudeln.
*gáſt*, schütten.
*glábt*, schützen.
*grábt*, greifen.
*grádu*, ich zertrümmerte.

ja, wenn.

(jakts, Jagd).

jawu, ich teigte ein (jáwu!)

ka, dafs.

kabbata, Tasche.

kabbindt, häkeln, hängen, tr.

kad, wann.

katkis, Katze.

kakls, Hals.

kakts, Winkel.

kalkis, Kalk.

kalps, Knecht.

kalt, schmieden.

kalwa, Hügel.

kamanas (Pl.), Schlitten.

(kambaris, Kammer).

kamesis, Schulter.

kamīns, wilde Biene.

kampt, fassen.

kamūlis, Knäuel.

kanepes (Pl.), Hanf.

(kanna, Kanne).

kappât, hacken.

kaps, Grab.

karpît, scharren (dial. kârpît).

karoch, Krieg.

kart, hängen, tr. (dial. kârt).

karōgs, Fahne.

karūte, Löffel.

kas, wer.

kassît, kratzen.

kasa, Ziege.

kaschūks, Pelz.

katls, Kessel.

kawēt, zögern.

kawu, ich schlug.

kassét, reichen.

klabbêt, klappern.

klanîts, sich neigen.

klawa, Ahorn.

knaggis, Pflock.

knasch, flink.

kraggis oder kraktis, Schemel.

krama, Grind.

(krampis, Krampen).

krams, Feuerstein.

kvansis (ein Hundename).

krasts, Uferrand.

krattît, schütteln.

labs, gut.

lagsda, Haselstrauch.

lakka, Schleife, Schlinge.

ka'lns, Berg.

ka'lst, dürr werden.

ka'rkls, Weide (dial. kârkls).

ka'rsts, heiss (dial. kârsts).

(dif)ka'rt, anrühren (dial. dif-kârt).

ka'rta, Schicht, Ordnung (dial. kârta).

kra'mstît, nagen.

(Jânis, Johann).

bája, Fuss.

(kâkis, Pranger).

kâpa, Düne.

kâpaldt, steigen (Demin.).

(kârtas Pl., Karten).

kârts, Stange.

bâru, ich hieng (trans).

bârût, begehren.

kâsêt, husten.

kâst, seihen.

knâbôt, picken.

(krâgs, Kragen).

krâwu, ich häufte.

jâ, Präfix. Debit. Passivi.

jât, reiten.

kâ, wie.

kâds, qualis.

kâkalis, Adamsapfel.

kâlis, Schnittkohl.

bâls, Band, d. h. 3) Stück.

kâpt, steigen.

kâpôsts, Kohl.

kârst, tocken (Wolle).

(dif)bâru, ich rührte an.

kâsis (kârsis), Haken.

kâfas (Pl.), Hochzeit.

kâts, Stiel.

klât, breiten.

klâtu, nahe bei.

knâbt, picken.

krâkt, schnarchen.

krâpt, betrügen.

krâsns, Ofen.

krâschns, schön.

krât, sammeln.

(lâde, Kasten).

(lâdêt, laden).

(lâga, Schicht, Lage).

lâdêt, fluchen.

lâpsta, Schaufel.

lâse, Tropfen.

*lakt*, lecken.
*lakts*, Hühnerstange.
*lamât*, fluchen.
*lanka*, Bachwiese.
*lappa*, Blatt.
*lapsa*, Fuchs.
*lassis*, Lachs.
*lassit*, lesen.
*Latwis*, Lette.
*maddaras* (Pl.), einFär-bekraut.
*maggi*, wenig.
*maggóne*, Mohn.
*maks*, Beutel.
*maksát*, bezahlen.
*mala*, Rand.
*malks*, Trunk.
(*maltíte*, Mahlzeit).
*manít*, merken.
*manta*, Habe.
*mast*, empfinden.
*mafgát*, waschen.
*mafs*, klein.
*mats*, Haar.
*na*, Interj.
*nabba*, Nabel.
*nagge*, Frosch.
*nags*, Nagel, Huf.
*nakts*, Nacht.
*naríse*, Haarseil.
*narwis*, Maschine zum Krümmen der Rad-bügel.
*nasta*, Last.
(*naschkét*, naschen.)
*nafis*, Messer.
*pa*, auf.
(*pagáns*, Heide).
*pakschis*, Norke.
*pali* (Pl.), morastige Seeufer.
*paltas* (Pl.), Blutkuchen.
(*panna*, Pfanne.)
*panskara*, Fetzen.
*pants*, Glied.
*paparde*, Farrenkraut.
(*papirs*, Papier).
*par*, über.
(*passét*, passen).
*pastala*, Sandale.
*pasta'rs*, letzt(er).
*pats*, selbst.
*plakstinsch*, Augenlid.
*plakt*, flach werden.
*plasch*, } breit.
*plats*, }
*plawa*, Wiese.
(*plazzis*, Platz).

*ma'ldítis*, sich irren.
*ma'lka*, Holz.
*ma'ns*, mein.
*ma'rzi'nsch*, Pfund (dial. *márzi'nsch*).
*na'ms*, Haus.
*na'rstit*, laichen (dial. *nárstit*).
*pa'mpt*, schwellen.
*pa'ntschét*, im Wasser gehen (Schallwort).

*láma*, Niederung im Acker.
*lágit*, flicken.
*láwu*, ich liefs zu.
(*mága*, Magen).
*mája*, Behausung.
*mála*, Lehm.
*mámina*, Mütterchen.
*mánit*, bethören.
(*Mára*, Maria).
*mása*, Schwester.
*máte*, Mutter.
*nákt*, kommen.
*násis* (Pl.), Nasen-löcher.
*náwu*, ich misste.
*pár*, hinüber.
(*páris*, Paar).
(*pátari* Pl., Gebete).
(*páwests*, Papst).
*páws*, Pfau.
(*páws*, NA).
(*pláksteris*, Pflaster).
(*pláns*, Fufsboden).
*plápát*, plappern.
*plátit*, breit machen.
*pláwu*, ich mähte.
*práwas* (Pl.), Procefs.
(*práwests*, Propst).

*làt*, belfern.
*làwa*, Lage.
*làzis*, Bär.
*màkti*, bedrängen.
(*màrka*, Mark, d. i. 2 Ferding).
*màwu*, ich brüllte.
*màwu*, ich streifte.
*màzét*, können.
*màzit*, lehren.
*nàtns*, leinener Stoff.
*nàtre*, Nessel.
*nàws*, Tod.
*pàksts*, Schote.
*pàpa*, Blatter.
*pàr*, beim (Präpos. inseparabilis).
*pàtaga*, Peitsche.
*plàns*, fein, dünn.
*pràts*, Verstand.
*pràws*, ziemlich grofs.

*prasui*, fordern.
*prast*, verstehen.
(*prawlis*, Prophet).
*raddit*, schaffen.
*raggana*, Hexe, Seherin.
*raggus* (Pl.), Schlitten.
*rags*, Horn.
*raksit*, schreiben.
*raki*, graben.
(*ranis*, Rand).
*rassa*, Thau.
(*at-)rasi*, finden.
*rata*, Rad.
*rawit*, jäten.
*sa* (Präp. insepar.), mit, zusammen.
*sagecka*, Decke.
*sagis*, Brezn.
*sakka*, Sage.
*sakka*, Bügel am Chomut.
*salms*, Wurzel.
*sala*, Holm.
*salms*, Strohhalm.
(*samts*, Samt).
*sapnis*, Traum.
*sari* (Pl.), Borsten.
*sarms*, Lauge (dial. *sdrms*).
*saus*, sein.
*sazzit*, sagen.
*skabrs*, splitterig.
*skaldt*, spülen.
*skandit*, schallen lassen.
*skanit*, schallen.
*sbara*, Lumpen.
*skattit*, schauen.
*sklandas* (Pl.), Stangenzaun.
*skrabt*, schrapen.
(*skramba*, Schramme).
*skranda*, Lumpen.
*slagfds*, Vogelschlinge.
(*slakka*, Art, Schlag).
*slapjsch*, naß.
*slawa*, Ruhm.
*slazzit*, sprengen.
*smags*, schwer.
(*smakka*, Geschmack).
(*dif-)smakt*, heiser werden.
*smarscka*, Geruch.
*smadsenes*, Gehirn.
*spali*, Pl. Flachsschäben.
*spals*, Messerheft.

*ra'ntit*, quer durchhauen.

*sa'lds*, süß.
*sa'lt*, frieren.
*sa'rgit*, hüten.
*sa'rka'ns*, roth.
*sa'rna*, Reiffrost.
*ska'ldit*, spalten.
*ska'rba*, Splitter.
*ska'rde*, Bleeb (dial. *skárde*).
*sma'lks*, fein.
*spa'rdit*, treten (dial. *spdrdit*).
*spa'rns*, Flügel (dial. *spárns*).
*spa'rus* (NA), Bremse (dial. *spárus*).
*sta'lts*, stattlich.
*sta'rpa*, Zwischenraum (dial. *stárpa*).
*sta'rs*, Strahl.
*swa'rki* (Pl.), Rock (dial. *swirki*).
*swa'rs*, Gewicht.

*rddit*, zeigen.
*rdms*, zahm.
*rdpt*, kriechen.
*rit*, schelten.
*rdza*, gefärbt (von eisenhaltigem Morastwasser).
*rdzi'asch*, Rübe.

*sdns*, Seite.
*sdrni* (Pl.), Unreinigkeit.
*sdrts*, roth.
*sdta*, Sattsamkeit.
(*sdtans*, Satan).
*sddfcha*, Dorf.
(*sbdde*, Schaden).
*skdras* (Pl.), Wagenrumpf.
*sldbit*, schlaff machen.
*smddit*, verschmähen.
(*spdrs*, Sparren).
*spidwu*, ich spuckte.
*sprdkle*, Hintertheil.
*sprddse*, Schnalle.
*stddit*, pflanzen.
*stdrks*, Storch.
*stdwit*, stehen.
(*strdpe*, Strafe).
*sudpulis*, Rothfink

*rusu*, ich riß.

*sakt*, anfangen.
*sals*, Salz.
*sdpit*, schmerzen.
*sdsch*, barsch.
*skabs*, sauer.
*sldpt*, durstig sein.
*sprdgt*, bersten.
*stdstit*, erzählen.
*stait*, stellen.
*strddit*, arbeiten.

spalwa, Feder.
spanda, Strickwerk am
 Pfluge.
(spannis, Eimer).
sprudfis, Erdloch.
stabbule, Flöte.
stubs, Pfosten.
stakls, Pfahl.
(stallis, Stall).
(stampa, Stampfel).
(stanga, Zange).
stattit, stellen.
strafds, Staar.
swabbads, frei.
(swammis, Schwamm).
swarpsts, Bohrer (dial.
 swärpsts).

scha'lkt, rauschen.  schāwu, ich schofs. scháds, ein solcher.
      schlágs (ein Schall- schnākt, schnarchen.
       wort).

fagt, stehlen. fa'lktis, Schlange. fâgis, Säge). fâbaks, Stiefel.
faktis, Hase. fa'loch, grün.   fâle, Gras.
(falddts, Soldat). fa'rdi (Pl.), Erbsenge-
fatit, grünen.  rüst (dial. fârdi).
(falwe, Salbe). fa'rna, Darm.
famkis, Pfuhl. fa'rs, Axt.
(farks, — fa'rks, N.A. fwa'rgulis, Schelle
 — Sarg, dial. fŭrks). (dial. fwärgulis).
fwanit, läuten.
fchabbu'ls, übersichtig.
fchabbūt, einzäumen.      schāwāt, gähnen schāwu, ich trock-
(fchablis, Säbel).       (dial. schāwāt). nete, tr. (dial.
fchagga'rs, Strauch.      schwärgstit, klin- schāwu).
fchaggata, Elster.      geln.
fchaggus, Schnucken.
fchawēt, trocknen.
(tabāks, Taback). ta'rba, Jagdtasche. tāmniks, Tahme. tu, au.
tad, dann. ta'rps, Wurm (dial. tārst, } schälen. tâds, ein solcher.
taggud, jetzt.  tārps).  tâst, } tālsch, fern.
tak, doch. twa'rstit, greifen tāsis, Borke.
taks, Pfad.  (dial. twārstit). (trâpit, treffen).
talka, Talk (dial.
 ta'lka).
(tappa, Zapfen).
tappināt, borgen.
tapt, werden.
tarkschkis, Schnarre.
tas, der.
taws, dein.
traks, toll.
(trallēt, Trallala sin-
 gen).
(trallini Pl., Gitter).
tramdit, trampeln.
wabba, Zaunstaken. wa'lbit, (die Augen) (wāga, Wage). wajsch, schwach.
wabbulis, Mistkäfer.  verdrehen. (wāgi Pl., Wagen). wāks, Deckel.
waddāt, führen. wa'ldit, herrschen. (wākit, wachen). wākt, zusammenneh-
wadma'ls, Tuch. wa'lks, Regenbach. wālüdse (wālüdse?), men.
wagga, Furche. wa'rde, Frosch.  Pfingstvogel.

wakka, eine Art Abgabe.
wakka'ra, Abend.
(waktu, Wacht).
wala, Muße.
walga, Strick.
walkát, oft anziehen.
(walnu, Wall).
(walschkia, Henebler, Falscher).
walúda, Sprache.
(wamsis, Wams).
wanags, Habicht.
wandit, hin und her wenden.
wanska'rs, bebrütetes unfruchtbares Ei.
warn, Macht.
warawikene, Regenbogen.
warna (wa'rna, NA), Krähe (dial. wárna).
warsch, Erz.
wasks, Wachs.
wassara, Sommer.
(ni)wassis, Sprößling.
wasát, schleppen.
waschas, Pl. Schlitten.
wadfis, Pflock.

tschabbit, rascheln.
tschakls, schnell.
tschendit, tasten.

wa'rds, Wort (dial. wárds).
wa'rgt, quälen (dial. wárgt).
wa'rpa, Aehre (dial. wárpa).
wa'rpsta, Spindel (dial. wárpsta).
wa'rstawa, Pfingstürze (dial. wárstawa).
wa'rti (Pl.), Pforte (dial. wárti).
wa'rtit, hin und her wenden (dial. wírtit).

wárti, übermögen.
wárat, kochen.
(wáte, Faß).
wdweris, Eichhorn.
Wázitis, Deutscher.

wáte,
wáta, Dr. B.
wáis,
} Heuschwade, Walkholz.

(ap)wáft, bedecken.
wáita, Wunde.

sális, Hühnchen.

# Nominale Derivationssuffixa.

-(a)-s, fem. -a.
fem. -owa.
fem. -schana.
-ak(a)-s, fem. -aka.
fem. -tawa.
-ast(a)-s, fem. -ata.
-astt(a)-s.
-gan(a)-s, fem. -gana.
fem. -afcha.
-dam(a)-s, fem. -dama.
(Partic. Präs. Act. I.)

-áj(a)-s, fem. -ája (-áj(a)-s, -ája).
-dri-s.
-táj(a)-s, fem. -tája (-táj(a)-s, -tája).
-dd(n)-s, fem. -áda.
-im(n)-s, fem. -ima.
-áh(a)-s, fem. -áha.

# Verbale Derivationssuffixa.

-a- (Cl. I. II).
-na- (Cl. III).
-ja- (Cl. IV).
-sta- (Cl. V).
-ai-, (-at-), -er- behuß Deminuierung.

-ája- (local -éja-) } Cl. VI. X.
-á-

## Flexionsendungen am Nomen.

-a, Nom. Sing. fem.

-a, Gen. Sing. masc.

-as, Gen. Sing. fem.

-am, Dat. Sing. masc.

-as, Nom. Acc. Pl. fem.

-i, (-i), Loc. Sing. m. und fem.

-is, (-is), Loc. Pl. fem.

-ims,(-ims), Dat. Pl. fem.

## Flexionsendungen am Verbum.

-am, 1. P. Pl. Präs. Act.

-at, 2. P. Pl. Präs. Act.

-a, 3. Pers.

-ims, (-ims), 1. P. Pl. Prät. Act.

-it, 2. P. Pl. Prät. Act.

-as, 3. Pers. Medii.

### §. 31.      2. *e, e', i, i.*

| ĕ | ē | i | í |
|---|---|---|---|
| *bebris*, Biber. | *be'rfa*, Birke (dial. *birfa*). | (*beminach*, Boden auf dem Hause). | *brda*, Leid. |
| *beddit*, graben. | | | *bigt*, fliehen. |
| (*bekkenis*, Becken). | *be'rft*, scheuern (dial. *birft*). | *birs*, braun. | *birns*, Kind. |
| (*bekkeris*, Bäcker). | | *biru*, ich streue. | *blidis*, Schelm. |
| *bende*, Büttel. | *ble'nft*, sehen (dial. *blenft*). | *bribis*, schreien. | *blinas* (Pl.), Possen. |
| (*benkis*, Bank). | | | *brikt*, schreien. |
| *beri*, streuen (dial. *biri*). | | | |
| *bef*, ohne. | | | |
| *befdit*, fisten. | | | |
| *bet*, aber. | | | |
| *debbeos*, Himmel. | *de'ldit*, abnutzen. | *didit*, alt werden. | *dila*, Blutegel. |
| *dedderes* (Pl.), Afterlein. | | *dil*, wegen. | *dils*, Sohn. |
| *daggu'as*, Nase. | | (*dilis*, Brett). | *dit*, legen, setzen. |
| *degi*, brennen. | | *distit*, pflanzen. | |
| (*dekkis*, Decke). | | *dirit*, nennen. | |
| *dela*, flache Hand. | | *dribes* (Pl.), Gewand. | |
| *delu*, ich schwinde. | | *dwisela*, Seele. | |
| *demu*, ich dröhne. | | | |
| *derit*, nützen, taugen. | | | |
| *desmit*, zehn. | | | |
| *dessa*, Wurst. | | | |
| *dewini*, nenn. | | | |
| *dewu*, ich gab. | | | |
| *drebbit*, zittern. | | | |
| *drogns*, feucht. | | | |
| *e!* Interj. | *e'lks*, Götze. | *ika*, Gebäude. | *irglis*, Adler. |
| *egle*, Tanne. | *e'lkūns*, Elnbogen. | *ina*, Schatten. | *irfelis*, Hengst. |
| (*elle*, Owl). | *e'let*, kenchen. | (*irbigis*, Herbergo). | *ift*, essen. |
| (*elle*, Hölle). | *e'rkulis*, Spindel (N.) (dial. *irkulis*). | (*irgelos*, Orgel, *e'rgelas* NA). | |
| *elpe*, Odem, (Nahrung?). | | | |
| (*emma*, Amme). | *e'rins*, locker (dial. *irins*). | *irkockkis*, Dornstrauch (*e'rkockkis* NA). | |
| (*enge*, Hänge). | | *irns*, Affe (*e'rns* NA). | |
| (*engelis*, Engel). | | *irse*, Holzbock (*e'rse*, NA). | |
| (*enkuris*, Anker). | | (*ifelis*, Esel). | |
| *es*, ich. | | (*iwelis*, Hobel). | |
| *esmu*, ich bin. | | | |
| *efu'rs*, See. | | | |

efis, Igel.
efcha, Rain.
(ettikis, Essig).
exxit, eggen.
(gekkis, Geck).
(gelbit, helfen).
(geldit, gelten).
glomi (Pl.), Schleim.
grebt, schrapen.
grefns, schön.
grodfenis, Ring.
jeb, oder.
jele, doch.
keksis, Haken.
keluxainis, Weibes-Schwestermann.
(kemme, Kamm).
kengdt, sudeln.
kascha, Tasche.
kleppus, Husten.
kwerkt, knarren.
krekls, Hemd.
(krelle, Koralle, Perle).
(sa)kreszitis, klunkerig werden, gerinnen.
kwelkstit, helfern.

leddus, Eis.
lelle, Puppe.
lellat, singen.
lemenis, Pflugschaar.
lempis, Tölpel.
lemt, schätzen, bestimmen.
lepns, stolz.
lef(s)ns, flach.
lette'ns, Tatze.
lexsu, ich springe.
meddit, jagen.
meddus, Honig.
medulis, Auerhahn.
meklit, suchen.
(melderis, Müller).
(meldija, Melodie).
meli (Pl.), Lügen.
melmeni, Rückgratsmuskeln (SL.).
melns, schwarz.
mente, Ruder.
menze, Dorsch.
mest, werfen.
mesch, Wald.
mefgs, Knoten.
ne, nicht.
(norra, Narr).
nest, tragen.

gre'mdit, senken.
gre'mst, nagen.

ke'rt, fangen, haschen (dial. kert).
kre'mtu, ich nage.

(ap)le'nkt, einkreisen.

me'lst, lügen.
me'rdit, zu Tode quälen (dial. mer-dit).
me'rkt, einweichen (dial. merkt).

ne'mt, nehmen, NA. (dial. nemt).

(girst, gerben).
(gievolis, Giebel).
gnega, der mit langen Zähnen ißt.

jeyt, merken.
jers, Lamm.
(kede, Kette).
(keninock, König).
kerkt, quaken).
kernit, buttern (ke'r nit, NA).
kisit, besudeln.
kire, Stute.
klegat, schreien (v. wilden Gänsen).
klets, Klete.
knepe, Taille.
krepala, Schleim.
krepes (Pl.), Mähnen.
kresla, Dämmerung.
krest, schütteln.

(legeria, Lager).
lekat, springen.
lemu, ich schätzte, bestimmte.
lepa, Huflattich.
(lerm, Lärm).
lets, billig.
lest, schätzen.
lisas (Pl.), Wicken.

medit, spotten.
megindt, versuchen.
meness, Mond.
merkis, Merkzeichen (me'rkis, NA).
mers, Maaß.
mes, wir.
metat, hin und her werfen.
metras, grünes Kraut.
medfet, pflegen.

girbt, kleiden.
glixs, schwach.
greks, Sünde.

jels, roh, wund.

kims, Gespenst.
keru, ich fieng, haschte.
klepis, Schoofs.
kreju, ich schmä-dete.
kresls, Stuhl.
kwele, Gluth.
kwipindt, räuchern.

leju, ich goß.
lekt, springen.
lens, gelind.

mele, Zunge.
mems, stumm.
mbris, Pest.
mist, auskehren, misten.
(metelis, Mantel).

ne, nein.
nemu, ich nahm, NA. (dial. nemu).
ndris, Tracht.

pekka, Pils.
pekle, Hölle.
pelawas (Pl.), Spreu.
pele, Maus.
pelit, schimmeln.
pelkis, Pfütze.
perit, brüten.
pestoli (Pl.), Zauberei.
pestit, erlösen.
plekste, Butte.
plest, ausbreiten.
pless, Schulter.
prettim, entgegen.
presse, Waare.
reddele, Leiter, prov. Reddel.
remesis, Zimmermann.
renge, Strömling.
(renne, rene, Rinne).
(rente, Rente, Pacht).
(ap)rept, bewachsen.
resns, dick.
refchgis, Geflecht.
rets, selten.
redsit, sehen.
sebbu, spät.
(sedli Pl., Sattel).
segt, decken.
sekls, seicht.
sekt, folgen.
sen', vor Alters.
septini, sieben.
sert, Getreide in die Rije einstecken (dial. sert).
seska, Iltis.
seschi, sechs.
slenge, (Fenster- oder Thür-) Rahmen, prov. Schlänge.
sleppe'ns, heimlich.
(smekkit, schmecken).
smelgt, schmerzen.
(spekkis, Speck).
(spelte, Ofenloch).
(spendele, Schlofsfeder).
(spreddikis, Predigt).
steddele, Stadolle.
(stellēt, senden).
(stenderis, (Thür-) Pfosten.
stenēt, stöhnen.
sterkeles (Pl.), Amydum (dial. stérkeles).
strogna, Morast.
(strenge, Stränge).

pe'lddt, schwimmen.
pe'lni (Pl.), Asche.
pe'lnit, erwerben.
pe'lt, lästern.
pe'mpt, schwellen.
pe'rdu, crepitum ventris edo (dial. pérdu).
pe'rkuns, Donner (dial. pérkuns).
pe'rt, mit Ruthen schlagen (dial. pért).

re'mdēt, besänftigen.

se'rda, Mark.
se'rga, Krankheit (dial. sérga).
se'rmulis, Hermelin (dial. sérmulis).
se'rst, zu Gaste gehen (dial. sérst).
sme'lt, schöpfen.
spe'rt, treten (dial. spért).
ste'rbele, Rocksaum (dial. stérbele).
swe'lt, sengen, tr.
swe'rt, wägen (dial. swirt).

(pélis, Pfühl).
(pérle, Perle).
pérns, vorigjährig.
(pirwe, Farbe).
pischus(Pl.), Klemme, eine Kinderkrankheit (St.).
plist, } breit ma-
plétit, } chen.

rédinika, Sattler.
rimdns, Sodbrennen.
rita, Narbe.

sikla, Saat.
Silpils, Salburg (Flecken in Kurland).
sinala, Iltise.
sine, Pilz.
sira, (Schlamm) Kummer.
sirdinis, Waise.
sirs, Schwefel.
siru, ich steckte Getraide in d. Rije.
sit, säen.
stia, Gehöft.
skrida, Getreideharfe.
(slégis, Fensterschlag, Laden).
(smēde, Schmiede).
(smikit, schmauchen).
(smirit, schmieren).
(spídela, Spedel).
(spélēt, spielen.
spit, vermögen.
sprégāt, platzen.
(strikis, Strich).

pida, Fufssohle, Fufsstapfen.
pilu, ich lästerte.
pirku, ich kaufe.
péru, ich schlug mit Ruthen.
pēz, nachher.
plēst, reifsen.
plēwe, Häutchen.

riju, ich bellte

siks, Grünfutter.
sidēt, sitzen.
sija, Saat.
siju, ich band.
skriju, ich lief.
slégt, schliefsen.
sléju, ich lehnte an.
slépt, verheimlichen.
smēju, ich lachte.
smēlu, ich schöpfte.
spiks, Kraft.
spéru, ich trat.
sprést, spinnen.
strébt, schlürfen.
strēlis, Schütze.
swédu, ich sengte, tr.
swéru, ich wägte.
swēts, heilig.

swakkis, Harz.
swelme, Dampf.
swelpt, pfeifen.
swesch, fremd.
swezze, Licht.
(schkelmis, Schelm).
schketterẻt, Garn drehen.

schkẻlt, spalten.
schke'rst, quer durchhauen (dial. schkẻrst).

schkẻps, Spiess.
schkẻrdẻt, verschwenden.
(schkẻres Pl., Scheere).

schkẻlu, ich spaltete.

sekke, Strumpf.
seme, Erde.

se'lt, grünen.
sa'lts, Gold.
se'ms, niedrig.

(sẻgelis, Siegel).
stas, Junge.
(sẻvelis, Schwefel).
(swẻrẻt, schwören).
schẻlut, bemitleiden.

sẻlu, ich grünte.
swẻrs, wildes Thier.
swẻrẻt, flimmern.

schebẻẻ'rksna, Wiesel.
te, hier.
tenzinẻt, loben.
teeme'ns, Enter.
tetteris, Birkhahn.
tezzẻt, laufen.
trakns, fett.
(trakteris, Trichter).
tremt, trampeln.
(treppe, Treppe).
treschäis, d. dritte.

te'lpu, ich habe Raum.
te'lsch, Kalb.
te'rpt, kleiden (dial. tẻrpt).
tre'nkt, schütteln, stossen.
twe'rt, fassen (dial. twẻrt).

tẻgẻt, forschen.
tẻrauds, Stahl.
(tẻrẻt, zehren).
tẻrsẻt, schwatzen (te'rsẻt, NA).
tẻvs, Vater.

tẻst, gerade behauen.
twẻru, ich fasste.

we, pfui.
webbe, Gurtband.
weggis, Bretzel.
welẻns, Rasenstück.
welẻt, walken.
welns, Teufel.
(welwe, Gewölbe).
wemt, vomieren.
Wenta, Windau(Fluss).
wenteris, Reuse.
wepris, castrierter Eber, prov. Borg.
wert, wenden (dial. wẻrt).
wessels, gesund.
wesseris, Schmiedehammer.
wesst, führen.
wezs, alt..

we'lde, Lagerung des Getreides.
we'lga'ns, feucht.
we'lku, ich ziehe.
we'lt, wälzen.
we'lte, Geschenk.
we'rdu, ich siede (dial. wẻrdu).
we'rgs, Sklave (dial. wẻrgs).
we'rpt, spinnen (dial. wẻrpt).
we'rsis, Ochse (dial. wẻrsis).
we'rselea, Pferdehintergeschirr (wẻrselea?).
wẻrst, wenden (dial. wẻrst).

wẻdit, lüften.
wẻjsch, Wind.
wẻlẻt, wünschen.
wẻms, ich vomierte.
wẻplis, Maulaffe:
(wẻrkẻt, wirken, z. B. den Huf des Pferdes, dial. we'rkẻt, NA).
wẻrmeles (Pl.), Wermuth (we'rmeles NA).
(wẻrminderis, Vormund).
(wẻrpele, Viertelfäßchen; we'rpele, NA).
(wẻrts, werth; we'rts, NA).
wẻru, ich wendete.
wẻss, kühl.
wẻtit, windigen.
wẻtra, Sturm.
(wẻweris, Weber).

wẻders, Bauch.
wẻl, noch.
wẻlu, ich wälzte.
wẻlu, spät.
wẻrä (ne'mt), in Acht (nehmen).
wẻsts, Nachricht, NA. (dial. wẻsts).
wẻsis, Krebs.
wẻdsele, Qnappe.

sekkulis, Zopf, Kamm.
selis, Knie.
(zemme, Zemme).
zenstis, sich anstrengen.
zeppure, Mütze.
zept, hacken.
zeras (Pl.), Ginthfang.
zerẻt, hoffen.

ze'lms, Baumstumpf.
ze'lsch, Weg.
ze'lt, beben.
ze'rms, Wurm (dial. zẻrms).
ze'rpu, ich scheere (dial. zẻrpu).
ze'rtu, ich haue (dial. zẻrtu).

zẻrps, Hümpel (ze'rps, NA).

zẻlu, ich hob.

cers, Hämpel (dial.
   sére).
zerükslis, Eckzahn.
zettu'rtdis, der vierte.
zschetri, vier.
dfeggufe, Kukuk.     dfélme, Tiefe.     dfélu (félu), ich     dféru, ich trank.
dfelt (felt), stechen     dfe'lfis, Eisen.       stach.       dféat, auslöschen.
  (dfe'ltî)          dfe'lte'ss, gelb.
dfemu, ich werde ge-     dfe'mdit, gebären.     dfèrwe, Kranich.
  boren.           dse'rt, trinken (dial.
dfenât, treiben.        dféri).
dfenis, Specht.
dfessit, löschen.

## Nominale Derivationssuffixa.

-e, (= -ja) (m. n. f.).                           -ij(a)-e, fem. íja
-asi-s.                                     (-ij(a)-s, -íja).
-eli-s, fem. -ele.                           -ín(a)-e, fem. ína
fem. -tene.                                  (-ín(a)-s, -ína).
-en-s und -men-s.                        -ik(a)-e, fem. -íka.
-eni-s, fem. -ene.
-en(a)-s, fem. -ena.
fem. -est-ibn.

## Verbale Derivationssuffixa.

-al-, -en-, -er-, behufs                         -íja-, (-éja-),  } Cl.
  Deminuierung.                           -í-,        } IX. XII.

## Flexionsendungen am Nomen.

-e, Nom. Sing. m. f.                       -í, (-í), Loc. Sing. m. f.
-es, Gen. Sing. m. f.                      -és, (-ís), Loc. Pl. m. f.
-em, Dat. Sing. m.                       -ím, (-ím), Dat. Pl.
-es, Nom. Acc. Pl. m. f.                    m. f.

## 3. í, í', i, ı.

**í**

bíju, ich war.
bíjûs, ich fürchtete
  mich.
(bíkkeris, Becher).
bíkls, scheu.
(bíksas, Hosen).
(bíkts, Deichte).
(bílde, Bild).
billî'asch, Klötzchen.
bírus (bí'rus?), Saat-
  streif.
bírt, rieseln.
(bískaps, Bischof).
(bisse, Büchse).
(bischkis, Bischen).
bífe, Haarflechte.
bífít, biesen.

**í'**

bi'ldít, anreden.
bi'lft, reden.
bí'rue, Birkengehege.

**i**

(bídelít, beuteln).
blíncí, glupen.
(blíwít, fleihen).
brídewít, schelten.
brínu'ms, Wunder.
(bríwe, frei).
bríz, (Schallwort).

**ı**

bitls, sich fürchten.
bligfne, Lorbeer-
  weide.
bridis, Frist.

bitte, Biene.
blifit, blinken.
brikoch, (Schallwort).
(brille, Brille).
brift, waten.
dibbe'ns, Boden, Grund.
(dikti, derb).
(dinkis, Ding).
disch, grofs.
diari, zwei.
drigga'ns, Hengst.
driggenes, Bilsenkraut.
drikkit, drucken.
gibt (= gubt) sich krümmen.
gila, ein Geschwür am Pferde.
gift, muthmafsen.
gribbit, wollen.

idri, Leindotter (St.).
Jggams, Ente.
ik (Partic. inseparab.), je, alle.
ikri (Pl.), Fischrogen.
ilgi, lange.
ilkse, Femerstange.
ir, auch.
ir', ist, 3. P. Präs.
irt, rudern.
irt, losrennen, intr.
istaba, Stube.
if, is, aus.
it, sehr.

kibbele, Unannehmlichkeit.
kikkis, Tabackskauer (St.).
kilda, Zank.
(kimmenes, Kümmel).
kinkit, knüpfen.
kirmis, Wurm.
kirfate, Eidechse.
klibs, lahm.
(klijas Pl., Kleie).
klints, Fels.
knist, keimen.
knütte, Maurerpinsel.
krija, Borke.
krist, fallen.
kristit, taufen.
liddinait, schweben.
- ligga, Seuche.
ligsda, Nest.
lija, es regnete.
likt, legen.
limpa, Schlender.
lini (Pl.', Lein.

di'lt, sich abschleifen.
di'mt, gellen.
di'rst, cacare.

gi'lte'ns, Gerippe.
gi'nt, vergehen.
gri'mt, untersinken.

i'rbe, Rebhuhn (irbe?).

kri'mst, nagen.

didit, tanzen lassen.
drif'(i). schnell.
(driwet, treiben).
dwinis, Zwilling.

gibt, ohnmächtig werden.
gimis, Angesicht.
(grincit, lachen, greinen).
griwa, Mündung.

idit, ächzen.
ile'ns, Pfriem.
iru, ich ruderte.
ists, ächt, eigentlich.

(kilis, Keil).
kipa, Heusack.
kisalis, Kifsell (eine National-Speise).
kias, Kaulbars.
kritalat, wiederholt fallen.
(krits, Kreide).
kurzinait, quieken machen.

ligt (likt), dingen.
liguit, schaukeln.
(likis, Leiche).
(likste, Leisten).
(lime, Leim).
limit, fein regnen.
lidf, mit, bis.

digt, keimen.
dirsit, schinden.
drikstit, dürfen, wagen.

glift, schleimig werden.
glits, schön.
grida, Diele.
grisis, Riedgras.
griste, ein gedrehtes Bund (Heu etc.).

igt, innerlich Schmerz haben.
ikschkis, Daumen.
iss, kurz.

kilas (Pl.), Pfand.
klift, sich zerstreuen, irren.
knitu, ich keime.
kritu, ich falle.

ligms, froh. NA. (dial. ligms).
liks, krumm.
likt, sich krümmen.
lipu, ich klebe, intr.
lift, kriechen.
lit, regnen.

lippa, Stumpfschwanz.
lipt, kleben, intr.
lisckkt, verläumden.
lifa, Brodschieber.
migla, Nebel.
(t)migt, einschlafen.
miju, ich tausche.
mikls, feucht.
milftjis, Riese.
milti (Pl.), Mehl.
minet, gedenken.
minu, ich trete.
mirt, sterben.
mist, sich mischen.
mist, sich ernähren.
mifa, Rinde, Schale.
mittetis, nachlassen, aufhören.
(misze, Mütze).
midfenis, Schlafstätte.
nikns, böse.
(ap)nikt, überdrüssig werden.
nizzindt, gering achten.

milfst, dunkel werden.
mirkt, weichen. intr.
(dif)mirst, vergessen (mirst, Dr. B.).
mirdst, flimmern.

milet, lieben.
mifcha, Pisebentel.
mit, treten.

lidfet, helfen.

mikla, Teig.
miksts, weich.
mift, mingere.
mit, tausche.
mitne, Aufenthalt.
mitu, ich ernähre mich, wohne.
misit, kneten.

nikt, zu nichte gehen.
(nites Pl., Nieten am Webestuhl).

nidet, hassen. NA.
(dial). nift, nidit).
(ap)nikstu, ich werde überdrüssig.
nisa, Ort stromunterwärts.

(pujôle, Violine).
(pikkis, Pech).
pikts, böse, zornig.
pildit, füllen.
pile, Tropfen.
pilns, voll.
pinka, Zotte.
(saipinkit, (ver)knoten).
(pinnit, falzen).
(Pinnis, Finne).
pintikis, Laffe.
pinu, ich flechte.
pirmais, der erste.
pifiks, Kleiner.
plijus (wirsu), ich drängte mich auf.
plikkis, Maulschelle.
pliks, kahl.
pliksch, (Schallwort).
(plinte, Flinte).

pila, Schlofs, Burg.
pirksts, Finger.
pirkt, kaufen.
pirst, crepitum ventris edere.
pirts, Badstube.

(pilaris, Pfeiler).
pile, Ente.
(pipe, Pfeife).
pirags, Speckkuchen (pirags NA).
plitet, schwelgen.

pikt, zornig werden.
pilsdfis, Eberesche, prov. Quitschenbaum.
pischli (Pl., Staub.
pit, flechten.
pite, (Erd)klumpen.
plist, reissen, intr.
plitis (wirsu), sich aufsträngen.

rija, Rije.
riju, ich schlang, schluckte.
rikschi (Pl., Trab.
rinda, Reihe.
(rinkis, Kreis).
rippa, Scheibe.
rist, binden.
rittenis, Rad.
rittet, rollen.
sijat, sieben.
siksna, Riemen.

rimt, ruhig werden.

n'lksts, Chomutpolster.

Riga, Riga.
rikste, Ruthe.
rit, schlingen, schlucken.
(riwet, reiben).

sipuls, Zwiebel.
siru, ich besuchte.

ribet, dröhnen.
ridet, hetzen.
rikut, bescirren.
rits, Morgen.

siksts, zähe.
sikt, rauschen, zischen.

sikt, versiegen.
sile, Trog.
silke, Häring.
sill, warm werden.
sirgt, krank werden
(si'rgt Dr. B.).
sirt, heuchen, schma-
rotzen.
sist, schlagen.
siwéns, Ferkel.
sliddét, gleiten.
slikts, schlecht.
slims, krank (sli'ms?).
slinks, faul.
smilga, Schmehlgras.
smigt, schnelen.
spigga, Spion.
spilwa, Teichgras.
spindele, kleine
Bremse.
spira, graue Erbse.
· spirgt, an Kräften
kommen.
(spisse, Spitze).
spriggulis, Dresch-
flegel.
stibba, Ruthe, Gerte.
stibt, betäubt werden.
stigga, Fufssteig.
stigt (strigt), ein-
schiefsen.
stingrs, starr.
stiprs, stark.
sturns, Reh.
(strikkis, Strick).
swilpét, pfaifen.
swndt, feiern.
schis, dieser.
schkibbét, (die Aeste
einem Baum) ab-
hauen.
schkidrs, dünn, klar.
schkilt, (uggunt), Feuer
anschlagen.
schkindét, klingen.
(schkinkis, Schinken).
(schkinkut, schenken).
schkiru, ich pfäteks.
(schkippele, Schaufel).
schkirt, trennen.
schkist, meinen.
sibt (schibt), flim-
mern.
smdt, wissen.
(singe, Gesang, Lied).
sirnis, Erbse.
siws, Fisch.

si'ls, Haide.
si'lts, warm.
si'mts, hundert.
si'rds, Herz.
si'rms, grau.
smi'lgt, winseln.
smi'l(k)ts, Sand.
smi'rdét, stinken.
sti'lba, Armknochen.
sti'rpa, Getraidehau-
fen.
swi'lt, sengen, intr.
swi'ns, Blei.
swi'rpis, Steinbeifser.

sdrs, scharf.
(skriweris, Schrei-
ber).
smidrs, schlank (dial.
smidrs).
(spikeris, Speicher).
splte, Trotz.
stipa, Fafsband.
(stlws, steif).
(stridét, streiten).
(strikis, Streichholz).
(stripa, Streif,
Strich).

siku, ich versiege.
sils, Marquard.
slidét, gleiten.
slikt, ertrinken.
slipt, schlef werden,
gleiten.
smidinat, lachen ma-
chen.
spidét, glänzen.
spilet, zwicken, klem-
men.
spridis, Spanne.
stiga, Ranke, Saite.
stipu, ich werde steif.
swist, schwitzen

schipsnis, Spottvogel.
schkilu (uggunt), ich
schlag (Feuer) an.
schkiru, ich trennte.
schkit, pfltcken (dial.
schkit).
(schkiwis, Teller).

schkibs, schlef.
schkist, zerschallen.
schkista, rein.

(side, Seide).
sile, Meise.
(at)sit, erkennen.
sta'rs, Bernstein.
swtnis, Schnuppe.

sibu, ich flimmere.
sile, Eichel.
sims, Zeichen.
sist, sengen.

swirgfde, Kies.
swirgt, rieseln.
schigls, hurtig.
tik, nur.
tikt gefallen.
tillds, ausgebreitet im Freien liegen.
tilts, Brücke.
timpa, Geldwerth von 18 Kopeken.
tinu, ich winde.
tisls (tifls), lahm.
tiszét, glauben.
trinits, Zwillich.
trinu, ich reibe.
trifuli (Pl.), Dreizack.
widdus, Mitte.
wiju, ich flechte.
wilmdt, lüstern machen.
willa, Wolle.
(winkelis, Winkelmaafs).
(winndt, gewinnen).
wirkne, (Perlen-)Schnur.
wiss, ganz.
wista, Henne.
wifét, flimmern.
wifmdt, spazieren fahren, tr.
(wittét, weifsen).
weizza, Ruths.
sibba, Butterdose.
sijds, ich strebte.
sik, wie viel.
zilldt (silds?), oft heben.
silpa, Schleife.
sinnis (sinis?), Hümpel.
sieka, Lende.
rissa, Streu.
sits, anderer.
tschiggdns, Zigeuner.
tschingstét } (Schall-
tschirkstét } worte).

dsija, Garn.
dsiju, ich wurde heil.
dsirdit, tränken.
dsirna, Handmühle.
dsist, verlöschen, intr.

schi'lbt, erblinden.
ti'lpt, Raum haben.
ti'rgus, Markt.
ti'rpt, vertauben.

wi'lks, Wolf.
wi'lkt, zieben.
wi'lnis, Welle.
wi'lt, trügen.
wi'nsch, jener.
wi'rsus, Obertheil.
wi'rt, kochen, intr.
wi'rwe, Seil.

sf'ls, Geschlecht, Herkunft.
si'lwéks, Mensch.
si'mda, Handschuh.
si'rpt, scheeren.
si'rst, bauen.
si'rzenis, Helmchen.

dsi'leck, tief.
dsi'mt, geboren werden.
dsi'nta'rs, Bernstein(?)
dsi'rdét, hören.
dsi'rtis, sich rühmen.

schida, Jude.
tildt, lauern.
tine, eine Art Holzgefäfs.
tirs, rein.
tiock, absichtlich.
titers, Kalkuhn.
titét, sorgen.
trit, reiben.
trisdt, zittern.

(wige, Feige).
wikne, Ranke.
(wille, Feile).
(wins, Wein).
wirs, Mann.
wist, welken.
(wifa, Weize).
wifchét, wollen.
witdt, welk machen.
(wheeles (Pl.), Feifel, eine Pferdekrankheit).

sikstét, ringen.
sikét (teshikét), (Schallwort).
strutis, Lerche.

tible, Netz.
tibu, ich gefalle.
tit, winden.
tris, drei.
twikt, heifs sein.

wikena, Ulme.
rikt, sich biegen.
wile, Saum.
wilu, ich trog.
wifa, Bastschuh.
wit, fechten.
witális, Weide.

sinitis, mit einander ringen.
sipsla, Sehne.
sitis, streben.

dsiras (Pl.), Gelage.
dsirés, ich rühmte mich.
dsisla, Sehne.
dsit, treiben (dial. dsit).
dsit, heil werden.
dsiwe, lebendig.

## Nominale Derivationssuffixa.

-i-s, (oft = ja-s), fem.
  -i (= ja) und -(i)-s.
-in-sch, fem. -ina.
-iki-s.
-isk(a)-s, fem. -iska.
-ischki-s, fem. -ischks.
-is (Partic. Prät. Act.
  Nom. S. m.).

-iti-s, fem. -ite.
-niss.
-ias.
-ig(a)-s, fem. -iga.
-iba.

## Verbale Derivationssuffixa.

-in- (Cl. X).

-ja- (-tja-), } (Cl.
-t        } VIII. XI).

## Flexionsendungen am Nomen.

-i-s, Nom. S. m.
-i, Nom. S. f.
-i, Voc. S. m.
-i, Acc. S. m. f.
-im, Dat. S. m.
-i, Nom. Pl. m.
-is, Nom. Acc. Pl. f.

-i (-i), Loc. S. m. f.
-i, Dat. S. f.
-is (-is), Loc. Pl. f.
-im (-im), Dat. Pl. f.

## Flexionsendungen am Verbum.

-i, 2. P. S. Act.
-si, 3. P. Fut. Act.
-sim, 1. P. Pl. Fut. Act.
-sit, 2. P. Pl. Fut. Act.

## 4. *ŭ, ŭ', û, ŭ.*

| ă | ă' | â | ŭ |
|---|---|---|---|
| bluddit, pfuschen. | bu'ls, Dunstkreis um die Sonne. | (brûfis, Brauhaus). | briklone, Strickbeere. |
| (blakkis, Block). | bu'rbulis, Wasserblase. | (brûte, Braut). | bruhu, ich gebe ab. |
| blussa, Floh. | bu'rsît, zerknittern. | bâda, Hütte. | brize, Schramme. |
| (bruggis, Steinpflaster). | | (bukît, bükken). | bût, sein. |
| brukt, abgehen. | | (bûmeisteris, Baumeister). | |
| brunas (Pl.), Rüstung. | | (bûwît, hauen). | |
| bubbulis, Popanz. | | | |
| (buddela, buttels, Bouteille). | | | |
| (buks, Bock). | | | |
| buksti'nsch, Faustschlag. | | | |
| (bullis, Boll). | | | |
| (bulta, Bolzen). | | | |
| bumbulis, Knollen. | | | |
| bundulis, Dose. | | | |
| bunga, Pauke, (entlehnt? cf. niederdeutsch Punk). | | | |
| burkâns, Burkane. | | | |
| burlaks, gemeiner Russe. | | | |
| burt, zaubern. | | | |
| bust, erwachen. | | | |
| butschît, küssen. | | | |

drupt, zerkrümeln, Intr.

drusa, Ackergefilde.

druska, Fettwanst.

drudsis, Fieber.

(dubbults, doppelt).

dubli (Pl.), Koth.

dubt, einfallen, tief werden.

dukka, Faustschlag.

dukkuris, Köcher.

dukt, ermatten.

dumbrs, morastig.

dumpis, Lärm, Zank.

dunduris, Bremse.

durt, stechen.

dusma, Zorn.

dusset, ruhen.

dzīt, entzwei gehn.

gluddens, glatt.

(grunte, Grund).

grusdēt, glimmen.

gruwu, ich stürzte ein.

gubt, sich bücken.

gudrs, klug.

guggēt, Kukukrufen.

gurni (Pl.), Lenden, Hüften.

gurt, ermatten.

guschna, Distel.

gusa, Kropf.

guwu, ich haschte.

judra, Korn im Pferdezahm.

jukt, sich verwirren.

(jumprawa, Jungfer).

juppis, Teufel.

just, empfinden.

klupt, stolpern.

kluss, still.

(klucis, Klotz).

kļuwu, ich gelangte.

knutte, dünne Stange.

(krukkis, Krücke).

krumslis, Knorpel.

krupt, verschrumpfen.

krussa, Hagel.

krusts, Kreuz.

kruweschi (Pl.), harte Unebenheiten des Weges.

(kubls, Kübel).

kudlis, Zottelkopf.

kuggis, Schiff.

kukkainis, Insect.

kukkulis, Kngelbrod.

kukna, Küche.

kule, Sack.

du'mjoch, dunkelbraun.

du'rwis (Pl.), Thür.

glu'me, glatt.

gru'mba, Falte (grumba?).

gu'lbis, Schwan.

gu'ltis, sich legen.

(gu'rkis, Gurke).

ju'mt, dachdecken.

ku'lba, eine gewisse Art Wagen oder Schlitten (kulba).

ku'lkt, kakeln.

bu'mpt, pucklig werden.

ku'ngs, Herr.

ku'rkt, hohl werden.

ku'rpa, Schuh.

Ku'rfeme, Kurland (Kürfeme).

dūda, Flöte (Taube).

dūkans, dunkel.

dūkt, brausen.

dūmi (Pl.), Rauch.

(dūnas, Pl., Daunen).

dūscha, Seele, Muth.

glūnēt, glupen.

grūts, schwer.

gūscha, Hüfte.

gūt, fangen.

(Jūds, Jude).

jūra, Meer.

jūs, ihr.

jūtis (Pl.), Gelenke.

klūga, Weidenruthe zum Binden.

klūt, gelangen.

krūms, Strauch.

(krūfe, Krus).

kūdīt, antreiben, reizen.

kūla, verdorrtes Gras.

kūlu, ich drosch.

kūma, Pathe.

kūru, ich heizte.

kūts, Viehstall, NA. (diel. kūts).

drūpu, ich zerkrümele, Intr.

dūkis, Dummkopf.

dūkt, girren.

dūku, ich ermatte.

dūni (Pl.), Binsen.

dūre, Faust.

glūds, Thon.

grūst, stoßen.

grūt, einstürzen.

jūgt, anspannen.

jūkt, gewohnt werden.

jūku, ich komme in Verwirrung.

jūtu, ich empfinde.

klūpu, ich stolpere.

krūpu, ich schrumpfe ein.

krūts, Brust.

kūlis (kūlenis), Purzelbaum.

kūlis, Garbe.

kūnis, Leib, Puppe.

kūpēt, rauchen.

kūpu, ich gerinne zu Käse.

kūtrs, faul.

kult, dreschen.
kumelsch, Füllen.
kumiss, Bissen.
kuna, Hündin.
kungis, Bauch.
kungstit, stöhnen.
kunkulis, Klümpchen.
kupls, dick, voll.
kupt, zu Käse gerin-
nen.
kuptschis, Händler.
kur, wo.
kurkt, quarren.
kurls, taub.
kurmis, Maulwurf.
kurnćt, murren.
kurt, heizen.
kurts, Windhund.
(kurwis, Korb).
kust, schmelzen.
kustćt, sich bewegen.
kuschkis, Päckchen,
Wisch.
kuttit, kitzeln.
lubba, Borke.
(luggis, eine Art Schiff).
lukts, Boden, Oberlage.
(lukturis, Leuchter).
lumdt, wackeln.
lupt, schälen.
(lusta, Lust).
luschas (Pl.), Schnee-
schuhe.
luttit, verzärteln.
muddigs, hurtig.
muggura, Rücken.
mukt, fliehen.
mulda, Mulde.
murgi (Pl.), Phantasie-
bilder.
murit, quälen.
muskulis, Päckchen.
mussindt, flüstern.
muscha, Fliege.
muscha, Kufa
mutta, Mund.
muxa, Tonna.
mudschćt, wimmeln.
mukka, dickes Stück
Brod.
nurdćt, murren.
nuschelćt, unschelu.
pluddi (Pl.), Fluth, Ue-
berschwemmung.
plukkata, Lump.
plukt, verbrühen, intr.
pimpt, sprudeln.
pluskas (Pl.), Lumpen.

la'nkuns, hiegsam.
lu'rõis, Maulaffe.
mu'ldćt, faseln.
mu'lkis, Dummkopf.
nu'rgt, die Zähne
zeigen.
pla'ntschćt (Schall-
wort), plätschern.
pu'lks, Haufen,
Menge.
pu'lkstenis, Uhr.
pu'mpt, schwellen.

lákut, schauen.
lúpa, Lippe.
lúsis, Lnchs.
(mukćt, mubken).
(muks, Mönch).
(múris, Mauer).
más, uns, Acc. Pl.
plúkut, pflücken.
(plúme, Pflaume).
plútit, Durchfall ha-
ben.
púddi, faulen ma-
chen.

lúgt, bitten.
lúks, Bast.
lúpu, ich schäle.
lúst, brechen, intr.
mūbu, ich fliehe.
mūsch, Ewigkeit.
nája, Knüppel, NA.
(dial. néja).
plúkt, pflücken.
plúku, ich verbrühe,
intr.
plúst, überfluthen.
púnis, Strohscheune.
púwi (Pl.), Weizen.

pudduris, Busch.
(pukkat, pochen).
pukke, Blume.
pulgåt, schänden.
pulkis, Pflock.
pult, fallen (pu'lt?).
pumpa, Geschwulst.
(pumpis, Pumpe).
pune, Knolle.
punkis, Rotz.
puppa, Bohne.
purns, Schnauze
   (pu'rns, Dr. B.).
purrinåt, schütteln.
pusse, Hälfte.
puschkis, Strauß.
putns, Vogel.
putra, Grütze.
putts, Schaum.
puttit, stäuben.
puwu, ich faulte.
(puzzit, putzen).

pu'rns, Morast.

pàkas (Pl.), Federn.
pèkis, Drache.
pålét, plagen. (?)
påpa, Wiege.
påpédis, Bovist.
(påpulis, Palme, Pappel).
pårs, Loof.
påt, faulen.
påtelis, eine Nationalspeise der Letten von Hafermehl.
påze, Eule.

pûst, blasen.

rubbenis, Birkhahn.
ruda, rothbraun.
rukt, einschrumpfen.
(rullis, Rolle).
rumba, Rad-Nabe.
(rumpis, Rumpf).
runåt, reden.
runga, Fuderstütze, Knüppel.
runzis, Kater.
rupjsch, grob.
ruppusis, Kröte.
rufts, rothbraune Farbe.
ruschindt, wühlen.
rutks, Rettig.
rudfi (Pl.), Roggen.

ru'mba, Stromschnelle.

rukis, Kater.
(råme, Raum).
rûpét, sorgen.
(råsa, Rost).
(råte, Raute).

rûdinåt, weinen machen.
rûdit, glühend machen.
rûgt, gähren.
rûkt, brausen.
rûkts, bitter.
rûku, ich schrumpfe ein, werde faltig.

skubbinåt, zur Eile antreiben.
skudra, Ameise.
skukkis, halberwachsenes Mädchen.
skundét, misgönnen.
(skunsta, Kunst).
skurbt, schwindlig werden.
skust, barbieren.
sluddinåt, bekannt machen.
slafchåt, rutschen.
(smuks, schmuck).
smullis, Sudler.
smurga, Schmutz.
smukkis, Schnauze.
(if)sprukt, entwischen.
sprungulis, Hälse (St.).

sku'mt, betrübt werden.
spu'lgåt, funkeln.
stu'lbs, blind.
su'ns, Hund.

(skrûwe, Schraube).
(slåfchas, Pl., Schlense).
Smådfchi (Pl.), Zemalten.
stråga, Struse.
(stûris, Steuer).
stûrs, hartnäckig.
sûds, Mist.
sûrs, herbe.
sûstét, schmerzen.
sûdfit, klagen.

skûpstit, küssen (dial. skûpstit).
skûtu, ich barbiere.
sprûku, ich entwische.
sprûft, eingeklemmt werden.
stûris, Ecke.
sûkt, saugen.
sûku, ich entwische (Livl.).
sûldit, siepern.
sûnas (Pl.), Moos.
sûtit, schicken.
sûtu, ich werde heiß.

(*spunds*, Spund).
*spurt*, faserig werden.
(*strunkis*, Strunk).
*strups*, kurz.
*strust*, eitern.
*struttas* (Pl.), Eiter.
*stubburis* (*stumburis*),
    Baumstumpf.
(*students*, Student).
*stumi*, stoßen.
(*stunda*, Stunde).
(*sturms*, Regen-
    schauer).
(*stutta*, Stütze).
*sudmala*, Mühle.
*sudrabs*, Silber.
*sugga*, Geschlecht, Fa-
    milie.
*sukka*, Striegel.
(*sukkurs*, Zucker).
*sukt*, entwischen (Livl.).
*sula*, Saft.
*suldsnis*, Diener.
*sumbrs*, Auerochs.
*sumis*, Freund.
*sust*, heiß werden.
*susi*, dürr werden.
*sustori* (Pl.), Johannis-
    beeren.
*sutta*, Bähung.
*schkuttas* (Pl.), Küttis.
*schlukt*, glitschen.
*schlupstit*, lispeln.
*schnurgt*, am Schnu-
    pfen leiden.
*schukt*, erschrecken
    (dial. *schukt*).
*schust*, böse werden.
*schuwu*, ich nähte.
*sust*, verloren gehen.
*suttis*, Aal.
*sws*, Fisch.

*scharka*, Ratte.
*schuwu*, ich werde
    trocken.

*trukt*, erschrecken.
(*trummete*, Trompete).
*trunét*, modern.
*trusls*, zerbrechlich.
*tu*, du.
*tuksch*, leer.
*tukt*, fett werden.
*tulks*, Dollmetscher.
(*tuppels*, Pantoffel).
*tuppét*, hocken.
*tur*, dort.
*turét*, halten.
*Turkis*, Türke.

(*schkunis*, Scheune).
*schlubbét*, glitschen.
*schupét*, schaukeln.
*schut*, nähen.

*sche'lts*, Galle.

*tru'mpét*, die Spitze
    (einem Baum) ab-
    hauen.
*tru'ms*, Bruch.
*tu'lsnis*, Blase.
*tu'msch*, dunkel.

*schlubt*, spinnen
    (gleiten machen).
*schlubu*, ich gleite.
*schnukt* (*schnaukt*),
    schnauben.
*schutu*, ich werde
    böse.

*suditis*, sich här-
    men (?)
*sudu*, ich gehe ver-
    loren.

(*schlupis*, Säufer).

*schut*, trocken wer-
    den.

*trübs*, Rohr.
*trükt*, reißen.
*tükstüts*, Tausend.
*tüdal*, } sogleich.
*tült*, }
*tüplis*, Gefäß.

*trüdét*, modern.
*trüku*, ich erschrecke.
*tükt*, schwellen
    (*tükt*).
*tüku*, ich schwelle.
*tuwu*, (*tuwu*, Antz),
    nahe.

ubaga, Bettler.  
uggu'as, Feuer.  
un, und.  
*Unguris*, Ungar.  
uppe, Bach.  
(uppuris, Opfer).  
urdit, urrrr machen.  
uf (neben if), auf.  
uts, Laus.

u'röt, bohren.  
u'rkis, Ofenkrücke.

übét, girren.  
úsas (Pl.), Schnurr-  
   bart.  
(úfas, Pl., Hosen).

údana, Wasser.  
údris, Otter.

tschukku'rs, Dachürst.  
tschukstit, wispern.  
tschuppa, Haufen.  
tschufchas (Pl.), dürres  
   Laub.  
tschutschit, schlafen.

tscha'rkstit, rieseln,  
   murmeln.

súka, San.  
tschákstit, zischen.  
tschárisku, auf dem  
   Gesicht liegend.  
tscháska, Schlange.

tscháldt, slepern.

## Nominale Derivationssuffixa.

-u-s.  
-uri-s.  
-ul(a)-s.  
uli-s.  
-ut(a)-s.  
-usu(a)-s.  
-usi (Nom. S. fem. Par-  
   tic. Prät. Act.).

## Verbale Derivationssuffixa.

-ur-, ul-, behufs Deminution.

## Flexionsendungen am Nomen.

-us, Nom. Gen. S. m.  
-um, Dat. S. m.  
-u, Acc. S. m. f.  
-u, Genit. Pl. m. f.  
us, Acc. Pl. m.

-i, (-ï), Loc. S. m.

## Flexionsendungen am Verbum.

-u, 1. P. Sing. Act.  
-tu, 1. 2. 3. P. S. Präs. Condition. Act.  
-tum, 1. P. Pl. Präs. Cond. Act.  
-ut, 2. P. Pl. Präs. Cond. Act.

## §. 34.      5. ai, ái.

| ai. | ái. | ai. | ái. |
|---|---|---|---|
| ai, weh! | dif, hinter. | glaima, Schmeiche- | gáisch, hell. |
| airis, Ruder. | áita, Schaaf. |   lei. | |
| | dizinát, herbeirufen. | graifit, schnickern. | — |
| baidit, schrecken. | báile, Furcht. | knimi"nsch, Nachbar. | báils, nackt. |
| dainát, kreischen, sin- | dáilsch, schön. | kaite, Schaden. | káisit, strenen (dial. |
|   gen. | | klaigát, kreischen. |   káisit). |
| gaidit, warten. | gáilis, Hahn. | | káist, heils werden. |
| gaimit, abwehren | gáiss, Luft. | | káitit, schaden, wehe |
|   (dial. gáimát). | gáist, vergehen. | |   thun. |

ai.

*laiks*, Zeit.
*laima*, Glück.
*laipnigs*, leutselig
 (dial. *laipnigs*).
*laifit*, lecken.
*laiva*, Boot.
*maikste*, Hopfen-
 stange.
*mainit*, tauschen.

*pai* (Kinderwort zum
 Liebkosen).
*paifit*, mit Seesturm
 überschwemmen.
*raidit*, schicken.


*saite*, Fessel.
*skaidrs*, rein.
*spailis*, Schwaden.
*staigât*, gehen.
*swainis*,Weibsbruder.

ái.

*kláidit*, irren.
*kláijums*, Ebene.
*kláips*, Laib (Brod).
*kráistit*, oft schmän-
 den.
*láipa*, Steg.
*láisks*, faul.
*láistit*, wiederholt
 giessen.
*láist*, lassen.

*mádidit*, mit Pfählen
 bestecken.
*mádigt*, kneten.
*máisit*, mischen.
*máiss*, Sack.
*máita*, Aas.
*náids*, Hass.
*páipale*, Wachtel.
*páisit*, Flachs bra-
 ken (St.).

*ráidis*, bunt.
*ráisit*, binden (*raisit*).
*ráises* (Pl.), Schnei-
 den,Wehen (*raises*).
*sáime*, Hausgesinde.
*sáistit*, binden.
*skáida*, Span.
*skáists*, schön.
*skáitit*, zählen.
*skráidit*, hin und her
 laufen.

ai.

*saimât*, lästern (dial.
 *sáimât*).
*swaigât*, wiehern.
*taisit*, machen.



*wai*, weh!
*waidét*, wehklagen.
*waina*, Schuld
 (*wáina*).
*wairs*, mehr.
*waisât*, fragen (dial.
 *wáizdt*).

ái.

*sláiks*, schlank.
*sláists*, faul.
*smáigstit*, lächeln.
*swáigstit*, hin und
 her reichen.
*spáidit*, drücken.
*stáipit*, dehnen.
*stráipalat*, taumeln.
*swáidit*, werfen.
*swáidit*, salben.
*swáigsn*, Stern.

*táisns*, gerecht.
*tráipit*, tröpfeln.
*twáiks*, Dunst.
*wái*, ob.
*wáigs*, Antlitz.
*wáijaga*, es ist nöthig.
*wáijât*, verfolgen
 (dial. *waijât*).
*wáinags*, Kranz.
*wáirit*, hüten,wehren.
*wáisla*, Zucht.

## Nominale Derivationssuffixa.

-*áin(a)-s*, fem. -*áina*.
-*áini-s*, fem. *áine*.
-*áin(a)-s*.

## Flexionsendungen am Nomen.

-*di*, Dat. S. fem.

---

§. 35.

6. *ei, éi.*

ei.

(*dreijât*, drechseln).


*keris*, Linkhand.
(*keisars*, Kaiser).
*Leitis*, Litthauer.

(*meija*, Birkenmaie).
(*meisteris*, Meister).
(*preilene*, Fräulein).
*reisa*, Reihe, Mal.

éi.

*béigt*, endigen.
*déiju*, ich tanze.
*éi*, Interj. ei!
*géibt*, ohnmächtig
 werden.
*gréisa*, schief, ge-
 dreht.
*kréiju*,ich schmände.
*kréiss*, links.
*léija*, Thal.
*léiju*, ich giesse.
*méita*, Mädchen.



*réibt*, schwindeln.
*réiju*, ich belle.

ei.

*spreijas* (Pl.), Sprei,
 eine Pferdekrank-
 heit.
(*streijas*, Pl., Streu).
*sweiks*, gesund (dial.
 *swéiks*).
*sweilis*, ein Thier von
 brandgelber Farbe.

*treilis*,Deichselgabel.
*weiktis*, gedeihen
 (dial. *weiktis*).

## Flexionsendungen am Nomen.

-*ei*, Dat. S. fem.

éi.

*stéija*, Gesichtsbil-
 dung.
*skréiju*, ich laufe.
*sléija*, Streif.
*sléiju*, ich lehne an.
*sméiju*, ich lache.
*stéigt*, eilen.
*stréimulut*, taumeln.
*swéipji* (Pl.), Enfe.
*swéijut*, fischen.
*téikt*, sagen.

## Flexionsendungen am Nomen.

-*éi*, Dat. S. fem.

## §. 36.     7. ē, ľ.

| ē. | ľ. | ē. | ľ. |
|---|---|---|---|
| blāe, rothe Eäbe. | bīdēt, schrecken. | ſplēderi, pleideri, Pl., Flieder). | pēpes (Pl.), Rahm. |
| (blēkis, Bleiche). | bīdrs, Gefährte. | | pīrs, Stirn. |
| blēſt, sich hressig machen (St.). | bľſa, dick (geronnen). | plēni(Pl.),Kalksteine. | pīschi (Pl.), Sporen. |
| brēsmas (Pl.), Gefahr, Schreck. | bridis, Hirsch. | prēde, Fichte, Kiefer. | pīsi, fünf. |
| | brinu, ich wate. | prēde, Zugabe. | prīks, Freude. |
| (dēnēt, diemen). | brľſt, schwellen. | (prēsteris, Priester). | prīksch, vor. |
| (dvēlis, Handtuch). | dīgs, Zwirn. | rēkts, Nuſs. | rľbt, ekeln, verdrieſsen. |
| | dīgs, Keim. | (rēpes, Pl., Schiffsgeräth). | rľt, hallen. |
| | dľna, Tag. | rēstľls, pfalzen. | rľzenis, Schnitt (z. B. Brod). |
| ēkāt, lausen. | dľt, tanzen. | rēſis, Feldstück. | |
| ēva, Faulbaum. | dľvs, Gott. | rēľēt, zufrieren. | |
| glēmesis, Schnecke. | ľ (ē), ľksch, in. | sēkalas(Pl.),Speichel. | sľks, Seek, (1 Viertellofmaſs.) |
| (Grēkis, Grieche). | ľt, gehen (dial. ľt). | sľrs, Käse. | sľna, Wand. |
| | gľdu, ich muthmaſse. | sľva, Weib. | sľna, Hen. |
| (knēdēt, nieten). | grľſt, schneiden, wenden. | sľlgt, reichen. | sľt, binden. |
| | klľdīt, umherschweifen. | (spēgelis, Spiegel). | sľt, Sieb. |
| | blľgt, kreischen. | spēlis, Steh. | (sľlgelis, Ziegel). |
| | knľbt, kneifen. | (sľlgelis, Ziegel). | skrľt, laufen. |
| | krľt, schmänden. | stēni (Pl.), Eisenstangen auf dem Küchenheerd. | sľlgenis, Schwelle. |
| | krľtns, rechtschaffen. | | stľgľt, stützen. |
| | Krľvs, Russe. | | slľza, Schlittensohle. |
| | kvľkt, quiecken. | | smľt, lachen. |
| | kvľschi(Pl.), Weizen. | | snľg', es schneit. |
| ľēkns, Niederung. | lľgt, versagen. | | snľgs, Schnee. |
| ľēkscha, Kornschaufel. | lľbu, ich lege. | | spľgt, pfeifen. |
| lēls, grofs. | lľks, ährig. | | spľst, drücken. |
| (lēnēt, leihen). | lľkt, beugen. | | sprľſt, spannen, absprechen. |
| lēpa, Linde. | lľls, Schienbein. | | stľbrs, Rohr. |
| lēsma, Flamme. | lľnu, ich krieche. | | stľbu, ich werde betäubt. |
| | lľsa, Milz. | | stľgu (strľgu), ich werde betäubt. |
| | lľss, mager. | | stľpt (tľpt), recken. |
| | lľt, giefsen. | | svľdri(Pl.),Schweifs. |
| | lľta, Sache. | | svľſt, werfen. |
| | lľtigs, nützlich. | | svľsts, Butter. |
| | lľtus, Regen. | | |
| mēlēt, bewirthen. | lľtuvins, Alp. | | |
| mēsts, Städtchen, Flecken. | mľgs, Schlaf. | (schēna, Schiene). | schľbt, schief machen. |
| (mēſeris, Mörser). | (ľ)mľgu, ich schlafe ein. | | schľdrs, Flachsstangel. |
| mēſt, stumpf werden. | mľles (Pl.), Hefen. | | schľtis, Weberkamm. |
| | mľrs, Friede. | | schľtu, ich meine. |
| | mľsa, Fleisch, Leib. | | |
| | mľſu, mingo. | | |
| | mľschi (Pl.), Gerste. | Svēdrs, Schwede. | sľds, Blüthe. |
| | mľts, Pfahl. | | (uſ)ſľgtu, sündigen. |
| | mľlēt, tauschen. | | sľma, Winter. |
| nēbēt, Grütze schwingen, um die Hülsen abzusondern. | nľdre, Rohr. | | svľgt, wiehern. |
| | | | schľbu, ich flimmere. |
| nēks, Nichts. | | | tľbu, ich gelange. |
| nēſēt, jucken. | | | tľvs, dünn. |
| nēvēt, verachten. | | | trľkt, durch Stofsen erschüttern. |
| pēns, Milch. | pľ, hei. | | |

| s. | t. | Nominale Derivationssuffixa. |
|---|---|---|

**Nominale Derivationssuffixa.**

-*iti-s*, fem. -*ite*.
-*in(a)-s* (-*ân(a)-s*).
-*nik(a)-s*, f. -*nize*.

**Flexionsendungen am Nomen.**

-*im* (-*ôm*), Dat. Pl. m.

**Flexionsendungen am Verbum.**

-*is*, 2. P. S. Medil.
-*amis*, 1. P. Pl. Präs.
Med. (-*âmis*, Prät.).
-*atis*, 2. P. Pl. Präs.
Med. (-*âtis*, Prät.).
-*sit*, 2. P. Pl. Fut. Act.

---

**Columns s and t:**

*wâps*, Decke, (*wâps?*).
(*wêrendele*, Viertel).
*wêsulis*, Wirbelwind.

*slkurs*, Tannzapfen.
*sllawa*, Bachstelze.

*stript*, streichen, schmieren.
*tiba*, Recht.
*wigls*, leicht.
*wins*, ein.
*wischdtis*, sich versammeln.
*wiris*, Gast.
*wita*, Ort, Platz.
*sims*, Dorf.
*sinât*, ehren (*sênât*).
*sist*, leiden.
*sits*, hart.
*dfiedât*, singen.
*dfiedât*, heilen, tr.
*tschlôt*, pfeifen.

---

## §. 37.  8. *au*, *åu*.

**Column au:**

*auble*, Kinderwärterin.
*auksts*, kalt.
*aulis*, Bienenstock.
*auliska*, im Galopp.
*auscha*, Wildfang.
*aulis*, Bienenstock.
*aurit*, Jagdhorn blasen.

*bauslis*, Gesetz.
*baufcha*, Kuh ohne Hörner.
*brauna*, Schuppe.
*braulit*, abet reifen.
*daudit*, knittern.
*daudit*, zertrümmern.
*daudf*, viel.

*gausa*, Sattsamkeit.
*gauschi*, langsam.
*gauft*, klagen (dial. *gâuft*).
*glauft*, glätten.
*grauslis*, Schutt.
*grausdit*, (Eisen) härten.
*grauft*, poltern.
*jauda*, Vermögen, Kraft.

**Column åu:**

*âugsts*, hoch.
*âugt*, wachsen.
*dubla*, Pastelschnur.
*duns*, Schafbock.
*duss*, Ohr.
*dust*, tagen.
*âufas* (Pl.), Hafer.
*dust*, weben.
*dut*, die Fäfse bekleiden.
*bâudit*, genlefsen (dial. *baudit*).
*bâuksch* (Schallw.).
*blâut*, schreien.
*brâukt*, fahren.
*Dâugawa*, Düna (dial. *Daugawa*).
*drâudit*, drohen.
*drâugs*, Freund.
*drâupit*, zerbröckeln, tr.
*gâubt*, ergötzen.
*gâufchi*, sehr.
*gnâukt*, knüllen, knittern.
*grâuds*, Korn.
*grâust*, nagen.
*grâut*, zertrümmern.
*jâu*, schon.
*jâuks*, heiter.
*jâuns*, jung.
*jâust*, zu vernehmen geben.
*jâudit*, fragen.

**Column au:**

*kaukurais*, heulen.
*kaulét*, dingen.
*kauls*, Knochen.
*klausit*, hören.
*klauwét*, anklopfen.
*knauts*, kleine Stechfliege.
*knaukis*, Knirps, kleiner Bube.
*brauksch* (Schallwort).
*kraupa*, Warze, Grind.
*kraut*, häufen.
*lauks*, Feld.
*laulât*, trauen.
*lauma*, Hexe.
*launags*, Vesperbrod oder Mittagessen.
*launs*, böse.
*laut*, erlauben.
*mauka*, Hure.
*maurs*, Rasen.
*maurit*, brüllen.
*naudit*, miauen.

*paura*, Hinterkopf.
*plaukas*(Pl.),Flocken.
*plaukste*, innere Handfläche.
*plauksch* (Schallw.).

**Column åu:**

*jâutra*, munter.
*jâudit*, gewöhnen.
*kâukt*, heulen.
*kâuns*, Schaam.
*kâusit*, schmelzen.
*kâuss*, Napf, Schaale.
*kâut*, wenn doch.
*kâut*, schlagen.
*kâudse*, Getreide- od. Heuhaufen.
*krâubis*, Rabe.
*krâudit*, stampfen.

*lâudis* (Pl.), Leute.
*lâuks* (Adj.), einen weifsen Fleck an der Stirn tragend.
*lâupit*, schälen.
*lâuft*, brechen, tr.

*mâu(k)t*, abstreifen.

*nâu*, es ist nicht.
*nâuda*, Geld.
(*ap*)*nâuktis*, sich bewölken.

*pâuns*, Stirnknochen.
*pâupt*, verrecken.
*pâuft*, ruchbar machen (dial. *pauft*).
*pâuts*, Ei.

76 au, áu. ŏ, ú.

## au. / áu. / au. / áu.

plaut, mähen. | pláukt, sprossen. | schlauga'ns, schlaff. | schäuls, flatterhaft.
| pláukta, Regal. | schmeuge (Schallw.). | scháuws, schmal.
| pldaſt, naſsmachen. | schmaukát, schnaa- | schčust, stäupen.
| prduls, Feuerbrand. | hen. | schäuschalas (Pl.),
raudawa, wilde Ente. | ráuda, eine Fisch- | | Schauder.
rausis, Kuchen. | Art. | | schláups, schräg.
raudsit, scheuen. | ráudát, weinen. | | schmáukt, schnauben.
| (at)rdugtis, rülpsen. | | sáudét, verloren ge-
| ráugs, Sauerteig. | | hen lassen.
| sdukt, faltigmachen. | | schčut, trocknen
| ráust, wühlen, schü- | | (dial. ſchčut).
| ren. | | schmdugt, würgen.
| rdut, reiſsen. | (tawa, Tau). | táuki (Pl.), Fett.
| ráudſét, gähren ma- | tauját, tasten. | táure, Jagdhorn.
| sáukt, rufen. [chen. | taupit, schonen. | táuri'nsch, Schmetter-
sauja, Handvoll. | sáuss, trocken. | trauks, Gefäſs. | ling (dial.tauri'nsch).
saukát, rufen. | sáudsét, schonen. | traukt, machen daſs | táutá, Volk.
saule, Sonne. | skáuſt, heneiden. | etwas reiſst (dial. | tráusls, zerbrechlich.
slauzit, fegen. | sláukt, melken. | trdukt).
snauſt, schlummern. | spráuſt, zwischen- | trauset, schrecken
splaut, spucken. | einstecken. | (dial. trdusét).
spraugt, grob schro- | stráujsch, steil. | zaurs, durchlöchert. | záune, Marder.
ten. | stráwne, Strom. | tschanga'ns, locker. | tschángsters, Ofen-
strauts, Regenbach. | achčubit, zum Wen- | | besen.
schaut, schieſsen. | ken bringen. | | tscháumala, Schaale.
schlaudét, niesen. |

## §. 38.     9. ŏ, ú.

### ŏ. / ú. / ŏ. / ú.

blŏda, Schüssel. | bújá (it), zu Grunde | (kŏrtelis, Quartier). | 
(bŏde oder bŏts, Bude). | (gehen). | kŏsa, Katzenwedel |
(bŏkstaws, Buchstabe). | búle (= dúle), Kuh | (ein Kraut). |
(bŏmis, Hebebaum). | ohne Hörner. | (krŏgs, Krug, |
(bŏrste, Brustjäck- | | Schenke). |
chen). | | (krŏnis, Krone). |
(brŏkasts, Frühstück, | | (krŏplis, Krüppel). |
Frühkost). | | lŏdat, kriechen. | lúbit, schälen (dial.
dŏma, Gedanke. | drŏsch, kühn. | (lŏde, Kugel). | lŏbit).
dŏnis, Vogelschlinge. | dúbe, Höhlung. | (lŏki, Pl., Lauch). | lúgs, Fenster.
| dút, gehen. | lŏlút, lullen. | lúks, Krummholz.
gŏba, Zinskorn. | guba, Ulme (dial. | lŏma, Theil. | láku, ich lecke.
gŏta, Nest, Lager. | gŏba). | (lŏne, Lohn). | túti, sehr (dial. tŏti).
gŏſa, Röste. | gúds, Ehre. | lŏps, Vieh. | lúzit, biegen.
grŏſt, wenden, dre- | gáurs, Kuh. | lŏschmdt, kriechen.
hen. | | (lŏts, Loth).
grŏschi (Pl.), Leinen, | | mŏsit, quälen. | mŏdinat, wecken.
Zügel. | | | máſtis, weich werden.
jŏde, der Schwarze | jú, je — desto. | nŏma, Zins. | ná (nŏ), von.
(Teufel) (dial.júda). | júſta, Gürtel. | nŏscha, Lebenskraft.
jŏks, Scherz. | | (nŏte, Noth).
klŏns, Estrich. | kúks, Baum. | (ŏdere, Futter). | úde, Mücke.
(knŏpa, Knopf). | kŏpt, pflegen (dial. | ŏla, Kiesel, Ei. | úga, Beere.
bŏkalis, Kornnäglein. | kŏpt). | ŏmd (ne'mt), in Acht | úgle, Kohle.
kŏkle, Hackebrett. | kúschi, schön (Adv.). | (nehmen). | úlekts, Elle.
kŏpa, Haufe. | kúſt, helfsen. | (ŏrs, Fuhre). | úsa, Henkel.

**ō.**

(*ōrts*, Ort, halber Gulden).

*ōsta*, Hafen.

*ōfchnât*, schnüffeln.

*ōtrs*, der andern.

*plōsit*, zerreissen.

*pōds*, Liespfund.

*pōga*, Schelle.

*Pōlis*, Pole.

*pōps*, Polster, Morastwiese.

*pōtêt*, propfen.

*rōnis*, Seehund (dial. *rūnis*).

(*rōsa*, Rosel).

*rōsa*, Schmack.

(*skōla*, Schule).

(*skōtelis*, Schurzfell).

(*skrōderis*, Schneider).

*skrōstit*, kerben.

(*skrōtes*, Pl., Schrot).

*slōka*, Schnepfe.

(*smōrêt*, schmoren).

*sōma*, Ranzen.

(*spōla*, Spule).

*sprōga*, Locke.

(*stōpa*, Stoof).

**ū.**

*ūsis*, Esche.

*ūst*, riechen.

*ūsula*, Eiche.

*ūdse*, Natter.

*pūds*, Topf.

*pūgis*, Hund mit weissem Halse.

*pūlu*, ich falle.

*plūku*, ich werde flach.

*plūsts*, Floss.

*prūjam*, fort (dial. *prōjam*).

*prūtu*, ich verstehe.

*pūst*, reinigen.

*pūstu*, verderben (dial. *pōstu*).

*rūbe*, Einschnitt, Kerb.

*rūka*, Hand.

*rūku*, ich grabe.

*rūnu* (= *rūdu*), ich finde.

*rūsch*, geschäftig.

*rūse*, langgestreckter Hügelzug.

*skūpsts*, geizig.

*slūgs*, Gewicht.

*slūta*, Besen.

*smāku*, ich bekomme Geruch.

*sūdji* (Pl.), Russ.

*sōds*, Gericht.

*sūlis*, Schritt.

*sūlit*, versprechen.

*spūdrs*, blank.

*spūgulas* (Pl.), Glanz.

**ō.**

(*stōte*, Stütze am Hufeisen).

(*schnōrs*, Schnur).

*snōts*, Schwiegersohn.

*sōbens*, Säbel.

(*tōrnis*, Thurm).

(*tōveris*, Zuber).

**ū.**

*spūsla*, Schlinge (dial. *spōsta*).

*spūsch*, blank.

*stūbrs*, Rohr.

*stūstit*, stossen (dial. *stōstit*).

*strōps*, Bienenstock.

*schkūbtis*, sich schief neigen.

*sōbs*, Zahn.

*sōgu*, ich stehle.

*sōss*, Gans.

*schūds* (= *schūkls*), Kinnlade.

*schōgs*, Zaun.

*trūksnis*, Gepolter.

*tūpu*, ich werde.

## Nominale Derivationssuffixa.

-*āli-s*.

-*ōk(a)-s*.

-*ōni-s*.

-*ūkni-s*, -*ūksni-s*, fem. *ūksne*.

-*ōkli-s*, -*ōksli-s*.

-*ōti'i-s*, fem. -*ōti* (Part. Präs. Act. I.)

-*ōchūti)-s* fem. -*ochūti* (Part. Futur. Act.).

## Verbale Derivationssuffixa.

-*ūja* (-*ōja*-),
-*ū*-  } (Cl. VII).

## Flexionsendungen am Nomen.

-*ōs* (-*ōs*), Loc. Pl. m.

## Flexionsendungen am Verbum.

-*ōs*, 1. P. Sing. Medii.

-*tūs*, 1. 2. 3. P. S. Condit. Medii.

**§. 39.**

**10. ui, uj; iu, iu.**

**ui.**

*kuilis*, Eber.

*muischa*, Hof.

*muita*, Zoll.

*puisis*, Junge.

*smuidrs*, schlank (*smeidrs*?).

*stuidit*, stossen (dial. *stuidit*).

*suits*, überflüssig (*suits*?).

**uj.**

*kuija*, Heu- od. Getreidehaufen.

*pujdit*, schinden, vernichten.

*skuija*, Tannenstrauch.

*Suikis*, der unrein lettisch spricht.

*suinātis*, sich schuppen.

**iu.**

*Smiukschki*, Pl. Nom. pr. eines Bauerhofes bei Niederbartau.

*schuriugs* (Schallwort).

**iu.**

*Kiuka*, Nom. propr. eines Morastes bei Dondangen.

*pliukschkêt*, klatschen (Schallwort).

# Zweites Kapitel.
## Consonanten.
### I. System der Consonanten.
#### 1. Reine Consonanten.
##### a. Gutturales, Dentales, Labiales.

§. 40. Den drei Urvocalen *a*, *i*, *u* entsprechen drei Consonantenreihen, gleicherweise unterschieden nach den drei Organen, die neben der Zunge zur Hervorbringung der Laute mitwirken.

1. Kehllaute (Gutturales): *k*, *g*, wo die Hinterzunge sich gegen den Hintergaumen stemmt;
2. Zahnlaute (Dentales): *s*, *ſ*, *t*, *d*, *r*, *l*, *n*, wo Vorderzunge (Zungenspitze) und Zähne (oder Vordergaumen) zusammenwirken;
3. Lippenlaute (Labiales): *p*, *b*, *w*, *m*, wo die Lippen dem entweichenden Laut seinen Character aufdrücken.

Zwischen den Kehllauten und den Zahnlauten steht die Palatalis *j*, bei deren Hervorbringung die vordere Zungenfläche und der mittlere Theil des Gaumens betheiligt sind.

##### b. Explosivae, Continuae.

§. 41. Eben diese consonantischen Laute zerfallen abgesehen von der Unterscheidung nach den hervorbringenden Organen in besondere Classen je nach dem Verhältniſs des Hauches oder der Stimme zur Articulation und je nach dem Grade des Druckes, den die Sprachorgane auf einander ausüben, und zwar zunächst in zwei Hauptgruppen:

1. Explosivae,
2. Continuae.

Bei jenen ist die Articulation, d. h. die Verschlieſsung des Luftcanals durch die lautbildenden Organe eine vollkommene, und der Hauch (Spiritus lenis) respective mit, resp. ohne Stimme folgt im Unterschied von den eigentl. Hauch- und Stimmlauten der Articulation nach. So entstehen die stummen Consonanten oder Mutae, einerseits die sogenannten harten (tenues), wirklich stummen: *k*, *t*, *p*; anderseits die sogenannten weichen (mediae): *g*, *d*, *b*, die nicht ganz stumm sind, sofern mit dem Spiritus lenis ein Stimmlaut folgt. Sie heiſsen

Explosivae, weil sie nur in dem Moment vernehmbar sind, wo der Verschluſs des Luftcanals aufgehoben wird.

Aspiratae kennt das ächt lettische Sprachorgan nicht.

Bei der andern Gruppe (Continuae) durchdringt der hörbarmachende Hauch oder auch die Stimme so zu sagen die Materie des consonantischen Lautes und verschmilzt mit ihr. So entstehen Consonanten von dauerndem, stetigem Laut, d. h. eben Continuae. Sie sind zwiefacher Art: Hauchlaute und Stimmlaute, oder, wenn man die zwei Abtheilungen der Stimmlaute besonders zählt, dreifacher Art: Hauchlaute, Halbvocale, Liquidae.

In den Hauchlauten (Spirantes) durchdringt der Hauch die Articulation, die eben unter dieser Voraussetzung keine vollkommene ist, sondern eine unvollkommene, wo der Ausgang des Hauches nicht völlig gehindert wird. Hierher gehört als harter Laut, den tenues entsprechend das scharfe *s*, und als weicher, den mediae entsprechend, das tönende *ſ*, das sich von anderem Gesichtspunkt aus als Halbvocal aufführen läſst. Sodann gehören hierher *s* und *dſ*, wenn man sie nicht, wie eigentlich geschehen müſste, zu den Mischlauten rechnen will.

Die Halbvocale unterscheiden sich von den Hauchlauten dadurch, daſs statt des Hauches die Stimme durch die unvollkommene Articulation hindurch ertönt. Daher der Name: Stimmlaute im Gegensatz der Hauchlaute. Hierher gehören das palatale *j*, das labiale *w* und in der Mitte dazwischen das oben unter anderem Gesichtspunkte aufgeführte gelinde *ſ*.

Die zweite Abtheilung der Stimmlaute bilden die Liquidae. Hier wird auch die Articulation von der Stimme durchdrungen, daher auch die Liquidae vocalische Natur haben. Aber die Articulation ist eine vollkommene, d. h. die Organe berühren sich nicht bloſs, wie bei den Halbvocalen, sondern stemmen sich wirklich dermaſsen gegen einander, daſs die Stimme an der Stelle nicht, sondern nur nebenbei einen Ausweg findet, sei es durch den Mund: bei *l* und *r* *), oder durch

---

*) Dem gewöhnlichen r, dessen Character durch Vibration der Zunge bedingt ist, steht im Lettischen ein merkwürdiges labiales r gegenüber, das durch Vibration der Lippen entsteht bei durchtönender Stimme. Der Lette ruft damit dem Pferde zu, das stehen bleiben soll; es klingt wie *prrr*, ist aber in der That ein rasch vibrirendes *pppp*.

die Nase: bei *m* und *n* (Nasales). Am *n*-Laut läßt sich eine dentale und eine gutturale (= *ng*) Nûance unterscheiden.

Die Liquidae (*l*, *m*, *n*, *r*) stehen zwischen den harten (tenues) und den weichen (mediae) Consonanten in der Mitte und theilen, wie sich unten zeigen wird (cf. §. 104), in manchem Stück die Eigenschaften beider. Die Halbvocale (*w*, *j*), als auf dem Uebergang zu den Vocalen, sind weicher, gelinder, als die mediae.

Zur Uebersicht der reinen Consonanten diene folgende Zusammenstellung:

| | Gutturales. (Palatales). | Dentales. | Labiales. |
|---|---|---|---|
| A. Continuae. | | | |
| I. Hauchlaute (Spirantes) ... | — | *s, f* | — |
| | — | (*s*), (*df*) | — |
| II. Stimmlaute: | | | |
| 1. Halbvocale . . . . . . . . | — | *j*, (*f*) | *w* |
| 2. Liquidae: | | | |
| a) orales . . . . . . . . . | — | *r, l* | — |
| b) nasales . . . . . . . . | (*n*) | *n* | *m* |
| B. Explosivae. | | | |
| III. Mutae: | | | |
| a) tenues . . . . . . . . . . . | *k* | *t* | *p* |
| b) mediae . . . . . . . . . . . | *g* | *d* | *b* |

### 2. Unreine Consonanten, Mischlaute.

§. 42. Den Mischvocalen (*e*, (*o*)) entsprechend giebt es auch consonantische Mischlaute, wohl zu unterscheiden von den Doppelconsonanten. In letzteren hört das Ohr ebenso immer noch beide Elemente, wie bei den Diphthongen; in den ersteren ist die Verschmelzung, „Verflößung" beider Bestandtheile eine möglichst vollständige.

Das zweite Element der im Lett.-Litth. so sehr beliebten unreinen Consonanten ist etymologisch-historisch der Halbvocal *j*, auch in den bereits oben bei den Spiranten aufgeführten *s* und *df*, die rein physiologisch betrachtet Mischungen aus *t* und *s* und aus *d* und *f* sein könnten, factisch aber in der Regel aus *kj* und *gj* entstanden sind.

Der Halbvocal *j* verschmilzt in unserer Sprachfamilie mit allen reinen Consonanten, nur nicht mit jedem in gleich vollständigem Grade. Als Palatal steht *j* zwischen den Gutturalen und Dentalen in der Mitte und vermag jene wie diese durch reinen Einfluß in palatale Mischlaute zu wandeln, deren ursprüngliche Elemente das Ohr nicht mehr unterscheidet. Anders ist es mit den Labialen; die stehen dem *j* zu fern um mit ihm eine vollständige Verschmelzung einzugehen. Daher befinden sich *pj, mj, bj, wj* auf dem Uebergange zu den Doppelconsonanten. Die eigentlichen palatalen Mischlaute sind folgende:

sch (= *sj* oder *tj*); *tsch* (= *tj*);
*fch* (= *ß* oder *dj*); *dfch* (= *dß*);
*r* (= *rj*), *l* (= *lj*), *n* (= *nj*).

Zu diesen kommt

1) *k* und *g*, die physiologisch betrachtet durch Mischung von *k* und *g* einerseits und *j* andererseits entstanden sind, historisch aber mehr als Mittellaute zwischen *k* und *j* und zwischen *g* und *j* angesehen werden müssen oder als Assimilationen des *k* und des *g* an *j* (*i*) nach Analogie des *e*, das ebenso aus *a* durch Assimilation an *i* entstehen kann, als durch Verschmelzung von *a* mit *i*.

2) *s* und *df*, die historisch-etymologisch betrachtet gerade im Lettischen unendlich oft durch Mischung von *k* mit *j* und *g* mit *j* entstanden sind, aber trotz dem so wenig palatale, getrübte, gequetschte, mouillierte Natur haben, daß sie fürs Lettische entschieden in die Klasse der reinen Consonanten gesetzt werden müssen. Unten wird bei verschiedenen Lautgesetzen sich diese reine Natur des *s* und *df* beweisen.

Die unreinen Consonanten zerfallen ebenso wie die zu Grunde liegenden reinen in

harte: *k,* (*s*), *tsch, sch, pj*;
weiche: *g,* (*df*), *dfch, fch, bj.*     *wj*;
mittlere: *r, l, n, mj.* —

## 3. Doppelconsonanten.

§. 43. Während die consonantischen Mischlaute meist besondere Zeichen haben und namentlich dann als Theile des Alphabets erscheinen, stehen die Doppelconsonanten wenigstens im Lettischen bereits außerhalb des Alphabets und haben keine

besondern orthographischen Zeichen.   Ihre beiden Bestandtheile
unterscheidet das Ohr ebenso deutlich, als diejenigen der Diphthonge.   Zu ihnen gehören namentlich
   1) die Verbindungen der Spirans *s* mit vorangehender Muta
      tenuis: *ks* (ξ) und *ps* (ψ).   Der dritte entsprechende Dop-
      pelconsonant wäre *ts* i. e. *s*, dessen Elemente aber vom
      Ohr nicht unterschieden werden.   *ks* und *ps* kennt der
      Lette nicht im Anlaut der Wörter;
   2) Die Verbindungen des Halbvocals *w* mit vorhergehender
      Muta tenuis: *kw* (*qu*), *tw*; der dritte entsprechende Doppel-
      consonant *pw* (cf. *pf*) kommt nicht vor.

    Abgesehen von den genannten Doppelconsonanten kommen
im Lettischen vielfache Consonantenverbindungen vor, die in der
Hauptsache kurz aufzuführen nicht überflüssig erscheint, sofern
dadurch der lautliche Character der Sprache geschildert wird.

    I. Zweigliedrige Consonantenverbindungen.
1. Verbindungen der Mutae mit Liquidis.
      a.  Muta + Liquida:
    α) im Anlaut: *kl, kl, gl; pl, pl, bl, bl;* — *kn, kn, gn,
gn;* — *kr, kr, gr, gr; tr, dr; pr, br.*  Es fehlen die Verbindungen der labialen Mutae mit *n*, der dentalen Mutae mit *l*
oder *n*, und aller Mutae mit *m*.
    β) im Inlaut kommen ziemlich alle möglichen Verbindungen
vor, auch die, welche im Anlaut fehlen;
    γ) im Auslaut finden sich diese Verbindungen in keiner
Sprache.

      b.  Liquida + Muta:
    α) im Anlaut — in keiner Sprache möglich;
    β) im Inlaut: *lk, lk, lg, lg, lt, ld, lp, lb, (lbj);*
          *nk, nk, ng, ng, nt, nd;*
               *ml, md, mp, mb;*
        *rk, rk, rg, rg, rt, rd, rp, rb;*
    γ) im Auslaut: *lk, lt, ld, lp:*
          *nt;*
          *ml;*
        *rk, rt, rd, rp, rb.*
2.  Verbindungen der Mutae mit *s* (*f, sch, fch*).
      a. Muta + *s*, (*f, sch, fch*):
    α) im Anlaut — nicht vorhanden;

*β*) im Inlaut: *ks, ksch, gsch*;

ps, *psch, bsch*;

*γ*) im Auslaut: *ks, gs*;

*ts, ds, (tsch, df, dfch)*;

*ps, bs, (pjsch)*.

### b. *s* (*f, sch, fch*) + Muta:

*α*) im Anlaut: *sk, schk, st, sp, schp*;

*β*) im Inlaut: *sk, schk, schk, st, sp*;

*fg,*        *fchg, fd, fb*;

*γ*) im Auslaut nur etwa: *st, ft*.

Anmerk. Von Verbindungen des *s, df, tsch* oder *dfch* mit Mutis kommen etwa nur *sk, tschk* (im Inlant) vor.

3. Verbindungen der Liquidae mit *s*, (*f, sch, fch*).

### a. Liquida + *s*, (*f, sch, fch*):

*α*) im Anlaut — nicht vorhanden;

*β*) im Inlaut: *ls, lsch, ms, msch, ns, nsch, rs, rsch*;

*lf, lfch, mf, mfch, nf, nfch, rf, rfch*;

*γ*) im Auslant: *ls, lsch, ms, mjsch, ns, nsch, rs, rsch*.

Anmerk. Von Verbindungen des *s, df, tsch* oder *dfch* mit Liquidis kommen etwa nur *lz, ns, rz, ldf, ndf, rdf, ntsch, ndfch* (im In- oder Auslant) vor.

### b. *s*, (*f, sch, fch*) + Liquida:

*α*) im Anlaut: *sl, schl, sm, schm, sn, schn*; (für das im Litth. übliche *sr* tritt im Lett. stets *str* ein) *sn, schn*;

*β*) im Inlaut: *sl, schl, sm, (schm?), sn, schn*;

*fl, fchl, fm,*        *fn, (fchn)*;

*γ*) im Auslaut: *fn*.

4. Verbindungen der Mutae mit Mutis.

*α*) im Anlaut — nicht vorhanden;

*β*) im Inlaut: *kt, tk, (dg?)*;

*γ*) im Auslaut: *kt, gt, pt, bt*.

5. Verbindungen der Liquidae mit Liquidis.

*α*) im Anlaut — nicht vorhanden;

*β*) im Inlaut: *lm, (lmj), ln, lu*;

*mn*;

*rl, rl, rm, (rmj), rn, rn*;

*γ*) im Auslant — nicht vorhanden.

6. Verbindungen der Halbvocale *w* und *j* mit den andern Consonanten (Mutae, Spirantes, Liquidae).

   a. Verbindungen mit *w*:

   α) im Anlaut: *kw, gw* (in entlehnten Wörtern), *tw, dw*;
            *sw, schw, fw, fchw*;

   β) im Inlaut: *tw*;
            *lw, rw*;

   γ) im Auslaut: *ws*.

   b. Der Halbvocal *j* verbindet sich nachfolgend ohne zu verschmelzen höchstens mit Labialen: *pj, bj, mj, wj*, aber auch so nur in- oder auslautend, (im Anlaut wandelt sich litth. *pj, bj* stets in lett. *pl, bl*); vorangehend höchstens mit *sch* im Auslaut: *jsch*.

   II. Drei- oder mehrgliedrige Consonantenverbindungen sind auch nicht ganz selten, aber dann muſs wenigstens einer der Laute eine Liquida oder eine Spirans sein. Die vornehmlichsten und häufigsten sind:

1. Anlautend: *s* + Muta + Liquida: *skl, spl, skr, spr, str*; (nur letzte Verbindung dürfte auch im Inlaut vorkommen).

2. Inlautend: *s* zwischen Muta und Liquida: *ksn, kschn, kschn, ksl, kschl*; *gsn, gfn*; zwischen Liquida und Liquida: *rsn, rfn*.

3. Inlautend und auslautend: *st* (Char. Cl. V)
        nach Muta: *kst, gst, pst, bst*;
        nach Liquida: *lst, mst, nst, rst*;
        nach Liquida + Muta: *lkst, rkst, lgst, rgst, ngst*; *mpst, rpst, lbst*.

4. Auslautend: Liquida + Muta oder *s* (*f*) + *t* (Char. Infinit.):
        *lkt, lgt, nkt, ngt, rkt, rgt*;
        *lpt, lbt, mpt, mbt, rpt, rbt*.
        *lst, nst, rst, mft, nft, rft*.

5. Auslautend: *s* (Charact. Nominativ. Sing. masc. oder Futuri, 3. P.):
        hinter Muta oder *s* + Muta: *kts, gts, pts, sts*;
        hinter Muta oder *s* (*f*) + Liquida: *kls, gls, pls, sls, fls*;
            *kns, gns, lns, sns, fns*;
            *krs, prs, brs, trs, drs*;

hinter Liquida oder *s* (*ſ*) + Muta: *lks, lgs, lps, lbs, lts, lds*;

*mps, mts*;

*nks, ngs,*

*rks, rgs, rps, rbs, rts, rds*;

*sks, ſgs, ſts, ſds*.

hinter 2 Liquidis: *lns, rns*;

hinter Liquida + 2 Mutae: *lkts*;

hinter Liquida + Muta + Liquida: *ngrs, mbrs*;

hinter Liquida + *st*: *lsts, rsts*; oder umgekehrt *strs*;

hinter Muta + *st*: *ksts, gſds, psts*;

hinter Liquida + Muta + *st*: *rpsts, rbsts*.

§. 44. In der folgenden tabellarischen Uebersicht sämmtlicher consonantischen Laute mit Ausschluſs der Doppelconsonanten lassen wir die Unterscheidung der Explosivae und Continuae, der Spirantes und Mutae fallen und führen dem Auge die für die Lautgesetze der lettischen Sprache ungleich wichtigern der harten, weichen, mittleren Consonanten und Halbvocale einerseits und der reinen und unreinen Consonanten andererseits neben der Sonderung nach den Organen vor.

| | harte | | mittlere | | weiche | | Halbvocale | |
|---|---|---|---|---|---|---|---|---|
| | rein. | unrein. | rein. | unrein. | rein. | unrein. | rein. | unrein. |
| Gutturales . . . . | *k* | | *(n)* | | *g* | | | |
| | | | *(l)* | | | | | |
| Palatales . . . . { | | *k (z)* | | *r* | | *g (dſ)* | *j* | |
| | | *tsch* | | *l* | | *dſch* | | |
| | | *sch* | | *n* | | *ſch* | | |
| Dentales . . . . { | *z* | | *r* | | *dſ* | | | |
| | *s* | | *l* | | *ſ* { | | | |
| | *t* | | *n* | | *d* ) | | | |
| Labiales . . . . . | *p* | *(pj)* | *m* | *(mj)* | *b* | *(bj)* | *w* | *(wj)* |

## II. Aussprache der Consonanten, Orthographie.

### 1. *k, g, k, g*.

§. 45. *k* und *g* sind ächte, tiefe Gutturalen vor allen Vocallauten, die mit offener Mundhöhle gesprochen werden, d. h. vor *a*, *u* und den mit *a* oder *u* beginnenden Diphthongen, oder vor einem Consonanten, sei dieser welcher Art er wolle. Unten wird sich zeigen, daſs beide Laute (*k* und *g*) im Lettischen niemals unmittelbar vor andern Vocalen (*i*, *e* u. s. w.) stehen

ohne sich zu wandeln (die Ausnahmen sind nur scheinbar, cf.
§. 114), wo dann auch sofort eine andere Bezeichnung eintritt.
Die Aussprache der Anlaute in *kampt*, fassen, *kûks*, Baum,
*kúma*, Pathe, *kuilis*, Eber, *ga'ns*, Hirt, *gûws*, Kuh, *gu'lta*, Bett,
entspricht genau der deutschen in Kamm, komm, Kunst, Gans,
gofs, gut. Wo *k* und *g* vor Consonanten im Anlaut stehen,
manifestiert sich wie im Litth. der gutturale Character durch
einen dem deutschen Ohr ziemlich vernehmbaren Zwischenhall;
*krasts*, Uferrand, *kluss*, still, *grábt*, greifen u. s. w. lautet fast
wie *k⁰rasts*, *k⁰luss*, *g⁰rábt*.

 *k* und *g* sind palatale Mittellaute zwischen *k* und *g* einerseits und *j* andererseits, oder wenn man will, physiologisch betrachtet, Mischungen aus *k-j* und *g-j*. Sie entsprechen genau
dem litth. *k* und *g* vor *i* und *e* nach Schleicherscher Orthographie (*kiskis*, Hase; *geras*, gut), so ziemlich dem deutschen
k und g in Kind, kein, kämmen, König, Egge, nach der Mundart der Ostseeprovinzen, oder dem englischen *k* und *g* in *king*,
König, *give*, gieb. Will man sie richtig nachbilden, so hüte
man sich eben so sehr vor der gutturalen Aussprache, als vor
der dentalen (*tj, dj*), als endlich vor der zischenden (*tsch, dsch*).
Das Ohr darf ferner nicht zwei verschiedene Lautelemente vernehmen (*kj, gj*), sondern nur einen einzigen Laut, und doch
darf *g* auch nicht nach Berliner Weise zu *j* verflüchtigt werden.
*k* und *g* unterscheiden sich untereinander nur durch den Grad
der Härte, resp. Weichheit. Als Beispiele mögen dienen: *kewe*,
Stute; *keksis*, Haken; *kilda*, Streit; *sakka*, des Hasen; *sakki*,
den Hasen (Acc. Sing.); *gerbt*, kleiden; *gibt*, in Ohnmacht fallen;
*kugga*, des Schiffes; *kuggu*, der Schiffe (Gen. Pl.).

## 2. *t, d, p, b, m, w.*

 §. 46. *t, d, p, b, m,* lauten wie im Deutschen und in allen
andern Sprachen, nur dafs der Lette die Tenuis und die Media
mit viel gröfserer Genauigkeit unterscheidet und sondert, als
manche deutsche Mundarten es thun. Verwechselungen können
aufserordentlich sinnentstellend werden, zumal wenn gleichzeitig
die Tonart der Vocale nicht beachtet wird;

   cf. *trauks*, Gefäfs, *drángs*, Freund;

    *pêdas* (Nom. Pl.), Fufssohlen, Fufsstapfen, *bédas*
     (Nom. Pl.), Bekümmernisse;

*tîkls*, Netz, *dîgls*, Keim;

*sútu*, ich schicke, *súdu* (Gen. Pl.), des Mistes.

*w* ist stets Halbvocal und lautet niemals wie *v* oder gar wie *f*. Am meisten consonantische Natur hat *w* zwischen zwei Vocalen (cf. *awis*, Schafe), wo denn auch nicht blofs die Lippen sich nähern, sondern auch die Oberzähne die Unterlippe berühren, fast vocalische Natur im Anlaut, im Auslaut oder neben Consonanten; *wélét*, wünschen, lautet fast wie *uélét*, *tew'*, dich *sew'*, sich, *naw'*, es ist nicht, fast wie *téu*, *séu*, *náu*; *kwārkt*, quarren wie *kudrkt* (§. 129. Anmerk.). In der Verbindung *sw* am Anlaut cf. *swéts*, heilig, lautet *w* allerdings consonantisch, aber je mehr es consonantisch lautet, um so mehr stiehlt sich zwischen *s* und *w* ein vocalischer Laut, dem hebräischen Schwa vergleichbar, hinein (cf. *s*·*wéts*). Vor dem Nominativ-Suffix *s* hat *w* wegen der Nachwirkung des ausgefallenen Stammvocales eine gröfsere consonantische Festigkeit, namentlich wenn vor dem *w* ein langer Vocal steht, cf. *Krìws*, Russe; *tìws*, dünn; *sìws*, scharf, beifsend. In einigen Fällen ist *w* aber im Niederlettischen auch nach langen Vocalen fast unhörbar, namentlich in *dìws*, Gott (√ *dìw*, glänzen), *téws*, Vater, *gùws*, Kuh, (beide letztere schon von Manzelius in der Mitte des 17. Jahrhunderts mit *w* geschrieben). Die Lubahnschen Hochletten dagegen sprechen z. B. *téws* mit hörbarem *w*, und nicht *tés*. Nach kurzem Vocal lautet *w* stets sehr leicht und luftig, z. B. *taws*, dein, *sews*, sein, *aws*, Schaf, *sìws*, Fisch, *aw(e)ns*, Schafbock, wie *táus*, *sáus*, *àus*, *fìus*, *àuns*.

## 3. *l, n.*

§. 47. *l* und *n* als reine Laute haben im Lettischen eine zweifache Aussprache, bald eine dentale, wie im Deutschen zumeist, bald eine gutturale. Die gutturale Aussprache nimmt *n* nur bei unmittelbar folgender Gutturalis an, *l* in eben diesem Fall und desgleichen vor denjenigen Vocalen, die offene Mundhöhle voraussetzen, d. h. vor *a, u, ù, au* u. s. w.). Man vergleiche den Laut des *n* in *tenka*, Schwätzer, *wasanka*, Herumtreiber, *kengát*, sudeln, *bunga*, Trommel, *kungs*, Herr, mit dem im französischen encore, oncle, oder im deutschen wanken, Enkel, oder im lateinischen mancus, inquam, longus. Dem deutschen ng z. B. in Angel, Menge entspricht das lett. *ng* nicht so sehr, indem es dem *g* mehr Recht widerfahren läfst, als im Deutschen

geschicht. Sprich *bunga* wie *bung-ga*, *kengát* wie *keng-gát*.
Eines besonderen Zeichens für das gutturale *n* bedarf es nicht,
da sein Laut ganz von selbst und mit einer gewissen Nothwendigkeit entsteht, indem die Stimme vom Vocal über oder
durch *n* zur Gutturalis *k* oder *g* hineilt, ohne daſs die Zunge
Zeit gehabt hat die obere Zahnreihe zu berühren, wie es bei
dem dentalen *n* nothwendig ist.  Eine Eigenthümlichkeit slavischen Organs ist es, daſs es diese Nothwendigkeit nicht fühlt,
cf. das *n* vor Gutturalen im Russischen.

Das gutturale *l* findet im Litthauischen und im Polnischen
(*ł*) seine schlagendste Analogie und entsteht, indem die Zungenspitze nicht so sehr an die obere Zahnreihe, als höher hinauf
den Gaumen berührt, und die Mundhöhle sich weiter öffnet,
was der folgende Kehllaut oder der breite Vocal fordert.  Dieses
gutturale *l* hat einen besonders harten Klang, weil nur die
Spitze der Zunge, nicht die Oberfläche derselben, mitwirkt, und
ist deſshalb weiter entfernt vom mouillierten *l*, als das dentale *l*.
Beisp.: *ma'lka*, Holz, *wi'lks*, Wolf, *pu'lks*, Haufe, *spu'lgút*, funkeln, *ilgi*, lange (Adv.), *laima*, Glück, *lûgt*, bitten, *löps*, Vieh,
*lûgs*, Fenster.  Nach Schleicher litth. Gr. P. 19. scheint im Litth.
das *l* vor allen Consonanten guttural zu lauten.  Im Lett. ist
das schon vor Labialen nicht der Fall, cf. *li'lpt*, Raum haben,
*wa'lbit*, (die Augen) verdrehen, und noch viel weniger vor Dentalen.  Local kommt es sogar vor, daſs *l* vor *t* durch den Einfluſs dieses Zahnlautes geradezu mouilliert wird, cf. *Kultas*,
Nom. propr. eines Bauergesindes unter Kerklingen.

## 4.  *r, j.*

§. 48.  Das reine *r* und der Halbvocal *j* lauten wie im
Deutschen oder Lateinischen.  *j* hat zwischen zwei Vocalen besonders Gelegenheit seine consonantische Natur zu zeigen, cf.
*wêja*, des Windes; mehr vocalisch lautet es im Anlaut, cf. *ju'ms*,
euch, vobis, und im Auslaut, cf. *skréij'*, lauf!  Doch vergleiche
mit letzterem Beispiel Formen wie *rûkai* (= *rûkái*), der Hand
(Dat.), *laj* (= *lái*), daſs es möge, *waj* (= *wái*), ob, u. s. w. mit
local hörbarem *j*.  Neben Consonanten, namentlich wenn es folgt,
verschmilzt es mit diesen, (§. 123 seqq.), oder, wenn es voran-
geht, vocalisiert es sich fast ganz, cf. *nuisitáj(a)s* wie *mázitáis*,
Prediger, *dewéj(a)s* wie *dewéis*, Geber.  (§§. 104. 108, 7).

## 5.  Die reinen und getrübten Zischlaute.

§. 49.  Die reinen und getrübten Zischlaute machen auch keine große Schwierigkeit.  *s* lautet hart und scharf, wie litth. *s*, russ. c, franz. *o* (cf. cerf, cinq), deutsch ſs, ss (cf. Maaſs, Wasser); *ſ* verhält sich zu *s* wie Media zu Tenuis und lautet gleich dem russ. з, litth. *z*, franz. *s* (cf. douze), dem deutschen s im An- und Inlaut vor Vocalen (cf. sagen, Saat, Seele, lesen).

*sch* = litth. *ss*, russ. ш, franz. *ch* (cf. cheval, bouche), deutsch sch; *ſch*, der entsprechende weiche Laut zu dem harten *sch*, = litth. *ś*, russ. ж, franz *j* (cf. jamais, je), ist dem Deutschen fremd.

Das lett. *z* entspricht dem deutschen z oder tz (zu, Mütze), lautet also wie *ts*, russ. ц, litth. c (nur in entlehnten Wörtern); *dſ* ist die Media zur Tenuis *z*, im Litth. unbekannt; cf. griech. ζ.

*tsch* = litth. *cz*, russ. ч; *dſch*, der entsprechende weiche Laut, ist gleich dem italien. *gi* vor Vocalen (cf. giacere, giovine).

## 6.  Die getrübten Liquidae und Labiales.

§. 50.  Die meiste Schwierigkeit macht dem Nichtletten die richtige Aussprache der mouillierten, getrübten Liquidae und Lippenlaute *l, n, r, pj, mj, bj, wj*.  Es kommt hier alles darauf an, daß man die Verschmelzung des *j* mit dem vorhergehenden Consonanten möglichst innig und vollständig geschehen lasse, was freilich im zweiten Fall nicht eben so sehr möglich ist, als im ersten.  Bei *l, n, r*, dürfen durchaus nicht beide Elemente von dem Ohr vernommen werden.

Das lett. *l* in *gala*, Fleisch, *brâla*, des Bruders, *welu*, ich wälze, läßt sich vergleichen mit dem franz. *ill* oder *ll* zwischen Vocalen, wie in *émaille, bouteille, fille, famille*, lautet aber leichter und weicher, als das ital. *gli* in *figlio, famiglia*.

*n* z. B. in *sina*, Kunde, *meitina*, Mädchen, findet sein Analogon im kurisch-deutschen *ng*, wo dieses zwischen spitzen Vocalen steht, cf. singen, Enge; genauer noch im poln. *ń* und im litth. *ni* vor Vocalen, *i* im Auslaut, im ital. und franz. *gn*, cf. *campagna, campagne*, nur wo möglich noch leichter und zarter mouilliert.

*r* z. B. in *gari*, lang (Adv.), *warsch*, Erz, *keru*, ich fange, findet vielleicht nur im litth. *ri* und im slav. рь einen entspre-

chenden Laut.  Schleicher l. l. P. 22 warnt vor dem Zischen, das
sich leicht in die Aussprache mischt wie beim böhm. *r* und
räth die Zunge zunächst durch die Lautverbindung *riu*, *rju* zu
üben und dann die Verschmelzung von *r* und *j* selbst allein
zu versuchen.

Bei allen drei Lauten *l*, *n*, *r* legt sich die Zunge mehr an
den Gaumen, als an die Zähne und zwar mehr mit der breiten
Oberfläche des vorderen Endes, als mit der Spitze.  Daher
einerseits der gequetschte und andererseits der palatale Character
dieser Laute.  Virgulierte Laute werden *l*, *n*, *r* nebst *k*, *g* von
den älteren lett. Grammatikern genannt wegen des Striches (Virgula), mittelst dessen die Mouillierung bezeichnet wird.

Für die nicht leichte Nachsprechung der getrübten Lippenlaute *pj*, *mj*, *bj*, *wj*, cf. *kápju*, ich steige, *dumpja*, des Lärms,
*wemju*, ich vomiere, *gimja*, des Gesichtes, *glábju*, ich rette, *gu'lbja*
des Schwanes, *burwja*, des Zauberers, *awju*, der Schaafe (Gen.
Pl.), ist vor allem zu beachten, daſs das *j* möglichst kurz, leicht
und luftig der Labialis folge.  Sprich nicht *káp-ju*, sondern
*ká-pju*, nicht *aw-ju*, sondern *a-wju* oder *aw-wju*, nicht *wem-ju*,
sondern *wem-mju*.

Beiläufig gesagt hat der Lette mouillierte Lippenlaute niemals im Anlaut der Wörter, wie der Litthauer wohl, cf. *plaut*,
mähen, ltth. *pjauti*; *blaurs*, häſslich, schlecht, ltth. *bjaurus*.  Derselbe Uebergang von *pj*, *bj* in *pl*, *bl* findet sich im Russischen,
cf. люблю f. любју, каплю f. капју.

## 7.  Orthographisches.

§. 51.  Bei der Schreibung der Consonanten folgt Verf. im
Allgemeinen durchaus dem hergebrachten Usus, da die Gründe,
auf welche hin von Cultoren der lett. Sprache Aenderungen vor-
geschlagen sind, nicht zwingend genug scheinen, so wünschens-
werth auf der andern Seite eine Anähnlichung oder Angleichung
der Alphabete namentlich nah verwandter Sprachen auch ist.

Allerdings ist die übliche Schreibung der (getrübten) Zischlaute für den lesen lernenden Letten eine crux, da er das *h*
in *sch*, *fch*, *tsch*, *dfch* nicht kennt und versteht und für sich
nicht einmal nachzusprechen vermag, und es wäre überhaupt
richtiger und bequemer einfachere Zeichen für diese, wenn auch
gemischten, doch einheitlichen Laute zu haben.  Solche aus
dem cyrillisch-slavischen Alphabet für die reinen (c und ӡ) und

unreinen Zischlaute (m, s, r) zu adoptieren geht nicht, erstlich weil die Zeichen dem lateinischen oder gar dem im Druck bisher gebräuchlichen deutschen Alphabet zu heterogen sind, sodann weil doch ein Zeichen für *dfch* fehlt. Das Alphabet des verschwisterten Litthauischen wäre unzweifelhaft passender zur Aushilfe und in der Schleicherschen Form auch nah verwandt sowohl mit den Schriftzeichen der westslavischen Völker (Polen, Böhmen), als auch mit dem allgemeinen Alphabet der Linguisten (Bopp, Lepsius). Wollte man diesen Weg verfolgen, so müßte man ersetzen:

> (*s* durch *s*,) *f* durch *s*;
> *sch* durch *ss*, *fch* durch *ś*;
> *s* durch *c*, *df* durch *ds* (letzteres Zeichen existiert übrigens im Litthauischen nicht);
> *tsch* durch *cs*, *dfch* durch *dś*.

Die Vortheile solcher Schreibung würden aber die Nachtheile derselben nicht aufwiegen. Zu letzteren gehört der Umsturz des nicht blos in der Schrift, sondern auch im Druck zu zahlreicher Literaturwerke allgemein bestehenden Usus und außerdem namentlich der mangelhafte Ersatz des bisherigen Zeichens für den im Lett. sehr beliebten s-Laut. Die litth. Sprache hat diesen Laut unter dem Zeichen *c* fast nur in wenigen Fremdwörtern.

Da in vorliegendem Werk das bisher im Lett. nur als Finalzeichen gebrauchte *s* auch im An- und Inlaut zur Bezeichnung der scharfen zischenden Spirans (fs) gewählt ist, so kommt hier kein langes durchstrichenes *f* vor, wie in den sonstigen lettischen Drucken. Leider sind wir aber dadurch noch nicht der Virgula im Spiranszeichen ganz entgangen, sofern die Initiale S doch nur so als scharfer Zischlaut von dem tönenden S unterschieden werden konnte.

Das tönende *f* steht im Wortauslaut nur bei vier Präpositionen*), und es ist bisher üblich in diesen wenigen Fällen das Finalzeichen *s* zu brauchen: *dis*, hinter, *bes*, ohne, *is*, aus, *us*, auf. Es scheint aber rationeller und consequenter zumal in diesem Werk, wo Mißverständnisse für den lettisch-lernenden möglichst vermieden werden müssen, die tönende Spirans immer

---

*) Formen wie *drif'*, schnell, *maf'*, klein, oder *redf'*, er sieht, *daudf'*, viel, u. dgl. sind allzumal apocopiert und stehen für *drisi*, *masi*, *redfi*, *daudfi*, und müssen daher genau genommen mit einem Apostroph geschrieben werden.

und überall von der harten, scharfen, zischenden in der Bezeichnung zu unterscheiden und demnach *dſ, beſ, iſ, uſ* zu schreiben.

Die Zeichen *dſ* und *ds* unterscheiden sich dadurch, daſs *dſ* in der Regel Vertreter eines ursprünglichen *g* ist, *ds* dagegen eine Verbindung zweier ursprünglich gesonderter Laute *d* und *s* ist, die namentlich im Nomin. Sing. von Masculinis vorkommt. Auſserdem ist *dſ* ein weicher Laut, *ds* aber lautet durch Einfluſs des scharfen *s* (§§. 101—104) hart wie *ts, s*; cf. *redſét*, sehen, V rag; *ku'ndſi'nsch* f. *ku'ng-i'nsch*, Demin. zu *ku'ngs*, Herr; und: *súds* f. *súd-a-s*, Mist, spr. *súts*; *pawads* f. *pa-wad-a-s*, Zügel, spr. *pawats*.

Das Zeichen *w* hat Verf. in Rücksicht auf den Usus auch beibehalten, obschon Schleicher fürs Litth. das einfachere Zeichen *v*, wie auch im Böhmischen geschehen ist, vorgezogen hat. Solche Aenderungen sind indifferenter Art, wenn man sie vergleicht mit denen, die in Bezug auf genaue Schreibung der Vocale von uns haben befürwortet werden müssen.

Die übliche Bezeichnung der getrübten Gutturalen und Liquiden ist im Lett. entschieden practischer und gleichartiger, als im Litth., wo das palatale *k* und *g* lett. *k* und *g* von Schleicher vor *i* und *c* durch *k* und *g* schlechthin, vor breiten Vocalen durch *ki* und *gi*, im Auslaut endlich durch *k', g'*, ebenso das mouillierte *l, n* u. s. w. lett. *l, n*, bald durch *li, ni*, bald durch *l', n'* geschrieben wird. Im Lettischen gilt dasselbe Zeichen für denselben Laut in allen Fällen, und der Nichtkundige kann nie über das Wesen des Lautes im Zweifel sein.

Wenn nun aber das Zeichen der Virgula bei den unreinen Lippenlauten durch das vollständige *j* vertreten wird (*pj, mj, bj, wj*), so hat das seinen guten Grund darin, daſs hier die Verschmelzung der beiden Elemente factisch · eine weniger innige ist.

§. 52. Das lettische Alphabet enthält nach allem Obigen folgende 24 Buchstaben.

| | |
|---|---|
| a (a') d à | A (A') Â 'A |
| b bj | B |
| d | D |
| c (c') t c̀ | E (E') Ê 'E |
| è | Ē |
| g ģ | G Ģ |

| | |
|---|---|
| i (i') i̯ i̯ | I (I') I̯ I̯ |
| i̯ | I̯ |
| j | J |
| k k̑ | K K̑ |
| l l̑ | L L̑ |
| m mj | M |
| n n̑ | N N̑ |
| ô (o) | Ô |
| p pj | P |
| r ṟ | R Ȓ |
| s sch | S Sch |
| ſ ſch | S Sch |
| t | T |
| u (u') û u̯ | U (U') Û U̯ |
| ũ̂ | Û |
| w wj | W |
| z̦ tsch | Z Tsch |
| dſ dſch | Dſ Dſch |

## Drittes Kapitel.

### Einiges über das lettische Lautsystem unter dem Gesichtspunkte der Vergleichung.

#### I. Dialectische Verschiedenheiten in den Lauten.

§. 53. Oben in der Einleitung sind die Hauptdialecte der lettischen Sprache angegeben:

1) der oberländische, hochlettische, im östlichen Ende Kurlands, im südöstlichen Livlands und in den angränzenden Theilen von Witepsk;

2) der nordwestkurische, tahmische, zwischen Liban, Goldingen, Dondangen, Windau;

3) der mittlere, zwischen jenen beiden, von der Südwestgrenze lettischer Zunge bei Rutzau und Niederbartau, südlich von Libau, bis zur Nordostgrenze bei Wolmar und Walk in Livland, mit verschiedenen Untermundarten.

Es ist dort schon bemerkt, daß der letztgenannte Dialect nicht allein geographisch, sondern auch dem Wesen und der sprachgeschichtlichen Entwickelung nach in der Mitte zwischen den beiden andern stehe, die räumlich und historisch als ein paar Extreme, die sich jedoch merkwürdiger Weise vielfach berühren, nicht zu verkennen sind. Mit Recht ist drum jener mittlere Dialect Schrift- und Unterrichtssprache geworden.

An dieser Stelle nun haben wir es nicht mit dem Wortschatz der einzelnen lett. Dialecte zu thun, der in's Lexicon oder rücksichtlich der Derivationssuffixa in die Wortbildungslehre gehört; auch nicht mit den abweichenden Flexionsformen, die unten in der Flexionslehre ihre Erwähnung und Erörterung finden; sondern lediglich mit den Lauten als solchen, und auch hiervon machen wir nur einiges Allgemeine und besonders Wichtige namhaft. Vieles, was sich auf den Lautwechsel und Lautwandel bezieht, ist im folgenden Abschnitt, der von dessen Gesetzen handelt, angeführt.

## 1. Consonanten.

§. 54. Was die Consonanten anlangt, so herrscht durch alle Dialecte und Mundarten hindurch eine merkwürdige Gleichartigkeit bis auf zwei Punkte.

a) Unweit der litthauischen Grenze in Südkurland geht zuweilen *k* und *g* vor spitzen Vocalen nicht in *z* und *dſ* (§§. 111 seqq.), sondern in *k* und *g* über. Es ist das eigentlich nur ein Litthuanismus (cf. §. 61), der im Volksmund schon nicht allzugroſsen Umfang hat und in die Schriftsprache wenig eingedrungen ist, cf. *kŏkelis* f. *kŏzelis*, Bäumchen, *nabagelis* f. *nabadſelis*, Bettlerchen, *gimene* f. *dſi'mtene*, Geburtsort. — Die Lubahnschen Hochletten gehen einen Schritt weiter und sprechen jedes *k*, *g* wie *tsch*, *dſch* aus, cf. *tschĕwe* f. *kĕwe*, Stute, *putsches* f. *pukkes*, Blumen; *kudſchis* f. *kuggis*, Schiff, *kundſchis* f. *kungis*, Bauch.

b) Beachtenswerther ist die von Südwesten nach Nordosten zu (also innerhalb des mittleren Dialects) wachsende Abneigung vor den getrübten Liquidis in gewissen Formen, besonders im Präs. der Verba Cl. IV. Man sagt in Livland *kalu* f. *kaļu*, ich schmiede, *malu* f. *maļu*, ich mahle, *wilu* f. *wiļu*, ich trüge, *kulu* f. *kuļu*, ich dresche, *stumu* f. *stumju*, ich stoſse, *aru* f. *aŗu*, ich pflüge, *buru* f. *buŗu*, ich zaubere, *schkiru* f. *schkiŗu*, ich scheide, *beru* f. *beŗu*, ich schütte u. s. w. Ebenso findet sich die historisch berechtigte, ja nothwendige Mouillierung aufgegeben in der Adjectivendung *-dins* f. *dinsch* aus *-ainj(a)-s*; cf. *schaggardins* f. *schaggardinsch*, voller Strauch, *miltdins* f. *miltáinsch*, mehlig. Das kurische Oberland kennt wohl mouilliertes *l*, d. i. *l̦*, aber kein mouilliertes *r*, d. i. *r̦*. Auffallend ist ein Ansatz zu diesem Triebe schon im äußersten Südwesten Kurlandes, im Niederbartau, wo das Deminutivsuffix *-insch*, fem. *-ina*, oft ohne Trübung erscheint, cf. *mámina*, Mütterchen, *růsina*, Händchen.

Beide Abweichungen von dem allgemeineren Usus verschwinden vollständig gegenüber den andern Uebereinstimmungen in den consonantischen Lauten. Selbst der oberländische Dialect, in Bezug auf die Vocale dem Litthauischen so nahe stehend, ist im Consonantismus durchaus lettisch, außer daß oft in Analogie mit dem Litth. *sch* für *s* vor Consonanten vorkommt, cf. *tschúschka* f. *tschúska*, Schlange, *dſischma* f. *dſisma*, Lied. Ebenso ist minder bedeutend der Ausfall des *w* hinter *r* und *l* im Tahmischen, cf. *dſer'* f. *dſerwe*, Kranich; *dár'* f. *da'rwa*, Theer; *slr's* f. *zi'rwis*, Beil; *gál'* f. *ga'lwa*, Kopf; *sllâks* f. *zi'hwêks*, Mensch; *spall'* f. *spalwa*, Feder (§. 46).

## 2. Vocale.

§. 55. Die Vocale haben überhaupt eine viel mehr flüssige, veränderliche Natur, als die Consonanten, und sind es deshalb auch, die hauptsächlich in ihren Wandlungen den Character der lett. Dialecte bestimmen.

1) Der Vocalismus des Oberlandes ist im Ganzen der alterthümlichere. Dort sind in vielen Fällen die reinen Urvocale bewahrt, wo der mittlere, der Schrift-Dialect, und noch viel mehr der nordwestkurische, tahmische, sie gesteigert und erweitert oder entartet hat zu e, *i*, (*ē*), *ů*, (*ō*). Jene Laute (*a, i, u*) nebst dem gleich noch zu erwähnenden o für *a* geben dem oberländischen Lettisch einen breiten, rauhen, kräftigen, ja plumpen Character. Es verhält sich zum Lettisch des Unterlandes wie das Dorische zum Ionischen, wie das Hochdeutsche zum Niederdeutschen (cf. Heyse, System der Sprachwissensch. P. 227). Einige Beispiele mögen genügen.

a) Der Oberländer hat das urspr. *a* bewahrt z. B. in *as* f. *es*, ich; *assu* f. *esmu*, ich bin; in der Negation *na* f. *ne*, *nalaime*, Unglück, für *nelaime*, (vergl. hiermit das allgemein gil-

tige, aber vereinzelte *na-bags*, Bettler, *na-wa*. es ist nicht);
*bärns* f. *be'rns*, Kind; *tāws* f. *tēws*, Vater.

b) Urspr. i ist bewahrt z. B. in *dina* f. *dīna*, Tag: *diws* f.
*diws*, Gott, √ *diw*, glänzen; *sit* f. *sit*, binden, √ *si*; *mischi* f.
*mischi* (Pl.), Gerste; *sima* f. *sima*, Winter; *pi* f. *pi*, bei; *siwa* f.
*sēwa*, Weib. — In einigen Fällen wird *i* statt *i* für urspr. *in* gewählt, was zuweilen auch im Unterlande promiscue mit *i* vorkommt; cf. oberl. *i* f. *i* (Präpositio inseparabilis), in, *iksch* f.
*iksch*, in; *säiminiks* f. *säiminks*, Wirth, urspr. -*ninkas*. Ebenso
ist im Unterland *tiku*, ich gefalle, neben *tiku*, ich reiche aus,
beides aus *tinku* oder *tenku* entstanden. — In noch andern Fällen
erscheint oberl. *i* in Flexionsformen als Schwächung von *a*, die
im Unterland schon einen Schritt weiter zu *i* entartet ist; cf.
Dat. Plur. der männl. *a*-Stämme oberl. -*im* (oder *im*?) für unter-
ländisch -*im*, -*ĕm*: *tim* (*tim*?) f. *tĕm*, istis; *dorbim* f. *da'rbim*,
den Arbeiten, *krugim* (*krúgim*?) f. *krôgim*, den Schenken. Ebenso
auch im Nominativ Plur. des Pronom: *ti* f. *tĕ*, isti.

c) Der Oberländer sagt *gúdeigi* f. *gúdigi*, anständig (Adv.),
*rúbesch* f. *rúbesch*, Gränze; *kúpt* f. *kúpt*, pflegen; *lúpi* f. *lôpi*
(Pl.), Vieh. Er unterläfst auch die Steigerung der Verbal-Endung -*u* vor dem Reflexivsuffix im Medium, cf. *kultu-s* f. *kultú-s*,
sie würden sich prügeln. — In *tu* (*tú*?) f. *tŏ*, Gen. Plur., in *tus*
(*tús*?) f. *tŏs*, Acc. Plur. von *tas*, der, in *schudin* (*schúdin*?) f.
*schúdin*, hodie, ist *u* eine Kürzung aus *ŏ*, *ú* für urspr. *an*, wie
sie allgemein stattfindet bei mehrsylbigen *a*-Stämmen, cf. *wi'lku*
(Acc. Sing.) f. urspr. *wi'lkan*, *wi'lkus* (Acc. Pl.) f. urspr. *wi'lkans*,
v. *wi'lk(a)s*, Wolf. In *mu'ns* f. *ma'ns*, mein, ist *u* eine Verdumpfung aus *a* durch Einfluß des *m*. Wiederum eine Schwächung
ist *dút* f. *dút*, geben, √ *da*.

§. 56. Neben solchen wirklichen oder scheinbaren Bewah-
rungen der Urvocale (*a*, *i*, *u*) zeigt das Oberland andererseits
auch eine Reihe von Erweiterungen, Entartungen urspr.
reiner Vocale ins Breite, in Mischlaute oder Diphthonge.

a) Vor Allem characteristisch ist hier der Eintritt des
*o* (oft nicht diphthongisch *ŏ*, *ú*, sondern einfach ausgesprochen,
wie das engl. *a* in *all*, *hall*, oft aber auch wohl diphthongisch,
wie *ŏ* oder *ú*, nach Gesetzen, die noch nicht haben ermittelt
werden können) für *a* nach Analogie des Hochlitthauischen,
während das übrige Lettisch mit dem Żamaitischen (Niederlitth.)
das ursprünglichere *a* festhält. Merkwürdig ist, daß im oberl.

Lett. *o* auch kurz vorkommt, während das Hochlitth. nur langes *o* kennt. Beispiele: *kotrs* f. *katrs*, jeder von zweien; *sows* f. *saws*, sein; *lobs* f. *labs*, gut; *kops* f. *kaps*, Grab; *gors* f. *gars*, Geist; *poscham* f. *pascham* (Dat.), ipsi; *ot* f. *at*, zurück (Präpos. insepar. cf. *ot-dút* f. *at-dút*, zurückgeben); *po* f. *pa*, auf. Ebenso auch in Endungen, cf. *sino'ms* f. *sina'ms* (Part. Präs. Pass.), der gekannt wird. — *dórbs* f. *dárbs* oder *da'rbs*, Arbeit; *próts* f. *práts*, Verstand; *órá* f. *árá* (Locat.), draufsen; *stórpd* f. *stárpá* oder *sta'rpá* (Locat.), zwischen; *wórds* f. *wárds* oder *wa'rds*, Wort; *mózitáis* f. *mázitáis*, Prediger; *stówét* f. *stáwét*, stehen. *gódót* f. *gádát*, sorgen, herbeischaffen. Ebenso auch in den Endungen, z. B. des Infinitivs Cl. VI. X. *-ót* f. *-át*, cf. *skubbinót* f. *skubbinát*, zur Eile antreiben; *staigót* f. *staigát*, gehen; *runót* f. *runát*, reden; der Verbalsubstantiva: *-schona* f. *-schana*; des Comparativs: *-óks* f. *-áks*. cf. *lelóks* f. *leláks*, gröfser; des Dat. Pl. der weibl. *a*-Stämme cf. *wissóm* f. *wissám*, allen. Ebenso auch im Diphthong *au*, der sich zu *ou* wandelt, cf. *óugsts* f. *áugsts*, hoch.

b) Das schon im übrigen Lettisch unter umlautenden oder assimilierenden Einflüssen breit wie *ae* klingende *e* verbreitet sich im Oberlande fast vollkommen zu *a*, cf. *gráks* f. *gréks*, Sünde; *dáls* f. *déls*, Sohn; *swáts* f. *swéts*, heilig; *zi'lwáks* f. *zi'lwéks*, Mensch; *gribbátu* f. *gribbétu*, ich würde wollen; *worátu* f. *warétu*, ich würde können; *pi-dar* f. *pi-der*, es gehört zu. (Der Wechsel von *e* und *a* in der Präpos. *par* f. litth. *per*, durch, ist allgemein giltig geworden in allen Mundarten). — Andererseits bekommt das spitze *e* oft einen Nachhall *a* wie im Litth. und lautet z. B. *édins*, Essen, wie *ádins*, *séstis*„ sich setzen, wie *sástis* (Lubahn).

c) *i* erweitert sich oft zu *ei*. Beisp.: *dseiwúschona* f. *dsiwú-schona*, Leben; *meiláis weirs* f. *miláis wirs*, lieber Mann; *séidit* f. *sidit*, säugen; *wa'ldeischona* f. *wa'ldischana*, Herrschaft; *lisséiba* für *lissiba*, Glaube; *sadaréigi* für *saderigi*, verträglich (Adv.); *daréitu* f. *daritu*, ich würde thun. — Kurzes *i* wandelt sich vor *r* sequente consona ganz wie bei den Tahmen so auch oft im Oberlande zu *i* (*é*), cf. *sirwis*, Beil, *wírwe*, Strick, *dsírd*, höre! *sirds*, Herz, *pirksts*, Finger f. *si'rwis*, *wi'rwe*, *dsi'rd*, *si'rds*, *pi'rksts*. — Anlautendes *i* wird nach slavischer Analogie gespalten (§. 132) und lautet wie *ji* (nach Mancelius'scher Orthographie *gi*), cf. *jir* f. *ir*, er ist, *jirt* f. *irt*, rudern, *jis*, er, √ *i*.

d) *u* erhält (z. B. in Lubahn, Buschhof) gern ein leicht vor-
klingendes *i*, cf. *biús* f. *bús*, er wird sein, *s.úka* f. *súka*, Schwein,
*úde'ns* f. *úde'ns*, Wasser, *púst* f. *púst*, blasen. — Kurzes *u* vor
*r* sequente consona geht wie bei den Tahmen in *u* (*ŏ*) über,
cf. *gŏrni* f. *gurni*, Hüften (Buschhof). — Anlautendes *u* wird
zuweilen gespalten (§. 131) und lautet wie *wu*, cf. *wuschka*,
Schaf, litth. *osska*, Ziege, Reh; *wusse'ns*, Bock (cf. russ. *owzu*
Schaf).

§. 57.   2) Während der oberländische Dialect in seinen Vocalen neben manchen Entartungen doch auch viel Ursprüngliches
und Alterthümliches zeigt, befindet sich der n o r d w e s t k u -
r i s c h e  D i a l e c t  in einem ungleich weiter vorgerückten Sta-
dium der Zerstörung und Verderbnifs.   Hier finden wir die
äufsersten Vorposten des ganzen lett.-littb. Sprachstammes.   Die
Bewohner dieses Landstriches haben einen weiteren Weg von
den Ursitzen in Asien her durchwandern müssen, als ihre östlichen und südlichen Brüder.   Sie sind mannichfaltigeren auch
sprachlichen Einflüssen derjenigen Völkerschaften ausgesetzt gewesen, die sie vor sich hergedrängt oder zum Theil sich amal-
gamiert haben, wie die Liven (Kuren).   So mufste ihre Sprache
auch vor allen übrigen Dialecten zuerst in einen Zustand der
Desorganisierung kommen.

Nach Verhältnifs nur Weniges giebt es hier, was auf
g r ö f s e r e  U r s p r ü n g l i c h k e i t  Anspruch machen kann, als
der entsprechende Lautbestand im mittleren Dialect.   Zu solchen
Alterthümlichkeiten gehört

a) die Bewahrung eines urspr. *a* vor Umlautung zu *e*, die
folgendes *i* sonst bewirkt hat: *taw*(i) f. *tew*(i), dich; *saw*(i) f.
*sew*(i), sich.

b) Die Bewahrung eines *i* vor Steigerung zu *i* in merk-
würdigem Anschlufs an die Mundart des äufsersten Ostens und
in Abweichung von dem Gebrauch des ganzen grofsen mittleren Gebietes, cf. *pi* f. *pi*, bei (Büttn. 731. 1436); *krúmim* (Dat.
Pl.) f. *krúmim*, den Gesträuchen (B. 1433); *wártim* (Dat. Pl.) f.
*wártim*, der Pforte (B. 1436); cf. bei dem Ausfall von *m*: *sáiniks*
f. *sáimniks*, Wirth; *sáinis'* f. *sáimnīse*, Wirthin.

c) Die Bewahrung eines ursprünglichen *u* vor sonst beliebter
Schwächung zu *i*, cf. *dui* f. *diwi* (= *duwi*), zwei; *dubbe'ns* f.
*dibbe'ns*, Boden (eines hohlen Giefskfses): *swetns* f. *siwtns*, Ferkel (§. 85).

d) Ueber gewisse treuer bewahrte alte Flexionsformen, z. B. die Locativendung *-ai -ei* cf. Flexionslehre §§. 329. 330.

§. 58. Viel mehr fällt in die Augen die **Entartung des Vocalsystems.** Sie zeigt sich

a) in der **Kürzung, Schwächung, Verstümmelung der Endsylben.** (Ausserordentliches in dieser Beziehung beweisen die Dondangenschen und Angermündischen Volkslieder).

**Auslautender Vocal**, sei es, welcher es sei, kann abgeworfen werden und wird unendlich oft abgeworfen, *man'(a) rúsin(a)*, mein Händchen; *mámalit'(i)* (Acc. S.), Mütterchen; *se'les'(i)* (Nom. Pl.), Baumstümpfe; *dsim'(u)*, ich wurde geboren; *áug'(u)*, ich wuchs; *dsismin'(u)* (Acc. S.), Gesang; *tsch'(u)*, ich werde geben; *siw'(u)* (Acc. S. masc. der defin. Form v. *siws*), scharf, streng; *skeij'(u)*, er fischt.

**Auslautender Consonant**, ja sogar nebst dem vorhergehenden Vocal, geht ebenso unter, cf. *lit'(us)*, Regen; *snig'(s)*, Schnee; *man'(s) mil'(áis) tèw(s)* (Nom. S.), mein lieber Vater; *klaigedam'(as)* (Nom. Pl. fem.), schreiend (von Gänsen); *rakstát'(ám)* (Dat. Pl. fem.), bunt bemalt. Wird auch der auslautende Consonant bewahrt, so fällt doch der vorhergehende Vocal unendlich oft aus, cf. *upp(e)s* (Gen. Sing.), des Baches; *slút(as)* (Acc. Pl.), Besen; *ledd(u)s*, Eis; *bérn(u)s* (Acc. Pl.), Kinder; *rád's* f. *rádischu*, tahm. *rádis*, ich werde zeigen.

**Inlautende Vocale der Nebensylben** werden überhaupt sehr kurz, ja gar nicht ausgesprochen, cf. *gul't* f. *gulét*, liegen; *mekl't* f. *meklét*, suchen; *peld'n't* f. *peldinát*, schwemmen; *lúgsch'n'* f. *lúgschana*, Bitte; *bafn's'* f. *bafnisa*, Kirche.

**Die reinen Vocale** *a, i, u*, sogar auch *ú*, in Flexionsendungen schwächen und stumpfen sich ab zu *e* (cf. hebr. Schwa); *kápes* f. *kápas* (Nom. Pl.), Dünen; *rune* f. *rund*, er redet; *ráudedam'* f. *ráudádamas* (Nom. Pl. fem.), weinend; *silde* f. *silda*, er wärmt; — *lustige* f. *lustigi* (Nom. Pl.), lustig; *sère* f. *séri* (Adv.), kummervoll; *sildejás* f. *sildíjús*, ich wärmte mich; *taisejás* f. *taisijás*, er machte sich. — *pi'rke* f. *pi'rku*, ich kaufte; *ufáuge* f. *ufáugu*, ich wuchs auf. — *sedle* f. *sedlú*, er sattelt; *ligejam* f. *ligújam* (Gerund.), schaukelnd; *lúkejás* f. *lúkújás*, sie beschauten sich; *ligei* f. *ligúja*, es schaukelte.

In der Flexion der Verba Cl. VI—XII., besonders im Präterit., contrahiert sich das Classensuffix (*ája, éja, tja, újja*) mit den Personalendungen nicht allein in weit ausgedehnterem Maass,

7*

als in den östlicheren Gegenden, sondern wiederum besonders
gern zu dem farblosen *e* (*ei*): cf. *mafgé* f. *mafgája*, er wusch;
*sa-walké* f. *sa-walkája*, er vertrug, verbrauchte. *dférdune* f.
*dfirdindju*, ich tränkte; — *slausé* f. *slausija*, sie wischte, fegte;
*didé* f. *didija*, er machte tanzen; *daréi* f. *dariji*, du machtest.
*sútéi* f. *sútija*, er schickte; — *zeré* f. *zeréja*, sie hoffen. — *dfuré*
f. *dfiwúja* (od. *dfurája*), er lebte.

b) in der Vertauschung und Ersetzung der verschiedensten
Vocale (*e, i, u, ú,*) durch *ă*, ohne dafs immer ein historisches
Recht dazu vorzuliegen scheint. Oft mag es Bewahrung des
ursprünglichen Lautes sein im Gegensatz zu später eingerissener
Umlautung, Schwächung. Aber das ist nicht immer der Fall.

*a* für *e*: *wéda'rs* f. *wéde'rs*, Bauch; *gluddan* f. *gluddena*
(Nom. S. fem.), glatt; *dfe'lláns* f. *dfe'llénas* (Acc. Pl. fem.), gelb;
*fémalé* f. *fémeli*, im Norden; *fégalit'* f. *fégelites* (Nom. Pl.), Segel-
chen; *méital'* f. *mételi* (Acc. S.), Mantel; *gredfanin* f. *gredfeninu*
(Acc. S.), Ringlein; *kumalin'* f. *kumelinu* (Acc. S.), Röfslein; *jal*
f. *jel*, doch.

*a* für *i*, besonders häufig in dem Verbalbildungssuffix -*ana*-
für -*ina*-: *maldan(á)t* f. *maldinát*, mahlen lassen; *lezzane* f. *lezzinú*,
er macht springen; *dférdane* f. *dfirdinája*, ich tränkte; *nésane*
f. *nézinija*, er machte zu nichte; cf. auch: *rakstút'* f. *rakstitúm*
(Dat. Pl. fem.), buut bemalt.

*a* für *u*: *mámalit'* f. *mámuliti* (Acc. S.), Mütterchen; *sure-
schamé* f. *sweschumá* (Loc. S.), in der Fremde; *dugamin* f. *úgu-
minu* (Acc. S.), Wuchs; *lidaméi* f. *lidumá* (Loc. S.), im Reisland;
*muggaréi* f. *muggurá* (Loc. S.), auf dem Rücken; *kuplam'* f. *ku-
plumá* (Loc. S.), in Ueppigkeit \*).

*a* für *ú*: *kúda'ls* f. *kúdúls*, Kern; *úfa'ls* f. *úfúls*, Eiche; *pér-
ka'ns* f. *pérkúns*, Donner; *mákáns* f. *mákúnis*, Wolke.

*ú* für *ái* z. B. in *úf* für *áif*, hinter; *willúne* für *willúine*,
wollene Decke, findet sich auch schon im mittleren Kurland (Autz).

Sehr beliebt ist die unorganische Einschiebung eines *a* zwischen Muta oder Sibilans und Liquida am Auslaut von Wurzel-

_____

\*) Die tahm. Endung der Verbalsubstantiva auf -*a'ns* scheint nach §§. 233.
120. allerdings ursprünglicher, als die gewöhnliche auf -*a'ns*. Dagegen haben sich
in der Wandlung der Verbal-Endung -*inát* in -*ant* offenbar livische Einflüsse geltend gemacht. Denn -*ant* ist nach Sjögrens liv. Gramm. §. 85. ein ächt livisches
(esthnisches) Ableitungssuffix zur Bildung von Cansativis.

sylben, cf. *stippars* f. *stiprs*, stark; *kuppals* f. *kupls*, üppig; *weppars* f. *wepris*, Eber; *dubbal'* f. *dubli* (Pl.) Koth; *kattals* f. *katls*, Kessel; *guddars* f. *gudrs*, klug; *krekkals* f. *krekls*, Hemd; *naggal'* f. *nagla*, Nagel; *siksan'* f. *siksna*, Riemen; *mésal'* f. *mésli*, (Pl.), Ausgefegtes. Es scheint eigentlich hier eine Metathesis des *a* aus der Endung (§. 140, 1) vorzuliegen nach livischer Analogie, wo sich z. B. *pьdrьs*, Elen, (bei den West-Liven) gern in *pьddьrs* wandelt (Sjögren liv. Gr. §. 97).

Merkwürdig ist, wie das bei den Tahmen also beliebte *a* nicht selten ganz nach hochlett. Analogie sich zu *o* verdumpft, cf. *tow* f. *taw*, *tew*, dich od. dir (Acc. Dat.), *totsch'* f. *tatschu*, doch. So tritt gern *ou* für *au* ein und mittelst weiterer Entwickelung *u* für *ou*, cf. *klon* f. *klau*, höre! *rou* f. *rau*, sich; *louks* f. *lauks*, Feld; *lout* f. *laut*, lassen; — *ju* f. *jau*, schon. Auch hier scheint das Livische und die Vorliebe desselben für den Diphthong *ou* eingewirkt zu haben.

c) Mit der sub a) erwähnten Verstümmelung der Endsylben geht Hand in Hand eine Entartung der Wurzelsylben-Vocale in die Breite und Länge, namentlich vor *r*, (oft aber auch überhaupt vor einer Liquida, vor *b*, *d*, *g* u. s. w.), wenn hierauf ein anderer Consonant folgt. Lange Vocale treten hier ein für kurze, Diphthonge für einfache Vocale, und zwar so, daß der gestoßene oder resp. nicht gestoßene Ton von dem kurzen auf den langen Vocallaut übergeht. Es ist, als ob, was in den Endsylben verloren geht, in der Wurzelsylbe ersetzt werden sollte.

*â*, *â* f. *ă*, *ă'*: *bârt* f. *bart*, schelten; *kârt* f. *kart*, hängen; *-gâlina* f. *ga'woina*, Köpfchen; *dârbs* f. *da'rbs*, Arbeit; *dârfs* f. *da'rfs*, Garten.

*ê*, *ê* f. *ĕ*, *ĕ'*: *bêrt* f. *bert*, schütten; *sêrt* f. *sert*, Getreide in die Rije stecken; — *wêrpt* f. *we'rpt*, spinnen; *bêrft* f. *be'rft*, scheuern; *sêrft* f. *se'rft*, zu Gaste sein; *wêrst* f. *we'rst*, wenden; *dsêrt* f. *dse'rt*, trinken. — *krêst* f. *krest*, schütteln; *plêst* f. *plest*, breit machen; *têst* f. *test*, nach der Schnur behauen. Mehr Beispiele finden sich in der zweiten Rubrik der Beispielsammlung für die lett. Vocallaute §§. 30. 31.

*ê* und *î* für *ĭ*, *ĭ'*: *sêrni* f. *sirni* (Nom. Pl.), Erbsen; *êrkls* f. *irkls*, Ruder; *bêrt* f. *birt*, rieseln, abfallen; *mêrt* f. *mirt*, sterben; *schkêrt* f. *schkirt*, scheiden; — *firgs* f. *fi'rgs*, Pferd; *mîrkt* f. *mi'rkt*, weichen (im Wasser). (Mittelglied zwischen *fi'rgs* und *firgs* ist nach §. 27: *fi'rgs*, zwischen *mi'rkt* und *mirkt*: *mi'rkt*).

*ŏ* und *ŭ* für *u*, *ū*: *gŏrt* f. *gurt*, matt werden; *skŏrbt* f. *skurbt*, schwindlich, ohnmächtig werden; *kŏrt* f. *kurt*, heizen; *dŏrt* f. *durt*, stechen; — *pŭrs* f. *pu'rws*, Morast; *dŭris* f. *du'rwis* (Nom. Pl.), Thür. — Bei all diesen Beispielen ist es ja nicht zu übersehen, dafs der gestofsene lange oder diphthongische Vocallaut dem gestofsenen kurzen und der gedehnte lange oder diphthongische dem nicht gestofsenen kurzen entspricht.

Die Dehnungen, Verlängerungen von *a* zu *ā* oder *â*, von *e* zu *ē* oder *ê* sind im ganzen westlichen Kurland beliebt bis südlich zur litthauischen Grenze; dagegen die von *i* zu *ē* oder *ī* und von *u* zu *ō* oder *ū* nur im nordwestlichen („tahmischen") Dialect. In Mittelkurland ist die Bewahrung der Vocalkürze so entschieden und nachdrücklich, dafs in Folge derselben oft hinter dem *r* (auch hinter *l*) ein unorganischer Vocal erscheint: *kartawa*, Galgen, lautet fast wie *kar₋tawa*; *da'rbs*, Arbeit, fast wie *dar₋bs*; *ka'rta*, Schicht, wie *kar₋ta*; *ma'rzīnsch*, Pfund, wie *mar₋zīnsch*; *wa'rde*, Frosch, wie *war₋de*; *mi'rdfēt*, flimmern, wie *mir₋dfēt*; *Ku'rfeme*, Kurland, wie *Kur₋feme*. — Ebenso *kalps*, Knecht, wie *kal₋ps*; *ga'lwa*, Kopf, wie *gal₋wa*.

### II. Das lettische Lautsystem im Vergleich mit dem litthauischen.

§. 59. **Vorbemerkung.** Was die litth. Orthographie anlangt, so befolgt Verf., aufser wo das Gegentheil ausdrücklich bemerkt ist, die Schleichers als die angemessenste und consequenteste, letzteres auch insofern als Schleicher die Dialecte nicht vermischt, sondern ausschliefslich den hochlitthauischen seiner Darstellung und Schreibung zu Grunde legt. Inconsequenzen von seiner Seite bittet Verf. zu entschuldigen in der Erwägung, dafs er selbst das Litth. nur aus Büchern hat erlernen können, in diesen aber aufser bei Schleicher Verschiedenheiten und selbst bei Nesselmann und Kurschat Ungenauigkeiten und Inconsequenzen der Schreibung sich finden. Die Uebertragung in die Schleichersche Orthographie kann gar leicht an mancher Stelle vom Verf. unterlassen sein. — Wie die Schriftzeichen der litth. Consonanten denen der lettischen entsprechen, ist oben §. 51. beiläufig erwähnt. Eine Verschiedenheit beider Alphabete findet

nur Statt bei den mouillierten und insbesondere bei den Zisch-
lauten. Ueber die Schreibung der litth. Vocale cf. §. 64.

Wie im Vorhergehenden (§§. 53—58) rücksichtlich der
lett. Dialecte, so handelt es sich hier rücksichtlich des Lett. und
Litth. nicht um Vergleichung des Wortschatzes oder der Flexions-
und Wortbildungs-Formen, sondern nur um Vergleichung der
beiderseitigen Lautsysteme und um Darlegung, wie das der
einen correspondiere dem der andern Schwestersprache. Sodann bedarf es nicht der Mühe Beispiele anzuführen für alle
die überwiegend zahlreichen Fälle, wo die einzelnen Laute, z. B.
die Lippenlaute, Liquidae u. s. w. des Lettischen denen des
Litth. genau entsprechen. Es genügt, die wenigen Fälle namhaft zu machen und mit Beispielen zu belegen, wo ein chara-
cteristischer und mehr oder weniger gesetzmäßiger Wechsel
stattfindet.

Die Thatsachen, die sich hier herausstellen, werden beweisen, daß der lettische Zweig des lett.-litth. Sprachstammes
nicht schlechthin der jüngere und desorganisiertere sei, sondern
in manchem Stück auf einer dem Ursprung näher stehenden
Stufe sich befinde.

## 1. Consonanten.

§. 60. Bei den Consonanten brauchen wir weder lettische,
noch litthauische Mundarten zu unterscheiden. Hier bilden alle
lettischen Mundarten im Großen und Ganzen eine Gruppe
gegenüber der andern Gruppe wiederum aller litthauischen
Dialecte.

Schon oben ist bemerkt, daß überall die Consonanten weniger wandelbar sind, als die Vocale. Das bestätigt sich auch
beim Vergleich des Lett. und Litth. Nur drei Wandlungen
sind characteristisch und durchgreifend.

1) Aelteres litth. *k* oder *g* vor *i* oder *e* und *ki, gi*
vor breiten Vocalen, beides dem Laut nach entsprechend lettischem *k, g*, hat sich in der Regel
im Lettischen einen Schritt weiter zu *z, dſ* entwickelt.

2) Aeltere lettische Spirans *s* und *ſ* erscheint sehr
oft (nicht immer) im Litth. zu *ss* (= *sch*) und *ſ*
(= *ſch*) getrübt; viel seltner umgekehrt.

3) Aelterer litth. Nasal, *n* oder *m*, zwischen einem

vorangehenden Vocal und einem folgenden Consonanten ist fast immer im Lett. ausgefallen,
nachdem er den vorhergehenden Vocal modificiert hat.

Alle andern Wandlungen und Unterschiede des lett. und
litth. Consonantismus sind im Vergleich zu diesen dreien so
wenig umfangreich und so wenig characteristisch, dafs wir sie
füglich ganz übergehen können.

§. 61. 1) Die Wandlung von litth. *k, ki, k'* (= *k*) in lett.
*s* entspricht genau der von altlateinischem *c* (= *k*) in *c* (= *s*)
seit dem 7. Jahrhundert (Heyse, P. 284): *Cicero*, urspr. lautend
wie *Kikero*, dann wie *Zizero*. Uebrigens stehen das litth. *ki,
k'* (= lett. *k*) und *gi, ġ* (= lett. *g*) schon nicht mehr auf der
ältesten Stufe der Gutturalen, sondern befinden sich als Palatallaute bereits auf dem halben Wege zu den Dentalen *s* und *df*.

Beispiele:

*se'lt*, ltth. *kelti*, heben.
*se'lsch*, ltth. *kelies*, Weg.
*selis*, litth. *kelys*, Knie.
*se'lms*, ltth. *kelmas*, Baumstumpf.
*sept*, ltth. *kepti*, backen.
*seppure*, ltth. *kepure*, Hut.
*settu'rts*, ltth. *ketwirtas*, vierter.
*si'rst*, ltth. *kirsti*, hauen.
*si'rpt*, ltth. *kirpti*, scheeren.
*silpa*, ltth. *kilpa*, Schleife.
*si'rwois*, ltth. *kirwis*, Beil.
*sits*, ltth. *kitas*, ein anderer.

*sims*, ltth. *kemas*, Dorf.
*sist*, ltth. *kęsti*, dulden.
*sits*, ltth. *kětas*, hart.
*saurs*, ltth. *kiauras*, entzwei, durchlöchert.
*saune*, ltth. *kiaune*, Marder.
*dseggufe*, ltth. *geguże*, Kukuk.
*dse'lme*, ltth. *gelme*, Tiefe.
*dse'lfis*, ltth. *geleżis*, Eisen.

*essét*, ltth. *eketi*, eggen.
*mdsét*, ltth. *moketi*, verstehen
  können.
*presse*, ltth. *preke*, Waare.

*tesséet*, ltth. *teketi*, laufen.
*tiasséet*, ltth. *tiketi*, glauben.

*as(i)s*, ltth. *akis*, Auge.
*sasséet*, ltth. *sakyti*, sagen.
*brauzit*, ltth. *braukyti*, streifen.
*sweisindt*, ltth. *sweikinti*, be-
  grüfsen.
*misit*, ltth. *minkyti*, kneten.
*mdsit*, ltth. *mokinti*, lehren.
*ptsi*, ltth. *penki*, fünf.
*wdséltis*, ltth. *wokelis*, Deutscher.

*üdfe*, ltth. *angis*, Otter.
*redfét*, ltth. *regeti*, sehen.

*dfelt*, ltth. *gĕkti*, stechen.

*dfe'lténs*, ltth. *geltonas*, gelb.

*dfenis*, ltth. *genys*, Specht.

*dfe'rt*, ltth. *gerti*, trinken.

*dfija*, ltth. *gije*, Garn.

*dfilsch*, ltth. *gilus*, tief.

*dfi'mt*, ltth. *gimti*, geboren werden.

*dfi'rdét*, ltth. *girdéti*, hören.

*dfirnas*, ltth. *girnos*, Pl., Handmühle.

*dfisla*, ltth. *gysla*, Sehne.

*dfīt*, ltth. *gĭti*, treiben.

*dfīws*, ltth. *gywas*, lebendig.

*dfīdát*, ltth. *gĕdoti*, singen.

*àudfmát*, ltth. *auginti*, grofs- ziehen.

*dadfis*, ltth. *dagys*, Distel.

*dedfmdt*, ltth. *deginti*, anzünden.

*daudf(i)*, ltth. *daug(i)*, viel.

*lidf(i)*, ltth. *lygei*, gleich.

*wadfis*, ltth. *wägis*, Pflock.

In weit selteneren Fällen und meist nur in Grenzdistricten bewahrt der Lette *k* und *g* ohne es in *s, df* zu verwandeln, cf. §. 113. So haben oft nur mundartliche Geltung:

*ki'rwis* neben *si'rwis*, Beil.

*kinkét*, knüpfen.

*kŏkelis* für *kŏselis*, Bäumchen, neben dem gebräuchlicheren *kŭzí'nsch*.

*krŏgelis* für *krŏdfelis* neben *krŏdfi'nsch*, Krüglein, kleine Schenke.

*gimene* für und neben *dfi'mtene*, Geburtsort.

*pa-reggis*, Seher, Wahrsager, cf. *redfét*, sehen.

*pa-gires*, Katzenjammer nach dem Trunk, cf. *dfe'rt*, trinken.

Für den Unterschied beider Schwestersprachen ist characteristisch, dafs im Litth. *c* (= lett. *s*) nur in wenigen Fremdwörtern, und ein dem lett. *df* identischer Laut *dz* durchaus gar nicht vorkommt. Der unreine Laut *dż* (fürs Ohr = lett. *dsch*) ist nicht in Wirklichkeit = lett. *dsch*, d. h. nicht eine Entartung von *g, gi*, sondern eine hochlitth. Entartung von *d, di* (cf. Schleich. P. 68), wie litth. *cz* (fürs Ohr = lett. *tsch*) auch nicht mit lett. *tsch* aus *k, ki*, sondern hochlitth. aus *t, ti* stammt. Uebrigens ist für den Uebergang von litth. *ti* zu *cz* und von *di* zu *dż* ebenso wie für den von lettisch. *k* zu *tsch* und von *g* zu *dsch* das Mittelglied immer *s(i)* und *df(i)*. Cf. lat. *natio* und *militia*, ausgesprochen wie *nasio* und *milisia*. Man vergleiche lett. *tschetri*, vier, ltth. *keturi*;

lett. *tschukku'rs*, Dachfirst, ltth. *kaukaras*, Hügel;

- *tschamdét*, Frequentativ zu *kampt*, greifen;

- *látscha* aus *kizi-a*, Genit. zu *kizis*, Bär, ltth. *lokis*, Gen. *lokio*:

- *dadfcha*, aus *dadfi-a*, Genit. zu *dadfis*, Distel, ltth. *dagys*, Genit. *dagio* (cf. die hochlett. Wandlung von *k*, *g* in *tsch*, *dfch*, §. 54, a),

     mit litth. *jaucsu* aus *jautiu*, Gen. Plur. zu *jautis*, Ochse;

         *puczu* aus *putiu*, ich blase;

         *źodiu* aus *źodiu*, Gen. Plur. zu *źodis*, Wort;

         *áudźu* aus *áudiu*, ich webe.

Beiläufig sei erwähnt, dafs während in der hochlitth. Flexion *ti* und *di* vor Vocalen sich in *cz* und *dź* wandelt, im Niederlitth. *ti* und *di* unverändert beharrt, also z. B. *jautiu*, *źodiu*, im Lett. dagegen *ti* und *di* oder *tj*, *dj* in *sch* und *fch* übergeht, cf. *fuscha*, des Aales, f. *fut-ja*, oder *fut-i-a*; *puschu*, ich blase, f. *pút-ju* oder *pút-i-u*; *brífcha*, des Hirsches, f. *bríd-ja* oder *bríd-i-a*; *áufchu*, ich webe, f. *áud-ju* oder *áud-iu*. In Folge dessen entsprechen sich oft ltth. *cz* und *dź* einerseits und lett. *sch* und *fch* andererseits, jenes wie dieses stammend aus *t* und *d*, nicht allein in jenen Flexionsformen, sondern auch in Wortbildungen, wie: *tischút* neben *titít*, trotzen, necken, ltth. *tyczoti* f. *tytioti*; *fchút*, trocken werden, ltth. *dźúti*; *difchdtís*, prahlen, sich überheben, ltth. *didźotis*, von *disch*, grofs, ltth. *didis*.

§. 62. 2) Wir haben so eben in der Entwickelung der Lautreihen *k*, *k̇*, *z*, *tsch* und *g*, *ġ*, *df*, *dfch* eine gröfsere Ursprünglichkeit auf Seite des Litth. gefunden. Bei den Spiranten finden wir sie auf Seite des Lettischen. Oft allerdings correspondiert lett. *s* mit ltth. *s*,

     - *f* - - *z*,

     - *sch* - - *sz*,

     - *fch* - - *ź*;

aber auch aufserordentlich oft lett. *s* mit litth. *sz* und lett. *f* mit litth. *ź* und zwar ebenso ohne etymologische Begründung, als wie althochdeutsch. und mittelhochdeutsch. *slâf*, *snîdan*, *swarz* heute in Laut und Schrift mit getrübtem *s* erscheint: Schlaf, schneiden, schwarz, und wie stehen, spielen, wo die Schrift dem alten Usus nachfolgt, doch vom Hochdeutschen ausgesprochen wird: schtehen, schpielen. Indem wir eine Reihe von Beispielen für diese Thatsache liefern, handelt es sich nur um eine Vergleichung des Lett. und Litth., und wir berücksichtigen gar nicht, dafs oft ebensowohl das lett. *s*, *f*, als das litth. *sz*, *ʒ* unursprüngliche Laute und für irgend welche andere im Lauf der Zeiten eingetreten sind, wie sich aus den übrigen indogermanischen Sprachen ergiebt.

*sakne*, ltth. *szaknis* (fem.), Wurzel.

*sa'lna*, ltth. *szalna*, Frost.

*sa'lt*, ltth. *szälti*, frieren.

*sānis*, ltth. *szonas*, Seite.

*saris*, ltth. *szerys*, Borste.

*sáukt*, ltth. *szaukti*, rufen.

*sēks*, ltth. *sszkas*, Grünfutter.

*seschi*, ltth. *szeszi*, sechs.

*sēksts*, ltth. *szēksztas*, Baumstumpf.

*siksna*, Riemen, ltth. *sziksena*, weiches Leder.

*siksts*, ltth. *szyksztas*, geizig.

*silt*, ltth. *szilti*, warm werden.

*si'ls*, ltth. *ssilas*, Haide.

*si'mts*, ltth. *ssimtas*, hundert.

*si'rds*, ltth. *szirdis*, Herz.

*si'rms*, ltth. *szirmas*, grau.

*sins*, ltth. *szënas*, Heu.

*slapjsch*, ltth. *sslapies*, nafs.

*slawa*, ltth. *sslowe*, Ruhm.

*sluta*, ltth. *ssluta*, Besen.

*súds*, ltth. *sszadas*, Mist.

*sukkas*, ltth. *szukkos* (Pl.), Kamm.

*su'ns*, ltth. *szŭ* (Gen. *ssuns*), Hund.

*swēts*, ltth. *sswentas*, heilig.

*swilput*, ltth. *sswilpinti*, pfeifen.

u. s. w.

*sâle*, ltth. *żole*, Gras.

*sa'lsch*, ltth. *żālies*, grün.

*se'lt*, ltth. *żēlti*, grünen.

*seme*, ltth. *żeme*, Erde.

*si'ls*, blau, ltth. *żilas*, grau.

*assaka*, ltth. *assaka*, Gräte.

*assara*, ltth. *assara*, Thräne.

*asme'ns*, ltth. *aszmŭ*, Schärfe.

*dugsts*, ltth. *dugsztas*, hoch.

*aust*, ltth. *auszti*, tagen.

*desmit*, ltth. *dessimt*, zehn.

*gáist*, ltth. *gaissti*, vergehen.

*ka'rsts*, ltth. *karsztas*, heifs.

*krasts*, ltth. *krdsztas*, Uferrand.

*láse*, ltth. *lászas*, Tropfen.

*máifs*, ltth. *maiszas*, Sack.

*máisit*, ltth. *maiszyti*, mischen.

*makstis*, ltth. *maksztis* (Pl.), Scheide.

*mirstu*, ltth. *mirsztu*, ich sterbe.

*nasta*, ltth. *naszta*, Last.

*nest*, ltth. *neszti*, tragen.

*plēst*, ltth. *pleszti*, reifsen, tr.

*plist*, ltth. *plyszti*, reifsen, intr.

*prassīt*, ltth. *prasszyti*, fordern.

*rist*, ltth. *riszti*, binden.

*wasks*, ltth. *wasskas*, Wachs.

*wista*, ltth. *wissta*, Henne.

u. s. w.

*áif*, ltth. *uż*, hinter.

*áfis*, ltth. *ożys*, Bock.

*bafnisa*, ltth. *bażnycse*, Kirche.

*be'rfs*, ltth. *berżas*, Birke.

*da'rfs*, ltth. *darżas*, Garten.

ſinát, ltth. źinoti, wissen.

ſi'rgs, ltth. źirgas, Pferd.

ſi'rkles, ltth. źirkles (Pl.), Schaf-
scheere.

ſirnis, ltth. źirnis, Erbse.

ſiſt, ltth. źįsti, saugen.

ſids, ltth. źēdas, Blüthe.

ſima, ltth. źėma, Winter.

ſnóts, ltth. źentas, Schwiegersohn.

ſuws, ltth. źuwis, Fisch.

ſūss, ltth. źąsis, Gans.

ſwáigſne, ltth. źwaigźde, Stern.

ſwérs, ltth. źweris, Raubthier.

ſwirbulis, ltth. źwirblis, Sperling.

dauſt, ltth. dauźti, entzwei-
schlagen.

dráſt, ltth. droźti, schnitzen.

e'rſelis, ltth. erźilas, Hengst.

eſa'rs, ltth. eźeras, See.

gráuſt, ltth. grauźti, nagen.

grīſt, ltth. reźti, schneiden.

láuſt, ltth. lauźti, brechen.

laiſît, ltth. laiźyti, lecken.

liſe, ltth. liźe, Brodschaufel.

maſs, ltth. maźas, klein.

mēsli (f. méſ-li), ltth. meźlai
(Pl.), Mist.

miſt, ltth. myźti, harncn.

róſe, ltth. roźe, Rose.

uſûls, ltth. auźulas, Eiche.

wéſis, ltth. weźys, Krebs.

wiſe, ltth. wyźa, Bastschuh.

Umgekehrt findet sich die getrübte Spirans *sch* im Lett.
für reines litth. *s* höchst selten (cf. *schúpút*, littl. *súbúti*, wiegen)
aufser in den Fällen, wo nach specifisch lettischem, hier aber
ausnahmslos giltigem Lautgesetz die reine Spirans durch Assimilation an folgenden unreinen Consonanten sich hat trüben
müssen (§§. 105—108). Cf.:

> *schķe'lt*, ltth. *skělti*, spalten.
>
> *schķe'rst*, ltth. *skersti*, schlachten.
>
> *schķe'rss*, ltth. *skersas*, quer.
>
> *schķît*, ltth. *skinti*, pflücken.
>
> *schķirt*, ltth. *skirti*, scheiden.
>
> *schķists*, ltth. *skystas*, dünn, klar.
>
> *schķûnis*, ltth. *skúne*, Scheuer.

§. 63. 3) In der Wegwerfung des Nasals (*n* oder *m*) zwischen vorhergehendem Vocal und folgendem Consonanten, sei es
welcher es sei, zeigt das Lett. sich wiederum auf der jüngeren
Entwickelungsstufe. Im Litth. fällt das *n* regelmäfsig nur vor
*s* und *ź* aus. Das Verhalten des *n* im Auslaut ist in beiden
Sprachen gleichartig (§. 97). Zum Beleg werden einige wenige
Beispiele genügen, da wir unten bei den Gesetzen über die
Lautwandlungen (§§. 89 seq.) ausführlicher auf diese Erscheinung zurückkommen müssen.

a) Litth. **an** = lett. *å*, selten *ö*.

    Litth. **angis**, lett. *ûdse*, Otter.

    **anglis**, lett. *ûgle*, Kohle.

    **antis**, lett. *af-ûts*, Busen.

    **antras**, lett. *ôtrs*, der andere.

    **balandis**, lett. **bałûdis**, Taube.

    **kandis**, lett. *kûds*, Motte.

    **lángas**, lett. *lûgs*, Fenster.

    **lankas**, lett. *lûks*, Bügel.

    **ranka**, lett. *rûka*, Hand.

    **stambras**, lett. *stûbrs*, Halm.

    **spąstas** f. **spanstas**, lett. *spûsts*, Falle, Schlinge, ✓ *spand*.

    **tranksmas**, lett. *trûksnis*, Lärm, Getümmmel.

b) Litth. **in** = lett. *i*, selten *i*.

    **swetinti**, lett. *swêtît*, heiligen.

    **tinklas**, lett. *tikls*, Netz.

    **linkti**, lett. *likt*, krumm werden.

    **lingůti**, lett. *ligůt*, schwanken.

    **minksstas**, lett. *miksts*, weich.

    **winkssna**, lett. *wiksne*, Ulme.

    **trinti**, lett. *trît*, schleifen.

c) Litth. **en** = lett. *i*.

    **bendras**, lett. *bidrs*, Genosse.

    **lenkti** (**linkti**), lett. *likt*, beugen.

    **nendre**, lett. *nidre*, Rohr.

    **penki**, lett. *pisi*, fünf.

    **žwengti**, lett. *swîgt*, wiehern.

d) Litth. **un** = lett. *u*.

    **junkti**, lett. *jûkt*, gewohnt werden.

    **sunkti**, lett. *sûkt*, saugen.

    **runku**, lett. *rûku*, ich schrumpfe in Falten.

    **klumpu**, lett. *klûpn*, ich stolpere.

## 2. Vocale.

§. 64. Bei der Vergleichung der lett. und litth. Vocale beschränken wir uns

    1) auf die Vocale der Wurzelsylben;

    2) auf die Beachtung der Qualität und Quantität der Wurzelsylbenvocale und sehen ab von der Qualität des Tones, wenigstens bei den einfachen litth. kurzen und langen Vocal-

lauten. Freilich findet sich im Niederlitth. (žamaitisch.) genau
derselbe Unterschied des gedehnten, „geschliffenen" (Kurschat)
und gestofsenen Tones bei allen Vocallauten, wie im Lettischen,
aber die Vergleichung dieser Eigenthümlichkeit im Lett. und
Litth. gewährt, wie Verf. sich durch genaues Studium der „Beiträge" Kurschats überzeugt hat, vor der Hand keine Frucht.
Es ist nämlich die Qualität der Betonung im Lett. und die im
Litth., mag auch die einzelne Sprache festem Gesetze folgen,
doch einander nicht parallel; es scheint, dafs der Vocallaut der
einen Sprache, sei er gestofsen oder gedehnt, regellos bald einem
gestofsenen, bald einem gedehnten der andern Sprache correspondiere;

3) auf den mittleren lettischen und den hochlitthauischen Dialect, wie Schleicher in seiner Grammatik
ihn darstellt, also im Allgemeinen auf die lettische und auf die
preufsisch-litthauische Schriftsprache. Wir entgehen hierdurch
und durch die sub 2) gemachte Einschränkung dem Uebelstand
Kurschatsche und Schleichersche Orthographie zugleich befol-
gen zu müssen.

4) Endlich sehen wir natürlich auch von denjenigen lettischen langen Wurzelsylbenvocalen ab, die unter Wegfall eines
Consonanten entstanden sind, wie *ů* aus *an*, *ú* aus *un*, *ī* oder
*í* aus *in* etc. (§. 63).

Ueber die Schreibung der litth. Vocale bei Schleicher, dem
ich hier genau folge, sei bemerkt, dafs der Gravis ` den kurzen
betonten Vocal bezeichnet (*à, è, ì, ù*), der Acutus ´ den langen
betonten (*á, é, í, ó, ú*), und dasselbe Zeichen, jenachdem es
auf dem ersten oder zweiten Element der Diphthonge steht, den
gestofsenen oder gedehnten Diphthong (*ái, éi, áu, úi; — ·aí, eí.
aú, uí*). Litth. *ů* = lett. *ů*; litth. *ŏ* = lett. *ī* oder richtiger *í*.
Leider zeigt die so genaue und consequente Schreibung Schleichers die Quantität der Vocale doch nur in den betonten Sylben,
und über die nichtbetonten bleiben dem Nichtkenner immerdar
Zweifel.

Im weiteren Verlauf vorliegenden Werkes (d. h. von §. 75
an) hat Verf. sich erlaubt die Accentzeichen auf litth. Wörtern
in der Regel wegzulassen und die Quantität des Vocales, wo
etwas darauf ankommt, anderweitig (die Länge durch ein Strich-
lein) anzudeuten.

a) *ă, ā', ā, ā.*

§. 65. Lett. *ă* entspricht

1) sehr oft litth. *ă*: *prast*, ltth. *prãsti*, verstehen; *tapt*, litth. *tãpti*, werden;

2) aber auch sehr oft litth. *ā*, wo also eine Entartung des Litth. im Vergleich mit dem Lett. vorliegt, denn in der Regel sind die kurzen Wurzel-Vocale ursprünglicher, als die langen: *bads*, ltth. *bãdas*, Hunger; *balts*, ltth. *bãltas*, weifs; *kalt*, ltth. *kãlti*, schmieden; *kaps*, ltth. *kãpas*, Grabhügel; *krasts*, ltth. *krãsztas*, Uferrand; *labs*, ltth. *lãbas*, gut; *malt*, ltth. *mãlti*, mahlen; *nags*, ltth. *nagas*, Nagel, Klaue; *taks*, ltth. *tãkas*, Pfad; *wanags*, ltth. *wãnagas*, Habicht;

3) selten ltth. *ō*: *glabbāt*, verwahren, ltth. *glōbōti*, umarmen; *klanitis*, ltth. *klōnotis*, sich verewigen; *slawa*, ltth. *szlōwè*, Ehre, Ruhm;

4) selten ltth. *ū*: *ala*, ltth. *ūla*, Felshöhle.

Lett. *ā'* entspricht ebenso

1) oft ltth. *ă*: *a'lga*, ltth. *algã*, Lohn; *a'rdit*, ltth. *ardýti*, trennen;

2) aber auch sehr oft ltth. *ā*: *a'rt*, ltth. *ārti*, pflügen; *ga'ls*, ltth. *gãlas*, Ende; *ka'lns*, ltth. *kãlnas*, Berg; *na'ms*, ltth. *nãmas*, Haus; *sa'lt*, ltth. *szãlti*, frieren; *sta'rpa*, ltth. *tãrpas*, Zwischenraum.

Lett. *ā* entspricht

1) sehr selten litth. *ā*, vielleicht nur in den Fällen, wo die Mundart von Mittelkurland *ā* statt *ā* hat: *bārt (bart)*, ltth. *bãrti*, schelten; *kārt (kart)*, ltth. *kãrti*, hängen, tr.; *kārts (karts)*, ltth. *kãrtis*, Stange;

2) zu allermeist litth. *ō*, wie es scheint, in denjenigen Fällen, wo alle lett. Mundarten *ā* (resp. *ō*) haben und nirgends *ă* neben *ā* erscheint: *brālis*, ltth. *brólis*, Bruder; *drāst*, ltth. *drōsti*, schnitzen; *kāja*, ltth. *kóje*, Fufs; *lāpit*, ltth. *lópyti*, flicken; *māte*, ltth. *mótè*, Mutter; *stāwēt*, ltth. *stowéti*, stehen.

Lett. *ā* entspricht

1) selten ltth. *ă*, vorzugsweise in den Fällen, wo in Mittelkurland *ā'* statt *ā* sich findet: *dārbs (da'rbs)*, ltth. *dárbas*, Arbeit; *wārpa (wa'rpa)*, ltth. *wãrpa*, Aehre. Doch cf. auch: *lāse*, ltth. *lãssas*, Tropfen;

2) öfter litth. *ā*, wiederum, wie es scheint, nur in den Fällen,

wo in Mittelkurland *â'* statt *d·* gebraucht wird: *spárns*
(spa'*rns*), ltth. *spárnas*, Flügel; *wârds*, (*wa'rds*), ltth.
*wârdas*, Wort, Name; *wârgt* (*wa'rgt*), ltth. *wârgti*, im
Elend sein;

3) meist litth. *ó*: *árá* (Loc.), draußen, ltth. *óras*, Luft; *áſis*,
ltth. *ożýs*, Geisbock; *jât*, ltth. *jóti*, reiten; *kâts*, ltth. *kótas*,
Stiel; *klât*, ltth. *klóti*, breiten; *práts*, ltth. *prótas*, Verstand.
*ſále*, ltth. *żolé*, Gras; *sprâgt*, platzen, ltth. *sprógti*, platzen,
keimen; *stât*, ltth. *stóti*, stellen;

4) zuweilen sogar ltth. *ú*: *lásis*, ltth. *lúkýs*, Bär.

## b)  *ĭ, ĭ', ĭ, í.*

§. 66.  Lett. *ĭ* entspricht

1) überwiegend meist litth. *i*: *wiss*, ltth. *wisas*, ganz, all;
*snigt*, ltth. *snigti*, schneien; *pilns*, ltth. *pilnas*, voll;

2) selten litth. *é*: *tikt*, ltth. *tèkti*, ausreichen, genügen; *dſist*,
ltth. *gèsti*, verlöschen, intr.

Lett. *ĭ'* entspricht überwiegend meist, wo nicht immer, ltth.
*i*: *rĭ'mt*, ltth. *rìmti*, ruhig werden; *wi'lks*, ltth. *wilkas*, Wolf;
*si'rpt*, ltth. *kirpti*, scheeren.

Lett. *ĭ* entspricht in der Regel litth. *y*: *nikt*, ltth. *nýkti*, vergehen; *ſile*, ltth. *sýlé*, Meise; *wirs*, ltth. *wýras*, Mann.

Lett. *í* entspricht

1) ebenso in der Regel ltth. *y*: *digt*, ltth. *dýgti*, keimen; *rits*,
ltth. *rýtas*, Morgen; *tris*, ltth. *trýs*, drei; *dſiws*, ltth. *gýwas*,
lebendig;

2) selten ltth. *i*: *ſile*, ltth. *gìle*, Eichel.

## c)  *ŭ, ŭ', ú, ú.*

§. 67.  Lett. *ŭ* entspricht

1) in der Regel ltth. *ŭ*: *kurt*, ltth. *kurti*, heizen; *pusse*, ltth.
*pùse*, Hälfte;

2) selten litth. *ú*: *dussét*, ltth. *dúséti*, aufathmen, (ausruhen).

Lett. *ŭ'* entspricht ebenso zu allermeist, wo nicht immer
ltth. *ŭ*; *ku'rpe*, ltth. *kùrpe*, Schuh; *pu'lks*, ltth. *pùlkas*, Haufe,
Menge.

Lett. *ú* und *ú* entspricht in der Regel litth. *ú*: *rúpét*, ltth.
*rúpéti*, Sorgen machen; *lúpa*, ltth. *lúpa*, Lippe; *trúkt*, ltth. *trúkti*,
reißen, intr.; *kúlis*, ltth. *kŭlýs*, Bund Stroh, Garbe; *rúgt*, ltth.
*rúgti*, gähren; *ſchút*, ltth. *dżúti*, trocken werden.

d) *ě, ě', ĕ, ė.*

§. 68. Lett. *ě* entspricht

1) meist ltth. *ė; degt,* ltth. *dėgti,* brennen; *tessét,* ltth. *tekéti,* laufen; *west,* ltth. *wèsti,* führen;

2) sehr oft aber auch litth. *é,* welches seinerseits nach Schleicher P. 8. sehr oft in der Aussprache dem lett. *ě* (= *ae*° oder *ae*°°) ähnelt: *desmit,* ltth. *dészimt,* zehn; *efa'rs,* ltth. *ėzeras,* See; *leddus,* ltth. *lédas,* Eis; *feme,* ltth. *źémé,* Erde; *dfelt,* ltth. *gélti,* stechen;

3) zuweilen ltth. *á: mefgs,* ltth. *mázgas,* Knoten; *swesse,* ltth. *żwáke,* Licht;

4) selten ltth. *á: es,* ich, ltth. *asz.*

Lett. *ě'* entspricht

1) oft litth. *ė': pe'lns,* ltth. *pèlnas,* Verdienst; *we'rgs (wérgs),* ltth. *wèrgas,* Sklave; *we'rpt (wérpt),* ltth. *wèrpti,* spinnen;

2) vielleicht noch öfter litth. *é: fe'lt,* ltth. *źélti,* grünen; *se'lms,* ltth. *kélmas,* Baumstumpf; *zé'lsch,* ltth. *kélies,* Weg;

3) selten litth. *í: spe'rt,* ltth. *spírti,* mit dem Fuß treten.

Lett. *ĕ* entspricht

1) meist litth. *ė,* dessen Aussprache oft der von lett. *ě* ähnelt: *kléts,* ltth. *klétis,* Speicher; *krést,* ltth. *krésti,* schütteln; *sét,* ltth. *séti,* säen; *téws,* ltth. *téwas,* Vater; *wéjsch,* ltth. *wéjas,* Wind;

2) zuweilen litth. *é': mérs,* ltth. *méras,* Maaß.

Lett. *ė* entspricht

1) oft ltth. *ĕ: bérns,* Kind, ltth. *bérnas,* Knecht; *swérs,* ltth. *żwéris,* Raubthier;

2) ebenfalls oft ltth. *ě': greks,* ltth. *grékas,* Sünde; *tést,* gerade machen, ltth. *tésti,* ausspannen (z. B. ein Seil), *wérá* (Loc.), in Acht, ltth. *wérá,* Glaube.

e) *ai, ái.*

§. 69. Lett. *ai:* entspricht

1) meist litth. *ai: airis,* ltth. *wairas,* Ruder; *maina,* ltth. *mainas,* Tausch; *taisit,* ltth. *taisýti,* machen;

2) selten litth. *ái: laiwa,* ltth. *láiwas* (nach Kurschat) neben *laiwas* (nach Schleicher), Boot.

Lett. *ái* entspricht

1) oft litth. *ái: báile,* ltth. *báime,* Furcht; *ráibs,* ltth. *ráibas,* bunt;

2) nicht selten auch litth. *ai*: *mais*, ltth. *maíssas*, Sack;

3) zuweilen litth. *ei* (Umlaut von *ai*): *láiſt*, ltth. *léisti*, lassen.

## f) *au, áu.*

§. 70. Lett. *au* entspricht

1) oft litth. *aú*: *daufīt*, ltth. *daúzti*, stoſsen, schlagen; *glauſtis*. ltth. *glaústis*, sich anschmiegen; *lauks*. ltth. *laúkas*, Feld;

2) ebenfalls oft litth. *áu*: *kauls*, ltth. *káulas*, Knochen; *plaut*. ltth. *piáuti*, mähen; *sauja*, ltth. *sáuje*, Handvoll; *saule*, ltth. *sáule*, Sonne; *schaut*, ltth. *száuti*, schieſsen;

3) selten litth. *ú*: *gauſt*, ltth. *gústi*, klagen.

Lett. *áu* entspricht

1) oft ltth. *áu*: *áugt*, ltth. *áugti*, wachsen; *áuſt*, ltth. *áusti*. weben; *jáuns*, ltth. *jáunas*, jung; *ráut*, ltth. *ráuti*, raufen, ziehen;

2) ebenfalls oft litth. *aú*: *áuts*, ltth. *aútas*, Fuſslappen; *braúkt*. ltth. *braúkti*, fahren; *draúgs*, ltth. *draúgas*, Genosse; *páuts*. ltth. *paútas*, Ei; *sáuss*, ltth. *saúsas*, trocken;

3) selten litth. *ú*: *gráuds*, ltth. *grúdas*. Korn.

## g) *ē, ī.*

§. 71. Lett. *ē* entspricht

1) meist litth. *ē*: *mēsts*, ltth. *mēstas*, Städtchen; *nēks*, ltth. *nēkas*, Nichts; *nēſēt*, ltth. *nēzéti*, jucken; *pēns*, ltth. *pēnas*. Milch;

2) selten ltth. *ei*: *ēla*, ltth. *eilē*, Straſse, Zeile.

Lett. *ī* entspricht

1) in der Regel ltth. *ē*: *dina*, ltth. *dēnā*, Tag; *tīsa*, ltth. *tēsā*. Recht; *ſima*, ltth. *žēmā*, Winter; *dſidāt*, ltth. *gēdóti*, singen.

2) selten litth. *ai, ei*: *siks*, ltth. *saikas*, Maaſs; *it*, ltth. *eíti*. gehen;

3) selten litth. *ȳ*: *litus*, ltth. *lytús*, Regen; *knībt*, ltth. *gnýbti*. kneifen.

## h) *ō, ú.*

§. 72. Lett. *ō* entspricht

1) meist litth. *ú*: *jōks*, ltth. *júkas*, Scherz;

2) zuweilen litth. *ú*: *blōda*, ltth. *bliúdas*, Schüssel; *dōma*, ltth. *dúmā*, Gedanke; *mōka*, ltth. *múkā*, Qual.

Lett. *u* entspricht

1) meist litth. *u*: *dut*, ltth. *dúti*, geben; *púds*, ltth. *púdas*, Topf; *úga*, ltth. *úga*, Beere; *úsis*, ltth. *úsis*, Esche;

2) selten litth. *ú*: *súds*, ltth. *súdas*, Gericht;

3) selten litth. *au*: *dúbe*, ltth. *daubà*, Schlucht; *úfúls*, ltth. *ánúlas*, Eiche.

Die viel seltner vorkommenden Diphthonge *ei*, *ui*, *iu* können wir übergehen. Lett. *ei* schwankt zwischen litth. *ei* und *ai*.

§. 73. Das Resultat obiger Vergleichungen läfst sich also zusammenfassen:

1) Rücksichtlich der Qualität correspondieren die lett. Vocale *i*, *u* und die Diphthonge *ai*, *au*, *i*, *u* mit denselben litthauischen im Ganzen genau, lett. *a* und *e* aber mit litth. *a* und *e* weniger. Hier finden zwei durchgreifende characteristische Wandlungen Statt. Nämlich:

a) lett. *á*, (*â*, *a*) correspondiert unendlich oft mit litth. einfach, nicht diphthongisch lautendem *ò*, von der Mundart Mittelkurlands könnte man sagen: fast immer, denn hier sind Vocalkürzen beliebt, lett. *á* aber geht wo nicht litthauischem *á*, so doch litth. *à*, und nur sehr selten litth. *ò* parallel (§. 65).

b) Lett. einfaches *ẻ* (*ê*, *é*) correspondiert unendlich oft (*ě* seltner) mit jenem unächten Diphthong, den Schleicher *ẹ* oder *ë* in der Grammatik schreibt und der wie *ae*, *ae*, *e* oder *i*, also im Wesentlichen wie lett. *ẻ* oder *i* ausgesprochen wird. Diese Entartung des langen *e*-Lauts im Litth. ist so allgemein, dafs nach Schleicher schwer zu sondern ist, wo sie stattfinde und wo sie nicht stattfinde.

In beiden Punkten zeigt sich das Lettische ursprünglicher, reiner, das Litthauische entarteter.

Die übrigen Wandlungen z. B. von lett. *au* und litth. *ú*, lett. *áu* und litth. *a*, lett. *ò* und litth. *ú*, lett. *ú* und litth. *a* oder *au*, sodann von lett. *ẻ* und litth. *ei*, lett. *i* und litth. *y*, *ai*, *ei* — sind erstlich verhältnifsmäfsig selten und sind sodann Vertauschungen nahestehender Steigerungsstufen innerhalb derselben Vocalreihe (§§. 79 seqq.), wie sie innerhalb des Lettischen für sich und innerhalb des Litth. für sich häufig vorkommen, und begründen daher keinen characteristischen Unterschied beider Vocalsysteme.

2) Rücksichtlich der Quantität der Vocale ist es cha-

8 *

racteristisch, dafs die lett. Sprache weit mehr die Kürzen liebt,
als die litthauische. Aber merkwürdiger Weise hat auch diese
Entartung im Litth. fast gar nicht die Vocale *i* und *u* ergriffen,
sondern nur die Vocale *a* und *e*. Lett. *í* (*i'*) und *ŭ* (*ŭ'*) correspondieren fast immer mit litth. *i* und *ŭ*, aber lett. *á* (*á'*) und
*é* (*é'*), wenn auch oft mit litth. *á* und *é*, so doch auch sehr oft
mit ltth. *a*, *e*.

    Die umgekehrte Erscheinung, dafs die litth. Sprache Kürzen
hätte, wo im Lett. lange Vocale stehen, kommt fast gar nicht
vor, wenn man die Vergleichung streng auf den mittelkurischen
Dialect beschränkt, der vor allen die Kürzen liebt; cf. *wa'rds*
(Autz), *wárds* (Niederbartan), ltth. *wárdas*, Wort, Name. —
Wenn aber ja doch eine lett. Länge einer litth. Kürze entspricht,
so ist es eine gestofsene Länge, die als solche schon der Kürze
näher steht, cf. *fíle*, ltth. *gíle*, Eichel.

    §. 74. Werfen wir zum Schlufs einen Blick auf die litth.
und lett. Dialecte, so ist die vermittelnde Uebergangsstellung
des Niederlitthauischen (Žamait.) interessant. Es bildet die
Brücke vom Hochlitthauischen zum Mittelkurischen und durch
diesen erst hindurch zum nordwestkurischen Dialect der lett.
Sprache. Das oberländische Lettisch (Hochlett.) allein berührt
sich in manchen Punkten unmittelbar mit dem Hochlitthauischen
(cf. *ó* f. *á*, *u* f. *u*). Namentlich liegt das Vermittelnde des Niederlitthauischen abgesehen von aller Formenbildung in folgenden
drei Eigenthümlichkeiten:

1) Das Niederlitth. verkürzt im Vergleich mit dem Hochlitth.
    die Endsylben in Folge der Zurückziehung des Tones von
    den Endsylben und bereitet so schon das lett. Gesetz vor,
    nach welchem der Wortaccent nur auf der Wurzelsylbe,
    d. i. auf der ersten des Wortes ruhen kann, wodurch auch
    im Lett. mancherlei Kürzungen am Ende des Wortes be-
    dingt sind. Im Hochlitth. ist der Wortaccent nicht an
    die Wurzelsylbe gebunden.

2) Das Niederlitth. kennt und hält fest den Unterschied des
    gestofsenen und des gedehnten Tones nicht blofs bei den
    Diphthongen, wie im Hochlitth., sondern auch bei den
    einfachen langen Vocalen, ja selbst den analogen Unter-
    schied im Ton der kurzen Vocale ante liquidam sequente
    consona, ganz wie im Lettischen. Das heifst: Das Wesen
    der beiden Tonarten ist in beiden Sprachen genau das-

selbe, aber die Tonart desselben Wortes weicht im Lett.
und Litth. oft von einander ab.

3) Das Niederlitth. theilt mit dem Lett. das ursprünglichere
*a* für das entartetere hochlitth. *ō* in Wurzel- und Endsylben. Doch sind die Uebergänge von Tilsit bis zur
Grenze der Letten natürlich allmählich von tiefem *ō* zu
dem nach *ā* hinlautenden *ó*, zu dem nach *ō* hinlautenden
*á*, bis endlich zu dem reinen *á* (cf. Schleicher P. 29. 30).

### III. Das lettische Lautsystem im Vergleich mit dem allgemeinen, ideellen.

§. 75. Um die Veröffentlichung vorliegenden Werkes nicht
noch weiter hinauszuschieben unterläfst Verf. eine vielleicht wün-
schenswerthe Darlegung, wie sich das Lett. in seinen Lauten
zu den andern indogermanischen Sprachen verhalte. Am interessantesten und wichtigsten wäre eine Vergleichung des Lettischen mit dem Slavischen. Verf. darf aber auch diese vielleicht
um so eher übergehen, als Schleicher in seiner kirchenslavischen
Grammatik die Vergleichung des Litth. und Kirchenslav. durchgeführt hat. Cf. auch Pott, de lithuano-borussicae in slavicis
letticisque linguis principatu. 1837.

Die Vergleichung mit dem allgemeinen, ideellen Lautsystem
ist unerläfslich. Sie ergiebt folgendes:

§. 76. Von den möglichen reinen Consonanten existieren im Lettischen vollständig:

die Halbvocale . . . . . . . . . *j*　(*f*)　*w*
die Liquidae . . . . . . . . . *r*　*l, n*　*m*
die nichtaspirierten Mutae . . $\left\{ \begin{array}{l} g \\ k \end{array} \right.$　$\begin{array}{c} d \\ t \end{array}$　$\begin{array}{c} b \\ p \end{array}$

von Hauchlauten nur die dentale Spirans . . . . . . . . . *s f*

Es fehlen (um nur das Wichtigste anzugeben):
die palatale und labiale Spirans *ch*　—　*f*
alle aspirierten Mutae . . . . . *gh*　*dh*　*bh*
　　　　　　　　　　　　*kh* (*χ*)　*th* (*ϑ*)　*ph* (*φ*)
endlich der Spiritus asper, der Hauchlaut *h* selbst.

2. Die Mischconsonanten, sofern damit ausschliefslich
die Verbindungen der reinen Consonanten mit *j* gemeint sind,
finden sich in einer Vollständigkeit, wie vielleicht in keiner an-

dern Sprache. Jedem reinen Consonanten entspricht sein getrübter in der merkwürdigsten Symmetrie. Die getrübten, mouillierten Laute sind vorzugsweise im Lett. beliebt, sie greifen tief in die ganze Formenbildung ein und begründen nebst der Abwesenheit der Aspiration wesentlich den lautlichen Character der Sprache nach der Seite des Consonantismus.

Als eigentliche Mischconsonanten, deren zweites Element nicht *j*, sondern ein anderer Consonant ist, lassen sich streng genommen nur *s* (= *ts*) und *dſ* ansehen. Alle andern, die Heyse P. 282 seqq. noch hierzu rechnet: *ks* (*ξ*), *ps* (*ψ*), *kw* (*qu*), *tw* etc., scheinen mit größerem Recht zu den Doppelconsonanten gerechnet werden zu müssen, sofern das Ohr beide Elemente deutlich unterscheiden kann. Jene beiden Mischlaute *s*, *dſ*, nebst deren Trübungen: *tsch*, *dſch*, existieren im Lett. zahlreich.

§. 77. 3. Die reinen Vocale *a*, *i*, *u* sind vollständig vertreten.

4. Von vocalischen Mittel- und Mischlauten existieren die zwischen *a* und *i* liegenden, das breite und das spitze *e*; es fehlen, wenn man vom oberländischen Dialect absieht, das zwischen *a* und *u* liegende reine *o* und sodann die Mischungen von *o* und *e*: *oe*, *ö*, und von *u* und *e*: *ue*, *u*.

5. Von Diphthongen fehlen (um nur das Wichtigste zu erwähnen):

         die ächten:    (*oi*, *ou*), *eu*,
         die unächten;   *eo*, *io*, *ue*.

Das Verhältniß der vorhandenen und der fehlenden Vocallaute läßt sich am besten überschauen, wenn man sich die natürliche Reihe der Vocale vergegenwärtigt, *i*, *e*, *a*, (*o*), *u*, die eigentlich einen Kreislauf bildet, sofern *u* und *i* sich wieder nahe treten.

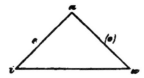

Die lett. Sprache hat nun nämlich sämmtliche mögliche Verbindungen von solchen Vocalen, die in obiger natürlichen Reihe einander nahe stehen; zunächst also die Combinationen

         zwischen *a* und *i*: *ai*, *i* (= *ia*);
         zwischen *a* und *u*: *au*, *u* (= *ua*):

zwischen *u* und *i*: *ui, iu*; sodann

zwischen *a* und *e*: breites *e*, d. i. *ae, ä* und *ĕ* d. i. *ea*;

zwischen *e* und *i*: spitzes *e, ei, ī*, welches letztere ebenso
= *ia*, als auch = *ie*;

zwischen *a* und *o*: dumpfes *a*, wenigstens im oberländischen Dialect, und *ŏ* (= *oa*);

zwischen *o* und *u*: *ŏ*, das ebenso = *ua*, als *uo*; *ou* existiert nur im Tahm. und Hochlett. statt *au*.

Es fehlen aber sämmtliche Verbindungen von Vocalen, die
in der natürlichen Vocalreihe einander relativ fern stehen, also
um wiederum nur das Wichtigste namhaft zu machen, die Verbindungen von *e* und *o*: *eo, oĕ, ö*.

von *e* (*ae*) und *u*: *eu, aeu, uĕ, ü*;

von *o* und *i*: *oi* (aufser etwa im Hochlett. f. *ai*), *io*;
(Wie die lettische Sprache die ihr fehlenden Laute ersetzt,
wenn sie Wörter fremder Sprachen entlehnt, das wird im Anhang
hinter der Lehre von der Wortbildung §§. 295 seqq. gezeigt).

## Zweiter Abschnitt.
### Lautabänderung.
#### Uebersicht

§. 78. Die Lautabänderungen, um die es sich hier handelt, sind allzumal blofs physischer, man könnte sagen, blofs
materieller Art und gar nicht bedeutsam für den geistigen Inhalt der Wörter. In diesen Abänderungen liegt ein wesentlicher
Theil der Sprachgeschichte. Sie werden gefunden durch Vergleichung theils der an demselben Ort gleichzeitig neben einander vorhandenen schwankenden Lautformen (cf. *waram* und
*warim*, wir können), theils der an verschiedenen Orten bestehenden Dialecte, von denen der eine diese, der andere eine
andere Alterthümlichkeit treuer bewahrt hat, (cf. Dat. Plur. *-ams*
oder *-ims* in Westkurland, *-im* in Mittelkurland und im Osten),
theils der verschiedenen Epochen der Sprachentwicklung, soweit davon etwas etwa in der Literatur fixiert ist (cf. die jetzt
überall veralteten Formen des Conditionalis: *sa'rgátubăm*, wir
würden hüten, bei Adolphi, lett. Gramm. 1685, für heutiges
*sa'rgátum*), theils endlich der verwandten Sprachen, von denen
die eine sich mehr, die andere weniger von dem Ursprünglichen
entfernt hat (*ötrs*, ltth. *antras*, der andere).

Es ist die Aufgabe hier einmal die Lautabänderungen selbst nach ihrer eigenen Natur gruppiert vorzuführen, sodann die Gründe nachzuweisen, warum sie und warum sie gerade so haben geschehen müssen und endlich, wo möglich, die Gesetze für die Form des Zusammenhangs von Ursache und Wirkung auszusprechen. Daneben ist hier auch oft auf die Schreibung zurückzukommen. Die Aenderungen der Laute gehen viel weiter, als die Schrift im Stande ist zu folgen. Eine durchweg phonetische Schreibung würde viele Wörter bis zur Unkenntlichkeit entstellen. So schreiben wir nur das flüssigere Element der Sprache, die Vocale, nach phonetischem Princip, so genau, als eben überhaupt ein Schriftzeichen einen Laut auszudrücken vermag; das festere Element der Sprache dagegen, die Consonanten, im Ganzen nach etymologischem Princip. Im Wesentlichen entspricht das auch der bestehenden Sitte. Wo es Noth thut, wird bei den einzelnen Lautgesetzen angegeben werden, ob und wie weit die Schrift der Aussprache folgt oder hinter letzterer zurückbleibt.

Es giebt drei Hauptformen der Lautabänderung:

1) Laut-Wandel oder -Wechsel, d. i. Vertauschung eines Lautes mit einem andern.
2) Hinzufügung, Wegwerfung, Umstellung von Lauten.
3) Zusammenziehung (Contraction).

## Erstes Kapitel.
### Lautwandel oder Lautwechsel.

Der Lautwechsel geschieht in dreifacher Weise:

I. ohne bemerkbare, wenigstens ohne wesentliche Einwirkung anderer benachbarter Laute;

II. unter und in Folge der wesentlichen Einwirkung benachbarter Laute oder Sylben;

III. durch den Einfluss des Accents.

#### I. Lautwechsel ohne Einwirkung benachbarter Laute.

1. Wechsel der Vocale unter einander (Vocalsteigerung und Vocalschwächung).

§. 79. Die Wandlungen der Vocale, von denen hier die Rede ist, haben überhaupt keinen nachweisbaren Grund. Sie sind weit älteren Ursprungs, als die meisten derjenigen Wandlungen, die durch Einfluß benachbarter Laute verursacht worden, und haben gleichumfassende Allgemeinheit in der ganzen indogermanischen Sprachenfamilie, während die der andern Art in jedem Dialect verschiedenen Umfang zeigen. Sie finden hauptsächlich in der Wurzel selbst, dem Kern des Wortes, Statt und beherrschen namentlich die ganze Wortbildung. J. Grimm faßt alle Erscheinungen dieser Art unter dem Namen „Ablaut" zusammen. Wir wählen mit Schleicher den vielleicht bezeichnenderen Vocalsteigerung und Vocalschwächung.

Die Ursachen dieser Wandlungen sind und bleiben wohl für immer in geheimnißvolles Dunkel gehüllt; aber letztere selbst geschehen ohne Willkür nach gewissen Gesetzen und in festen Schranken.

Alle die mannichfaltig schattierten Vocallaute haben ihren historischen Ursprung in den drei kurzen Urvocalen *a*, *i*, *u* (oder richtiger, um sie nach ihrem Gewicht zu ordnen: *a*, *u*, *i*), und sondern sich nach diesen ihren Quellpunkten in drei mehr oder weniger zahlreiche Gruppen oder vielmehr Reihen: die *a*-Reihe, die *i*-Reihe, die *u*-Reihe, doch so, daß manche Vocallaute in verschiedenen Reihen vorkommen können, sofern und weil *a* zu *i* und (seltener) auch zu *u* geschwächt wird und nun solches aus *a* geschwächtes *i* oder *u* gleich dem ursprünglichen *i* oder *u* Steigerungen innerhalb der *i*- oder *u*-Reihe erfahren kann. Von den drei Urvocalen ist *a* seinerseits der schwerste und ursprünglichste. Er ist eigentlich niemals aus *i* oder *u* entstanden, woraus erhellt, daß, wenn in einer Wortform *a* erscheint, man eben sicher sein kann, den ursprünglichen Wurzelvocal vor Augen zu haben. Der Vocal *i* ist der leichteste; *u* steht in der Mitte. Daraus folgt, daß *i* aus *u* durch Schwächung entstehen kann, nicht umgekehrt.

### a. Vocale der *a*-Reihe.
#### α) Die reine *a*-Reihe.

§. 80. Es schwächt sich *a* zu *i*, oder auf halbem Wege stehen bleibend zu *e*. Letzteres können wir annehmen, wo Wortformen mit *i* neben denen mit *a* und *e* nicht vorkommen. Wo alle drei Lautstufen sich finden, kann *e* Schwächung von *a*, aber auch Steigerung von *i* sein. Letzteres ist gewiß der

Fall, wo primitive Verba intransitiva und transitiva von derselben Wurzel, jene mit dem Vocal *i*, diese mit dem Vocal *e*
neben einander vorkommen, z. B. *birt*, riesen, abfallen, intr.;
*bert*, streuen, tr.; *plist*, reifsen, intr.: *plést*, reifsen, tr.; *krist*,
fallen, intr.; *krést*, fällen, tr.; und bei den Verbb. Cl. II, die im
Infin. *i*, im Praes. *e* in der Wurzelsylbe haben, cf. *wi'lkt*, ziehen,
Praes. *we'lku*; *dsi'mt*, geboren werden, Praes. *dsemu* (§. 431).
Die Beispiele für diese beiden Erscheinungen stellen wir daher
im folgenden §. sub *β* zusammen, wo gezeigt wird, wie *a*-Reihe
und *i*-Reihe sich mischen.

Es steigert sich *ă* zu *á* (im Litth. zu *ó*, cf. Schleicher

Beispiele:

| *i* (geschwächter Vocal). | *e* (geschwächter Vocal). |
|---|---|
| *ĭ ĭ' ĭ í* | *ĕ ĕ' ĕ é* |
| *ir-t* (Cl. V), trennen, reffeln (intr.) . . . . . | |
| *ri'm-t* (V), ruhig werden . . . . . | *re'm-d-ét*, ruhig machen . . . . . |
| | *re'm-d-e'ns*, lauwarm (d. h. ruhig geworden nach der Bewegung des Kochens?) |
| | *se'l-t* (IV), grünen . . . . . . . |
| | *mes-t* f. *mel-t* (I), werfen . . . . . |
| | *mét-it*, hin und her werfen . . . . . |
| *schkir-t* (IV), trennen, scheiden . . . | *schkér-d-ét*, verschwenden . . . . . |
| *schkir-u*, Praet. | |
| *smi'lk-ts*, Sand . . . . . . . . . | *sma'lk-nes*, od. } das Feine (Mehl), was bei |
| | *smelk-nes*, Plur., } der Grützbereitung abfällt |
| | *spe'r-t* od. *spir-t* (IV), mit dem Fufs schla-gen, treten. |
| | *seg-t* (IV), decken. |
| | *sve'r-t* oder *svér-t* (IV), wägen . . . |
| *wi'l-nis*, Welle.* . . . . . | *we'l-t* (IV), wälzen . . . . . |
| *wile*, Baum. | *welu*, Praet. |
| *wis-indit*, Freq., hin und her fahren . . . | *wes-t* f. *wed-t*, führen, fahren . . . |
| | *wes-a'ms*, Fuder. |
| *zi'l-ts*, Geschlecht, Herkunft . . . | *ze'l-t* (IV), heben . . . . . |
| *zill-at*, Freq., oft heben. | *zél-u*, Praet. |
| | *zel-ms*, Hümpel. |
| *brit-t* f. *brid-t* (III), waten . . . . | |
| *dsir-d-it*, trinken. . . . . . . . | *dse'r-t* (IV), trinken. |
| | ( *dsir-t* ). |
| | *dsér-u*, Praet. |
| *lit-t* f. *lid-t* (III), kriechen . . . . | |
| *lid-u*, Praet. | |
| *minu-ét*, rathen, sich erinnern . . . | |
| *mi-kla* f. *min-kla*, Räthsel. | |
| | *sprdg-ét*, Freq., platzen, prasseln (z. B. wie Tannenholz im Feuer) . . . |
| | *plét-t* f. *plét-t* (IV), breit machen, auf-sperren. |
| | *we'rs-t* oder *wérs-t* f. *we'rt-t* (IV), wenden. |
| | *we'rt-it*, (*wért-it*), Frequent. |

§. 17.). Nur seltene Fälle finden sich, wo im Lett. ŏ als Steigerung von a nach litth. Analogie erscheint. (Wohl zu unterscheiden von solchem ŏ ist dasjenige ŏ oder ŭ, das durch Vocalisation eines Nasals entstanden ist (§§. 89 seq.)). Die Schwächungen von a: e und i erfahren ihrerseits nicht selten Verlängerungen. So besteht die a-Reihe aus folgenden Gliedern:

ĭ (ĭ) . . . . ĕ (ĕ) . . . . ă . . . . ā (ŏ)

d. h.   ĭ, ĭ' (ĭ, ĭ)     ĕ, ĕ', (ĕ, ĕ)     ă, ă'     ā, á (ŏ)

Es bedarf kaum der Erwähnung, daſs nicht in jeder Wortfamilie, deren Wurzelvocal a ist, alle Lautstufen vertreten sind.

| a (Wurzelvocal). | ā (gesteigerter Vocal). |
|---|---|
| ă ă' | ā á |
| a'r-d-it, trennen, reffeln (tr.) . . . | (dr-d-it). |
| . . . . . . . . . . . . . . . . . . . | rām-s, ruhig, sanft, zahm. |
|  | rām-it, ruhig machen, zähmen. |
| ſa'lśch, grün . . . . . . . . . | ſāl-e, Gras. |
| ſalśt, grünen. |  |
| po-mat-s, Grund, Fundament. |  |
| skar-e, Lumpen, Zotte. |  |
| sma'lk-s, fein. |  |
| spa'r-d-it, Frequentat. . . . . . . | (spār-d-it). |
| sag-scha, Decke. |  |
| swa'r-s, Gewicht. |  |
| su'l-st-it, Freq., hin und her wälzen. | wāl-s, Heuschwade. |
|  | wāl-e, Walkholz. |
| wadd-it, Freq., hin und her führen. |  |
| waſāt, Freq., hin und her schleppen. |  |
| ka'l-ns, Berg. |  |
| kal-wa, Hügel. |  |
| bradd-āt, Freq., hin und her waten. |  |
| bras-lis f. brad-lis, Furth. |  |
| ga'r-ds, wohlschmeckend . . . . . | (gār-ds). |
| (cf. Schleicher P. 86). |  |
| lŏd-āt f. land-āt, Freq., hin und her kriechen. |  |
| man-it, merken. |  |
|  | sprāg-t (V), platzen, bersten. |
| plat-s, breit. . . . . . . . . | plāt-it, breit machen, öffnen. |
| wa'rt-it, Freq., hin und her wenden . | (wārt-it). |

*ĭ ĭ' ĭ i*                 *ĕ ĕ' ĕ ĕ*

                we'rs-tawa, Pflugstürze . . . . . .
                trem-t, trampeln, mit dem Fuß stampfen .
                lezz-u, ich springe. . . . . . .
                lék-t (IV), Infinit.
                lép-as (Pl.), Huflattich . . . . .
                ke'r-t oder kér-t, } haschen, greifen. .
                twe'r-t od. twér-t, }

gribb-ít, wollen.     . . .    greb-t (IV), harken (greifen, Niederbart.).
                tezz-ét, laufen. . . . . . . . . .

                nes-t (I), tragen. . . . . . . . .
                nés-is, Tracht.
spid-ít f. spind-ít glänzen, strahlen. . . . . . .
mil-ti (Pl.), Mehl. . . . . . . . .
                redf-ét, sehen. . . . . . . .
                pa-regy-is, Scher, Wahrsager.
                slepp-e'ns, heimlich. . . . . .
                slép-t (IV), verbergen.

kibb-ele, Verwicklung, Händel. . . . . . .

spilw-e'ns, Daunenkissen. . . . . . .
si'rm-e, grau, weißlich . . . . . .
skledd-ít, gleiten. . . . . . . .

grif-ts (od. grif-ts) f. grinf-ts, ge-    grif-t f. grenf-t (IV), wenden, drehen .
   drehtes Bund (Heu).           (litth. gręźti).

                íf-t f. íd-t, essen. . . . . .
dfi'lsch f. gil-ja-s, tief, cf. Gilje, Fluß    dfe'l-me, Tiefe, Kolk im Fluß . . .
   und Dorf in preuß. Litthauen.    dfel-t (IV), stechen.
Wahrscheinlich stammt von ders. Wurzel    dfil-u, Praet.
                dfeldnis, Stachel.

β) Mischung der a - Reihe

§. 81. Nicht selten kommt es vor, daß die a-Reihe mit wandelt erstens zu e (die dahin gehörigen litth. Beispiele führt tener — zu ai, ě (ĭ?).

*i* (geschwächter Vocal).         *e* (aus *i* gesteigerter Vocal).

*ĭ ĭ' ĭ i*                 *ĕ ĕ' ĕ ĕ*

bir-t (V), riesen, abfallen, intr. . . .    ber-t od. bér-t (IV), streuen, schütten, tr.
bir-d-ít,   } streuen; Caussativ zu bir-t.
bir-d-inát, }

ă ă'                                ā ā

(wa'rs-tara).

tram-d-it, Frequent.

lak-st-it, Frequent.

lak-ts, Hühnerstange.

lapp-a, Blatt.

áif-kar-t (IV), anfassen.

kar-inat, Freq., wiederholt greifen.

    tra'r-ſt-it, Freq. . . . . . . .    (trâr-ſt-it).

sa-ber-ais, Baumwurzelcomplex, Baum-
    stumpf mit seinen Wurzeln.

. . . . . . . . . . . . . . . . .    grah-t (IV), greifen, harken.

tak-s, Pfad.

(tschak-ts, schnell).

pras-t f. prat-t (III), verstehen. . . . .   prät-s, Verstand.

nas-ta, Last, Tracht.

spasch f. spand-jas, blank.

mal-t (IV), mahlen.

pa-ragg-ma, Seherin, Zauberin.

slap-st-it, Freq., verstecken.

bar-t (IV), schelten . . . . . . .   (bâr-t).

bar-u, Praes.                         bâr-u, Praet.

kar-t (IV), hängen, tr. . . . . . .   (kâr-t).

kar-u, Praes.                         kâr-u, Praet.

kabb-mat, anhängen.

kabb-ata, Hängetasche.

spals-a, Feder.

sa'rm-a, Reiffrost.

sklend-a, Glätte, (schräg abgeglittchte Eis-
    bahn), Pl.: eine Art Zaun, bestehend
    aus Pfosten mit Löchern, wodurch Stan-
    gen gesteckt, geschoben werden.

gröf-it f. gramf-it, Freq., hin und her lenken.

gröfchi (Pl.), Zügel, Leine.

grösch oder grüsch, drall.

V ad.

    ga'l-s, Ende.

mit der i-Reihe.

der i-Reihe sich mischt, und ein aus a geschwächtes i sich
Schleicher P. 35 seqq. in der reinen a-Reihe auf), sodann — sel-

| a (Wurzelvocal). | â (gesteigerter Vocal). | (ĕ) ai (gesteigerter Vocal). |
|---|---|---|
| ă ă' | â ā ō | ĕ (i) ai āi |

bar-st-it, Frequent. . .  (bâr-st-it).

**ĭ ī ï ị**           **ĕ ē ĕ ẹ**

*krĭs-t* f. *krĭt-t* (III), fallen. . . . . .      *krės-t* f. *krėt-t* (IV), fallen, schütteln.
     *krett-ulis*, Sieb.

     *lĭb-t* f. *lĭnk-t* (V), krumm werden.      *le'nk-t* (IV), éinkreisen; *ap-le'nz-ėt*, be-
     *lik-stu*, Praes. *lik-u*, Praet.      lagern.
     *liz-is*, Krümmung.      *lĭb-t* f. *lo'nk-t* (IV), bengen, krumm
     machen.

     *plĭs-t* (V), zerreißen, intr. . . .      *plės-t* (IV), reißen, tr.
*plĭs-ka*, Lump, (neben *plus-ka*).
*schkĭl-t* (IV), spalten (z. B. wie das Küch-      *schkė'l-t* (IV), spalten. . . . . . .
lein die Eischaale aufpickt, oder der Stahl      *schkėl-u*, Praet.
den Stein zu Funken zerhaut).      *schkėl-e*, ein abgespaltenes, abge-
*schkĭl-u*, Praet.      schnittenes Stück.
*schkĭl-u*, durchgespaltenes Stück Holz.
     *mĭrk-t* (V), weichen, im Wasser liegen.      *me'rk-t* oder *mėrk-t* (IV), weichen, ins
     Wasser legen.
     *me'rz-ėt* oder *mėrz-ėt*, Frequent.
     *wĭr-t* (II), kochen, sieden, intr. . .      *we'r-d-u* oder *wėr-d-u*, Praes. . . . . .
     (urspr. wohl: wirbeln, sich drehen).
     *wer-t* oder *wėr-t* (IV), wenden, drehen, auf
     und zu machen.
*wĭr-u'ms*, Gericht (Gekochtes).
*wĭr-ee*, Seil, Tau, (Gedrehtes).
     *wĭlk-t* (II), ziehen . . . . . .      *we'lk-u*, Praes. . . . . . . . . . .
*wĭlz-mach*, Demin., ein kleiner Wasser-
abzng, Regenbach.

     *krĭms-t* f. *krĭms-t* (II), nagen. . .      *kre'ms-u*, Praes. . . . . . . . . .

     *dsĭm-t* (II), geboren werden. . .      *dsem-u*, Praes.
*dsĭm-tene*, *gim-ene*, Geburtsort.      *dse'm-d-it*, gebären.
     *tĭlp-t* (II), Raum haben. . . .      *te'lp-u*, Praes.

     *pĭrf-t* f. *pird-t* (II), crepitum ventris      *pe'rd-u*, Praes.
emittere.
     *dsĭ-t* } f. *dsĭn-t* (II), treiben.      { *dsen-u*, Praes. . . . . . . . . .
     (*dsĭ-t*) }      { *dsen-it*, Freq., hin und her treiben.

     *tĭrp-t* (II), scheeren. . . . . . .      *ze'rp-u* oder *zėrp-u*, Praes.

Es scheinen auch noch folgende vier Verba Cl. II. hierher zu gehören:

     *pĭrk-t* (II), kaufen. . . . . .      *pe'rk-u* oder *pėrk-u*, Praes.
     *zĭrs-t* f. *zĭrt-t* (II), bauen. . . .      *ze'rt-u* oder *zėrt-u*, Praes.
     *dĭl-t* (II), sich abschleifen. . . .      *del-u*, Praes.
     *dĭm-t* (II), dröhnen. . . . . .      *dem-u*, Praes.
*ir-t* (IV), rudern.
*iru* und *iru*, Praet.

     *lem-t* (IV), zutheilen, bestimmen. .
     *lem-u*, Praet.
     *stip-t* oder *tip-t* f. *stemp-t* dehnen, strecken .
     litth. *temp-ti*.

     *ris-t* f. *rit-t* (I), rollen, intr. . .      . .
*ritt-indi*, rollen machen.

| *ā ā'* | *ă ā ō* | *ē (i) ai ăi* |
|---|---|---|

*kratt-it*, schütteln, Frequent.

*lank-a*, Heuschlag zwischen
  Feldrand und Bach.
*lūz-it* f. *lanz-it*, krumm biegen.
*lēk-s* f. *lank-s*, Krummholz,
  Bügel.
(√ *plas*). . . . . .           *plōs-it*, reißen, Freq.

  *ska'l-d-it*, Frequent.
  *ska'l-s*, gespaltenes Holz,
    Pergel.

  *ma'rk-a*, Flachstauche.
  (cf. litth. *markyti*, Freq.).

. . . . . . . . . .   *wār-it*, kochen, tr.

  *wa'rti* (Pl.), Pforte. . .   (*wār-ti*).

  *walk-āt*, Freq., oft anziehen
    (Kleider), brauchen, tra-
    gen.
  *wa'lk-s*, Abzug, Abfluß
    eines Wassers.
  *kra'ms-t-it* f. *kra'mt-t-it*,
    Freq.
√ *gam*. Cf. litth. *gam-inti*,
  gebären.
√ *talp*. Cf. litth. *talp-inti*,
  Raum machen.
(√ *pard*).

*gam-it*, Freq., hin und her                              *gain-āt*, abwehren, wegtreiben, hüten                                      treiben.
*ga'n-s*, Hirt.
√ *karp*. Cf. litth. *karp-yti*,
  scheeren.

  *a'r-t* (IV), pflügen. . .                            *air-is*, Ruder.
  *a'r-kls*, Pflug.                                  *air-it*, rudern.
√ *lam*. Cf. litth. *lam-st-gti*,    *lėm-a*, Theil, Antheil ·   *laim-a*, Glückgöttin, Glück.
  wünschen.
√ *tamp*. Cf. litth. *tamp-yti*,                 . . .   *staip-it*, Freq., dehnen,
  Freq.                                           strecken.
*stöpa* oder *stüpa* f. *stampa*,
  Bogen (arcus).
*ratt-i* (Pl.), Wagen. . . . . . . . . .   *rēt-it*, machen, daß etwas
*ratt-insch*, Spinnrocken.                                     rollt, läuft.

γ) Ein Uebergang der *a*-Reihe in die *u*-Reihe

§. 82. durch Schwächung eines ursprünglichen *a* zu *u*
ist seltener. Zuweilen finden sich in einer Wortfamilie Formen
mit Vocalen aus der *a*-Reihe und solche mit Vocalen aus der
*u*-Reihe. Zuweilen sind jene bereits untergegangen, und nur
Formen der letzten Art existieren. Doch ist dann oft der ursprüngliche Wurzelvocal durch Vergleichung der verwandten
Sprachen nachweisbar.

*ste-dd-ele*, Einfahrt für Wagen und Pferde beim Kruge;
*sta-tt-it*, stellen; *stá-tis* (IV), sich stellen; *stá-d-it*, pflanzen,
stellen, allzumal von √ *sta*. Für das Verb. *stáw-ét* aber muſs
eine Wurzel *stu*, Schwächung aus √ *sta* vorausgesetzt werden.
Ebenso für *raudſ-ît*, schauen: √ *rug* = √ *rag*, woher *redſ-ét*,
sehen, *ragg-ana*, Seherin. Ebenso für *kur-t*, heizen: √ *kur* =
√ *kar*, woher *ka'rsts*, heiſs, *krásns*, Ofen (§§. 199. 212).

Für *dŭ-t*, geben, *dáw-ât*, schenken, *dáw-ana*, Gabe ist auf
lett. Standpunkt die Wurzel *du*, ebenso für *dur-t*, stechen, *dúr-u*,
Praet., die Wurzel *dur* anzunehmen. Aber das Sanskrit u. s. w.
weist die ursprünglicheren Formen √ *dâ* und √ *dar* nach. Ebenso
cf. *uggu'ns*, Feuer = skr. *agnis*.

Oft erscheint die Schwächung von *a* zu *u* in der Wurzel
nicht bloſs als Erleichterung des Vocals, sondern zugleich als
eine Assimilation des Vocals an benachbarten labialen Consonan-
nanten (§. 120); cf. *pa'mp-t*, schwellen, = *pu'mp-t*; *pump-a*, (Geschwulst; √ *pal*: *pil-ns*, voll, *pil-d-ît*, füllen; *pu'l-ks*, Haufen,
Menge; √ *mat*: *pa-mat-s*, Fundament, (Untergelegtes); *nes-t* für
*met-t*, werfen, legen; *mutt-ulis*, Sprudel, (das Aufwallen beim
Kochen); √ *mar*: *mir-t*, sterben; *mér-d-ét*, zu Tode quälen; ka-
steien; *mér-is*, Pest; *mér-d-alât*, im Sterben liegen (Kabillen);
*mur-ît*, zu Tode quälen, cf. litth. *mar-inti*, sterben lassen; √ *ap*:
*uppe*, Bach, cf. lat. *aqua*; √ *tam*: *tu'm-sa*, Dunkelheit, = litth.
*tam-sa*, cf. litth. *tem-ti*, dunkel werden.

## b.　Vocale der *i*-Reihe.

§. 83. Kurzes *i* (*ĭ*) verlängert sich zu *i*, *í*, steigert sich
zuerst zu *e*, *ě'*, *ê*, *ě*, sodann zu *î* oder *ĕ*, ferner zu *ei*, *ĕi*, endlich zu *ai*, *ái*. Schwächungen eines wurzelhaften *i* sind nicht
möglich, da *ĭ* der leichteste aller Vocale im Lett. ist, wenn man
von dem tonlosen *e* absieht, das aber nur in Endsylben, nicht

in Wurzelsylben vorkommt. Unter den folgenden Beispielen
könnten welche sein, wo das *i* nicht ursprünglich, sondern
schon aus einem älteren *a* geschwächt ist. Das Versehen hat
dann darin seinen Grund, daſs wenigstens im Lettischen das
urspr. *a* sich nicht mehr hat finden lassen. Die Beispiele sind
geordnet, je nachdem die Steigerungsstufen mehr oder weniger
zahlreich in einer Wortfamilie vertreten sind: 1) *i-e*; 2) *i-i-ai*;
(3) *i-i-ei-ai*;) 4) *i-e-i-ei-ai*.

*i* (Wurzelvocal).                    *e* (gesteigerter Vocal).

ĭ ĭ' ĺ ĺ                              ĕ ĕ' ĺ ĺ

   miſ-t (III), mingere; (im Praes.      miſ-t ausmisten.
     miſ-nu und im Frequent. miſ-
     u-ti ist *i* keine Steigerung, son-
     dern Folge von dem Ausfall des
     Nasals, §. 91).
  griˆm-t (V), untersinken. . . . . .  greˆm-il-ét, untersenken.
 sik-t (I), versiegen, klein, niedrig werden  sek-ls, seicht.
     (vom Wasser).
   sik-s, klein, winzig.
 pik-ts, böse, zornig.           pek-le, Hölle.
   sa-pit-is, erzürnt, Part.
    Praet. Act. v. sa-pik-t (V).
 pikk-u'ls, der Böse, Teufel.
  pi-wil-t, betrügen.
   pi-wil-u, Praet.

Vielleicht gehören hierher die vier schon §. 81 angeführten Beispiele:

 diˆl-t (II), sich abschleifen. . . .  del-u, Praes.
                   deˆl-d-it, machen, daſs sich etwas ab-
                   nutzt.
 diˆm-t (II), dröhnen . . . . . .  dem-u, Praes.
 piˆrk-t (II), kaufen. . . . . . .  pe'rk-u, Praes., oder piˆrk-u.
 siˆrt-t f. siˆrt-t (II), hauen. . . .  ze'rt-u oder sert-u, Praes.

| **i ī' ĭ í** | **ẹ (ė)** |
|---|---|
| dfi-t (V), heil werden. . . . | dfi-d-it,<br>dfi-d-indt, } heil machen. |
| klif-t f. klid-t (V), irren . . . | klid-ít, umherirren. . . . . . . . |
| klid-inát, zerstreuen. | |
| √ swid. swif-t f. swid-t (V), schwitzen. | swid-ri (Pl.), Schweiß. |
| | swid-rút, schwitzen. |
| (√ swid) . . . . . . . . . | swif-ts f. swid-ts, Butter. . . . . . |
| (√ swid) . . . . . . . . . | swif-t f. swid-t (IV), werfen . . . . |
| (√ trip) . . . . . . . . . | trip-t (IV), träufeln, schmieren . . . |
| mi-t (IV), tauschen. . . . . | mi-t-alks, Tauscher (Roßtauscher) . . . |
| dif-mig-t, einschlafen (Praes. migu f. mingu). | mig-s, Schlaf, (vielleicht f. ming-(a)-s?) |
| midf-indt, einschläfern. | |
| mis-t (V), sich mischen, vermischt, ver- | |
| wirrt werden, cf. if-missis, verwirrt, nie- | |
| dergeschlagen. | |
| miss-it, irre machen. Med.: sich versehen. | |
| ris-t (I), binden. . . . . . . | |
| schkif-t f. schkid-t (V), zergehen. | schkid-ri (Pl.), Bast, der sich von ein- |
| schkif-ts f. schkid-ts, dünn, klar | ander loslöset, Flachsstengel. |
| (von Flüssigkeiten). | schkif-na, die einzelne Faser des ange- |
| schkid-rs, halbdick, halbflüssig (v. Grütze). | sponnenen Flachses. |
| (√ spid) . . . . . . . . . | spif-t f. spid-t (IV), drücken . . . . |
| bi-tis (V), sich fürchten . . . | bi-d-it, schrecken. |
| bi-d-it, schrecken. | bi-d-e-klis, Popanz oder auch: Hasenfuß. |
| dig-t (V), keimen . . . . . | dig-s, Keim (cf. digúslikt, Körner „in Keime", |
| dig-lis, Keim. | d. h. zum Keimen legen). |
| lidd-inátis, schweben. | |
| lifch-kis, Schmeichler, eig. Lecker . . | lės-na, Flamme (die züngelnde). |
| | sim-s, Dorf. |
| | sim-i'nsch, Nachbar, (Dörfler). |
| wi-t (IV), flechten. . . . . | |
| (√ swig) | swig-t (IV), wiehern. |
| lik-t, legen, lassen . . . . . | lik-s, übrig. . . . . . . . |
| twik-t (V), schwül sein | |
| (√ grif) . . . . . . . . . | grif-t (IV), schneiden, litth. rëíti |
| | rif-is, Abschnitt, Stück, Theil. |
| mēl-it, lieben. . . . . . . | mēl-út, bewirthen (= φιλεῖν), cf. litth. |
| milsch, lieb. | mélas, lieb. |
| | mēl-asts, Gastmahl (= ἀγάπη), cf. ltth. |
| | meilysta, Huld ). |
| **ĭ ĭ' ĭ ĭ** | **ẹ̆ ẹ̆' ẹ̆ ẹ̆** |
| nif-t f. nid-t (V), hassen. . . . . . | |
| nid-ít, Freq. | |
| sij-át, sieben . . . . . | |
| swig-t (III), schneien. . . . . | |
| (√ snig) . . . . . . . . . | |
| di-d-it, tanzen lehren. . . . . . | |
| dfis-t (V), verlöschen, intr. . . . | dfės-t (IV), löschen, tr. |
| dfiss-inát, löschen, kühlen. . . . . | dfess-it, Freq. zu dfėst. |
| | dfės-trs, kühl. |

*bláid-it,* ebendas.


*swáid-it,* salben, glänzend machen.
*swáid-it,* Frequent., wiederholt werfen.
*tráip-it,* Frequent.
*maís-it,* tauschen.


*máis-it,* Freq., durch einander rühren.


*ráis-it,* Frequent., binden. Cf. *at-ráis-it,* losbinden, *su-ráis-it,* zusammenbinden,
         verknoten.
*skáid-rs,* rein, klar.
*skáis-ts,* schön.
*skáid-a,* Span.


*spáid-it,* Frequent.
*bai-d-it,* schrecken.
*bai-g-i* (Pl.), fürchterliche Zeichen (am Himmel).
*bái-ls,* Furcht.


*láis-t* f. *ldid-t,* lassen; *láislts,* sich gehen lassen.
*lais-it,* lecken, *laisch-kis,* Lecker.
*kaim-i'nsch,* Nachbar.

*wai-nags* oder *wai-naks,* Kranz.
*swaig-át,* Frequent.
*ne-laik-is,* der nicht mehr vorhandene, i. e. der Verstorbene, „Selige“.
*tveáik-s,* Dampf, Dunst.
*graís-it,* schnickern.
*graís-es* (Pl.), Leibschneiden; *raís-es,* Seelenschmerzen; *raís-itis,* sich härmen.


---

| ï ë | ei éi | ai ái |
|---|---|---|
| . . . . . . . . . . . . . . . . . . . . . . . | | *l-ndid-s,* Hass. |
| *sï-ts,* Sieh. | | |
| *snïg-s,* Schnee. | | |
| *snëg-t* (IV), reichen. . . . . . . . . . | | *snáig-st-it,* Freq., hin und her reichen, schlenkern (wie die Pferde mit den Köpfen thun um die Fliegen abzu-wehren). |
| *dï-t* (IV), tanzen. . . . | *déi-ju,* Praes. | |
| *dïs-tu,* Praes. zu *dïs-t.* . . . . . . . . | | *gdis-t* (V), verschwinden. |

ĭ ĭ' ĭ ĭ                ĕ ĕ' ĕ ĕ

li-t (V), regnen. . . . . . .    lé-ju, Praet. zu li-t. . . . . .

.linát, Demin., fein regnen.

(√ tis) . . . . . . . . . .    tis-t (IV), gerade nach der Schnur behauen.

(√ klig) . . . . . . . . . .    klég-at, Freq., schreien (von wilden Gänsen).

(√ skritt) . . . . . . . . . .  skrí-da, „Getreideharfe", ein schräge
skritt-ulis, Rad.            gestelltes Sieb, wo die Körner drüber und durchlaufen.

    smi-d-inát, lachen machen. . . .  smi-ju, Praet. zu smi-t. . . . .

    ri-d-inat, } hetzen, bellen machen .  rí-ju, Praet. zu ri-t. . . . . . .
    ri-d-it, }

(√ kri) . . . . . . . . . .    krí-ju, Praet. zu kri-t. . . . .
                         krí-j-u'ms, Sehmand.

si-kona, Riemen (zum Binden) . . . .  si-ju, Praet. zu si-t. . . . . .

(√ gid) . . . . . . . . .
(√ diw) . . . . . . . . . .    debb-ess, Himmel. . . . . . .

                                       c. Vocale

§. 84. Die u-Reihe zählt in der Regel weniger Glieder, sich zuerst zu ú oder ŏ, endlich zu au oder áu. Vor Vocalen
ŭ (Wurzelvocal).         ŭ (gesteigerter Vocal).

ŭ ŭ' ŭ ŭ             ŭ ŏ

(√ ug) . . . . . . . . . .  úg-a, Beere . . . . . . . .
bruk-t (III), sich schieben, schichtweise abgehen.
    brúk-u, Praes.
    brúz-e, Schramme, Wunde.
bruzz-inát, Caussativ.
sa-duf-t (I), entzweigehen. . . . . .
glud-e, } glatt . . . . . . .    glŏt-e, Schleim.
gludd-e'ns, }            (cf. gláf-tit, litth. glostyti, streicheln,
    glud-s, Thon.           mit unorganischem t).
    grŭ-t (V), umstürzen, intr. . . . .

juk-t (III), sich vermischen, verwirren .
kup-t (III), gerinnen (zu Käse); das Praes.  kúp-t (kŭpt), auf einen Haufen bringen.
    kúpu f. ku'mpu zeigt die Wurzel durch  ordnen.
    den Nasal erweitert, wie das Subst.  kŏp-a, Haufen; cf. litth. kopa, Düne.
    ku'mp-is, Buckel.               „Kahpe", worans lett. kdpu, mit unorganischem a geworden.
    s-kúp-et-itis, sich küssen, elg. sich
    wiederholt berühren (§. 277).
kus-t (V), schmelzen, intr. . . . . .
    kús-tu, Praes.
lup-t (III), schälen . . . . . . .  lŭb-it (lŏb-it), schälen.
    lúp-u, Praes.
lupp-indt, Frequent.
lubb-a, Rinde, Borke (b f. p).

| ĭ ĕ | ei éi | ai ái |
|---|---|---|
| li-t, gießen . . . . | léi-ju, Praes. . . . | lái-st-it, Freq., wiederholt . |
| li-tus, Regen. | | gießen. |
| tīe-a, Recht, Wahrheit, Gericht. . . . . . . . . | | tau-it, machen, zurecht ma- |
| tīschoam, Adv., gerade. | | chen. |
| | | tdis-ns, gerecht. |
| klīg-t (IV), schreien . . . . . . . . . | | klaig-at, Frequent. |
| skrī-t (III), laufen, im Kreise | skréi-ju, Praes (neben | skrái-d-it, Freq., rennen. |
| sich drehen. | skrī-nu). | |
| sml-t (IV), lachen . . . | sméi-ju, Praes. . . . | smäi-d-it, lächeln. |
| sml-kls, Spaß, worüber man | | |
| lacht. | | |
| rl-t (IV), bellen, beißen . | réi-ju, Praes. | |
| krl-t (III), schmänden . . | kréi-ju, Praes. (neben | krái-st-it, Frequent. |
| | krī-nu). | |
| sl-t (III), binden . . . . . . . . . | | sái-st-it, Freq. |
| sl-nu, Praes. | | sai-te, Fessel, Band. |
| dīd-ît, singen . . . . . . . . . . . | | gail-is, Hahn (Sänger), |
| dīe-s, Gott. | | litth. gaid-ys. |
| dī-na, Tag. | | |

## der u-Reihe.

als die a- oder i-Reihe: ŭ, ŭ' verlängert sich zu û, ú, steigert
wandelt sich áu zu áw (oder áw), au zu aw (§. 131).

### au (gesteigerter Vocal).

| au áu | aw áw (áw) |
|---|---|
| áug-t (I), wachsen. | |
| auk-le f. aug-le, Kinderwärterin. | |
| bráuk-t (IV), fahren. | |
| brauk-ât, hin und her fahren. | |
| brauz-it, Freq., streichen, streifen. | |
| dauf-it, entzweischlagen. | |
| glauf-t f. glaud-t (IV), glätten, streicheln; | |
| glaud-ât, Frequent. | |
| grdu-t (IV), zertrümmern, tr. . . . | gráw-u, Praet. |
| gráu-eli (Pl.), Trümmer (Stend.). | |
| jduk-t (IV), mischen, verwirren. | |

káus-ît, schmelzen, tr.

ldup-it, Freq., schälen, rauben.

ŭ ŭ' û ú                                   ŭ ŏ

       lŭſ-t (V), brechen, intr. . . . . . . . . . . . . . . . ..

plŭdd-i (Pl.), Fluthen . . . . 
plŭdd-ŭt, fluthen.
       plŭſ-t f. plŭd-t (V), überströmen.
       rŭg-t, gähren, säuern. . . . . . . . .

rŭk-t (III), einschrumpfen, faltig werden.
(k)rŭnk-a, Falte.
       rŭk-ts, bitter.
       ſchŭ-t (V), trocken werden. . . . . .

       ſprŭſ-t f. ſprŭd-t (V), eingeklemmt
         werden.
ſŭſ-t f. ſŭd-t (III), verloren gehen. . . .
pa-ſŭdd-inât, verloren gehen machen, (zum
    Tode verurtheilen).
tŭk-t (III) oder tûk-t (V), schwellen. . . . .
tŭk-ls, rund, fett.
mŭk-t (III), sich abstreifen, intr. entwischen,
    einschließen.
ruſch-inât, scharren.
pe'lnu-ruſchkis, Aschenbrödel.
       rûd-inât, zum Weinen bringen. . . .
skŭs-t f. skŭt-t (III), barbieren, schaben.    skŏt-itis, sich schuppen (Lange).
slŭgg-a, Last, Qual.  . . . . . . .    slŏg-s, Gewicht zum Beschweren.
                                  slŏdſ-it, belasten.
√ sŭl. Cf. litth. sulyti, bieten. . . .    sŭl-it, bieten, versprechen.
       klŭ-t (V), werden, gelangen, nspr. . . . . . . . . . . . .
    hängen bleiben.
       klŭ-d-it, zufällig wohin kommen.

krŭu-a, Haufen . . . . . . . . .

juzz-inât, gewöhnen. . . . . . . .
       jŭk-t (V), gewohnt werden.
Von einer andern Wurzel scheint zu kommen: jŏk-s, Scherz
dŭb-t (I, III), hohl werden.        dŭb-e, Höhlung, Schlucht.
dŭbb-ens, (mit Vocalschwächung dibb-ens),   dŭb-it, höhlen.
    Boden eines hohlen Gefäßes, Tiefe.
krŭss-a, Hagel; cf. litth. krusti, stampfen.
sŭs-t (I), dürre werden. . . . . . .
sŭs-t f. sŭt-t (III), heiß werden.
sŭtt-inât, heiß machen, bähen.
klŭss-a, still.
       gŭ'l-itis (IV), sich legen. . . . . .    gŏt-a Lager, Nest (== gŭl-a).
gŭl-ot, liegen.
(√ ŭ). . . . . . . . . . . . . .
stŭm-t (IV), stoßen. . . . . . . .    stŏm-itis, stottern, Freq. zu stŭmt.
       stŭm-u, Praet.
kŭl-t (IV), dreschen.
       kŭl-u, Praet.
bŭr-t (IV), zaubern.
       bŭr-u, Praet.

*au au*                                          *āu āu (ǎu)*

*lduf-t* (IV), brechen, tr.
*lduf-it*, Freq.
*plduf-t* f. *pláud-t* (IV), strömen lassen.


*rdudf-it*, säuern, in Gährung bringen.
*ráug-s*, Sauerteig, Hefen.
*ráuk-t* (IV), in Falten zusammenziehen.


*fcháu-t,* ⎫ (IV), trocknen, tr. . . . . . *fcháu-it*, trocken machen.
(*fcháu-t*),  ⎬                              (*fcháu-u*) *fcháu-u*, Praet. zu *fcháu-t*.
*fcháu-d-it*, ebendass.
*fprduf-t* f. *fpráud-t* (IV), einklemmen.

*fáud-it*, verloren gehen lassen.


*tduk-i* (Pl.), Fett.

*máuk-t* (IV), streifen, tr.

*rduu-t* (IV), scharren, schüren.

*rdud-it*, weinen.



*kldu-tis* (IV), sich anstemmen (Lange), hän-          *kldu-us*, Praet.
    gen bleiben.
*kldu-st-itis*, Freq., hackern, nicht fort wollen,
    — *kli-st-itis*, mit Schwächung v. u zu i.
*krau-t* (IV), häufen. . . . . . . *kráu-u*, Praet.
*krau-st-it*, Frequent.
*jdau-it*, gewöhnen.

*jduk-s*, heiter.



*krdau-it*, zerstampfen.
*sdau-s*, dürr, trocken.
*sdut-it*, heifs machen.

*kldau-it*, hören, horchen.


*du-t* (III), die Füfse bekleiden. . . . *au-u*, Praet.
*du-kla*, Pastel-Schnur.

§. 85. Nicht selten kommt es vor, daſs ursprüngliches *u* sich zu *i* schwächt. Solches *i* dürfte aber schwerlich je in der Richtung der *i*-Reihe sich erweitern oder steigern, wie das aus *a* geschwächte *i* allerdings thut. Beispiele sind: *ti'rgus*, Markt, litth. *turgus*; *i'rb-ulis* f. *u'rb-ulis*, Pfriem, Stricknadel, von *u'rbt*, bohren; *fiws* neben *suws*, Fisch; *siwēns* neben *suwēns*, Ferkel; *dibbens* neben *dubbens*, Boden eines hohlen Gefäſses, Tiefe; *kristīt* neben *krustīt*. taufen, eig. bekreuzigen, von *krusts*, Kreuz; *bij-u* neben *buj-u* (Sackenhausen), ich war, litth. *buwo-au*, Praet. von *būt*, sein; *diwi* für *duwi* neben *dui*, zwei; *pliks*, kahl, von *√ pluk*, cf. *pluk-t* (III), kahl werden.

Die Diphthonge *ui* und *iu* sind in lett. Wurzelsylben verhältniſsmäſsig sehr selten und meist etymologisch dunkel. In einigen Fällen scheint *ui* die Uebertragung des slav. *u* in entlehnten Wörtern, cf. *muita*, Zoll, Mauth, slav. мыто; *muiſcha*, Hof, Gut, slav. мыза, liv. *mois*. Zu *puisis*, Knabe, Jüngling, cf. das gleichbedeutende *puika*, und das finn. *poika*, esthn. *poig* neben *pois*, ebenso livisch. *kuija*, Schober, liv. *kui*; *suits*, überflüssig, liv. *suits*.

#### d. Allgemeines über die Vocalreihen.

§. 86. Stellen wir die drei Vocalreihen und deren Glieder fürs Lettische, Litthauische und Sanskrit zusammen, so ergiebt sich folgende Tabelle (cf. Schleicher §. 20):

| *a*-Reihe. | Geschwächter Vocal. | Grundvocal. | Erste Steigerung. | Zweite Steigerung. |
|---|---|---|---|---|
| Skrit. | | *a* | *â* | |
| Litth. | *i, e* / *u* | *a* | *ô* | |
| Lett. | *i, e* / *u* | *a* | *â* (selten *ô*) | |
| *i*-Reihe. | | | | |
| Skrit. | | *i* | *ai, ê* | *âi* |
| Litth. | | *i* | *ei, e, ě* | *ai* |
| Lett. | | *i* | *ei, e, ī (ē)* | *ai* |
| *u*-Reihe. | | | | |
| Skrit. | | *u* | *au, ô* | *âu* |
| Litth. | | *u* | *û* | *au* |
| Lett. | *i* | *u* | *û (ô)* | *au* |

Berücksichtigen wir die Unterschiede der Quantität und Tonart, so ist fürs Lettische allein die Uebersicht, in welcher, beiläufig bemerkt, alle lett. Vocallaute aufser *ui* und *iu* ihre Stelle finden, folgende:

| | | |
|---|---|---|
| a-Reihe: ĭ—ĭ, ĭ; e—ĕ, ĕ } | a | ā, â (ŏ) |
| i-Reihe . . . . . . . . . . . | i—ĭ, ĭ   ei, ăi, ĭ, ĭ, e, ĭ, ĕ | ai, ăi |
| u-Reihe . . i . . . . | u—ŭ, ŭ   u, ŏ | au, ău |

Es erhellt, dafs es im Lettischen dreierlei *i* giebt: ursprüngliches, aus *a* geschwächtes und aus *u* geschwächtes; sodann zweierlei *u*: ursprüngliches und aus *a* geschwächtes; ferner zweierlei *e*: aus *a* geschwächtes und aus *i* gesteigertes; endlich zweierlei *ŏ*: aus *ā* entartetes und aus *u* gesteigertes. Zur Entscheidung, in welche Reihe ein *i, u, e,* oder *ŏ* gehört, bedarf es einer Vergleichung der verwandten Formen. Findet sich unter denselben eine mit *a*, so ist jenes *i, u, e* oder *ŏ* auf ursprüngliches *a* zurückzuführen, denn *a* allein ist in der Regel aus keinem andern Vocal entstanden, sondern fast immer ursprünglich (§. 58). Dieser wichtige Grundsatz erleidet Beschränkung in seiner Brauchbarkeit dadurch, dafs in jüngeren Sprachen der ursprüngliche Vocal ganz verloren gegangen sein kann. So mag es dem Verfasser selbst in Folge mangelhafter Kenntnifs der verwandten älteren Sprachen, namentlich des Sanskrit begegnet sein, dafs er manche Wurzel mit *i* oder *u* angegeben, während sie ursprünglich *a* gehabt hat.

§. 87. Vergleichen wir die lett. Vocalreihen mit den litthauischen, so springt das dem Sanskrit entsprechende lett. *a* gegenüber dem litth. *ŏ* in die Augen. Im Uebrigen ist Harmonie, abgesehen von der genaueren Unterscheidung der Tonqualität im Lett., und von dem Umstande, dafs dem Litth. die Schwächung von ursprünglichem *u* zu *i* zu fehlen scheint.

Dem Sanskrit gegenüber zeigen Lettisch und Litthauisch gleiche Entartung in zahlreichen Schwächungen des ursprünglichen *a* und in den mannichfaltigeren Wandlungen des *i* auf der ersten Steigerungsstufe zu *ei, e, ĭ, ĕ* statt zu *ai, ĕ,* (Guna), und endlich in der Steigerung des *u* auf der ersten Stufe zu *u* statt skr. *au*.

Was das aus *i* gesteigerte *ei* anlangt, so scheint hier *e* eine Schwächung oder vielmehr Umlautung des *a* durch das folgende *i* zu sein.

Das aus *i* gesteigerte *e* scheint als eine Verschmelzung oder Contraction aus *ai* betrachtet werden zu dürfen, cf. Doppel-

formen wie *klēgát* neben *klaigát*, schreien, kreischen. Freilich
ist in den Praesensformen der Cl. II. das aus *i* gesteigerte *e*
kurz: *dſi'mt*, *dſemu*; *di'lt*, *delu* u. s. w., die Kürze aber ist als
Schwächung anzusehen, und in entsprechenden Formen anderer
Sprachen finden sich Längen, die dem zu Grunde liegenden *ai*
näher stehen, cf. griech. *ἔ-λιπ-ον*, *λείπ-ω*.

Originell ist die Steigerung von *i* zu *i* und *ĕ* (= *ia*,
*ia*) und von *u* zu *ŭ*, *ŏ* (= *ŭa*, $\overline{ua}$), sofern hier das gunierende
*a* nicht vor *i* und *u*, sondern hinter dasselbe getreten ist. Es
ist kaum zu entscheiden, ob richtiger *ī* (= *ia*) aus *ai* und *ŭ*
(= *ŭa*) aus *au* unmittelbar entstanden zu denken durch Umstellung, oder anzunehmen, daſs *ī* und *ŭ* Entartungen von *e* und
*o*, und diese ihrerseits die Zusammenziehungen von *ai* und *au*
(cf. die franzöſ. Aussprache dieser Diphthonge) seien. In letzterem Fall hat die entartete Form (*ī*, *ŭ*) durch ihr nachhallen-
des *a* das so wesentliche, urspr. vorklingende, nun an der Stelle
nicht mehr vorhandene *a* andeuten wollen. Immer aber müssen
hier verglichen werden Wandlungen des Wurzelvocals wie in
*kaim-i'nſch* und *sīm-i'nſch*, Nachbar (eig. Bewohner desselben
Dorfes); *klāid-it* und *klīd-ět*, umherirren; *gdis-tu*, ich verschwinde,
und *dſīs-tu*, ich verlösche; *bai-d-it* und *bī-d-ět*, schrecken; *ei-mu*
und *ī-mu*, ich gehe; *wīn-s* und altpreuſs. *ain-s*, eins; und Wandlungen der Endungen, wie *tĕ*, Nom. Pl. masc. von *tas*, der, ltth.
*tĕ*, altpr. *stai*; oder wie *-īt* = *·dit* in der 2. P. Plur. Praes. Act.:
cf. *darīt* = *dardit*, ihr machet, (§. 416). Man vergleiche auch,
wie die Derivationssuffixa *-ītis* und *-áitis* (§. 208), *-īns* und
*-áins*, *-īnis* und *-áinis* (§. 216) promiscue gebraucht werden.

§. 88. Schlieſslich muſs wohl beachtet werden, daſs von
den oben besprochenen Erscheinungen der Vocalsteigerung und
Vocalschwächung genau zu sondern sind:

1) alle diejenigen Fälle, wo Vocallaute wie *ŭ*, *ŏ*, *ŭ*, *ī*, *í*, *ĕ*
   etc. aus kurzen Vocalen *a*, *u*, *i* entstanden sind durch
   Ausfall eines folgenden Nasals, *n* oder *m* (§§. 89 seqq.);

2) die scheinbare Kürzung von langen Vocalen in Folge von
   Spaltung, die nöthig war um Hiatus zu verhindern, wie
   z. B. in *mīj-u*, Praet. zu *mī-t*, tauschen; *grúw-u*, Praet. zu
   *grú-t*, einstürzen (§§. 130—132);

3) Contrahierungen von *w* mit folgendem Vocal zu *u*, wie
   z. B. in *kúpét*, rauchen, √ *kwap*; cf. *kwépindt*, räuchern;

oder in *dusśét*, keuchen, √ *dwas*, cf. *dwascha*, Athem, *dwéséle*, Seele (§. 129, Anm. 3).

4) Ebenso gehört in ein ganz anderes Gebiet, in das des Umlauts, die Wandlung der spitzen Aussprache des *e* in die breite und umgekehrt (§. 117).

## 2. Wechsel von Vocalen mit Consonanten.
### (Rhinismus).

§. 89. Der Wechsel von Vocalen mit Consonanten ist ein zweifacher. Entweder condensiert sich ein Vocal zu einem Consonanten oder es vocalisiert sich ein Consonant. Zu den Erscheinungen der ersten Art gehört im Lettischen vornehmlich der Uebergang von *i* zu *j* und von *u* zu *w*. Der Grund und die Ursache dieses Ueberganges liegt aber in der Regel in dem Triebe der Sprache einen Hiatus zu vermeiden. Also gehört das Nähere über diese Wandlungen nicht hierher, sondern muss erst unten §§. 130—132 besprochen werden.

Zu den Erscheinungen der andern Art gehört zu einem Theil die Verschmelzung eines *j* mit gewissen folgenden Vocalen zu *i* und die Verschmelzung eines *w* mit gewissen folgenden Vocalen zu *u*. Wie und unter welchen Umständen das geschieht, ist unten §§. 127—129 erörtert. Zu einem andern Theil: die Vocalisation eines Nasals, oder genauer gesagt die Auswerfung oder Abwerfung eines Nasals unter Modification des vorhergehenden Vocals*). Diese merkwürdige und fürs Lettische sehr characteristische Erscheinung muss hier besprochen werden.

Gesetz. Die lettische Sprache duldet heutzutage in der Regel ebensowenig als die slavische (Schleicher, kirchenslav. Gramm. P. 79) einen Nasal (*n* oder *m*) vor einem andern Consonanten. Der Nasal geht verloren, indem er den vorhergehenden Vocal in folgender Art modificiert:

*an* wird *ú* oder selten *ŏ*, *o*, *au*, *à*, in Flexionsendungen *ŭ*, *à*;

*in* wird *í* oder *i*, selten *ī*;

---

*) In dem Abschnitt von der Lautwegwerfung (§§. 146. 147.) darf diese Erscheinung nicht besprochen werden, weil bei ihr mit der Lautwegwerfung eine Lautwandlung eng verbunden ist.

*un* wird *ú*, selten *ŭ* (*õ*);

*en* wird *é* (selten).

Sehr oft fällt auch der Nasal im Auslaut des Worts ab.

§. 90. Beispiele dieses Processes im Inlaut.

1) Inlautend *an* wandelt sich zu *ŭ*, seltener zu *õ*, *ú*, *au*, *á*;

a) in Wurzelsylben:

*an — ŭ* in dem Präs. der Verba Cl. III., cf. *lŭku* aus *lanku*, ich lecke, (lat. *lingo*); *rŭku* aus *ranku*, ich grabe; *plŭku* aus *planku*, ich werde flach; *tŭpu* aus *tampu*, ich werde; *prŭtu* aus *prantu*, ich verstehe; *rŭdu* aus *randu*, ich finde; das alterthümlichere Litthauische zeigt noch oft den Nasal in den entsprechenden Formen, cf. *tampu*, *prantu*, *randu* \*). Bei Verbis anderer Klassen hat sich zuweilen der Nasal oder dessen Wirkung nicht bloſs im Präs., sondern in allen Formen festgesetzt, cf. *kŭſchu*, *kŭdu*, *kŭſt*, beiſsen, litth. *kandu*, *kandau*, *kąsti*; *lŭſit* aus *lansit*, beugen, √ *lank*; *grõſit* aus *granſit*, kehren, wenden, √ *granſ*. Eine Anzahl von Substantiven, die auch hierher gehören würden, sind bereits §. 63 bei Vergleichung des lett. mit dem litth. Lautsystem aufgeführt.

*an — õ*: *õtrs*, litth. *antras*, der andere: *lõdāt* aus *landāt*, frequentativ zu *liſt*, kriechen, Praes. *lïnu* neben *lïdu* f. *lindu* oder *landu*.

*an — ú*: *gŭt* haschen, nachjagen, ltth. *guiti*, √ *gan*, wovon auch *ganit*, hüten, eig. hin und her treiben, *dſit*, treiben, Praes. *dſenu*, Freq. *gainát*, wegtreiben; cf. Pott, de litthuano-borussicae u. s. w., P. 50.

*an — au*: *baudit*, versuchen, ltth. *bandyti* (cf. *jáu*, schon, lat. *jam*).

*an — á*: *krákt*, ltth. *kraukti*, schnarchen, krächzen.

b) in Derivationssylben:

*an — ŭ* in der Bildung der Participia Praes. und Futuri Act.: *-ŭts* aus *-ant-i-s* und *-schŭts* aus *-sjant-i-s* (cf. §. 463) z. B. *essŭts* f. *essantis*, sciend; *bŭschŭts* f. *bŭsjantis*, futurus; *ăugŭts* f. *dugantis*, wachsend; *ăugschŭts* f. *dugsjantis*, der wachsen wird. Ebenso, obschon es keine Participia sind: *tŭkstŭts*, ltth. *tŭkstantis*, Tausend; *astŭts*, ltth. *asstantas*, octavus.

---

\*) Darüber, wie hier der Nasal in die Wurzelsylbe gekommen, cf. unten §. 259.

*an — ŭ* und durch Vocalschwächung: *i* in der Endung des Particip. Praet. Act. Der Nominat. Sing. masc. hat *-is* f. *ans-s,* cf. *mettis* f. *mettans-s* (Mittelglied muſs *mettins-s* gewesen sein), ltth. *metęs,* der geworfen hat (§§. 472. 473). Der Nom. Sing. fem., dessen Analogie alle Casus obliqui beider Genera folgen, hat *-usi* für *ans-i,* z. B. *mettusi* f. *mettansi,* die geworfen hat; Genit. Sing. masc. *mettuscha* f. *mett-ans-ja* (§. 472). Der aus *an* entstandene Vocal ist hier kurz, weil die Wandlung an dieser Stelle eine weit ältere ist, als in den erst genannten Fällen.

c) in Flexionssylben:

*an — ŭ (ŏ)* in der Endung des Accusat. Plur. der männlichen *a*-Stämme, z. B. *wi'lkus* f. *wi'lkans* von *wi'lks,* Wolf, (§. 336). Der aus *an* entstandene Vocal ist hier kurz, einmal weil die Wandlung in diesem Fall verhältniſsmäſsig sehr alt ist (sie findet sich schon im Litth., cf. *ponùs,* dominos), und sodann weil im Lett. wenigstens die Endung ohne Accent ist, der frühere Länge des Vocals hätte schützen und bewahren können. In einigen einsylbigen Accusativformen ist die Länge durch Einfluſs des Accentes erhalten, cf. *tôs* f. *tans,* = griech. τούς; *schôs* f. *sjans* = lat. *hôs.*

*an — â (ä)* in der Endung des Accus. Plur. der weiblichen *a*-Stämme, cf. *rûkas* f. *rankans,* ltth. *rankàs* von *rûka,* Hand (§. 336). Ueber die Kürze des *a* gilt das eben zuvor Gesagte. Die einsylbigen Formen *tâs,* gr. τάς, *schâs,* lat. *hâs,* bewahren die Vocallänge.

§. 91. 2) Inlautend *in (en)* wandelt sich zu *ĭ* oder *ĭ, i,* selten in *ĭ, en* auch in *ē;*

a) in Wurzelsylben:

*in — ĭ* in den Präsensformen einer Anzahl von Verbis Cl. III., cf. *liku* f. *linku,* ich lege, lat. *linquo; snig',* es schneit, ltth. *sninga,* lat. *ningit; áismlgu,* ich schlafe ein, ltth. *uźmingu; miſ-nu* f. *minſ-(n)u* mit doppelter Nasalierung, lat. *mingo; lidu* (Erwahlen) neben *linu* f. *lindu,* ltth. *lendu,* ich krieche; *bridu* (Livland) neben *brinu* f. *brindu,* ich wate; *tiku* f. *tinku,* ltth. *tenku,* ich reiche aus. In Verbis anderer Classen geht der Nasal oder dessen Wirkung durch alle Formen, cf. *stipt,* dehnen, ltth. *tempti; zist,* dulden, *se'nst,* ltth. *kęsti,* anstrengen; *likt* neben *le'nkt,* beugen, krümmen; *trikt* neben *tre'nkt,* stoſsen, schütteln; *ſwĭgt*, wiehern, ltth. *źwengti*; *bĭdrs*, Genosse, ltth. *bendras*; *nĭdre*, Rohr, ltth. *nendre*; *pĭsi*, fünf, ltth. *penki*.

in — *i*, *ĭ* in den Präsensformen einer Anzahl von Verbis Cl. III., cf. *tĭku* f. *tinku*, ich gefalle; *sĭku* für *sinku*, ich werde klein, ltth. *senku*; *lĭpu*, ich klebe an, ltth. *limpu*; *stĭpu*, ich werde steif, ltth. *stimpu*; *krĭtu*, ich falle, ltth. *krintu*; *mĭtu*, ich ernähre mich, ltth. *mintu*; ferner cf. die Infinitive von fünf Verbis Cl. I.: *mĭt*, treten, ltth. *minti*; *pĭt*, flechten, ltth. *pinti*; *schkĭt*, pflücken, ltth. *skinti*; *trĭt*, reiben, ltth. *trinti*; *tĭt* für *tint(i)*, winden, wickeln. Ebenso aus Cl. II., *dſĭt* f. *dſint*, treiben, ltth. *giti*. In den Praesens- und Praet.-Formen dieser Verba hat sich das eigentlich nicht wurzelhafte *n* erhalten zwischen dem Wurzelvocal und dem der Flexions-Endung, cf. *dſenu*, ich treibe, *dſinu*, ich trieb u. s. w. Aus Cl. IV. cf. *ſiſt* f. *sind-t*, saugen, ltth. *źisti* f. *źid-ti*; aus Cl. V.: *at-fĭt* f. *at-fin-t*, erkennen, Praes. *at-fistu* f. *at-fin-stu*, Praet. *at-finu*; *likt*, krumm werden, Praes. *likstu*, ltth. *linkti*, Praes. *linkstu*. Endlich cf. *miksts*, weich, ltth. *minksztas*; *ligsms*, froh, ltth. *linksmas*.

en — *ė*: *swėts*, heilig, ltth. *szwentas*; *sprėſt*, spannen, Praes. *sprėſchu*, ltth. *spręsti*, Praes. *sprendzu*; *wėders*, Bauch, lat. *venter*, cf. *wenteris*, Fischreuse; *mėtelis*, Mantel (entlehnt).

### b) in Derivationssylben:

in — *ĭ* in dem Nomina subst. bildenden Suffix -*nĭks*, ltth. -*ninkas*, cf. *grėsinĭks*, Sünder, ltth. *grėk-i-ninkas*; *da'rbinĭks*, Arbeiter, ltth. *darb-i-ninkas* (§. 218).

in — *ĭ* in dem Adjectiva bildenden Suffix -*igs*, ltth. -*ingas*. cf. *mil-ĭgs* liebreich, ltth. *meil-ingas*; *milt-ĭgs*, mehlig, ltth. *milt-ingas*. Ebenso *septĭts*, septimus, ltth. *septintas*; *dewĭts*, nonus, ltth. *dewintas*.

### c) in Flexionssylben:

in — *ĭ* in dem Accus. Plur. der (weibl.) *i*-Stämme: -*is* für -*ins*. cf. *si'rdis* f. *si'rdins* v. *sirds*, Herz, ltth. *szirdis* oder *szirdżs*.

§. 92. 3) Inlautend *un* wandelt sich zu *ú*, seltener zu *ŭ* (*ŏ*); in Wurzelsylben:

un — *ú* im Präsens einer Anzahl von Verbis Cl. III., z. B. *rúku*, ich schrumpfe ein, ltth. *runku*; *túku* neben *túkstu*, ich werde fett, ltth. *tunku*; *klúpu*, ich stolpere, ltth. *klumpu*; *jútu*, ich fühle, ltth. *juntu*; *sútu*, ich werde heiſs, ltth. *szuntu* u. s. w. Verba anderer Classen sind: *súkt*, saugen, ltth. *sunkti*; *júgt*,

anspannen (Pferde), ltth. *jungti*, lat. *jungere* — (IV); *jûkt*, gewohnt werden, ltth. *junkti*; *tûkt*, schwellen, ltth. *tunkti* — (V);
*sûtît*, senden, f. *suntît*, wie das ltth. Primitivum *siusti* Praes.
*siunczu* beweist. — Endlich cf. *ûdens*, Wasser, żamait. *undo*,
hochlitth. *wandů*.

*un — ů* (δ): *mûst*, wecken (IV.), Reflex. erwachen, V *mund*, wovon auch *mundrs* neben *muddigs*, munter. *stů-st-itis* oder
*stôstitis* f. *stumstitis*, stottern, Freq. reflex. zu *stumt*, stofsen.

In Derivations- oder Flexionssylben dürfte weder *un* noch
dessen Product vorkommen.

§. 93. Den zahlreichen Beispielen von derartigem Untergang eines Nasals vor folgendem Consonanten gegenüber finden
sich nun freilich auch eine Anzahl von Fällen, wo der Nasal
unverändert beharrt. Verf. sieht dieselben von seinem Standpunkt aus nicht als Ausnahmen jenes oben ausgesprochenen Gesetzes an, sondern als ebenfalls regelmäfsige Formen, nur herrührend aus einer früheren Sprachepoche, als Trümmer einer
vergangenen Zeit, als Münzen, die man vergessen hat umzu-
schmelzen und neu zu prägen, und die noch immer, oft mit
mehr, oft mit weniger Geltung, cursieren um ihres ächten Ge-
haltes willen.

Die Beispiele für das Beharren des Nasals, die gerade zur
Hand sind, ordnen wir in vier Gruppen, damit um so besser
einleuchte, wie es sich hier um nichts anderes, als um Fortsetzung eines historischen Processes handelt.

1) Wo *m* kein blofses Einschiebsel, wo *m* nicht um euphonischer Rücksichten willen für *n* steht, (cf. *klúpu* aus *klumpu* für
*klunpu*), sondern ursprünglich und wurzelhaft und insbesondere Wurzelauslaut ist, da wird es vom obigen Gesetz in der
Regel nicht berührt, beharrt also ein für alle Mal; cf. *dfi'm-t*,
geboren werden, *dfe'm-d-êt*, gebären; *ju'm-t*, Dach decken; *stum-t*,
stofsen, Freq. *stum-d-it*; *lem-t*, bestimmen; *ne'm-t*, nehmen; *wem-t*,
vomieren; *trem-t*, trampeln, Freq. *tram-d-it*; *glu'm-t*, glatt werden;
*gri'm-t*, untersinken, Causativ *gre'm-d-êt*; *ri'm-t*, ruhig werden,
Causat. *re'm-d-êt*; *sku'm-t*, traurig werden, u. s. w.

§. 94. 2) Wiederum gar nicht unter obiges Gesetz zu sub-
sumieren sind die zahlreichen Fälle, wo nachweisbar erst in
jüngerer Zeit ein Vocal zwischen dem Nasal und dem jetzt, wie
es scheint, unmittelbar folgenden Consonanten ausgefallen ist.
Ein besonders interessantes Beispiel ist hier *ku'ngs*, Herr, aller

Wahrscheinlichkeit nach aus *kun-ĭgs*, ltth. *kuningas*, beleibt, verkürzt (cf. §. 228).   Ferner mögen als Beispiele dienen: *kra'm-s*,
Feuerstein, f. *kram-as*; *na'm-s*, Haus, f. *nam-as*; *ſem-s*, niedrig,
f. *ſem-as*; *sli'm-s*, krank, f. *slim-as*; *tru'm-s*, Bruch, f. *truma-s*;
*ma'n-s*, mein, f. *man-as*; *ſwa'n-s*, Glocke, f. *ſwan-as*; *ga'n-s*, Hirt,
f. *gan-as*; *swi'n-s*, Blei, f. *swin-as*, u. s. w.   Hierher gehören auch
die zahlreichen Fälle, wo ein nominales Derivationssuffix urspr.
auf -*na*- auslautend jetzt nach Verlust des *a* unmittelbar das *n*
mit dem Character Nom. Sing. masc. -*s* zusammenstofsen läſst;
cf. die Endungen:

> -*n(a)-s*, z. B. *plá-n(a)-s*, fein, dünn.
>
> -*an(a)-s*, z. B. *sa'rk-an(a)-s*, roth.
>
> -*en(a)-s*, z. B. *glöd-en(a)-s*, Blindschleiche; *spilw-en(a)-s*,
> Federkissen; *mér-en(a)-s*, mäſsig.
>
> -*én(a)-s*, z. B. *píl-én(a)-s*, Entchen, junge Ente.
>
> -*in(a)-s*, z. B. *schdw-ín(a)-s*, Schuſs.

§. 95.   3) Von denjenigen Wörtern oder Wortformen, wo
*n* oder *m* sich innerhalb der Wurzel erhalten hat, ohne jedoch
wesentlich und ursprünglich zur Wurzel zu gehören, (wie es
scheint, denn viele Formen sind noch etymologisch dunkel),
und wo nach obigem Gesetz der Nasal hätte weichen müssen,
ist der bei weitem gröſsere Theil entschieden veraltet, manches
existiert nur in den Angaben der älteren Lexicographen (Lange
und Elvers), manches lebt noch im Munde des Volks, aber
auf räumlich eng begränztem Gebiet in dialectischer Geltung,
Manches nur als die ältere Nebenform neben sonst gebräuchlicher Vocalisation des Nasals.   Hierher gehört z. B.:

*andrus*, Schiffskiel, (entlehnt aus dem Livischen).

*banga*, Woge, litth. *banga*.

*bla'nditis*, umherschweifen, cf. litth. *blinda*, Unsteter.

*blankstit*, abschreiten, auf die Seite gehen (E.).

*blenſt*, Praet. *blenſu*, übersichtig sein (St.); *ble'nſt*, Praet.
   *ble'ndu*, sehen (Niederbartau).

*danga*, Ecke (Nordwest-Kurland).

*gi'nt*, Praet. *gi'ndu*, vergeben; (*gindens*, Gerippe), litth. *gęsti*,
   Praet. *gendu*.

*gra'ndit*, poltern.

*gru'mbt*, Runzeln bekommen.

*gumbát* oder *kumbát*, tütenweise über einander rollen (L.), wohl
   von √ *kup*; cf. *ku'mpis*, Buckel.

*gumbis*, Fischreuse (E.),
*kumbis*, Fischbehälter (St.), } cf. litth. *gumbas*, Geschwulst.

*gumdināt*, antreiben (L., auch in Neu-Autz bekannt).

*gumfīt*, krümmen (NA.), √ *kup?* cf. litth. *kumpsoti*, gekrümmt
stehen.

*indewe*, Gift (E.).

*kanzināt*, ausforschen (Nordwest-Kurland), (cf. litth. *kankinti*,
quälen, foltern ??).

*kimpulis*, Spitzenknippel (L.), wahrscheinlich richtiger *kim-*
*bulis*, von √ *kab*, cf. litth. *kabeti*, hangen; *kibti*, Praes.
*kimbu*, sich anhängen.

*kinkēt*, anspannen (Pferde) (NA.), Demin. *kinkelēt*; ltth. *kinkyti*.

*klenzēt*, humpeln.

*klenderēt*, umherirren (NA.), √ *klid*, = *klimstēt* (St.).

*klense*, Hopfensack (L.).

*klinsis*, Mißgeburt (L.).

*klunsis*, ein Mensch wie ein Klotz (St.).

*le'nkt*, beugen, krümmen (*ap-l.*, einkreisen), neben *likt*, litth.
*lenkti*.

*lenze*, Leitband (St.), √ *la(n)k?* cf. *lakka*, *lekka*, Schlinge.

*linta*, Band (Norwest-Kurl.), litth. *linta*, Zierband.

*lu'nkis*, Fuchsschwänzer, Schmeichelkatze, cf. *lunzināt*, wedeln, √ *lank*, wovon auch *lūzit*, biegen, krümmen.

*panzka*, Pfütze (L.).

*pemperēt*, trampeln (L.).

*pendere*, Laff vom Kalbe (St.).

*pimpūlis*, Zauberkugel von Wachs (L.).

*pinka*, Zotte, cf. *pit*, flechten.

*pinkstēt*, pfeifen, weinen, neben *pikstēt*.

*pintikis*, Laffe.

*planskáina feme*, Erdreich, das kein Wasser durchläfst (L.).

*pluntsches* (Pl.), Eingeweide; cf. *plaúkschni* (Pl.), Lunge,
Leber, Herz etc.; litth. *plauzzei* (Pl.).

*pundurs*, Einer der kurz und dick ist, wie ein Zwerg (St.).

*pungis*, Bienenstock, der in einen Baum hineingesetzt wird (St.).

*punte*, Auswuchs an einem Baum (= *pumpa*, Geschwulst?).

*puntschūt*, verwickeln.

*ra'ntīt*, kerben, durchhauen, litth. *rantyti*.

*renge*, Strömling.

*skranda*, Lumpen (St.), cf. lth. *skranda*, ein alter abgeschabter Pelz.

*spangali* (Pl.), Steinmoosbeeren (L.), litth. *spangole.*

*spindele* oder *spinfele*, kleine Bremse.

*spindelét*, summen.

*sprandis*, Genickwirbel (L.), litth. *sprandas*, Genick.

*stankis*, ein hohes stehendes Holzgefäſs, √ *fla.*

*stenkala*, Pferdsapfel.

*strenfis*, eine lange schmale Person (St.).

*stringt* oder *stingt*, starr werden (Livl.) oder verdorren (St.).

*stumpuris*, Stumpf einer Ruthe.

*smnbrs* neben *súbrs*, Auerochse, litth. *stumbras.*

*schlampút*, im Koth waten, √ *slap*; cf. *slapjsch*, naſs.

*fintele*, Klammer (St.).

*tintelét*, einmummeln, Freq. zu *tit*, litth. *tinti*, wickeln.

*tinzinát*, verhören.

*tre'nkt*, schütteln, stoſsen, neben *trikt*, litth. *trenkti*

*trimda*, Exil (L.).

*tru'mpét*, das Ende abhauen, cf. *strups*, stumpf.

*twans*, Dampf, Dunst (E.), (cf. litth. *twankas*, Hitze ??).

*wimba*, Wemgal, ein Fisch.

*wingrs*, frisch, lustig (E.).

*wingulis* oder *windulis*, geläuterter Honig (E.).

*ze'nst*, hart machen, anstrengen, litth. *kęsti*, Praes. *kenczu.*

*dfi'nta'rs*, Bernstein, neben *dfita'rs.*

§. 96. 4) Mehr gebräuchlich, zum Theil allgemein bekannt dürften Wörter sein, wie:

*bambalis*, Käfer, neben *wambulis* (E.) und mit Assimilation des *m*: *wabbúlis*, cf. litth. *wabbalas*, Käfer, *bambalis*, ein kleiner beleibter Mensch.

*banda*, Vermögen, Profit, litth. *banda*, Heerde, Vermögen.

*bende*, Büttel.

*bra'ngs*, herrlich, litth. *brangus*, theuer.

*bumbulis*, Knolle, (cf. *pa'mpt*, schwellen?), litth. *bumbolys*, Steckrübe.

*bundulis*, Dose.

*bunga*, Trommel.

*dumbrs*, morastig. √ *dub*; cf. *dubt*, hohl, tief werden; cf. litth. *dumblas*, Moor, Schlamm.

*dumpis*, Getöse.

*gre'mst*, nagen, litth. *gremsti.*

*inz, inz*; so ruft man die Katzen.

*kampt*, fassen, litth. *czopti*.

*kankari* (Pl.), Lumpen, √ *kar*, cf. *kart*, hängen, intr.

*kengät*, in etwas rühren.

*klints*, Felsen, Klippe.

*klungstét*, klunkern (ein Schallwort).

*kri'mst*, nagen, Praes. *kre'mtu*, Freq. *kra'mstit*, cf. litth. *krimsti*.

*krunka*, Falte. √ *ruk*. cf. *rukt*, faltig werden, Praes. *ruku*, litth. *rukti*, *runku*.

*kn'mpis*, Buckel, √ *kup*; cf. litth. *kumpas*, krumm.

*kungis*, Bauch, Wanst; cf. litth. *kunas*, Leib, Körper.

*kungštét*, stöhnen (Schallwort).

*kunkulis*, Klümpchen, cf. litth. *kunkolei* (Pl.), Klunkern.

*lanka*, Wiese an den Krümmungen eines Baches, litth. *lanka*. eines Stammes mit *lūsit*, biegen, krümmen.

*lempis*, Bengel, Lümmel.

*linga*, Schleuder, *lingut*, schleudern, = *ligut*, hin und her schwenken, litth. *lingoti*.

*lu'nkans* oder *lu'nkdins*, *-ainsch*, biegsam, cf. *lūsit*, biegen.

*manta*, Habe.

*mente*, Rührschaufel, litth. *mente*.

*mense*, Dorsch (ein Fisch), litth. *menke*.

*pa'mpt* (*pu'mpt*), schwellen; *pumpa*, Geschwulst; cf. *pöpe*, Mooshügel, Morastwiese; cf. litth. *pampti*.

*pauts*, Glied.

*panskaras* (Pl.), Lumpen.

*pe'mpis*, Einfaltspinsel.

*pla'ntschét*, *plu'ntschút*, Plantsch machen (im Wasser), plätschern, ein Schallwort.

*punkis*, Rotz.

*rinda*, Reihe, litth. *rēdas*, Ordnung.

*rumba*, Rad-Nabe.

*runga*, Knüppel, Fuderstütze, litth. *rungas*.

*si'mts*, Hundert, litth. *szimtas*.

*slinks*, faul, litth. *sliukas*.

*sprungulis*, ein kleines Hölzchen.

*stingrs*, starr, steif, cf. *stingt*, litth. *stingti*. erstarren, gerinnen.

*tenka*, Schwätzer.

*transchkinat*, klingeln (Schallwort).

*wafanka*, Heruntreiber.

*Wenta*, Windau (Fluss).

*wenteris*, Fischreuse, litth. *wentaras* oder *wenteris*.

*zi'mds*, Handschuh.

Endlich beharrt das *n* im Nom. und Gen. Sing. der wenigen ächten *n*-Stämme unter dem Schutz des Casuszeichens -*s*. Die litth. Sprache hat das Nominat.-Suffix hier nicht und ist deshalb dem Lettischen auf der Bahn der Entartung merkwürdig vorangeeilt, cf. *akme'ns*, Stein, ltth. *akmů*; *rudde'ns*, Herbst, ltth. *rudů*; *tesme'ns*, Euter, ltth. *tessmů*; *úde'ns*, Wasser, ltth. *wandů*; *asme'ns*, Schärfe, ltth. *asžmů* etc. etc. Cf. *su'ns*, Hund, litth. *sžů*; wenn nicht anzunehmen ist, daß das Nominativzeichen -*s* im Lett. erst in jüngerer Zeit um der Analogie der sonstigen Nominativbildung willen angetreten. Letzteres scheint wahrscheinlicher. — Der litth. Genitiv hat bei den *n*-Stämmen gleich dem Lett. -*n-s*.

Anmerk. In Fremdwörtern wird meist der Nasal bewahrt, cf. *andelt*, handeln, *enkuris*, Anker u. s. w.; zuweilen jedoch auch vocalisiert; cf. *mételis*, Mantel. Daß letzteres Wort ganz besonders lettisiert ist, sieht man auch am gestoßenen Ton.

§. 97. Beispiele der Nasal-Abwerfung im Auslaut, also vorzugsweise in Flexionsendungen.

1) in der Endung des Accusativ Sing.

-*a-m* oder -*a-n* wird -*ŭ* (žam. -*u*, hochlitth. -*ą* für -*an*), z. B. *grėku* f. *grėk-a-n*, žam. *grėku*, hochlitth. *grėką*, von *grėks*, Sünde. *dinu* f. *din-a-n*, žam. *dėnu*, hochlitth. *dėną*, von *dina*, Tag (§. 327). In einsylbigen, also stark betonten Formen wird -*am*, -*an* zu -*ŭ* oder -*ŏ* und kürzt sich nicht, cf. den Acc. Sing. der Pronomina *tas* und *schis*: *tŏ* f. *tan*, *schŏ* f. *schan*, *kŭ* und *kŏ* f. *kan* (§. 327). Ebenso im Acc. Sing. der Substantiva reflexiva, z. B. *káuschanŭ-s* von *káuschaná-s*, das einander Prügeln.

-*i-m* oder -*i-n*, (sei das *i* hier nun ursprünglich, wie in den ächten i-Stämmen, oder sei es aus *ja* entstanden, wie in den contrahierten *ja*-Stämmen) wird -*ŭ* (litth. -* į*), z. B. *si'rdi* f. *si'rd-i-n*, litth. *sžirdį*, von *si'rds*, Herz; *brắli* f. *brắl-i-n*, litth. *brolį*, von *brắlis*, Bruder; *fáli* f. *fắl-i-n*, litth. *žolę*, von *fắle*, Gras.

-*u-m* oder -*u-n* wird -*ŭ* (ltth. -*ų*), cf. -*alu* f. *al-u-n*, ltth. *alų*, von *alus*, Bier.

2) in der Endung des Instrumentalis Singul.: -*a-m* wird -*ŭ*, also gleichlautend mit dem Accus. Sing. (§. 333).

3) in der Endung des Genitiv Plur. ist *-âm* (aus *-sâm*) zu *-ŭ* geworden, cf. *wi'lku*, luporum, aus *wi'lk-a-âm*, ltth. *wilkú*; *si'rschu*, cordum, aus *si'rd-i-âm*, litth. *szirdżú*, żam. *szirdiú*. Im Litth. zeigt sich noch die ursprüngliche Länge *ů*; in Lett. hat sich der lange Laut *û* nur in einsylbigen Formen erhalten, cf. *tô*, istorum, istarum; *schô*, horum, harum (§. 338).

4) in der Endung der ersten Person Sing. Verborum ist ebenso *-a-m* zu *-ŭ* geworden, dem ltth. *ŭ* und poln. *ą* k.slav. *ɪ* (= *on*) entspricht (§§. 406 seq.), z. B. *deggu* f. *deg-a-m*, ich brenne, ltth. *degu*. Der urspr. lange Vocal *û* hat sich nur in den Medialformen erhalten, cf. *mettû-s*, ich werfe mich, neben dem Act. *mettu*, ich werfe.

Wohl alle diese Nasal-Abwerfungen im Auslaut sind sehr alt. Daher finden sich auch heutzutage so wenige Spuren des Nasals an dieser Stelle bewahrt. Cf. die adverbialen Accusative: *pirman*, *ôtran* u. s. w. *kârtau*, erstens, zweitens u. s. w.; *âran*, hinaus, *ïkschan*, hincin, *âugscham*, hinauf, *nîzam*, hinab, und einige andere (§. 328). Sodann cf. die beiden parallelen Adverbial-Endungen *-am* und *-ŭ*, worin vermuthlich eine im Wesentlichen mit dem Accusativ identische Neutralform sich erhalten hat, cf. *lênam*, sanft; *gâuscham*, kläglich; *klussu*, still; *wélu*, spät. (§. 527).

Beispiele wo der abgeworfene Nasal nicht Flexionssuffix ist, sind selten; cf. die Präpositio inseparabilis *ï*, in, hincin, ltth. *į*, lat. *in*, und das Adverbium *jâu*, schon, ltth. *jau*, lat. *jam*.

### 3. Wechsel der Consonanten unter einander.

§. 98. Nur verwandte Consonanten wechseln unter einander. Die Verwandtschaft ist aber zwiefach, entweder rücksichtlich der Classe (Halbvocale, Liquidae, Mediae, Tenues u. s. w.) oder rücksichtlich des Organes (Gutturales, Dentales, Labiales u. s. w.).

Die interessantesten Resultate würden sich für die Sprachgeschichte ergeben, wenn man die Consonantenübergänge verfolgen könnte durch Vergleichung des Lettischen mit den verwandten älteren Sprachen bis zum Sanskrit hinauf. Leider müssen wir uns dieses hier versagen und erwähnen daher, auf lettischem Boden uns haltend, nur das Wichtigste im Vorübergehen.

1) **Wechsel der Liquidae unter einander:**

*m* und *n*, in den Locativen der Pronomina *tas* und *schis*: *tam* und *schim* für älteres *tami*, *schimi* (§. 379), oder in den Casibus obliq. Sing. des Pronom. Personae primae, cf. Acc. *mani*, wo eine Reduplication des Stammes *ma* zu Grunde liegt (§. 374).

*r* und *l*, in dem entlehnten *brūwelis*, Brauer, *skrōdelis*, Schneider, neben *brūweris*, *skrōderis* (Dissimilation, §. 122).

2) **Wechsel der Mediae:**

*d* und *g* in *segli* (Pl.), Sattel, *seglût*, satteln, für und neben *sedli*, *sedlût*. Zum Theil durch die Natur des folgenden Vocales (offene Mundhöhle) bedingt scheint der Wechsel in *spig-ulût* f. *spid-ulût* neben *spid-elêt*, flimmern, funkeln; *Ingus* f. *Indus*, Nebenform für *Indriķis*, Heinrich, im Volksmund (Kerklingen). Cf. auch *baig-i* für älteres *baig-a-i* (Pl.), fürchterliche Zeichen, wenn es, wie wahrscheinlich, mit *bai-d-ît*, schrecken, verwandt ist; *si'rg-aſti* (Pl.), dial. (Dondangen) f. *si'rd-êſti*, Herzenskummer.

3) **Wechsel der Tenues:**

*t* und *k*. Wiederum zum Theil durch den folgenden Vocal bestimmt und ganz analog dem eben erwähnten Wechsel ist der in *brankûſis* (entlehnt) = Brandhaus, d. i. Branntweinbrennerei-Gebäude, provinziell „Brankhaus"; *Mārkus* (oder *Ma'rkus*) für *Mārtus*, Nebenform für *Mārti'nsch*, Martin, im Volksmund; *sikkadele*, Citadelle.

4) **Wechsel von** *s* **und** *r*, z. B. (vielleicht) in der dritten Pers. des Hilfszeitwortes: *ir*, dial. *ar*, er (sie, es) ist, von √ *as* oder auf lett. Standpunkt √ *es*, cf. 1. Pers. *es-mu*, ich bin (§. 421).

5) **Wechsel der Dentalen:**

*d* und *n* in Praesensformen wie *brinu* f. *bridu*, urspr. *brindu*, ich wate; *linu* neben *lidu* f. *lindu*, ich krieche; *rinu* neben *rûdu* f. *randu*, ich finde (zum Theil ist es ein Wechsel, zum Theil eine Verdrängung des *d* durch das *n*). Cf. *na'ms*, Haus, slav. домъ, lat. *domus*, dessen ursprüngliches *d* sich zu finden scheint in dem Gesindes-Namen *Mesch-dâm(e)niki* f. *Mesch-nam-niki* (Pl.), Waldhäusler; (*dewini*, neun, lat. *novem*, skr. *navan*; *debbess*, Himmel, skr. *nabhas*).

*d* und *l*: *lêle*, Blutegel (St.) neben dem allgemeiner üblichen *dêle*; (cf. *sudrabs*, Silber, litth. *sidabras*, goth. *silubr*).

6) Wechsel der Labialen:

*b* und *m*: *mu(n)drs*, munter, wachsam, litth. *budrus*; *müſt* (V), erwachen, ltth. *busti*; *mudinât*, wecken, neben *buddinât*; *müle*, Kuh ohne Hörner, neben *böle*; *makstis* (Pl.), Scheide, für *bakstis*, √ *bad* = √ *baf*, cf. *bûſt*, stecken, *baddît*, stechen, Freq. *bak-stît* f. *bad-stît*; *butschût*, küssen, für *mutschût*, von *mutte*, Mund.

*p* und *m*: *streimulût* neben *straipulût* oder *straipalat*, taumeln: *drumslas* (Pl.), Brocken, f. *drup-slas*, cf. *drupt*, zerkrümeln, intr.

7) Wechsel der dentalen Mutae (*d*, *t*) mit den Spiranten (*ſ*, *s*):

*d* und *ſ*: *paparſitis*, Dem. zu *paparde*, Farrenkraut; *tir-ſ-ât* (oder *tirdt*) neben *tir-d-ît*, fragen, forschen; litth. *tar-d-yti*, Causativ zu *tirti*, erfahren; *paſusse* (B. 2329) neben dem sonst üblichen *padusse*, Ort unter dem Arm, unter der Achsel. Cf. den Wechsel von √ *wad* und √ *waf* in *weſt*, führen, Praes. *wedu*, Frequent. *waddât*, und *weſu'ms*, Fuder, *wiſinat*, Dem. oder Frequent., führen, *waſût*, schleppen; √ *bad* und √ *baf* in *baddît*, stechen und *bûſt*, stecken; √ *skard* und √ *skarf* in *schke'rſt*, schlachten, Praet. *schke'rſu*, litth. *skersti*, Praet. *skerdu*.

*t* und *s*: *balsinât* f. *baltinât*, bleichen, von *balts*, weiſs; *zîst*, dulden f. *zît-t*, eig. hart machen, daher auch *zistis* in derselben Bedeutung, dulden, urspr. = *zenstis*, Praet. *zensûs*, sich anstrengen (die Muskeln hart machen?), litth. *kęsti*, Praes. *kenczu*.

8) Wechsel der Gutturalen mit *s*:

*k* und *s*: *susseklis*, Striegel, f. *sukkeklis* von *sukkât*, kämmen; *swepêt* neben *kwepêt*, räuchern, Rauch machen, *sweipji* (Pl.) neben *kwepes* (Pl.), Ruſs im Schornstein; *su'ns*, Hund, neben dem Femin. *kuna*, Hündin, cf. griech. κύων, κυνός; *slu-dd-inat*, bekannt (eig. hören) machen, von √ *klu* = √ *klus*, cf. *klausît*, horchen; *slâis-titis*, sich recken, für *slâik-titis*, von *slâiks*, schlank.

§. 99. Alle diese und ähnliche Erscheinungen sind vereinzelt und folgen keinem allgemeinen durchgreifenden Gesetz. Wichtiger, weil auf einem fast ausnahmslos giltigen Gesetz beruhend, sind die Uebergänge der beiden dentalen Mutae *t* und *d* in *s*, (*ſ*) vor *t*, *d*, *s*, *sch*, *m*, *n*, *l*. Wir fassen alle diese Uebergänge hier zusammen, obschon ein Theil der-

selben sich als Assimilation, ein anderer als Dissimilation ebenso
richtig unten (§. 122) besprechen liefse.

Anmerk. Gehört der eine Laut dem ersten, der zweite Laut dem zweiten Theil
eines Compositi, so findet kein Wandel Statt, cf. *attapt*, wiederfinden, *atdurtis*,
anstofsen, *aizmégt*, erreichen, *atfs'lt*, wieder grün werden, u. s. w.

1) $t + t = st$, $d + t = ft$ (in der Aussprache nach §. 101
$= st$), z. B. vor dem Infinitivsuffix -*t(i)*: *mest*, werfen, für
*met-t*, Praes. *mettu*; *just*, fühlen, f. *jut-t*, Praes. *jūtu*; *pūst*, blasen,
f. *pūt-t*, Praet. *pūtu*; *ka'lst*, verdorren, f. *ka'lt-t*, Praet. *ka'ltu*; —
*west*, führen, f. *wed-t*, Praes. *weddu*; *fust*, verloren gehen, für
*fud-t*, Praes. *fūdu*; *äust*, weben, f. *äud-t*, Praet. *äudu*; *klíst*, irren,
f. *klíd-t*, Praet. *klídu*;

vor der Charactersylbe der Cl. V. -*ta*-: *ka'lstam*, wir
verdorren, f. *kalt-ta-m*; *klístam*, wir irren umher, f. *klíd-ta-m*;

vor dem Suffix Partic. Praet. Pass. -*t(a)-s*: *mests*, geworfen, f. *met-t(a)-s*; *wests*, geführt, f. *wed-t(a)-s*;

vor nominalen Derivationssuffixen, wie *-*t(a)-s*,
-*t(i)-s*, -*ti'nsch* u. s. w.: *läfts*, Schmährede, Fluch, f. *ldd-t(a)-s*,
cf. *lddét*, schmähen, fluchen; *sì'rd-éfti* (Pl.), Herzenskummer, f.
*si'rd-éd-ti*, cf. *éft*, fressen; *rufta*, rothe Farbe, f. *rud-ta*, cf. *ruds*,
rothbraun; *wa'lfts*, Reich, Herrschaft, f. *wa'ld-t(i)-s*, cf. *wa'ldit*,
herrschen; *brifti'nsch* f. *brid-ti'nsch*, in Westkurland für das sonst
übliche *britti'nsch* (wo das *d* ausgefallen), Demin. zu *bridis*,
Weile.

Ausnahmen sind höchst selten. Dem Verf. sind aufser dem
eben erwähnten *bri(d)ti'nsch* nur noch bekannt: *láiu(d)-tini* (Pl.),
Leutchen, Demin. zu *láudis*, Leute, und der Infinitiv des veralteten Verbum *gi'nt*, vergehen, f. *gi'nd-t*, Praes. *gi'nftu* f. *gi'nd-tu*,
Praet. *gi'nd-u*.

Im Litth. gilt dasselbe Gesetz in dieser und desgleichen in
den folgenden Abtheilungen, cf. Schleicher §. 23. Aus dem
Griech. und Latein. cf. ἀννσϑῆναι f. ἀνντ-ϑῆναι; ἐρεισϑῖναι f.
ἐρειδ-ϑῆναι; πεισϑῆναι f. πειϑ-ϑῆναι; *clauftrum* f. *claud-trum*;
*est* f. *ed(i)t*; *estis* f. *ed(i)tis*.

2) $d + d = ft$, $t + d = sd$ (in der Aussprache nach §. 101.
$= fd$), z. B. vor dem Suffix Part. Praes. Act. II. — *dam(a)-s*,
*mes-da'ms*, werfend, f. *met-da'm-s*, *wefda'ms*, führend, f. *wed-da'm-s*.

3) *t* und $d + s = ss$ oder *s* in den nur dialectisch giltigen Futurformen: 2. P. Sing. *atrassi*, du wirst finden, f. *at-
rad-si*; 3. P. *krissi*, er wird fallen, f. *krit-si*; 1. P. Pl. *messim*,

wir werden werfen, f. *met-sim*; *wessim*, wir werden führen, f.
*wed-sim*. Allgemein üblich sind Formen wie *kra'mstit*, nagen,
f. *kra'mt-st-it*; *glaustit*, streicheln, f. *glaud-st-it*. Zuweilen geht
*t* und *d* in solchen Fällen in *k*, *g* über, cf. *bakstit*, wiederholt
stechen, für *bad-st-it*; *ügstit* neben *üstit* für *üd-st-it*, spüren,
schnüffeln.

*t* und *d* + *sch* = *sch*; die Mittelglieder sind *ssch* und *fsch*,
die aber nach §. 108, 9. nie so geschrieben werden. Cf. *meschu*
f. *met-schu*, dial. neben *mettischu*, ich werde werfen; *weschu* f.
*wed-schu*, dial. neben *weddischu*, ich werde führen. Cf. die Substantiva verbalia wie *meschana*, das Werfen, f. *met-schana*; *weschana*, das Führen, f. *wed-schana*.

Anmerk. Das Nominativsuffix *-s* bedingt den Uebergang eines vorhergehenden
*t* oder *d* in *s* nicht, weil dazwischen der Stammvocal *-a-* ausgefallen ist und
soweit nech nachwirkt; cf. *pawads*, Zügel, f. *pa-wad-a-s*; *mats*, Haar, f. *mat-a-s*.

4) *t* und *d* + *m* = *sm*, z. B. vor den Derivationssuffixen *-ma*,
*-me*: *jausma*, Ahnung, f. *jaut-ma*, cf. *just*, merken, Praes. *jütu*;
*púsme*, Hauch, Athem, f. *pút-me*, cf. *púst*, blasen, Praet. *pútu*;
*dfisma*, Lied, Gesang, f. *dfid-ma*, cf. *dfidit*, singen; *rasma*, Ergiebigkeit, f. *rad-ma* cf. *rast*, finden, Praes. *rúdu*. Aus der
Griech. cf. ἴσμεν f. ἴδμεν, ὀσμή f. ὀδμή, πέπυσμαι f. πέπυσθμι

5) *t* und *d* + *n* = *sn*, (*fn*); *naksnina* f. *nakt-n-ina*, De-
zu *nakts*, Nacht; *si'rsnina* f. *si'rd-n-ina*, Demin. zu *si'rds*, Il
*schkifna*, Flachsfaser, f. *schkid-na*, √ *skid*, cf. *schkifst*, sich spal'

6) *t* und *d* + *l* = *sl*, z. B. vor den Derivationssuffixen
*-l(a)-s*, *-la*, *-li-s*, *-le*: *krisls*, Abfall, f. *krit-l(a)-s*, cf. *krist*, fallen,
Praes. *kritu*: *mesls*, Steuer, f. *met-l(a)-s*, cf. *mest*, werfen, Praes.
*mettu*; *mesls*, Einwurf; *krimslas* (Pl.), Abgenagtes, f. *krimt-la-s*,
cf. *kri'mst*, nagen, Praes. *kre'mtu*; *púslis*, Blase, f. *pút-li-s*, cf.
*púst*, blasen, Praet. *pútu*; — *brasls*, Furth, f. *brad-l(a)-s*, cf.
*brifst*, waten, Praet. *briddu*; *bauslis*, Gebot, f. *baud-li-s*, √ *bud*,
cf. litth. *bausti* für *baud-ti*, ermahnen; *spréslise*, Handspindel,
Wocken, für *spréd-lise* oder *spréd-nize*, cf. *spréfst* für *spréd-t*,
spannen.

Eine Ausnahme bildet *skáit-li-s*, Zahl, litth. *skait-lius*, und
(das entlehnte?) *katlis*, Kessel.

Anmerkung 1. Selten ist der Uebergang von harten Consonanten in weiche
(Tenues in Mediae) oder umgekehrt, doch scheint er nicht zu läugnen.

*k-g*: *pakal*, hinter, litth. *pa-gal*, Composit. aus *pa*, hinter, unter, und *ga'ls*,
Ende. *llkt* (Kurl.) neben *ligt* (Livl.), gleich werden, namentlich in dem
Compos. *sa-llkt*, übereinkommen.

*p-b*: *lupt*, schälen, *lubba*, Baumrinde, *lúbit*, schälen.

*s-sch (ſ):* *mutte,* Mund, *muſcha,* Knſa, Dem. *muſchina,* Käſchen, Mädchen, *muſchút,* küssen, neben *butschút;* *utte,* Laus, Demin. In der Kindersprache *b-uſchina;* *luttit,* verzärteln, Demin. oder Freq. davon: *luſchinát;* *we'rt* f. *we'rt-t,* wenden, drehen == *we'rſt,* Praet. *we'rſu.*

Anmerkung 2. Merkwürdig ist die Spaltung von p zu *pm* in den adverbialen Comparativformen *turpmáki* f. *turpáki,* weiter dorthin, *schurpmáki* f. *schurpáki,* weiter hierher. Bei den Vocalen findet sich Analoges in der Spaltung von *ê* zu *ŷo* und von r zu *ĩj* (§§. 131. 132).

## II. Lautwandel unter dem Einfluss benachbarter Laute und Sylben,

## A. bewirkt durch die materielle Qualität des Lautes.

### 1. Assimilation.

### a) Assimilation von Consonanten an einander.

### α) Vollständige Assimilation (Angleichung).

§. 100. Die vollständige Assimilation von Consonanten an einander kommt im Lett. nur vereinzelt vor und folgt keinem durchgreifenden, allgemeinen Gesetz, wie z. B. im Griechischen. Die Gränzen derselben sind deſshalb auch für die Aussprache weiter, für die Schreibung enger. Als Regel für die Orthographie kann hier angesehen werden, daſs phonetisch und nicht etymologisch geschrieben wird in denjenigen Fällen, wo die allgemeine Aussprache stets assimiliert. Falls dagegen nur local similiert wird und nicht allgemein, folgt die Schreibung der Etymologie. Die Assimilation setzt selbst kurzen Vocal vor sich voraus und ist meist progressiv, d. h. vorwärts wirkend (cf. *pills* f. *pilns*), zuweilen regressiv, d. h. rückwärts wirkend (cf. *Alliſe* f. *Anliſe,* N.pr., Anna-Louise). Der Grund, daſs letztere Art der Assimilation viel seltner vorkommt, mag mit dem Triebe der lett. Sprache zusammenhängen den Hauptton stets auf die erste Sylbe des Wortes zu werfen. So hat der voraufgehende Consonant eine gröſsere Kraft als der folgende. Besonders besitzen assimilierende Kraft die Liquidae und *s,* die andern Consonanten seltener.

1) *l* assimiliert folgendes *n, t, d, w: pilns,* voll, lautet oft wie *pills,* fem. *pilna,* wie *pilla* (cf. ltth. *pil-nas,* lat. *ple-nus*); *melns,* schwarz, wie *mells,* fem. *melna,* wie *mella* (cf. griech. μέλας, μέλαν-ος); *welns,* Teufel, wie *wells,* Genit. *welna,* wie *wella* (bei letzterem Wort assimiliert auch die Schrift meistens). Cf. *sil(l)át,* oft heben, aus *sil-n-ât,* litth. *kil-noti,* mit der Nebenform *sin(n)át,* wo die Assimilation regressiv gewirkt hat, Reflex.

*zin(n)itis*, sich erheben, *zin(n)is*, Hügel, Hümpel, ltth. *kil-nas*, desselben Stammes, wie *kalns*, Berg. Im Volksmund lautet bei regressiver Assimilation *Anlife* oft wie *Allife* (N.pr.), cf. lat. *corolla* f. *coronula*. — In *balgans*, weißlich, f. *ball-gans*, *balgalwe*, Weißkopf, f. *ball-galwe*, *sa'lgans*, süßlich, f. *sa'ld-gans*, *isa'ls*, Malz, f. *i-sa'ld-s*, (d. i. süß gewordenes) etc., ist es fraglich, ob eine Assimilation des *l*, *d* (*ball-gans*, *ball-galwe*, *sa'll-gans*, *isa'lls*) oder eine Auswerfung desselben stattgefunden hat. — Dialectisch lautet *silwêks*, Mensch, wie *silléks*.

2) *r* assimiliert folgendes *t*, *w*: *tur(r)igs*, wohlhabend, f. *turt-igs*, ltth. *turt-ingas*, von *turtas*, Besitz; *pur(r)inat*, schütteln, f. *purtinât*, ltth. *purtinti*, Freq. zu ltth. *purtu*, *pursti*; — *zi'rwis*, Beil, lautet oft wie *zir(r)is* (B. 1160), *du'rwis* (Pl.), Thür, oft wie *dur(r)is* (B. 994). In *du'rtinas* (Pl.), Thürchen, f. *du'rw-tinas*, und in dem Compositum *pu'rmalis*, Morast-Rand, f. *pu'rw-malis* könnte das *w* auch eben bloß ausgeworfen sein.

3) Besonders zu erwähnen ist, daß die Liquidae *l*, *m*, *r* im Wurzelsylben-Auslaut von Verbis Cl. IV. ein folgendes *j*, das zum Classencharacter gehört, assimilieren können. Es ist aber wohl zu beachten, daß, vielleicht weil diese Assimilation längst aus dem Bewußtsein des Volks geschwunden, die A sprache dieselbe nicht mehr durch Schärfung der Liquida deutet. Wir schreiben daher die Liquida einfach (§. 136). D Assimilation kommt vor:

a) dialectisch, in Livland, wo überhaupt Abneigung gegen die Mouillierung herrscht, im Praesens, cf. *kulu*, ich dresche, neben sonst üblichem *kulu* f. *kulju* \*); *stumu*, ich stoße, neben und für *stum-ju*; *duru*, ich steche, neben *duru* f. *dur-ju*; allgemeine Geltung hat sie nur in *nemu*, ich nehme, f. *nem-iu*, vielleicht auch in *lemu*, ich bestimme, neben und für *lem-ju*, ltth. *lemiu*, und in *tremu*, ich trampele, neben und für *trem-ju*, ltth. *tremiu*.

b) allgemein in dem Praeteritum einer kleinen Anzahl Verba Cl. IV, wo der Vocal der Wurzelsylbe gegen die sonstige Analogie kurz bleibt und wo *l*, *m*, *r* für *ll*, *mm*, *rr*, als aus *lj*, *mj*, *rj* assimilirt anzusehen ist. (Aus dem Griech. cf. στέλλω f. στελjω, ἄλλος f. ἀλjος). Im Litth. beharrt an der Stelle

---

\*) Die Sonderung von *kulu* in *kul-ju* u. s. w. hat keine Beziehung zur Aussprache (cf. §. 50), sondern deutet die Entstehung der Form an (§§. 402. 430).

*li, mi, ri: gulu* (nur in Compos.), ich legte schlafen, neben *gulu*
f. *gul-ju*, ltth. *guliau*; *kalu*, ich schmiedete, f. *kal-ju*, ltth. *kaliau*;
*malu*, ich mahlte, f. *mal-ju*, ltth. *maliau*; *jumu*, ich deckte das
Dach, neben *jumu*, f. *jum-ju*; *tremu*, ich trampelte, f. *trem-ju*,
ltth. *tremiau*; *aru*, ich pflügte, f. *ar-ju*, ltth. *ariau*; *iru*, ich ruderte, neben *iru* f. *ir-ju*, ltth. *yriau*.

4) *s* assimiliert sich vorhergehendes *t* und *d*, wozu
die Beispiele bereits oben §. 99, 3. verzeichnet sind, und folgendes *l, m, (n), t: tissal, (tiffál)*, hinken, f. *tiskit, (tifkit)*, v.
*tisks, (tifks)*, lahm; *rassigs*, ergiebig, f. *rasmigs*, v. *rasma*, Ergiebigkeit; *essam*, wir sind, f. *es-ma-m* (§. 409); *essat*, ihr seid,
f. *estat* (§. 417); in *krāss*, Ofen, f. *krās-n-s* könnte *n* um des
Wohlklangs willen eben nur ausgeworfen sein.

5) *d* assimiliert folgendes *r* in *muddit*, ermuntern, f.
*mudrit* von *mudrs*, munter.

6) *p* assimiliert folgendes *k* oder *w*: *appakle* f. *ap-
kakle* (wie besser zu schreiben ist), Kragen, von *ap*, um, *kakls*,
Hals; *appini (appini?* Pl.), Hopfen, f. *ap-wi-wi*, ltth. *ap-wy-nei*,
von *ap*, um, und *wit*, ranken; *appalsch*, rund, f. *ap-walsch*,
ltth. *ap-wal-us*, √ *wal*, cf. *we'lt*, wälzen.

7) *k* assimiliert vorhergehendes *t, d* in *atkal*, wiederum, das oft wie *akkal* lautet, *pakkaws* oder *pakkawa*, Huf-
sen, f. *padkaws*, *padkawa*, ltth. *padkawa*, russ. подкова, eig.
Untergeschmiedetes.

Im Volksmund und Volkslied — nicht in der Schrift —
kommen endlich Assimilationen vor von dem Anlaut eines
Wortes regressiv zum Auslaut des vorhergehenden hinüber.
Namentlich geschieht solches dem Auslaut der Copula *ir* (3. P.
Praes.), der Praepositionen *ar*, mit, *par*, über, und der Conjunction *ir*, auch. Das *r* dieser Wörtchen assimiliert sich, wie
es scheint, jedem folgenden Consonanten, sei es welcher es sei:
*ku'ngs ir mdjās*, der Herr ist zu Hause, lautet bei raschem
Sprechen wie *k. im-mdjās*; cf. Büttn. 1864. 2209. 2505. 593. 767.
und oft. *ar tō*, mit dem, lautet wie *at-tō*; *ar winu*, mit ihm,
wie *aw-winu*; *ar mdsu*, mit der Schwester, wie *am-mdsu*; *ar
brāli*, mit dem Bruder, wie *ab-brāli*; *ar lāzi*, mit dem Bären, wie
*al-lāzi* (B. 768). *par lauku*, übers Feld, wie *pal-lauku*, *par ju'mtu*,
übers Dach, wie *paj-ju'mtu*; *par nakti*, die Nacht hindurch, wie
*pan-nakti*; *par tēwu*, für den Vater, wie *pat-tēwu*; *par sáiminiku*,
als Wirth, wie *pas-sáiminiku*. *ir tad*, auch dann, lautet wie *it-tad*,

*ir tŏ,* auch dieses, wie *it-tŏ.* (Im Griechischen folgt bei solchen
Assimilationen, sei es Angleichung oder Anähnlichung, die Schrift
der Aussprache, cf. *χάλ-λιπε* (Hom.) *ἐμ πυρί* (auf Inschriften), *ἀφ'
οὐ* u. s. w.). — Andere Assimilationen über die Wortgränzen
hinüber sind seltener; cf. *kas ſin, kas,* wer weiſs, wer, lautet
wie: *kas ſik-kas; kad nè, tad nè,* wenn nicht, so nicht, d. h.
geht es nicht, so geht es nicht, wie *kan-nè, tan-nè.*

*β*) Unvollständige Assimilation (Anähnlichung).

§. 101. Die Anähnlichung der Consonanten an einander
ist eine zweifache, entweder eine homogene, in Rücksicht auf
die Classe, oder eine homorgane, in Rücksicht auf das Organ,
mit dem der Laut hervorgebracht wird. Jene wie diese beruht
im Lettischen auf höchst wichtigen und die ganze Sprache be-
herrschenden Gesetzen. Eines ordnet das wechselseitige Verhältniſs der harten und weichen Consonanten (Tenues und Mediae)
zu einander, ein anderes das Verhältniſs der reinen und unreinen
(mouillierten) Consonanten. Zwei dann folgende Gesetze haben
mindere Bedeutung.

Gesetz I. In der Aussprache verbinden sich
harte Consonanten mit harten und weiche mit
chen. Nur so sind die Laute innerhalb der Wu
sylben zusammengefügt. Wo aber in Folge co
nantisch anlautender Derivations- oder Flexi..
Suffixa bei consonantisch auslautenden Wurzelsylben oder in Folge von Composition zwei Consonanten
von verschiedener d. h. harter und weicher oder weicher und harter Qualität zusammentreten, assimiliert stets der folgende den vorhergehenden, so daſs
also der weiche vor dem harten hart und der harte
vor dem weichen weich lautet*).

Dieses Gesetz gilt für die Aussprache überall unverbrüchlich, für die Orthographie ist es beschränkt. Es bedingt
nämlich die Schreibung der Consonantenverbindungen nur innerhalb der Wurzel, nicht die Schreibung derjenigen, wo der

---

*) Dr. Baar hat das Verdienst dieses und das folgende merkwürdige Lautgesetz
zuerst fürs Lettische gründlich nachgewiesen zu haben, Magazin der lett.-liter. Gesellschaft IX, 1. P. 38. Er spricht es als Regel aus, aber in einer Form, die von
dem, der die Regel benutzen soll, voraussetzt, daſs er bereits die lett. Sprache genau
kennt, in welchem Fall jedoch die Regel als solche müſts wird.

eine Laut der Wurzel, der andere einem Suffix, oder der eine dem ersten Theil, der andere dem zweiten Theil eines Compositum angehört. Dort ist die Schreibung phonetisch, hier etymologisch.

Der Grund des Gesetzes ist ein physiologischer; er liegt in der Unmöglichkeit von zwei einander unmittelbar berührenden Consonanten den einen mit festem Druck der Sprachorgane gegeneinander, den andern mit gelindem Druck derselben auszusprechen. Entweder muſs sich also der feste Druck über den ganzen Consonantencomplex verbreiten, oder aber der gelinde. Dasselbe Gesetz geht daher mehr oder weniger durch alle Sprachen. Im Litth. hat es gleiche Ausdehnung, wie im Lett., cf. Schleich. P. 28.   Im Latein. und noch consequenter im Griech. beherrscht es auch die Schrift, cf. *scribo, scripsi; rego, rexi, rectum; γράφω, γέγραπται, γράβδην*; ja über Wortgränzen hinüber (im Griech. *νύχϑ' ὅλην, ἀνϑ' ὧν* u. s. w.) im Alt-Alemannischen des Notker, wo in umgekehrter Richtung harter Wortauslaut folgende anlautende Media zur Tenuis wandelt und umgekehrt, cf. *min bruoder*, aber *sines pruoder, dero dingo*, aber *das ting*. Grimm Gesch. der deutschen Spr. I. P. 364 seqq.

§. 102. In Folge obigen Gesetzes kommen in lett. Wurlsylben nur folgende Consonantenverbindungen vor:

1) im Anlaut: *sk, (schk), st, sp*, cf. *ska'l-s*, Pergel: *'ke'l-t*, spalten; *stá-t*, stellen; *spē-t*, vermögen.   Andere Verbindungen harter Consonanten z. B. zweier Mutae *kt, kp, tk, tp, pk, pt*, oder wo *s* das zweite Glied ist, *ks, (ts), ps*, kommen im Wurzelanlaut nicht vor.   Complexe dreier Consonanten giebt es wohl, da ist aber das dritte Glied eine Liquida (z. B. *skl, skr, str, spl, spr*) und deſshalb gehen uns diese Verbindungen hier nichts an, wo wir lediglich von den entschieden harten und entschieden weichen Consonanten reden.   Cf. unten §. 104.

Complexe weicher Consonanten, z. B. *fg, fd, fb* u. s. w., giebt es im Wurzelanlaut niemals.

2) Im Wurzelauslaut, wenn wir die Wurzelsylben streng scheiden von den Lauten der Derivations- und Flexions-Suffixa oder von den Lauten einer zweiten Wurzel bei Compositis, kommen vielleicht nur folgende Verbindungen vor *).

hart:   *kt  tk  sk  (schk)  ks  st  ps   (sp)*
weich:           *fg  (schg)  gf  fd  (bf?)  (fb)*

---

*) Von Verbindungen mit Liquidis reden wir hier wiederum nicht.

Beispiele:
*kakt-a*, des Wiukels; *rutk-i* Rettige; *drusk-a*, Bifschen;

*mefg-i* (N. Pl.), Knoten:

*draschk-is*, Reifsspleifs:

*refchg-is*, Geflecht;

*maks-a*, Bezahlung; *ast-e*, Schwanz; *aps-e*, Espe.

(*fredigf-ne*, Stern?) *strafd-i* (N. Pl.), Staare; (*grebf-d-et*, schaben?).

§. 103. Die möglichen Fälle, wo ein harter oder weicher Wurzelsylben-Auslaut von einem eben nicht zu dieser Wurzel gehörigen folgenden Consonanten anderer Qualität in der Aussprache assimiliert wird, sind folgende:

gs, gsch lautet wie *ks, ksch*, cf. *smag-s*, schwer; *úug-sts*, hoch; *hig-schana*, Bitte.

ds wie *ts*: *pa-wad-s*, Zügel, Leine; *pa-dsmit* in den Zahlen von 11—19, *win-pa-dsmit*, eilf, eins über zehn, u. s. w., also nicht *-pazmit* zu schreiben. Eine Ausnahme bildet *ligfd-s*, Nest, wo in Folge der Consonantenhäufung der sonst ausgefallene Stammauslaut *a* seine Existenz so weit bewahrt, dafs er die Assimilierung des *d* an das folgend' *s* hindert.

bs, bsch wie *ps, psch*: *lab-s*, gut; *u'rb-schana*, das Bohr

fs wie *ss*: *maf-s*, klein; *da'rf-s*, Garten; *bif-s*, dick, ‹ *if-sist*, ausschlagen.

gt wie *kt*: *fag-t*, stehlen.

dt wie *tt* (in der Regel *ft*, cf. §. 99, 1.): *láu(d)-tini* (Pl.), Leutchen; *bri(d)-ti'nsch*, Weibchen.

bt wie *pt*: *rib-t*, verdriefsen.

ft wie *st*: *gáf-t*, schütten; *wef-t*, führen, f. *wed-t*; *júf-ta*, (Gürtel; *úf-trúkt*, aufbrechen (von einem Geschwür).

gk wie *kk*: *púg-kaklis*, Weifshals; *smag-krútis*, ein mit schwerer Brust, Engbrüstigkeit behafteter.

dk wie *tk*: *rud-kdjis*, Braunfufs.

bk wie *pk*: *klib-kdjis*, Lahmfufs.

fk wie *sk*: *bef-kduna*, Schaamloser.

gp wie *kp*?

dp wie *tp*?

bp wie *pp*: *lab-prätigs*, wohlgesinnt.

fp wie *sp*: *bef-prätigs*, uusinnig; *dif-pit*, zuflechten.

kf wie *gf*?

tf wie *df*: *at-fa'lt*, wieder grün werden.

*pſ* wie *bſ*: *pup-ſidis*, Brustsauger; *kap-ſekkes* (Pl.), Socken (nicht *kab-ſekkes*, wie in Stenders Lexicon steht).

*ſſ* wie *ſſ*: *bis-ſāles* (Pl.), Pulver und Schrot (eig. Büchsen-kraut); *kas-ſin*, vielleicht (eig. wer weiſs).

*kd* wie *gd*: *nâk-da'ms*, kommend; *pik(t)-dina*, Freitag, eig. der fünfte Tag.

*td* wie *dd*: *swêt-dina*, Sonntag; *grût-dinis*, Waise (die „schwere Tage" hat).

*pd* wie *bd*: *lip-da'ms*, klebend; *klup-da'ms*, stolpernd.

*sd* wie *ſd*: *mes-da'ms*, werfend; *pus-dina*, Mittag; *ses(t)-dina*, Sonnabend, eig. der sechste Tag.

*kg* wie *gg*: *trak-ga'lwis*, Tollkopf; *Lauk-gali* (Pl.), N. pr. eines Bauerhofes, wörtl. Feld-Ende; *sûk-ganis*, Schweinehüter.

*tg* wie *dg*: *zit-ga'lwis*, Dummkopf, der „schwer" begreift.

*pg* wie *bg*?

*sg* wie *ſg*: *res(n)-galis*, Dick-Ende; *dêws-gan*, genug; *wis-gribbis*, der Alles haben will.

*kb* wie *gb*?

*tb* wie *db*?

*pb* wie *bb*?

*sb* wie *ſb*: *kes-bêre* (entlehnt), Kirsche, Kirsch-Beere.

§. 104. Die zwischen den harten und weichen Consonan-n in der Mitte stehenden Liquidae verbinden sich eben deshalb gleicherweise mit den harten und mit den weichen Mutis, ohne daſs es irgend einer Assimilation bedarf; cf. *knibt*, kneifen, *gnauſt*, zerknittern; *trauks*, Gefäſs, *drāugs*, Freund; *plūkt*, pflücken, *blêdis*, Schalk; *ma'lka*, Holz, *a'lga*, Lohn; *kurts*, Windhund, *wa'rds*, Wort, Name; *dumpis*, Lärm, *dambis*, Damm, u. s. w. Aber mit der harten und weichen Spirans (*s*, *ſ*) hat es eine andere Bewandtniſs. Vor *l* duldet das hochlett. Organ, wie es scheint, nur die harte Spirans; die Schreibung folgt gegen §. 101. dem phonetischen Princip um eine unlettische Zunge nicht zu falscher Aussprache zu verführen, cf. *bras-ls*, Furth, γ *brad*; *baus-lis*, Gebot, γ *bud*; *mês-ls*, Kehricht, cf. *mêſ-t*, kehren, misten. Ebenso schreibt Stender *tisls*, lahm. *ſisls*, Stab, wofür aber freilich der Nieder-Lette *tiſls*, *ſiſls* spricht. *m* scheint vor sich ein *ſ* nur zu dulden, wenn dieses aus *g* entstanden, cf. *blâſ-ma*, Glanz, γ *blag*, *drûſ-ma*, Schwarm, Haufe, γ *drug*, wandelt dasselbe aber stets in *s* (für Aussprache und für Schrift gegen §. 101.) wenn *d* zu Grunde liegt, cf.

*dfīs-ma*, Lied, von *dfīd-āt*, singen; *ras-ma*, Ergiebigkeit, *√ rad*; *draus-ma*, Drohung, von *dráud-ét*, drohen. *n* wandelt vorher-gehendes *d* bald zu *s*, cf. *sïrs-n-ina*, Herzchen, Dem. von *sïrd-s*, bald zu *f*, cf. *schkif-na*, Faser, *√ skid*. Schon um solchen Schwan-kens willen muſs die Schreibung phonetisch sein. Im Anlaut findet sich wohl *fn*, cf. *fnōts*, Schwiegersohn, aber weder *fl*, noch *fm*. *r* dürfte vor sich weder *s* noch *f* dulden. Hinter sich nimmt jede Liquida *s* oder *f* gleich gern, nur gehen *n* und *r* diese Verbindungen überhaupt selten ein: *dfe'lf-is*, Eisen, *ze'l-si*, du wirst heben; *gre'mf-i*, du nagtest, *stum-si*, du wirst stoſsen; *we'rs-is*, Ochse, (*tirfāt*, fragen).

Die Halbvocale *j* und *w* bewahren ihre consonantische Geltung eigentlich nur zwischen zwei Vocalen in vollem Maaſs. In unmittelbarer Nähe anderer Consonanten verschmelzen sie leicht, namentlich *j* entweder mit dem Consonanten auf der einen Seite, oder mit dem Vocal auf der andern (cf. §§. 123 bis 129): *wdjsch*, schwach, lautet wie *wäsch*; *wéjsch*, Wind, wie *wésch*; *labbāj's*, guter, wie *labbáis*, *māsītdj's*, Lehrer, Pre-diger, wie *māsītáis*; hörbarer ist das *j* in *dewéj's*, Geber. Es lautet ferner *taws*, dein, wie *táus*, *saws*, sein, wie *sáus*, *diws*, Gott, wie *dīs*, *tēws*, Vater, wie *tēs*; hörbarer ist *w* in *tlws*, dünn, *krlws*, Russe, oder wo es dem andern Consonanten folgt: *dwēsele*, Seele, *twe'rt*, fassen, *kwépināt*, räuchern, *fwérs*, Raub-thier, *swéts*, heilig (§. 46). Auch auf der Grenze der beiden Theile eines Compositum verbindet *j* und *w* gleich den Liquidis sich ebenso mit harten, als mit weichen Consonanten, ohne daſs eine Wandlung vor sich geht, cf. *Wess-waggāri* (Pl.), N. pr. von Bauerhöfen; *at-wi'lkt*, herziehen; *dif-wi'lkt*, hinziehen; *at-jāt*, herreiten, *dif-jāt*, hinreiten.

§. 105. Gesetz II. In der Aussprache verbinden sich (mit einigen wenigen und naturgemäſsen Aus-nahmen) nur reine Consonanten mit reinen und un-reine (getrübte) mit unreinen (getrübten). Wo in Folge irgend einer Wandlung oder in Folge des An-tritts von Derivations- oder Flexions-Suffixen, oft auch wo in Folge von Composition zwei Consonanten zusammen kommen, von denen der eine rein, der an-dere unrein (getrübt) ist, assimiliert der unreine, mag er vorangehen oder nachfolgen, den reinen, so

dafs dieser unrein wird, d. h. in den entsprechenden
unreinen Consonanten sich wandelt\*).

Die Anähnlichung, von der hier die Rede, ist keine homogene, wie bei Gesetz I, sondern eine homorgane. Die unreinen Consonanten sind sämmtlich Gaumenlaute (Palatale)
(§. 44) und aufser ihnen giebt es keine Gaumenlaute, aufser
vielleicht *r*. Die Gaumenlaute haben nun die Eigenthümlichkeit,
dafs sie die anderen nicht-palatalen, und die nächststehenden
am meisten, zu sich herüberziehen, dafs sie auch palatal werden. Den Palatalen am nächsten stehen und schliefsen sich
an sie continuierlich an die Dentalen. Diese, insbesondere
*n*, *l*, *s*, *f* sind der in Rede stehenden Anähnlichung am meisten
ausgesetzt. Die Gutturalen (*k*, *g*) sind von den Palatalen
wie durch eine Kluft getrennt. Ebenso die Labialen. So
entgehen diese beiden Klassen von Lauten der Anähnlichung
an die Palatalen und bilden die Ausnahmen jenes Gesetzes. Im
Litthauischen findet sich nichts unserm Gesetz Analoges und
noch weniger in andern Sprachen. Denn in keiner andern, auch
nicht in der litth., ist das System der getrübten Consonanten
so fein ausgebildet, als im Lettischen.

Uebersichtshalber müssen wir die Wirkungssphäre des Gesetzes unter folgende Punkte theilen.

§. 106. 1) Auf der Grenze der beiden Theile eines
Compositi assimiliert die Aussprache immer, falls
reine und unreine *Zischlaute* zusammentreten. In andern Fällen ist die Assimilation nicht evident. Es ist auch die
Verbindung der Laute eine lockerere, als innerhalb eines einfachen Wortes. Die Schreibung ist stets etymologisch. Beispiele: *úf-schaut*, draufschiefsen oder schlagen, lautet wie *úfch-
schaut*, d. h. nach Gesetz l. §. 101 wie *úsch-schaut*; *if-fchút*,
austrocknen, wie *ifch-fchút*; *if-tschibbét*, verrauschen, verschwinden, wie *isch-tschibbét*; *pus-tschútschis*, Halbschwein, wie *pusch-
tschútschis*. In andern Fällen hört nur ein feines Ohr und auch
dieses nur ein wenig von Trübung des reinen Lautes, cf. *if-
nemt*, herausnehmen; *gar-fûbs*, Langzahn, d. i. Spottvogel.

    Anmerk. Der seltene Fall, dafs umgekehrt ein getrübter Laut einem be-
nachbarten reinen zu Liebe die Trübung aufgibt, tritt vielleicht bei Bezeich-

---

    \*) *s* und *df* gelten als reine Laute (§. 42), verbinden sich übrigens wohl nie
mit getrübten, kommen also nicht in den Fall obiges Gesetz auf sich anwenden
zu lassen.

nung der halben Stunden ein: *pus-zel-diwi*, halb zwei, *pus-zel-seschi*, halb sechs, lautet wie *pus-zel-diwi*, *pus-zel-seschi* (compon. aus *pusse*, Hälfte, *zel* = *zelj(a)*, Stamm von *se'tsch*, Weg, und der Cardinalzahl).

§. 107. In den folgenden Punkten ist von einfachen Wörtern die Rede, und ist der Unterschied zwischen Lauten, die der Wurzel, und solchen, die den Suffixen angehören, nicht berücksichtigt, da es dessen weder für die Aussprache, noch für die hier immer phonetische Orthographie bedarf. Die Ausnahmen schicken wir voran.

2) Die reinen gutturalen Mutae (*k, g*) trüben sich *vor* unreinen Lauten nicht. Die möglichen Verbindungen sind; *kl, kn, kr, ksch, gl, gn, gr, gsch*. Beisp.: *klut*, gelangen, *netikla* (Gen. S.), des Taugenichts: *knabat*, picken, *sakwu* (Gen. Pl.), der Wurzeln; *kraut*, häufen; *kaukschana*, das Heulen; *duglu* (Gen. Pl.), der Früchte; *grega*, der mit langen Zähnen ißt; *gruti* (Adv.), schwer; *lugschana*, Bitte.

3) Die reinen dentalen Mutae (*t* und *d*) trüben sich vor unreiner Liquida (*l, n, r*) nicht. Grund dafür ist einmal, daß, wenigstens im Lettischen*), *t* und *d* unmittelbar keine entsprechenden getrübten Laute haben (*sch* und *sch* können zwar als solche angesehen werden, aber nur, wenn entweder *t* und *d* mit *j* ausdrücklich verschmelzen, cf. §. 123 seq., oder aber vorher in *s* und *f* sich haben wandeln müssen; cf. §. 99), sodann, daß *t* und *d* so sehr an der Spitze der Zähne ausgesprochen werden und deßhalb so sehr am äußersten Ende der Reihe der Dentalen sich befinden und so fern den Palatalen stehen, daß die Anziehungskraft nicht stark genug ist um über die Kluft hinüber zu reichen. Uebrigens sind diese Verbindungen sehr selten (§. 99, 5. 6.). Beisp.: *skaitla* (Gen. S.), der Zahl; *med(e)na* (Gen. S.), des Auerhahns; *bedru* (Gen. Pl.), der Gruben.

Wo *t* und *d* mit *sch* zusammentreten, müssen sie nach §. 99. in *s* und *f* sich wandeln und diese in *sch* und *fch*, die aber im Schreiben ausfallen (§. 136).

4) Die Lippenlaute (*p, b, m*) trüben sich *weder vor noch nach* einem unreinen Laut. Der Grund ist oben §. 105. erwähnt. Die möglichen Verbindungen sind: *pl, pr, psch; bl, (br?), bsch; msch, mfch; schp* (selten), *schm* (selten).

---

*) In andern Sprachen, z. B. im Russischen, giebt es wohl, z. B. vor mouillirtem л, mouillirtes м, д, cf. пет.ля, Knoten; медлить, zögern.

Beisp.; *plaut*, mähen; *splaut*, spucken (dialectisch jedoch auch *schplaut*, in Niederbartau); *zepla* (Gen. S.), des Backofens; *wepra* (Gen. S.), des Ebers; *lipschana*, das Kleben; *bldut*, schreien, *dubli* (Nom. Pl.), Koth; *u'rbschana*, das Bohren; *wemschana*, das Vomieren; *neri'mſcha*, Unruhiger; *schpetns*, garstig, litth. *szpotnas*; *schmaugs*, ein Schallwort.

Aus dem Umstande, daſs die Labialen mit *j* nicht so innig verschmelzen, d. h. nicht in dem Grade sich zu trüben vermögen, als die anderen Consonanten, folgt, daſs eine Liquida vor *pj, bj, mj* auch sich nicht trübt, denn *p, b, m* vor *j* bleiben relativ rein [*]) und schützen so die Reinheit des vorhergehenden Lautes, cf. *gu'lbja*, des Schwanes, *schkelmja*, des Schelmes, *kurmja*, des Maulwurfes.

5) Der Laut, welcher auf der Grenze der Dentalen und Palatalen steht, ja selbst als Palatal angesehen werden kann und muſs, *r*, bleibt endlich auch vor unreinen Lauten rein und ungetrübt. Die Differenz des *r* und der getrübten Laute ist so klein, daſs deſshalb eine weitere Assimilation unnöthig erscheint. Also der umgekehrte Fall, als wie, wo die Assimilation unterbleibt, weil die Kluft zwischen den Lauten zu groſs ist. Die möglichen Verbindungen sind; *rl, rn, rsch, rſch, rk, rg,* cf. *kurla*, des Tauben; *firni* (N. Pl.), Erbsen; *mirschana*, das Sterben; *smi'rſcha*, Stänker; *gu'rki* (N. Pl.), Gurken; *Jurgi* (N. Pl.), Georgi-Tag.

§. 108. Die folgenden Punkte stellen die Sphäre fest, in welcher das oben allgemein ausgesprochene durch Punkt 1. oder 2—5. beschränkte Gesetz sich geltend macht. Die Orthographie folgt hier durchweg der Aussprache.

6) *k* und *g* bewirken die Trübung des unmittelbar vorhergehenden reinen Consonanten. Die möglichen Verbindungen und Wandlungen sind in Berücksichtigung der vorhergehenden Punkte folgende:

*sk* wird *schk*: *schke'lt*, spalten, V *skal*; *schkirt*, trennen, V *skar*.

Cf. §. 113. über die Wandlung von *k* zu *k* vor *i* und *e*. *kaschkis*, Krätze, von *kassit*, kratzen; *laischkis*, Lecker, v. *laiſit*, lecken; *rikschku* (Gen. Pl.) v. *rikste*, Ruthe, f. *rikstju, riksku; sewischkis*, Weibsperson, von einem vor-

---

auszusetzenden Adj. *słwisk(a)s*, weiblich, das der Bildung
von *krłwisk(a)s*, Adv. *krłwisk(a)i* entsprechen würde.
*Sidłauschkis, Petrauschkis* = *Sidłowsky, Petrowsky*.

*łk* wird *łk*: *peł-kis*, Pfütze; cf. *pe'l-d-ēt*, schwimmen.

*nk* wird *nk*: *strunkis*, Strunk; *kinkēt*, anspannen.

*fg* wird *fchg*; *refchg-is*, Geflecht, cf. litth. *rezgis*, *rezgiau*,
*reg-sti*, flechten.

*łg* wird *łg*: *spułgis*, Funkelnder.

*ng* wird *ng*: *kungis*, Wanst.

7) **Die getrübten Labiales** (*pj*, *bj*, *mj*) **und die getrübten Liquidae** (*l*, *n*, *r*) **bewirken die Trübung des
folgenden** *s* (Nominativcharacter). Also:

*pj-s* wird *pjsch*: *rupjsch*, grob, f. *rupj(a)-s*.

*bj-s* wird *bjsch*?

*mj-s* wird *mjsch*: *du'mjsch*, dunkelbraun (von Pferden), für
*dumj(a)-s*.

*l-s* wird *lsch*: *te'lsch*, Kalb, f. *telj(a)-s*.

*n-s* wird *nsch*: *wi'nsch*, jener, f. *winj(a)-s*; *ska'nsch*, tönend, f.
*skanj(a)-s*.

*r-s* wird *rsch*: *ka'rsch*, Krieg, f *karj(a)-s*.

*j* selbst allein übt dieselbe Wirkung auf folgendes *s* Nominativi, doch nur unmittelbar an der Wurzelsylbe allgemein, in
der zweiten oder dritten Sylbe des Worts nur dialectisch. Cf.
*wējsch*, Wind, f. *wēj(a)-s*; *wdjsch*, mager, f. *wāj(a)-s*. In Grofs-
Essern freilich sagt man auch nach derselben Analogie: *kalējsch*,
Schmidt, f. *kalēj(a)-s* statt des sonst üblichen *kalēj's*, *māsitāisch*,
Prediger, f. *māsitāj(a)-s* statt des sonst üblichen *māsitāj'-s* oder
*māsitāis* (§§. 48. 104. 128).

8) *n* bewirkt Trübung eines vorhergehenden *l*; *l*
und *n* beide bewirken Trübung eines vorhergehenden *s* oder *f*.

*łn* wird *łn*: *pełna*, Verdienst, Erwerb, f. *pełn-ja*, cf. *pe'lnīt*,
erwerben.

*sl* (*tl* und *dl*, cf. §. 99, 6.) wird *schl*: *schlukt*, glitschen; *púschlūt*,
f. *pūt-(n)lūt*, Dem. oder Freq. zu *pūst*, blasen. *bausch-la*,
f. *baus-lja*, Gen. S. von *bauslis*, Gebot, (ja nicht *bausła*
zu schreiben). Cf. kslav. ꙋꙑꙅꙁꙗꙗ, 1. Pers. S. Praes. v.
ꙋꙑꙅꙅꙗꙗꙗ, cogitare.

*fl* wird *fchl*: *fchlāgs*, ein Schallwort, bezeichnet den Schall
von Wasser, das ausgestürzt wird.

*sn* wird *schn*: *schnâkt*, schnarchen; *guschna*, Distel; *krâschnus*, Acc. Pl. v. *krâsnis*, Ofen, B. 78.

*ſn* (und *dn* cf. §. 99, 5.) wird *ſchn*: *schnâugt*, würgen; *ſwâigſchnu*, Gen. Pl. v. *ſwâigſne*, Stern. *ôſchnât*, schnüffeln, f. *ôd-* (i)*nât*, Dem. oder Freq. zu *ûſt*, riechen, tr. Cf. kslav. ᴃᴧᴀᴣᴎᴇᴎᴦ, Part. Praet. Pass. von ᴃᴧᴀᴣᴇᴎᴛᴎ, scandalum praebere.

Anmerk. Abweichungen von dieser Schreibung könnten nur bei falsch vollzogenen Entlehnungen vorkommen, z. B. *schnôre*, Schnur, wofür der ächte Lette gewifs *schnôre* sagt. Ebenso falsch geschrieben steht in Stenders Lexicon *schlupstit*, lispeln, statt *schlupstit*, *schnurgt*, am Schnupfen leiden, statt *schnurgt*, *schlampa* statt *schlampa*.

9) Die getrübten Spiranten *sch* und *ſch* bewirken Trübung eines vorhergehenden oder folgenden *s* oder *ſ*. Dabei ist zu beachten, dafs nach Gesetz I. §. 101. *ſch* durch folgendes *sch* sich zu *sch* härtet, dafs nie die getrübte Spirans doppelt geschrieben wird und dafs endlich für *t* und *d*, wenn diese durch irgend einen Procefs vor *sch* oder *ſch* treten, also nicht damit zu einem Laut *tsch* oder *dſch* zusammengehören, nach §. 99, 3. dasselbe gilt, wie für *s* und *ſ*.

*ssch* wird demnach *schsch*, also *sch*: *pléschana*, das Reifsen, f. *plés-schana*, von *plés-t*, reifsen, (lautet auch entschieden wie *plésch-schana*).

*t-sch* wird *sch*: *meschana*, das Werfen, f. *met-schana*, v. *mettu*, *mest*, werfen, (lautet wie *mesch-schana*).

*ſ-sch* wird *sch*: *báschana*, das Stopfen, f. *báſ-schana*, v. *báſ-t*, stopfen, (lautet wie *busch-schana*).

*d-sch* wird *sch*: *áuschana*, das Weben, f. *dud-schana*, v. *áuſchu*, *áudu*, *áuſ-t*, weben, (lautet wie *dusch-schana*).

Verbindungen wie *s-ſch*, *t-ſch*, *ſ-ſch*, *d-ſch* dürften kaum vorkommen; cf. *gremſcha*, Murrkopf, f. *gremſ-ſcha*.

*sch-s* wird (*schsch*) *sch*; *drüsch* f. *drüsch-s*, *drüsch-sch*, kühn; *tuksch*, leer, f. *tuksch-s*, *tuksch-sch*.

*ſch-s* wird (*ſch-sch*, *sch-sch*) *sch*: *mesch*, Wald, f. *meſch-s*, *meſch-sch*; *spůsch*, glänzend, f. *spůſch-s*, *spůſch-sch*; *rúbesch*, Gränze, f. *rúbeſch-s*, *rúbeſch-sch*; *músch*, Lebenszeit, f. *múſch-s*, *múſch-sch*; *dasch*, mancher, f. *daſch-s*, *daſch-sch*.

*l* vor *sch* scheint auch getrübt zu werden, cf. *mal-schana*, das Mahlen, obschon bis jetzt nur *mal-schana* geschrieben wird; *melscha*, Lügner, von *me'lst*, lügen.

§. 109. Gesetz III. Die Gutturalen (*k*, *g*) ziehen
vorhergehendes *n* und *l* zu sich herüber, ähnlichen
diese Laute sich an, so daſs sie, die eigentlich Dentale sind, dann gewissermaaſsen auch guttural gesprochen werden: *tenka*, Schwätzer, lautet wie *teng-ka*, *ku'nga*,
des Herrn, wie *ku'ng-ga*. Iu *vilks*, Wolf, klingt das *l* aus der
Kehle, wie im Slavischen. Näheres hierüber und mehrere Beispiele siehe oben §. 47.

§. 110. Gesetz IV. Die Labialen *p* und *b* assimilieren sich vorhergehendes *n*, daſs es in den Lippenlaut *m* übergeht.

Diese Wandlung kommt vor bei manchen Compositionen,
wo die Orthographie besser der Etymologie folgt, cf. *sun-purnis*,
der eine Hundeschnauze hat, lautet wie *sum-purnis*; sodann in
denjenigen Fällen, wo eine Wurzel durch Einschiebung eines
Nasals erweitert wird, cf. *ĕ-λαβ-ον*, *λαμβ-άνω*. In den Präsensformen der Cl. III. freilich ist der Nasal im Lett. ausgeworfen,
cf. *tupu*, ich werde, ltth. *tampu*; *klupu*, ich stolpere, ltth. *klumpu*;
aber wo der Nasal durch alle Verbalformen geht und in einzelnen andern Bildungen ist er der Vocalisation zuweilen entgangen,
cf. *kampt*, fassen, ltth. *czopti*; *pa'mpt*, schwellen, √ *pap*; *dumbrs*,
morastig, √ *dub* (cf. §§. 95. 96).

b. Assimilation von Consonanten an Vocale.

§. 111. Oben ist gezeigt (§§. 12 u. 18), wie ebensosehr
unter den Vocalen, als unter den Consonanten sich unterscheiden
lassen: Gutturales (*a*, *ai*, *au*, *ō*), Palatales und Dentales
(*e*, *ei*, *ē*, *i*, *ī*) und Labiales (*u*, *ui*, *ū*). Der Lippenlaut *u* aber
(nebst den mit *u* anlautenden Diphthongen) steht andererseits
den Gutturalen sehr nah durch die hier nothwendige breite Oeff-
nung der Mundhöhle. Aus dieser Verwandtschaft der Vocalclassen und Consonantenclassen je nach den Organen, die zu
ihrer Hervorbringung mitwirken, erklärt sich die Thatsache,
daſs nicht alle Consonanten sich gleich leicht mit allen Vocallauten verbinden können. Ohne Schwierigkeiten fügen sich die
labialen Consonanten vor und hinter alle Vocale, cf. *ap-pa*, *ip-pi*,
*up-pu*. Desgleichen die dentalen Consonanten, cf. *at-ta*, *it-ti*,
*ut-tu*. Die gutturalen Consonanten aber nur vor oder hinter *a*
und *u* oder etwa hinter *i*, cf. *ak-ka*, *uk-ku*, *ik*. Dagegen vor
einem dentalen oder palatalen Vocallaut kann der gutturale Con-

sonant sich nicht halten, weil jener möglichst geschlossene Mundhöhle, dieser möglichst offene fordert. Das eine ist der directe
Gegensatz des anderen, und der Kampf der beiden Laute muſs
zum Siege des folgenden Vocallautes ausschlagen, der die voran-
gehende Gutturalis in einen Gaumenlaut oder gar in eine dentale Spirans wandelnd sich assimiliert*).

Gesetz. Die Gutturalen (*k, g*) vor *unmittelbar* folgendem palatalen oder dentalen Vocallaut (*e, ĕ, ē, ei,
ẽi, ē, i, ĭ, ī, ī*) wandeln sich ausnahmslos in *z, dſ* oder
in *k, g**).

Im Litth. ist die Assimilation nur bis *k, g* gegangen, die
weitere Wandlung bis zu *z, dſ* ist specifisch lettisch (cf. §. 61).
Das Slavische (auch) hier dem Lett. näher stehend, als dem
Litth. wandelt vor palatalen und dentalen Vocalen z in ч und
ц, г in ж und з (х in ш und c), cf. Schleich. kslav. Gramm.
P. 150 seqq. Aus dem Latein. cf. die Aussprache des *c* (=
griech. *κ*) vor *i* und *e* als wie *z*: *Cicero*, urspr. lautend wie
*Κικέρων*, seit dem Mittelalter erst wie *Zizero*.

§. 112. 1) k und g werden z und dſ

a) im Wurzel-Auslaut, sei es nun, daſs in Folge von
Flexion oder von Derivation einer jener oben genannten Vocallaute herantritt. Die wichtigsten Fälle sind folgende:

α) in der zweiten Pers. Sing. Praes. Act. vor dem
Personalsuffix -*i* in Cl. I. II. III: *nāz-i*, du kommst, 1. P
*nāk-u* (I); *pe'rz-i*, du kaufst, 1. P. *pe'rk-u* (II); *růz-i*, du gräbst,
1. P. *růk-u* (III); *sůdſ-i*, du stichlst, 1. P. *sůg-u* (III). Allerdings
steht in diesen Formen ursprünglich das *i* nicht unmittelbar
neben der Gutturalis, sondern ist davon durch den Classen-
oder Binde-Vocal *a* getrennt gewesen (*nāk-a-i, pe'rk-a-i* u. s. w.,
cf. §. 411) und dürfte deſshalb (cf. die scheinbaren Ansnahmen
des Gesetzes §. 114) keinen assimilierenden Einfluſs auf die
Gutturalis ausüben. Aber gerade hier ist das *a* vor so langer
Zeit bereits ausgefallen, daſs sogar seine Nachwirkungen untergegangen sind. In den Verbis Cl. X—XII hat das Classenzeichen *a* sich dauerhafter bewiesen und ist erst in jüngeren

*) Ausführlicheres über diesen Proceſs in: Schleicher, Zur vergleichenden
Sprachengeschichte („Zetazismus“).

**) Von dem hier in Rede stehenden Uebergang der *k, g* in *z, dſ*, in Folge
von Assimilation ist sehr genau zu unterscheiden der Fall, wo *kj, gj* zu *z, dſ*
verschmilzt, cf. §. 124. Anm. 2. §. 126.

Zeiten ausgefallen (wie das Litth. beweist, cf. §. 411), daher finden wir dort die schützende Nachwirkung noch vor, cf. *sa'rg-i*, du bewahrest, f. *sa'rg-a-i*, cf. §. 114, 4.

In der Endung der 2. Pers. Plur. Praes. findet sich promiscue der Vocal *i* für *a* (über diesen unorganischen Wechsel cf. §. 416). Vor *i* ist die Assimilation in Cl. I—III. nothwendig: *nås-i-t* neben *ndk-a-t*, *pe'rz-i-t* neben *pe'rk-a-t*, *rūz-i-t* neben *rūk-a-t*, *fūdf-i-t* neben *fūg-a-t*; in Cl. X—XII geschieht die Assimilation in der Regel nicht (§. 416. Anm.), wie es scheint, weil hier der Vocalwandel ein jüngerer ist.

*β*) im Nom. Sing. masc. Partic. Praet. Act. Cl. I—V.: *nås-is*, gekommen, fem. *ndk-usi*; *pi'rz-is*, gekauft habend, fem. *pi'rk-usi*; *rass-is*, gegraben habend, fem. *rakk-usi*; *fadf-is*, gestohlen habend, fem. *fagg-usi*.

*γ*) vor dem Character-Vocal *i* und *ē* der Verba Cl. VIII. IX. XI. XII.: *rūz-it*, cavieren (VIII), von *rūka*, Hand; *sladf-it*, kanderwelschen (VIII); *jåuz-ēt*, mischen (IX), Freq. zu *jåukt*; *dudf-ēt*, wachsen machen (IX), Causat. zu *dugt*, wachsen; *sazz-it*, sagen (XI), Praes. *sakku*; *raudf-it*, schauen (XI), Praes. *raugu*; *mås-ēt*, verstehen, können (XII), Praes. *måku*.

*δ*) vor allen Derivationssuffixen, die mit einem palatalen oder dentalen Vocal anlauten, z. B. vor -(i)-*s* (fem.); *az-(i)-s*, Auge, ltth. *akis*; -*i-s* (f. -*ja-s*, masc.): *låuz-i-s* (Subst.), Pferd oder Ochse mit weißem Fleck an der Stirn, von dem Adj. *låuk-(a)-s*, mit solchem Fleck behaftet; -*ēj(a)-s*: *razz-ēj(a)-s*, Gräber, von *rakt*, graben; *lūdf-ēj(a)-s*, Bitter, von *lūgt*, bitten; -*eli-s*, fem. -*ele*: *tezz-ele*, Schleifstein, von *tekku*, *tezzēt*, laufen; -*i'n-sch*, fem. -*ina*: *kūz-i'nsch*, Dem. zu *kūks*, Baum; *ku'ndf-i'nsch*, Demin. zu *ku'ngs*, Herr; *rūz-ina*, Dem. zu *rūka*, Hand; -*in-s*: *lēz-ins*, Sprung, von *lēkt*, springen; -*ig-s*: *niz-ig-s*, vergänglich, von *nikt*, vergehen; *dedf-igs*, hitzig, von *degt*, brennen; -*iba*: *trūz-iba*, Mangel, v. *trūkt*, fehlen; *nabadf-iba*, Armuth, v. *nabags*, Armer; -*ind-t* (Cl. X): *sweis-indt*, begrüßen, v. *sweiks*, gesund; *lidf-indt*, vergleichen, cf. litth. *lygus*, gleich, u. s. w.

Außerdem sind besonders zu merken: *ptzi*, fünf, ltth. *penki*, und die Adverbien *daudf(i)*, viel, ltth. *daugi*, cf. *Daug-awa*, N. pr. Düna, eig. viel Wasser; *lidf(ei)*, gleich, ähnlich, ltth. *lygei*.

*b*) im Wurzel-Anlaut: *ze'lt*, heben, √ *kal*, cf. *ka'l-ns*, Berg; *sim-s*, Dorf; *zimi'nsch*, Nachbar, neben *kaimi'nsch*; *sekurs*,

Tannenzapfen (= *kankurs, kankars*, eig. Gehänge); *sits*, ein anderer, Stamm *ki* = Stamm *ka*, wovon *kas*, wer, u. s. w.

*dſid-t*, singen, cf. ejusdem radicis: *gáil-is*, Hahn, eig. Sänger, ltth. *gaid-ys*; *dſe'r-t*, trinken, √ *gar* (cf. *ga'r-ds*, lecker?); *dſegguſe*, Kukuk, cf. *guggút*, Kukuk rufen; *dſi-t*, treiben, Praes. *dſen-u*, davon das Frequent. *gan-ıt*, hin und her treiben, hüten; *dſi'm-t*, geboren werden, √ *gam*; *dſis-t*, verlöschen, = *gdis-t*, verschwinden; *dſts-na*, Morgenröthe (Elv.), veraltete Nebenform v. *gdis-ma*; *dſirnawas* (Pl.), Handmühle, litth. *girnos*, u. s. w.

Anmerk. Sehr selten ist die Assimilation der Guttaralis an vorhergehendes i, wie in der Partikel *arridſan* f. *erri-gan* vorzuliegen scheint (?).

§. 113.    2) Nach Verhältnifs viel seltener, in vielen Fällen nur dialectisch, in jedem Fall aber der Analogie des älteren Litthauischen folgend (§. 61), wandelt sich *k* und *g* in Folge von Assimilation an den folgenden Vocal zu *k* und *g*.

a) im Wurzel-Auslaut vor gewissen Derivations-suffixen, namentlich vor *-i-s* (f. *ja-s*), fem. *-e* (f. *ja*): *brēk-is*, Schreihals, cf. *brēk-t*, schreien; *lául-is*, Pferd oder Ochse mit weifsem Fleck an der Stirn, cf. *lduk(a)-s*, Adj., mit solchem Fleck behaftet; *ne-laik-is*, Verstorbener, eig. der nicht mehr Uebrige, Vorhandene, √ *lik*; *ſakk-is*, Hase; *degg-is*, (Branntwein-) Brenner, cf. *deg-t*, brennen; *kugg-is*, Schiff; *paregg-is*, Seher, cf. *redſ-ét*, sehen, √ *rag*. Nach eben dieser Analogie auch das Derivationssuffix *-ki-s*, das sich zu *-k(a)-s* ebenso verhält, wie *-li-s* zu *-l(a)-s*, oder *-ni-s* zu *-n(a)-s*: *kasch-kis*, Krätze, cf. *kass-ıt*, kratzen; *pel-ke*, Pfütze, neben *pel-se*; mehr nur locale, dialectische Geltung (Südkurland, an der litth. Grenze) haben Formen wie: *kōk-elis*, Demin. zu *kūk-s*, Baum; *krōg-elis*, Dem. zu *krōg-s*, Krug; *nabag-elis*, Dem. zu *nabag-s*, Armer; *rōk-ele*, Dem. zu *rūka*, Hand; *winrūke*, neben *winrūse*, Fem. zu *winrūsis*, Einhand.

Vor der Infinitiv-Endung *-ét* der Verba Cl. IX ist die Existenz eines *k* statt *s* in der Regel ein Zeichen der Entlehnung aus dem Deutschen: cf. *brūkét*, brauchen; *būkét*, bühken; *drikkét*, neben *drukkát*, drucken; *smēkét*, schmauchen; *smekkét*, schmecken, u. s. w. Lettisch sind dagegen mit ltth. Farbe: *kinkét*, anspannen; *punkét*, rotzen; *pinkét*, knoten; *méginát*, (*médſinát*), versuchen, ein Frequent. zu dem litth. *megti*, Gefallen an etwas haben, cf. *médſét*, pflegen (zu thun).

b) im Wurzel-Anlaut oder wenigstens vor dem Vocal

der Wurzelsylbe: *ke'rt*, greifen, cf. *dif-ka'rt*, anfassen; Frequent.
*karinát*, wiederholt anfassen, reizen, zörgen; *kewe*, Stute; *kéms*,
Gespenst; *keiris*, Linkhand; *kilas* (Pl.), Pfand; *schke'lt*, spalten,
√ *skal*; *schkirt*, scheiden, √ *skar*; *ge'rbt*, kleiden; *gibt*, ohnmächtig werden; *gimis*, Angesicht.

Nur locale, dialectische Geltung haben Formen wie *keppals*,
Fladen, von *sept*, backen; *kischkele*, Dem. zu *siska*, Schenkel.
*ki'rwis*, Beil, neben *zi'rwis*; *gimene*, Geburtsort, neben *dfi'mtene*;
*pagires* (Pl.), Katzenjammer, neben *padfires*. Veraltet scheint
*giltens*, Todtengerippe.

§. 114. Allerdings giebt es nun auch von dem Gesetz,
dafs durch so viele Beispiele constatiert ist, gewisse Ausnahmen,
wo also die Gutturalen vor *i* unverändert beharren, aber diese
Ausnahmen sind sämmlich nur scheinbar, und es ist nachweislich in fast all solchen Fällen in jüngerer Zeit erst zwischen der Gutturalis und dem Vocal *i* ein Vocal *a* ausgefallen,
der nun noch nach dem Ausfall seine frühere Existenz durch
die Nachwirkung beweist, mittelst deren er die Gutturalis vor
Wandlung schützt und die Assimilation hindert. Es beharren
*k* und *g* vor *i* in folgenden Fällen:

1) im Nom. Plur. der männl. *a*-Stämme vor dem
Casussuffix -*i*: *wi'lk-i*, Wölfe, für *wilk-a-i*, litth. *wilkai*; *ku'ng-i*,
Herren, f. *kung-a-i* (§. 335). Das einzige Beispiel wohl, wo im
Nom. Plur. masc. *k* vor *i* in *s* gewandelt erscheint, ist *ptsi*, fünf,
f. litth. *penki*. Aber hier scheint nach dem Litth. und den andern Sprachen zu urtheilen eben kein *a* ausgefallen zu sein,
obschon die Declination der Analogie der *a*-Stämme folgt
(§. 360).

2) im Dat. Plur. der männl. *a*-Stämme vor der En-
dung -*t-m*, wo allerdings kein *a* vor *t* ausgefallen, sondern wo
nur der ursprüngliche Stamm-Auslaut *a* zu *t* entartet ist (§. 339):
*wi'lk-t-m* f. urspr. *wi'lk-a-ms*; *ku'ng-t-m* f. *ku'ng-a-ms* *).

3) in den Adverbien auf -*i* für -*a-i*: *trakk-i*, toll; *jduk-i*,
angenehm; *laimig-i*, glücklich; *fchélig-i*, gnädig, f. *trakk-a-i*,
*jauk-a-i* u. s. w. (§. 526).

4) in der 2. Pers. Sing. Praes. Act. der Verba Cl. X.
XI. XII. vor dem Personalsuffix -*i*: *sa'rg-i*, du bewahrest, von

---

*) Ganz analog ist d. 2. P. Plur. Praes. Act. der Verba X—XII -*t-t* für -*a-t*
(§. 416), cf. *sa'rg-t-t*, ihr bewahret, v. *sa'rg-d-t*; *lük-t-t*, ihr beuget, v. *lüs-t-t*, neben
*sa'rg-a-t*, *lük-a-t*.

*sa`rgát*; *lùk-i*, du beugest, von *lùzil*; *raug-i*, du siehst, von *raudfìt*; *mák-i*, du verstehst, kannst, von *mäzél*, für *sa`rg-a i*, *lùk-a-i*, *raug-a-i*, *mák-a-i*.   Im Litth. ist das *a* an dieser Stelle noch wohl bewahrt, cf. *jeszkai*, *lankai*, §. 411.

5) In der 2. Pers. Sing. Praet., wo der Wurzel-Auslaut und das Personalzeichen nach Ausfall des Bindelauts neben einander zu stehen kommen. Das ist übrigens nur in Cl. I. II. III. und V. möglich: *áug-i*, du wuchsest, *wi`lk-i*, du zogest, *rakk-i*, du grubest, *fagg-i*, du stahlest, *mi`rk-i*, du weichtest, *nik-i*, du vergiengest, f. *áug-a-i*, *wi`lk-a-i* u. s. w.   Im Litth. ist das *a* hier noch wohl bewahrt, cf. *suk-a-u* und §. 423.

> Anmerk. In der Geschichte des Lateinischen geht parallel mit der lautlichen Entartung von *c* (= *k*) zu *z* die andere von *t* vor *i* bei folgendem Vocal zu *z*. Cf. die Aussprache von *portio*, *actio*. Im Lettischen findet sich meines Wissens nur ein einziges Beispiel für solchen Uebergang: *rìz-ins*, für *rìt-ins*, ein abgeschnittenes Stück, von *ra`st-it*, schneiden. Sonst bewahrt das *t* vor *i* u. s. w. stets rein, cf. *tìes*, dünn, *tìk* = *tik*, so viel. Vergl. aber im Litth. die beliebte Verschmelzung von *ti* oder *tj* zu *cz*.

## c) Assimilation von Vocalen an einander.

§. 115. Die Assimilation der Vocale an Vocale ist von der Assimilation der Consonanten dadurch verschieden, dass sie in der Regel nicht die Folge von unmittelbarer Berührung der Laute, sondern dass hier der Vocal einer folgenden Sylbe auf den der vorhergehenden über den dazwischen stehenden Consonanten weg seinen Einfluss geltend macht. Umlaut bei unmittelbarer Berührung findet höchstens bei dem Diphthong *ai* Statt, aus dem durch Einfluss des *i*, aber nur dialectisch, nicht allgemein, *ei* wird. Cf. die Locativformen im nordwestlichen Kurland: *tirumèi* f. urspr. *tirumái*, im Felde, *tu`msèi* f. *tu`msái*, in der Dunkelheit, sonst *tirumá*, *tumsá*; *tèi*, da, *schèi*, hier, f. *tái*, *schái*, sonst allgemein *te*, *sche*.

## α) Vollständige Assimilation (Angleichung)

§. 116. findet sich meist nur im Gebiet der Nebensylben, ohne dass der Wurzelvocal mitleidet oder mitwirkt, namentlich in den Bildungssylben der Verba deminutiva. Cf. die neben einander bestehenden Formen *stráip-alèt*, *stráip-elèt* und sogar *stréim-ulit*, taumeln, aber niemals *stráip-alèt* oder *stráip-elit*; *káp-alat* und *káp-elèt*, klettern; *staig-alát* und *staig-elèt*, hin und her gehen; *spíd-elèt* und *spíg-ulit*, flimmern, funkeln. Selten übt der Wurzelsylben-Vocal auf den Vocal der Ableitungssylbe assimilierenden Einfluſs. Nachweisbar iſts in Fällen, wie *klund-urét* neben *klend-erét*, sich herumtreiben, *krust-úba* neben *krist-íba*, Taufe. — Auf die Wahl des Classen- oder Ableitungsvocals der Verba (*d*, *ŭ*, *t*, *ē*) ist ein Einfluſs von Seiten der Qualität des Wurzelsylbenvocales, wie man aus Beispielen, wie *maſgát*, *kŭkŭt*, *tirít*, *meklét* u. s. w. schlieſsen möchte, durchaus nicht nachweisbar.

### β) Unvollständige Assimilation (Anähnlichung).
### (Umlaut).

§. 117. Der eigentliche, im Deutschen heimische Umlaut des *a* durch folgendes *i* zu dem Mittellaut *e* (cf. ahd. *hant*, Pl. *handi*, *hendi*, Hände), findet sich im Lett. in wenigen aber schlagenden Fällen. Dem Litth. scheint er ganz fremd zu sein. Das Hauptbeispiel ist das Praeteritum von *dŭt*, geben: *dewu* f. *daw-ju* oder *daw-iu*, litth. *duw-ia-u*, ein um so merkwürdigerer Fall, als die Wirkung nachgeblieben, während die Ursache im Lauf der Zeit untergegangen ist. Cf. mit *dewu* und den davon abgeleiteten Formen, *dewis*, Part. Praet. Act., *dewéjs*, Geber; *dewigs*, freigebig; solche, wo kein Grund zur Umlautung vorgelegen: Freq. *dáwdt*, schenken, *dáwana*, Gabe, u. s. w.

Sodann gehören hierher die Casus obliqui S. der Pronomina der 2. u. 3. Person: Acc. S. *tewi*, dich, *sewi*, sich, in Nordwestkurland heute noch *taw*, *saw*, litth. *tawę*, *sawę*; Gen. Sing.: *tewis*, deiner, *sewis*, seiner, litth. *tawęs*, *sawęs*. Cf. hierzu das Possessivpronom mit dem urspr. *a*: *taw(a)s*, dein, *saw(a)s*, sein (§. 57, a und §. 374). Beim Pronomen der 1. Pers. ist der Umlaut nicht eingetreten: *mani*, mich, *manis*, meiner.

Andere Fälle von Umlaut sind nur dialectisch, z. B. *derinát* f. *darinát*, Freq. zu *darît*, thun, machen (Büttn. 2467); * erdít* f. *drdît*, trennen, reffeln (Büttn. 2520).

Während also ein Umlaut des *a* zu *e*, mit andern Worten eine Assimilation des *a* an folgendes *i* durch Uebergang in *e* nur selten und vereinzelt, doch unläugbar vorkommt, ist der Umlaut des *e*, d. h. die Assimilation des *e* über reine Consonanten weg an folgende breite, offene Vocallaute durch Uebergang zu *ae* in der *Aussprache*, und an folgende spitze, geschlossene Vocallaute durch spitze, geschlossene Aussprache allgemeines unverbrüchliches Gesetz im ganzen mittleren Dialect: *ſchélastiba*,

Gnade, spr. *fchaslastiba*; aber *fchéligs*, gnädig, mit auffallend spitzem *e*. Im Litth. ist dieses Lautgesetz vollkommen unbekannt, cf. *tewas*, dünn, mit spitzem, *weéti*, führen, mit ganz breitem *e* (spr. *waeschti*).

Weitere Beispiele und den Nachweis, daſs die Ausnahmen von dem Gesetz sämmtlich nur scheinbar sind, können wir hier übergehen, da sich das Alles §§. 20—22 ausführlich findet.

### d) Assimilation von Vocalen an Consonanten.

§. 118. Einen positiv assimilierenden Einfluſs üben auf die vorangehenden oder folgenden Vocale namentlich das halb zu den Vocalen gehörende *j* und die mouillierten Palatales, sodann die Labiales. Endlich wird das Verhältniſs der characteristischen Classenvocale bei den abgeleiteten Verben zu der Qualität des letzten Wurzelconsonanten eine besondere Erwähnung verdienen.

1) Die Einwirkung des *j* auf vorhergehendes *a* ist vollkommen analog dem oben (§. 117) besprochenen Umlaut, den *i* hervorruft. Sie findet sich auch nicht als durchgreifendes Gesetz, sondern nur

a) in der Definitions-Endung der Pronomina possessiva und der Cardinalzahlen: *manéji* (PL), die Meinigen; *tawéji*, die Deinigen; *sawéji*, die Seinigen, in Adolphi's Grammatik von 1685 noch *manaji*, *tawaji*, *sawaji* geschrieben; *diwéji*, je zwei, *tschetréji*, je vier, *piséji*, je fünf, für *diwdji* u. s. w., wie *wináis*, der eine, noch heute gilt. Das Ordinale und das definite Adjectiv zeigt diesen Umlaut niemals, cf. *pirmáis*, der erste, Pl. *pirmáji*; *labbáis*, der gute, Pl. *labbáji*.

b) in dem nominalen Derivations-Suffix *-éj(a)-s*, das oft so, oft als *-áj(a)-s* erscheint. Die Substantiva verbalia dieser Endung in Mittelkurland zeigen den Umlaut, cf. *kaléjs*, Schmidt, *miréjs*, Sterbender, außer in dem einen einzigen Beispiel: *arájs*, Pflüger, wo das *r* im Verein mit dem *a* der Wurzelsylbe den Umlaut gehindert zu haben scheint. In Livland und im Oberland bewahrt der Volksmund den ursprünglichen Vocal, cf. *sélájs*, Stifter, *dewájs*, Geber, (§. 182). Die von Substantiven abgeleiteten Substantiva derselben Endung vermeiden durchweg den Umlaut: *sûdájs*, bedüngtes Brachfeld, *ruggáji* (Pl.), Roggenstoppeln, *wassaráji* (Pl.), Sommergetreide. Die von Substantiven abgeleiteten Adjectiva schwanken: *wid-*

*duwéjs*, mittel, in der Mitte befindlich, *wakkaréjs*, neben *wakkaráis*, gestrige. Cf. die Ortsnamen: *Ka'lnéji*, Bergdorf oder Berghof; *Léijéji*, Thaldorf oder Thalhof.

Sodann ist es gewifs auch der Einflufs des folgenden *j*, dafs im Praesens der Verba Cl. IV und III, die im Infinitiv den Wurzelsylbenvocal *i* haben, dieser sich zu *éi* wandelt: *rit*, bellen, Praes. *réi-ju*; *smit*, lachen, Praes. *sméi-ju*; *dit*, tanzen, Praes. *déi-ju*; *skrit*, laufen, Praes. *skréi-ju* (neben *skri-nu*) u. s. w. Cf. §. 431, 3.

§. 119. 2) *j* und alle durch *j* getrübten Consonanten bewirken die gespitzte Aussprache eines vorhergehenden *e*, mag auch vielleicht ein breiter Vocal folgen. Letzterer, der allerdings sonst (§. 117., §. 22) die breite Aussprache eines *e* in der vorhergehenden Sylbe bedingt, vermag nicht über einen mouillierten Consonanten hinüber zu wirken. Cf. *smelu*, ich schöpfe, 1. P. Pl. *smelam*; *wéscha*, des Krebses, Gen. Pl. *wéschu*; mehrere Beispiele und den Nachweis, wie selbst bereits untergegangenes *j* oder nicht mehr vorhandene Trübung des Consonanten, wenn sie nur ehemals dagewesen, umlautend nachwirkt, siehe oben §. 21.

§. 120. 3) In einzelnen, aber nicht gerade seltenen Fällen assimilieren die Labialen *p, b, m, w* ein folgendes oder vorhergehendes *a* (*e, i*), indem sie es nöthigen sich in den Lippenvocal *u* zu wandeln. Dieser Uebergang in Folge von Assimilation ist zu unterscheiden von demjenigen, wo *a* zu *u* ohne Einwirkung benachbarter Consonanten sich schwächt (§. 82). Die Schriftsprache hat sich hier zu hüten, dafs sie nicht allzuweit den Nachlässigkeiten der Volkssprache folge, und zu beachten, dafs sie namentlich in den Endungen die characteristischen Vocale im historischen Interesse bewahre.

a) *p*: *pups*, Mutterbrust, litth. *pápas*; *pu'mpt*, schwellen, Nebenform von *pa'mpt*; davon *pumpuris*, Knospe; *uppe*, Bach, $\sqrt{ap}$, lat. *aqua*; *kur-pu*, wohin, *tur-pu*, dorthin, *schur-pu*, hierher, wo das *pu* = Praepos. *pi*, bei, nach; litth. *pi* (§. 555).

Nur im Volksmund gelten: *köpu* (Adv.), zusammen (Kerklingen), für und neben *köpá*, Locat. von *köpa*, Haufen; *dsipurin'*, buntgefärbtes Garn (Büttn. 2305), für und neben *dsiparin(as?)*.

b) *b*: *bu'rfét*, knittern, neben *be'rfét*, scheuern, Freq. zu *be'rft*; *u'rbulét*, Demin. zu *u'rbt*, bohren, Nebenform von *u'rbelét*; *krustúba*, Taufe, neben *kristiba*, von *krusts*, Kreuz. Uebrigens

mag in beiden letzteren Beispielen auch das *u* der Wurzelsylbe
seinerseits zu derselben Assimilation mitwirken (cf. die Vocal-
harmonie im Finnischen).

c) *m*: *muttulis*, das Aufwallen des kochenden Wassers, √ *mat*,
cf. *mest*, werfen; *mu'rkit*, durch Einweichen besudeln, Nebenform
von *me'rzét*, einweichen; *mu'ldét*, irre reden, √ *mal*, cf. *ma'ldit*,
irren, *melli* (Pl.), Lügen; *murgi* (Pl.), Phantasieen, Hallucina-
tionen, √ *marg?* cf. *mi'rdfét*, flimmern, schimmern; *tu'msa*, Dunkelheit, litth. *tamsa*; *wizzu wissumis*, Adv. zur Bezeichnung
rascher Bewegung durch das Bild des Hin- und Herschwenkens
einer Gerte, eig. Instrum. Plur. von *wissa*, Ruthe, Gerte; *kdjùm*
(Adv.), zu Fuſs, f. *kdjàm*, Dat. (Instrum.) Pl. von *kdja*, Fuſs.

Im Volksmund allein dürfte giltig sein: *saur-u-mdisis*, Nimmersatt (eig. Sack, der ein Loch hat), f. *saur-a-mdisis*; *mu'ns*,
f. *ma'ns*, mein (oberländ. Dial. wie im Żemaitischen), eine Assimilation, die sich durchweg findet in den Cass. obliqq. Pl.
des Pron. der 1. Pers., cf. Dat. Pl. *mu-ms*, nobis, zu dem eigentlichen Stamm *ma-*. Aus dem Volkslied (B. 2695): *pi pelèku
mètelisch'(a)* f. *pi pelèka- mètelischa*, bei oder zu dem grauen
Mäntelchen.

d) *w*: *wùi*, ob (oberländ.) f. sonst übliches *wài*, *wa'*, wo
aber das *a* oft einen dumpferen, dunkleren Ton annimmt, so
daſs die Schriftsprache die Mittelform *wòi* adoptiert hat, obschon
der Diphthong *oi* der lett. Sprache eigentlich fremd ist. Bloſs
dem Volksmund gehören Verdumpfungen an, wie *diwubijigs*,
gottesfürchtig, für und neben *diwabijigs*; *diwu bitls*, Gott fürchten,
für und neben *diwa bitls*; *diwu bischandis*, Gottesfurcht, für und
neben *diwa bischandis*; *maltuwa*, Mahlkammer, *sétuwa*, Saatkorb,
*schautuwa*, Weberschiff (B. 914); *rauduwa*, wilde Ente, für und
neben *maltawa*, *sétawa* etc.; *awitina*, Schäflein, für und neben
*awitina* (B. 841); *gawulét*, jubeln, für und neben *gawilét*
(B. 2223).

Seltener als *p*, *b*, *m*, *w* scheint *l* Verdumpfung anderer Vocale zu *u* zu bedingen, cf. *lu'nkans*, (*lu'nkàins*), biegsam, √ *lank*,
cf. *lùzit*, biegen; *lu'nsinàt*, wedeln, Rcfl. wie eine Katze mit
krummem Rücken sich schmiegen; *plus-ka*, Lump, √ *plas*, cf.
*plist*, zerreiſsen, intr.; *klundur-kdjis*, Irrefuſs, Herumtreiber (B.
1339), v. *klenderét*, *klundurét*, umherschweifen, Demin. zu *kliſt*.

Anmerk. Wenn nach dentalem Wurzelauslaut der Verba Cl. I —V in der 3. P.
Praeteriti Act. gern der Classenvocal *a* sich dermaſsen abstumpft, daſs man

geneigt wäre ein stummes *d* wahrzunehmen, cf. *wedde* neben *wedda*, er führte, *trine* neben *trina*, er schliff, *brauze* neben *brauza*, er fuhr, u. s. w. so ist das nicht als Assimilation des gutturalen Vocals *a* an den dentalen Consonanten anzusehen, sondern nur als eine Vocal-Schwächung und Abstumpfung (§§. 421. 139, 12), welche zu hindern die Dentalis nicht im Stande ist. Steht im Wurzelauslaut eine Gutturalis, so hemmt diese die Schwächung des *a* in jedem Fall, cf. *rakka*, er grub, *niku*, er verging, *diga*, es keimte. Die Schrift sollte in allen Fällen das *a* bewahren.

§. 121. Auf die Beziehung der Vocale zu den Consonanten, speciell auf die Abhängigkeit der Qualität der Vocale von der Qualität der Consonanten und umgekehrt wirft ein besonderes Licht die Bildung der abgeleiteten Verba. Es wird unten (§. 402) gezeigt werden, wie die Classensuffixa von Cl. VI—XII und, was hier dasselbe ist, die Hauptderivationssuffixa des Verbi folgende sind: *úja, ûja, íja, éja*, im Infinitiv: *á, û, í, é*. Nun finden sich merkwürdiger Weise Frequentativa und Deminutiva abgeleitet nicht allein mittelst *á*, sondern auch mittelst *û* uud mittelst *í* und mittelst *é*. Sodann finden sich ebenso Verba denominativa gebildet nicht allein mittelst *á*, sondern auch mittelst *û* und *í* und *é*; cf. *braukát*, Freq. zu *bráukt*, fahren; *púschtût*, Dem. oder Freq. zu *pûst*, blasen; *krattît*, Freq. zu *krést*, fallen machen; *me'rsét*, Freq. zu *me'rkt*, weichen; cf. *krunkát*, falten, von *krunka*, Falte; *gudrút*, klügeln, von *gudrs*, klug; *sûdit*, richten, von *sûds*, Gericht; *klussét*, stillen, von *kluss*, still. Die Bedeutung bedingt also nicht die Wahl des einen oder des andern Ableitungs-Vocales. Somit muſs, da Zufall und Willkür nirgends in der Natur, auch nicht im Gebiet der sprachlichen Erscheinungen herrscht, die Wahl bedingt gewesen sein durch rein lautliche Gründe. Die Bestätigung dieses Satzes findet sich evident, wenn man die arithmetischen Verhältnisse aufsucht. Zählen wir nämlich unter je hundert Verbis frequent. (+ deminutiv.) auf *-á-t* (Cl. VI), wie viele darunter sind, in welchen vor dem Character-Vocal eine Gutturalis (*k, g*), oder aber eine Palatalis (d. i. ein getrübter Laut, *k, g, j, tsch, dsch, sch, fch, r, n, l*), oder eine Dentalis (*s, df, s, f, t, d*), oder eine reine Liquida (*r, n, l*), oder eine Labialis (*p, b, m, w*) vorhergeht, zählen wir sodann nach eben diesem Unterschied die Denominativa auf *-á-t*, und sofort die Freqq. und Denom. auf *-ú-t, -í-t, -é-t*, so ergeben sich folgende interessante Ziffern:

| Wo vor dem Charact.-Voc. steht: | Deriv.-Voc. *á* | | Deriv.-Voc. *ú* | | Deriv.-Voc. *i* | | Deriv.-Voc. *é* | |
|---|---|---|---|---|---|---|---|---|
| | Freq. | Denom. | Freq. | Denom. | Freq. | Denom. | Freq. | Denom. |
| Guttur. | 35 | 26 | 16 | 20 | — | — | — | — |
| Palat. | 19 | 13 | 29,5 | 25 | 1 | 3 | 3 | 11 |
| Dental. | 17,5 | 26 | 30 | 11 | 87 | 64 | 51,5 | 35,5 |
| Liquid. | 16 | 21 | 11,5 | 24 | 7 | 19 | 37,5 | 39,5 |
| Labial. | 12,5 | 14 | 13 | 20 | 5 | 14 | 8 | 14 |
| Summa | 100 | 100 | 100 | 100 | 100 | 100 | 100 | 100 |

oder, wenn wir von dem Unterschied der Frequentativa und Denominativa absehen und nur die characteristischen Derivations-Vocale beachten:

| | *á* | *ú* | *i* | *é* |
|---|---|---|---|---|
| Guttur. | 30,5 | 18 | — | — |
| Palat. | 16 | 27 | 2 | 7 |
| Dental. | 22 | 20,5 | 75,5 | 43,5 |
| Liquid. | 18,5 | 18 | 13 | 38,5 |
| Labial. | 13 | 16,5 | 9,5 | 11 |
| Summa | 100 | 100 | 100 | 100 |

Der Sinn dieser Ziffern ergiebt sich, wenn wir dieselben in ihren wagerechten und senkrechten Reihen mit einander vergleichen und so erfahren,

1) für welchen Ableitungsvocal gewisse Consonantenclassen,
2) für welche Consonantenclasse gewisse Ableitungsvocale eine Vorliebe haben.

ad 1. Die Gutturalen wählen naturgemäfs entschieden gern den Ableitungsvocal *á*, schon viel seltner *ú*, niemals *i* oder *é* (30,5 : 18 : 0 : 0).

Die Palatalen wählen entschieden gern *ú*, viel seltner *á*, sehr selten *é*, fast nie *i* (27 : 16 : 7 : 2).

Die Dentalen wählen weit überwiegend *i*, schon etwas seltner *é*, viel seltner, aber unter sich gleich gern oder ungern *á* und *ú* (75,5 : 43,5 : 22 : 20,5).

Die Liquidae wählen am liebsten *é*, seltner, aber in gleichem Verhältnifs *á* oder *ú*, noch seltner, aber auch nicht ganz ungern *é* (38,5 : 18,5 : 18 : 13).

Die Labialen wählen naturgemäfs vorzugsweise den Lippenvocal *ú*, seltner, aber auch nicht ungern und in ziemlich gleichen Verhältnissen *á*, *é*, *i* (16,5 : 13 : 11 : 9,5).

ad 2. Unter den Verbis freq., demin. und denom. mit -d bilden die relative Mehrzahl die Verba, in welchen vor dem d ein Kehllaut steht (30,5). Der Umfang der andern Abtheilungen ist nicht allzusehr von einander verschieden: Dental. 22; Liquid. 18; Palat. 16; Labial. 13.

Unter denen mit *ú* ist die zu erwartende Vorliebe für Labiale scheinbar gering (16,5), aber wohl nur deshalb, weil die Labialen überhaupt nicht allzuhäufig in der Sprache sind. In die Augen fällt die Vorliebe für die Palatalen (27). Die andern Abtheilungen stehen fast gleichen Umfangs in der Mitte: Dental. 20,5; Guttur. 18; Liquid. 18.

Unter den Verbis mit *i* herrschen grofsartig überwiegend diejenigen vor, wo dem *i* eine Dentalis vorausgeht (75,5). Die andern Abtheilungen treten dagegen vollständig zurück: Liquid. 13; Labial. 9,5; Palat. 2; Guttur. 0.

Ebenso bei den Verbis mit *é*: Dental. 43,5, nur dafs die Abtheilung mit Liquida vor dem *é* (38,5) der anderen mit Dentalis vor dem *é* fast gleich kommt. Die andern Abtheilungen treten bedeutend zurück: Labial. 11; Palat. 7; Guttur. 0.

Rücksichtlich der Gewinnung obiger Zahlen mufs bemerkt werden:

a) dafs kein Unterschied gemacht ist, ob der Consonant vor dem Derivationsvocal wirklich zur Wurzel gehört, oder vielleicht nur ein euphonisches Einschiebsel (namentlich kommen als solche vor: *d, t, st*), oder aber Theil eines Deminutivsuffixes ist (namentlich *l* und *r* in den Endungen -alá-t, -elé-t, -ulú-t, -ará-t, -eré-t u. s. w.

b) dafs unter den Frequent. die Deminutiva mitgezählt sind und unter den Denominativis mit *á* und *ú* die wenigen in dieser Art gebildeten Schallwörter;

c) dafs überhaupt nicht mitgezählt sind die Causativa mit *é* (Cl. IX) und mit *i* (Cl. XI) aus dem Grunde, weil es keine Causativa mit *á* oder *ú* giebt; ferner nicht: die zahlreichen Verba freq., demin., denom. und causat. auf -indt (Cl. X), weil dadurch die Ziffer für die Verba mit Liquida vor *d* zu bedeutend angeschwollen wäre und nur irre führen würde; endlich nicht: die Verba intransitiva mit *é* (Cl. XII), die als Primitiva angesehen werden können, und die zahlreichen Schall nachahmenden Verba mit *é* (Cl. XII), weil deren Zahl

**12***

übergroſs ist und sie selbst zu wenig Werth für die Sprache als Begriffssprache haben. Cf. §§. 278. 279.

Endlich darf, um den Werth des Ergebnisses aus jenen Zahlen richtig abzuschätzen, nicht übersehen werden, daſs die Beziehung der Vocale und Consonanten eine wechselseitige ist, d. h. daſs nicht bloſs die vorhandenen Consonanten die Wahl der Ableitungsvocale bedingt, sondern auch in einigen Fällen die Ableitungsvocale eine Wandlung der vorhergehenden Consonanten bewirkt haben, z. B. den Uebergang von *k* in *s*, von *g* in *dſ*, (cf. *bränkt* — *brauzit*; *raugu* — *raudſit*), oder die Einschiebung eines euphonischen Lautes (cf. *snegt* — *snaigstit*: *lekt* — *lakstit*). Aber diese Fälle haben sehr geringe Zahl, ja verschwinden im Vergleich zu den andern: *s* kommt vor *t* unter 100 Verben nur 4 Mal, vor *e* nur 5 Mal, *dſ* vor *i* nur 1½ Mal, vor *e* nur 4 Mal vor. Sodann haben die euphonischen Einschiebsel ihre Stelle zumeist nach Wurzeln, die vocalisch auslauten, oder nach Liquidis.

In jedem Fall liegt ein neuer und evidenter Beweis vor für die Verwandtschaft und gegenseitige Attraction einmal der Gutturalconsonanten und des Kehlvocals *a*, sodann der Dentalconsonanten und der Dentalvocale *i* und *e* und für die Vorliebe der in der Mitte der Consonantenreihe stehenden Palatalen für den in der Mitte zwischen Kehl- und Zahn-Vocalen stehenden Diphthong *u*, sofern Mundschlieſsung (Lippen) und Mundöffnung (Mundhöhle) in ihm sich verbinden.

Practischen Nutzen gewährt die ganze obige Vergleichung zur Bestimmung darüber, welche von mehreren neben einander üblichen Formen eines und desselben Verbi die classischste, die am meisten dem Sprachgenius entsprechende sei. Cf. *merit* und *merit*, messen; *schuput* und *schupdt*, wiegen, schaukeln; *dſiwut* und *dſiwat*, leben, thätig sein; oder zur Anerkennung, daſs manche neben einander übliche Formen gleich gut sind, cf. *sinat* und *sinit*, ehrend bewirthen; *klugat* und *klugut*, mit Weidenruthen binden; *launatis* und *launutis*, übelnehmen, u. s. w.

## 2. Dissimilation.

§. 122. Die Dissimilation ist der Gegensatz zu dem oben besprochenen Prozeſs der Assimilation. Der eine ist eine Attraction, der andere eine Repulsion.

Hierher gehören zwei Erscheinungen, die eine auf dem Gebiet der Consonanten, die andere auf dem Gebiet der Vocale.

1) *t* und *d* im Wurzelauslaut, wenn sie vor ein Derivations- oder Flexionssuffix zu stehen kommen, das wiederum mit *t* oder *d* anlautet, wandelt sich in die entsprechende Spirans, *t* in *s*, *d* in *f*, cf. *mes-t* für *met-t*, werfen; *wef-t* f. *wed-t*, führen; Part. Praes. Act. *mes-dams* f. *met-dams*; *wef-dams* f. *wed-dams*. Genaueres hierüber §. 99, 1. 2.

2) *i* vor *i*, (*j*) dissimiliert sich zuweilen in *e*, cf. die definite Form von *tris*, drei: *treiji* f. *tré-ji* statt *tri-ji*. Dagegen scheinen die in Nordwestkurland üblichen Datt. Sing. *sïrdëi* (neben *sïrdij* und *sïrdi*), *asséi* (neben *assij* und *assi*) und ähnliche, nicht von den ächten weiblichen *i*-Stämmen *sïrds*, Herz, *ass*, Auge, zu stammen, also nicht für *sïrd-i-i*, *ass-i-i* zu stehen, sondern den gerade dort ausschliefslich beliebten Nominativen *sïrde*, *asse* zu entsprechen (cf. §. 332).

## 3. Verschmelzung.

§. 123. Die Verschmelzung unterscheidet sich von der Assimilation dadurch, dafs dort, bei der Assimilation, von zwei benachbarten Lauten nur der eine seine Qualität aufgiebt, um dem andern gleich oder ähnlich zu werden, dafs dagegen hier, bei der Verschmelzung, jeder der beiden Laute sein Wesen opfert um in Gemeinschaft mit dem andern ein ganz neues Product zu bilden, das sich von beiden zu Grunde liegenden Elementen unterscheidet. Es handelt sich hier um zwei tiefgreifende, höchst wichtige Gesetze der lettischen Sprache. Das eine regelt die Entstehung der getrübten (Palatal-) Laute aus Verschmelzung von *j* mit den reinen Consonanten, das andere die Verschmelzung von *j* mit folgenden Vocalen.

§. 124. Gesetz I. Kein *j* kann zwischen vorhergehendem Consonanten und folgendem Vocal seine Selbständigkeit bewahren. Entweder verschmilzt es mit dem vorhergehenden Consonanten, indem es ihn trübt, mouilliert, oder es verschmilzt mit dem folgenden Vocal, in welchem Fall der Consonant rein und ungetrübt bleibt. Ueber die Verschmelzung des *j* mit dem folgenden Vocal cf. §. 127—129.

Die Producte der andern Verschmelzung sind die Palatallaute:

| *nj* wird *n* | *sj* } wird *sch* | *fj* } wird *fch* |
| *lj* wird *l* | *tj* } | *dj* } |
| *rj* wird *r* | *zj* wird *tsch* | *dfj* wird *dfch* |

Anmerk. 1. Die Verschmelzung des *j* mit den Lippenlauten *p*, *b*, *m*, *w* kann wegen der Natur der Laute nicht eine so innige sein. Man hört immer doch beide Elemente und schreibt sie deshalb auch beide neben einander: *pj*, *bj*, *mj*, *wj* (§§. 50. 51).

Anmerk. 2. Die Gutturalen, *k* und *g*, verschmelzen allerdings auch mit *j*, aber es entstehen nicht Palatale daraus, sondern die Dentalen *s* (aus *kj*) und *df* (aus *gj*), die trotz dieser historischen Entstehung ihrerseits die Rolle von reinen Lauten spielen, weil sie an sich als das Product von je zwei reinen Lauten erscheinen, *s* als = *ts*; *df* zeigt schon in der Schrift jene physiologischen Elemente.

Im Griech. ist eine ähnliche Wandlung beliebt: *yj* wird ζ, *κj* oder *χj* wird σσ, cf. ἄζω für ἄγjω, μείζων für μέγjων, φυλάσσω für φυλάχjω, γλώσσω für γλώχjω, πτύσσω für πτύχjω, πάσσων für πάχjων. Im Altslavischen wird *kj* zu Ч (in der Flexion), zu Ц (in der Wortbildung), *rj* zu Ж (in der Flexion), zu З (in der Wortbildung), *χj* zu Ш; cf. ВАЛЧД für ВАЛКjД, lavo; НОСЕЩ für НОСЕКjД (lat. -icius), ferens; ЛЪЖД für ЛЪГjД, mentior; СТЪЗД für СТЪГjД, semita; ДОУША für ДОУХД, i. e. ДОУХjД, anima; Schleicher, kslav. Gr. P. 152.

Wohl zu unterscheiden ist *s* und *df* als Verschmelzung von *kj* und *gj* einerseits und als Assimilation eines *k* oder *g* an ein folgendes *e* oder *i* andererseits, worüber oben §. 112.

Anmerk. 3. *tj* und *dj*, woraus hochlitth. *cz* und *dí*, im Kslav. Ч und Ж (Entstellungen aus ТШ d. i. Ч und ДЖ) wird, schliessen sich im Lett. nicht an *s* und *df*, sondern an *s* und *f*, werden also nicht *tsch*, *dsch*, sondern *sch*, *fch*. So in der Regel. Ausnahmsweise wird die litth. Analogie befolgt, z. B. in *butschki*, küssen, aus *mutt-j-ät*, von *mutta* d. i. *mut-ja*, Mund, litth. *buczoti*. In seltenen Fällen ist *tj*, *dj* zu *k* (*z*), *g* geworden, z. B. in einigen Genitiven Plur.: *rikschki* f. *rikst-ju*, v. *rikste*, Ruthe; *maikschki* f. *maikst-ju*, v. *maikste*, Hopfenstange; *pés*, nach, f. *péti* oder *penti*, urspr. ein Locativ, litth. *petyje* oder *pentyje*, von *patis* oder *pentis* (fem.), Rücken, Schulter, cf. litth. *atpencs*, zurück (§. 530); *suikis*, Sprachmenger, ein unrein Lettisch-Redender, f. *suit-ji-s*, von dem Adj. *suit-(a)-s*, überflüssig; *sûgis* f. *sûd-ji-s*, Richter; *skaugis* f. *skaud-ji-s*, Neider; *Pluggi*, Pl. N. pr. eines Gesindes in einer Ueberschwemmungen ausgesetzten Niederung, f. *Plud-ji*.

Anmerk. 4. Der Uebergang von *sj* in *sch*, von *fj* in *fch* und von *zj* in *tsch* findet seine Analogie im Slavischen, wo *cj* zu Ш, *χj* zu Ж, *kj* zu Ч (d. i. ТШ) wird; cf. ПИШД für ПИС-jД, scribo; РЕЖД für РЕХ-jД, minor; ОТЬЧЬ für ОТЬЦjЬ, patrius. Mit Л und Н verschmilzt *j* auch, findet aber, sofern ε, russ. е nicht immer, sondern nur zuweilen wie jo ausgesprochen wird (cf. Böthlingk, Beitr. zur russ. Gramm. in Mélanges russes tir. de bulletin hist.-phil. de l'Acad. imp. des sciences de St. Petersb. II, 1. P. 82), keine besondere Bezeichnung in der Schrift, ausser dass das *j* verschwindet, cf. НОЛЕ, ager, МОРЕ, mare, für НОЛjО, МОРjО, Schleicher a. a. O. P. 156.

§. 125. Die wichtigsten Fälle, in welchen Verschmelzungen nach obigem Gesetz sich vollziehen, sind folgende. Dem vorhergehenden Consonanten, mag er wirklich zur Wurzel gehören oder vielleicht auch noch Derivations-Element sein, verschmilzt:

1) das *j* des nominalen Derivationssuffixes -*ja*

a) bei der Flexion der nicht contrahierten *ja*-Stämme in sämmtlichen Casibus beider Numeri (§. 344):

*nj* wird *n*: *fina*, Kunde, f. *fin-ja*; *wi'nsch*, jener, f. *win-j(a)-s*.

*lj* wird *l*: *se'lsch*, Weg, f. *sel-j(a)-s*; Genit. *sela* f. *sel-ja*; Adj. *fa'lsch*, grün, f. *ful-j(a)-s*.

*rj* wird *r*: *karsch*, Krieg, f. *kar-j(a)-s*; Gen. *kara* f. *kar-ja*; *ga'rsch*, lang, f. *gar-j(a)-s*.

*sj* wird *sch*: *drüsch*, kühn, f. *drüs-j(a)-s*, litth. *drqsus*.

*tj* wird *sch*: *plasch*, breit, f. *plat-j(a)-s*; *swesch*, fremd, f. *swet-j(a)-s*, cf. litth. *swetis*, Gast.

*zj* wird *tsch*?

*fj* wird *fch*: *grüsch*, drall, stark gedreht, f. *grüf-j(a)-s* (§. 108, 9), Gen. *grüfcha* f. *grüf-ja*; cf. *grifl*, *gröfil*, drehen.

*dj* wird *fch*: *mesch*, Wald, f. *med-j(a)-s*, ltth. *medis*; Gen. *mefcha* f. *med-ja*; *spüsch*, blank, f. *spand-j(a)-s*, cf. *spidėt*, glänzen; *disch*, groß, f. *did-j(a)-s*, litth. *didis* (cf. §. 108, 9).

*dfj* wird *dfch*?

*pj* bleibt *pj*: *rupjfch*, grob, f. *rup-j(a)-s*.

*bj* bleibt *bj*?

*mj* bleibt *mj*: *du'mjsch*, dunkelbraun, f. *dum-j(a)-s*.

*wj* bleibt *wj*?

b) bei der Flexion der sogenannten contrahierten *ja*-Stämme masc. Generis in all denjenigen Casus, wo das Derivationssuffix -*ja* nicht zu *i* sich zusammenzieht, d. h. also im Genitiv Sing. und im ganzen Plural (cf. §. 345):

*nj* wird *n*: *sapna* f. *sap-nja*, Gen. S. von *sapnis*, Traum, f. *sap-nja-s*.

*lj* wird *l*: *brâla* f. *brâl-ja*, Gen. S. v. *brâlis*, Bruder, f. *brâl-ja-s*.

*rj* wird *r*: *mêra* f. *mêr-ja*, Gen. S. v. *mêris*, Pest, f. *mêr-ja-s*.

*sj* wird *sch*: *nêscha* f. *nês-ja*, Gen. S. von *nêsis*, Tracht, für *nês-ja-s*.

*tj* wird *sch*: *fuscha* f. *fut-ja*, Gen. S. v. *futtis*, Aal, f. *fut-ja-s*.

*zj* wird *tsch*: *lâtscha*, f. *lâz-ja*, Gen. S. v. *lâzis*, Bär, f. *lâz-ja-s*.

*fj* wird *fch*: *wêfcha* f. *wêf-ja*, Gen. S. v. *wêfis*, Krebs, f. *wêf-ja-s*.

*dj* wird *fch*: *brifcha* f. *brid-ja*, Gen. S. von *bridis*, Hirsch, f.
  *brid-ja-s*.

*dfj* wird *dfch*: *dadfcha* f. *dadf-ja*, Gen. S. von *dadfis*, Klette,
  f. *dadf-ja-s*.

*pj* bleibt *pj*: *dumpja*, Gen. S. v. *dumpis*, Lärm, f. *dump-ja-s*.

*bj* bleibt *bj*: *gu'lbja*, Gen. S. v. *gu'lbis*, Schwan, f. *gu'lb-ja-s*.

*mj* bleibt *mj*: *gimja*, Gen. S. v. *gimis*, Angesicht, f. *gim-ja-s*.

*wj* bleibt *wj*: *burwja*, Gen. S. v. *burwis*, Zauberer, f. *bur-wja-s*.

o) bei der Flexion der contr. *ja*-Stämme femin.
Gener. in dem einzigen Casus Genit. Plur., denn in
allen andern Casibus findet die Verschmelzung von *ja* zu *e*
oder *i* Statt. Cf. *mélu* f. *mél-j(a)-u*, Gen. Pl. von *méle*, Zunge,
f. *mél-ja*. Ueber einige wirkliche und scheinbare Ausnahmen
siehe in der Casuslehre §§. 338. 346.

2) das Derivationssuffix -*i* bei der Flexion der Achten *i*-
Stämme (fem.) in dem einen Casus Genit. Plur., weil hier der
einzige Fall, wo das *i* wegen des andern folgenden Vocales ge-
nöthigt ist seine vocalische Natur aufzugeben. Cf. *si'rfchu* f.
*si'rd-i-u*, Gen. Pl. von *si'rd(-i)-s*, Herz; *awju* f. *aw-i-u*, Gen. Pl.
von *aw(-i)-s*, Schaaf.

§. 126. 3) das *j* des verbalen Ableitungssuffixes
und Characters der Cl. IV. -*ja*- in allen Praes.-Formen
aufser der 2. P. Sing., desgleichen in den Verbalformen, die
vom Praesens-Stamm abgeleitet sind (Part. Praes. Act. -*üts*,
Part. Praes. Pass. -*ams* u. s. w.).

*nj* wird *n*?

*lj* wird *l*: *kulam*, wir dreschen, f. *kul-ja-m*.

*rj* wird *r*: *schkiram*, wir scheiden, f. *schkir-ja-m*.

*sj* wird *sch*: *pléscham*, wir reifsen, f. *plés-ja-m*.

*tj* wird *sch*: *püscham*, wir blasen, f. *pút-ja-m*.

*fj* wird *fch*: *báfcham*, wir stopfen, f. *báf-ja-m*.

*dj* wird *fch*: *áufcham*, wir weben, f. *áud-ja-m*.

*pj* bleibt *pj*: *kráp-ja-m*, wir betrügen.

*bj* bleibt *bj*: *u'rb-ja-m*, wir bohren.

*mj* bleibt *mj*: *wem-ja-u*, wir vomieren.

*wj* bleibt *wj*?

*kj* wird *s*: *bráuzam*, wir fahren, f. *bráuk-ja-m*.

(*zj* wird *tsch*: dial. *titscham*, wir glauben, f. *tis-ja-m* oder *tik-
  ja-m*, neben *tissam*, Cl. XII. √ *tik*).

*gj* wird *df*: *béidfam*, wir endigen, f. *béig-ja-m*.

(*dfj* wird *dfch*; dial. *redfcham*, wir sehen, f. *redf-ja-m* oder *reg-ja-m*, neben *redfam*, Cl. XII. √ *rag*).

In der zweiten Pers. Sing. Praes. wird das *j* des Classen-Suffix nach Abfall des *a* von dem Personalsuffix *i* attrahiert und beide verschmelzen zu *i*, cf. *smeli*, du schöpfest, f. *smel-j(a)-i*; *puti*, du bläsest, f. *put-j(a)-i*. Dieses *i* aber seinerseits kann bei Imperativbedeutung wieder mit dem vorhergehenden Consonanten verschmelzen, cf. *pusch*, blase, für *puti* neben *put'*; *splfch*, drücke, für *spldi* neben *spld'*; Grundform *put-j(a)-i*, *spld-j(a)-i* (§§. 450. 412).

In der zweiten Pers. Plur. Praes. Cl. IV. kommen die Formen, wo *j* mit dem vorhergehenden Consonanten verschmilzt, und diejenigen, wo *j* mit dem folgenden *a* sich zu *t* (d. i. *ia*) wandelt, promiscue vor, cf. *smelat* neben *smelit* für *smel-ja-t*; *bifchat* neben *bufit* f. *baf-ja-t* u. s. w.

Selten oder nur dialectisch wird das *j* des Classencharacters einer vorhergehenden Liquida assimiliert, cf. §. 100, 3.

4) das *j* des **Charactersuffixes Cl. IV.** im **Prae-terito** bei gutturalem Wurzelauslaut durch alle Personen (aber nicht in den andern vom Praet.-Stamm abgeleiteten Verbalformen). Cf. *brauzam*, wir fuhren, f. *briuk-ja-m*; *ludfum*, wir baten, f. *lug-ja-m*. Bei allen andern Wurzelsylben-Auslauten ist das *j* ausgeworfen und hat höchstens gewisse Nachwirkungen auf den vorhergehenden Vocal nachgelassen (§§. 436. 440). Bei gutturalem Wurzelauslaut ist das *j* dagegen sogar in Cl. I. u. V. unorganisch eingedrungen, cf. *nasam*, wir kamen, für *nak-ja-m* (§. 435).

5) das *j* des uralten Potentialcharacters *ja* (contr. *i*), der mit dem Restchen der Wurzel *es* (oder *as*) (= sein): *s* das Wesentliche der lett. Futur-Endung bildet (§. 442). Die Verschmelzung des *s-j(a)* findet sich aufser im Partic. Futur. Act. nur in der 1. P. Sing. Fut., da in allen andern Formen das *j* sich vocalisiert. Cf. *rakschu*, ich werde graben, f. *rak-s-ju* (und dieses f. *rak-s-ja-m*); *mafgaschu*, ich werde waschen, f. *mafg-á-s-ju* (oder älteres *mafg-á-s-ja-m*). Partic. Fut. Act. *rakschuts* f. *rak-s-ja-nt-i-s*; *mafgaschuts* f. *mafg-á-s-ja-nt-i-s* (cf. §. 446).

Einige interessante vereinzelte Fälle von Verschmelzung sind: *tukstusch*, tausend, f. *tukstuti*, reine flexionslose Stammform des Substantivs *tukstut*(i)-*s* (§. 364); *treschäts*, der dritte, f. *tre-t-ja-j(a)-s* (§. 365, 3); *öfchnet*, schnüffeln, f. *öd-inö-t*, Freq. zu *uft*

f. *ůd-t*, rľechen; *lôſchnét*, umherkriechen, f. *lôd-iné-t*, Freq. zu
*liſt*, f. *kid-t*, kriechen, √ *land*, cf. *lôdát*; *fiſcha'ms* f. *fid-ija'-ms*, Part.
Praes. Pass. von *fidit*, säugen (Cl. VIII); *sagscka*, Decke, für
*sag-t-ja*, cf. *sag-t(i)-s*; *augscha*, Obertheil, f. *áng-st-ja*.

§. 127. Gesetz II. Falls *j* zwischen vorhergehendem Consonanten und folgendem Vocal nicht mit dem
Consonanten verschmilzt, muſs es mit dem Vocal verschmelzen. Namentlich geschieht das vor und mit *a*
und zwar so, daſs *ja* entweder in *e* oder in *i* oder in
*í* sich zusammenzieht. (Im letzten Fall bleiben beide Elemente in ihrer Unterschiedlichkeit noch ein wenig gewahrt; im
ersten Fall entsteht aus beiden Elementen in der That ein mitt-
leres, im zweiten Fall wird *a* gewissermaſsen von dem vocali-
sierten *j* verschlungen).

1) *ja* wird *e*

a) bei vielen Substantiven fem. Gen. und einigen wenigen
masc. Gen. nicht bloſs im Nominat., sondern bei den Femininis
auch durch alle Casus beider Numeri mit Ausnahme nur des
Acc. Sing., wo *-ja-n* zu *i-(n)* wird, und des Genit. Plur., wo *j*
sich mit dem vorhergehenden Consonanten zusammenfügt. Hierher gehören alle Subst. fem., die im Nom. S. auf *-e* auslauten,
und deren *-e* nicht etwa bloſs aus *-a* geschwächt ist, wie in
*méite* für das richtigere *méita*, Mädchen. Es sind die sogenannten contr. *ja*-Stämme fem. Gen., z. B. *fále* f. *fál-ja*, Gras;
*sakne*, Wurzel, f. *sak-nja* (§. 346). Ueber dieselbe Lautver-
schmelzung im Litth. cf. Schleich. litth. Gr. P. 67.

b) In der 1. u. 2. P. Plur. Praet. der Verba Cl. IV. und I.,
namentlich solcher, deren Wurzelauslaut eine Gutturalis (hier
in Folge von Assimilation *s* und *dſ*) oder eine Dentalis *t*, *d*,
oder aber auch ein anderer Laut ist, wird local das ursprüngliche Stammsuffix *ja* in dem Product seiner Elemente als *e*
sichtbar, cf. *mettém*, wir warfen, f. *met-já-m*; *weddét*, ihr führtet,
f. *wed-já-t*; *kápém*, wir stiegen, f. *káp-já-m*; *bráuztém*, wir fuhren,
f. *bráuk-já-m*; *ndsét*, ihr kamet, f. *ndk-já-t* (§. 437); dieselbe Erscheinung ist im Litth. noch allgemeiner, d. h. über noch andere Personen des Praet. verbreitet, cf. Schleich. P. 66. 67. 225.

§. 128. 2) *ja* wird *i*.

a) Die sogenannten contrahierten *ja*-Stämme männlichen
Geschl. (auſser den wenigen, die die Nomin.-Endung *-e* für *-ja*
mit dem Femin. theilen, wie *bende*, Büttel, u. s. w.) verschmelzen

ihr Derivations-Suffix *-ja* zu *i* in allen Casus des Sing. außer
dem Genitiv, wo sich *j* an den Consonanten schließt, cf. *sapnis*,
Traum, f. *sap-nja-s*, Dat. *sapnim* f. *sap-nja-m*, Acc. *sapni* f. *sap-
nja-n* (§. 345). Ebenso im Litth., cf. Schleicher P. 69. Ebenso
bei einigen wenigen Femininis, aber bei diesen nur im Nomin.
Sing.    In den übrigen Formen pflegt das *j* mit dem Consonanten zu verschmelzen: *patti*, ipsa, f. *pat-ja*; *schi*, haec, f. *sjd*,
(wo das *j* zugleich rückwärts und vorwärts wirkt und wo die
Verschmelzung mit dem *a* merkwürdiger Weise auch durch den
Plural geht, cf. Nom. Pl. *schis* neben *schds*, Dat. *schim* neben
*schdm*, §§. 381. 382).    Ebenso im Nomin. Sing. fem. der Partt.
Praes. und Futuri und Praeteriti Act. *-uti* f. *ut-ja*; *-schuti* für
*schut-ja*; *-usi* neben *-use* f. *us-ja*, cf. §§. 463. 470. 472. 473.

b) In gewissen Fällen verschmilzt *ja* zu *i* auch nach Vocalen, namentlich in den Subst. verbal. auf *-tais* f. *-tája-s*, cf.
*mázitáis*, Prediger, f. *máz-i-tája-s*, Gen. *máz-i-tája*; und in der
definiten Form der Adjectiva, cf. *labbdis*, der gute, f. *labb-á-ja-s*
oder *labb-á-ji-s*, fem. *labb-á-ja*.    Local übt das *j*, auch indem es
sich vocalisiert, noch einen trübenden Einfluß auf das *s* Nominativi, cf. *mázitáisch, labbáisch* (Gr. Essern). (§§. 48. 104. 108).

c) In der zweiten Pers. Sing. Praes. der Verba Cl. IV. verschmilzt der Classencharacter *ja* mit dem Personalsuffix *i* zu *i*,
in Folge dessen der Wurzelsylben-Auslaut ungetrübt bleibt,
während er in allen andern Formen des Präsens dieser Classe
getrübt erscheint.    Cf. *spdi* für *spd-ja-i*, du drückst; *smeli* für
*smel-ja-i*, du schöpfest; *glábi* f. *gláb-ja-i*, du rettest, wozu die
ersten Personen lauten: *spisch u* für *spd-ju*; *smelu* für *smel-ju*;
*gláb-ju*. — Ebenso geschieht's in der 2. Pers. Sing. und in der
1. Pers. Plur. aller Futura mit dem Potential-Character *ja*,
cf. *raksi*, du wirst graben, f. *rak-s-ja-i*; *mafgási*, du wirst waschen, f. *mafg-d-s-ja-i*; *raksim*, wir werden graben, f. *rak-s-ja-m*;
*mafgásim*, wir werden waschen, f. *mafg-d-s-ja-m* (§§. 444. 446).

d) Im Volksmund findet dieselbe Verschmelzung statt in
der 1. Pers. Plur. Praes. Cl. IV: *ge'rbim*, wir kleiden, f. *ge'rb-
ja-m*; *kápim*, wir steigen, f. *káp-ja-m*; *durim*, wir stechen, f.
*dur-am*, d. i. *dur-ja-m* (§. 408).

§. 129.    3) *ja* wird *l*

a) in der 2. Pers. Plur. Praes. Cl. IV., cf. *spidit* neben
*spischat*, beides für *spd-ja-t*, ihr drückt; *plésit* neben *pléschat*,
beides für *plés-ja-t*, ihr reißet; *smelit* neben *smelat*, beides für

*smel-ja-t*, ihr schöpfet; *kápit* neben *kápjat* und eben für *káp-ja-t*, ihr steiget. Ueber das unorganische Eindringen dieses *t* in andere Vocalclassen cf. §. 416.

b) in der 2. P. Plur. Futuri aller Classen: *raksit*, neben dem geschwächten *raksit* f. *rak-s-ja-t*, ihr werdet graben; *mafgasit* neben *mafgásit* f. *mafg-á-s-ja-t*, ihr werdet waschen (§. 414).

> Anmerk. 1. Selten verschmilzt der Diphthong *ai* zu *e*; cf. *kleigát* neben *klégát*, schreien (wie die wilden Gänse).
>
> Anmerk. 2. Selten übt *j* eine doppelte Wirkung, rückwärts und vorwärts, indem es ebensowohl consonantisch beharrt, resp. mit dem vorhergehenden Consonanten verschmilzt, als auch zugleich mit dem folgenden *a* zu *i* sich verbindet. Das geschieht z. B. in der 2. Pers. Plur. Praes. derjenigen Verba Cl. IV., deren Wurzel vocalisch auslautet und der sämmtlichen Verba Cl. VI — IX: *já-jt t* neben und für *já-ja-t*, ihr reitet; *mafg-újt-t* neben und für *mafg-új-a-t*, ihr waschet; *lúk-újt-t* neben und für *lúk-uja-t*, ihr schauet. Bei Verbis Cl. IV. mit gutturalem Wurzel-Anslaut (cf. *bráuzit* neben *bráuzat* f. *bráuk-ja-t*, ihr fahret; *beidfit* neben *beidfat* f. *beig-ja-t*) braucht *z* und *df* vor dem *t* nicht aus *kj*, *gj* verschmolzen zu sein, sondern ist wahrscheinlich in diesem Fall die Assimilation von *k* und *g* an das folgende *t* nach §§. 111 seqq.
>
> Eine wirkliche Doppelwirkung des *j* liegt aber wieder in *schis*, dieser, vor, = *sjas* (§. 381) und in *mázitáisch* f. *mázituj(a)s*, cf. §. 128, b.
>
> Anmerk. 3. Parallel der Verschmelzung des *j* mit folgendem *a* zu *i* ist die Verschmelzung des andern Halbvocals *w* unmittelbar nach einem Consonanten auch mit folgendem *a* zu *u*. Der Fall ist aber nicht all zu häufig. Cf. *kwêpt*, rauchen, | *kwap*, wovon auch *kwêp-inát*, räuchern, litth. *kwap-as*, Hauch, Ausdünstung; *kw'rkt* = *kwúrkt*, quarren; *dussit*, keuchen, | *dwas*, wovon auch *dwascha*, Athem, litth. *dwuse*; *dwís-ele*, Seele. Cf. *dáscha*, Muth.

## B. Lautwandel, bewirkt durch Hiatus.

§. 130.   Zwei Vocale neben einander, die nicht diphthongisch zusammenlauten, sondern zwei Sylben bilden, leidet die lettische Sprache in der Regel eben so wenig als die litthauische (Schleich. litth. Gr. §. 21).   Bei Fremdwörtern (Eigennamen) muß sie es leider und verwendet dann zur Bezeichnung die Puncta Diaereseos, doch nur, wenn es unumgänglich nothwendig ist, z. B. in *Waraüs*, Pharao.   Für *e-u*, cf. *Matteus*, Matthaeus, bedarf es jenes Zeichens nicht, da es im Lett. überhaupt keinen Diphthong *eu* giebt, also kein Zweifel über die Lesung obwalten kann.

Außerdem kommt es im ächt Lettischen wohl nur bei Zusammensetzungen vor, daß der vocalische Auslaut des ersten Wortes (Partikel) und der vocalische Anlaut des zweiten neben einander sylbenbildend beharren, ohne daß der Hiatus beseitigt wird.   Cf. *sa-ídfis* (Partic. Praet. Act.), verdrießlich; *pa-ísinát*, verkürzen, *ne-ilgûjûs*, ich sehne mich nicht; *pa-u'rbt*, etwas bohren,

u. s. w. In diesen Fällen sind die Puncta Diaereseos nicht üblich und können auch um so eher entbehrt werden, je beschränkter die Zahl der vocalisch auslautenden zu Compositionen gebrauchten Partikeln ist und je leichter solche Formen als Compositionen erkannt werden.

Das gewöhnliche und fürs Lettische und Litthauische (Schleicher P. 64) characteristische Mittel Hiatus zu vermeiden ist nach dem u ein w und nach dem i ein j, welche Halbvocale aber nicht hinter u und i eingeschoben, sondern meist von u und i losgelöst werden in folgender Weise.

§. 131. 1) a (d. i. û und ů) spaltet sich vor folgendem Vocal in zwei Kürzen, ŭŭ, deren zweite sich zu w condensiert. Cf. *diwi*, zwei, mit Schwächung des u zu i f. *duo-i*, Stamm *du*, dialectisch (z. B. in Sackenhausen) noch heute zuweilen *dwwa* und häufig *du-i*, cf. kslav. дъва f. *dwwa*. Deutlicher findet sich derselbe Proceſs im Praeterito der einsylbigen Verba, deren Wurzel auf *a* auslautet:

Cl. III. *schú-t*, nähen, Praet. *schŭw-u* f. *schú-u*.

*gů-t*, haschen, Praet. *gůw-u* f. *gů-u*.

Cl. V. *grú-t*, einstürzen, Praet. *grŭw-u* f. *grú-u*.

*klú-t*, gelangen, werden, Praet. *klŭw-u* f. *klú-u*.

*pú-t*, faulen, Praet. *pŭw-u* f. *pú-u*.

*schú-t*, trocken werden, Praet. *schŭw-u* f. *schú-u*.

Eben dieser Proceſs findet sich in Nominalbildungen bei vocalisch anlautendem Derivationssuffix, cf. *schŭw-éja*, Näherin, *grŭw-eschi*, Trümmer; *pa-pŭw-a*, Brachfeld (das ausfaulen soll); *krŭw-a*, Haufen, √ *kru*, wovon *kraut*, häufen; *sŭw-éns*, Ferkel, cf. lat. *su-s*; *widdŭw-éjs*, in der Mitte sich befindend, von *widd-ů-s*. Im letzten Fall scheint *ŭw* einem kurzen *u* zu entsprechen.

2) Der Diphthong *au* (d. i. āu und áu) verdichtet vor Vocalen sein zweites Element u zu w, während die Qualität des Tones sich auf das *a* fortpflanzt, d. h. *au* wird *ăw*, *áu* wird *áw* oder zuweilen verkürzt *ăw*. Beispiele finden sich in den Praeteritis der Verba Cl. III. und IV. und in verschiedenen Nominalbildungen:

Cl. III. *krau-t*, häufen, Praet. *krăw-u*.

*plau-t*, mähen, Praet. *plăw-u*, cf. *plăw-a*, Wiese, mit kurzem *ăw*.

*schau-t*, schieſsen, Praet. *schăw-u*, cf. *schăw-ins*, Schuſs.

*splau-t*, spucken, Praet. *splăw-u*.

Cl. IV. *lau-t*, lassen, Praet. *lăw-u*. —

Cl. III. *bläu-t*, schreien, Praet. *blăw-u*, cf. *blăw-ins*, Schrei.
　　*rău-t*, reißen, Praet. *răw-u*, cf. *răw-ét*, jäten, Freq.
　　*au-t*, die Füße bekleiden, Praet. *ăw-u* (*ăw-u*?).
　　*fchău-t*, trocknen, tr., Praet. *fchăw-u*, cf. *fchăw-ét*,
　　　　Frequent. oder vielmehr Intensiv.

Cl. IV. *jău-t*, einrühren (Brodteig), Praet. *jăw-u* (*jăw-u*).
　　*kău-t*, schlagen, tödten, Praet. *kăw-u* (*kăw-u*?) u. s. w.

3) Das aus *au* entstandene *ŭ* wandelt sich wie *au*
zu *aw*. Cf. *dŭ-t*, geben, Praet. *dew-u* f. *daw-(ia)u*, Freq. *dăw-ét*,
schenken, *dăw-ana*, Gabe, √ *du* für √ *da*. Eben hierher gehören
die dialectischen (Niederbartau) Praeteritformen: *fal-awa*, es
grünte, *lig-awa*, es schankelte, schwankte, von *falŭt*, *ligŭt*, für
sonst übliches *fal-ŭja*, *lig-ŭja*, genau entsprechend dem litth.
Praet. -*awa-u* ebenso von Verbis auf -*ŭ-ti*, als von Verbis auf
-*au-ti* (§. 434. Anmerk.).

4) In einzelnen Fällen findet sich der Diphthong *au* bewahrt und hinter ihm *w* eingeschoben, oder, wie man annehmen
könnte, ein Theil des vorhergehenden *u* zu *w* verdichtet. Cf.
*klauw-át* oder *klaw-ét*, pochen, √ *klu*, von deren Erweiterung
√ *klus*: *klaus-ít*, hören, lauschen, (goth. *kliusan*). *Ábauw-îtis*,
Anwohner des Abauflusses (*Ábawa*). Eine ähnliche Loslösung
von consonantischen Lauten haben wir oben §. 99. Anmerk. 2.
in *turpm-áki* f. *turp-áki* u. s. w. bemerkt.

§. 132. 5) ī (d. i. *i* und *i*) spaltet sich vor folgendem Vocal in zwei Kürzen *ĭi*, deren zweite sich zu *j*
verdichtet. Cf. *trij-u*, Gen. Pl. von *tri-s*, drei; sodann die Praeterita der Verba (Cl. IV. und V.), deren Wurzelsylbe auf *i*
auslautet:

Cl. IV. *mi-t*, tauschen, Praet. *mij-u* f. *mi-u*.
　　*ri-t*, schlingen, Praet. *rij-u* f. *riu*.
　　*wi-t*, flechten, winden, Praet. *wij-u* f. *wi-u*.

Cl. V. *bi-tîs*, sich fürchten, Praet. *bij-ûs* f. *bi-ûs*.
　　*dfi-t*, heil werden, Praet. *dfij-u* f. *dfi-u*.
　　*li-t*, regnen, Praet. 3. P. *lij-a* f. *li-a*, u. s. w.

Ebenso Praet. *bij-u*, ich war, von √ *bi*, Schwächung von
√ *bŭ* (cf. Infin. *bŭ-t*, sein), wofür nach dem litth. Praet. *buw-au*
zu erwarten gewesen wäre: *bŭw-u*. Ebenso in Ableitungen, wie
*bij-âtîs*, Freq. zu *bi-tîs*; *sij-át*, sieben, √ *si*, cf. *si-ts*, Sieb.

6) Der Uebergang der Diphthonge *ai, ei, ui* in *aj, ej, uj*
im Inlaut ist nicht nachweisbar, auch wohl nicht in Praet.formen,
wie *lėjn* von *lit*, giefsen, *smėjn*, von *smit*, lachen, *rėjn*, von *rit*,
bellen, wenn man die entsprechenden litth. Formen vergleicht:
*lĕ-jau, rĕ-jau*. Aber falls hinter jenen Diphthongen ein Hiatus
eintritt, so wandeln sie sich in *aij, eij, nij*, wie *an* in *aun*. Cf.
*klāij-ĭt*, umherschweifen, √ *kli* = √ *klid*, cf. *klift*, umherirren;
*wdij-ĭt*, verfolgen, litth. *wajōti*, Freq. zu *wy-ti*; *wdijadf-ĕt*,
nöthig sein; *klāij-sch*, eben, flach, fem. *klāij-a*; *klāij-u'ms*, Ebene.
— *lĕij-a*, Niederung, *lĕij-sch*, niedrig gelegen, fem. *lĕij-a*;
*swĕij-ĭt*, fischen; *schĕij-ine*, der hiesige Ort; *tĕij-ine*, der da-
sige Ort. — *kŭij-a*, Heu- oder Getreidehaufen; *skŭij-n*, Tan-
nenzweig.

In einigen der obigen Beispiele könnte *j* auch Derivations-
Element sein, namentlich in *swĕi-j-ĭt*, fischen, von *swĕi-jis*,
Fischer, und etwa in *klŭi-j-sch*, eben, und *lĕi-j-sch*, niedrig. In
jedem Falle aber ist die Schreibung also richtig und darf nicht
das *i* vor dem *j* weggelassen werden, wie deutlich erhellt, wenn
man die Aussprache von *wdijadfiba*, Nothwendigkeit, und *wd-
jiba*, Schwäche, oder von *klāijsch*, eben, und *wājsch*, schwach,
oder von *lĕijsch*, niedrig, und *wĕjsch*, Wind, mit einander
vergleicht [*]).

Ueber die Einschiebung anderer Consonanten zur Vermeidung des Hiatus cf. §. 144.

C. Lautwandel, bewirkt durch das Lautgewicht und
die Quantität benachbarter Laute und Sylben.
(Compensation).

§. 133. Es giebt in der Sprache ein Gesetz, Compen-
sations-Gesetz genannt, nach welchem das Gewicht eines
Wortes oder einer Wortform im Ganzen gleich bleiben mufs,
trotz der Wandlungen, die im Lauf der Zeit an den einzelnen

---

[*]) Die Ansicht derer, die *leja, klajăt* u. s. w. schreiben wollen, hat ihre Veranlassung, aber nicht Rechtfertigung darin, dafs das *i* vor dem *j*, weil in der That
nur ein halbes *i* (die andere Hälfte steckt im *j*) sehr leicht klingt, und das *ă* allerdings vorwaltet. Daher auch der gestofsene Ton. — Anders verhält sich *ăi, ĕi* im
Anslaut. Da spaltet sich *i* nicht, sondern verdichtet sich wohl einfach zu *j*, z. B.
in *wăi* (Fragpartikel, entstanden aus *wnid*, es ist, ist es?) und *lui*, dafs, damit (f.
*lăid*, 2. P. S. „lafs"), die zuweilen oder oft geradezu wie *wnj, laj* lauten. Cf. *nej*
neben *nĕi*, und nicht. Diese Modification des *ăi* hat nur im Anslaut ihren Grund.

Sylben geschehen. Um dieses Ziel zu erreichen, wird, falls eine
Sylbe aus irgend welchen Gründen erleichtert, geschwächt, verkürzt, abgestumpft oder gar abgeworfen wird, eine andere, namentlich die zunächst vorhergehende um ebensoviel verstärkt,
verlängert, gesteigert, und umgekehrt. Also: was an der einen
Sylbe genommen, wird an der andern zugelegt, „compensiert“,
und das Gesammtgewicht bleibt das gleiche.

Die Compensation kann eine zwiefache sein, einmal nämlich Lautschwächung in Folge einer in benachbarter
Sylbe geschehenen Lautstärkung. Die hier zu nennen-
den zahlreichen Erscheinungen fallen zusammen mit denen, die
hervorgerufen werden durch die im Lettischen übliche Art der
Accentuation. Der starke Ictus auf der Wurzelsylbe läfst nothwendig die Nebensylben um so weniger betont werden, je weiter
sie von der Wurzelsylbe entfernt sind, die Endsylben am aller-
wenigsten. Die Folge davon ist mannichfaltige Schwächung,
Kürzung, Abstumpfung der Endsylben. Cf. hierüber das Nähere
§. 138—140. Die andere Art der Compensation ist Lautstärkung in Folge einer in benachbarter Sylbe geschehenen Schwächung.

§. 134. Die Erscheinungen, die aus dem Lettischen zum
Beleg dieses Compensations-Gesetzes werden aufgezählt werden,
lassen sich dahin characterisieren, dafs mit Ausnahme eines
Falles (Punkt 6.) die gestärkte Sylbe keine Wurzelsylbe, sondern eine Nebensylbe ist, und dafs der Grund der Stärkung,
wie es wenigstens zu einem Theil scheint, in einer Kürzung
oder Abwerfung der urspr. Endsylbe des Wortes liegt. In einigen Fällen mögen aber aufser dem Compensationstrieb auch
noch andere (dem Verf. jedoch unbekannte) Ursachen mitgewirkt
haben, wie aus der historischen Untersuchung erhellt.

1) Im Locativ Plur. aller Nomina wird der vocalische
Auslaut der Stammform gesteigert, während der Vocal des Lo-
cativ-Suffixes -su (oder -si) abfällt. Bei den männlichen Stämmen wird

    a (ja) zu *ü* (jü): *grēkŭs*, in Sünden, f. *grēk-a-su*; *sapnŭs*, in
        Träumen, f. *sap-njas-u*;
bei den weiblichen Stämmen:
    *ā* zu *ā*: *rūkăs*, in Händen, f. *rūk-a-su*;
    *ē* (d. i. *ja*) zu *ē*: *sālēs*, in den Kräutern, f. *sāl-ja-su*;
    *i* zu *i*: *sir'dĭs*, in den Herzen, f. *si'rd-i-su* (cf. §. 337).

2) Im Dativ (Instrumental) Plur. aller Nomina
wird, während von dem Casussuffix *-mis* oder *-mus* alle Elemente
bis auf das *m* in der Regel verloren gehen, der vorhergehende
Stammvocal gesteigert, und zwar bei den männlichen *a-* und *ja-*
Stämmen:

*ă* zu *l* (*ī*) (Mittelglied ist Schwächung des *ă* zu *ĭ*): *wi'lkim*,
den Wölfen, f. *wi'lk-a-mis*; *sapnim*, den Träumen, f. *sap-*
*nja-mis*;

bei den Femin.:

*ă* zu *â* (*ä*): *rúkâm*, den Händen, f. *ruk-â-mis*;
*ě* (= *ja*) zu *ê* (*ě*): *mélêm*, den Zungen, f. *mél-jâ-mis*;
*ĭ* zu *ī* (*ĭ*): *si'rdîm*, den Herzen, f. *si'rd-i-mis*.

Cf. §§. 339. 340, wo gezeigt wird, daß der Annahme bloßer
Compensation hier der Umstand widerspricht, daß schon im
Skrit die Vocalsteigerung Statt findet, während das Casussuffix
noch unversehrt ist. Eher vielleicht liegt eine Compensation
vor in den Singular-Dativen: *manim*, mir, *tewim*, dir, die local
*manim*, *tewim* lauten (Nen-Autz), um den Abfall des Schluß-*i*
zu ergänzen, cf. littb. *manimi*, *tawimi*. Cf. §§. 373. 374.

3) In der Flexion der definiten Adjectiva erscheint
in den nichtcontrahierten Formen der ursprünglich kurze Stammauslaut *a* durchweg lang als *â* (*ä*), um, wie es scheint, den
Abfall der Casussuffixa zu compensieren, die im Litth. und Slav.
noch vor dem definierenden Pronomen *-jis* bewahrt sind. Cf.
Nom. Sing. masc. *labbájis* f. *labb-ă-s-jis*, der gute; Dativ Sing.
*labbájam* f. *labb-ă-m-jam* u. s. w. (§§. 352 seqq.).

4) In der 1. und 2. Pers. Plur. Praet. verlängert sich
der Bindelaut *ă* zu *â* (in der 1. P. local *ä*) vor den Personal-
suffixen *-m*, *-t*, die ihrerseits aus *-me* (*-ma*) und *-te* (*-ta*) verkürzt sind. Cf. *mettâm*, wir warfen, *brâuzâm*, wir fuhren, *mafgá-*
*jâm*, wir wuschen, f. *mett-a-me*, *brâuk-ja-me*, *mafg-ája-me*. Daß
im Litth. die Vocalstärkung und zugleich der Endvocal des Personalsuffixes sich findet (cf. *suk-o-me*, f. *suk-a-me*) spricht nicht
so sehr gegen die Annahme einer Compensation, (weil jenes *e*
in der Aussprache doch nicht mehr bewahrt ist, Schleicher
P. 80.) als vielleicht der Umstand, daß im Skrit schon in der
1. P. Plur. Praet. (und Praes. auch) der Bindevocal gesteigert
erscheint bei unversehrtem Personalsuffix (§. 422).

5) Die ursprünglichen (oft nur hier bewahrten) vocalischen Auslaute aller activischen Verbalformen werden

im Medium gesteigert bei Anfügung des Reflexivsuffixes -si, (-sa), wovon der Schlußvocal bis auf geringe Spuren untergegangen ist. Die Steigerungen sind hier

    a) *u* zu *ú*,
    b) *i* (*e*) zu *í*,
    c) *a* zu *â*.

In einigen nicht seltenen Fällen ist die scheinbare Steigerung in Wirklichkeit nur Bewahrung ursprünglicher Länge. Andererseits unterbleibt die Steigerung, aber nur in der 3. P. Praes. und zwar namentlich bei drei- und mehrsylbigen Formen, also relativ fern von der Tonsylbe, cf. *já-mett-á-s*, es muß sich geworfen werden, *masg-íjä-s*, er wäscht sich, für *já-mett-á-s*, *masg-ájú-s*.

    a) *u* wird *ú* in der 1. P. Sing. aller Tempora: *gláb-jú-s*, ich rette mich, (Act. *gláb-ju*); *gláb-ú-s*, ich rettete mich, (Act. *gláb-u*); *gláb-schú-s*, ich werde mich retten, (Act. *gláb-schu*);

    in der 1. 2. 3. P. Sing. und 3. P. Plur. Praes. Conditionalis: *gláb-tú-s*, ich würde mich retten, (Act. *gláb-tu*);

    im Accus. Sing. der Subst. reflexiva auf -*schanás*: *gláb-schaní-s*, (nicht reflexive Form: *gláb-schanu*), von *gláb-schaná-s*, das sich Retten.

    In all diesen Fällen ist das *u* Activi nachweisbar aus älterem *am* oder *an* entstanden (§§. 426 seqq.), und das *ú* in der Reflexiv-Form ist also nicht etwas absolut Neues, sondern nur derjenige Laut, in welchen *am* oder *an* übergehen mußte (§§. 89 seqq.), ehe es zu *u* sich kürzen konnte, und der unter dem Schutz des folgenden Reflexivsuffixes sich hat erhalten können.

    b) *i* wird *í* in der 2. Pers. Sing. aller Tempora: *gláb-í-s*, du rettest dich, (Act. *gláb-i*); *gláb-sí-s*, du wirst dich retten, (Act. *gláb-si*);

    in der 1. und 2. Pers. Plur. aller Tempora: *gláb-ja-mí-s*, wir retten uns, (Act. *gláb-ja-m(e)*); *gláb-ja-tí-s*, ihr rettet euch, (Act. *gláb-ja-t(e)*);

    in der 3. Pers. Futuri: *gláb-sí-s*, er u. s. w. wird sich retten, sie werden sich retten, (Act. *gláb-s(i)*);

    im Infinitiv: *gláb-tí-s*, sich retten, (Act. *gláb-t(i)*);

    im Nominativ Sing. und Plur. aller Participia, die überhaupt Reflexivformen bilden. Partic. Praes. I: *gláb-jút-i-s* (masc. und fem.), eigentl. sich rettend, dann zur Umschreibung des Conjunctivs gebraucht, (Act. masc. *gláb-jút-(i-)s*, fem. *gláb-*

*jůt-i*); Partic. Futur.: *gláb-schůt-l-s* (masc. und fem.), der, die
sich retten wird, und sodann Conjunctiv-Umschreibung, (Act.
masc. *gláb-schůt-(i-)s*, fem. *gláb-schůt-i*); Partic. Praes. II:
*gláb-daml-s* (masc. und fem.), sich rettend, (Act. *gláb-dam(a)-s*,
fem. *gláb-duma*; Mittelglied zwischen der Act.- und Medialform
ist die geschwächte Form *-dami*, cf. §§. 140, 1, b. 469). Partic.
Praeterit. masc. *gláb-l-s* f. *gláb-i(s)-s* oder vielmehr f. *gláb-
ins-s* oder *gláb-ans-s* (§§. 472. 473), der sich gerettet hat, (Act.
*gláb-is*), wo also das *i* nicht bloß Lautstärkung ist, sondern
wahrscheinlich durch den Ausfall des *n* bedingt ist; fem. *gláb-
usl-s*, (Act. *gláb-usi*). — Endlich cf. die Nominative Plur.
*gláb-daml-s*, (Act. *gláb-dami*); *gláb-uschl-s*, (Act. *gláb-uschi*).

c) *a* wird *á* in der 3. Pers. (Sing. und Plur.) Praes.
und Praet. (im Praes. unterbleibt die Steigerung nicht selten,
§. 426): *gláb-já-s* und *gláb-jä-s*, er rettet sich, (Act. *gláb-j(a)*):
*gláb-á-s*, er rettete sich, (Act. *gláb-a*);

in dem Nominat. Plur. femin. des Partic. Praes. II:
*gláb-damá-s*, f. *gláb-dama-s-s*, sich rettend, (Act. *gláb-dam(a)-s*);

im Nomin. Sing. und einigen anderen seltner vorkommenden Casus der Substantiva reflexiva: *gláb-schaná-s*, das
sich Retten, (nicht-reflexiv: *gláb-schana*).

6) Jeder kurze Wurzelsylbenvocal vor einer Liquida (*l, m,
r*) in Verbis Cl. IV. wird im Praeterito, während der Classencharacter *j* hinter der Wurzel untergeht, in der Art verlängert,
daß gedehnte Länge für einfache Kürze, gestoßene Länge
für gestoßene Kürze eintritt. Cf.

*kult*, dreschen, Praet. *kůlu* f. *kul-ja-u*; *wi'lt*, betrügen, Praet.
*wilu* f. *wil-ja-u*.

*wemt*, vomieren, Praet. *wému* f. *wem-ja-u*; *ne'mt*, (local neben
*nemt*), nehmen, Praet. *nému* (local neben *němu*) f. *nem-ja-u*.

*kart*, hängen, tr., Praet. *kåru* f. *kar-ja-u*; *dse'rt*, trinken, Praet.
*dséru* f. *dser-ja-u*.

Gegen die Annahme der Compensation spricht hier der Umstand, daß im Litth. die Vocalstärkung neben dem bewahrten
Classencharacter *j* sich findet, cf. *kúl-ia-u*, *kór-ia-u*, *gér-ia-u*.

### III. Lautwandel unter dem Einfluss des Accents.

§. 135. Das Lettische theilt abweichend vom verschwisterten Litthauischen zwei wichtige Erscheinungen mit dem ger-

manischen Sprachstamm, deren eine sich zur andern verhält,
wie Ursache zur Wirkung. Während im Litth., wie im Griech.
und Lat. der Haupt-Accent beweglich ist, und nicht an eine
bestimmte Sylbe des Wortes für alle Formen gebunden, ist er
im Lettischen, wie im Deutschen stabil und haftet stets an der
Wurzelsylbe. Die Folge von diesem Factum ist in beiden
Sprachen eine doppelte: Die Wurzelsylbe, am Anfang
des Worts, gewinnt an Kraft, die Neben-, namentlich die Endsylben, verlieren.

## 1. Stärkung der Wurzelsylben.

§. 136. Im Deutschen sind in nothwendiger Folge allmählich alle Wurzelsylben lang geworden, sei es durch Dehnung
des Vocals, sei es durch Verdopplung des folgenden Consonanten.
Im Lett. ist dasselbe geschehen, namentlich das zweite, jedoch
in gewissen Gränzen. Vergleichen wir die lettischen Wurzelsylbenvocale mit den litthauischen, so finden wir einen Trieb
nach Vocalverlängerung im Lett. nicht (§. 64—74); im Gegentheil hat die lett. Sprache viele Vocale kurz bewahrt, die im
Litth. zu Längen entartet sind*). Aber die Verdopplung
des einfachen Consonanten nach kurzem Wurzelvocal
ist (in gewissen Gränzen) Gesetz geworden, wie im Deutschen,
und darf mit demselben Recht in der Schrift beibehalten werden, wie im Deutschen. In einzelnen Fällen finden sich Parallelformen, die eine mit langem Vocal und einfachem Consonanten,
die andere mit kurzem Vocal und verdoppeltem Consonanten,
cf. *slidēt* und *sliddēt*, gleiten, *rìtēt* und *rittēt*, rollen, u. s. w.

Was die Orthographie anlangt, so ist dieselbe im Litth.
sehr verwirrt gewesen, bis endlich Kurschat und Schleicher alle
Verdopplung für unstatthaft erklärt und aufgegeben haben, und
zwar mit Recht in Rücksicht auf das im Litth. bestehende Accentuationssystem. Im Lett. ist der bisher üblichen Schreibung
eine ziemliche Consequenz nicht abzuläugnen. Inconsequenzen
finden sich bei diesem Punkt fast nur, wo die Einsicht in die
Entstehung der Formen fehlte und nach dem Stande der Forschung fehlen musste; geradezu eine Unrichtigkeit ist es nur,

---

*) Das Gesagte gilt vom mittleren Dialect, nicht vom nordwestkurischen, wo
bei größerer Verstümmelung der Endsylben größere Verlängerung der Wurzelsylben-
vocale beliebt ist, cf. *dâb'l*, = *da-bût*, bekommen, *gûl't*, = *gulèt*, liegen, namentlich so vor Liquida oder vor *b, d, g*.

wenn auch die Liquidae verdoppelt zu werden pflegen. Im Einzelnen müssen für die Orthographie folgende Regeln aufgestellt werden:

1) Die Verdopplung findet Statt nur nach *kurzem Wurzelsylbenvocal*, wenn darauf ein einfacher Consonant (und zwar eine Muta — *k, (k), g, (g), p, b, t, d* — oder *s* oder *z*) und keine Position, und wenn hinter dem einfachen Consonanten ein *Vocal* folgt, also nicht nach kurzem Vocal in Nebensylben und nicht am Ende wirklich einsylbiger Wörter, denn in beiden diesen Fällen findet gar keine oder keine volle Schärfung des Consonanten fürs Ohr Statt. Also schreibt man *rakt*, graben, aber Praet. *rakku*, ich grub; *labs*, gut, aber Genit. *labba* und *labbums*, Vortheil. Man schreibt: *luppati* (N. Pl.), Lappen, *namikis*, Hausknecht, nicht *luppatti, namikkis.* Man schreibt: *tas*, der, *es*, ich, *bet*, aber, nicht *tass, ess, bett.*

2) Dagegen werden nun aber auch hinter kurzem Wurzelsylbenvocal **nicht verdoppelt**:

a) die Halbvocale *j, w, f* und des letzteren Trübung *sch*, und gegen den bisherigen Usus auch die Liquidae (*l, m, n, r* nebst den entsprechenden Trübungen) weil diese Laute nach ihrer eigenthümlichen Natur im Lettischen füglich nicht können geschärft werden[*]). So schreibt man allgemein *krija*, Baumrinde, *druwa*, Fruchtfeld, *masáis*, der kleine, *escha*, Feld-Rain, Grenze, **nicht**: *krijja, druwwa* u. s. w. Also auch consequenter Weise *bisa*, Haarflechte, *bisénét*, biesen, *Esere*, N. pr. eines Gutes, Essern, nicht *bisse* (Stend. Lexic.), *bissenét, Essere* u. s. w. So schreiben wir der Aussprache gemäfs: *gulét*, liegen, *gulu*, ich liege; *rima*, es wurde ruhig; *wanags*, Habicht, *wiwa*, sie; *derét*, nützen, *keru*, ich fange, hasche, nicht wie früher: *gullét, gullu* u. s. w.

Anmerk. Geminirte Liquida kann nur vorkommen bei Assimilationen oder bei Entlehnungen, (doch auch lange nicht bei allen Entlehnungen), cf. *willa*, für *wilna*, Wolle; *mella*, N. S. fem. für *melna*, schwarz; *winnét*, gewinnen; *rullét*, rullen; *zemme*, Zemme.

b) die schon fürs Auge an der Grenze der Doppelconsonanten stehenden Mischlaute: *dj, dsch, sch, tsch, pj, bj, mj, wj*, weil diese nach ihrer Natur füglich nicht **brauchen** ver-

---

[*]) Cf die gleiche Aussprache von *j* in *wija*, ich flechte, und *wiju*, ich flocht; von *w* in *asi* (Adv.), scharf, und *siwi* (Accus.), Fisch; von *f* in *Lise*, Louise, und *lisa*, Brodschaufel; von *sch* in *mūscha* (Gen. S.), Lebenszeit, und *muscha*, Kafe.

doppelt zu werden. So schreibt man *redfēt*, sehen, *mudfchēt*, wimmeln, *dwascha*, Athem, *titschu* (local für *tissu*), ich glaube, *rupji* (Adv.), grob, *strebju*, ich schlürfe, *wemju*, ich vomiere, *awju* (Gen. Pl.), der Schafe, nicht *redfdfēt* u. s. w.

c) Sodann unterbleibt die Verdopplung auf der Grenze der beiden Theile eines Compositi, weil hier die Sylbenverbindung factisch eine losere und in Folge dessen die Schärfung des Consonanten eine geringere ist \*). So schreibt man *atīt*, herkommen, *salikt*, zusammenlegen, *padusse*, Achselhöhle, *pagasts*, Gebiet, nicht *attīt*, *sallikt*, *paddusse*, *paggasts*.

d) Endlich oft in Fremdwörtern, die ja ebenso im Deutschen eine exceptionelle Schreibung beanspruchen, cf. *tabāks*, Tabak, *papirs*, Papier, *rubulis*, Rubel, *pagāns*, Heide (*paganus*), nicht *tabbāks*, *pappirs*, *rubbulis*, *paggāns*.

§. 137. Zur richtigen Anwendung dieser Regeln und zur Erkennung gewisser scheinbarer Ausnahmen in der üblichen Orthographie kommt es nur darauf an ein wenig die Geschichte der Sprache zu kennen, sofern viele jetzt einsylbige Wortformen vor nicht gar langer Zeit erst den Vocal der Endsylbe abgeworfen oder ausgeworfen haben \*\*), und sofern andererseits einzelne rücksichtlich ihrer Herleitung bisher nicht verstandene Wörter im Wahrheit Composita sind. Hiernach werden richtig mit verdoppeltem Schlufsconsonanten geschrieben:

die dritten Perss. Praes.: *ness'*, er trägt, *mett'*, er wirft, (aber nach §. 136, a. *dfen'*, er treibt, *ar'*, er pflügt, *tur'*, er hält), weil diese Formen eigentlich lauten: *nessa*, *metta*, (*dfena*, *ara*, *tura*);

die zweiten Perss. Sing. Praes. oder Imperativi: *ness'*, du trägst, oder trage, f. *nessi*; *mett'*, du wirfst, oder wirf, f. *metti*, (aber *smel'*, du schöpfest, oder schöpfe, f. *smeli*; *atwer'*, du öffnest, oder öffne, f. *atweri*);

die Adverbia: *wiss'*, ganz, neben und für *wissdi* oder *wissu*; *patt'*, selbst, f. *patti*; *itt'*, ganz, neben und für *ittin*; (aber *gan*, genug, neben und für *gana*; *sen*, längst, f. *senēi* oder *seni*):

die Präpositionen: *prett'*, gegen, neben und für *prettim* oder *pretti*; aber die Conjunction: *ar*, auch, neben und für *ari*):

ferner: *bass*, barfuſs, f. *bassas*, *wiss*, ganz, all, f. *wissas*;

---

\*) Cf. wie hier auch der einzige Fall ist, wo die lett. Sprache einen Hiatu duldet. §. 130.

\*\*) Im Volkslied und local findet sich dieser Endvocal oft noch heute.

ferner: *nŏ-waddu*, Acc. S. von *nŏwads*, Gebiet, √ *wad*, wie man schreibt *at-weddu*, ich führte her; *na-baggi*, Nom. Pl. von *na-bags*, Bettler, √ *bag*; cf. *bagg-āts*, reich.

Andererseits werden als Composita richtig ohne Verdopplung geschrieben: *da-būt*, bekommen, (Praepos. *da* + Verb. *būt*), *na-bags* und *u-bags*, Bettler, (Negation + √ *bag*, cf. *bagg-āts*, reich); *ap-iuschi* (Pl.), Halfter, (Praepos. *ap*, um, + *āufs*, Ohr); *sa-karnis*, Baumwurzelstock, (Praepos. *sa*, zusammen + √ *kar*, cf. *ke'rt*, fassen); *pa-gale*, Holzscheit; *ne-dēla*, Woche, urspr. Sonntag, welchen Doppelsinn noch heute das ltth. *ne-dēla* und das poln. *nie-dsiela* hat *) (Negation + altpreuß. *dyla*, slav. дѣло, Werk, Arbeit); *pa-kausis*, Nacken, (Praepos. *pa*, unter + *kausis*, Schädel); *pa-kal*, hinter, ltth. *pa-gal* (Praepos. *pa* + *ga'ls*, Ende); *ne-gi* = lat. *ne-que*; *nu-le*, so eben; *je-le*, doch; nicht, wie es sonst üblich ist, *dabbūt, nabbags, ubbags, appauschi, sukkarnis, paggale, neddela, pakkausis, pakkal, neggi, nulle, jelle*.

> Anmerk. Nach allem Obigen bedarf es keiner weiteren Regeln, wann und wo Verdopplung und Nichtverdopplung eines Consonanten innerhalb der Flexion eines und desselben Wortes mit einander wechselt, denn es ist von selbst nun klar, dass der Genit. S. von *labs*, gut, heißen muss: *labba*, nicht *laba*, und umgekehrt der Nomin. S. masc. zu *labba*: *labs* und nicht *labbs*; das Praes. von *smelt*, schöpfen: *smelu*, nicht *smellu*, und der Infinitiv zu *smelu*: *sme'lt*, nicht *smellt*.

## 2. Schwächung der Endsylben.

§. 138. Wie sich im Lauf der Zeit der Hauptaccent auf der Wurzelsylbe des Wortes (und im Lettischen ist dieses immer die erste) festgesetzt hat, und in Folge dessen das Gewicht dieser ersten Wortsylbe gewachsen ist, hat nach dem Gesetz der Compensation das Gewicht der folgenden und namentlich der Endsylben abnehmen müssen. Im Mittelhochdeutschen ist dadurch die Schwächung fast aller Endsylbenvocale zu tonlosem oder stummem e oder gar die völlige Aus- oder Abwerfung derselben bedingt gewesen; im Lettischen finden wir einen ähnlichen Process, der aber nur durchaus nicht so weit vorgeschritten ist, als im Deutschen. Die Schwächungen beschränken sich in der Regel auf die etwa von *a* zu *i* oder *e* oder auf Kürzungen von Vocallängen. Nicht selten sind Vocale ganz verloren gegangen. Die früher allgemeinere Existenz derselben lässt sich aber meist noch heute in den Grenzen des Lettischen nachweisen.

---

*) kslav. неделя hat lediglich die Bedeutung Sonntag.

sei es in der Volkssprache, in den Dialecten, in den Liedern,
oder in allgemein giltigen aber vereinzelten Formen, wo jene
Vocale sich unter dem Schutz von weiteren Suffixen oder andern günstigen Umständen erhalten haben. In jedem Fall liefert den Nachweis der Verluste und bildet die sichere Brücke
zu den Urformen das Litthauische.

### a. Eigentliche Schwächung und Kürzung der Endsylben-vocale.

§. 139.  Die Vocale der Endsylben sind im eigentlichen
Sinn des Worts geschwächt (§. 86) oder aber verkürzt worden,
namentlich (um nur das Wichtigste zu erwähnen), in folgenden Fällen:

1) im Genitiv Sing. aller männl. a- und ja-Stämme.
Hier erscheint als Vertreter des Stammvocals (ă) und des Casussuffixes (ă) kurzes a für älteres á (= ă + ă), ltth. ō, urspr.
contr. aus -a-(sj)a, cf. griech. -ov f. -o-(σι)o (§. 331): wi'lkă, des
Wolfes, ltth. wilko; selă; des Weges; sapăd, des Traumes. Die
einzigen Spuren der ursprünglichen Länge finden sich unter
dem Schutze des Accents in den einsylbigen Pronominalformen
bewahrt: tá, istius, ká, (ká), cujus; iu einzelnen Redensarten
sogar auch tō, kō (§§. 379. 386).

2) im Genitiv Sing. aller weibl. a- und ja-Stämme.
Hier entspricht heutiges -a-s älterem -á-s, ltth. -o-s, griech. -ā́-ς,
-η-ς; cf. rŭk-a-s, der Hand, ltth. rank-o-s; fina-s, der Kunde.
Die Länge erscheint noch heute in den einsylbigen Formen: tás,
der, istius, schás, dieser, hujus, und unter dem Schutz des Reflexivsuffixes im Genit. der Substant. reflexiva, cf. káuschand-s,
des einander Prügelns (§. 331).

3) im Nominat. Plur. der Feminina, wo aus der Contraction des Stammauslautes (-a, -ja, -i) mit dem Casussuffix
-as ein langer Vocal entspringen müßte, wie er im Litth. noch
sich zeigt. Im Lett. aber ist er kurz, cf. rŭkas, Hände, f. rŭk-
a-as, ltth. rankos; fāles, Kräuter, f. fál-ja-as, ltth. zolės; azzis,
Augen, f. azz-i-(a)s, ltth. akys (§. 334). Dagegen cf. die Länge
der einsylbigen Formen: tás f. ta-as, ltth. tos, lat. istás; schás,
hae (§. 380), oder unter dem Schutz des Reflexivsuffixes die
Länge in dem Nom. Plur. fem. Partic. Praes. II. Medii: -damás
f. -dama-a(s)-s(a), z. B. mafgádamás, sich waschend von Weibern
in der Mehrzahl (§. 469).

4) in dem Accusat. Plur. aller *a*-, *ja*- und *i*-Stämme. Hier müfste der Stammvocal lang sein in Folge der Verschmelzung mit dem Nasal des Casussuffixes, aber er ist, sogar schon im Litth., kurz, cf. *wi'lkus* f. *wi'lka-ns*, lupōs; *sapnus* f. *sap-nja-ns*, Träume; *rukas* f. *ruk-a-ns*, Hände; *meles* f. *mel-ja-ns*, linguās; *si'rdis* f. *si'rd-i-ns*, Herzen. Aber dagegen cf. die Länge in den einsylbigen Formen: *tōs* f. *ta-ns*, istōs, *tās* f. *ta-ns*, istās (§. 336).

5) im Genit. Plur. aller Stämme: *-ŭ*, wo das ursprüngliche Casussuffix *-(s)dm* entweder *ŭ*, oder doch wenigstens *ŭ*, wie sich im Litth. noch findet, erwarten liefse, cf. *wi'lkŭ*, luporum, ltth. *wilkŭ*; *rukŭ*, der Hände, ltth. *rankŭ*. Aber dagegen cf. *tō* f. *tā-(s)dm*, istorum; *schō* f. *sja-(s)dm*, horum (§. 338).

6) in der Flexion der vier Subst. fem. pluralia tantum auf *-us*, das aus *-awas* contr. ist: *pelus* f. *pelawas*, Spreu, *raggus* f. *raggawas*, Schlitten, *dsirnus* f. *dsirnawas*, Handmühle, *waschus* f. *waschawas*, Borkschlitten; Gen. Plur.: *pelu* f. *pelawu*, Acc. Pl. *pelus* f. *pelawas*. Nur im Dat. (Instrum.) und Locativ finden sich Längen (-*ŭm*, -*ŭs*), aber nicht in Folge der Contraction, sondern, wie man annehmen mufs, in Folge des durchgängigen Characters eben dieser zwei Casus.

7) in der Flexion der definiten Adjectiva. Hier sind alle die in Folge der Einsylbigkeit und des starken Tones sonst langen Vocale des suffigierten Pronom. demonstrat. *jis* aufser dem Locativ Sing. und Plur. und dem Dat. Plur. gekürzt (falls nicht eine Contraction mit dem Stammauslaut des Adj. eintritt cf. §. 354), weil der Ton von dem Pronomen weg auf die Wurzelsylbe des Adj. übergegangen ist.

| | | |
|---|---|---|
| Masc. Sing. | Acc. *jŏ* wird am Adj. zu -*ju*. | |
| - - | Genit. *jā* wird am Adj. zu -*ja*. | |
| Masc. Plur. | Nomin. *jĕ* wird am Adj. zu -*ji*. | |
| - - | Acc. *jŏs* wird am Adj. zu -*jus*. | |
| - - | Genit. *jŏ* wird am Adj. zu -*ju*. | |
| Fem. Sing. | Nomin. *jā* wird am Adj. zu -*ja*. | |
| - - | Acc. *jŏ* wird am Adj. zu -*ju*. | |
| - - | Genit. *jās* wird am Adj. zu -*jas*. | |
| Fem. Plur. | Nomin. }  *jās* wird am Adj. zu -*jas*. | |
| - - | Accus. } | |
| - - | Genit. *jŏ* wird am Adj. zu -*ju*. (Cf. §. 353). | |

8) in dem Accusat. Sing. der Personalpronomina (ächte Schwächung von *a* zu *i*): *mani*, mich, *tewi*, dich, *sewi*,

sich, für urspr. *mana, tawa, sawa*. In der Mitte stehen die ltth.
Formen *manę, tawę, sawę*. (Cf. §. 874).

9) in der 1. und 2. Pers. Plur. Praes. der Verba Cl.
I—III., V., X—XII., wo vor dem Bindevocal eine Dentalis
vorhergeht. Hier schwächt sich im Volksmund der Bindelaut
*a* zu *i*. Cf. *nessim* neben *nessam*, wir tragen (I); *sertim* neben
*sertam*, wir hauen (II); *aunim* neben *aunam*, wir bekleiden (die
Füsse) (III); *kliftit* neben *kliftat*, ihr irret umher (V); *finit*
neben *finat*, ihr wisset (X); *darit* neben *darat*, ihr thuet (XI);
*redfit* neben *redfat*, ihr sehet (XII) (§. 406). Local kommen
sogar Formen vor wie *redfi'ms*, neben *redfa'ms*, Partic. Praes.
Pass., der gesehen wird; *dfi'rdi'ms* neben *dfi'rda'ms*, der gehört
wird (§. 478).

10) im Nom. Sing. masc. der Partic. Praet. Act.
dessen Endung -*is* für -*i-ns* oder noch älteres *a-ns-s* steht, ltth.
*ęs* (d. i. *ens*), cf. *weddis*, der geführt hat, litth. *wedęs*, (§§.
472. 473).

11) im Infinitiv Medii, wo die durch Kürzung des Reflexivsuffixes nothwendige Steigerung der Endung -*ti-s* (eben
für *ti-s(a)*) in Folge der geringen Betonung zu der leichteren
Form -*ti-s* im Volksmund oft zurückkehrt, cf. *mafg-i-ti-s*, sich
waschen, *kau-ti-s*, sich schlagen, f. *mafg-i-ti-s, kau-ti-s* (§. 459).

12) in der 3. Pers. (Sing. und Plur.) Praeteriti, wo
das Classensuffix oder der Auslaut desselben -*a* nirgends und
niemals ganz verloren geht, nach Dentalen aber nicht selten im
Volksmund so kurz und stimmlos wird, daß es dem Ohr der
Deutschen als ein *e* erschien (cf. hebr. Schwa). Die Schreibung
bewahrt besser das *a: wedda*, nicht *wedde*, er führte, *metta*,
nicht *mette*, er warf, *nessa*, nicht *nesse*, er trug. Die Schwächung
und Abstumpfung des *a* ist hier ebenso durch die assimilierende
Kraft der Dentalis befördert (nicht hervorgerufen, cf. §. 120
Anmerk.), als in anderen Fällen namentlich vorhergehende Gutturalen den etwa schwächenden Einfluß des Wortaccentes pa-
ralysieren, cf. *nika*, er gieng zu Grunde, *diga*, es keimte, aber
niemals *nike, dige*.

13) Nach Analogie von Punkt 12) kommt es auch vor,
daß im Nomin. (und einzelnen andern Casus) der weiblichen
*a*-Stämme, wiederum namentlich nach Dentalen das *a* ver-
stummt und sich zu *e* schwächt. Cf. *meita* lautet fast wie *meite*,
Mädchen, Nom. Pl. *meitas*, wie *meites*; *waina*, wie *waine*, Schuld.

(Büttn. 2104.); *maltuwa*, wie *maltuwe*, Mahlkammer (B. 1633); *sénala* wie *sénele*, Hülse (B. 1824). Die Schrift muß das *a* bewahren.

Anmerk. Von all diesen Kürzungen und Schwächungen sind nur die sub Punkt 9. 11. 12. und 13. bemerkten nicht in der Schriftsprache giltig.

## b. Auswerfung oder Abwerfung der Endsylbenvocale.

§. 140. Ganz verloren gegangen sind Vocale aus den Endsylben namentlich in folgenden Fällen:

1) der Stammauslaut *a* im Nom. Sing. der männl. a- und nicht contr. *ja*-Stämme, der im Litth. zwar auch nicht mehr gesprochen, aber doch allgemein noch geschrieben wird (Schleicher P. 82). Cf. *diws*, Gott, f. *diw-a-s*, ltth. *déw-a-s*; *pilns*, voll, ltth. *piln-a-s*; — *ze'lsch*, Weg, f. *zel-ja-s*, ltth. *kel-iu-s*; *nesséj's*, Träger, f. *ness-éja-s*, litth. *ness-eja-s*. In Fällen, wo das *a* nicht blos Stammendung, sondern auch Wurzelvocal ist, beharrt es selbstverständlich, cf. *ta-s*, der; *ka-s*, wer.

Aber auch außerdem giebt es im Lett. zahlreiche Spuren jenes *a*, wenn gleich nicht in dieser, sondern in der geschwächten Gestalt *i*, namentlich

a) wo der gänzliche Ausfall kakophonisch wäre, also bei gewissen Consonantenverbindungen, z. B. wenn dem Nominativ-Character -*s* vorhergeht: *s, f, fch, sn, fn, sl, tn, tr, dr, pn, pr, (m)br, (n)gr, rkl* u. s. w. Cf. *wis-i-s*, Gast, f. *wis-a-s*; *kumûs-i-s*, Bissen, f. *kumûs-a-s*; *milf-i-s*, Riese, f. *milf-a-s*; *paksch-i-s*, Norke (?), f. *paksch-a-s*; *tais-ni-s*, gerecht, f. *tais-na-s*; *res-ni-s*, dick, f. *res-na-s* *); *gref-ni-s*, schön, f. *gref-na-s*; *krés-li-s*, Stuhl, f. *krés-la-s*; *put-ni-s*, Vogel, f. *put-na-s*; *ka-tri-s*, welcher oder jeder von beiden, f. *ka-tra-s*; *ô-tri-s*, der andere, f. *ô-tra-s*, ltth. *an-tra-s*; *bid-ri-s*, Genosse, f. *bid-ra-s*, ltth. *bendra-s*; *gud-ri-s*, klug, f. *gud-ra-s*; *lep-ni-s*, stolz, f. *lep-na-s*; *stip-ri-s*, stark, f. *stip-ra-s*; *stemb-ri-s* oder *stib-ri-s*, Halm, Rohr, f. *stemb-ra-s* oder *stib-ra-s*; *sting-ri-s*, starr, steif, f. *sting-ra-s*; *ar-kli-s*, Pflug, f. *ar-kla-s*, u. s. w. Die Schrift übrigens läßt solches *i* in der Regel weg und mit Recht, denn es wird dadurch einer Verwechslung dieser ächten *a*-Stämme mit den contr. *ja*-Stämmen (Nom. -*i-s*) vorgebeugt, und die Kakophonie hebt sich von selbst

---

*) Cf. §. 22, d. darüber, daß dieses aus *a* geschwächte *i* keinen umlautenden Einfluß auf vorhergehendes *e* ausübt.

durch unwillkürliche Einschiebung eines Hilfslautes. Wichtig
ist aber zu beachten, daſs das *i* in *gudris* u. s. w. keinesweges
ein bloſs euphonisches Element ist, sondern als Vertreter von
*a* ein uraltes etymologisches Recht hat.

b) unendlich oft im Volksliede, wiederum keinesweges
als euphonischer oder gar nur als Flick-Laut, cf. *diwis*, Gott
(B. 199); *tádis krúmis*, ein solcher Strauch (B. 255); *nabagis*,
Bettler (413); *wiris*, Mann (577); *silis*, Marquard (1228);
*si̇̀mtis*, hundert (593); *délis*, Sohn (49); *gárdis*, lecker (123);
*manis*, mein (118); *tikkumis*, Tugend (623); *addijumis*, das Ge-
strickte (1736); Part. Praes. Act. II: *runádamis*, redend (51);
*skáitídamis*, zählend, *ráudádamis*, weinend; Partic. Praes. Pass.:
*ráujamis*, der gezogen wird (628); Part. Praet. Pass.: *lizitis*,
gebogen (408); *sukkátis*, gekämmt (620); *pitis*, geflochten (1853);
— *weddéjis*, Führer (1717); *welétájis*, Wünscher, Gönner (619);
*arajinis*, Pflügerchen (5); *ménesninis*, Mondchen (1), u. s. w.

c) im Partic. Praes. Medii II., wo das *i* sogar zu *i*
gesteigert erscheint (§. 134, 5, b.): *gérb-damî-s*, sich ankleidend,
f. *gérb-dama-(s)-s*, durch Vermittlung von *gérb-dami-(s)-s*.

2) der Stammauslaut *i* (für *ja*) im Nomin. Sing.
mancher männl. contr. *ja*-Stämme, wo nämlich der vorhergehende Consonant (z. B. *t, n, s, l*), sich leicht an das Nominativ-Suffix *-s* anschlieſst. Die Schrift muſs bei Subst. richtiger das *i* beibehalten, um Verwechselung dieser contr. *ja*-
Stämme mit den *a*-Stämmen zu verhüten. Cf. *wdsltis*, Deutscher, lautet fast wie *wdzîts*; *prawîtis*, Prophet, fast wie *pra-
wîts*; *zeppetis*, Braten, wie *zeppets*. (Nur in gewissem Sinn gehört die Endung des Nom. Sing. masc. des Partic. Praes. Act. 1
*-ûts* und Futur. Act. *-schûts* hierher, denn es scheint, daſs die
Stammerweiterung *-i* (oder *-ja*) erst in den übrigen Formen geschehen ist (cf. Schleicher kslav. Gramm. P. 164. 165). So wird
auch niemals *-ûtis* oder *-schûtis*, sondern stets nur *-ûts* und
*-schûts* geschrieben). — *áugûnis*, Geschwür, wie *áugûns*; *mirûnis*,
Todter, Leichnam, wie *mirûns*; *ménesis*, Monat, wie *méness*;
*krettulis*, Sieb, wie *krettuls*; *ábúlis*, Apfel, wie *ábûls*; *kamúlis*,
Knäuel, wie *kamûls*.

3) der Stammauslaut *i* im Nomin. und Genitiv
Sing. der weibl. *i*-Stämme, cf. *si̇́rd-s*, Herz, f. *si̇́rd-i-s*, ltth.
*szird-i-s*; *ass*, Auge, f. *ass-i-s*, ltth. *ak-i-s*. Genit.: *si̇́rd-s* f.

*sïrd-i-s*, ltth. *ssird-ĕ-s*; *azs* f. *azz-i-s*, ltth. *ak-ĕ-s*; (cf. auch das Masc. *pat-s*, ipse, f. *pat-i-s*, §. 384).

4) der Stammauslaut -*a* im Vocativ Sing. der männlichen *a*-Stämme (Nom. propr.) und der männlichen und weibl. uncontr. *ja*-Stämme (Deminutiva): *Kristup(a)!* Christoph! *Jēkab(a)!* Jacob! (Adolphi in seiner Grammatik, 1685, führt noch Formen wie *Jēkuba!* au); *Mārtin(a)!* Martin! auch *tēm(a)!* Vater! *kalēj(a)!* Schmidt! *ku'ndfin(a)!* Herrchen! Feminin.: *sï'rsnin(a)!* Herzchen! *awitin(a)!* Schäfchen!

Nicht selten zeigt sich aber im Volkslied eine Spur des Stammauslautes -*a* in geschwächter Form, sei es als -*i* oder als -*u*; cf. *Krïwi!* Russel (Büttn. 298); *dēli!* Sohn! (B. 1801. 1810); *wēji!* Wind! (2729); *mēnesnini!* Mondchen! Femin.: *dïti!* Schaaf! *mdmi!* Mutter! (2730). — *tēwu!* Vater! (Gr. Essern; cf. §. 120, d. über den assimilirenden Einfluß des *w* auf *a*); *manu wainadfin(u)!* mein Kränzchen! (2318. 2725); *mann kumelinu!* mein Röschen! (1143. 1243); *mann mihu bdlelinu!* mein liebes Brüderchen! (2159; cf. 1044); *puisit' difchu! puisit' maggu!* großer Knabe, kleiner Knabe! (1233); *dēlinu!* Söhnchen! (1192); *diwini!* Gottchen! (1273).

Im Vocativ der contr. *ja*-Stämme fällt *i* (oder *e*) (d. i. *ja*) oft ganz ab, cf. *brāl'(i)!* Bruder! f. *brāl-ja*; *brālit(i)!* Brüderchen! f. *brālitja*; *pukkit(e)!* Blümchen! — oder schwächt sich zu *e*, z. B. in den Eigennamen: *Janne!* Johann! f. *Janni* v. *Jannis*; *Jēse!* Jacob! neben *Jēsi!* v. *Jēsus*. Umgekehrt wandelt sich das aus *ja* entstandene *e* der Feminina zuweilen in *i*: *mdsi!* Schwester! neben und für *mdse* (*mdsa*)! (B. 2729. 2770. 2771. 2772). Alle diese Verstümmelungen der Vocativ-Endung außer der Abwerfung des *a* sind nicht schriftgemäß.

5) der Stammauslaut -*a* in dem Nomin. Plur. der männl. *a*- und *ja*-Stämme vor dem Casussuffix -*i*: *wi'lki*, Wölfe, f. *wi'lk-a-i*, litth. *wilkai*; *zeli*, Wege, f. *zel-ja-i*, ltth. *kelei* f. *kel-ia-i*; *firni*, Erbsen, f. *firn-ja-i*, ltth. *zirnei* f. *zirn-ia-i* (§. 335). In den einsylbigen Pronominalformen hat der Ausfall nicht geschehen können, ohne einen Ersatz in der Steigerung des -*i* zu fordern: *tē*, isti, f. *ta-i*; *schē*, hi, f. *scha-i*; (*jē*, ii, ei, f. *ja-i*).

6) der Stammauslaut -*a* vor dem Suffix -*i* in den Adverbien: *labb-i*, gut, f. *labb-a-i*; *jduk-i*, heiter, f. *jduk-a-i*; *laimig-i* f. *laimiga-i*, glücklich (§. 526). In einzelnen Fällen ist

das volle -*ai* erhalten, cf. *tikkái*, nur, *ládái*, so, u. s. w. (§. 395.
396). So im Litth. stets, cf. *gerai*, gut. In andern Fällen, die
aber nicht sehr zahlreich siud, ist mit dem *a* auch das *i* abgeworfen: *maf*, wenig; *drif*, schnell; *aplam'*, unbesonnen; *pérn'*,
im vorigen Jahr; *fchél*, leid: *sen'*, längst; *warcn'*, stark; *wél'*,
noch; *patt'*, selbst; *win'*, uur, u. s. w.

7) der Auslaut des Charactersuffixes Dativi Sing.
masc. -*mi*: *kunga-m*(i), dem Herrn; *zela-m*(i), dem Wege; *sapni-
m*(i), dem Traum; *ti'rgu-m*(i), dem Markt. Spuren dieses *i* haben
sich aufser im Litth. auch im lett. Volkslied erhalten, cf. *jáuna-
mi*, jungem; *brdla-mi*, dem Bruder (§. 333).

8) Die indeclinabeln Formen der Cardinalzahlen 2, 4 — 10,
100 und 1000 haben die Casussuffixa (resp. mitsammt dem
vocalischen Stammauslaut) total abgeworfen: *diw'*, zwei; *tschetr'*,
vier; *pis'*, fünf; *sesch'*, sechs; *septin'*, sieben; *astún'*, acht; *de-
win'*, neun; *desmit'*, zehn; *si'mt'*, hundert; *túkstúsch'* (f. *túkstúti*),
tausend (§§. 358 seqq.).

9) der Auslaut -*a* der Verbalstämme, genauer gesagt: der Classensuffixa, oder resp. das Classensuffix
selbst vor dem Suffix der 2. Pers. Sing. -*i* im Praes.
von Cl. I—III. V. X—XII. und im Praeterit. aller Clas-
sen. Cf. *metti*, du wirfst, f. *mett-a-i* (I); *skríni*, du läufst, f.
*skrí-na-i* (III); *niksti*, du gehst zu nichte, f. *nik-sta-i* (V); *sa'rgi*,
du hütest, f. *sa'rg-a-i* (X). Im Praes. Cl. IV. findet dasselbe
Statt, nur dafs aufserdem noch das *j* des Classensuffixes -*ja*
und das Personalsuffix -*i* mit einander zu *i* verschmelzen (§.
128, c.): *gláb-i*, du rettest, f. *gláb-ja-i*. Ebenso im Litth. — In
Cl. VI—IX. findet sich an dieser Stelle eine anderweitige Contraction, cf. §§. 411 seqq.

Praeterit: *sitti*, du schlugst, f. *sitt-a-i* (I); *pi'rki*, du
kauftest, f. *pi'rk-a-i* (II); *pratti*, du verstandest, f. *pratt-a-i* (III);
*glábi*, du rettetest, für *gláb-a-i* (IV); *jáji* du rittest, f. *já-ja-i*
(IV); *niki*, du giengst zu nichte, f. *nik-a-i* (V); *mafgáji*, du
wuschest, f. *mafg-ája-i* (VI): *mázéji*, du verstandest, f. *máz-éja-i*
(XII). Das ltth. Praeterit. hat das *a* bis heute bewahrt: *suk-a-i*,
du drehtest; *jessk-oje-i*, du suchtest (§. 423).

10) der Auslaut der Classenzeichen von Cl. VI
bis IX (*ája, íja, ija, éja*) -*a* in der 2. Pers. Plur. Praes.
Med., cf. *mafgáj'tis*, ihr waschet euch, f. *mafg-ája-tl-s*; *wél-
éj'tis*, ihr wünschet euch, f. *wél-éja-tl-s*. Die Mittelstufen sind

Schwächungen des *a* zu *e*, also: *mafgájetis* u. s. w. Aehnliche Kürzung findet sich im Partic. Praet. Act. derselben Classen, wie auch Cl. X—XII: *mafgáj's*, der gewaschen hat, f. *mafgájis*, besonders in denjenigen Flexionsformen, die noch um eine Sylbe wachsen, z. B. Nom. Sing. fem. *mafgáj'(u)si*, Nom. Plur. masc. *mafgáj'(u)schi* (§. 474. Anm.)

11) der Auslaut -*a* der Verbalstämme, genauer gesagt: der Classensuffixa, oder resp. das Classensuffix selbst, in der 3. Pers. (Sing. und Plur.) Praes. Cl. I—V. XII., bedingt durch den vorher in allen Temporibus und Modis geschehenen Untergang des Personalsuffixes der 3. Pers. (-*t*), welches beharrend auch die Existenz des vorhergehenden Vocals geschützt hätte. Das Personalsuffix (-*t*) ist bereits in sehr alter Zeit abgefallen und hat sich nur noch in einer einzigen Form (*l-t*, er geht, oder: sie gehen) erhalten. Der Abfall des vorhergehenden Stammauslautes beginnt in viel jüngerer Zeit, wie die zahlreichen Fälle im Volkslied und alle die entsprechenden Medialformen beweisen, wo das *a* beharrt (cf. hierüber §§. 418 seqq.). Die litth. Schrift bewahrt das *a*, die Aussprache hat es aufgegeben (Schleicher P. 80). Beispiele: *áug'-(a)*, er wächst (I); *re'lk'-(a)*, er zieht (II); *prilt'-(a)*, er versteht (III); *skrt-n(a)*, er läuft (III); *gérb-j'(a)*, er kleidet (IV); *smel'(a)*, er schöpft, für *smel-ja* (IV); *ntk-st'(a)*, er geht zu nichte (V); *drebb'-(a)*, er zittert (XII).

In Cl. VI—IX. ist von den Classensuffixen (*ája, új a, ija, éja*) die gemeinsame ganze Sylbe *ja* in der 3. Pers. Praes. abgefallen, wenn man nicht eine Contraction beider Sylben in den ersten langen Vocal hinein lieber annehmen will, cf. *mafgá*, er wäscht, f. *mafg-ája*; *lúkú*, er schaut, f. *lúk-új a*; *tíri*, er reinigt, f. *tir-új a*; *welé*, er wünscht, f. *wél-éja* (§. 419, 3).

In Cl. X. XI. beharrt der Stammauslaut -*a* (§. 419, 4).

Ganz wie die 3. Pers. Praes. verhält sich der Debitiv Passivi, dessen zweite Hälfte eben wieder der pure Verbalstamm ist, keine 3. Pers. Praes. Act., cf. *já-re'lk*, es muſs gezogen werden; *já-mafgá*, es muſs gewaschen werden (§. 457). Analog mit jenen Verkürzungen in der 3. Pers. Praes. ist die in der 3. Pers. Futur. Act., wo das dem untergegangenen Personalsuffix -*t* zunächst vorhergehende -*i* (Char. Potentialis) auch abgefallen und nur der Rest von der Wurzel des Hilfsverbs -*s* stehen geblieben ist, cf. *rak-s-(i)*, er wird graben; *mafg-á-s-(i)*, er wird waschen. Auch in der 3. Pers. Futur. hat das Volkslied und das Medium den sonst verlorenen Vocal bewahrt (§. 444).

12) der Auslaut der Personalsuffixa der 1. und 2. Pers. Plur.: -me oder -mi, urspr. -ma, und -te oder -ti, urspr. -ta, so daß jenes jetzt in der Regel -m, dieses -t lautet. Cf. prut-a-m, wir verstehen; prut-a-t, ihr verstehet. Ebenso im Litth., obschon die Schrift noch -me, -te zeigt (Schleicher P. 80). Die ursprünglichen Formen sind erhalten in ei-ma, wir gehen, ei-ta, ihr gehet. Die Mittelformen -me, -mi, -te, -ti finden sich zahlreich noch im Volkslied und regelmäßig im Medium (§§. 408. 415. 427).

13) Das Personalsuffix in der 2. Pers. Sing. Imperat. -i fällt in Cl. I—IV. nebst dem Stammauslaut um so leichter ab, je stärker gerade im Imperativ bei der Energie des Befehlens der Accent auf der Wurzelsylbe liegt; cf. mett(i), wirf (I); we'ls(i), zieh (II); prut(i), versteh (III); kamp(i), greif; put(i), blas'; brauc(i), fahr' (IV) (§. 450).

14) der Auslaut des Infinitivsuffixes -ti überall, außer im Medium und im Volkslied; cf. rak-t(i), graben; mazg-á-t(i), waschen (§. 459). Im Litth. schreibt man das i noch, spricht es aber nicht mehr aus (Schleicher P. 81).

15) der Auslaut des Reflexivsuffixes in allen Medialformen. Das urspr. -sa, geschwächt -si, kommt nur noch dialectisch und im Volkslied vor (§§. 426 seqq.), in der Regel erscheint der Consonant -s allein: cf. mettú-s, ich werfe mich; 2. P. mettí-s, 3. P. mettá-s oder mettá-s; Pl. 1. P. mettami-s, 2. P. mettatl-s. Im Litth. ebenso (Schleicher P. 232).

16) die Flexions-Endungen und vocalisches Stammauslaute der Participia, wo diese sich in Gerundien wandeln. Das geschieht bei dem Partic. Praes. Pass. auf -am(a)-s, das als Gerundium (mit activer Bedeutung) die Endung -am zeigt, cf. essam, seiend, selten (im Volkslied) noch mit einem geschwächten Stammauslaut -i für -a: -ami f. -ama; cf. uf-aug-ami, aufwachsend. Ferner beim Partic. Praes. Act. I. und Fut. Act., wo die Endungen -ut(i)-s und -schut(i)-s sich in -ut und -schut kürzen; cf. essut, seiend; bischut, sein werdend. Ueber die weiteren Kürzungen oder Verstümmelungen beider letzteren Participialendungen in -us, -schus, oder gar in -u, -schu, und über die Schwächung der Endung

-*it* (d. i. -*ant*) zu *it* (d. i. -*int*) cf. die ausführliche Darstellung §§. 464. 477.

17) Nächst den letztangedeuteten Verstümmelungen von Eudsylben giebt es im ganzen Bereich der lett. Sprache keiue gröfsere mehr, als vielleicht die in der Flexion des Praes. Conditionalis, wo das Personalsuffix und der Moduscharacter, ja auch das Casussuffix des Supinstammes untergegangen ist, und nur der Supinstamm des Verbi selbst und, in Kurland wenigstens, in der 1. u. 2. Pers. Plur. auch noch ein Rest der Personalsuffixa sich erhalten hat. Merkwürdigkeits halber stellen wir hier die heutigen und die Urformen, z. B. von *rakt*, kurz neben einander und verweisen auf die ausführliche Erörterung in §§. 448 seqq.

Condition. Praes. Sing. 1. P. *rak-tu* f. *rak-tu-m-bia-u*.
- - - 2. P. *rak-tu* f. *rak-tu-m-bia-i*.
- - - 3. P. *rak-tu* f. *rak-tu-m-bi*.
- - Plur. 1. P. *rak-tu-m* (Kurl.) f. *rak-tu-m-bi-me*; *rak-tu* (Livl.).
- - - 2. P. *rak-tu-t* (Kurl.) f. *rak-tu-m-bi-te*; *rak-tu* (Livl.).
- - - 3. P. wie im Sing.


## Zweites Kapitel.

### Hinzufügung, Wegwerfung, Umstellung von Lauten.

#### I. Hinzufügung.

##### 1. Anfügung eines Anlautes (Prothesis).

§. 141. Euphonische Prothesis eines Vocales giebt es im Lettischen nicht. Von Consonanten findet sich im Aulaut vorgeschoben namentlich: *s* oder *w*, vielleicht auch *k* und *g*.

1) *s*, namentlich vor den Mutis *k*, *t*, *p*, *w*. Cf. *stipt*, = *tipt*, recken, strecken, litth. *tempti*; *s-kab-r-s*, splitterig, √ *kab*, cf. litth. *kabēti*, hangen; *s-kara*, Lumpen, √ *kar*, cf. *kart*, hangeu; *s-túp-lis* (Stend.) neben *túp-lis*, Gesäfs, cf. *tuppēt*, hocken; *s-weik-s*, gesund, neben *weik-ti-s*, gedeihen. Besonders häufig findet sich dieses *s* in Entlehnungen der relativ jüngeren Zeit: *S-prissis*, neben *Prissis*, Fritz; *s-preddikis*, Predigt; *sch-kčde*

(Stend.), neben *kéde*, Kette. — Analog ist im Griechischen: σμιχρός = μιχρός, klein; σγάλλω = βάλλω, ich werfe.

2) *w*. Cf. *w-ins*, einer, skr. *éna*; *w-i'nsch*, jener, f. *w-in-ja-s*, ein Compositum aus den beiden Pronominalstämmen *ana* und *ja*; *w-érkulis* (Lange) neben *érkulis*, Spindel; *w-ara-wiksne*. Regenbogen, eig. Luftgeflecht, Luftband, cf. litth. *oro-rykste*, Luftruthe; cf. das lett. *ára*, draussen (Locat.), griech. *ἄηρ* (§. 225); *pa-w-énis*, schattiger, vor dem Winde geschützter Ort, von *éna*, Schatten. In andern Fällen ist das lett. *w* im Anlaut nicht vorgeschoben, sondern stammhaft, wie meistens das griechische Digamma, cf. *wem-ju*, ich vomiere, skr. *vam*, lat. *vomo*, griech. *ἐμέω*; *we'lk-u*, ich ziehe, ksl. *vlaku*, gr. *ἑλκύω*.

3) *k, g*. Bei den hier anzuführenden Beispielen scheint es fraglich, ob wirklich *k, g* vorgeschoben, oder ob nicht vielmehr wurzelhaftes *k, g* abgeworfen sei. Cf. *krezsét* = *ressét*, gerinnen; *krunka* = *runka*, Falte, cf. *rukt*, in Falten sich zusammenziehen; *knést* = *nést*, Freq. *ni'sét*, jucken; *knédét* = *nédét*, nieten; *kláips*, Laib (Brod); *kwischi*, Weizen; *gríst*, schneiden, litth. *ré:ti*; *graifes* (Pl.) = *raifes*, Leibschneiden oder Seelenkummer; *gnéga* = *néga*, der mit langen Zähnen isst.

## 2. Anfügung eines Auslautes (Paragoge, Epithesis),

§. 142. kommt selten vor (cf. §. 135. §§. 138 seqq.), und wenn, so nur, ohne dafs ein allgemeines Gesetz zu Grunde liegt. Die Meinung, dafs die zahlreich im Volkslied sich findenden, sonst ungewöhnlichen Endsylbenvocale willkürliche Zuthaten seien, wird an hundert Stellen vorliegenden Werkes gründlich widerlegt. Es sind in der Regel treu bewahrte Spuren der urspr. vollständigeren Flexions- oder Derivationssuffixa. Doch giebt es ausnahmsweise auch einzelne unorganische Erweiterungen. Dazu gehören in gewissem Sinn die Locativ-Endungen *-aja, -eja, -ajai, -eji, -aju, -eju* u. s. w. im Volkslied, cf. *wakkaraja*, Abends, f. *wakkar-a-i*; *ka'lnineja*, auf dem Hügel, f. *ka'lninja-i*; *Rigajai*, in Riga, f. *Rig-a-i*; *uppeji*, im Flufs, f. *upp-ja-i*; *pakalaju* hinten, f. *pakal-ja-i*; *teju*, da, f. *ta-i*; *ka'lnineju*, auf dem Hügel, f. *ka'lninja-i*. Uebrigens herrscht auch hier nicht reine Willkür, wenn man bedenkt, dafs das alte Locativsuffix -i im Litth. in gewissen Stammklassen sich regelmäfsig zu *-je* erweitert hat. Hierzu das Analogon liegt in jenen lett. Locativ-Endungen (§. 330).

Ueber die merkwürdigen Erweiterungen (wenn es solche sind) von *ir*, ist, zu *ira, irdid, iraidas, iraidan* ef. §. 421.

### 3. Einschaltung eines Lautes (Epenthesis).

§. 143. Selten werden Vocale aus euphonischen Gründen eingeschoben.

1) Nothwendig sind sie zuweilen zwischen Wurzelsylbe und Derivationssuffix bei gewissen schwereren Consonantenverbindungen. Gewählt wird dann zur Einschiebung nur entweder der leichteste der Urvocale *i*, oder das noch leichtere tonlose *e*, z. B. vor -*niks*, ef. *da'rb-i-niks*, Arbeiter; *gudr-i-niks*, Klägling; *gréz-i-niks*, Sünder; *krödf-i-niks*, Krüger; *pusch-e-niks*, Hälftner; *dump-e-niks*, Aufrührer; *wi'lt-e-niks*, Betrüger. Bei gewissen leichteren Conson.-Verbindungen bedarf es des Zwischenlautes nicht, z. B. bei *d-n, t-n, (r)s-n, (r)f-r, r-n, m-n*, cf. *pud-niks*, Töpfer; *wit-niks*, Stellvertreter; *wi'rs-niks*, Befehlshaber; *darf-niks*, Gärtner; *mur-niks*, Maurer; *fe'm-niks*, Landmann (§. 218).

Ebenso vor -*kla*, -*klis*: *wedd-e-kla*, Schwiegertochter; *grab-e-klis*, Harke; *mett-e-klis*, Steuer; *gan-e-klis*, Viehtrift (§. 224).

Ebenso euphonisch ist die Einschiebung von *e* in *sepp-e-t(i)-s*, Braten, f. *sep-t-ja-s*, von dem Partic. Pract. Pass. *sep-t(a)-s*, gebraten, wie das Subst. *bér-i-s*, der Braune (f. *bér-ja-s*), von dem Adj. *bér-(a)-s*, braun.

2) Nicht schriftgemäfs, sondern nur dialectisch (Mittelkurland) ist die Einschiebung eines sehr kurzen leichten *a* zwischen Liquida und folgenden Consonanten bei vorhergehendem kurzen Vocal. Dann lautet *da'rbs*, Arbeit, fast wie *dar*e*bs*; *ma'rzi'nsch*, Pfund, wie *mar*e*zi'nsch*; *kartaws*, Galgen, wie *kar*e*taws*; *kalps*, Knecht, wie *kal*e*ps*; *ga'lwa*, Kopf, wie *gal*e*wa* (§. 58, e). Aehnlich ist das althochdeutsche *aram*, Arm, *wurum*, *vermis*, Wurm. Cf. über eine ähnliche Einschiebung eines kurzen *a* zwischen Muta und Liquida in Nordwestkurland §. 58, b.

Anmerk. Anderer Art ist die Einschiebung des (langen) *i* im Futur. aller einsylbigen Verba (Cl. I—V), deren Wurzelanslaut *t, d, s* oder *f* ist. Cf. *mett-i-schu*, ich werde werfen, f. *meschu* (d. i. *met-schu*); *sudd i-si*, du wirst verloren geben, f. *fassi* (d. i. *sud-si*); *plés-i s*, er wird reifsen, f. *ples-s*; *baf-i-sim*, wir werden stopfen, f. *bassim* (d. i. *baf-sim*), u. s. w. Sie hat weniger euphonischen Grund, als etymologischen. Man hat die Herkunft der Formen nicht unkenntlich werden lassen wollen. So ist der eingeschobene Vocal auch nicht kurz, sondern lang als wie der Character der Cl. VIII und XI., und es

läßt sich in jener Futurbildung ein Anschluß an die Analogie von Cl. VIII.
und XI. erkennen, der sich dialectisch (Livland) sogar in der Praet.bildung
der einsylbigen Verba findet.

§. 144. Viel häufiger als Vocale werden Consonanten
aus euphonischen Gründen eingeschoben *), namentlich folgende:
*s, f, d, t, st, n, sn, k, g.*

1) *s* regelmäßig vor der Charactersylbe der Cl. V.
im Praes., wenn die Wurzelsylbe des Verbi auslautet auf *k, g.
p, b, m, n, l, r*, oder auf einen Vocal (§. 263): *nik-s-tu*, ich
gehe zu Grunde; *dig-s-tu*, ich keime; *pa'mp-s-tu*, ich schwelle:
*gib-s-tu*, ich werde ohnmächtig; *gri'm-s-tu*, ich sinke unter; *at-
si-s-tu*, ich erkenne, f. *at-sin-s-tu*; *di'l-s-tu*, ich schleife mich
ab; *mir-s-tu*, ich sterbe; *pū-s-tu*, ich faule. Ebenso im Litth.
(Schleich. P. 71).

*s* tritt auch in vielen nominalen Derivationssuffixen
einem *t* oder *n* oder *m* u. s. w. vor, oder wird zwischen *k-l,
k-n* u. s. w. eingeschoben. Cf. die Derivat.-Endungen *-st(a)-s*
= *-t(a)-s* (§. 199); *-st(i)-s* = *-t(i)-s* (§. 200); *-sni-s* = *-ni-s* (§.
212); *-sme* = *-me* (§. 232); *-ūksni-s* = *-ūkni-s* (§. 225); *-ūksli-s*
= *-ūkli-s* (§. 225). Ebenso im Litth. (Schleich. P. 71).

Zwischen den beiden Theilen eines Compositi findet sich
*s* z. B. in *gad-s-kárta*, Jahreszeit.

Innerhalb der Wurzel, namentlich vor *k* oder *g* oder
*l*, cf. *tüsk-u*, ich schwelle, Praes. zu *tukt* (III) (*tüskt*??); *drask-át*
= *draschk-ét*, zerreißen, √ *drak*, cf. litth. *su-drik-s-ti*, zerlumpt
werden, Praes. *su-drisk-u*, *drask-yti*, reißen: — *refchg-is*, Geflecht, √ *reg* oder √ *rag*, cf. ltth. *reg-s-ti*, flechten, Praes. *rez̆g-in*;
*mefg(-a)-s*, Knoten, cf. litth. *meg-s-ti*, verknoten, Praes. *mezg-n*;
— *mēsl-ū-tis*, buhlen, spielen, formell = *mēl-ū-tis*, einander bewirthen, beides eigentlich nur: einander lieben, √ *mil*, cf.
*milét*, lieben.

2) *f* scheint hinter den Wurzelauslaut *r* getreten zu sein in
*gûr-f-ét* = *gûf-át*, rösten, cf. russ. ropᴛᴜ, brennen, intr.

3) *d* wird sehr oft bei der Bildung der Verba Cl.
VIII—XII. (*-it, -ét, -elét, -inát*) benutzt, entweder um den
Hiatus zwischen Wurzelauslaut und Derivationsendung zu hin-

_____ _____

*) Es liegt wenigstens nach dem gegenwärtigen Stande der Forschung kein
Grund vor anzunehmen, daß für einzelne der folgenden Beispiele Zwischenbildungen
stattgefunden haben, also die scheinbar euphonisch eingeschobenen Consonanten in
Wirklichkeit irgend welchen Derivationssuffixen angehören.

dern, oder aber um einer Liquida im Wurzelauslaut einen stärkeren Halt zu geben.

Cl. VIII: *wé-d-it*, lüften; *ur-d-it*, urrr machen, rufen.

Cl. XI: *mi-d-it*, treten; *di-d-it*, tanzen machen; *ska`l-d-it*, spalten; *gu`l-d-it*, schlafen legen; *spa`r-d-it*, treten; *dfi`r-d-it*, tränken; *slum-d-it*, stofsen; *plan-d-itis*, sich breit machen.

Cl. IX: *pí-d-ét*, faulen lassen; *dfí-d-ét*, heilen (tr.); *de`l-d-ét*, abnutzen (tr.); *dfe`m-d-ét*, gebären; *re`m-d-ét*, lindern; *mér-d-ét*, zu Tode quälen; *skan-d-ét*, erklingen lassen.

*já-d-elét*, etwas (hin und her) reiten; *skrai-d-elét*, etwas (hin und her) laufen.

Cl. XII: *fchau-d-ét*, trocknen; *mu`l-d-ét*, phantasieren, verwirrt reden; *dim-d-ét*, dröhnen.

C. X: *bai-d-inát*, ängstigen; *dfí-d-inát*, gesund machen; *slu-dd-inát*, bekannt (eig. hören) machen, √ *klu*; *pe`l-d-inát*, schwimmen lassen; *bir-d-inát*, ausrieseln lassen; *dfe`m-d-inát*, gebären; *skan-d-inát*, erschallen lassen.

Analog diesen Fällen giebt es einen einzigen, wo *d* in der Flexion hinter *r* eintritt, nämlich im Praes. des Verb. *wi`rt*, kochen (intr.): *we`r-d-u*.

Aus der Nominalderivation cf. *gur-d-e`ns*, matt, von *gur-t*, ermatten.

Von Compositis cf. *pí-d-rûk-ne* (auch mit Umstellung *pí-d-u`rkne*), Aermel; (*pa-d-uppes* (Pl.), Krebsnester?).

Von Fremdwörtern cf. *dál-d-eris*, Thaler; *mál-d-eris*, Maler.

4) *t* wird häufig vor dem Deminutivsuffix -*i`nsch*, fem. -*ina*, eingeschoben, wenn dieses sich an *u-*, *i-* oder consonantische Stämme fügt: cf. *medd-u-t-i`nsch*, Honiglein; *al-u-t-i`nsch*, Bierchen; *lit-u-t-i`nsch*, kleiner Regen; *ragg-n-t-inas* (Pl.), kleiner Schlitten; *dfirn-u-t-inas* (Pl.), kleine Handmühle; — *as(-i)-t-ina*, Aeuglein; *áus(-i)-t-ina*, Oehrlein; *aw-i-t-ina*, Schäflein; *fitc(-i)-t-ina*, Fischlein; *du`rw(-i)-t-inas* (Pl.), kleine Thür. *láu(d-i)-t-ini* (Pl.), Leutchen. — *akmi`n-t-i`nsch*, Steinchen; *úde`n-t-i`nsch*, Wässerchen; *uggu`n-t-ina*, Feuerchen; — *mènes-t-i`nsch*, Mondchen. Bei andern Nominalclassen selten: *ábûl-t-i`nsch*, Aepfelchen; *stabbul-t-ina*, Flötchen; *appen-t-i`nsch*, kleiner Hopfen; *bri(d)-t-i`nsch* oder *brif-t-i`nsch*, Weilchen; *zauru`m-t-i`nsch*, Löchelchen. Selten vor andern Derivationssuffixen: *tè(w)-t-itis*, Väterchen; *já-t-niks*, Reiter. Bei einigen, namentlich den erst-

genannten Beispielen ist *t* vielleicht nicht blofses Einschiebsel, falls nämlich doppelte Deminution vorliegt, cf. §. 235, 1. Anm.

Häufiger als in der Nominalderivation bei Verbalableitungen, aber hier doch viel seltner als das oben erwähnte *d*, vor den Endungen *-it, -ét, -elét, -ût*, namentlich hinter Vocalen oder *s, f, r, n*: *wé-t-it*, windigen (VIII), v. *wéjsch*, Wind; *sta-tt-it*, stellen (XI), √ *sta*; *mi-tt-ût*, tauschen (VII), Freq. zu *mi-t*; — *na'rs-t-it*, laichen (VIII), cf. litth. *narss-as*, Laich; *sláis-t-îtis*, sich recken (VIII), v. *sláiks*, schlank; *driks-t-ét*, sich erkühnen (XII), √ *dras*, cf. litth. *drqsus*, kühn, *dristi*, sich erkühnen; — *grûf-t-elét*, etwas stofsen (IX), √ *grud*; *drâf-t-elét*, fein schnitzen (IX); *éf-t-ûtis*, sich (fressen, d. i.) härmen (VII), √ *ed* oder √ *ad*. — *wa'r-t-it*, wälzen (XI), Freq. zu *we'r-t*, wenden; — *ti'n-t-elét*, einmummeln (IX), Freq. zu *tit*, Praes. *tin-u*.

5) *st* spielt bei der Wortableitung genau dieselbe Rolle wie *d* oder *t*, und ist namentlich bei den Frequentativis Cl. XI. beliebt: *dé-st-it*, pflanzen; *ráu-st-it*, zerren; *sái-st-it*, binden, knoten; *bar-st-it*, streuen; *wa'l-st-it*, hin und her wälzen; *grdb-st-it*, greifen; *lak-st-it*, springen, fliegen; u. s. w.

Selten in andern Ableitungen, cf. *mir-st-igs*, sterblich.

6) *s* oder *sn* findet sich in der Deminutivbildung der *i*-Stämme, cf. *si'rf-n-ina*, phonetisch *si'rs-n-ina* f. *si'rd-n-ina*, Herzchen; *naks-n-ina*, Nachtchen, f. *nakt-n-ina*; *fûs-n-ina*, Gänschen; *gû(w)-sn-ina*, kleine Kuh.

Nicht so sehr euphonisch ist das *n*, das zu Wurzelerweiterungen dient: *mi-t*, treten, (ltth. *min-ti*), Praes. *min-u*; *pi-t*, flechten, (ltth. *pin-ti*), Praes. *pin-u*; *schki-t*, pflücken, (ltth. *skin-ti*), Praes. *schkin-u*; *ti-t*, winden, Praes. *tin-u*, Dem. *tin-t-elét*, wickeln; *tri-t*, schleifen, (ltth. *trin-ti*), Praes. *trin-u*; *dfi-t*, treiben, (ltth. *gin-ti*); Praes. *dfen-u*, Freq. *gan-it*, hüten, hin und her treiben; *klan-itis*, sich beugen, √ *kla*, cf. *klâ-t*, decken, breiten; *main-it*, tauschen, Freq. zu *mi-t*; *plan-d-itis*, sich breit machen, √ *pla*; u. s. w.

7) *k* schiebt sich am liebsten vor *st* oder auch zwischen *l-t* oder *s-t* ein: *driks-t-ét*, sich erkühnen, √ *dras*; *pi'r-k-sts*, Finger, cf. ltth. *pir-sstas*; *rêksts*, Nufs, cf. ltth. *ressutas*. Mehr in die Volkssprache gehören: *bi-k-st-ûs*, ich fürchte mich, neben dem besseren *bi-st-ûs*; *schkiksts*, rein, neben *schkists*; — ferner: *fa'lktis*, Schlange, neben *fa'ltis*; *skliddét*, gleiten, neben *sliddét*.

8) *g* findet sich selten eingeschoben, cf. *e'rglis*, Adler, ltth. *erelis*, russ. орелъ; *ligfds*, Nest, ltth. *lisdas*; *lagfda*, Haselstrauch, ltth. *lasda*; *stragfds* (Büttn. 1299), neben *strafds*, Staar.

## II. Wegwerfung.

### 1. Wegwerfung eines Anlautes (Aphaeresis)

§. 145. kommt sehr selten vor, schon deshalb, weil der Accent auf der Wurzelsylbe, der ersten des Wortes, gerade den Lauten der ersten Sylbe Schutz und Kraft verleiht. Ganz vereinzelte Fälle sind: *refis*, Stück, Abschnitt, von *grift*, schneiden, wenn in letzterem das *g* keine Zuthat ist, cf. ltth. *rẻsti*; vielleicht *rafcka'ns*, schön, = *grefns*, cf. ltth. *grasus*; *edf* f. *redf*, sich! Imperativ v. *redfêt* (Büttn. 2128), cf. *e kur!* f. *re(df) kur!* sich da! Hiezu kommen einige von den §. 141, 3. angeführten Beispielen.

### 2. Wegwerfung eines Auslautes (Apocope).

§. 146. Der Wort-Auslaut hat im Lettischen mehr Kürzungen als der Wort-Anlaut erfahren, in Folge des eigenthümlichen hier herrschenden Accentuationsprincipes, und eine nicht unbeträchtliche Menge von Beispielen der Art sind bereits oben namhaft gemacht, cf. §§. 133. 134 (Compensation), §§. 135—140 (Kürzung der Endsylben durch Einfluß des Accentes).

Hier wollen wir nur noch einige andere Fälle der Apocope aus der Sprache des gemeinen Lebens anführen, wo oft sogar ein Theil der Wurzel mit der Endung verloren geht, namentlich in gewissen Imperativformen, Exclamationen, Partikeln, z. B. *kläu* f. *kkäusis*, höre! *rau* f. *raugi*, schaue! *tau* f. *taų*, laß! *re* f. *redfi*, sich! *paga* f. *pa-gaidi*, warte! *wa dfi* f. *wai dfi'rdi*, hörst du? od. höre! *á pass'* f. *á paskatti*, ei sich doch! *wai* f. *wairs*, mehr (Büttn. 1858. und oft im Volksmund); *i* f. *ir*, auch (B. 2237: *i ar*, auch mit); *ka* f. *kad*, wann (B. 1018). Cf. das allgemein übliche *se-mâte* oder *sẻ-mâte* = *sẻniga mâte*, ehrwürdige Mutter, d. i. „gnädige Frau", Herrin. *kass-ká* f. *kas fin ki*, wer weiß wie.

### 3. Wegwerfung im Inlaut

§. 147. 1) eines Vocals vor einem Vocal (Elision). In dieser Art weicht der Auslaut der Nominal- und Verbal-

stämme oft dem folgenden Vocal des Flexions- oder Derivationssuffixes, z. B. im Nom. Plur. der männl. *a*- und *ja*-Stämme (-*i*
f. -*a-i*), cf. §. 140, 5; im Genit. Plur. ebenfalls aller *a*- und *ja*-
Stämme (-*u* f. -*a-u*); in der 2. Pers. Sing. Praet. aller Verbalclassen und Praes. wenigstens in Cl. I—III. V. X—XII. (-*i* f.
-*a-i*), cf. §. 140, 9.

2) **eines Vocals zwischen zwei Consonanten** (Syncope). Die wichtigsten Fälle sind oben bereits alle besprochen,
cf. §. 140 sub 1. 2. 3. 10. Es ist wiederum namentlich der nominale oder verbale Stamm-Auslaut, der vor dem Flexionssuffix
schwindet. — Anderer Art ist die Syncope in *tschetri*, vier, für
*tscheturi*, cf. ltth. *keturi*, lat. *quattuor*, cf. *zetturtdis*, der vierte;
*pa-dsmit* f. *padesmit*, = „über zehn" in den Cardinalzahlen von
11—19. Cf. *wef-m-s* für und neben *wef-u'm-s*, Fuder.

3) **eines Consonanten oder einer ganzen Sylbe**
(Ekthlipsis). Hier läfst sich z. B. anführen:

a) der alte bis auf einige adverbiale Ausdrücke und bis
auf dialectisch localen Gebrauch obsolete **Instrumental** Plur.
-*is* f. -*amis*, cf. ar *tawis bérnis* f. ar *tawamis bérnamis* neben dem
sonst üblichen ar *tawim bérnim*, mit deinen Kindern; *kaltis ku-
melinis* (Bütn. 1906), mit beschlagenen Röfschen, f. *kaltamis
kumelinamis*; *winis prátis*, einmüthig, für *winamis prátamis*;
*krustis*, kreuzweise, f. *krustamis*, u. s. w.

b) die **Medialform** der **Participia**, wo im Nom. Sing.
masc. und im Nom. Plur. fem. das Casuszeichen -*s* vor dem Reflexivsuffix -*s* ausfällt; cf. Partic. Praes. II.: *mafgád'amis* f. *mafgá-
dam(a)-s-s*, sich waschend; Nom. Pl. fem. *mafgádamás* f. *mafgá-
dama-s-s*. Part. Praes. I.: *mafgdjütis* f. *mafgájüt(i)-s-s*. Part.
Fut.: *mafgáschütis* f. *mafgáschüt(i)-s-s*. Part. Praet.: *mafgájis*
f. *mafgáji-s-s*. Nom. Pl. fem. *mafgájuschás* f. *mafgájuscka-s-s*.

Ebenso im Genit. Sing. der Subst. reflexiva, cf. *mafgáschanás*
f. *mafgáschana-s-s*, des sich Waschens.

c) die **Flexion der definiten Adjectiva**, wo vor dem
suffigierten Pronomen sämmtliche Flexionssuffixa des Adjectiv
geschwunden sind, im Unterschied vom Litth. und Slav., wo
sie beharren (§. 353), cf. *labbá-jam*, dem guten, f. ursprüngliches
*labbam-jam*.

d) das **Praeterit. Cl. IV.** und einiger Verba Cl. I,
wo hinter der Wurzel das Classenzeichen *j* ausgefallen ist mit
Hinterlassung von deutlich wahrnehmbaren Nachwirkungen

(§§. 435—437), z. B. *slépu* (mit spitzem *e*), ich verbarg, für *slépju*, ltth. *slepjau*, u. s. w.

e) Mehr vereinzelt und rein euphonisch sind die Auswerfungen eines *r* neben andern Consonanten, geschehen auch nur im Volksmund, nicht in der Schrift. Cf. *bérns*, Kind, lautet wie *béns* (oder aber ein ander Mal wie *bérs*), Nom. Pl. *bérni*, wie *béni*, Dem. *bérni'nsch*, wie *béni'nsch*; *párbráukt*, heimfahren, wie *pá-bráukt*, auch vor Vocalen: *pár-īt*, heim gehen, wie *pá-īt*. Im Volkslied findet sich oft: *báleli'nsch* f. *brálelī'nsch*, Brüderchen. Cf. *ōt-ala*, Kuhkalb, das am Dienstag (*ōtr-dīna*) geboren ist, f. *ōtr-ala*.

f) In den wenigen Resten bindevocalloser Conjugation weicht wurzelhaftes *d* dem *m* Personae primae Sing. Cf. *ēmu*, ich esse, für *éd-mu* oder älteres *éd-mi*; *dūmu*, ich gebe, für *dūd-mu* oder *dūd-mi*; *rūmu* neben *rūdu*, ich finde, f. *rand-mu* oder *rand-mi*.

### III. Umstellung (Metathesis)

§. 148. ist innerhalb des lett. Sprachgebietes nicht allzu häufig. Cf. *zetrūts* f. *zetturts*, vierter; *pldu'rkne* f. *pldrūkne*, Aermel; *druwa*, Acker, Saatfeld, ltth. *dirwa*, √ *dar*? *desmit*, zehn, ltth. *deszimt*. Bei der ersten Ordinalzahl zeigt auch das Litth. die Umstellung: *pirms*, erster, ltth: *pirmas*, cf. dagegen kslav. прьвы, lat. *primus*, √ *pra*. Die Metathesis des *r* und *l* ist im Slav. weit beliebter, als in dem lett.-ltth. Stamm, cf. *be'rfs*, Birke, kslav. бреза; *fe'lts*, Gold, kslav. злато; *salms*, Halm, Stroh, kslav. слама. — Hierher gehört auch die im Hochlettischen beliebte Versetzung von *ksch* zu *schk*, z. B. in *prischká* f. *prikschá*, vorne; *ischká* f. *ikschá*, drinnen.

# Drittes Kapitel.

## Zusammenziehung (Contraction).

§. 149. Zusammenziehung ist die Verbindung oder Verschmelzung zweier oder mehrerer Vocale, welche verschiedenen Sylben angehören, zu einem Vocal oder Diphthong. Ihre Ursache ist ursprünglich euphonisch gewesen, der Trieb Hiatus zu vermeiden, dann aber, und so erscheint es im Lett., der Trieb zu verkürzen. Die wichtigsten Contractionen finden sich:

1) in der Endung des Locativ Sing., wo dialectisch der Stammauslaut -*a* und das Casussuffix -*i* zu -*e* verschmelzen, cf. *wakkaré*, am Abend, f. *wakkara-i*. Hierzu cf. das allgemein übliche *te*, da, f. *ta-i*, *sche*, hier, f. *scha-i* (§. 391). Gewöhnlich und in der Schriftsprache beharrt der Stammauslaut, verschlingt das Casussuffix und wird in Folge dessen lang: *krŏgá*, im Kruge, f. *krŏg-a-i*; *rúká*, in der Hand, f. *rúk-a-i*; *zeld*, auf dem Wege, f. *zel-ja-i*; *sapní*, im Traum, f. *sap-nja-i*; *fālé*, im Grase, f. *fál-ja-i*; *si'rdí*, im Herzen, f. *si'rd-i-i*; *ti'rgú*, auf dem Markt, f. *ti'rg-u-i*. Nach griechischer Analogie würde ein *ι* subscriptum den verschlungenen Vocal andeuten, cf. λόγῳ, ἀγορᾷ. Die uncontrahierten Formen liegen ihrerseits noch nicht jenseits der wirklichen Sprache; sie kommen in einzelnen Fällen (cf. die Pronominal-Locative: *tái*, *schái*), sodann dialectisch im westlichen Kurland sehr zahlreich und endlich allgemein im sogenannten Dativ Sing. aller Feminina vor, cf. *rúkái*, der Hand, *fálei*, dem Grase (§. 332). Die Verwandtschaft dieses Dativs mit dem Locativ tritt klar vor die Augen bei dem Subst. reflex., wo nach Analogie des Locativs auch im Dativ die Contraction eintritt, cf. (*tái*) *káuschanás* f. (*tái*) *káuschana-i-s*, dem sich Schlagen.

2) In der Flexion von vier Substantiven fem. Gen. (Plural tantum) auf -*awa-s*, wo sich das Derivationssuffix -*awa*- durchweg in *u* zusammenzieht. Auffallender Weise ist das *u* nur im Locat. und Dativ lang, in allen andern Casus kurz, in Folge, wie man annehmen muß, von Schwächung. Ursprünglich und in der Regel ruft Contraction lange Vocallaute hervor.

Plur. Nom. *pel-awa-s*, contr. *pel-u-s*, Spreu.

Acc. *pel-awa-s*, contr. *pel-u-s*.

Gen. *pel-aw-u*, contr. *pel-u*.

Loc. *pel-awá-s*, contr. *pel-ú-s*.

Dat. *pel-awá-m*, contr. *pel-ú-m*.

Ebenso *raggus*, Schlitten; *dfirnus*, Handmühle; *wafchus*, Bork-Schlitten (cf. §. 348 Anm. u. §. 129 Anm. 3).

3) in der 2. Pers. Sing. Praes. der Verba Cl. VI—IX. Hier wird:

-*ája-i* zu *á*, cf. *mafg-á*, du wäschest, im Volksliede noch heute -*áj-i*;

-*új-a-i* zu *ú*, cf. *lúk-ú*, du schaust, im Volksliede noch heute -*új-i*;

-ija-i zu i, cf. tīr-i, du reinigst, im Volksliede noch heute -ij-i;
-eja-i zu ē, cf. wēl-ē, du wünschest, im Volksliede noch heute
-ēj-i,

(§. 413). Genau entsprechend sind griechische Contractionen
wie τιμᾷς f. τιμάεις. — In der 3. Pers. Sing. Praes. der Verba
Cl. VI—XII: ā f. āja, ū f. ūja u. s. w. scheint mehr eine Apocope als eine Contraction vorzuliegen (§. 140, 11).

4) Im Volksmund (Nordwestkurland) contrahiert sich oft
die 3. Pers. Praet. der Verba Cl. VI. VIII—XII.: -āja, -ija, -ēja
zu ē, z. B. wāisē, er fragte, f. wāisāja; runē, er sprach, f. run-
āja; addē, sie strickte, f. addija (§. 424).

5) Eine Contraction eigner Art findet sich in der Flexion
der definiten Adjectivform, wenn nach Ausfall des j (Anlaut
des Pron. demonstr.) der Stammauslaut des Adjectivs mit der
Flexions-Endung des Pronomens verschmilzt: ā + i zu āi (im
Nom. Sing. masc.) oder zu ī (im Nom. Plur. masc.); ā + āi zu
āi (Dativ Sing. fem.); ā + a oder ā + ā (im Gen. Sing. m. u.
fem., Nom. u. Acc. Pl. fem., Loc. S. u. s. w.) zu ā, (im Vocativ,
zu ō; ā + u zu ū (Acc. S.; Gen. Pl.). Genaueres hierüber cf.
§. 354. Das Eigenthümliche dieser Contraction ist das Ueber-
wiegen der Casus-Endung über den vorhergehenden Stammvocal
(ā), also des begrifflichen Princips über das phonetische, genau
wie im Griechischen: ἁπλόα, contr. ἁπλᾶ, nicht ἁπλῶ; λεοντίαι,
contr. λεοντaí, nicht λεοντῇ.

6) Vereinzelt stehen Contractionen wie prūm (im Volksmund
für und neben prūjam), fort; krēims neben krējums, Schmand.


### Zweite Abtheilung.

# Quantität und Accent.

## Erster Abschnitt.

### Quantität.

§. 150. Welche einzelne kurze und welche lange Vocale
die lett. Sprache hat, wie dieselben lauten, und wie sie bezeichnet werden, das ist oben erörtert (§§. 12 seqq.). Hier kommen
wir auf die Quantität der Vocale im Wort zu reden. Eigentlich macht auch im Wort erst Länge und Kürze sich geltend

bei der Wechselbeziehung der Vocale zu einauder, da alle Quantität relativ ist. So handelt es sich hier um die Quantität der Sylben.

Die lett. Sprache besitzt wie einen Reichthum von kurzen und langen Vocalen, so auch eine Mannichfaltigkeit von kurzen und langen Sylben, denn die Quantität der letzteren ist wesentlich bedingt durch die Quantität der ersteren. Es giebt aber auch lange Sylben trotz kurzen Vocales, da nämlich, wo hinter dem kurzen Vocal durch Häufung wenigstens zweier Consonauten die sogenannte Position sich bildet. So in allen Sprachen, die noch ein Gefühl für die materiellen, quantitativen Lautverhältnisse besitzen, so auch im Lettischen.

Bei der genaueren Darstellung der Gesetze, nach welchen im Lett. die Sylbenquantität sich richtet, müssen wir die wesentlichen Theile des Wortes unterscheiden: Wurzelsylbe, Derivationssuffix, Flexionssuffix und etwaige aus euphonischen Gründen eingeschobene Bindevocale.

## 1. Quantität der Wurzelsylben.

§. 151. Schon oben (§§. 135. 136) ist die höchst wichtige Thatsache bemerkt, daſs im Lettischen, abweichend vom Litthauischen und im Anschluſs an die Analogie des germanischen Sprachstammes, die meisten Wurzelsylben in Folge des ihnen anhaftenden Haupttones lang geworden sind, sei es durch allmähliche Verlängerung des Vocales, sei es (und so ist es meist geschehen) durch Schärfung des folgenden Consonanten, falls dieser einfach war, so daſs er nun fürs Ohr und Auge verdoppelt erscheint und also (cf. Heyse, System der Sprachwissenschaft §. 151) Position macht.

Kurze Wurzelsylben kommen nur vor *)

1) in mehrsylbigen Wörtern in denjenigen Fällen, wo hinter dem kurzen Wurzelsylbenvocal einer der Halbvocale *j*, *w*, *ſ*, oder des letzteren Trübung, *ſch*, oder eine Liquida (*l*, *m*, *n*, *r*, *l*, *n*, *r*) steht. Diese Laute werden vom lettischen Organ nicht verdoppelt (§. 136), und bilden demnach keine Position. Beispiele:

*j*: *triju*, Gen. Plur. von *tris*, drei; *miju*, ich tauschte; *riju*,

---

ich schlang; *wiju*, ich wand; *lija*, es regnete; *bijús*, ich fürchtete mich; *dsija*, es heilte, u. s. w.

*w*: *awischi* (Pl.), Himbeeren; *awis* (Pl.), Schaafe; *awúts*, Quell; *dewini*, neun; *diwi*, zwei; *dewu*, ich gab; *druwa*, Acker, Saatfeld; *gawét*, fasten; *gawilét*, jubeln; *kawét*, zögern; *klawa*, Ahorn; *kruwa*, Haufen; *plawa*, Wiese; *rawét*, jäten; *sawa*, Gen. S. masc. von dem Possessivpron. *saws*, sein; *sawét*, zaubern; *sewis*, seiner, Gen. S. des Pronom. reflex.; *siwéns*, Ferkel; *slawa*, Ruhm; *fiwis* (Pl.), Fische; *tawa*, Gen. Sing. masc. von dem Possessivpron. der 2. Pers. *taws*, dein; *tewis*, deiner, Gen. S. des Pron. der 2. Pers., u. s. w.

*f*: *efars*, See; *efis*, Igel; *kafa*, Ziege; *lefe'ns*, flach (von Tellern); *lifa*, Brotschaufel; *mafáis*, der kleine; *mifa*, Rinde; *nafis*, Wasser; *trifuli* (Pl.), Dreizack, Heugabel; *wafút*, schleppen; *wefú'ms*, Fuder; *wifinát*, spazieren fahren (tr.); u. s. w.

*fch*: *dafchi* (Pl.), manche; *difchi* (Pl.), grofse; *efcha*, Rain; *glufchi* (Adverb), glatt; *grufchi* (Pl.), Stäubchen; *kafchúks*, Pelz; *lufchinát*, zärteln; *mufcha*, Mund, Kufs; *mefchi* (Pl.), Wälder; *rafcha'ns*, schön; *slufchát*, rutschen; *wafchus* (Pl.), Borkschlitten; u. s. w.

*l*, *ł*: *alus*, Bier; *balúdis*, Taube; *galúde*, Wetzstein; *mala*, Rand; *meli* (Pl.), Lügen; *pele*, Maus; *pile*, Tropfen; *sile*, Trog; *gulét*, liegen; *kule*, Sack; *gala*, Fleisch; *wala*, Mufse, Freiheit; *falút*, grünen; *welu*, ich wälze; *selu*, ich hebe; *wilu*, ich trüge; *kulu*, ich dresche.

*m*: *kamanas* (Pl.), Schlitten; *kamúlis*, Knäuel; *lamát*, schmähen; *namá*, im Hause; *lemesis*, Pflugschaar; *feme*, Erde; *grimu*, ich sank unter; *rimu*, ich wurde ruhig; *slimát*, krank sein; *kume'lsch*, Füllen; *kumúss*, Bissen.

*n*, *ń*: *gana*, genug; *ganít*, hüten (Vieh); *manít*, merken; *skanét*, tönen; *swanis*, Glockenläuter; *wanags*, Habicht; *senis*, vor alten Zeiten; *stenét*, stöhnen; *minét*, gedenken; *pinu*, ich flechte; *trinu*, ich reibe; *runát*, reden; *skana* (N. S. fem. Adj.), tönend; *fina*, Kunde; *wina* (N. S. fem.), sie; *kuna*, Hündin.

*r*, *ŕ*: *gari* (N. Pl.), Geister; *garúfe*, Brodrinde; *skara*, Lumpen; *wara*, Macht; *derét*, nützen; *perét*, brüten; *serét*, hoffen; *mira*, er starb; *turét*, halten, haben; *aru*, ich pflüge; *barút*, mästen; *karúte*, Löffel; *sari* (Pl.), Borsten; *beru*, ich schütte; *dferu*, ich trinke; *schkiru*, ich scheide; *buru*, ich zaubere; *duru*, ich steche.

2) Von einsylbigen Wörtern sind aufser den (erst in jüngerer Zeit einsylbig gewordenen) Verbalformen wie *del*, es nutzt
sich ab; *fin*, er weifs; *kul*, er drischt, u. s. w. vielleicht nur
folgende kurz:

die Pronomina: *es*, ich; *tu*, du; *kas*, wer; *tas*, der;
*schis*, dieser;

die Präpositionen, trennbare: *ap*, um; *ar*, mit; *bef*,
ohne; *pa*, auf; *par*, über; *uf* neben *úf*, auf;

untrennbare: *at*, zurück; *if*, her od. heraus; *sa*, zusammen.

die Conjunctionen: *bet*, aber; *jeb*, oder; *jel(e)*, wenn
doch; *ja*, wenn; *ta*, so; *un*, (*in*), und; *ka*, dafs; *ar*, (*ir*), auch;
*tak*, doch.

die Adverbien: *ne*, nicht; *kad*, wann; *tad*, dann; *kur*, wo;
*tur*, dort; *schur*, hier(her); *te*, da; *sche*, hier; *sik*, wieviel; *tik*,
soviel; *nu*, nun.

## 2. Quantität der Derivationssuffixa.

§. 152. Indem wir die Quantität der Derivationssuffixa er-
örtern, betrachten wir letztere zunächst in ihrer Isoliertheit.
d. h. abgesehen von den etwaigen Positionen, die bei Flexion
oder Composition hinter dem Derivationssuffix entstehen können.
Sodann zweitens betrachten wir sie in ihrer ursprünglichen,
idealen Vollständigkeit, die heutzutage bei weitem nicht in allen
Formen, namentlich schon nicht im Nomin. Sing. masc. der *a*-
Stämme und überhaupt da nicht mehr sich findet, wo der vocalische Auslaut des Derivationssuffixes ausgeworfen oder verschluckt ist.

Mit Ausnahme der langen Vocallaute *-â*, *-û*, *-î*, *-ê*, die die
Bildungselemente der verbalen Infinitiv-Stämme in Cl. VI—XII.
repräsentieren, und der sehr wenigen consonantisch auslautenden nominalen Derivationssuffixa (*-en*, *-men*) bestehen die Derivationssuffixa allesammt entweder aus *kursen* Vocalen oder sie lauten heute auf einen *kursen* Vocal
aus, gleichviel ob sie ein- oder zweisylbig sind. Dieses
wichtige Grundgesetz beherrscht und bedingt zum grofsen Theil
die Quantität der Endsylben.

Im Einzelnen müssen wir unterscheiden die einsylbigen
und die zweisylbigen Derivationssuffixa und beide Mal die
des Nomen und die des Verbum.

1. Die einsylbigen Derivationssuffixa

a) des Nomen sind mit sehr wenigen Ausnahmen allesammt vocalisch auslautend und ohne Ausnahme an sich kurz,
auch in denjenigen Fällen, wo der Vocal durch Verschmelzung
zweier Laute (cf. *e* aus *ja*, *i* aus *ja*) entstanden ist. Abgesehen
von dem Unterschied der Redetheile (Subst., Adj.), der Genera
(Masc., Fem.) und der primären oder secundären Bildungen
sind die vornehmsten Suffixa, geordnet nach den Stammclassen,
folgende:

| *a*- und nicht-contr. *ja*-Stämme. | contr. *ja*-Stämme. | | *i*-Stämme. | *u*-Stämme. | conson. Stämme. |
|---|---|---|---|---|---|
| -*a* | — | — | -*i* | -*u* | — |
| -*ja* | -*i* | -*e* | — | — | — |
| -*wa* | -*wi* | -*we* | — | — | — |
| -*sa*(-*scha*) | -*si* | -*se* | — | — | — |
| -*ra*(-*tra*) | — | -*re* | — | — | — |
| -*la* | -*li* | -*le* | — | — | — |
| -*ta*(-*sta*) | -*ti*(-*nti*) | -*te* | -*ti*(-*sti*) | -*tu* | — |
| -*da* | — | — | — | — | — |
| -*na*(-*na*) | -*ni*(-*sni*) | -*ne* | -*ni* | — | -*en* |
| -*ka* | -*si*(-*ki*) | -*se*(-*ke*) | — | — | — |
| -*kla*(-*ksna*) | -*kli*(-*ksli*) | -*kle* | — | — | — |
| -*ksta* | (-*ksni*) | — | — | — | — |
| -*scha* | -*fi* | -*fe* | — | — | — |
| -*ba* | — | — | — | — | — |
| -*ma* | -*mi* | -*me* | — | — | -*men* |

Als Beispiele für die Kürze dieser Derivationssuffixa lassen
sich diejenigen Casusformen anführen, in welchen, nach dem
heutigen Zustande der Sprache an den unveränderten Stammauslaut ein consonantisch anlautendes oder gar kein Flexionssuffix sich anschliefst oder anzuschliefsen scheint, z. B.

bei den *a*- und nicht-contr. *ja*-Stämmen: Masc.
Gen. Sing. *wi'lk-a*, des Wolfes; Dat. S. *wi'lk-a-m*; Fem. Nom. S.
*rúk-a*, Hand; Gen. S. *rúk-a-s*; (Dat. S. *rúk-a-i*); Nom. u. Acc.
Pl. *rúk-a-s*;

bei den contr. *ja*-Stämmen: Masc. Nom. S. *sap-ni-s*,
Traum; Dat. S. *sap-ni-m*; Acc. S. *sap-ni*; Vocat. S. *sap-ni*; Fem.
Nom. S. *fäl-e*, Gras; Gen. S. *fäl-e-s*; Dat. S. *fäl-e-i*; Nom. u. Acc.
Pl. *fäl-e-s*.

bei den *i*-Stämmen: Fem. Acc. S. *si'rd-i*, Herz; Nom.
u. Acc. Pl. *si'rd-i-s*.

bei den *u*-Stämmen: Masc. Nom. S. *al-u-s*, Bier; Gen.
S. *al-u-s*; Dat. S. *al-u-m*; Acc. S. *al-u*;

bei den consonantischen Stämmen: Voc. Sing. *ak-
men*; (im Nom. und Gen. S. tritt Position ein und in allen übrigen Casus findet ein Uebergang in die Classe der (contr.) *ja*-
Stämme Statt, cf. §§. 349. 350).

In den andern Casusformen sind die Stammauslaute nach
bestimmten Gesetzen ausgefallen oder lang geworden, cf. §§.
324 seqq.

§. 153. b) Die einsylbigen Derivations- und zugleich Classensuffixa der Verba sind an Zahl viel geringer:

-*a* (Praes. Cl. I—III. X—XII.), cf. 1. P. Pl. Praes. Act. *mett-
a-m*, wir werfen;

-*na* (Praes. Cl. III.), cf. 1. P. Pl. Praes. Act. *skri-na-m*, wir
laufen;

-*ja* (Praes. Cl. IV.), cf. 1. P. Pl. Praes. Act. *jä-ja-m*, wir reiten;

-*ta(-sta)* (Praes. Cl. V.), cf. 1. P. Pl. Praes. Act. *nik-sta-m*,
wir vergehen.

Sie haben alle urspr. kurzes *a*, das aber vor gewissen Personal-
Endungen ausfällt, vor andern sich verlängert. Darüber cf.
§§. 406 seqq.

Lang sind hiergegen ursprünglich und immer die Cha-
ractere der Infinitivstämme in Cl. VI—XII:

-*á* (Cl. VI. X.), cf. *masg-á-t*, waschen;

-*û* (Cl. VII.), cf. *lúk-û-t*, schauen;

-*í* (Cl. VIII. XI.), cf. *tir-í-t*, reinigen;

-*é* (Cl. IX. XII.), cf. *wél-é-t*, wünschen.

§. 154. 2) Rücksichtlich der zweisylbigen Derivationssuffixa (mehr als zweisylbige kommen selten und nur
bei Composition mehrerer Deriv.suff. oder bei doppelter Ableitung vor) ist zu merken, daſs die zweite Sylbe dem Vocal
nach wiederum an sich stets kurz ist.

a) Zweisylbige Derivationssuffixa des Nomen sind
α) mit kurzer erster Sylbe:

-*awa*, cf. *pel-awa-s* (Pl.), Spreu;

-*esi*, cf. *debb-esi-s*, Wolke;

-*schana*, cf. *bú-schana*, Sein;

-*uri*, cf. *pump-uri-s*, Knospe;

-*ala*, -*ula*, -*uli*, -*eli*, -*ele*, cf. *fíd-al(a)-s*, Muttermilch; *pikk-ul(a)-s*, Teufel; *drebb-uli-s*, Fieberschauer; *brâl-eli-s*, Brüderchen; *kibb-ele*, Verwicklung;

-*tawa*, -*tene*, cf. *kar-tawa*, Galgen; *dfi'm-tene*, Geburtsort;

-*ata*, -*uta*, cf. *lupp-at(a)-s*, Flick; *degg-ut(a)-s*, Theer;

-*dama*, cf. *ndk-dam(a)-s*, kommend;

-*ana*, -*ina*, -*eni*, -*ene*, (-*ena*), cf. *ragg-ana*, Seherin; *méit-ina*, Mägdlein; *smi'lt-eni-s*, Gottesacker; *slaus-ene*, Milch-eimer;

-*iki*, cf. *jum-iki-s*, Dachdecker;

-*gana*, cf. *fï'l-gan(a)-s*, bläulich;

-*uma*, cf. *lik-um(a)-s*, Krümmung.

β) mit langer erster Sylbe (sei es in Folge von Vocal-Länge, sei es in Folge von Position):

-*ája*, -*éja*, (local: -*dja*, -*éja*), cf. *súd-áj(a)-s*, Mist-Acker; *kal-éj(a)-s*, Schmidt;

-*ári*, cf. *wagg-ári-s*, Aufseher über die Knechte;

-*úli*, cf. *kúd-úli-s*, Nufskern;

-*tája*, (local: -*tdja*), cf. *mäs-i-táj(a)-s*, Prediger;

-*asta*, cf. *mêl-ast(a)-s*, Gastmahl;

-*iti*, -*ite*, -*íti*, -*íte*, cf. *Latw-íti-s*, Lette, fem. *Latw-íte*; *brál-íti-s*, Brüderchen; *méit-en-íte*, Mägdlein;

-*áda*, cf. *dafch-ád(a)-s*, maucherlei;

-*éna*, -*ína*, (local: -*éna*, -*ína*), -*íni*, -*íne*, -*dina*, (-*aina*), -*áini*, -*áine*, -*úna*, -*úni*, cf. *kakk-én(a)-s*, junge Katze; *egl-ín(a)-s*, Tannenwald; *rdw-íni-s*, morastiger Ort; *mill-áin(a)-s*, (*mill-áin-sch*), mehlig; *pi'rkst-áini-s*, Fingerhandschuh; *felt-áine*, Liebchen (Goldmädchen); *pérk-ún(a)-s*, Donner; *dfel-úni-s*, Stachel;

-*nika*, -*ntse*, -*ntse*, cf. *dárf-nik(a)-s*, Gärtner, fem. *dárf-ntse*; *sêr-ntse*, Käschaus;

-*áka*, -*éka*, -*íse*, cf. *labb-ák(a)-s*, besser; *pel-ék(a)-s*, grau; *mas-ise*, Mannesschwester;

-*iska*, -*ischki*, cf. *kriw-isk(a)-s*, russisch; *wír-ischki-s*, Manns-person;

-*úkni*, -*úkli*, (-*úksni*, -*úksne*, -*úksli*), cf. *del-úkni-s*, Schwind-sucht; *ser-úkli-s*, Hoffnungsstütze;

-*íga*, cf. *laim-íg(a)-s*, glücklich;

-*iba*, (-*est-iba*), cf. *más-iba*, Lehre; (*mil-est-íba*, Liebe);
-*áima*, cf. *putr-áim(a)-s*, Grützkorn.

b) Die zweisylbigen Derivations- und zugleich Classensuffixa der Verba haben in der ersten Sylbe denselben langen Vocal, der allein für sich den Infinitivstamm (Cl. VI—XII.) characterisiert:
-*ája* (Praes. Cl. VI.), cf. *mafy-ája-m*, 1. P. Pl. Praes. Act.
-*íja* (Praes. Cl. VII.), cf. *lúk-íja-m*,
-*ija* (Praes. Cl. VIII.), cf. *tir-ija-m*,
-*éja* (Praes. Cl. IX.), cf. *trél-éja-m*.
Die Elemente, welche behufs Deminution u. s. w. vor jene Suffixa vorgeschoben, werden, sind allzumal **kurz**:
-*al*, -*al*, -*el*, -*ul*, -*ul*, cf. *já-d-el-ál*, Dem. zu *já-t*, reiten.
-*ar*, -*er*, -*ur*, cf. *kauk-ur-ál*, Dem. zu *káuk-t*, heulen.
-*in*, -*en*, cf. *didf-in-ál*, keimen machen, Causativ zu *dig-t*.

## 3. Quantität der Flexions-Endungen.

§. 155. Die Flexionssuffixa befinden sich heute in einem meist sehr gekürzten Zustande. Sie bilden in der Regel keine Sylbe mehr für sich, sondern bestehen meist entweder aus einem einzigen Consonanten oder sind als Vocale mit dem Stammauslaut verschmolzen oder haben ihn verschluckt oder sind von ihm verschluckt worden. Das Genauere hierüber findet sich in der Flexionslehre. An dieser Stelle ist mithin nicht anders möglich über die Quantität der Flexionssuffixa eine Angabe zu machen, als indem wir diese zusammenfassen mit dem vorhergehenden (wie wir gesehen haben, in der Regel kurzen) Stammauslaut (d. h. Auslaut des Derivationssuffixes). Nur drei Fälle sind möglich. Entweder ist hinter dem letzten Consonanten des Derivationssuffixes (resp. hinter dem consonantischen Wurzelauslaut bei blofs vocalischem Derivationssuffix) überhaupt gar keine Sylbe mehr, (cf. Nom. S. der männl. *a*-Stämme: *bad-(a)-s*, Hunger), oder die Sylbe, die da folgt, ist **kurz**, (so zu allermeist), oder sie ist **lang**. In welchen Fällen sie lang ist, läfst sich kurz und klar angeben, nämlich

in der Nominalflexion,
1) in allen Locativen Sing. beider Geschlechter: -*á* f. -*a-i*; -*i* und -*é* f. -*ja-i*; -*i* f. -*i-i*; -*ú* f. -*u-i*; (§. 329);
2) in allen Dativen S. fem.: -*a-i*; -*e-i*; -*i* f. *i-i*; (§. 332);

3) in allen Locativen Pl. beider Geschlechter:
Masc. *-ŭ-s* f. *-a-su*; Fem. *-ā-s* f. *-a-se*; *-ĕ-s* f. *-e-se* oder *-ja-se*;
*-ĭ-s* f. *-i-se* (§. 337);

4) in allen Dativen Pl. beider Geschlechter: Masc.
*-ĭ-m* f. *-a-mis*; Fem. *-ā-m* f. *-a-mis*; *-ĕ-m* f. *-e-mis* oder *-ja-mis*;
*-ĭ-m* f. *-i-mis* (§. 339);

> Anmerk. Local ist der Vocal in der Endung des Locat. Sing. u. Pl. und des
> Dat. Pl. beider Geschlechter nicht gestofsen, sondern gedehnt.

5) aufserdem noch in allen Casus der einsylbigen Pronomina, *kas*, wer; *tas*, der; *schis*, dieser; ausgenommen der
Nom. und Dat. Sing. masc., wo kurzer Vocal sich zeigt (§§.
377 seqq.).

In der Verbalflexion kommt lange Endsylbe (d. h. Stammauslaut, resp. Personalsuffix) nur vor

6) in der 2. Pers. Plur. Praes. Act. *-ĭ-t* neben *-a-t* (§. 416);

7) in der 1. und 2. Pers. Plur. Praet. Act. *-ā-m* (local:
*-ăm*), *-ā-t* (neben localem *-a-m*, *-a-t*) (§. 425);

8) vor dem Reflexivsuffix im Medium; an dieser Stelle
sind alle Vocale lang: *-ā-s* f. *-a-s*; *-ī-s* f. *-i-s*; *-ū-s* f. *-u-s* (§§.
426 seq.).

Aufser diesen (hiemit angegebenen) Flexions-Endungen
sind alle übrigen kurz, wenn sie überhaupt noch als Sylben
figurieren.

**4. Die blofs euphonisch eingeschobenen Bindelaute,**

§. 156. sei es zwischen Wurzel und Derivationssuffix, sei
es zwischen den beiden Theilen eines Compositi, sind allzumal
der Natur der Sache nach möglichst kurz: *ĭ* oder *ĕ*, cf. *da'rb-
i-niks*, Arbeiter (§. 218).

# Zweiter Abschnitt.

## Betonung.

§. 157. Es giebt in der Sprache einen rhetorischen
und einen grammatischen Accent. Der erstere hat ganz
subjectiven, schwankenden Character und kann auf eine
sonst tonlose Sylbe fallen, je nachdem man einmal Grund hat,
dieselbe hervorzuheben. Der grammatische Accent hat objective, feste Natur, indem er bedingt ist durch die fest-
stehende logisch-grammatische Bedeutung der Sprachelemente

in ihrem Verhältnifs zu einander. Er ist dreifach: Satzton,
der in zusammengesetzten Sätzen ein Satzglied vor dem andern
hervorhebt; Wortton, der im einfachen Satz oder Satzglied
ein Wort vor dem andern —, Sylbenton, der im einzelnen
Wort eine Sylbe vor der andern hervorhebt. Wir haben hier
nur vom Sylbenton, dem eigentlich sogenannten Accent, zu
reden, alles Uebrige gehört in die Syntax.

Die Betonung der Sylben eines Wortes ist eine
relative, d. h. der Grad des Ictus auf der einen Sylbe ist stark
oder schwach nur im Vergleich zu dem Grade des Ictus auf
einer andern Sylbe, und in eben dem Verhältnifs, wie eine Sylbe
durch den Ictus vor den anderen hervorgehoben wird, treten
diese anderen zurück und werden rücksichtlich des Tones jener
ersten untergeordnet. Ist das Wort mehr als zweisylbig, so
fallen auf die Nebensylben wiederum dem Grade nach verschiedene Nebentöne. Um der Einheit des Wortes willen giebt
es aber nur einen Hauptton. Durch die hier obwaltende Relativität und die Wechselbeziehung der verschiedenen Wortsyl-
ben unterscheidet sich der Sylbenaccent, um den ausschliefslich
es hier sich handelt, von jener Betonung, die, so zu sagen, die
Qualität der Vocallaute (der Diphthongen und der langen Vocale) modificiert, von jener gedehnten und gestofsenen Betonung
des Vocals, mag er stehen, in welcher Sylbe des Wortes er
wolle, in wurzelhafter oder nicht wurzelhafter, in betonter oder
unbetonter (§§. 15—17. 26. 27).

### 1. Betonung einfacher Wörter.

§. 158. Das Princip der Sylbenbetonung ist im Lettischen ein wesentlich logisches. So liegt auf derjenigen Sylbe
der stärkste Nachdruck, die die wichtigste für den Sinn des
Wortes ist. In demselben Maafs, wie die logische Wichtigkeit
abnimmt, wird der Ton geringer. Die Wurzelsylbe mufs
daher stets den Hauptaccent haben, und beiläufig gesagt, die Wurzelsylbe ist durchweg die erste des Worts.
Der nächststarke Ton pflegt auf den Ableitungssylben zu ruhen,
der schwächste auf der Endsylbe, welche ganz oder zum Theil
die Flexionsbeziehungen ausdrückt. Ganz tonlos pflegen die
blofs euphonischen, also für den Sinn ganz indifferenten Einschiebsel (Bindevocale) zu sein. Sehen wir von solchen Binde-
vocalen ab, so ist z. B. in einem dreisylbigen Worte, wo die

erste Sylbe die Wurzel repräsentiert, die zweite ableitend ist, und die dritte das Flexionssuffix enthält, der Accent im Allgemeinen ein gradatim absteigender: der Hauptton ruht auf der ersten Sylbe, der schwächste auf der dritten, ein mittlerer auf der zweiten.

Cf. *dáwánä*, Gabe *), (-◡◡);

*saímnìse*, Wirthin, (-◡◡);

*fchèlùschùs*, ich werde mich bedauern, (◡◡-).

Das Betonungsprincip im Lettischen ist also im Allgemeinen genau entsprechend demjenigen im Germanischen und, was sehr beachtenswerth ist, ganz abweichend von demjenigen im nah verschwistersten Litthauischen. Das litth. Accentuationssystem ist ganz eigenthümlich und abweichend von allen andern Sprachen. Nach Bopp soll es übrigens die meiste Aehnlichkeit mit dem sanskritischen haben. Das eigentliche Princip und das tiefste Gesetz desselben erhellt auch nicht aus Kurschats trefflichem Schriftchen „Beiträge zur Kunde der litth. Sprache; Heft II: Laut- und Tonlehre“, worin das Thatsächliche dargestellt ist. So viel steht fest: der Accent ist nicht an die Wurzelsylbe gebunden, wie im Lettischen; er ist nicht von der Endsysbe oder von der Quantität abhängig, wie im Griechischen; er haftet auch nicht an gewissen grammatischen, sei es Derivations-, sei es Flexionssylben. Er springt vielmehr scheinbar unregelmäßig und doch nicht ohne Gesetz von langen auf kurze, von Wurzel- auf Neben-, ja Endsylben und umgekehrt **).

Es ist wahrscheinlich, daß ursprünglich im Lettischen die alterthümlichere litth. Accentuation geherrscht, und daß erst in späterer Zeit jene bunten Unterschiede sich nivellirt haben, und das logische Princip zur Geltung gekommen ist. Wann das geschehen, läßt sich schwerlich mehr ermitteln. In jedem Fall aber ist die Wandlung auf specifisch lettischem Boden von Innen heraus geschehen und nicht etwa von den Deutschen adoptiert, seitdem diese im Lande wohnen. Im Niederlitthauischen (am kurischen Haff, bei Memel), das in so manchen

---

*) Wenn im Folgenden Hauptton und Nebenton dasselbe Accentzeichen erhalten haben, so wird das insofern kein Uebelstand sein, als der erste immer der Hauptton ist.

**) Die Tonbezeichnung in litth. Wörtern habe ich in vorliegendem Werk meistens unterlassen in Folge der Schwierigkeit richtig zu accentuiren.

Stücken den Uebergang vom Hochlitthauischen zum Lettischen
und eine Mittelstufe zwischen beiden darstellt, findet sich auch
schon das Zurückziehen des Tones auf die Wurzelsylbe (Schleich.
P. 34). Uebrigens ist es auch sonst geschehen, dafs nah verwandte Stammgenossen rücksichtlich der Accentuation, dieses
veränderlichsten Theiles des sprachlichen Organismus, sich ent-
zweit haben und verschiedene Wege gegangen sind. Man vergleiche z. B. das Böhmische, wo stets die erste Sylbe, das Polnische, wo stets die vorletzte Sylbe betont wird, mit dem Russischen, wo der Accent auf jede Sylbe fallen kann.

Schon oben (§§. 135—140) ist erörtert, wie im Lettischen
und im Deutschen dieselbe Ursache dieselben Wirkungen hervorgerufen hat, wie dadurch, dafs mit dem Accent das Gewicht,
die Kraft der Wurzelsylbe gewachsen, ebenso das Gewicht, die
Kraft der Neben-, namentlich der Endsylben gemindert ist, und
so mannichfaltige Schwächungen, Kürzungen der Endsylben eingetreten sind. Diejenigen Sprachen, die auch Endsylben accen-
tuieren, haben hierin einen Schutz gegen Verstümmelungen
gehabt.

Einer Bezeichnung des Hauptones bedarf es nicht, da
die den Haupton habende Wurzelsylbe immer die erste des
Wortes ist. Tonlose Praefixa, wie im Deutschen be-, zer-, ver-
u. s. w. giebt es im Lettischen nicht. Ueber die in gewissen
Fällen tonlos praefigierte Negation *ne-* cf. unten §. 162. Einer
Bezeichnung der Nebentöne bedarf es ebenfalls nicht, da die
Stelle des bei mehrsylbigen Wörtern einigermafsen noch ins Ohr
fallenden zweiten Tones durch einfache Gesetze bestimmt ist.
Nur in diesem Abschnitt scheint in den Beispielen ein Accentzeichen nothwendig, und da bleibt zur Wahl nur der Gravis (')
übrig, da der Acutus von uns bereits zur Bezeichnung des gestofsenen Vocaltones verwendet worden ist.

§. 159. Im Allgemeinen gelten für die Accentuierung
der Nebensylben eines einfachen Wortes folgende
Grundsätze:

1) Der zweite Ton hat um so mehr Kraft, je sylbenreicher
das Wort, und je kürzer der Vocal der Wurzelsylbe, je leichter
die Wurzelsylbe ist, und je leichter überhaupt die benachbarten
Sylben sind.

2) Für die Entfernung des zweiten Tones von dem Haupton
giebt es in vielsylbigen Wörtern Grenzen, insofern eine betonte

Sylbe (Arsis, Hebung) füglich nicht mehr als höchstens zwei nachfolgende tonlose (Theses, Senkungen) beherrschen und mit nicht mehr als zwei solchen im Gleichgewicht stehen kann.

3) Die lettische Sprache hat, man möchte sagen, einen trochäischen Trieb in ihrer Accentuation, sofern sie gern die betonten und die unbetonten Sylben mit einander wechseln, seltner aber zwei Senkungen auf eine Hebung folgen läfst.

4) Der zweite Ton kann auf eine Endsylbe nur fallen, wenn diese lang ist, und zugleich dahinter vor nicht allzu langer Zeit eine Sylbe abgefallen ist.

5) In einigen wenigen Fällen ist die Stelle des zweiten Tones bestimmt durch die Quantität der Nebensylben.

Im Einzelnen:

1) Bei zweisylbigen Wörtern hat die zweite Sylbe einen bemerklichen Nebenton, wenn sie lang ist; ist sie kurz, so ist sie fast tonlos.

Typus:

$\angle\smile$, Beisp.: *àkka*, Brunnen; *dä'rbi* (Nom. Pl.), Arbeiten; *läwu*, ich liefs zu.

$\angle\angle$, Beisp.: *àkkà* (Loc.), im Brunnen; *läwàm*, wir liefsen zu; *tûlît*, sogleich.

2) Bei dreisylbigen Wörtern ist kein sehr bemerklicher Nebenton vorhanden, wenn die beiden Nebensylben gleiche, (sei es kurze oder lange) Quantität haben. Das Wort erscheint in diesem Fall, mag es auch der Quantität nach ein Pyrrhichius oder ein Molossus sein, doch der Betonung nach als Dactylus (eine Hebung + zwei Senkungen). Wenn aber ja eine der Nebensylben vor der andern vorwiegt, so ists die erste vor der zweiten, d. h. die zweite Wortsylbe vor der dritten.

Typus:

$\angle\overset{\cdot}{(\smile)}\smile$, Beisp.: *àstina*, Schwänzchen; *dàwanu* (Acc. S.), Gabe; *wèdduschi*, geführt habende.

$\angle\overset{\cdot}{(\smile)}\_$, Beisp.: *ûfûli'nsch*, Eichbäumchen; *lùkûda'ms*, schauend; *kàflènîm* (Dat. Pl.), den jungen Ziegen.

Haben die beiden Nebensylben verschiedene Quantität, so zieht die längere Sylbe den Nebenton auf sich.

Typus:

$\angle\smile\angle$, Beisp.: *dwèselèm* (Dat. Pl.), den Seelen; *pùmpurùs*

(Loc. Pl.), in den Knospen; *slízinât*, ertränken; *spíschatís*, ihr drückt euch.

‿‿‿, Beisp.: *sùnîtis*, Hündchen; *rèdséjis*, gesehen habend; *saimnîze*, Wirthin.

3) Bei viersylbigen Wörtern ist die Regel, dafs, mag die Quantität der Nebensylben sein, welche sie wolle, der Nebenton auf die mittlere Nebensylbe, d. h. auf die dritte Wortsylbe fällt. Dann wechselt also die Hebung und Senkung, und das Wort besteht, wenn man so sagen darf, aus zwei Trochäen. Der Nebenton fällt aber um so weniger ins Ohr, je länger und gewichtvoller nach Verhältnifs die vor der dritten vorhergehende Wortsylbe ist. Ist die dritte Wortsylbe selbst kurz und wird auf beiden Seiten von langen gewichtvollen Sylben eingeschlossen, und ist gar eine fünfte Sylbe nachweisbar abgefallen, wodurch schon das Gewicht der vierten Sylbe namhaft wächst, so sind zwei Nebentöne bemerklich, der eine auf der zweiten, der andere auf der vierten Wortsylbe. Namentlich dürfte diese Betonung sich finden bei Medialformen.

Typus:

‿‿‿‿, Beisp.: *dàwanína*, Geschenkchen.

‿‿‿‿, Beisp.: *dàwanínăm*, (Dat. od. Instr. Pl.), mit Geschenkchen.

‿‿‿‿, Beisp.: *meitenîte*, Mägdlein; *aùdsînàju*, ich erzog.

‿‿‿‿, Beisp.; *meitenîtĕm* (Dat. Pl.), den Mägdlein; *aùdsînàjăm*, wir erzogen; *plùzzinàjis*, sich verbrüht habend.

Schwächer erscheint der Nebenton auf der dritten Sylbe, weil die zweite einen Theil desselben auf sich zieht, in den folgenden Fällen:

Typus:

‿‿‿‿, Beisp.: *schèlúschana*, Mitleidsempfindung; *gûdájami*, venerandi.

‿‿‿‿, Beisp.: *màzîtàji* (Nom. Pl.), Prediger.

‿‿‿‿, Beisp.: *màzîtàjĭm* (Dat. Pl.), den Predigern; *mìlèjàtis*, ihr liebtet euch.

Nicht sehr auffallend, doch merklich sind zwei Nebentöne im letzten Fall: ‿‿‿‿, Beisp.: *wàfàschamûs* (Acc. S.), das sich umherschleppen; *mìlèjamîs*, wir lieben uns; *lènitînăm*, sehr gelinde.

4) **Fünfsylbige** einfache Wortformen sind nicht allzu häufig. Der zweite Ton fällt in der Regel hier auf die vierte oder höchstens auf die dritte Sylbe, damit die minderbetonten Sylben sich möglichst gleichmäßig auf die stärker betonten vertheilen, cf. *slüddinäschäna* (‿ ‿◡◡‿), Verkündigung; *gawilĕdami* (◡ ‿◡◡‿) (Nom. Pl.), jubelnde; *plüssinàjuschi* (◡◡◡‿◡) (Nom. Pl.), verbrühet habende. Ist Ultima und Antepenultima lang und Penultima kurz, so lassen sich zwei Nebentöne hören, wie im gleichen Fall bei viersylbigen Wörtern, cf. *slüddinäschandm* (◡◡◡◡‿) (Dat. od. Instr. Pl.), durch Bekanntmachungen.

## 2. Betonung der Composita.

**§. 160.** Das logische Princip waltet auch in der Betonung der Composita, indem es den Hauptaccent auf das erste Glied und zwar, falls dieses mehrsylbig ist, auf dessen Wurzelsylbe (die erste also), fallen läßt. Denn das erste Glied des zusammengesetzten Wortes ist das logisch wichtigere, in ihm liegt das Merkmal, wodurch der Inhalt des Begriffs, den das zweite Glied ausdrückt, determiniert, d. h. näher bestimmt und also modificiert wird (§. 282). Allerdings determinieren auch die Derivations- und Flexionssuffixa den Begriff der Wurzel oder des Stammes, aber nur durch formelle Beziehungen, nicht inhaltlich. Daher fordern diese aus logischen Gründen keinen Hauptaccent, wie das erste Glied des Compositi es thut. Man vergleiche die begrifflichen Unterschiede zwischen *sä'rkans*, roth, und *pà-sa'rkans*, etwas roth, röthlich; *mest*, werfen, und *aif-mest*, hinterwerfen, *pàr-mest*, hinüberwerfen, *àt-mest*, zurückwerfen, *ì-mest*, hinein werfen, u. s. w. oder gar: *güds*, Ehre, und *nè-güds*, Unehre, d. i. Schande; *diwigs*, göttlich, und *bèf-diwigs*, ungöttlich, gottlos.

**§. 161.** Im Allgemeinen gelten nun für Betonung der Composita folgende Grundsätze:

1) Der Hauptton ruht auf der Wurzelsylbe des ersten Gliedes, d. h. auf der ersten Sylbe des Wortes.

2) Der zweitstarke Ton fällt in der Regel auf die Wurzelsylbe des zweiten Gliedes, ein dritter Ton auf die Wurzelsylbe des etwa vorhandenen dritten Gliedes. Cf. *nè-dèr*, es taugt nicht; *sà-wist*, es verwelkt; *gàr-fübs*, Langzahn, d. i. Spötter;

*gràt-dìnis,* Waisenkind (das schwere Tage hat); *pàkal-ìt,* nach-
gehen; Part. Praet. Act. *pàkal-gàjis;* Bicomposita: *nè-sà-prùt,*
er versteht nicht; *jà-nù-ìt,* es muſs hingegangen werden.

3) Der zweite Ton wird verhältniſsmäſsig um so stärker,
als der erste Theil des Compositi einsylbig, kurz und leicht,
das Wort aber überhaupt lang ist, also mehrere, vielleicht gar
schwere Sylben auf die zweite Wurzelsylbe noch folgen.  Cf.
*sà-ìschana,* Begegnung, Zusammenkunft; *aṅgschamzèluschis* (Nom.
Pl. m. Part. Praet. Med.), auferstanden.  Unter gewissen Umständen, wenn einmal die Endsylbe des Wortes z. B. im Medium
einen gewissen Ton beansprucht, kann das Wort nach seiner
Accentuation einen fast, doch eben nur fast jambischen Character bekommen.  Cf. *àp-fchèlüjis,* erbarme dich; das auf der
ersten Sylbe fast gar nicht betonte Substantiv *pareifiba,* Ordnung, ist gar kein Compositum, sondern eine Ableitung von dem
adverbialen Ausdruck *pa reifi,* in Ordnung.

4) Bei vielsylbigen Compositis, deren erstes Glied einsylbig
ist, kann der zweite Ton von der zweiten Wurzel auf eine Nebensylbe rücken, um eine angemessenere Vertheilung der betonten
Sylben zwischen den unbetonten zu bewirken.  Cf. *àp-galwì-
schana,* Caution.  Sogar in dem viersylbigen *àtrìbschana,* Rache,
ist die dritte Sylbe nicht ganz ohne merklichen Accent.  Um
so mehr ist dieses der Fall, wenn die zweite Wurzelsylbe kurz
und leicht und die folgende Nebensylbe lang ist.  Cf. *pàmafìtim*
langsam.  Doch darf man nicht meinen, daſs die beiden Wurzelsylben hier unbetont seien.

5) Bei Bicompositis ist, falls sie vielsylbig sind, die dritte
Wurzelsylbe stärker betont, als die zweite, um den Endsylben
einen festeren Halt zu geben.  Cf. *ì-pa-fìtis,* sich etwas mit
einander bekannt machen; *pì-pa-lìdfèt,* Beihülfe gewähren; Praet.
Act. *pì-pa-lìdfèja; jà-pa-slùddina,* es muſs bekannt gemacht
werden.

6) Bei vielsylbigen Compositis fallen auf die nicht wurzelhaften Sylben minder merkliche Töne nach den für die einfachen Wörter bestehenden Gesetzen.

§. 162.  Ausnahmen
1) Von dem Grundsatz, daſs bei Compositis der Hauptton
auf der ersten Sylbe des ersten Gliedes liege, giebt es eigent-

lich nur eine einzige wirkliche Ausnahme, nämlich bei den negativen Formwörtern. Es muſs hiebei bemerkt werden,
daſs die Negation *ne* behufs Verneinung des ganzen Urtheils
sich mit dem Verbo finito als dem Haupttheile des Satzes
verbindet und hier einen sehr starken Accent hat: *nè-ſinu*, ich
weiſs nicht; *nè-gribbu*, ich will nicht; cf. das lat. *nescio, nolo*
und das mittelhochdeutsche *ich enweis*, ich weiſs nicht; *ich en-
wolde*, ich wollte nicht, wo freilich die Negation *en-* proclitisch
ist und keinen Ton hat; — daſs sodann die Negation *ne*, wiederum mit sehr starkem Ton, behufs Verneinung des Begriffs
sich mit Nominibus subst. und adj. verbindet, die dann
das Gegentheil von dem einfachen Nomen ausdrücken. Cf.
*gûds*, Ehre; *nè-gûds*, Unehre, d. i. Schande; *gudrs*, klug, *nègudrs*, unklug, d. i. dumm. Die Negation, vor das Nomen ge-
fügt, afficiert in keiner Weise die Positivität des Satzes, cf.
*nègudrs pûstd ìt*, der Unkluge geht zu Grunde. Die dritte
Möglichkeit ist, daſs sich die Negation mit Formwörtern
verbindet (Pronomen, pronominal. Adverb. u. s. w.), und hier
liegen allerdings auch ächte Composita vor, denn die Negation
und das Formwort sind auch zu einem Begriff verschmolzen
im Lett., wie in andern Sprachen, cf. lat. *nemo, nullus, nusquam*
u. s. w. Aber dennoch ist hier die Negation gegen das obige
Grundgesetz tonlos. Cf. *ne-kàs*, Niemand (subst.); *ne-kàds*,
keiner (adj.); *ne-wins*, keiner; *ne-kùr*, nirgends; *ne-kàd*, niemals;
*ne-bùt*, auf keine Weise, durchaus nicht. Der Grund davon liegt
in der Beziehung der negativen Formwörter zu dem im Satz ausgesprochenen Urtheil, welches bei negativem Formwort selbst
(mit einer Ausnahme) stets negativ ist, und in dem unver-
brüchlichen Gesetz, daſs die Hauptnegation, die das Urtheil ne-
giert, nie vor dem Verbo finito fehlen darf. Also ist in den
Sätzen, in denen ein negatives Formwort steht, die Negation
zweimal vorhanden. An beiden Stellen ist die Negation logisch nothwendig, die beim Verbo gilt aber als die wichtigere.
Die andere, vor dem Formwort, ist für den Satz gewissermaſsen pleonastisch und deshalb tonlos. Beisp.: *ne-wins tŏ
nè-spèja*, Niemand vermochte das. Ebenso, wenn das negierte
Verbum bei Ellipsen auch nur hinzugedacht werden muſs, cf.
*wái àtràddi? ne-kà* (sc. *nè-at-ràddu*), hast du gefunden? Nichts
(sc. habe ich gefunden); *kas tur bija? ne-kàs* (sc. *tur nè-bija*);
wer od. was war da? Niemand od. Nichts (sc. war da). Eine

ganz ähnliche Wiederholung von Negationen in einem Satz,
ohne dafs sie einander aufheben und das Urtheil wieder positiv
machen, findet sich im Griechischen und im Altdeutschen.

Wohl zu unterscheiden von den Compositionen der tonlosen
Negation mit Formwörtern sind die Fälle, wo die tonlose Negation dem lat. *ne — quidem*, oder doppelt gesetzt dem lat. *neque —
neque*, weder — noch entspricht. Hier liegt keine Composition vor, und darf die Negation nicht mit dem folgenden Wort
zusammengeschrieben werden. Das Verbum finitum hat in diesen Fällen wieder seine besondere Negation. Cf. *ne èſt nè-
gribbēja*, nicht einmal essen wollte er; *ne māſ nè-runnāja*, auch
nicht ein wenig redete er, ne paululum quidem locutus est; *ne
schim, ne tàm*, weder diesem noch jenem; *ne swètdinā, ne dàr-
badinā*, weder am Sonntag, noch am Werkeltag.

Endlich giebts aber auch gewisse Fälle, wo die Negation,
componiert mit Formwörtern doch stark betont ist, nämlich
wo das Urtheil, der Satz nicht negativ ist. Diese Fälle finden
sich nur in einigen specifisch lettischen, wörtlich gar nicht zu
übersetzenden Verbindungen des positiven Pronomens oder pro-
nominalen Adverbs mit dem negativen. Cf. *kàds nè-kàds*, wörtl.:
einer keiner, dann: = allerlei, qualiscunque; *kùr nè-kùr*, wörtl.:
irgendwo nirgendwo, dann: = sei es wo es sei, ubicunque.

2) Keine eigentliche Ausnahme vom Grundgesetz der
lett. Betonung ist es, wenn zwei Wörter in gewissen viel üblichen Redewendungen, adverbialen Ausdrücken etc. nicht sich
gerade componieren, aber doch sich an einander fügen und mit
einander verschmelzen. Schon aus der Lage des Hauptaccents
auf dem zweiten Wort darf man hier folgern, dafs es nicht
eigentliche Composita seien, und dafs demnach auch eigentlich
beide Wörter in der Schreibung müfsten getrennt werden. Zuweilen aber ist doch die Verschmelzung nach lautlicher Form und
nach dem Sinn eine so innige, dafs die übliche verbindende Schreib-
weise besser beizubehalten scheint. Cf. *win-à'lga*, einerlei, für
*wina à'lga*, Nom. Sing. neben *à'lga wina* oder auch *à'lga win'*,
eig. = ein Lohn, ein Preis. (Vergl. hiezu den ganz gleichbedeutenden Ausdruck: *tas man wina màksa*, das ist mir einerlei, eig. ein Preis, eine Bezahlung); *pal-dìws* neben *pàl-dìws*,
Dank! eig. helfe Gott, f. *pàlidſ dìws*; *kasſìn*, vielleicht, eig. wer

weifs? f. *kas fin(a)*; *kā-mèr*, in wie weit, f. *kà mèrā*, Locat. S. in welchem Maafs (?); *tämèr*, in so weit, f. *tà mèrā* (?); gleichbedeutend mit *kā-mèr* und *tā-mèr* ist das etymologisch dunkle *kā-lèt* und *tā-lèt*. Endlich cf. *tù-mèr*, dennoch; *a-rè*, ei siehe da, f. *à rèdfi*.

Gewisse Verbindungen von Partikeln mit andern Partikeln oder Nominibus sind vielleicht richtiger in der Schreibung zu trennen, cf. *pa reifi*, in Ordnung; *pa tìsi*, in Wahrheit; *pa prikschu*, zuvörderst; *par liku*, über die Maafsen, eig. zum Ueberfluſs; *ar winu*, in Einem fort; *te pàt*, hierselbst; *tik pàt*, ebenso; *tur pàt*, ebendort; *pat làbban*, just zur rechten Stunde; (*ik wìns*, jeder; *ik kàtrs*, jeder; *tè-bè*, also da!)

Anmerkung. Auf der Betonung und nur insoweit auf der Quantität, als jene durch diese bedingt ist, beruht die Rhythmik und der Versbau der lett. Sprache. Letztere ist also in diesem Stück nicht der griechischen oder lateinischen Sprache, wo die Rhythmik von der Sylbenquantität beherrscht wird, sondern der deutschen verwandt, nur daſs im Lettischen die Quantitätsverhältnisse der Vocale weit weniger zerstört sind, als im Neuhochdeutschen. In beiden Sprachen ist der Rhythmus bedingt durch die Tonverhältnisse, durch den angemessenen Wechsel stärker betonter Sylben einerseits und schwächer betonter oder tonloser andererseits. Die sogenannten Versfüſse, wenn man hier ihren Namen beibehalten darf, entstehen nicht durch Zusammenstellung langer und kurzer, sondern betonter und unbetonter Sylben, und es ist ein Irrthum der bisherigen lett. Grammatiker und Metriker, wenn sie der lett. Sprache das Quantitätsprincip der classischen Sprachen haben aufdrängen wollen. Die kurze Wurzelsylbe trägt bequem die Arsis des Verses; die lange unbetonte Nebensylbe steht ohne Schwierigkeit in der Thesis. So widerstreiten auch alle Versuche ächt classische Versmaſse im Lett. wiedergeben zu wollen dem lett. Genius. So ist die lett. Rhythmik durch das bestehende Accentuationsprincip in eine sehr enge Bahn eingeschlossen. Sie ist nämlich, da der Hauptton auf der ersten Wortsylbe ruht, stets trochäisch, oder höchstens dactylisch, niemals jambisch oder anapästisch, d. h. auf dem eigenthümlich lettischen Gebiet, im Volkslied. In der unter deutschen Händen entstandenen Kunstpoesie ist freilich dem lett. Sprachgenius mannichfaltig Gewalt angethan worden.

# Zweiter Theil.

# Wortlehre.

— —

## Uebersicht.

§. 163. In den Lauten haben wir die sinnlichen, phonetischen Elemente der Wörter betrachtet; in den Wörtern wollen wir nun gegliederte, gewissermaßen beseelte Körper betrachten. Die Wortform ist der Körper, die Hülle eines geistigen Inhalts in zwiefacher Weise, sie ist der Ausdruck erstlich eines Begriffes, sodann gewisser Begriffsbeziehungen. Hiernach zerfällt die Wortlehre in zwei große Haupttheile.

Der eine nimmt das Wort als Sprachtheil in seiner Isolierung und nach seiner Entstehung: Lehre von der Wortbildung.

Der andere nimmt das Wort als Redetheil in seiner Zusammengehörigkeit mit andern Theilen der gegliederten Rede, des Satzes und nach seinem Gebrauche: Lehre von der Wortbeugung.

Dort handelt es sich um die etymologisch-lexicalische, hier um die grammatisch-syntactische Bedeutung des Wortes. Die Lehre von der Wortbildung ist eine Entwicklungsgeschichte, die Lehre von der Flexion eine Physiologie des Wortes. Wie die Geburt dem Leben, so geht die Wortbildung der Wortbeugung voraus.

Die Wortbildungslehre hat zu handeln im Allgemeinen von den Wörtern als unwandelbaren Begriffszeichen, im Besonderen:

1) von den Wurzeln als den Urformen oder den stofflichen Keimen und Kernen der Wörter, als dem ältesten sym-

bolischen Lautzeichen vereinzelter Vorstellungen und Anschauungen.

2) von der Derivation, d. i. der Bildung der Wortstämme aus den Wurzeln meist mittelst gewisser Lautansätze (Suffixa), die den grammatischen Begriff formaliter, d. i. die Wortform determinieren.

3) von der Composition, d. i. der Bildung neuer Wörter durch Zusammenfügung mehrerer anderer, von denen das erste den Begriffsinhalt des zweiten qualitativ determiniert.

Die Wortbeugungslehre hat zu handeln im Allgemeinen von den Wortformen, welche die wandelbaren Beziehungen der Wörter im Zusammenhange der Rede, die Beziehungsformen, die grammatischen Verhältnisse ausdrücken; im Besonderen:

1) von den Flexionsformen,
   a) von der Declination, Beugung der Nomina;
   b) von der Conjugation, Beugung der Verba;
2) von den Formwörtern.

Die Flexionsformen und die Formwörter haben im Wesentlichen dieselbe Bedeutung, nämlich auszudrücken die formellen Verhältnisse der Begriffe zu einander und zum Redenden. So sind die Flexionsformen im Allgemeinen entstanden durch Anfügung von Formwörtern oder doch eines den Formwörtern analogen symbolischen Lautstoffes an die den Inhalt darstellenden Wortstämme. Der Abschnitt von den Formwörtern ergänzt den von den Flexionsformen, indem er zusammenfassend zeigt, wann und wie erstere eintreten, wo letztere mangeln oder neben letzteren pleonastisch erscheinen.

Die Flexionsformen selbst sind zwiefacher Art nach der Natur der beiden Haupt-Redetheile: Nomen und Verbum. Das Nomen repräsentiert in grammatischer Beziehung das Subject des Satzes, in logischer Beziehung die Substanz, den Gegenstand der Anschauung, als den Inbegriff aller denselben constituierenden Merkmale. Das Verbum repräsentiert in grammatischer Beziehung das Prädicat des Satzes, in logischer: das Accidens, die besondere Bestimmung oder das Merkmal, das von dem Gegenstand ausgesagt wird. So drückt das Nomen aus das Seiende, Selbständige, das Verbum dagegen bezeichnet das Veränderliche, die

Thätigkeit, das Werden: und diesem Unterschied entsprechend ist der Grundcharacter der nominalen Flexionsformen (Declination): räumliche Beziehung (Casusformen), der der verbalen Flexionsformen (Conjugation): zeitliche Beziehung (Tempusformen).

### Erste Abtheilung.

# Wortbildung.

#### Einleitung und Uebersicht.

§. 164. Bei Darstellung einer Sprache muß, um klare Einsicht zu gewinnen, stets in die frühere Zeit zurückgegangen und das Gegenwärtige in seiner geschichtlichen Entwickelung aus Anderem, was einst da war, betrachtet werden. So bei Darstellung der Wortbildung, so bei der der Flexion. Bei letzterer aber handelt es sich um Veränderungen, die gegenwärtig in Declination, Conjugation u. s. w. mit den Wörtern der Sprache vorgehen oder, wenn in früherer, doch jedenfalls in „historischer" Zeit vorgegangen sind. Bei der Wortbildung dagegen handelt es sich um die Entstehung der Wörter, die meist vor alle „historische" Zeit fällt. Wir haben hier also eine historische Betrachtung besonderer Art, sowohl der Zeit nach, als auch dem Beweise nach: Hier steigen wir weiter hinauf in die dunkle Urzeit, als wir bei der Flexionslehre thun werden, und weil uns hier die „historischen" Zeugnisse ausgehen, so müssen wir hier mehr zu philosophischer Abstraction greifen, denn was vor aller Geschichte liegt, kann nur durch Folgerungen erschlossen werden, und dennoch wird der Boden, auf dem wir uns hier bewegen, keineswegs deshalb ein viel unsicherer. Ja, es fällt uns im Folgenden die historische und die philosophische Betrachtung insofern zusammen, als die Geschichte der Sprachentstehung selbst nur eine Abstraction ist. Denn schwerlich ist eine Sprache dermaßen aus Wurzeln entstanden, wie die Grammatiker im Abschnitt von der Wortbildung es darstellen. Die Wurzeln haben schwerlich je irgendwo vor den Flexionsformen existiert, sondern sind gleichzeitig entstanden, ja manche Wurzeln (die secundären) sogar erst in späterer Zeit als manche Flexionsformen.

Ein Hauptreiz, der des denkenden Forschers Interesse für
diesen Theil der Grammatik rege macht, darf nicht unerwähnt
bleiben: es ist das Licht, welches hier über die „Etymologie"
im engeren Sinn, über die Urbedeutung der Wörter verbreitet
wird und welches so recht eigentlich den Geist der Sprache,
die Weltauffassung des Volkes unserem Auge erschliefst. Sind
ja doch die Lautcomplexe der Wörter nicht gleich den Münzen
oder gar den Bankscheinen, denen Uebereinkunft oder willkühr-
liches Gesetz diesen oder einen andern Werth zuspricht, sondern hat doch jedes Wort seine über aller Willkühr stehende
Bedeutung aus historischer Nothwendigkeit, und ists doch ein
Spiegelbild freilich nicht von dem Wesen des Dinges, aber in
jedem Fall von dem Eindruck, den das Ding auf die Seele des
Menschen, des Volkes gemacht hat. So ist gerade dieser Theil
der Grammatik die Hauptbasis einer neuen Wissenschaft, der
Völkerpsychologie, deren erste Linien Steinthal (Grammatik,
Logik und Psychologie, P. 387 seqq.) zeichnet, und die ihrerseits die „allseitige Grundlage zur Philosophie der Geschichte"
bildet (a. a. O. P. 391).

Dafs die Lehre von der Wortbildung nicht das ganze Material der Sprache zur Stelle zu schaffen und nicht den Ursprung jedes einzelnen Wortes zu erklären braucht, versteht sich
von selbst. Es handelt sich um die allgemeinen Gesetze und
um Beibringung einer hinreichenden Anzahl von Beispielen. Das
Uebrige ist Sache des Lexicons und nicht der Grammatik.

Das Object unserer folgenden Untersuchung und Darstellung sind

1) die Wurzeln der Wörter;

2) die Derivationssuffixa und sonstigen Mittel der
Sprache zur Bildung von Wortstämmen aus den Wurzeln.

Das dritte Stück, welches ursprünglich und in der Regel
in Gesellschaft der beiden eben erwähnten Elemente (Wurzel
und Derivationssuffix) sich findet: das Flexionssuffix und
dessen Beziehung zum Wortstamm (= Einheit von Wurzel +
Derivationssuffix) ist Object der Wortbeugungslehre und geht
uns hier gar nichts an. Umgekehrt bedarf die Flexionslehre
nur geringer Bemerkungen, namentlich über den Auslaut der
Stämme, sofern er durch die Laute des Flexionssuffixes gewisse
Modificationen erfahren oder resp. auf dieselben ausüben kann,

und über die Erkennung der Classen, zu der ein Nominal- oder Verbalstamm gehören mag. Cf. §§. 318—320. 399—404.

. Außer der eigentlichen und reinen Wortderivation aus den Wurzeln (Primärbildung) oder aus andern schon vorhandenen Wörtern (Secundärbildung) mit Hilfe von Ableitungssuffixen hat die Sprache ein zweites Hauptmittel der Wortbildung in der Composition, die wesentlich in der Anfügung anderer, lautlich oft bis auf den Wurzelgehalt eingeschrumpfter Wörter vorne vor andere, meist auch einfach existierende Wörter besteht.

Hiernach haben wir zu handeln:
1. von den Wurzeln,
2. von der Derivation,
3. von der Composition.


# Erster Abschnitt.
## Die Wurzeln.

### I. Die Classen der Wurzeln.

§. 165. Die Wurzeln der lettischen wie aller andern indogermanischen Sprachen zerfallen in zwei große Classen: die sogenannten Verbal- und die sogenannten Pronominal-Wurzeln, die sich nach ihrer Bedeutung und nicht minder nach ihrer lautlichen Form wesentlich unterscheiden.

Die einen drücken aus den Stoff der Vorstellungen, die anderen die Form, d. h. die Beziehungen der Vorstellungen und ergeben demnach in ihren weiteren Bildungen jene: die sogenannten Stoffwörter, diese: die sogenannten Formwörter. Die sogenannten Verbalwurzeln sind also der Ursprung aller Nomina (Substant., Adject. und des größeren Theils der Adverbia) und aller Verba. Die anderen Redetheile, namentlich das Pronomen, die adverbialen Formwörter, und die Conjunctionen, lassen sich mit wenigen Ausnahmen auf die sogenannten Pronominalwurzeln zurückführen *).

Der lautlichen Form nach zeichnen im Allgemeinen die

---

*) Die Forschung über die Etymologie der Zahlwörter und der Praepositionen ist noch nicht zu einem Abschluß gediehen.

Pronominalwurzeln sich vor den Verbalwurzeln durch eine
größere Einfachheit aus. Was bei diesen niemals vorkommt,
findet bei jenen sich öfter, nämlich daß der ganze Lautcomplex
der Wurzel aus einem einzigen Consonanten + *à* (oder gar aus
dem ursprünglichsten aller Vocale, *à*, allein) besteht. Cf. *à*,
skr. Demonstrativwurzel, die aber allerdings im lett.-ltth. Sprachstamm nicht vorkommt; *tă*, demonstr. in *ta-s*, der; *kă*, relativ.
in *ka-s*, wer; *ja*, relat. und demonstr. in *ji-s* f. *ja-s*, der.

Von der Etymologie der Pronomina, wie auch der übrigen
Formwörter wird in den betreffenden Abschnitten, so ausführlich es geschehen kann, gehandelt werden, daher beschränken
wir uns im Folgenden lediglich auf die Betrachtung der Verbalwurzeln.

Es erhellt aus dem Vorhergehenden hinlänglich, daß der
Name „Verbalwurzeln" nur im Gegensatz zu dem andern:
„Pronominalwurzeln" gebraucht ist. Zwischen ersteren
und irgend welchen Nominalwurzeln soll kein Gegensatz bestehen und besteht auch keiner. Es soll auch nicht einmal ein
Vorrang den Verbis vor den Nominibus zugesprochen werden.
Abgesehen von secundären Bildungen, die sich in den Grenzen
des Verbums ebenso wie in den Grenzen des Nomens finden,
verhalten sich die primären Verbal- und Nominal-Bildungen
ganz gleichartig zu der beiderseitigen Wurzel und stehen coordiniert unter einander in einem „brüderlichen Verhältniß" (Bopp
§. 105). Es läßt sich nicht einmal behaupten, daß in den sogenannten primitiven Verben das Personalsuffix sich unmittelbar
an die Wurzel füge. In der Regel (Ausnahmen bilden nur die
Verba auf -*μι* im Griech. und die entsprechenden anderer Sprachen, deren es im Lett. nur geringe Spuren giebt, cf. §§. 517
—519) ist auch hier als Zwischenlaut, als Binde- und Derivations-Element, wenigstens ein *à*, oft aber in einzelnen Formen
ein complicierteres Element, sei es ein Nasal mit *à*, sei es ein
-*ta* (-*sta*), sei es ein -*ja*, (cf. *wedd-a-m*, wir führen, *mi-na-m*,
wir treten, *nik-sta-m*, wir vergehen, *jà-ja-m*, wir reiten), und
beim Nomen ist ja auch, wie wir sehen werden, *à* das einfachste Derivationssuffix, cf. *sa'rg-s*, Hüter, für *sa'rg-a-s*, Dat.
*sa'rg-a-m*.

Zu den Bildungselementen, die sich an die Wurzel anfügen, kommen die Veränderungen, die im Innern der
Wurzel vorgehen, namentlich durch die Steigerung oder Schwä-

chung des Vocales, und da dieses ebensosehr bei den sogenannten primitiven Verben, als bei den einfachsten Nominibus
vorkommt, so läfst sich nicht eine gröfsere Ursprünglichkeit der
Verben behaupten.  Dennoch hat der Name Verbalwurzeln für
die Wurzeln der Verba und Nomina mit Recht defshalb den
Vorrang, weil das Erste und Ursprünglichste was der Mensch
in der Urzeit sprachlich bezeichnet haben mufs, oder was das
sprechenlernende Kind heutzutage zuerst bezeichnet, nicht das
Ruhende, sondern das sich Bewegende, nicht das Beharrende,
sondern das sich Verändernde und Thätige, nicht das Seiende,
sondern das Geschehende ist.

## II. Ursprung und Bedeutsamkeit der Wurzeln.

§. 166.  Wenn wir im Folgenden von dem Ursprung der
Wörter aus den Wurzeln handeln, so liegt uns hier die Frage
nahe, woher denn und wie die Wurzelsylbe selbst ent-
sprungen, warum denn gerade diese bestimmten Laute mit
diesen bestimmten Vorstellungen sich complicirt haben.  Ueber
allen Anfängen ruht ein schwer zu lüftender Schleier.  Der
Chemiker kennt die Eigenschaften und Veränderungen der Elemente, aber ihre Entstehung ist ihm dunkel.  Aber freilich sind
die Wurzeln der Sprache und die einzelnen Laute keine Real-
principien und geistvolle Männer haben den Schleier zu heben
versucht, der über den Beziehungen des Lautes zum Gedanken
liegt.  Aufser den epochemachenden Schriften W. v. Humboldts
erwähne ich aus neuerer Zeit: Steinthal, Grammatik, Logik
und Psychologie (1855); Heyse, System der Sprachwissenschaft, herausgegeb. v. Steinthal (1856); Lazarus, Geist und
Sprache, Monographie im zweiten Bäudchen seines „Leben der
Seele" (1857).

Wir müssen mit den letztgenannten Männern drei Stufen
der Sprachbildung unterscheiden:

        1. die pathognomische,
        2. die onomatopoetische (im weitesten Sinn des
           Worts),
        3. die characterisierende.

§. 167.  1. Auf der ersten Stufe sind die Interjectionen entstanden, die insofern allerdings Sprache sind, als sie
„überhaupt verstanden werden", aber insofern eigentlich noch

nicht Sprache sind als sie nicht Zeichen für ein Object, sondern Wirkungen einer Empfindung sind, die die Seele bewältigt.
In den Interjectionen haben wir noch heute einen „letzten Rest
„ursprünglicher Sprachbildung, wenigstens ein Abbild dersel-
„ben. Denn die Interjectionen sind meist nicht überlieferte, er-
„lernte, sondern natürliche, ursprüngliche Laute; sie werden wie
„alle Ursprache unwillkührlich hervorgebracht; sie werden ver-
„standen ohne Tradition, sie tragen ihre Bedeutung an sich
„ohne Convention" — „Aber die Interjection schreitet nicht
„zur eigentlichen Sprache fort, weil ihr Laut nur der Ausdruck
„eines gegenwärtigen und wirklichen Gefühls ist, welches in
„seiner eigenthümlichen Stärke und überhaupt als Gefühl nicht
„reproduciert werden kann." Daher kommt es, was für uns
an dieser Stelle von Wichtigkeit ist, daß die Interjectionen
eigentlich keine Wurzeln hergeben zu weiterer Sprachbildung.
Nur ausnahmsweise kommen Bildungen vor wie im Lett. *wai-d-êt*,
weheklagen, von *wai!* weh! oder im Griechischen *οἴ-κτο-ς*, die
Klage, *οἴζω*, ich jammere, von der Interjection *οἴ*, Ausruf des
Schmerzes.

§. 168. Während also auf der ersten Stufe der Sprachbildung im Ganzen noch keine Wurzeln entstanden sind, so geschieht dieses nun gerade auf der zweiten, der onomato-
poetischen (namenschaffenden) Stufe. Hier bezeichnet
der lautliche Ausdruck nicht mehr bloß die Empfindung oder
die gegenwärtige Wirkung der Empfindung, sondern bezeichnet
die Sache, durch welche die Empfindung und deren Ausdruck
angeregt sind. Daß überhaupt der Mensch in Laute ausge-
brochen, durch Laute seine von äußeren Eindrücken gewissermaßen belastete Seele erleichtert hat, ist zunächst gewiß unwillkührlich geschehen. Und um so mehr muß die specielle
Bestimmtheit der Laute objective Gründe ursprünglich gehabt
haben. Die Anfänge der eigentlichen Sprache, abgesehen von
den Interjectionen, sind Reflexe, Spiegelbilder der äußeren, ob-
jectiven Eindrücke, die die Seele erfuhr, gewesen. Die Laute
müssen bestimmt worden sein durch die Natur der Objecte.

a. Am klarsten fällt dieses in die Augen bei denjenigen
Wörtern, die meist ausschließlich Onomatopoetica genannt
werden, das sind diejenigen „Lauterzeugungen, die auf die Wahrnehmung eines tönenden Gegenstandes folgten. Auch diese sind
aber nicht als freie und absichtliche Nachahmungen der in der

Natur gehörten Laute und Schälle aufzufassen, sondern auch
zunächst als unwillkührliche Reflexe dessen, was das Ohr wahrgenommen, und nicht dieses allein, sondern auch Reflexe „der
in und mit den vernommenen Tönen entstehenden Anschauung
des tönenden Wesens." Der Lautcomplex des Sprechenden ist
nicht congruent mit dem tönenden Dinge, ja nicht einmal mit
dem wahrgenommenen Schall, sondern nur ähnlich und zwar nur
ähnlich vermittelst der menschlichen Anschauung. Daher kommt
es beiläufig, daſs die einfachsten, gebräuchlichsten Schallwörter
in verschiedenen Sprachen verschieden lauten; die subjective
Anschauung ist ja eine verschiedene. Cf. *schkaudét*, niesen;
*ribét*, dröhnen; *tarkschkét*, knarren, u. s. w. Mag also auch in
verschiedenen Sprachen derselbe Schall durch einen andern Lautcomplex ausgedrückt werden, mag ferner das Schallwort vollkommen heterogen sein dem Wesen des Objects, jedenfalls aber
sind gleichartig die Anschauung des Objects und die Anschauung
des Lautes in der Seele, und diese Anschauung ist stets das
Bindeglied zwischen der Sache und dem Wort. Lazarus (II.
P. 100) vergleicht treffend das Schallwort mit einem Farben-
bilde; „sowie dieses nur eine farbige Fläche von bestimmten
„Umrissen giebt, der Zuschauer aber darunter das ganze Wesen
„anschaut, so giebt der Sprachlaut nur den Ton und Schall
„des Wesens und begreift darunter zugleich das Ganze mit allen
„übrigen Eigenschaften."

Die lett. Sprache ist nicht arm an Schallwörtern, vielleicht
reicher als manche andere. Es mögen einige wenige Beispiele
genügen, um zu zeigen, wie wir hier schon wirkliche Wurzeln
vor uns haben, aus denen zuweilen ganze Wortfamilien ent-
sprossen sind.

α. Zuerst sind hier zu erwähnen die den Interjectionen nahestehenden Schallwörter (§. 633), z. B. *kraksch*,
krach, zur Bezeichnung des Tones, wenn etwas platzt oder bricht;
*plaksch*, klatsch, wenn etwa mit einer Fläche aufs Wasser geschlagen wird; *schlâgs* oder *schlags*, wenn etwas ausgegossen
wird. Schon diese Classe von Interjectionen bedeuten weit mehr,
als bloſs den Schall. Sie erinnern zugleich an das platzende
oder brechende Holz, an das geschlagene oder gegossene Wasser,
also an die Ursache des Schalles u. s. w.

β. Diesen Interjectionen zunächst stehen diejenigen Verba,
welche zunächst nur eine bestimmte Art des Tönens bedeuten,

cf. *klabbét*, klappern; *grabbét*, rasseln; *naudét*, miauen; *kwelkstét*, belfern; *tschabbét*, rauschen, in dürrem Laube rascheln; *tschikstét*, knarren (von ungeschmierten Rädern); *parkschkét*, knarren, u. s. w. Diese Verba unterscheiden sich von jenen sogenannten Interjectionen durch nichts weiter, als daß sie schon aus formlosem Zustande zu geformtem sich entwickelt haben, daß sie schon unter dem Begriff von ordentlichen Redetheilen gedacht werden müssen, daß sie schon feiner gegliederte Gestalt und Flexion besitzen.

γ. Noch einen Schritt weiter führen uns diejenigen Wörter, Verba und Nomina, die nicht allein den Schall, sondern mit Hilfe des Schalles, als eines Merkmals, weit mehr bezeichnen, sei es nun ein Geschehen oder ein Ding. Cf. *befdét*, fisten, ein Schallwort, das uns aber auch noch andere sinnliche Eindrücke vergegenwärtigt. Davon: *befde*, Stänkerer; *befdeliga*, Schwalbe, nach ihrer Unart viel Schmutz zu machen. Cf. *kungstét*, stöhnen, trägt in sich die ganze reiche Anschauung eines in Schwäche und Krankheit elend daliegenden. Cf. *nurdét*, brummen, knurren, verbindet mit dem Schall die Vorstellung der Unzufriedenheit, wie das deutsche murren. Cf. *plukschkét* und *tschukstét*, leise plaudern, schwatzen, urspr. Schallwort, wie das deutsche plaudern. Cf. *bu'rbulét*, sprudeln, *bu'rbulis*, Wasserblase, bezeichnet an den Ton anknüpfend das ganze Wogen und Wallen des kochenden oder aus der Erde quellenden Wassers. Ebenso bezeichnen von dem Ton, als dem characteristischen Merkmal, ausgehend die Handlung, welche den Ton hervorbringt: *bungát*, trommeln, oder das Instrument zur Hervorbringung des Tones: *bunga*, Trommel. Cf. *gremút*, käuen, insbesondere wiederkäuen; *knábt*, picken; *kri'mst*, nagen; *schaggút*, schnucken; *schlukt*, glitschen; *schdwát*, gähnen; *schkandét*, niesen; *sprduschlét*, niesen (von den Pferden), pruhsten; *trít*, reiben, und viele andere. Von Nominibus giebt es desgleichen viele, von denen ich nur die Thiernamen: *wa'rde*, Frosch (der Quarrende), und *dfeggufe*, litth. *gegúze* (cf. *guggút*), Kukuk (der Kukuk rufende), anführen will.

In all diesen und in vielen andern Fällen hat der Lautbestand der Wurzeln seinen Ursprung in einem Ton oder Schall der Natur, der aber in der Sprache vermenschlicht, verklärt, articuliert erscheint. Handlungen oder Gegenstände sind hier durch Töne von dem Sprechenden vor die Seele des Hörers

gemalt, wie der Maler Handlungen oder Gegenstände mittelst
Farben vor die Seele des Beschauers malen kann.

§. 169.  b. Wenn wir mit Lazarus diese erste Classe von
Onomatopoeticis mit Farbenbildern verglichen, sofern sie so lebhaft, als es überhaupt möglich in Tönen, ein Object darstellten,
so kommen wir nun zu einer zweiten Classe, die Lazarus
mit schwarzer, grauer oder bloſser Umriſszeichnung vergleicht
(a. a. O. II, P. 100).  Die Wurzeln und Wörter dieser zweiten
Classe bezeichnen gar nicht mehr irgend welche tönende Dinge
oder Handlungen, gar nicht mehr solches, was irgend wie mit
dem Ohre wahrgenommen wird, sondern solches, was in die
andern Sinne, Gesicht, Gefühl, Geschmack, Geruch fällt.  In-
wiefern ist das möglich?  Insofern als zwar nicht objectiv,
aber wohl subjectiv „die Wahrnehmungen der verschiedenen
„Sinne für die Seele eine gewisse Aehnlichkeit mit einander
„haben.‟  Daher kommt es, daſs wir unendlich oft Ausdrücke,
die zunächst nur zur Bezeichnung einer Art von Sinneswahr-
nehmungen entstanden sind, übertragen auf die Wahrnehmungen
anderer Sinne.  Wir nennen nicht allein ein Messer oder dergleichen scharf, sondern reden auch von einem scharfen Ton,
einem scharfen Geschmack, Geruch.  Wir reden von hellen,
dunkeln, grellen Farben und Tönen.  Die menschlichen Sprachlaute in ihren Complicationen reflectieren eben deshalb unwillkührlich nicht allein tönende, sondern auch leuchtende oder
dem Gefühl, Geschmack u. s. w. widerfahrene Eindrücke, so gewiſs eine Wahrnehmung des Auges u. s. w. und eine des Ohres
gleichen psychischen Eindruck machen kann.  Freilich ist hier
der Lautcomplex nicht ein „Portrait‟ mehr des Dinges, wie
oben das Wort *wa'rde* sich als lautliches Portrait des Frosches
ansehn lieſs, sondern muſs eher mit einem „allegorischen Ge-
mälde‟ (Lazar. II. P. 92) verglichen werden.  Nur durch den
Eindruck des Wortlautes auf die Seele ist z. B. *gludde'ns*, glatt,
*glaudát,* glätten, streicheln, ähnlich der Empfindung der Glätte
oder des Streichelns, resp. Gestreicheltwerdens.  Da das Merkmal der Glätte nicht mit dem Ohr, sondern mit dem Gefühl
vernommen wird, so wird dasselbe durch den Lautcomplex *gludde'ns* nicht direct und unmittelbar, sondern nur indirect und symbolisch dargestellt.  Einige andere Beispiele werden die Sache
klarer machen.  Die Merkmale der Schärfe, der Kürze oder
Stumpfheit, der Milde, der Reinheit und Helligkeit, der Trüb-

heit und Dunkelheit sind symbolisch oder allegorisch ausgedrückt in den lett. Adjectiven: *ass*, scharf, *strups*, kurz, abgestumpft, *lêns*, mild, sanft, *gáisch*, hell, *skaidrs*, rein, *tu'msch*, dunkel. Die Lautcomplexe oft mehr durch die Natur der Consonanten, oft mehr durch die der Vocale oder aber beider „erregen Gefühle und Anschauungen, welche denen des Wortinhalts sehr ähnlich sind" (a. a. O. II. P. 101). Dasselbe findet statt bei den Verben; z. B. *fibt*, *fchibt*, flimmern; *schke'rst* oder *schkêrst*, durchschneiden, aufspalten; *snausl*, schlummern; *spurt*, ausfasern (intr.); *krist*, fallen; *krattit*, schütteln; *pûst*, blasen; *plêst*, reifsen, und unzählige andere Verba malen lautlich das Geschehen oder die Handlung, und zwar behaupten wir das nicht in Folge einer Selbsttäuschung, die ihren Grund darin haben könnte, dafs wir die Bedeutung der Worte bereits kennen, sondern es ist eine objective Thatsache, dafs die Seele durch die Laute des Wortes *lêns* oder des Wortes *fibt* in ähnlicher Weise afficiert wird, als durch den Eindruck des Milden oder des Flimmerns, u. s. w.

Eine ausführlichere Untersuchung, als sie an dieser Stelle möglich ist, dürfte nach den obigen Gesichtspunkten den Ursprung der bei weitem meisten von allen vorhandenen lettischen Wurzeln, die ja aber nicht specifisch lettisch sind, sondern dem ganzen indogermanischen Sprachstamm angehören, erklären.

§. 170. 3. Wir könnten sofort zur Betrachtung der lautlichen Form der lett. Wurzeln übergehen, denn das Wesentlichste über die Entstehung der Bedeutung der Wurzeln ist gesagt worden; doch müssen wir kurz die characterisierende Stufe der Sprachbildung erwähnen. Für uns ist das bemerkenswerthe hier, dafs auf ihr keine Wurzeln, keine neuen Elemente der Sprache mehr geschaffen werden, (wie auf der ersten, der pathognomischen Stufe noch keine geschaffen wurden), sondern dafs sich jetzt nur die bereits auf der zweiten Stufe entstandenen Wurzeln weiter entwickeln zu Stamm- und Sprofsformen, theils um neue angeschaute Dinge mit einem Wort „von derselben Wurzel zu belegen, mit deren Anschauung es Aehn-„lichkeit hat, theils um die mehreren Dinge, Thätigkeiten, Eigen-„schaften, welche in einer Anschauung noch ungemischt zu-„sammen waren, jedes besonders zu bezeichnen" (Lazarus II. P. 104). Beispiele der ersten Art aus dem Lettischen sind: *ska'ls*, Pergel, Kienspan, √ *skal*, eig. das Gespaltene; *mèris*, Pest, √ *mir*, eig. Krankheit, an der man sterben mufs, cf. der

„schwarze Tod"; *diws*, Gott, √ *diw*, eig. der Glänzende, das Licht; *swîfts*, Butter, √ *swid*, eig. Fettiges, womit man sich salben kann, oder was glänzt und Glanz giebt; *lischkis*, Schmeichler, √ *lif*, eig. Lecker; *gâilis* f. *gâidis*, Hahn, √ *gid*, (*dfid*), eig. der Sänger; *tîsa*, Recht, Gericht, √ *tis*, eig. wo und wodurch das Ungerade gerade gemacht wird, u. s. w.

Beispiele der andern Art sind: *a'rt*, pflügen; *arâjs*, Pflüger; *a'rschana*, das Pflügen; *a'rklis*, Pflug; oder: *bîts*, sich fürchten; *bâile*, Furcht; *baidît*, in Furcht setzen. Doch dieses Alles gehört schon in den folgenden zweiten Abschnitt von der Derivation.

## III. Form der Wurzeln.

§. 171. Reine Wurzeln finden sich in der lett. Sprache eigentlich nirgends. Sie müssen aus den vorhandenen Wörtern in der Regel erst durch Abscheidung der Flexionsendung und der stammbildenden Lautelemente gewonnen werden. Wenn es scheint, als ob einzelne Wörter eben nur aus der Wurzel ohne andere Elemente bestehen, so sind die Stamm- und Flexions-Endungen bereits abgeschliffen und verloren gegangen. So z. B. in Nominalformen wie die Vocative, *puis'!* Knabe! *tew'!* Vater! für *puis-i*, *tew-a!* oder in Adverbialformen, wie *fchêl'* f. *fchêl-i*, mitleidig, *daudf'* f. *daug-i*, viel, *sen'* f. *sen-i*, längst, vor Alters; in Verbalformen, wie die Imperative, cf. *lûk'* f. *lûk-i*, schau! *ness'* f. *ness-i*, trage! oder wie die dritten Personen: *mett'* f. *mett-a*, er wirft, *âug'* f. *âug-a*, er wächst, *râud'* f. *râud-a*, er weint; oder in den Pronominalformen, wie *ka*, daß (ὅτι), eig. Neutrum zu *kas*, wer, und als solches ursprünglich noch mit einem Suffix *t* oder *d* versehen gewesen, cf. lat. *quo-d*, skr. *ka-t*, u. s. w.

§. 172. Um bestimmen zu können, welche Laut-Elemente eines Wortes der wirklichen Wurzel angehören, wird dreierlei oder wenigstens zweierlei vorausgesetzt.

1. Erstens müssen die Flexions- und Derivations-Suffixa bekannt sein, damit bei Abscheidung dieser späteren Bildungselemente nicht entweder zu viel oder zu wenig abgeschieden wird. So muß man z. B. wissen, daß in *ît*, er geht, das *-t* Personalzeichen ist, daß in *planschana*, das Mähen, *-schana*, in *a'rklis*, Pflug: *-klis* das Derivationsmittel ist, also

für die Wurzeln nicht mehr und nicht weniger, als dort *plau*,
hier *ar* übrig bleibt. Die Wurzel-Elemente verhalten sich zu
den übrigen, wie die Substanz zu dem Accidens. Darum wird
die Bestimmung der Wurzel wesentlich erleichtert durch Berücksichtigung der ganzen Wortfamilie. Die Wurzel ist das in allen
Familiengliedern Gleiche. Cf. *spé-ks*, Kraft, *spé-t*, vermögen,
*spé-ju*, ich vermag; *a'r-t*, pflügen, *aru* f. *ar-ju*, ich pflüge, *a'r-
dams*, pflügend, *ar-ājis*, Pflüger, *a'r-klis*, Pflug.

2. Die zweite Voraussetzung ist, daſs die consonantischen und vocalischen Lautgesetze bekannt sind, nach
welchen z. B. die ursprünglichen Wurzeln nur entweder *a* oder
*i* oder *u* zum Vocal haben, welche Urvocale aber mannichfach
gesteigert und geschwächt erscheinen, so daſs *au* (stets) und *ú*
(meist) auf den urspr. Wurzelvocal *u* (cf. *ráug-s*, Sauerteig,
√ *rug*; *dúb-e*, Höhlung, √ *dub*); *ai* und *i* in der Regel auf *i*
schlieſsen lassen (cf. *smái-dit*, lächeln, *smi-t*, lachen, √ *smi*); *e*
theils auf *i* (cf. *sek-ls*, seicht, √ *sik*; *mér-is*, Pest, √ *mir*); theils
auf *a* unter andern Umständen (cf. *ber-t*, *bér-t*, streuen, √ *bar*).
Das Ausführliche über Vocal-Steigerung und Schwächung cf.
§§. 79 — 88.

Oder man muſs berücksichtigen, daſs die spitzen Vocale
(die Dental- und Palatal-Vocale) vorhergehendes *k* in *s* (*k*), *g*
in *dſ* (*g*) wandeln (cf. *ze'l-t*, heben, √ *kal*; *dſi-t*, treiben, f. *dſin-t*,
√ *gan*; *áudſ-eknis*, Zögling, √ *aug* oder vielmehr √ *ug*; *lúdſ-is*,
gebeten habend, √ *lug*), cf. §§. 111—114. Oder man muſs bedenken, daſs *n* und *i*, der Eigenthümlichkeit lettischer Zunge
gemäſs sehr oft aus ursprünglichem *an* oder *in* (oder *en*) entstanden ist (cf. *lúk-s*, Radbügel, aus *lank-s*, *údſ-e*, Natter, aus
*audſ-e* f. *ang-e*; *nidr-e*, Rohr, aus *nendre*; *trik-t*, stoſsend erschüt-
tern, aus *tre'nk-t*; *snig*, es schneit, aus *sning*).

3. Endlich lieſse sich noch anführen, daſs der nach obigen
Gesichtspuncten als Wurzel erscheinende Lautcomplex doch zuweilen auch schon durch irgend welche lautliche Zusätze aus
einer ursprünglicheren (primären) Wurzel entstanden sein kann;
z. B. ist die in *klaus-it*, hören, gehorchen, sich zeigende Wurzel
*klus* schon abgeleitet aus *klu*, wie die Vergleichung verwandter
Sprachen zeigt, cf. κλύ-ω. Da es aber oft sehr schwer ist die
secundären Wurzeln von den primären zu scheiden, so geben
wir im Folgenden auf diesen Unterschied nicht weiter ein und
behalten ihn ausführlicheren und tieferen Untersuchungen vor. —

Die Sprachvergleichung wirft auf diesen Theil der Grammatik ein ganz besonders helles Licht, sofern nicht selten gerade die älteste und ursprüngliche Form des Wurzelvocals oder überhaupt der primären Wurzel nicht mehr im Lettischen sich findet (cf. Schleicher litth. Gr. P. 87. 88).

§. 173. Nach diesen einleitenden Bemerkungen können wir näher auf die Form der lett. Wurzeln eingehen. Alle Wurzeln der lettischen Sprache sind gleicherweise wie die des ganzen indogermanischen Sprachstammes einsylbig. Nur scheinbare Ausnahmen giebt es von diesem Gesetz, entweder im Fall der Reduplication, oder im Fall der oft nicht gleich in die Augen fallenden Composition, oder im Fall der Ableitung von Nominibus (Bopp vergl. Gr. §. 106).

1. Beispiele für den ersten Fall, den Fall der Reduplication, sind aus dem Lettischen: *gdi-gal-es* für *gái-gáil-es*, Himmelsschlüsselchen, Primeln, neben *gáil-enes* oder *gdil-ini* (Autz), von *gdilis*, Hahn, √ *gid*; *kŏ-kl-e*, Hackbrett, ein jetzt ziemlich aus der Mode gekommenes Instrument, meist im Plur. *kŏkles*, = litth. *kankles* (Pl.), ebenso wie das litth. *kankal-as*, Glocke, Schelle, Klapper, von √ *kal*, cf. *kal-t*, hämmern, schmieden. Ganz wie *kŏkle* für *kankale* zeigt den Nasal in die Reduplicationssylbe eingeschoben: *kan-kari* (Pl.), herabhängende Lumpen, „Koddern," ursprünglich wohl nur: herabhängendes, √ *kar*, cf. *kar-t* (*kâr-t*), hängen. Der unorganisch eingeschobene Nasal hat seinen Grund wohl in dem Bedürfniß, die erste Sylbe, die im Lett. Tonsylbe ist, zu verstärken. Leicht könnte *kekkars*, die Traube (die „hängende"), mit *kankars* identisch sein, wenn das Wort nicht eine Erweiterung des ltth. *kŏke* sein sollte. Ferner cf. *pa-par-de*, Farrenkraut; *ka-kl-s*, Hals, f. *ka-kal-(a-)s*, cf. lat. *coll-um*, wo derselbe Trieb, der die erste Sylbe verstärkt hat, den Vocal der eigentlichen Wurzel hat verloren gehen lassen, wie in *kŏ-kl-e*. Endlich cf. die Reduplication im Praes. des Verbi *dút*, geben: *dú-du*, litth. *dú-d-mi*, skr. *da-dâ-mi*.

2. Beispiele für den zweiten Fall, den Fall der Composition: *sa-ka'r-nis*, Baumwurzel, nicht etwa von √ *sakkar*, sondern von √ *kar*, cf. *ke'rt*, fassen; *áif-ka'r-t*, anfassen; *sa-ke'r-tis*, sich zusammenfassen, wornach die Baumwurzel also von den Verschlingungen ihren Namen hätte, mit denen sie sich in sich und in der Erde festhält; *pa-kul-as* (Pl.), Hede,

Werg, von *pa-kul-t*, etwas schlagen, cf. den Termin. techn. *linns kul-stit*, Flachs schwingen; *āſ-úts*, Busen; cf. ltth. *antis*, Busen; *u-bag-s, na-bag-s*, Armer, Bettler, √ *bag*, cf. *bagg-āt-s*, reich, slav. **сось**, Gott, eig. also der Reiche, wozu die Negation in ihrer ältesten Gestalt *na-* oder die Präposition *u*, von — weg (§. 558) getreten ist; *ne-déla*, Woche, hat ursprünglich die Bedeutung „Sonntag" gehabt, als der Tag, an dem gefeiert, nicht gearbeitet wird; cf. russ. **дѣло**, Arbeit, altpreuſs. *dilants*, Arbeiter, √ *dil.* Das polnische *niedsiele* verbindet noch heute die Bedeutungen Feiertag und Woche; cf. **недѣля**, ebenfalls = Sonntag im Kalender. Ferner: *pa-kaļ*, hinter, *pa-kala*, das Hintertheil, Composita von *ga'l-s*, Ende; *ne-g i*, und nicht, u. s. w.

3. Beispiele für den **dritten Fall**, den Fall der (secundären) **Bildung von Verbis aus Nominibus**: *assar-ít*, thränen, von *ass(a)r-a*, Thräne; *spurgul-ít*, fasrig werden, von *spur-gulis*, Faser; *skabbarg- út*, splittern, von *s-kab-args*, Splitter; *sēkal-ít*, speicheln, von *sēk-alas* (Pl.), Speichel; *waiman-ít*, wehklagen, von *wai-man-a*, Wehklage; *bu'rbul-ét*, sprudeln, von *bu'rb-ulis*, Wasserblase, u. s. w.

§. 174. In der Art, wie Consonanten und Vocale zur Wurzel sich zusammenfügen, herrscht im Lett. wie im Litth. (Schleich. litth. Gramm. P. 89) groſse Freiheit. Die lett. Wurzeln können bestehen:

1) aus einem einzigen Vocal (auſser *ā* oder *á*), cf. √ *i* in *i-t*, gehen; √ *u* in *áu-t*, Fuſsbekleidung anlegen, die einzigen Beispiele, wie natürlich, da *a, i, u* die einzigen ächten Wurzelvocale sind.

2) aus 1 Cons. + Voc. (auſser *d*, das ausschlieſslich bei den Pronominalwurzeln sich findet), cf. √ *ja* in *já-t*, reiten; √ *bi* in *bi-tis*, sich fürchten; √ *schu* in *schú-t*, trocken werden.

3) aus Voc. + 1 Cons., cf. √ *ar* in *a'r-t*, pflügen; √ *ug* in *áug-t*, wachsen.

4) aus 2-3 Cons. + Voc., cf. √ *kla* in *klá-t*, ausbreiten; √ *kra* in *krá-t*, sammeln; √ *kru* in *krau-t*, häufen; √ *klu* in *klú-t*, gelangen, werden.

5) aus Voc. + 2 Cons., √ *alk* in *is-a'lk-t*, hungern, verhungert sein; √ *urb* in *u'rb-t*, bohren; (seltene Form).

6) aus 1 Cons. + Voc. + 1 Cons., cf. √ *dag* in *děg-t*, brennen, *dag-lis* (hochlett.), Zunder; √ *mir* oder √ *mar* in *mir-t*,

sterben; *mér-is*, Pest; √ *dub* in *dub-t*, hohl werden, *dûbe*, Schlucht.

7) aus 2-3 Cons. + Voc. + 1 Cons., cf. √ *slap* iu *släp-t*, dürsten; √ *twik* in *twik-t*, heiß sein, *twäik-s*, Dunst; √ *truk* in *trûk-t*, reißen (intr.), *tráuk-t*, ziehen; √ *sprag* in *sprág-t*, platzen.

8) aus 1 Cons. + Voc. + 2 Cons. (von welchen letzteren der erstere wohl stets eine Liquida ist), cf. √ *warp* in *we'rp-t*, spinnen, *wa'rp-sta*, Spindel; √ *talp* in *ti'lpt*, Raum haben, eingehen, Praes. *te'lp-u*.

9) aus 2-3 Cons. + Voc. + 2 Cons., cf. √ *smalk* in *sma'lk-s*, fein; √ *sling* in *sling-t*, steif werden; √ *stulb* in *stu'lb-s*, blind, *stu'lb-t*, blind werden.

# Zweiter Abschnitt.

## Derivation.

### Allgemeines.

§. 175. Die Mittel der Derivation sind zwiefach, theils sind es Aenderungen im Schoofse der Wurzel selbst, theils geschehen Zusätze an den Auslaut der Wurzel. Oft erscheinen beide Derivationsmittel zugleich.

Die hierher gehörigen Aenderungen innerhalb der Wurzel sind nur vocalischer Natur und sind nicht Entartungen neuerer Zeit, sondern uralt und rücksichtlich ihrer Ursache in ein geheimnißvolles Dunkel gehüllt. Es sind die Erscheinungen, die Vocalsteigerung und Vocalschwächung genannt werden, und die wir oben in der Lautlehre §§. 79 — 88 besprochen haben.

Hier muß nur bemerkt werden, daß weder Primär- noch Secundärbildungen lediglich durch Wurzelvocal-Aenderung ohne Beihilfe von Derivationssuffixen geschehen, daß aber umgekehrt wohl Derivationssuffixa bei beharrendem Wurzelvocal zur Bildung von neuen Wörtern, sei es aus älteren Wörtern, sei es aus Wurzeln genügen.

Die Derivationssuffixa zerfallen in primäre und secundäre, jenachdem sie Wortstämme aus Wurzeln oder aus bereits in der Sprache vorhandenen Wörtern bilden; in lebende und todte, jenachdem sie zahlreich und noch heute zur Wortbildung verwandt werden oder aber nur vereinzelt in alten Bildungen vorkommen. Die ersteren sind erkennbarer und verständlicher als letztere, obschon auch diese letzteren oft genug sich an ächt lettische Wurzeln fügen. Im folgenden Capitel von der Nominalbildung werden die secundären Suffixa durch ein * als solche bezeichnet, und die nicht mehr lebenden Suffixa von den lebenden nebst den zugehörigen Beispielen durch kleineren Druck unterschieden.

## Erstes Kapitel.
### Bildung der Nomina (subst. und adject.*).
### Allgemeines.

§. 176. Die zur Bildung von Nominibus verwandten Suffixa sind

1. die einfachen Vocale: -a, -i, -u;
2. Consonanten in Verbindung mit Vocalen.

Letztere Suffixa ordnen wir mit Schleicher nach den consonantischen Hauptelementen: j, w, s, r, l, t, d, n, k, g, f, b, m, die sich nach ihrer beharrenden Festigkeit mit den Knochen eines Körpers vergleichen lassen, während die dazutretenden Vocale (nebst einzelnen vielleicht nur euphonischen Consonanten) den weicheren, flüssigen Bestandtheilen des Körpers ähneln. Nach diesem Vergleich wird sich im Folgenden die Zusammengehörigkeit der einzelnen Suffixa zu größeren oder kleineren Gruppen und Familien erkennen lassen, die in der Regel von einem Consonanten beherrscht werden. Die Suffixa jeder Familie ordnen wir, jenachdem Vocale sich bloß hinten an den zuweilen auch noch durch consonantische Zusätze bereicherten Consonanten anfügen, oder auch vorne vortreten, indem wir den ursprünglicheren Vocalen den Vorrang lassen vor den jüngeren. Sodann unterscheiden wir bei den einzelnen Suffixen die Bildung von Substantiven (masc. und fem.) und Adjectiven und zwar immer die primäre und die secundäre. Endlich, in den wichtigeren Fällen, sondern wir die Beispiele der Substantiva nach ihrer Bedeutung: 1) Appellativa, 2) Abstracta, 3) Nomina agentis; und weiter

*) Viele neuere Philologen nehmen hierher auch die Bildung des Infin. und Particips. Wir ziehen es vor, dieselbe bei der Lehre von der Conjugation abzuhandeln, cf. §§. 458—483.

nach den ursprünglichen Wurzelvocalen (*a*, *i*, *ꞔ*) und deren Steigerungen oder Schwächungen.

**Anmerk.** Der vocalische Auslaut des Nominalstammes, durch welchen die Stammclasse characterisiert ist, fällt, wie es scheint, vor dem (secundären) Derivationssuffix in der Regel ab oder aus, cf. *tàis-n-iba*, Gerechtigkeit, von *tàis-n(a)-s*, gerecht; *wi'l-t-nik-s*, Betrüger, von *wi'l-tu-s*, Betrug.

## 1. Derivationssuffix -a.

§. 177. -*a* ist das einfachste Element, mittelst dessen Nomina gebildet werden können. Der Nom. Sing. masc. lautet -(*a*-)*s*, fem. -*a*. Im Nom. der lett. Masc. ist das *a* verschwunden und erscheint in voller Gestalt nur noch im Dat. Sing., cf. *sa'rg-a-m*, dem Hüter; zuweilen im Locativ. S., cf. *nam-a-i*, im Hause, heute meist: *nam-à*; im schützenden Einfluß auf vorhergehendes *k*, *g*, cf. *ku'ng-i* (N. Pl.), Herren, was, wenn kein *a* ausgefallen wäre (*ku'ng-a-i*), nach den Lautgesetzen *ku'ndſ-i* lauten müßte, und in dem umlautenden Einfluß, den es noch in seiner Abwesenheit auf die (breite) Aussprache eines in der vorhergehenden Sylbe stehenden *e* ausübt, cf. *grék-i* für *grék-a-i*, Sünden, wird ausgesprochen *grǽk-i*. — Zugleich mit dem Suffix -*a* tritt sehr oft Steigerung des Wurzelvocals ein.

a) **Substantiva masculina**; z. B. *sa'rg-s* f. *sa'rg-a-s*, Hüter, √ *sarg*, cf. *sa'rg-ât*, hüten; *bad(-a)-s*, Hunger; *tak(-a)-s*, Fußpfad, √ *tak*, cf. *tess-ét*, laufen, Praes. *tekk-u*; *swa'r(-a)-s*, Gewicht, √ *swar*, cf. *swe'r-t*, wägen; *pa-wad(-a)-s*, Zügel, woran man das Pferd führt, √ *wad*, cf. *weſ-t* f. *wed-t*, führen; *da'rb(-a)-s*, Arbeit, √ *darb*, cf. litth. *dirb-ti*, arbeiten; wenn dieses litth. Verb. primitiv. nicht existierte, würde ich geneigt sein *dar* für die Wurzel zu halten, cf. *dar-it*, thun, machen, und -*ba* für das Ableitungssuffix (§. 230); *wa'lk(-a)-s*, Wasserabzug, -abfluß, √ *walk*, cf. *wi'lk-t*, ziehen; *lûk(-a)-s*, Reif, Bügel, f. *lank-a-s*, √ *lank*, cf. *lik-t* f. *le'nk-t*, beugen, krümmen; *pa-mat(-a)-s*, Fundament, √ *mat*, cf. *mes-t* f. *met-t*, werfen, legen; *t-sa'l(-a)-s*, Malz, √ *sa'l(d)*, cf. *sa'ld-s*, süß, litth. *sal-ti*, *salu*, *saliau*, süß werden. Mit Vocalsteigerung: *prát(-a)-s*, Verstand, √ *prat*, cf. *pras-t* f. *prat-t*, verstehen.

*tilt-a-s*, Brücke; mit Vocalsteigerung: *diw(-a)-s*, Gott, √ *diw*, mit der Bedeutung: leuchten, cf. *di-na* für *diw-na*, Tag, und litth. *dywas*, Wunder; *mig(-a)-s*, Schlaf, √ *mig*, cf. *t-mig-t*, einschlafen; *ſid(-a)-s*, Blüthe, √ *ſid*, cf. litth. *żyd-éti*, blühen.

*tulk(-a)-s*, Dolmetscher; mit Vocalsteigerung: *ráug(-a)-s*, Sauerteig, Hefen, √ *rug*, cf. *rúg-t*, gähren; *tiuk(-a)-i* (Pl.), Fett, √ *tuk*, cf. *tuk-t*, schwellen, *tuk-ls*, rund und fett.

b) Substantiva feminina: *rŭk-a*, Hand, f. *rank-a*, √ *rank*, cf. litth. *rink-ti*, sammeln; *s-kar-a*, Gehänge, meist als Plur. üblich = Lumpen, Fetzen, cf. *dufu-s-kar-a-s*, √ *kar*, cf. *kar-t*, hangen; *pa-sakk-a*, Erzählung, √ *sak*, cf. *sass-it*, sagen, Praes. *sakk-u*. Eine abnorme Lautwandlung findet sich in *slugg-a*, Plage, wofür nach der Analogie erwartet werden müßte *sliga*, *slŏga* oder *slăga*, denn im Litth. entspricht *slog-a*, (√ *slag*), cf. litth. *slég-ti*, drücken, belasten. Das litth. *o* ist hier und öfter an der Abnormität schuld, daß für urspr. *a* im Lett. ein Vocal der *u*-Reihe erscheint.

*mis-a*, Rinde; *ligg-a*, Krankheit; *stigg-a*, Pfad, √ *stig*, cf. *staig-ât*, gehen. Mit Vocalsteigerung: *sîm-a*, Winter; *tis-a*, Recht, Gericht, √ *tis*, cf. ltth. *iss-tis-as*, gerade; *beig-a*, Neige. — *laim-a*, Glücksgöttin und Glück, hat allerdings, wie man schließen muß, zunächst eine Wurzel *lim*, diese aber geschwächt aus √ *lam*, cf. litth. *lam-st-yt*, (an)wünschen (cf. §. 81).

*putt-a*, Schaum, √ *put*, cf. *pùs-t* f. *pút-t*, blasen; *kruss-a*, Hagel, √ *krus*, cf. *kráus-ét*, (Gerstenhacheln auf der Tenne mit der Dreschrolle ab-) stampfen; mit gesteigertem Wurzel-vocal: *ráud-a*, das Weinen, √ *rud*, cf. *rúd-inât*, zum Weinen bringen; *dŭb-a*, Schlucht, √ *dub*, cf. *dub-t*, hohl werden.

c) Adjectiva, masc. (-a)-s, fem. -a: *lab(-a)-s*, gut; *bas(-a)-s*, barfuß.

*plik(-a)-s*, kahl; *dsîw(-a)-s*, lebendig; *slî'm(-a)-s*, krank; mit Vocalsteigerung: *lik(-a)-s*, übrig, (lat. *re-liquus*), √ *lik*, cf. *lik-t*, legen, lassen, falls nicht in *lik-s* derselbe Nasal zur Wandlung des *i* mitwirkt, wie im Praes. *lik-u*, lateinisch *re-linquo*; *ráib(-a)-s*, bunt.

*súr(-a)-s*, herbe; mit Vocalsteigerung: *saur(-a)-s*, durch-löchert, √ *sur*, cf. litth. *pa-kiur-a*, löcheriger Boden; *rŭsch(s)*, geschäftig, thätig, √ *rusch*, cf. litth. *ruszus*.

## 2. Derivationssuffix -i.

§. 178. Vermittelst eines ursprünglichen *-i*, welches aber wohl zu unterscheiden ist von dem aus *-ja* entstandenen *i* bei den zahlreichen contr. *ja*-Stämmen (cf. *sapnis* f. *sapnjas*, Traum), sind früher auch wohl Substantiva masculina gebildet worden auf *-i-s*, die aber schon im Litth. sehr selten sind und eine starke Neigung haben in die Declination der contr. *ja*-Stämme überzugehen. Im Lettischen exi-

stieren heutzutage nur noch eine auch nur kleine Anzahl von Substantivis femininis uralter Bildung, daher die Etymologie oft dunkel und nur durch Vergleichung
der andern Sprachen zu finden.   Die Alterthümlichkeit dieser Bildungen beweist
sich auch darin, dafs sie unter allen Femininis allein das Nominativzeichen -s bewahrt haben.   Den Masculinbildungen ähneln sie im Lett. dadurch, dafs sie das i
im Nomin. (und Genit.) Sing. ausfallen lassen, wie die männlichen a-Stämme (im
Nom. Sing.).

Substantiva feminina: az(-i)-s, Auge; aw(-i)-s, Schaf, wo nach Schleicher
litth. Gr. §. 42. √ u zu Grunde liegen könnte, und hiernach aw-s = die Bekleiderin,
cf. du-t, (die Füfse) bekleiden.  nás-i-s (Pl.), die Nase; pi'll(-i)-s, Schlofs, Burg,
√ pil, cf. pilu(a)s, voll, geschwächt aus älterem √ pal oder √ par, cf. griech. πόλ-s-ς;
krüt(-i)-s, Brust; sur(-i)-s, oder mit geschwächtem Vocal: sir(-i)-s, Fisch.

## 3.  Derivationssuffix -u.

§. 179.  -s bildet Substantiva masculina.  Es giebt deren nur wenige
und sie sind sehr alter Herkunft.  Das u dauert im Gegensatz zu dem eben besprochenen a und i im Nom. Sing. aus, ohne verloren zu gehen.  Cf. al-u-s, Bier,
(nord. öl, engl. ale); medd-u-s, Honig; widd-u-s, Mitte; wi'rs-u-s, das Obere; tirg-u-s,
Markt, (litth. turg-u-s).

Anmerk.  Im Litth. giebt es zahlreiche Adjectiva mit der Endung -u-s, fem. -i.
Solche finden sich im Lett. durchaus nicht mehr.  Das u ist hier überall einem
a oder einem ja gewichen.  Cf. plat(-a)-s, breit, litth. plat-u-s, (gr. πλατ-ύ-ς);
bra'ny(-a)-s, theuer, herrlich, litth. brang-u-s; sa'ld(-a)-s, süfs, litth. sald-u-s;
rám(-u)-s, sanft, zahm, litth. rom-u-s; stipr(-a)-s, stark, litth. stipr-u-s. — dsi'lsch,
tief, f. dsil-ja-s, litth. gil-u-s, (√ gal, cf. ga'ls, Ende); ska'lsch, distinct in der
Aussprache, eig. gespalten, f. skal-ja-s, litth. skal-u-s, (cf. schke'l-t, ska'l-dit,
spalten); plusch, breit, f. plat-ja-s, litth. plat-u-s; tu'msch, dunkel, f. tu'ms-ja-s,
litth. tms-u-s.

## 4.  Hauptelement des Derivationssuffixes j.

§. 180.  j wird vielfach in der Wortbildung verwandt.  Es
ist mehr als wahrscheinlich, dafs wie die Derivationssuffixa -a,
-i, -u wesentlich mit den alten Demonstrativstämmen a oder u
identisch sind (Bopp, vergl. Gr. §. 912. 922. 923), so ja, der
Grundbestandtheil aller hierher gehörigen Suffixa dem Pronominalstamm ja etymologisch entspricht, der in allen indogermanischen Sprachen sich findet, im Lettischen namentlich auch
in der Endung der definiten Adjectiva.  Das Suffix ja erscheint
übrigens in seiner vollen Reinheit nur in wenigen Femininis,
cf. sé-ja, Saat.  In der Masculin-Endung hat es zweierlei Wandlung erfahren.   Entweder fällt das a aus, und das j, bei vocalischem Wurzelauslaut beharrend, trübt durch seinen Einflufs
das unmittelbar folgende Flexionszeichen des Nominativs -s zu
sch, cf. wejsch, Wind, f. wé-ja-s, verschmilzt dagegen bei consonantischem Wurzelauslaut mit diesem (§. 125) und trübt ihn
also.  Das Nominativzeichen -s wird auch hier in Folge von

Assimilation (§§. 105. 108) zu *sch* gewandelt, cf. *warsch,* Kupfer, f. *war-ja-s,* litth. *war-ia-s.*

Oder das *a* fällt nicht aus, sondern schwächt sich zu *i,* also *-ja* zu *-ji,* mit dem Nominativzeichen *-ja-s* zu *-ji-s,* und dieses *-ji* vereinfacht sich nach Consonanten weiter zu *-i,* also *-ji-s* zu *-i-s* (§. 128), wobei der consonantische Wurzelauslaut in der Regel rein und ungetrübt bleibt. Cf. *schke'rs-i-s,* Querholz, f. *schke'rs-ja-s.*

Analog dieser Kürzung, Verschmelzung des *ja* zu *i* bei den Masculinis contrahiert sich dasselbe *ja* bei vielen Femininis, deren Wurzel consonantisch anlautet, in *e,* cf. *sál-e,* Gras, f. *sál-ja* (§. 127). Von diesen Femininis auf *-e* sind streng zu unterscheiden diejenigen, wo *e* aus *a* geschwächt ist in der raschen Sprache des täglichen Lebens, cf. *méite* f. *méita,* Mädchen. Der Unterschied ist für die Declination wichtig.

Endlich: wie das *j* des Suffixes vor dem scheinbaren Schwinden durch vocalischen Wurzelauslaut bewahrt wird, ebenso auch durch Ableitungsvocale, die noch vor *j* vortreten, also z. B. in *éja,* cf. *ness-éj(i)-s,* Träger, *we'rp-éja,* Spinnerin.

a)   *-ja.*

1. Nomina substantiva masculina:

a) auf *-j(a)-s,* woraus *-j-sch* hat werden müssen, (Declination der nicht-contrahierten ja-Stämme nach Analogie der *a*-Stämme, §. 344): *karsch,* Krieg, f. *kar-ja-s; warsch,* Kupfer, f. *war-ja-s,* litth. *wár-ia-s; wé-j-sch,* Wind, litth. *wé-ja-s; zel'sch,* Weg, f. *zel-jas,* litth. *kél-ia-s.*

b) auf *-ja-s,* woraus *-i-s* geworden (Declination der contrahierten ja-Stämme, §. 345). Zahlreiche Bildungen mit meist gesteigertem oder geschwächtem Wurzelvocal.

α) Appellativa: *tás-i-s,* Borke, Baumrinde; *zel-i-s,* Knie; *nés-i-s,* Tracht, cf. *nes-t,* tragen; *schke'rs-i-s,* Querholz; *air-i-s,* Ruder, √ *ir,* urspr. √ *ar,* cf. *ir-t,* rudern, *a'r-t,* pflügen; *ne-laik-i-s,* der Verstorbene, „Selige", √ *lik,* cf. *lik-t,* legen, lassen, *lik-s,* übrig (gelassen), überzählig, also eigentlich *ne-laik-i-s* == der nicht mehr Vorhandene, und nicht zunächst mit *laik(-a)-s,* Zeit, verwandt; cf. litth. *pa-laik-is,* Uebriggebliebener, Nichtsnutziger; *máni,* f. *mán-j(a)-i* (Pl. tant.), Gaukeleien, Phantasieen; in Composition: *ménes-grischi,* f. *grif-j(a)-i* (Pl. tant.), Mondwechsel.

β) Nomina agentis, meist im zweiten Gliede von Com-

**17*** 

positis: *war-kal-i-s*, Kupferschmied, cf. *kal-t*, schmieden; *tis-
ness-i-s*, Richter, cf. *nes-t*, tragen, bringen; *bad-mir-i-s*, Hungerleider, cf. *mir-t*, sterben; aber auch, obschon selten, außer
der Zusammensetzung: *brék-i-s*, Schreihals, cf. *brék-t*, schreien;
*pikk-i-s*, f. *pik-ja-s*, Teufel, eig. der Böse, √ *pik*, cf. *pik-t-s*, böse,
ltth. *pyk-ti*, sich erzürnen, lett. *sa-piz-is*, böse geworden; *mák-i-s*,
einer, der etwas versteht, *ne-mák-i-s*, einer, der etwas nicht gelernt hat (von Schulkindern, in Neuenburg); *degg-i-s*, Brannt-
weinbrenner, cf. *deg-t*, brennen; *sug-i-s*, f. *süd-ji-s*, Richter, √ *sud*,
cf. *süd-ît*, richten, litth. *sudzia*, Richter; *skáug-i-s*, f. *skáud-ji-s*,
Neider; *Pluggi*, Pl. Nom. pr. eines Bauerhofes unter Grenzhof,
Nom. Sing. als Name des Wirthes: *Pluggi-s* f. *Plud-ji-s*, √ *plud*,
cf. *plüf-t* f. *plüd-t*, fluthen, überströmen (das Gesinde liegt so,
daß es Ueberschwemmungen leicht ausgesetzt ist).

" *-i-s* f. *-ja-s* erscheint oft auch als secundäres Suffix
und bildet dann Substantiva appellativa aus Adjectiven, zuweilen auch Nomina agentis aus Verben.

*α*) *lduz-i-s*, „Blässe," Ochse mit einem weißen Fleck
(„Blässe") auf der Stirn, von dem Adj. *lduk(-a)-s*, mit einer solchen
Blässe versehen; *sa'rk-i-s*, rothes, fuchsfarbiges Pferd, f. *sárt-ji-s*,
von *sa'rt(-a)-s*, roth, cf. übrigens *sa'rk-an(a)-s*, roth; *bér-i-s*,
braunes Pferd (B. 1387 und oft), von *bér(-a)-s*, braun; *sirm-i-s*,
graues Pferd (B. 2218), von *sir-m(a)-s*, grau; cf. *Suiki-s* f. *Suit-
ji-s*, Sprachmenger, der unreines Lettisch spricht, (Allschwan-
gen, Oberland), von *suit(-a)-s*, überflüssig (L.).

*β*) *pa-regg-i-s*, Seher, Wahrsager, von *pa-redf-ét*, voraus-
sehen, vorausahnen, √ *rag*, cf. *pa-ragg-ana*, Wahrsagerin, was
wohl nicht Composita, sondern Ableitungen von Compositis sind.

2. Nomina substantiva feminina auf *-ja*, das meist
zu *-e* contrahiert ist (§§. 346. 127).

a) *-ja*: *kd-ja*, Fuß; *sé-ja*, Saat, Saatfeld; *sau-ja*, Handvoll;
*yôla* f. *gôl-ja* neben *gula* f. *gul-ja*, Lager, Nest, cf. *gul-ét*, liegen;
*fina* f. *fin-ja*, Kunde, √ *fi(n)*, cf. *at-fi-t*, erkennen, *fin-ât*, wissen;
*sku'm-ja*, Kummer. Das auslautende *a* ist durch das vorhergehende *j* fast zu *e* in der Aussprache umgelautet in dem mehrsylbigen: *ap-pi-ja*, Pl. *ap-pi-ja-s*, die Stangen am kurischen Pfluge,
um welche die Strängen mehrfach umgewickelt werden, (secundäre Bildung) von *ap-pi-t*, umwickeln. Ebenso erscheint der
Umlaut oder die Schwächung des *a* in einigen Substantivis Generis communis: *mifcha* f. *mif-ja*, P . . . beutel, cf. *mif-t*, lat. *min-*

*gere*; *pi'rſcha*, f. *pi'rd-ja*, F.... nickel, cf. *pi'rſ-t*, lat. *farcire*; *smi'rſcha* f. *smi'rd-ja*, Stänkerer, cf. *smi'rd-ćt*, stinken.

b) -e, contr. aus *-ja*:

α) Appellativa: *ſŭl-e*, Gras, cf. *ſa'lſch*, grün; *wâl-e*, Hen-schwaden, und auch: Waschholz, Bläuel, cf. *we'l-t*, wälzen und walken, Freq. *wa'l-ſtit*; *éd-e*, Ausschlag, Flechte, cf. *éſ-t* f. *éd-t*, essen; *schkil-e*, ein gespaltenes Stück Holz, = *schkél-e*, ein Schnitt (Brod, Fleisch oder dergl.), cf. *ska'l-dit*, spalten; *mérs-e*, Tunke, Sauce, cf. *mi'rk-t*, weichen in Flüssigkeit (intr.), ltth. *mark-yti*, weichen (trans.); *bi'rſ-e*, Birkengehege, cf. *be'rſ(-a)-s*, Birke; *snidſ-e* f. *snig-ja*, Schneevogel, cf. *snig-t*, schneien; *pŭt-e*, Blase, Bläschen, Finne, und *punt-e*, Knolle, Beule, beide von √ *put*, cf. *pŭs-t* f. *pŭt-t*, blasen, reflex. sich blähen, ltth. *punt-u*, *pus-ti*, sich blähen, schwellen, und *pнcзн*, *pus-ti*, blasen; *dŭb-e*, Höhle, Schlucht, Gartenbeet (als das tief Gelockerte), √ *dub*, cf. *dub-t*, hohl, tief werden; *rŭſ-e*, Gliederbrechen, (cf. *rŭſ-it*, sich recken, strecken), item: ein schmaler langgestreckter Hügel.

β) Nomina agentis: *pldp-e*, Plapperbüchse, Schwätzerin (Gen. comm.?), cf. *pldp-ât*, schwatzen; *skrull-e*, nach Stender: „eine Drolle, ein Mädchen, das gern basen mag."

3. Adjectiva masc.: -j(a)-sch f. -ja-s, fem. -ja. Bei vo-calisch anlautender Wurzel ist das *j* sichtbar; in dem andern häufigeren Fall, wo ein Consonant die Wurzel schließt, erscheint das *j* bloß in der Trübung des Wurzelanlauts. Litth. Adjectiva dieser Endung sind seltener. Cf. *strầu-j-sch*, fem. *strầu-ja*, reißend, √ *stru*, urspr. √ *sru*, cf. ltth. *srau-ěti*, strömen; *ſa'lſch*, grün, f. *ſal-ja-s*, √ *ſal*, cf. *ſe'l-t*, grünen; *slap-j-sch*, naß, √ *slap*; *ska'nsch* f. *skan-ja-s*, helltönend, √ *skan*, cf. *skan-ét*, tönen; *plaſch* f. *plat-ja-s*, breit, √ *plat*, cf. *plat-s*, breit; *tâlſch* f. *tûl-ja-s*, fern, litth. *tol-u-s*; *yrŭsch* f. *grŭſch-s*, aus *grŭſ-ja-s*, drall, stark gedreht, √ *gra(n)ſ*, cf. *griſ-t* f. *grinſ-t* oder *gre(n)ſ-t*, wenden, drehen, Freq. *grôſ-it* für *granſ-it*; *drŭsch*, d. i. *drŭsch-s* für *drŭs-ja-s*, kühn, litth. *drqs-u-s*, und *drus-u-s*, √ *dras*, cf. griech. θρασ-ι-ς; *spŭsch*, d. i. *spŭſch-s* f. *spand-ja-s*, blank, glänzend, √ *spand*, cf. *spid-ét*, glänzen, f. *spind-ét*; *swesch*, d. i. *swesch-s* f. *swet-ja-s*, fremd (Gast), cf. ltth. *swět-i-s*, Gast, *swét-a-s*, Welt; *disch*, d. i. *diſch-s* f. *did-ja-s*, groß, litth. *did-i-s*; *milsch* f. *mil-ja-s*, lieb; *liſch*, d. i. *lisch-s* f. *lit-ja-s*, vorsätzlich, cf. *lit-it*, necken, zum Possen thun; *gâisch*, d. i. *gáisch-s* f. *gáis-ja-s*, hell, cf. *gáis-ma*, Helligkeit, *gáis-s*, Luft, Aether; *rнp-j-sch* f. *rнp-ja-s*, grob;

*du'm-j-sch* f. *dum-ja-s*, dunkelbraun (von Pferden); *glusch*, d. i.
*glusch-s* f. *glud-ja-s*, glatt, cf. *gludd-e'ns*, glatt, *glauf-t* f. *gloud-t*,
glätten, streicheln; *tuksch*, d. i. *tuksch-s* f. *tukt-ja-s*, leer, cf.
litth. *tuszcsias* f. *tuszt-ja-s*, vielleicht von √ *tut*, in welchem Fall
lett. *k* und litth. *sz* nur euphonische Einschiebsel wären, cf. das
Kinderwort *tŭtŭ*, = es ist nicht da; *gausch*, d. i. *gausch-s* f.
*gaud-ja-s*, kläglich, cf. *gauf-t* f. *gaud-t*, klagen; *gausch*, d. i.
*gausch-s* f. *gaus-ja-s*, langsam; cf. litth. *gaus-u-s*, reichlich.

Dasselbe Suffix *-ja* oder *-ji* mit deutlich hervortretender
Demonstrativbedeutung dient zur Definierung der Adjectiva, oder richtiger gesagt, das dem Suffix *ja* zu Grunde liegende Pronomen *ji-s* f. *ja-s* suffigiert sich behufs Definition an
die Adjectiva (§§. 352—354), cf. *labb-d-i-s*, guter, der gute, f.
*labb-d-ji-s*, fem. *labb-á* f. *labb-á-ja*; *rup-já-i-s*, der grobe, f. *rup-*
*já-ji-s*, fem. *rup-já* f. *rup-já-ja*; *tu'mschd-i-s*, der dunkle, f. *tu'ms-*
*já-ji-s*, fem. *tu'mschd* f. *tu'ms-já-ja*.  In den beiden letzten Beispielen findet sich dasselbe Suffix *ja* zweimal, einmal nämlich
adjectivbildend und das zweite Mal definierend.

Zuweilen findet sich der Stammauslaut *-a* durch das De-
finitionssuffix *-ja* (*-ji*) zu *e* umgelautet, cf. *taw-é-ji*, die Deinigen, *saw-é-ji*, die Seinigen, f. *taw-á-ji*, *saw-á-ji*, von *taw(-a)-s*,
dein, *saw(-a)-s*, sein.

## b) -éja, -dja (local -éja, -dja).

§. 182.  1) *-éj(a)-s*, fem. *éja*, ausgesprochen fast wie *-éje*,
— litth. *-eja-s*, mit den Nebenformen *-ejy-s*, *-eji-s*, *-eju-s*, fem.
*-eja*, *-eje*, — bildet ausschließlich Nomina Agentis, die in
demselben Verhältniß zu den lett. einsylbigen Verben stehen,
wie die Nomina agentis auf *-tdja-s*, *-td(j)i-s* zu den mehrsylbigen Verben (§. 203) [*]).  Das Suffix tritt scheinbar an den Praet.-
stamm der entsprechenden Verba, cf. *dfér-éj'-s*, Trinker, √ *gar*,
cf. *dfe'r-t*, trinken, (*dfir-d-tt*, tränken, — *dfir-d-i-tá(j)i-s*, der die
Tränke besorgt); *ness-éj'-s*, Träger, cf. *nes-t*, tragen; *mir-éj'-s*,
Sterbender, cf. *mir-t*, sterben; *já-j-éj'-s*, Reiter, cf. *já-t*, reiten;
*sé-j-éj'-s*, Säemann, cf. *sé-t*, säen; *pldw-éj'-s*, Schnitter, cf. *plaut*,

---

[*]) Es ist eine Eigenthümlichkeit nur des Formenkürze liebenden nordwestkurischen Dialects (Angermünde), wenn dort (in Liedern) sich Bildungen finden, wie:
*walk-djina* (B. 204), Dem. zu *walk-ája*, sonst *walk-á-tája*, Trägerin, cf. *walk-á-t*;
*glabb-íjina* (2070), Dem. zu *glabb-íja*, sonst *glabb-d-tdja*, Verwahrerin, cf. *glabb-*
*á-t*; *fchél-éjina*, Dem. zu *fchél-ája*, sonst *schél-á-tája*, Erbarmerin, cf. *fchél-á-t*.

mähen. *razz-ĕj'-s*, Gräber, cf. *rak-t*, graben; *nts-ĕj'-s*, Siechling,
cf. *nik-t*, vĕrgchen, *küdf-ĕj'-s*, Bitter, Bittender, cf. *lúg-t*, bitten.

Es ist mehr als wahrscheinlich, daſs in dem Suffix *-ĕja*
da ĕ aus á umgelautet ist. Den Beweis liefert einmal das allgemein übliche *ar-áj'-s*, Pflüger, wo vielleicht das r das Eintreten des Umlautes gehindert hat, (wie es anderswo den Wandel
von e zu a hervorruft, cf. russ. казарма, Kaserne, und noch ent-
sprechender· griech. δράσω, ἀγόρας, von δράω, ἀγόρα, neben
τιμήσω, λεαίνης von τιμάω, λέαινα), cf. a'r-t, pflügen; sodann
die dialectische Aussprache *-áj'-s* für *ĕj'-s* in all diesen Bildungen; so im Oberlande (Nerft), in Livland (Palzmar, Rujen):
*zél-áj's*, Stifter, Anfänger, cf. *ze'l-t*, (an)heben; *ness-áj-s*, Träger
(B. 2323. 2325); *pél-áj-s*, Verläumder (2386), *ír-áj-s*, Ruderer
(2484); *dfér-áj'-s*, Trinker (2710); *dew-áj'-s*, Geber (2739);
u. s. w.

Zu jedem der also gebildeten Masculina läſst sich nach Bedürfniſs das Femininum auf *-ĕja* bilden, cf. *wĕrp-ĕja*, Spinnerin,
cf. *we'rp-t*, spinnen; *schuw-ĕja*, Näherin, cf. *schú-t*, nähen; *áud-ĕja*,
Weberin, cf. *áuf-t* f. *áud-t*, weben; u. s. w.

2) *°-áj(a)-s*, selten wechselnd mit *-ĕj(a)-s*, litth. *°-oji-s*,
*-oju-s*, — bildet a) Substantiva appellativa von andern Substantiven, cf. *súd-áj'-s*, bedüngtes oder zu bedüngendes Brachfeld, von *súd(-a)-s*, Dünger; *lép-áj'-s*, Lindenwald (B. 2798),
von *lép-a*, Linde; *bérf-áj'-s*, Birkenwald (B. 1517), von *bérf(-a)-s*,
Birke; *egl-áj'-s*, Tannenwald (2162), neben *egl-ĕj'-s* (2248), von
*egl-e*, Tanne; *nidr-áj'-s*, Röhricht (1539), von *nidr-e*, Rohr,
Schilf. Mit umgelautetem á: *fwirgfd-ĕj'-s*, steiniges, kiesiges
Land, von *fwirgfde*, Kies; *ráw-ĕj'-s*, morastiges Land, von *ráw-a*,
Morast (2314). — Pluralia tantum sind: *rugg-áj(a)-i*, Roggenstoppeln, von *rudfi* (Pl.), Roggen, ⩗ *rug*; *mlf-áj(a)-i*, Gerstenstoppeln, v. *mifchi* (Pl.), Gerste; *áuf-áj(a)-i*, Haferstoppeln, v.
*áuf-a-s* (Pl.), Hafer; *wassar-áj(a)-i*, Sommergetreide (Stender),
wofür im Autzschen das Femin. Sing. mit umgelautetem á gebraucht wird: *wassar-ĕja*, (adjectivisch sc. *lubbiba*, Getreide?),
ltth. masc. Sing. *wassar-oji-s*, von *wassara*, Sommer.

b) Adjectiva, *-áj(a)-s*, fem. *-ája*, oder *-ĕj(a)-s*, fem. *-ĕja*,
— nicht häufig: *wakkar-áj'-s* (Stend.), *wakkar-ĕj'-s* (Autz), gestrig, von *wakkara*, Abend; *áif-wakkar-áj'*s oder *-ĕj'-s*, vor-
gestrig; *gadd-ĕj'-s*, jährig, ein Jahr alt, z. B. *gadd-ĕj-i ábüli*,
Aepfel, die sich ein Jahr gehalten haben, von *gad(-a)-s*, Jahr;

*widduw-éj'-s*, mittel, mittelmäſsig, von *widd-u-s*, Mitte; *péd-éj'-s*, = *péd-ig-s*, der letzte, unterste, von *péd-a*, Fuſssohle. Eben hierher gehören als substantivierte Adjectiva Ortsnamen, wie *Ka'ln-éj(a)-i*, *Léij-éj(a)-i*, von *ka'ln-éj'-s*, auf dem Berge gelegen, *léij-éj'-s*, im Thal gelegen, von *ka'ln(a)-s*, Berg, *léij-a*, Thal.

> **Anmerk.** Rückſichtlich der Orthographie kann hier Streit geführt werden. That-ſache iſt, daſs im Nom. Sing. masc. das *j* der Suffixen *-éj(a)*, *-j(a)* eine gröſsere conſonantiſche Feſtigkeit hat fürs Ohr, als das *j* des Suffixes *-taj(a)* und wohl auch als das *j* von *-j(i)-s* in der definiten Adjectiv-Endung. Daher ſcheint es bei phonetiſcher Schreibung nothwendig das *j* in all den eben be-ſprochenen Bildungen zu bewahren. Das Apostrophzeichen aber erſcheint zur Andeutung des ausgefallenen Vocals nöthig, weil von dieſem in der That eine Spur auch noch in der Ausſprache übrig iſt, in Folge deſſen das Nominativ-zeichen *-s* ſich nicht trübt (§. 108). Wollte man aber ſtatt *dewij's*, Geher, *dewijis* ſchreiben, ſo wäre das nicht unrichtig, aber *dewjis* würde nicht dem factiſchen Laut entſprechen, und *dewijs* würde ſtreng genommen zu *dewijsch* ſich wandeln müſsen, wie auch local allerdings geſprochen wird (z. B. in Gr. Eſsern). Die definite Adjectiv-Endung dagegen wird phonetiſch richtiger *-d-i-s* geſchrieben, und nicht *á-j'-s*, ebenso die Subſtantiv-Endung *-táji-s* und nicht *-taj'-s*, wenn man nicht *-táji-s* vorziehen will.

## 5. Hauptelement des Derivationssuffixes: *w*.

**§. 183.** *w* iſt im Ganzen ſelten worthbildendes Element und im Lett. noch ſeltner, als im Llith. Nach Bopp (§. 944) hat das *w* in der Derivation ſeinen Urſprung aus dem Demonstrativſtamm *awa*, der namentlich im Slaviſchen ſich zeigt ( cf. Schleicher, litth. Gr. §. 45).

### a) *wa*.

1) *-w(a)-s*, litth. *-wa-s*, Subſt. masc. *stú-w-s*, Rumpf des Oberhemdes (Har-der), Hochwald (Auts), √ *sti*, cf. *stá-t*, ſtellen, wenn nicht das *w* vielleicht ebenso zur erweiterten Wurzel gehört, wie in *stáw-d-t*, ſtehen.

2) *-wa*, litth. *-wa*, Subſt. femin. *kal-wa*, Hügel, √ *kal*, cf. *za'l-t*, heben. In *kruwa*, Haufen, √ *kru*, cf. *krau-t*, häufen, ſcheint das *w* nicht Derivations-Element zu ſein, ſondern zur Wurzel zu gehören, und hat ſich dann ebenso von *u*, um den Hiatus zu hindern, losgelöſt, wie das *w* im Particip. *puw-is*, verfault, von *pú-t*, faulen.

### b) *wja*.

**§. 184.** 1) *-wi-s*, f. *-wja-s*, litth. *-wi-s*, Subſt. masc. *sir-wi-s*, Beil, cf., wie es ſcheint, von erweiterter Wurzel: *zi'rs-t* f. *zi'rt-t*, hauen.

2) *-we* f. *-wja*, litth. *-we*, Subſt. femin. *dse'l-wa*, Waſserſammlung, Loch im Moraſt (Harder), √ *gal*, cf. *dse'l-me*, Kolk, tiefe Stelle im Fluſsbett, *dsi'lsch*, tief; *gli-we*, der grüne Schleim auf dem Waſser, Waſserblüthe, √ *gli* oder √ *glu*, cf. *glu'm-s*, glatt, wozu *glud* eine Secundärwurzel zu ſein ſcheint. Cf. *gludd-e'n-s*, glatt.

### c) -*awa*.

**§. 185.** *-awa*, Subſt. fem. Plur. tant. *pel-awa-s*, Spreu, Kaff, *dsirn-awa-s*, Handmühle, *ragg-awa-s*, Schlitten, in beiden letzteren Fällen wohl ſecundäre Bildung aus *dsirn-a*, Mühlſtein, *rag-s*, Horn. Alle jene drei Wörter, einzig in ihrer Art, kommen auch oft mit kürzerer Endung vor: *pel-á-s*, *dsirn-á-s*, *ragg-á-s*, als ob es *a*-Stämme wären, und es könnte die Frage ſein, wie die einen Formen zu den andern ſich verhalten, ob jene die Erweiterungen von dieſen ſind durch Erweiterung des Ab-ſeitungsvocals, wie Rosenberger P. 82. annimmt, oder ob dieſe die Contractionen von jenen sind, wie wir (§. 348. Anmerk. und §. 149) angenommen haben, oder endlich ob heiderlei Formen selbständig neben einander her gewachsen sind, wie zwei Zweige eines Baumes. Für Rosenbergers Annahme könnte sprechen, daß im Litth. kein Ableitungssuffix -ewa existiert, (doch cf. litth. -jawa, -owe, d. i. -owja); dagegen: daß, meines Wissens wenigstens, Analogieen für solche Art der Erweiterung fehlen, namentlich aber, daß es im Littauischen gar keine weiblichen w-Stämme giebt und daß -s sonst nie secundäres Suffix ist, wie es in ragg-u-s (von rag-s, Horn, wegen der aufwärts gebogenen Schlittenschleifen) sein müßte. Für die Contraction läßt sich anführen, daß im Litth. die entsprechenden Nomina gerade nicht u-Stämme, sondern a- oder ja-Stämme sind, cf. palei (Pl.), Spreu, girnos (Pl.), Handmühle, roges (Pl.), Schlitten; dagegen: daß außer dem Dat. und Locat. (-un, -us) die andern Casus kurze Endsylben haben; doch wäre in der unbetonten Endsylbe immer auch eine Verkürzung denkbar und erklärlich und hat gerade im Lett. zahlreiche Analogieen. Gegen die dritte Annahme sprechen dieselben Gründe, als gegen die erste.

Ueber das Suffix -tawa cf. unten §. 204. sub litera t.

## · 6. Hauptelement des Derivationssuffixes: s.

### a) -sa.

§. 186. -sa, litth. -sa, bildet Subst. fem. aber selten, wie s überhaupt selten zur Derivation verwandt wird: tu'm-sa, Dunkelheit, √ tam, wo das a zu u sich verdumpft hat, wie in pu'mp-t, √ pamp, durch Einfluß des benachbarten Lippenlautes; cf. litth. tam-sa. Vielleicht gehört hier auch noch her: mak-sa, Bezahlung, √ mak, cf. mäku, mas-ē-t, können, vermögen, litth. moku, mok-ē-ti, können und zahlen.

### b) -sja.

§. 187. 1) -si-s f. -sja-s, Subst. masc. kar-si-s und daneben meist mit Assimilation des r an das folgende s: kas-si-s (kásis), Haken zum Anhängen, Thürangel, √ kar, cf. kar-t, (kár-t), hängen; kek-si-s, Boots- oder Feuerhaken, √ kak, cf. kass-it, reichen, (das Verb ist vorzugsweise in Westkurland gebräuchlich).

• -si-s, Subst. masc. ess-ē-si-s, Pl. ess-ē-schi, Egge, von ess-ē-t, eggen.

2) -sj(a)-s, d. l. -sch(s), fem. -sja, d. l. -scha, Adject. tu'msch, d. l. tu'm-sch-s f. tu'm-sj(a)-s, dunkel, litth. tam-su-s, √ tam.

3) -scha oder -sche f. -sja, Subst. Generis comm. tip-scha, Rechthaber, cf. tip-ti-s, sich auf etwas steifen. Ueber sag-scha, Decke, dug-scha, der Obertheil, cf. sub -te, -tja §. 202. Cf. ähnliche Bildungen auf -scha, cf. sja §. 329.

Eine Erweiterung eben dieses Suffixes -scha durch Vorschiebung von k scheint vorzuliegen in den drei von Präpositionen abgeleiteten Subst. fem.: appa-kscha, Unterteil (§. 562); t-kscha, Inwendiges, Inneres (§. 568); pri-kscha, Vordertheil (§. 575); hochlett. mit Umstellung der Elemente: appa-schka, t-schka, pri-schka.

### c) -esja.

§. 188. -esi-s f. -esja-s, Subst. masc. debb-esi-s, Wolke, cf. slav. небо, Gen. небесе, griech. νεφος, skr. nabh-as; pur-esch-i, Pl. zu pur-esi-s, mit sehr gelinder Aussprache des w, Eiter, Moder, Verfaultes, √ pu, cf. pū-t, faulen; gruw-esch-i, Pl. zu gruw-esi-s, Schutt, √ gru, cf. grū-t, einstürzen; kruw-esch-i, Pl. zu kruw-esi-s, die hartgefrorenen Unebenheiten des Weges, √ kru, cf. krau-t, häufen; lem-esi-s, Pflugschar, √ lem, cf. litth. lem-inti, durch anhaltenden Druck nach und nach etwas hinstrecken.

### d) -schana.

§. 189. -schana f. sjana, beliebte Endung verbaler Nomina actionis (nicht eigentl. Abstracta) Generis fem., litth.

-sena, wo das j nicht mit dem vorhergehenden Consonanten s, sondern mit dem nachfolgenden Vocal a verschmolzen ist (§. 123), aber selten, cf. ei-sena, Gang, das Gehen, lett. t-schana; altpreufs. -sna, cf. en-dir-i-sna, Ansehen; krixt-i-sna, Taufe; madl-i-sna, Gebet; seg-i-sna, das Thun; oder Masc.form: bou-senni-s, Wesen, Stand; en-ei-ssaniem (Accus. S.), Eingang, lett. i-t-schana. — Das lett. Suffix fügt sich an den Infinitivstamm des Verbi, also bei den einsylbigen Verben ohne Weiteres an die Wurzelsylbe, wo dann t, d, s, f im Wurzelauslaut in das sch Suffixi verschlungen werden (§. 108, 9), cf. rak-schana, das Graben, cf. rak-t; plau-schana, das Mähen, cf. plau-t; kul-schana, das Dreschen, cf. kul-t; mir-schana, das Sterben, cf. mir-t; nik-schana, das Vergehen, cf. nik-t; juschana f. jut-schana, das Fühlen, cf. jus-t; weschana f. wed-schana, das Führen, cf. wef-t; neschana f. nes-schana, das Tragen, cf. nes-t; bdschana f. büf-schana, das Stopfen, cf. büf-t.

Von den mehrsylbigen meistens abgeleiteten Verbis leitet -schana als secundäres Suffix dieselben Nomina Actionis ab mit Beibehaltung des Classencharacters: râud-â-schana, das Weinen, cf. râud-â-t; zer-ô-schana, das Hoffen, cf. zer-ô-t; mâz-t-schana, das Lehren, cf. mâz-i-t; dfîw-û-schana, das Leben, cf. dfîw-û-t[*]).

## 7. Hauptelement des Derivationssuffixes: r.

### a) -ra.

§. 190. 1) -r(a)-s, litth. -ra-s, bildet Subst. masc. stemb-r(a)-s, mit Bewahrung des Stammauslautes in geschwächter Form: stemb-ri-s, Halm, cf. litth. stemb-ti, schossen; smak-r(a)-s, Kinn; fchag(a)-r(a)-i (Pl.), Strauch, Ruthen, (collectiv); swid-r(a)-i (Pl.), Schweifs, √ swid, cf. swif-t, schwitzen, f. swid-t.

2) -r(a)-s, fem. -ra, Adjectiva: s-kab-r(a)-s, splitterig, √ kab, mit euphonischem Anlaut s, cf. litth. kab-ëti, hangen, kab-inti, hängen, — lett. kabb-in-â-t; litth. Adj. kab-u-s, was sich gern anhängt, cf. lett. skabar-g(a)-s, Splitter, — oder von √ skab, cf. skôb-s, saner, urspr. wohl = scharf = litth. skab-u-s, skab-ëti, schneiden, cf. lett. skabrus arzis, scharfes Gesicht (Lange, Harder); sting-r(a)-s, starr, steif, cf. sting-t, erstarren; schkid-r(a)-s, dünn (von Suppe) im Gegensatz des Consistenten, Dickflüssigen, cf. schkif-t f. schkid-t, zergehen; spid-r(a)-s, blank, √ spand, cf. spid-ët f. spind-ët, glänzen (B. 2232); mud-r(a)-s, wachsam, = litth. bud-ru-s, cf. müf-t f. mûd-t, erwecken, erwachen, litth. bus-ti f. bud-ti; gud-r(n)-s, klug, √ gud, cf. litth. gundu, gus-ti, verschmitzt sein; dumb-r(a)-s, morastig, √ dub, cf. dub-t, hohl, tief werden.

<hr>

[*]) Verf. widerruft durch Obiges seine früher im Magas. d. lett. lit. Gesellsch. IX, 2. P. 82. ausgesprochene Vermuthung, dafs das Suffix -schana aus -ti-ana entstanden sei und also selbst etymologisch mit dem Infinitiv -ti zusammenhänge. Die Vergleichung des Litthauischen und Altpreufsischen war dem Verf. damals noch nicht gegenwärtig.

3) -tr(a)-s, wo das t blofs euphonisches Einschiebsel zu sein scheint, bildet Subst. masc., z. B. schau-tr(a)-s, ein Stück Holz, das irgendwo hineingeschoben ist oder wird, cf. schau-t, schiefsen, und von vielen andern schnellen Bewegungen; mis-tr(a)-s, Gemisch, Mengkorn, Mengfutter, √ mis, cf. mis-t, sich mischen, sich verwirren, Freq. trans. mais-i-t;

Adjectiva, -tr(a)-s, fem. -tra: dsis-tr-s, kühl, cf. at-dsis-t, kühl werden.

## b) -rja.

§. 191. 1) * -ri-s f. -rja-s, Subst. masc. von Adjj. dumb-ri-s, Morast, von dem Adj. dumb-r(a)-s, morastig, √ dub.

2) -rs f. -rja, Subst. fem. bed-re, Grube, cf. bedd-i-t, graben.

## c) -urja.

§. 192. -uri-s f. -urja-s, Subst. masc. pump-uri-s, Knospe, √ pump, cf. pa'mp-t, schwellen.

## d) -drja.

§. 193. * -dri-s f. -drja-s, oder -dre f. -drja, Subst. masc. wagg-dri-s oder wagg-dre, Waggar, Aufseher über die Knechte auf den Gütern, von wagga, Furche; im Lettischen vielleicht das einzige Wort dieser Bildung, während im Litth. die entsprechenden Subst. auf -oriu-s (cf. lat. -driu-s, deutsch -er, ahd -aere, -dri) zahlreich sind. Sie bezeichnen den Verfertiger, den Thäter der Sache, von deren Benennung das Wort abgeleitet ist, cf. stikl-oriu-s, Glaser, von stikla-s, Glas.

## 8. Hauptelement des Derivationssuffixes: l.

§. 194. l ist viel beliebter in der lett.-litth. Wortbildung, als die letztbesprochenen Consonanten s und r. Nach Bopp (vergl. Gr. §. 937) sind die mit l und die mit r gebildeten Suffixa ursprünglich identisch in Folge des sehr gewöhnlichen Wechsels beider Laute. Für die Bedeutung ist bemerkenswerth, dafs aufserordentlich viele der mittelst l gebildeten Suffixa den Nominibus irgendwie eine passive Bedeutung verleihen.

## a) -la.

1) -l(a)-s, litth. -la-s, Subst. masc. (Dafs t und d vor l sich in s wandeln, ist aus der Lautlehre §. 99, 6 bekannt). bras-l(a)-s f. brad-l(a)-s, Furth, als wo durchgewatet wird, √ brad, cf. brif-t, waten; krés-l(a)-s, Stuhl, f. krét-l(a)-s, (Schleicher: „Ehrenstuhl,") √ krat, cf. krés-t f. krét-t, aufschütten; wenn man aber das Litth. krase, Stuhl, Dem. kras-ele, vergleicht, so scheint die Wurzel kras und nicht krat; kris-l(a)-s f. krit-l(a)-s, was abfällt, ein Hälmchen, Stäubchen oder dergl., √ krat, cf. kris-t, f. krit-t, fallen; mes-l(a)-s, Zoll, Steuer, f. met-l(a)-s, √ mat, cf. mes-t f. met-t, werfen, cf. Plur. mes-l(a)-i Würfel, d. i. die Geworfenen; i-mes-l(a)-s, Einwurf; mês-l(a)-s, meist Plur. mês-l(a)-i

f. *meſ-l(a)-i,* „Feglis,“ d.i. Ausgefegtes, cf. *méſ-t,* ausmisten. *krims-l(a)-i* f. *krimt-l(a)-i* (Plur.), Abgenagtes, √ *kramt,* cf. *krĭ˙ms-t* f. *krimt-t,* nagen.

2) *-la,* litth. *-la,* Subst. fem. *mig-la,* Nebel, cf. *mig-l(a)-s,* feucht, naſs; *mik-la,* Teig, als das weichgeknetete, cf. *mis-it,* weich machen, kneten; *t-la,* Straſse, als wo gegaugen wird, √ *i,* cf. *t-t,* gehen; *wäis-la,* Zucht zur Fortpflanzung, Art, cf. litth. *weis-ti,* durch Fortpflanzung mehren. Aus dem Deutschen entlehnt scheint *nagla,* Nagel (von Eisen), litth. *negelys,* also nicht von *nag-s,* Huf, Nagel am Finger.

3) *-l(a)-s,* fem. *-la,* litth. *-lu-s,* Adjectiva; *mig-l(a)-s,* feucht, naſs, oft wie *mik-l(a)-s* ausgesprochen, cf. *mig-la,* Nebel; *sek-l(a)-s,* seicht, √ *sik,* cf. *sik-t,* versiegen, fallen (v. Wasser); *weik-l(a)-s,* gedeihend, gesund, fröhlich, munter, cf. *weik-tl-s,* gedeihen. Von derselben Wurzel und mit demselben Suffix, nur mit Wandlung des Wurzelauslautes *k* in *s* nach slavischer Lauteigenthümlichkeit, erscheint abgeleitet: *wess-e-l(a)-s,* gesund, russ. вес-е-лын, vergnügt, fröhlich, (cf. lett. √ *klu* = slav. √ *slu,* lett. *klaus-it,* hören, = russ. слушать). Cf. von eben derselben Wurzel, aber mit anderem Suffix: *s-weik(-a)-s,* gesund. — *tik-l(a)-s,* brauchbar, tugendhaft, artig; *ne-tik-l(a)-s,* unartig, unbrauchbar, √ *tik,* cf. *pa-tik-t,* gefallen; *big-l(a)-s,* fliuk, stolz (v. Pferden), litth. *bing-u-s,* cf. litth. *bing-ti, big-ti,* muthig, hurtig sein; *kup-l(a)-s,* dicht, voll, √ *kup,* cf. *kup-t,* zu Käse gerinnen, *kŏpa,* Haufen; *trus-l(a)-s,* zerbrechlich, spröde, √ *truk,* cf. *trŭk-t,* zerreiſsen. Wahrscheinlich gehört hier auch noch her: *tschak-l(a)-s,* schnell, hurtig, √ *tak,* cf. *tess-ĕt,* laufen.

## b) *-lja.*

§. 195. 1) *-li-s* f. *-lja-s,* litth. *-li-s, -ly-s,* Subst. masc. Appellativa mit meist passiver Bedeutung: *kap-li-s,* Hacke, als womit gehackt wird, cf. *kapp-á-t,* hacken; *greb-li-s,* krummes Schrapeisen, als womit geschrapt wird; *deg-li-s,* Feuerbrand, Zunder, als womit gebrannt wird, hochlett. *dag-li-s,* √ *dag,* cf. *deg-t,* brennen; *sep-li-s,* Backofen, als worin gebacken wird, cf. *sep-t,* backen; *dig-li-s,* Keim, cf. *dig-t,* keimen; *skäit-li-s,* Zahl, wobei bemerkenswerth, wie hier das *t* ausnahmsweise vor dem *l* seine Existenz bewahrt hat, litth. *skait-liu-s,* cf. *skäit-i-t,* zählen; *dub-l(a)-i,* Pl. zu *dub-li-s,* Koth, √ *dub,* cf. *dub-t; pus-li-s,* Blase, (Aufgeblasenes), f. *pŭt-li-s,* √ *put,* cf. *pus-t* f. *pŭt-t,* blasen;

*tup-li-s* oder *tûp-li-s*, Gesäfs, als worauf gesessen wird, √ *tup*, cf. *tupp-ét*, hocken; *ûg-li-s*, Frucht, Zuwachs, cf. *dûg-t*, wachsen, *ûg-a*, Beere; *baus-li-s* f. *band-li-s*, Gesetz, Gebot, cf. *band-it*, züchtigen, litth. *baus-ti* f. *baud-ti*, züchtigen und ermahnen.

Nomina Agentis: *fag-li-s*, Dieb, cf. *fug-t*, stehlen; *bég-li-s*, Flüchtling, cf. *bég-t*, fliehen; *gáis-li-s*, Durchbringer, cf. *gáis-t*, verschwinden.

2) \* *-li-s* f. *-lja-s*, Subst. masc. von Adjj. *ne-tik-li-s*, Taugenichts, von *ne-tik-l(a)-s*, unbrauchbar.

3) *-le* f. *-lja*, Subst. fem. Appellativa; *wi-le*, Samm, (das Umgebogene), cf. *wi-t*, flechten, winden; *pek-le*, Hölle, √ *pik*, cf. *pik-t(a)-s*, Böse, *pikk-ul(a)-s*, Teufel.

Nomina Agentis: *fag-le*, Diebin; *bég-le*, die Entflohene; *auk-le* f. *aug-le*, Kinderwärterin, √ *ug*, cf. *dûg-t*, wachsen, wobei für die harte Aussprache des *g* vor dem *l* als *k* zu vergleichen ist: *mik-l(a)-s* f. *mig-l(a)-s*, feucht.

### c) -ala, -alja.

§. 196. 1) *-al(a)-s*, litth. *-ala-s*, Subst. masc. Appellativa: *kepp-al(a)-s*, Fladen, (Gebackenes), cf. *sep-t*, backen, cf. litth. *kepp-ala-s*, Laib Brod; *mif-al(a)-s*, Urin, (Geharntes), cf. *mif-t*, mingere; *fid-al(a)-s*, Muttermilch, (Gesaugtes), cf. *fif-t* f. *fid-t*, saugen.

2) *-ala*, Subst. fem. Appellat.: *súk-ala-s* (Pl. tantum.), Molken, cf. *súk-t*, saugen, Medium: sickern.

3) \* *-ala* oder auch und vielleicht allgemeiner *-ala* (*-ale*) f. *-alja*, Subst. fem. namentlich beliebt bei Kuhnamen, abgeleitet theils von den Namen der Wochentage, an denen die Kuh geboren ist, cf. *swét-ala*, Kuh, die am Sonntag (*swét(a)dína*) geboren ist; *ôt-ala* f. *ôtr-ala*, die am Dienstag (*ôtr(a)dína*, der zweite Tag) —; *sest-ala*, die am Sonnabend (*sest(a)dína*, der sechste Tag) geboren ist, daneben *sest-ala* (Stender). Wahrscheinlich gehört hier auch her: *tresch-ula* mit Schwächung des *a* zu *u* durch Einfluss des *l* (§. 120) f. *tresch-ala*, Kuh, die am Mittwoch (*tresch(a)dína*, der dritte Tag) geboren ist; — theils von andern Substantivis oder Adjj. abgeleitet: *fim-ala*, Kuh, die ein Zeichen (*fime*) hat; *fid-ala*, dass. von *fid(a)-s*, Blüthe; *ráib-ala*, Kuh, die gefleckt (*ráib(a)-s*) ist. Daneben hört man die Formen *ráib-ale*, *fim-ale*, u. s. w.

### d) *-ula*, *-ulja*, *-ūlja*.

§. 197. 1) *-ul(a)-s*, litth. *-ula-s*, Subst. masc. selten: *pikk-ul(a)-s*, Teufel, eig. der Böse, cf. *pik-t(a)-s*, böse, ltth. *pyk-ti*, böse werden.

2) *-uli-s* f. *-ulja-s*, litth. *-uli-s*, *-uly-s*, Subst. masc. meist mit Frequentativbedeutung (cf. die Verba frequentativa Cl. IX. auf *-elét*, *-ulét*, u. s. w.

Nomina Actionis: *drebb-uli-s*, Fieberschauer, cf. *drebb-ét*, zittern; *duss-uli-s*, Husten, cf. *duss-ét*, keuchen, litth. *dus-ét*, seufzen.

Appellativa: *krett-uli-s*, Getraidesieb, √ *krat*, cf. *kratt-it*, schütteln, *kris-t*, fallen; *mutt-uli-s*, Blase, Aufwallung des Wassers beim Kochen, √ *mat*, cf. *mes-t*, werfen; *bu'rb-uli-s*, Wasserblase, Sprudel; *spur-g-uli-s*, Faser, mit euphonisch eingeschobenem *g*, cf. *spur-t*, fasern (intr.); *irb-uli-s*, Pfriem, Stricknadel, ein Stöckchen zum Zeigen, f. *u'rb-uli-s*, cf. *u'rb-t*, bohren.

Nomina Agentis: *wārg-uli-s*, Elender, Kreuzträger, cf. *wārg-t*, siechen; *tekk-uli-s*, Läufling, √ *tak*, cf. *tezz-ét*, laufen; *nik-uli-s*, Kränklicher, cf. *nik-t*, vergehen; *lik-uli-s*, Heuchler; *schnurg-uli-s*, Rotzlöffel, cf. *schnurg-t*, am Schnupfen leiden; *smurg-uli-s*, Schmutzfink, cf. *smurg-āt*, sudeln; *rāud-uli-s*, Piepsack, ein Kind das immer weint, cf. *rāud-āt*, weinen; *snaud-uli-s*, Schlafmütze, Langschläfer, cf. *snauf-t*, schlummern.

3) *-ule* f. *-ulja*, Subst. femin. zu den vorhergehenden Masculinis, cf. *snaud-ule*, Langschläferin, Dem. *snaud-ul-ite* (B. 1892); *rāud-ule*, Mädchen, das viel weint (B. 2766); u. s. w. — Seltener als die Masc.form.

4) *-ūli-s* f. *-ūlja-s*, Subst. masc. Appellat.: *kūd-ūli-s*, Nußkern, cf. *kūf-t* f. *kūd-t*, beißen, √ *kand*; *kam-ūli-s*, Knäuel; *schūp-ūli-s*, Wiege, Schaukel, cf. *schūp-ū-t*, schaukeln.

### e) *-elja*.

§. 198. 1) *-eli-s* f. *-elja-s*, wohl zu unterscheiden von der gleichlautenden Deminutiv-Endung (§. 237), bildet Subst. masc. Appellat., aber nicht häufig: *tir-eli-s*, (großer) Morast ohne Bäume, cf. *tir(-a)-s*, rein.

2) *-ele* f. *-elja*, Subst. fem. Appellat., oft mit Frequentativbedeutung: *tés-ele*, Schrap-Eisen, Hohl-Eisen, cf. *tés-t*, gerade machen; *tezz-ele*, Schleifstein in Radform zum Drehen,

auch mit Masc.form: *tess-eli-s*, cf. *tess-ét*, laufen; *stedd-ele*,
litth. *stad-ole*, „Stadolle", Einfahrt beim Kruge, wo Pferde und
Wagen stehen √ *stad*, Secundärwurzel zu √ *sta*, falls das *d* nicht
euphonisches Einschiebsel ist; *sèd-ele*, Sitz, Dem. *sèd-el-ite* (B.
1844), √ *sad*, cf. *sèd-ét*, sitzen, litth. *sodinti*, setzen.

Nomina Actionis (?): *kibb-ele*, Händel, eig. Verwicklung,
√ *kab*, cf. litth. *kabéti*, haugen, *kibti*, hängen bleiben.

Anmerk. -*eli-s* neben -*eri-s* in entlehnten Subst. masc. entspricht dem deutschen -*er* und ist ja nicht mit der lett. Deminutiv-Endung zn verwechseln. Cf. *brūw-eli-s* neben *brūw-eri-s*, Brauer; *skrōd-eli-s* neben *skrōd-eri-s*, Schneider, hat also keine „verächtliche" (Hesselberg) Nebenbedeutung.

## 9. Hauptelement des Derivationssuffixes: *t*.

§. 199. *t*, zuweilen mit Vorschiebung eines *s*, ist sehr beliebt in der Derivation und ist etymologisch auf den Demonstrativstamm *ta* zurückzuführen (Bopp §. 817).

### a) -*ta*, -*sta*.

1) -*t*(a)-*s*, litth. -*ta-s*, bildet Subst. masc. mit meist passiver Bedeutung, welche letztere aber nicht aus dem Sinn des Suffixes, sondern eher aus der Analogie des Partic. Praeterit. Pass. (§. 482) folgt. Appellativa: *wa'r-t*(a)-*i* (Plur.), Pforte, √ *war*, cf. *wer-t*, auf- und zumachen, eig. wenden, cf. Secundärwurzel *wart*, cf. lat. *vert-o*; *mil-t*(a)-*i* (Pl.), Mehl, (Gemahlenes), cf. *mal-t*, mahlen; *spōf-t*(a)-*s*, Pl. *spōf-t*(a)-*i*, Sprenkel, Vogelschlingen, √ *spand*, cf. litth. *spqs-ta-i* f. *spand-ta-i*, Falle, litth. *spes-ti*, Fallen stellen; *grif-t*(a)-*i* (Pl.), Oberlage des Hauses, Zimmers, √ *granf*, cf. *grif-t*, *grōf-it*, wenden; *si-t*(a)-*s*, Sieb, womit gesiebt wird, √ *si*, cf. *sij-át*, sieben; *mês-t*(a)-*s*, Flecken, Städtchen, √ *mit*, cf. *mis-t*, wohnen, eig. sich ernähren (Pott, de principatu u. s. w. P. 31); *ju'm-t*(a)-*s*, Dach, cf. *ju'm-t*, decken; *pōs-t*(a)-*s*, Wüste, (Verwüstetes), cf. *pŭs-t*, säubern, leer machen; *dŭ-t*(a)-*s*, Fußlappen zur Stellvertretung der Strümpfe, und in verschiedenen Compositis: *ga'ld-dŭ-t*(a)-*s*, Tischtuch, *priksch-dŭ-t*(a)-*s*, Schürze, √ *u*, cf. *dŭ-t*, (die Füße) bekleiden, cf. lat. *ex-u-o*, *in-d-u-o*; *ı-mâuk-t*(a)-*i* (Pl. tant.), Zaum, √ *muk*, cf. *mâuk-t*, überstreifen.

Nomina Actionis (?): *láf-t*(a)-*s* f. *lád-t*(a)-*s*, Fluch, cf. *lád-ét*, fluchen; *si'rd-éf-t*(a)-*i* f. *si'rd-éd-t*(a)-*i* (Pl. tant.), Herzeleid, Kummer, √ *ad*, cf. *éf-t*, essen, fressen.

2) -*ta*, litth. -*ta*, Subst. fem. Appellat.: *nas-ta*, Last, (das Getragene), cf. *nes-t*, tragen; *shi-ta*, Besen, cf. litth. *slú-ti*,

fegen; *jūf-ta*, Gürtel, cf. *jūf-t*, gürten; *gu'l-ta*, Bett, cf. *gul-ēt*,
liegen und schlafen; *ruf-ta* f. *rud-ta*, rothbraune Farbe, cf.
*rud(-a)-s*, rothbraun.

**Nomina Actionis:** *gai-ta*, Gang, √ *ga*, cf. *gā-j-u*, Pract.
zu *ī-t*, gehen.

3) *-st(a)-s*, Subst. mascul. *swarp-st(a)-s*, richtiger zu
schreiben *swarb-st(a)-s*, Bohrer, cf. litth. *skwerb-ti*, durchlöchern.
Vielleicht gehört hier auch her: *ba'l-st(-a)-s*, Stütze.

4) *-t(a)-s*, fem. *-ta*, litth. *-ta-s*, fem. *-ta*, Adjectiva, formell analog den Partic. Pract. Pass.: *bal-t(a)-s*, weifs, cf. *bāl-t*,
erbleichen; *sa'l-t(a)-s*, kalt, cf. *sa'l-t*, frieren; *ka'rs-t(a)-s*, heifs,
cf. *kārs-t*, heifs werden. Sollte *kar* die Primärwurzel sein, so
liefse sich auch abtheilen: *ka'r-st(a)-s* (cf. §. 212 über *krds-n(i)-s*,
Ofen). — *dfi'm-t(a)-s*, erblich, erbunterthänig, eig. angeboren,
cf. *dfi'm-t-s ku'ng-s*, Erbherr, *dfi'm-t-i lāud-i-s*, Erbleute, Leib-
eigene, cf. *dfi'm-t*, geboren werden; *si'l-t(a)-s*, warm, cf. *sil-t*,
erwarmen; *pik-t(a)-s*, böse, erzürnt, cf. *pik-t*, zornig werden, *sa-
pī-is*, erzürnt; *spirg-t(a)-s*, erstarkt, gesund, cf. *spirg-t*, genesen,
erstarken; *swē-t(a)-s* f. *swen-ta-s*, heilig, cf. *swin-ēt*, heiligen,
feiern, litth. *szwen-ta-s*, heilig, cf. lat. *sanc-tu-s*, *sanc-ire*; *ruk-
t(a)-s*, bitter, wohl eher mit *ruk-t*, schrumpfen, sich zusammenziehen (III), als mit *rūg-t*, gähren (V), zusammenhängend.

5) *-st(a)-s*, fem. *-sta*, litth. *-szta-s*, fem. *-szta*, tritt bei Ad-
jectivbildung für das vorhergenannte Suffix ein nach gutturalem Wurzelauslaut: *dug-st(a)-s*, hoch, cf. *āug-t*, wachsen; *sik-
st(a)-s*, geizig.

## b) -ti, -sti.

§. 200. 1) *-t(i)-s*, litth. *-ti-s*, mit ursprünglichem, nicht aus *ja* contrahierten
i, bildet Subst. fem. Es giebt deren nicht mehr viele und diese sind alte Formen.
Sie haben dem allgemeinen Zuge der Sprachentwicklung, resp. Sprachentartung folgend, zu einem Theil sich in *ja*-Stämme gewandelt, d. h. Nebenformen *-te* f. *tja*
gebildet. Im Litth. ist die Entartung eine ärgere, sofern dort vom Nominat. *-ti-s*,
als ob er = *tjn-s* sei, masculinisch weiter flectiert wird: Gen. *-czo* u. s. w. (Schleicher, litth. Gr. P. 115). Appellativa: *lak-t(i)-s*, Hühnerstange, √ *lak*, cf. *lēk-t*,
springen; *blak-t(i)-s*, Wanze, (als die flache), litth. *blake*, cf. lett. *blākis*, flache
Schicht; *wa'lf-t(i)-s* f. *wa'ld-t(i)-s*, Reich, Herrschaft, cf. *wa'ld-ît*, herrschen, regieren;
(ob nicht *wal* hiezu Primärwurzel ist, cf. *wala*, Wille?); *sma'lk-t(i)-s*, Sand, (als
das Feine), cf. *sma'lk(a)-s*, fein; *pi'r-t(i)-s*, Badstube, cf. *pe'r-t*, mit Ruthen schlagen
(wie es beim Schwitzbade üblich ist); *kur-t(i)-s*, Windhund, wahrscheinlich mit
*s-kri-t*, von derselben Wurzel √ *kur*, cf. lat. *curro*; für die Umstellung der Laute
cf. *ka'rs-t(a)-s* und *krds-n(i)-s*. Vielleicht gehören hier auch noch her: *wēf-t(i)-s*,
Nachricht, Kunde, √ *wid*, cf. litth. *weizd-ê'ti*, sehen, altpreufs. *waid-imi*, lat. *scimus*,
(Pott, de principatu P. 47); *si'l-t(i)-s*, Geschlecht, Stamm, √ *kal*, cf. *se'lt*, heben.

Ueber das Suffix *-ti* behufs Bildung des Infinitivs cf. 459.

-t(i)-s (mit ursprünglichem i), hat vor Zeiten gewiß auch mehrere Substantiva masculina gebildet. Heutzutage ist im Lett. kaum eine Spur davon übrig
(im Litth. nur eine geringe), namentlich das Wort pa-t-s, selbst, litth. pa-t-s, aus
pa-ti-s, Gen. -tt-s, = Herr, übrigens in dieser alten Bedeutung nur als zweites
Glied in rész-pa-t-s, eig. Menschenherr, dann Titel des Fürsten und Gottes, cf.
griech. δεσ-πότ-ης und πότ-νια (bei Homer), dann in der Bedeutung Ehemann,
cf. griech. πό-σις, cf. altpreuss. pattiniscun (Acc. S.), Ehe, und wais-pattin (Acc. S),
Hausfrau, und endlich in der abgeschwächten Bedeutung „selbst“ gebraucht
(Schleicher, litth. Gr. P. 116) √ pá, beschützen, beherrschen, cf. po-na-s, Herr. Das
lett. pa-t-s, selbst, hat sich aber in der Flexion bereits ganz an die Analogie der
uncontr. ja-Stämme angeschlossen und bildet also, als ob es im Nom. S. m. pa-t(i)-s,
für pa-tja-s hieße, den Genit. S. m. pascha f. pa-tja, das Femin. pa-tti oder pa-tte,
beiden f. pa-tja, den Genit. paschas f. pa-tja-s, nicht etwa patte-s (§. 384). Die
urspr. Bedeutung ist übrigens im Lett. noch nicht ganz untergegangen, obschon
kein Bewußtsein von ihr im Volke mehr existiert. Oft wird nämlich noch durch
patti die Wirthin im Gesinde, die Hausfrau bezeichnet, im Gegensatz des Wirthes,
des Hausherrn und Hausvaters, z. B. sáimnīks iſbráuzis, patti mājus, der Wirth ist
ausgefahren, sie selbst, die Wirthin, ist zu Hause.

2) -st(i)-s = -t(i)-s, Subst. fem. plauk-st(i)-s, flache Hand, schwerlich von
√ plak, sondern wahrscheinlich von √ plak, cf. plak-t, flach werden, litth. plak-
sztu-s, flach. Vielleicht wird der Diphthong au mit dem Vocal a durch Vocalisierung eines Nasals vermittelt, cf. Praes. zu plak-t: pluku f. plauk-u. — mak-sti-s
(Pl. tant.), Scheide, wie es scheint von √ bad, cf. bak-sti-t oder bag-stīt f. bad-stīt,
wiederholt stoßen, hineinstechen (cf. §. 98, 6).

### c) -tu.

§. 201. -tu-s, litth. -tu-s, Subst. masc. li-tu-s, Regen, √ li, cf. li-t, regnen;
wi'l-tu-s, Betrug, cf. wi'l-t, trügen.

Ueber das Suffix -tu bei Bildung des Supinum cf. §. 460.

### d) -tja, (-stja).

§. 202. 1) -ti-s f. -tja-s, litth. -ti-s, Subst. masc. zepp-e-
t(i)-s, Braten, mit euphonisch eingeschobenem e, cf. zep-t, braten,
Part. Praet. Pass. zep-t(a)-s, vielleicht Secundärbildung von letzterem. Mit euphonischem k: fa'l-k-tis, Schlange, cf. felt, (dfelt),
stechen.

2) -te f. -tja, litth. -te, Subst. fem. wa'rs-te, Vorlegestange
an der Pforte, √ wars, cf. wert, √ war = wenden; sai-te, Band,
cf. si-t, binden; gurf-te, Gewinde, in der Verbindung linu gurf-
te, ein zusammengedrehtes Flachspäckchen, cf. grif-t, gröf-tt,
drehen; hierher scheint auch sag-scha f. sag-tja, Decke, zu gehören, nur daß das j hier nicht mit dem folgenden Vocal, sondern mit dem vorhergehenden Consonanten verschmolzen ist,
cf. seg-t, decken. Nur eine Nebenform von sag-scha ist sag-
t(i)-s, Breze, Schnalle, welche Bedeutung dem litth. seg-ti, heften,
entspricht, das ursprünglich mit dem lett. seg-t, decken, identisch gewesen sein mag.

3) *-scha* f. *-stja*, litth. *-szcza*, Subst. fem. *áug-scha* f. *áug-stja*, das Obere, der Hausboden, cf. *áug-t*, wachsen, cf. *áug-st(a)-s*, hoch.

e) -tája, (local: -tája).

§. 203. 1) \* *-táji-s* oder *-tái-s* f. *-tája-s*, ltth. *-toji-s*, bildet Nomina Agentis, im Litth., indem es sich an die Wurzeln aller Verba fügt, cf. *ar-toji-s*, Pflüger (Schleich. litth. Gr. §. 39), im Lettischen, indem es als secundäres Suffix nur zum Infinitiv-stamm der mehrsylbigen (also abgeleiteten) Verba tritt: *dfíd-d-tái-s*, Sänger, cf. *dfíd-á-t*, singen; *schkér-d-é-tái-s*, Verschwender, cf. *schkér-d-é-t*, verschwenden; *mas-ì-tái-s*, Prediger, cf. *mas-ì-t*, lehren; *ga'lw-ú-tái-s*, Bürge, Cavent, cf. *ga'lw-ú-t*, bürgen. Ver-fasser zieht die Schreibung *-tái-s* der andern *-tájs* oder *-táj-s* vor, weil factisch seinem Ohr das *j* viel mehr vocalisiert klingt, als z. B. in der Endung *-éj's* (§. 182), und aus diesem Grunde namentlich, abgesehen von dem Gebrauch vereinzelter kleiner Distrikte (Gr. Essern) das Nominativzeichen *-s* sich nicht trübt. Ein Grund für die vollständigere Vocalisierung liegt in der Mehr-sylbigkeit des Worts (§. 108).

2) \* *-tája*, litth. *-toje*, Subst. fem. entsprechend den eben genannten masculinis, cf. *dfíd-ú-tája*, Sängerin; *dfe'm-d-é-tája*, Gebärerin; *dar-i-tája*, Macherin; u. s. w.

f) -tawa.

§. 204. *-tawa*, im Volksmund oft verdumpft zu *-tuwa* (§. 120), Subst. fem. appellat. zur Bezeichnung von irgend einer Art Werkzeug, wie das litth. *-tuwa-s*, fem. *-tuwe* f. *tuwja*. — Cf. *kás-tuwa*, Milchsieb zum Seihen, cf. *kás-t*, seihen; *wa'rs-tawa*, Pflugstürze, die am kurischen Pfluge hin und hergewendet wird, je nachdem man die Erde links oder rechts hinstürzen will, cf. *we'rs-t* f. *we'rt-t*, √ *wars*, = √ *wart*; *kar-tawa*, (*kár-tawa*), local fast wie *kara-tawa* ausgesprochen, Galgen, cf. *kar-t*, (*kár-t*), hangen; *sé-tuwa*, Saatkorb, cf. *sé-t*, säen; *schkil-tawa*, Feuer-stahl, cf. *schkil-t*, Feuer anschlagen; *ti-tawa*, Garnwinde, cf. *ti-t*, winden, wickeln; *schau-tawa*, Weberschiffchen, cf. *schau-t*, schiefsen; *sláuk-tawa*, Melkeimer, cf. *sláuk-t*, melken, *mal-tawa*, nicht Werkzeug des Mahlens, Mühle, sondern Mahlkammer (B. 1633).

Selten kommen Nomina Agentis mit dieser Endung vor, cf. *pa-lúf-tuwa* f. *pa-lúid-tuwa* = *pa-lúid-nîse*, die sich um nichts kümmert, die Alles sich selbst überläfst (B. 1597), von *pa-lāf-t*, gehen lassen.

## g) -tinja.

§. 205. *-tene* f. *-tine*, d. i. *-tinja*, Subst. fem. *dfi'm-tene*, Geburtsort, Heimath, durch Assimilation des *t* an das vorhergehende *m* und durch Bewahrung des alten *g* statt *df* im Anlaut, auch *gim-(m)ene* (local), √ *gam*, cf. *dfi'm-t*, geboren werden.

## h) -ata, -asta.

§. 206. 1) *-at(a)-s*, Subst. masc. *lupp-ata-s*, Flick, „Luppat,“ √ *lup*, cf. *lup-t*, schälen, Freq. *ldup-it*, rauben; *plukk-at(a)-s*, Lump, (als Schimpfwort), √ *pluk*, cf. *plik(a)-s*, kahl.

2) *-ata*, litth. *-ata*, Subst. fem. *add-ata*, Nadel, cf. *add-it*, stricken; *kabb-ata*, Tasche, eig. das Angehängte, √ *kab*, cf. litth. *kab-ēti*, hangen; *drupp-ata*, Brocken, Trümmer, cf. *drup-t*, krümeln (intr.).

3) *-ast(a)-s*, Subst. masc. (cf. litth. *-asti-s*, *-esti-s*, urspr. Fem., jetzt fast durchgängig Masc. geworden; cf. litth. *°-yste*, Abstr. von Adjj.). Vielleicht der einzige Rest dieser im Litth. häufigen Bildung ist im Lett. *mēl-ast(a)-s*, Gastmahl, √ *mil*, cf. *mil-it*, lieben, cf. litth. *myl-yste* oder *meil-yste*, Huld, und *pri-myl-ēti*, einen Gast gut aufnehmen, = griech. φιλεῖν, und *mēl-a-s*, lieb. In dem Ausdruck *reitaīs mēlasts*, das heilige Abendmahl, eig. also Liebesmahl, entspricht *mēlasts* dem Sinne nach genau dem griech. ἀγάπη. Ueber die zweifach abgeleiteten Substantiva: *schēl-ast-iba*, Gnade, *mil-ast-iba*, Liebe, *briw-est-iba*, Freiheit, cf. unten §. 230.

## i) -uta, -úta.

§. 207. 1) *-ut(a)-s*, litth. *-uta-s*, Subst. masc. *degg-ut(a)-s*, Theer, eig. Gebranntes, cf. *deg-t*, brennen, nach Schleicher (litth. Gramm. P. 117) nicht aus dem Slav. entlehnt.

2) *°-út(a)-s*, litth. *-úta-s*, bildet Adjectiva von Substantivis, die formell auch für Participia Praet. Pass. von Verbis denominativis auf *-ú-t* (Cl. VII) gehalten werden könnten. Cf. *ragg-út(a)-s*, gehörnt, von *rag(-a)-s*, Horn; *pa-kaw-út(a)-s*, mit Hufeisen versehen (B. 1172), von *pa-kaw-s*, Hufeisen; *fäbak-út(a)-s*, gestiefelt (B. 1913), von *fäbak-s*, Stiefel; *dbúl-út(a)-s*, geapfelt (von Pferden) (B. 1750), von *dbúlis*, Apfel.

Nach eben dieser Analogie ist *bagg-át(a)-s*, reich, ltth. *bag-ota-s*, entstanden von einem vorauszusetzenden Subst. *bag(-a)-s*, Reichthum.

## k) -itja, -ditja, -itja.

§. 208. 1) *° -iti-s* f. *-itja-s*, fem. *-ite* f. *-itja*, = ltth. *-aiti-s* f. *-aitja-s*, fem. *-aite* f. *-aitja*, bezeichnet die Bewohner eines Ortes, einer Gegend, und ist besonders in Livland beliebt. *Daugaw-iti-s*, ein an der Düna (*Daugawa*) wohnender, fem. *Daugaw-ite*; *Daug-mal-iti-s*, Düna-Anwohner; *júr-mal-iti-s*, Meeresküstenbewohner; *Walmar-iti-s*, einer aus Wolmar oder aus der

Wolmarschen Gegend; *Rújen-íti-s*, ein „Rujenscher," fem. *Wal-
mar-íte*, *Rújen-íte*; insbesondere wird in Livland durch solche
Bildungen die Wirthin eines Gesindes bezeichnet, falls der Ge-
sindename *n* zum letzten Stammconsonanten hat, cf. *Tálén-íte*,
Wirthin des Táléni-Gesindes; *Tschaggán-íte*, Wirthin des Tschag-
gáni-Gesindes (Ulmann). — Cf. *láut-íti-s*, Fremdling, aber nicht
von Angehörigen fremder Völker. Im Volksliede wird das Wort
geradezu für den Verlobten und Ehemann gebraucht, sofern
dieser nicht zur Blutsverwandtschaft der Braut oder Frau gehört, sondern als Fremder zur Freie gekommen und die Braut
in die Fremde weggeführt hat.

Für die Endung *-íti-s*, fem. *-íte*, um die Herkunft von einem
Ort anzudeuten, dürfte in Kurland, namentlich im mittleren und
westlichen, stets das Suffix *-nīk(a)-s*, fem. *-nīze*, gewählt werden
(cf. §. 218). Dagegen hat jene Endung ganz allgemeine Geltung
in einer Anzahl von Völker-Namen. Cf. *Latw-íti-s*, Lette, fem.
*Latw-íte*, (über dessen Etymologie cf. §. 4); *Wás-íti-s*, Deutscher, fem. *Wás-íte*. In Livland bildet man auch die Feminina:
*Schid-íte*, Jüdin, *Kriw-íte*, Russin, *Tschiggán-íte*, Zigeunerin, zu
den Masculinis: *Schid(a)-s*, *Kriw(a)-s*, *Tschiggán(a)-s*. Lettische
Puristen bilden neuerdings nach diesen Analogieen Völkernamen,
wie *Enland-íti-s*, Engländer, *Áráb-íti-s*, Araber, statt der allerdings unlettischen, bisher in der Büchersprache gebräuchlichen
Formen *Enlenderis*, *Áráberis*. Uebrigens dürfte *Enland-íti-s*
streng puristischen Ansprüchen auch noch keineswegs genügen
(cf. §. 316).

2) *-áiti-s* f. *-áitja-s*, litth. *-aiti-s*, dient im Lettischen vornehmlich nur noch im Plur. zur Bildung von Gesinde-Namen,
im Sing. zur Bezeichnung des Gesindewirthes, cf. *Tilt-áischi*,
N. pr.; Sing. *Tilt-áiti-s*, der Wirth im Tiltaischi-Gesinde. Mehr
Beispiele cf. §§. 244 seqq.

3) *-íti-s* f. *-itja-s*, fem. *-íte* f. *-itja*, litth. *-yti-s*, fem. *-yte*,
bildet Deminutiva; das Nähere hierüber cf. §. 236.

### 10. Hauptelement des Derivationssuffixes: *d*.
### -da, -sda, -dda, (-da-ma).

§. 209. *d* ist in der Wortbildung selten.

1) *-da* oder *-de*, wo *e* nur Schwächung von *a* ist, litth. *-da*, Subst. fem.
*bi-da*, Sorge, Angst, Kummer, | *bi*, cf. *bi-ti-s*, sich fürchten; *skri-da*, „Getreide-
harfe," ein schräge gestelltes Sieb, worüber und wodurch man das Korn laufen
läßt behufs Reinigung, cf. *skri-t*, laufen; *we'l-da*, Lagerung des Getraides, cf. *we'l-t*,

walzen, √ *wal*; *schä-de*, Naht (Rosenberger), cf. *schä-t*, nähen; *wai-da*, Wehklage, cf. die Interject. *wai*, wehe.

Schleicher vermuthet, dafs hierher auch das Adject. *ga'r-d(a)-s* zu ziehen sei, == lecker, wohlschmeckend, √ *gar*, cf. *dse'r-t*, trinken.

2) -*sda*, (-*sde*), vom vorhergehenden Suffix nur durch euphonische Vorschiebung des *s* unterschieden, Subst. fem.: *swirg-sda*, oder *swirg-sde*, Kies, cf. *swirg-t*, riesen, körnig zerfallen.

3) *-dd(a)-s*, fem. -*dda*, dient zur Bildung von Zahlwörtern und Pronominibus Qualitatis, cf. * v'n-dd(a)-s*, einfach, *dwej-dd(a)-s*, zweifach, u. s. w. (§. 370); *tdd-s*, ein solcher, f. *ta-dd(a)-s*; *kdd-s*, was für einer, qualis, f. *ka-dd(a)-s*; *schdd-s*, ein solcher, f. *sjn-dd(a)-s* (§§. 380. 382. 387).

4) -*da-ma-s*, fem. -*da-ma*, bildet Participia Praesent. Act., enthält aber in seinem ersten Theil kein pronominales Derivations-Element, sondern eine Verbalwurzel (cf. §. 468).

## 11. Hauptelement des Derivationssuffixes: *n*.

§. 210. *n* ist eines der beliebtesten Derivations-Elemente und hat seinen Ursprung in dem Pronomen demonstrat. litth. *an(a)-s*, sl. *onъ*.

### a) -*en*.

-*e'n-s*, wo zwischen *s* und dem Casuszeichen ursprünglich kein Vocal gewesen, der Stamm also wirklich consonantisch anlautet, bildet Subst. masc., die aber seit jüngerer Zeit in die Flexion der *ja*- oder *i*-Stämme umschlagen (cf. §. 349). Im Litth. lautet der Nom. S. -*n* f. -*en*. Cf. *ud-e'n-s* (Generis comm.), Wasser, litth. *und-d*, goth. *wat-o*, lat. *und-a*, griech. *ὕδ-ωρ*; *rudd-e'n-s*, Herbst, √ *rud*, cf. *rud(-a)-s*, rothbraun; *dibb-e'n-s*, Boden, Tiefe, dial. *dubb-e'n-s*, √ *dub*; *sibb-e'n-s*, Blitz, cf. *sib-t*, flimmern. Nicht hierher gehört *sob-n-s* oder *sob-en-s*, weil es f. *sob-eni-s*, *sob-enja-s* steht und wohl aus dem Deutschen (Säbel) entlehnt ist.

### b) -*na*.

§. 211. 1) -*n(a)-s*, litth. -*na-s*, Subst. masc. meist mit passiver Bedeutung: *ka'l-n(a)-s*, Berg, (das Erhobene, Erhabene), √ *kal*, cf. *se'l-t*, heben; *nu-pe'l-n(a)-s*, Verdienst, Erwerb, cf. litth. *pil-ti*, füllen; *ber-n(a)-s*, (local bald wie *ben-s* — Autz — oder wie *ber-s* — Sackenhausen — gesprochen, weil die Verbindung *r-n* der Zunge schwierig ist, cf. aus eben dem Grunde die Einschiebung von *d* in *gur-d(e)-n(a)-s*, matt) Kind, eig. das Getragene, √ *bar*, cf. lat. *fero*, gr. *φέρω*, deutsch Bahre, schwed. *barn*, Kind; *klo-n(a)-s*, Estrich, wo *ŏ* nach litth. Lauteigenthümlichkeit für *a* steht; cf. litth. *klo-na-s*, √ *kla*, cf. *kla-t*, ausbreiten, litth. *klo-ti*.

Ob *wel-n(a)-s*, Teufel, hierher gehört, √ *wil*, cf. *wi'l-t*, betrügen, als der „Betrüger,“ „Lügner“ ist wegen der activen Bedeutung vielleicht fraglich.

2) -*na*, litth. -*na*, Subst. fem. *di-na*, Tag, (das Helle), √ *diw*, == glänzen, cf. *diw-s*, Gott; *sa'l-na*, Frost, cf. *sa'l-t*,

frieren; *schkif-na*, die einzelne Faser ungesponnenen Flachses, √ *skid*, cf. *schkif-t* f. *schkid-t*, zergehen, sich zertheilen (B. 2369).

3) *-n(a)-s*, fem. *-na*, Adjectiva: *plá-n(a)-s*, fein, dünn, cf. litth. *plo-ti*, schlagen, klatschen; *graf-n(a)-s*, oder *gref-n(a)-s*, schön, cf. litth. *graż-u-s*; *pèr-n(a)-s*, vorjährig, firn, cf. skr. *para*, d. andere, cf. lat. *peren-die*, am Tage zuvor (Bopp §. 375); *mel-n(a)-s*, schwarz, cf. *mel-t*, schwarz werden, griech. μέλ-α(ν)-ς; *pil-n(a)-s*, voll, cf. lat. *ple-nu-s*: *táis-n(a)-s*, gerade, gerecht, cf. *tés-t*, gerade machen, nach der Schnur behauen, *tis-a*, Recht; *nik-n(a)-s*, böse, cf. litth. *ninku*, *nik-ti*, (in Compos.) anfallen; *wif-n(a)-s*, flimmernd (B. 316), cf. *wif-ét*, flimmern.

Nach gewissen Wurzelsylben-Auslauten, namentlich nach *r, t, d*, tritt oft ein so vernehmliches euphonisches *e* vor das Suffix, daſs dasselbe sogar in der Schrift sich eingebürgert hat. Es ist aber nicht für ein wesentliches Element des Suffixes zu halten, sondern nur für ein euphonisches Einschiebsel. Cf. *gur-dè-n(a)-s*, matt, √ *gur*, cf. *gur-t*, matt werden; die Kürze des Wurzelsylbenvocales hat sogar noch die Einschiebung eines *d* herbeigeführt; *slidd-e-n(a)-s*, glatt, wo man ausgleitet, cf. *slidd-ét*, gleiten. *slepp-e-n(a)-s*, heimlich, cf. *slép-t*, verbergen; *gludd-e-n(a)-s*, glatt, √ *glud*.

4) *\*-n(a)-s*, fem. *-na*, mit Vorschiebung eines euphonischen *e* wie in den eben erwähnten Beispielen, Adjectiva von Substantiven: *war-e-n(a)-s*, mächtig, von *war-a*, Macht; *mèr-e-n(a)-s*, mäſsig, mittelmäſsig, von *mèr(-a)-s*, Maaſs; *slaw-e-n(a)-s*, angesehen (B. 1502), von *slaw-a*, Ruhm; oder von Adjectiven: *ist-e-n(a)-s*, eigentlich, wirklich, von *ist(a)-s*, dass. *sa'ld-e-n(a)-s*, süſs (B. 2207), von *sa'ld(a)-s*, dass. In letzterem könnte vielleicht *e* Schwächung von *a* sein und dann das Suffix *-an(a)-s* sich finden (cf. §. 213, 2).

### c) *-ni*, *-nja*, *-snja*.

§. 212. 1) *-n(i)-s*, mit ursprünglichem *i*, litth. *-ni-s*, Subst. fem. *krās-n(i)-s*, meist mit Assimilation des *n*: *krāst-i)-s* ausgesprochen ＝ Ofen, | *kurs*. Es könnte aber auch *s* zum Suffix gezogen und *kar* als Wurzel angenommen werden. Neben den alten Flexionsformen nach Analogie der ächten i-Stämme existieren jüngere nach Analogie der contr. ja-Stämme, als ob der Nom. S. *krās-ni-s* f. *krās-nja-s* lautete. Im letzteren Fall ist das Wort masc, cf. §. 199 und die folgende Nummer.

2) *-ni-s*, identisch dem Wesen nach mit dem vorhergehenden Suffix. Auch hier ist das *i* ursprünglich, doch sind die also gebildeten Substantiva heutzutage sämmtlich in die Classe der männl. contr. ja-Stämme übergewandert, wie im Litthauischen die auf *-ni-s* (Schleicher, litth. Gr. P. 120. 121); *deg-ni-s*, ausgebrannter Morast, cf. *deg-t*, brennen; *slik-ni-s*, tiefer Sumpf, cf. *slik-t*, ertrinken; *sllg-ni-s*, Schwelle, cf. *sllg-t*, ＝ *sll-t*, anlehnen, stützen; (*pū-fni-s*, etwas Verfaultes, Moder,

z. B. *skadra pûfnis*, Ameisenhaufen, hat im Unterschied von den vorbergenannten Bildungen die weiche tönende Spirans, cf. *pi-t*, faulen).

3) *-ni-s* f. *-nja-s*, ltth. *-nis, -nys*, Subst. masc. appellat. *sap-ni;s*, Traum; *as-ni-s*, Keimspitze, cf. *as(a)-s*, scharf, spitz; *sa-ka'r-ni-s*, Baumwurzel, als die sich festhaltende, √ *kar*, cf. *ke'r-t*, fassen; *grif-ni-s*, Drillbohr, cf. *grif-t*, drehen; *schki-ni-s*, Raufeisen, um Gesträuch zu roden, cf. *schki-t*, blatten, pflücken; *wi'l-ni-s*, Welle, cf. *we'l-t*, wälzen: *schû-ni-s*, Honigscheibe, Pl. die Wachszellen, cf. *schû-t*, nähen, cf. Wabe, von weben; *lâuf-ni-s*, Brecheisen, Pl. *lâufch-ni*, Brechzaun, cf. *lâuf-t*, brechen.

Nomina Agentis: *schip-ni-s*, Speilzahn, höhnischer Lächler, fem. *schip-ne*, cf. *schip-n-ût*, höhnen, äffen, litth. *szyp-auti*.

4) *-ne* f. *-nja*, (*-fne*), litth. *-ne*, Subst. fem. *sak-ne*, Wurzel, cf. litth. *szakk-a*, Zweig, Zacke, cf. lett. *schekk-u'm-s*, jede gabelförmige Verzweigung; *wik-ne* f. *wit-ne*, verwelktes Kraut, z. B. von Kartoffeln, cf. *wis-t* f. *wit-t*, welken; *fwâigf-ne*, Stern; *mit-ne*, Aufenthalt, Verbleib, cf. *mis-t* f. *mit-t*, sich aufhalten, eig. sich ernähren; *pi-ne*, Kopfflechte (Stend.), cf. *pi-t*, flechten; *mi-ne*, Lehmtritt (Lange), cf. *mi-t*, treten; *weik-ne*, Gedeihen, cf. *weik-ti-s*, gedeihen; *blig-fne*, Lorbeerweide (mit glänzenden Blättern), √ *blag*, cf. litth. *blizgêti*, glänzen, lett. *blâf-ma*, Glanz.

5) *-sch* f. *-nj(a)-s*, wo das *a* schon im Nomin. verloren geht und nicht mit dem *j* zu *i* verschmilzt. Subst. masc. *appîasch*, Hopfen, (Pl. *appini*), nicht aus dem Deutschen entlehnt, sondern ein Compositum: *ap-wi-n-sch* f. *ap-wi-nj(a)-s*, litth. *ap-wy-nys*, √ *wi*, cf. *wi-t*, flechten, zur Bezeichnung der rankenden Natur des Hopfens.

Anmerk. Ueber das Suffix *-at(ja)* zur Bildung des Particip. Praes. und Futur. Act. cf. §§. 463. 470; und *-st(ja)* zur Bildung des Partic. Praet. Act. cf. §§. 472. 473.

## d) *-ana, -ãna.*

§. 213. 1) *-ana*, litth. *-ana*, Substant. fem. *dâw-ana*, Gabe, cf. *dû-t*, geben, Praet. *dew-u* (§. 82); *ragg-ana*, Scherin, Wahrsagerin, (cf. *pa-ragg-ana*), √ *rag*, cf. *redf-êt*, sehen, *pa-redf-êt*, ahnen.

2) *-an(a)-s*, fem. *-ana*, litth. *-ana-s*, fem. *-ana*, Adjectiva: *sa'rk-an(a)-s*, roth, cf. *sa'rk-t*, roth werden; *plakk-an(a)-s*, flach, cf. *plak-t*, flach werden; *rafch-an(a)-s*, schön, welches vielleicht mit *gref-n(a)-s* identisch ist, in Erwägung dessen, daß der getrübte Zischlaut schon im Litth. *graż-us* sich findet, und daß *g* im Anlaut vor *r* öfter weicht, cf. *rêf-i-s*, Feldstück, Abschnitt, und *grif-t*, schneiden, litth. *rêsu, rêssti*; *lu'nk-an(a)-s*, biegsam,

√ *lank*, cf. *liz-it*, beugen, krümmen; *drupp-an(a)-s*, bröckelig, cf.
*drup-t*, bröckeln (intr.).

3) \*-*án(a)-s*, fem. -*ina*, litth. -*on(a)-s*, fem. -*ona*, Adjectiva: *will-án(a)-s*, wollen, von *willa*, Wolle, litth. *wiln-ona-s*;
*dse lt-án(a)-s* oder oft *dse lt-én(a)-s*, gelb, litth. *gelt-ona-s*, von
*gelt-a-s*, duss.

### e) -inja, (-énja).

§. 214. 1) -*i n-sch* f. -*inj(a)-s*, litth. -*iny-s*, Subst. masc.
Appellat., nicht zu verwechseln mit dem gleichlautenden Suffix,
das secundär Deminutiva bildet (cf. die folgende Nummer):
*kaim-i n-sch*, Nachbar, woneben auch *sim-i nsch* üblich ist, cf.
*sim(-a)-s*, Dorf; *wi ls-i n-sch*, Brummkreisel, √ *walk*, cf. *wi lk-t*,
ziehen; *pludd-ini*, Pl. v. *pludd-i n-sch*, Schwimmhölzer am Netz,
cf. *plúf-t* f. *plúd-t*, sich ergießen, cf. *peld-ét*, schwimmen, cf.
litth. *plus-ti*, obenauf schwimmen. Vielleicht gehört hierher auch
noch *rds-i n-sch*, Pl. *rds-in-i*, Rüben, Kartoffeln und dergleichen
Erdfrüchte, cf. *rak-t*, graben. Aber man hört auch die Nebenform: *rds-en-i*, Sing. *rds-eni-s*, Suffix -*enja*, cf. §. 215.

2) \*-*i n-sch* f. -*inj(a)-s*, fem. -*ina* f. -*inja*, bildet secundär
Deminutiva, worüber ein Genaueres §. 235. Hier sind nur
diejenigen Deminutiva zu erwähnen, die die verkleinernde Bedeutung verloren haben und gewöhnliche Appellativa geworden
sind, z. B. *ratt-i n-sch*, Spinnwocken, „Rädchen," von *rat(-a)-s*,
Rad; *aus-ina*, Henkel, eig. Oehrchen, von *aus(-i)-s*, Ohr; *se lt-
i n-sch*, Goldfinger, von *se lt(-a)-s*, Gold, (ob nicht die Form
*se lt-eni-s* zu Grunde liegt?); *kaul-i n-sch*, Würfel, eig. Knöchel-
chen, von *kaul(a)-s*, Knochen; *wa ldf-i n-sch*, Masche, eig. kleine
Schlinge, von *wa lg-s*, Schlinge.

3) \*-*i n-sch* f. -*inja-s*, fem. -*ina* f. -*inja*, hat vor Zeiten, wie
das litth. -*ini-s* f. -*inja-s*, fem. -*ine* f. -*inja*, bezeugt, auch Adjectiva von Substantivis abgeleitet, die zuweilen wieder sub-
stantivisch gebraucht worden sind. Von diesen Bildungen giebt
es im Lettischen nur noch einige wenige Beispiele mit ausschließlich substantivischer Bedeutung: cf. *wassar-in-i* (Pl.),
Sommergetreide, = litth. *wasarinei*, Pl. vom Adj. *wasar-ini-s*,
sommerlich, von *wassara*, Sommer; *wakkarin-fch*, Abendessen,
auch als Pl. fem. *wakkar-ina-s*, gebräuchlich (Autz), eig. nur
ein Adj. = abendlich, cf. litth. *wakar-ini-s*, von *wakkar(a)-s*,
litth. *wakar-a-s*, Abend.

4) *-ini-s* f. *-inja-s*, cf. litth. *-yna-s*, Subst. masc. *dw-ini-s*, litth. *dw-yna-s*, Zwilling, √ *dw*, cf. *diw-i*, zwei. Wahrscheinlich ist dieses Suffix mit dem vorhergehenden *-inja* identisch und die Verlängerung des *i* dadurch hervorgerufen, daß letzteres absonderlicher Weise in die erste Sylbe des Wortes gerathen ist, die den Hauptton hat.

f) *-ena, -enja, -éna* (local: *-éna*).

§. 215. 1) *-en(a)-s*. Ob mittelst dieses Suffixes auch Primärbildungen vorkommen ist fraglich. Vielleicht sind solche: *glöd-en(a)-s*, Blindschleiche, √ *glud*, cf. *glud(-a)-s*, *glud-e-n(a)-s*, glatt; *gind-en(a)-s*, Todtengerippe (Stend.), cf. *gin-t* f. *gind-t*, statt *ginf-t*, vergehen, verwesen. Im Litth. ist *-ena-s*, fem. *-ena*, nur Secundärsuffix, und beide eben genannte Substantiva, wenn *ê* ein bloß euphonisches Einschiebsel, was leicht möglich (§. 211), könnten zu den Substantivis auf *-n(a)-s* gerechnet werden.

Eine besonders zu bemerkende Bildung ist *gredf-e'n-s*, Ring, nach Harder und Stender ein *a*-Stamm: *gredf-en(a)-s*, cf. *grif-t*, wenden, drehen, und würde auch durch die Passivbedeutung gut zu den Subst. auf *-n(a)-s* passen. Bei Vergleichung aber des westkurischen *gredf-eni-s*, Pl. *gredf-en-i*, und des entsprechenden ltth. *grës-iny-s*, Scheibe, runder Schnitt, scheint *gredf-e'n-s*, *gredf-eni-s*, nur eine Nebenform und Entartung von *gredf-i'n-sch* zu sein, wie *pwis-en(i)-s* Nebenform von *pwis-i'n-sch*, Knäblein (§. 235).

2) *-ene* f. *-enja*, Subst. fem. *slauz-ene*, Melkeimer, cf. *slåuk-t*, melken; *pa-slepp-ene-s* (Pl.), die Weichen am Leibe, cf. *slép-t*, verbergen.

3) *°-eni-s* f. *-enja-s*, Subst. masc. *sål-eni-s*, grasreicher Ort, von *sål-e*, Gras (Stend.); *smi'lt-eni-s*, Sandhügel, item: Gottesacker, weil meist auf Sandhügeln angelegt, von *smi'lt(i)-s*, Sand (B. 1688). Beliebt ist diese Endung bei Windnamen: *rit-eni-s*, Ostwind, von *rit(a)-s*, Morgen; *térp-eni-s*, Südwind, als der Schneeschmelzer, nicht von *tårp(a)-s*, Wurm (Rosenb.), sondern von √ *tirp*, cf. litth. *tirp-ti*, schmelzen. Letzteres könnte auch eine Primärbildung sein, wie auch *pludd-eni-s*, Westwind, als der Regenbringer, cf. *plüf-t* f. *plüd-t*, fluthen.

4) *°én(a)-s*, (local: *-én(a)-s*), Subst. masc. Bezeichnung junger Thiere, cf. *kakk-én(a)-s*, Kätzchen, v. *kakk-i-s* oder *kakk-e*,

Katze; *pil-ên(a)-s*, Entchen, von *pil-e*, Ente; *we'rs-ên(a)-s*, junger
Ochse, von *we'rs-i-s*, Ochse; *âf-ên(a)-s*, Böckchen, von *âf-i-s*,
Bock; *sûs-ên(a)-s*, Ferkel, von *sûk-a*, Sau; *suw-ên(a)-s*, mit geschwächtem Wurzelsylbenvocal: *siw-ên(a)-s*, Ferkel, √ *su*, cf.
lat. *su-s*, griech. σῦ-ς; mit Einfügung des Deminutivsuffixes -*ul*-:
*fûs-(u)l-ên(a)-s*, Gänslein, von *fûs(i)-s*, Gans; *kaf-(u)l-ên(a)-s*,
Zicklein, von *kaf-a*, Ziege. Bei gleicher Bedeutung schliefsen
sich formell durch die Kürze des *e* an die folgenden Bildungen
an: *kuzz-en(a)-s*, junger Hund (von ?), und das Feminin: *gô-
t-ene*, junge Kuh, von *gùw(-i)-s*; mit euphonisch eingeschobenem *t*.

Von anderer Bedeutung (passiv) ist *pa-sij-ên(a)-s*, Abge-
siebtes (B. 947), von *pa-sij-â-t*, etwas sieben.

5) *-en(a)-s* hat ehemals Subst. masc. gebildet

a) zur Bezeichnung der Herkunft aus einer Gegend,
cf. litth. -*ena-s*, cf. *Ábawo-en(a)-s*, der an der Abau (*Ábawa*)
wohnt; *Gauje-n-en(a)-s*, der an der livl. Aa (*Gauja*) wohnt (mit
euphonischem *n*);

b) zur Bezeichnung der Abstammung von jemandem,
Patronymica, cf. *brâl-en(a)-s*, Brudersohn, von *brâl-i-s*, Bruder; *mâs-en(a)-s*, Schwestersohn, von *mâsa*, Schwester; *swain-
en(a)-s*, Weibesbrudersohn, von *swaini-s*, Weibesbruder; *dêwer-
en(a)-s*, Mannesbrudersohn, von *dêweri-s*, Mannesbruder; *draudf-
en(a)-s*, Freundessohn, von *draug(-a)-s*, Freund; *Klâw-en(a)-s*,
des Klaus Sohn; *Madd-en(a)-s*, der Madde Sohn. Adolphi
(Gramm. P. 14. 15) führt noch viel mehr dergleichen Beispiele
an, so dafs wir folgern dürfen, dafs damals diese Bildungen noch
allgemein üblich gewesen. Harder (zu Anfang dieses Jahrhunderts) bezeugt für Livland, dafs alle diese Bildungen nicht mehr
im Gebrauch seien und heute dürfte man sie auch in Kurland
nicht mehr hören.

c) Dagegen ist das Suffix noch üblich zur Bezeichnung eines
Dinges nach dem Stoff, woraus es gemacht ist (cf. litth. -*ēna*,
fem.): *spilw-en(a)-s*, Daunenkissen, von *spalw-a*, Feder, Daune.

6) *-ene* f. -*enja*, (merkwürdigerweise nicht -*ena*), bildet
die den Masculinis der vorhergehenden Nummer entsprechenden
Feminina.

a) Die Patronymica fem. sind mit den masc. veraltet:
*Klâw-ene*, des Klaus Tochter; *brâl-ene*, des Bruders Tochter
(cf. No. 5, b).

b) **Appellativa,** Bezeichnungen von Dingen nach dem
Stoff, woraus sie gemacht sind, kommen noch vor, doch selten,
cf. *sáun-ene,* Mütze von Marderfell, von *sáuu-e,* Marder (B. 588).
In eben dem Volksliede kommt *sess-ele* vor, = Mütze von Iltis-
fell, wahrscheinlich f. *sess-ene,* von *sesk(a)-s,* Iltis; beide Bildungen erscheinen fast als Adjectiva und erinnern dann an die
Adjectiv-Endung *-inja-s,* fem. *-inja,* d. h. *-i"nfch* oder *-ini-s,* fem.
*-ina* oder *-ine* (§. 214, cf. No. 5, c).

c) Dagegen noch sehr üblich ist das Suffix *-ene* zur Bezeichnung der Frau, der Bauerwirthin, namentlich nach
ihrem Ehemanne oder wohl richtiger nach dem Bauerhof,
dem Gesinde, wo sie wohnt (cf. No. 5, a), z. B. *Kunkul-ene,*
Wirthin des *Kunkul*-Gesindes, Frau des *Kunkuli-s; Skúij-ene,*
Wirthin des *Skúije*-Gesindes, Frau des *Skúija; Sémel-ene,* Wirthin
des *Sémel*-Gesindes, Frau des *Sémeli-s; Láse-ene,* Wirthin des
*Láse*-Gesindes, Frau des *Lási-s; Tiltáit-ene,* Wirthin des *Tiltáit-*
Gesindes, Frau des *Tilt-áiti-s.*

In derselben Weise bilden sich auch viele Feminina zu
den Handwerks-, Amts- oder Würdebezeichnungen der Männer,
z. B. *fwan-ene,* Frau des Glöckners, *fwan-i-s; kester-ene,* Frau
des Küsters, *kester-i-s; skröder-ene,* Frau des Schneiders, *skrö-*
*deri-s; wéwer-ene,* Frau des Webers, *wéweri-s; kaléj-ene,* Frau
des Schmied, *kal-éj'-s; kénin-ene,* Königin, Frau des Königs,
*kéni'n-sch; keifar-ene,* Kaiserin, Frau des Kaisers, *keifari-s.*

Genau den letzteren Sinn hat die litth. Endung *-éne,* die
lautlich entarteter ist als die lettische *-ene,* gemäß der litth.
Liebhaberei dem e ein a nachklingen zu lassen. Stender (Gr.
§. 42), Hesselberg (Gr. §. 153) und Harder, indem er über
diesen Punkt schweigt, bezeugen (für Ostkurland und Livland?)
die Existenz und den Gebrauch von Femininformen auf *-ine,*
(*-éne*), die der litth. Form entsprechen, aber für die Schriftsprache minder empfehlenswerth sind als die auf *-ene,* cf. *skröder-*
*ine, wéwer-ine, kénin-ine, keifar-ine,* oder von Gesinde-Namen:
*Blins-ine, Battar-ine* (von *Blink Battari*) u. s. w. Adolphi führt
diese Bildungen nicht an, und in Mittel- und Westkurland hört
man sie selten.

An alle obigen Analogieen schließt sich an: *wess-ene,* alte
Frau, Fem. zu *wess-i-s,* alter Mann, letzteres vom Adjectiv.
*wes(-a)-s,* alt, abgeleitet. Nebenform: *wess-ine,* alter Stamm im
Bienenstock.

Dasselbe Suffix *-ene* bildet ferner:

d) **Appellativa** (collectiva), oft Pluralia tantum: *kapp-ene-s* (Pl.), Kirchhof, Gottesacker, von *kap(-a)-s*, Grab; *ápsch-ene-s* (Pl.), Stelle, wo Dachsgruben sind, oder die Dachsgruben selbst, von *dps-i-s*, Dachs. Am besten vielleicht lassen diese sich als Localitätsbezeichnungen auffassen nach Analogie der folgenden Bildungen: *ráw-ene*, Morast, v. Adjectiv. *ráw(a)-s*, gefärbt; *smi'lt-ene*, Dem. *smi'lt-en-ite*, Gottesacker (B. 1686), von *smi'l(k)-ti-s*, Sand. Besonders beliebt sind die gewisser-maßen von Adverbien abgeleiteten Localitätsbezeichnungen auf *-ene*: *ár-ene*, das Draußen, cf. *árâ*, draußen; *tál-ene*, die Ferne, das Fern, cf. *tál-sch*, fern; *klát-ene*, die Nähe, das Nah, cf. *klátu*, nah; *iksch-ene*, das Drin, cf. *íkscha*, das Innere; *priksch-ene*, das Vorn, cf. *prikscha*, das Vordere; *appaksch-ene*, das Unten, cf. *appakscha*, das Untere; *kur-ene*, das Wo, von *kur*, wo; *tur-ene*, das Dort, von *tur*, dort; *téi-j-ene*, das Du, von *te, téi*, da; *schéi-j-ene*, das Hier, von *sche, schéi*, hier. Neben den letzten vier Bildungen und vielleicht noch lieber und allgemeiner braucht man: *kur-íne, tur-íne, téij-íne, schéij-íne* (Mittelkurland), oder aber *kur-éne, tur-éne*, u. s. w. (Nordwestkurland). Der Urbe-deutung des Suffixes *-ene*, sofern es eine Herkunft bezeichnet, entspricht es vollkommen, wenn alle die letztgenannten Sub-stantiva localia besonders gern in Verbindung mit der Praepo-sition *nu*, von, gebraucht werden, um ein Woher? auszudrücken, wofür die lett. Sprache, beiläufig gesagt, keine besonderen Ad-verbien hat (§. 393), cf. *nu kur-íne-s*, von wo? *nu tur-ine-s*, von dort; *nu téi-j-íne-s*, von da; *nu ár-ene-s*, von draußen; *nu tál-ene-s*, (*tál-íne-s*), von ferne; *nu appaksch-ene-s*, von unten. Ge-wissermaßen ergänzen und verstärken einander die Präposition *nu* und das Suffix *-ene*, und es ist wohl kein zufälliges Zusam-mentreffen, daß sowohl die Präposition *nu* (§. 548), als auch das Suffix *-ene* (Grundform *-na*) mit demselben Pronominal-stamm *ana* zusammenhängen (§. 210). Entschieden viel sel-tener verbinden sich unsere Subst. localia mit der Präposition *uf*, um eine Richtung wohin anzugeben, cf. *uf kur-íni*, wohin, *uf tur-íni*, dorthin, wofür *kar-p, tur-p* classischer ist. Ausdrücke wie *uf áreni* für *árâ*, hinaus, sind ganz unerhört.

Besonders sind zu erwähnen die Bezeichnungen von Ge-wächsen, namentlich Beeren, Pilzen, auf *-ene*, cf. *skáb-ene-s* (Pl.), Sauerampfer, von *skáb(a)-s*, sauer; *mell-ene-s* (Pl.), Schwarzbeeren, von *meln(a)-s*, schwarz; *fil-ene-s*, Blaubeeren, v. *fil(a)-s*, graublau. Das characteristische Woher? tritt wieder auffallend hervor in: *sem-ene-s*, Erdbeeren, die niedrig an der Erde (*seme*) wachsen; *se'lm-ene-s*, eine Art Erdschwämme, die auf modernden Baumstümpfen wachsen, cf. *se'lm-s*, Baumstumpf.

### g) -ina, -inja, (local: -ena, -enja), (-ãina), -ãinja.

§. 216. 1) *-in(a)-s* (zumeist an den Praet. stamm der entsprechenden Verba sich anfügend), Subst. masc. *schãw-in(a)-s*, Schufs, cf. *schau-t*, schiefsen; *grúd-in(a)-s*, Stofs, cf. *grúf-t*, stofsen; *léz-in(a)-s*, Sprung, cf. *lēk-t*, springen; *skréj-in(a)-s*, Lauf, cf. *skri-t*, laufen; *sitt-in(a)-s*, Schlag, cf. *sis-t*, schlagen; *si'rt-in(a)-s*, Hieb, cf. *zi'rs-t*, hauen; *pér-in(a)-s*, Prügel (Pl.), cf. *pe'r-t*, *pért*, mit Ruthen schlagen; *kér-in(a)-s*, Fang, cf. *ke'r-t*, *kér-t*, fangen; *riz-in(a)-s*, Schnitt, (auch appellativ ein Schnitt Brot), √ *rant*, cf. *rant-it*, abschneiden. In letzterem haben wir einen der seltenen Fälle, wo im Lettischen *t* vor *i* sich zu *s* gewandelt hat (§. 114 Anm.).

2) *-in(a)-s* bildet Collectiva masc. wie das litth. -*yna-s*, zuweilen wechselnd mit -*ãin(a)-s*: *egl-in(a)-s*, Tannenwald, Tännicht (B. 212), cf. *egl-ãin(a)-s* (B. 2632), von *egl-e*, Tanne; *prēd-in(a)-s*, Kiefernwald, Dem. *prēd-in-i'nsch*, junger Kiefernanwuchs (B. 1893), von *prēd-e*, Kiefer; *lēp-in(a)-s*, Lindenwald (B. 2594), von *lēp-a*, Linde; *wit-in(a)-s*, Weidengesträuch (B. 1102), cf. *wit-úli-s*, Weide; *smi'lt-in(a)-s*, Sandhügel, item Gottesacker (B. 1695), von *smi'lt(i)-s*, Sand; — Eigenthümlich steht neben diesen Bildungen: *bif-in(a)-s*, von einem Adj. *bif-s*, dicht, abgeleitet, genau wie das deutsche Dickicht.

3) *-ini-s* f. *-inja-s*, Substant. masc. ähnlich den vorhergehenden: *smi'lt-ini-s*, Sandbank, Sandufer (B. 1978), sehr oft im Volkslied = Gottesacker, von *smi'lt(i)-s*, Sand; *rãw-ini-s*, morastiger Ort (B. 1962), von *rãwa*, stehendes eisenhaltiges, gefärbtes Wasser.

4) *-ãin-sch* f. *ãinja-s*, fem. *-ãina* f. *-ãinja*, nach dem Nordosten bin, wo überhaupt weniger mouilliert wird (§. 54): *-ãin(a)-s*, fem. *-ãina*, (litth. -ina-s, fem. -ina, selten), bildet Adjectiva, aber primär viel seltner, als secundär, cf. *sprég-ãin-sch*, zerborsten, rissig, √ *sprag*, cf. *sprãg-t*, platzen, Freq. *sprég-ãit*; *spur-ãin-sch*, faserig, √ *spur*, cf. *spur-t*, fasern (intr.). Das erst-

genannte Beispiel könnte vielleicht auch secundär gebildet sein,
cf. das litth. Subst. *sprog-a*, Spalte, Rifs. Cf. die folgende No.

5) *-ain-sch* f. *-ainja-s*, fem. *-aina*, dialect. *-ain(a)-s*, fem.
*-aina*, litth. *-ina-s*, fem. *-ina*, und *-ini-s*, fem. *-ine*, bildet Adjectiva, in denen ähnlich ein Collectivbegriff erscheint, als in
den Substantiven auf *-in(a)-s*. Cf. *akmin-ain-sch*, steinig, voll
Steine, v. *akmi'n-s* oder *akme'n-s*, Stein; *milt-ain-sch*, mehlig, voll
Mehl, von *milt-i* (Pl.), Mehl; *sil-ain-sch*, grasig, von *sale*, Gras;
*gruf-ain-sch*, voll Staub, von *gruf-i-s*, Stäubchen, Körnchen.

6) *-aini-s* f. *-ainja-s*, fem. *-aine* f. *-ainja*, Subst. masc.
und fem., die entweder als Ableitungen von Adjectivis sich ansehen lassen, wie die Subst. auf *-is* (v. Adjj. auf *-a-s* cf. §. 181)
oder als eben nur substantivierte Adjectiva; die Endung ist ja
den Lauten nach der sub 5. erwähnten Form durchaus identisch. Eine besondere Fülle solcher Bildungen findet sich im
Volkslied. Cf. *ripp-aini-s*, ein geapfeltes Pferd, cf. *rippa*, Scheibe,
Kreis, Adj. *ripp-ainsch*; *rõg-aini-s*, Dem. *rõg-ain-iti-s*, Aehren-
träger, eine poetische Bezeichnung des Roggens (B. 597), cf.
*rõga*, Aehre; *sid-aini-s*, Demin. *sid-ain-iti-s*, Blüthenbringer,
Beiname des Johannes oder eig. des Johannistages (B. 1581),
cf. *sid(a)-s*, Blüthe, *sid-ainsch*, blüthenreich; *puschk-aini-s*, Straufs
von Federn, bunten Lappen, Schellen u. dergl. (Sackenhausen),
oder auch Blumenstraufsinhaber, Beiname des heil. Peter oder
des Peterstages im Volkslied (B. 1581), cf. *puschkis*, Straufs,
*puschk-ainsch*, an Sträufsen reich; *pi'rkst-ain-i*, Demin. *pi'rkst-
ain-isch-i* (Pl.), Fingerhandschuh (B. 1736), cf. *pi'rkst(a)-s*,
Finger, *pi'rkst-ain-sch*, befingert. Feminina: *ol-aine*, Demin.
*ol-ain-ite*, Bezeichnung eines kieselvollen Baches (B. 1259), cf.
*ola*, Kiesel, *ol-ain-sch*, kieselreich; *biks-aina*, Demin. *biks-ain-ite*,
Hosenträgerin, Bezeichnung eines Schafes (nach dem Wuchs
der Wolle an den Beinen), cf. *biksa-s*, Hosen; *smi'lt-aine*, Sandhügel, Gottesacker (B. 2392. 2417), cf. *smi'lt(i)-s*, Sand, *smi'lt-
ain-sch*, sandig; *se'lt-aine*, Goldmädchen, Liebchen (B. 1871),
Demin. *se'lt-ain-ite*, mit Schwächung des *ai* zu *i*: *se'lt-en-ite*, cf.
*se'lt(a)-s*, Gold.

*sulainis*, Diener, ist eine alte Entlehnung aus dem ehst-
nischen Sprachstamm, cf. liv. *sulli*, ehstn. *sullana*, Knecht,
Diener.

b) *-ûna, ûnja.*

§. 217. 1) *-ûn(a)-s*, ltth. *-una-s*, Subst. masc. *pe'rk-ûn(a)-s*, Donner, (Donnergott).

2) *-ûni-s* f. *-ûnja-s*, ltth. *-una-s*, *-ona-s* oder *-ûni-s*, Subst. masc. Appellativa: *mâk-ûni-s*, Wolke, cf. *ap-mâk-ti-s*, sich mit Wolken beziehen; *dfel-ûni-s*, Stachel, cf. *dfel-t*, stechen; *grim-ûni-s* und *slik-ûni-s*, Holz, das im Wasser nicht schwimmt, sondern untergeht, cf. *gri'm-t* und *slik-t*, untergehen; *âug-ûni-s*, Geschwür, Gewächs, cf. *âug-t*, wachsen; *kust-ûni-s*, Insect und auch sonst Thier, als solches, das Bewegung hat, cf. *kust-êt*, sich bewegen. — *ka'rs-ûni-s*, hitziges Fieber, cf. *ka'rs-t*, heiſs werden, *grîf-ûni-s*, Drehkrankheit der Schafe, cf. *grîf-t*, drehen.

Nomina agentis: *mir-ûni-s*, Todter, Leiche, cf. *mir-t*, sterben; *wadd-ûni-s*, Führer, cf. *wef-t*, führen; *lik-ûni-s*, krumm gewachsener Mensch, cf. *lik-t*, krumm werden; *me'ls-ûni-s*, Schwätzer, cf. *me'ls-t*, schwatzen; *pa-lûid-ûni-s*, liederlicher Mensch, cf. *pa-lûif-ti-s*, sich gehen lassen.

3) *°-ûni-s* f. *-ûnja-s*, litth. *-oni-s*, Subst. masc. *plaukst-ûn-i* (Pl.), Fausthandschuh, von *plaukst(-i)-s*, flache Hand; *grêif-ûni-s*, verkehrter Mensch, von *grêif-s*, schief, gedreht.

i) *-nika, -nikja, -nikja.*

§. 218. 1) *°-nik(a)-s*, litth. *-ninka-s*, ein sehr beliebtes Suffix, das sich meistens (nicht immer) mit Hilfe eines euphonischen Bindelautes, i oder e, an die Wurzel- oder vielmehr Stammsylbe des Primitivums fügt. Es giebt den so gebildeten Subst. masc. eine sehr mannigfaltige Bedeutung, indem es bald eine Handlung, ein Verfertigen, ein Geschäft, bald auch bloſs einen Besitz, bald eine Herkunft ausdrückt, so daſs das Primitivum andeutet:

a) das directe Object oder Resultat des Machens;

b) das indirecte Object, worauf die Thätigkeit wenigstens einen nahen Bezug hat;

c) das Mittel der Thätigkeit (seltener);

d) das Object des Habens, Besitzens;

e) den Wohnort oder Ort der Herkunft.

Dieses Alles bei Ableitung von Nominibus.

f) Bei Ableitung von Verbis wird die in letzteren ausgedrückte Handlung oder Thätigkeit als eine dauernde der Person

zugeschrieben; die Ableitungen bezeichnen also ein dauerndes
Amt, Geschäft oder dergl. Beispiele:

a) *ku'rp-e-nik(a)-s*, Schuhmacher, von *ku'rpe*, Schuh: *püd-
nik(a)-s*, Töpfer, von *püd(a)-s*, Topf; *mûr-nik(a)-s*, Maurer, von
*mûri-s*, Mauer (entlehnt); *musz-i-nik(a)-s*, Böttcher, von *musz-a*,
Tonne; *da'rb-i-nik(a)-s*, Arbeiter, von *da'rb(a)-s*, Arbeit; *grês-
i-nik(a)-s*, Sünder, von *grêk(a)-s*, Sünde; *wi'lt(-i)-nik(a)-s*, Betrüger, von *wi'ltu-s*, Betrug; *dump-i-nik(a)-s*, Aufrührer, von
*dumpi-s*, Aufruhr.

b) *da'rf-nik(a)-s*, Gärtner, von *da'rf(-a)-s*, Garten; *fe'm-
nik(a)-s*, Ackerbauer, von *fem-e*, Land, Erde; *krôdf-i-nik(a)-s*,
Krüger, Schenkwirth, von *krôg(u)-s*, Krug, Schenke (entlehnt);
*kugg-i-nik(a)-s*, Schiffer, von *kuggi-s*, Schiff; *lâzi-i-nik(a)-s*, Bären-
führer, von *lâzi-s*, Bär; *Ridf-i-nik(a)-s*, Rigafahrer, der auf dem
Wege nach Riga hin oder von Riga her ist; *sin-e-nik(a)-s*,
Heumacher, von *sin(a)-s*, Heu; *ma'ls-e-nik(a)-s*, Holzführer, Holz-
hauer, von *ma'lka*, Holz.

c) *kdj-e-nik(a)-s*, Fußsoldat, von *kdja*, Fuß; *ga'lw-i-nik(a)-s*,
Bürge, Cavent, von *ga'lwa*, Kopf.

d) *brun-i-nik(a)-s*, Ritter, von *bruna-s* (Pl.), Rüstung;
*wal-i-nik(a)-s*, „Lostreiber," der keinen festen Jahresdienst hat,
sondern in seiner Muße für sich lebt, von *wala*, freie Zeit,
Muße, urspr. freier Wille; *pusch-e-nik(a)-s*, „Hälftner," der Inhaber des einen von zwei zusammenliegenden, gleichen Namen
tragenden Gesinden, von *pusse*, Hälfte; *wit-nik(a)-s*, Stellvertreter,
von *wita*, Stelle; *wi'rs-nik(a)-s*, Chef, Officier, Höherstehender,
v. *wi'rs-u-s*, das Obere; *priksch-nik(a)-s*, Vorsteher, v. *prikscha*,
das Vordere.

In weiterem Sinne könnte man zu dieser Abtheilung auch
die von Adjectiven, Zahlwörtern, Adverbien abgeleiteten Substantiva rechnen:

α) *gudr-i-nik(a)-s*, Klügling, d. i. der Inhaber der im zu
Grunde liegenden Adjectiv angezeigten Eigenschaft, von *gudr-s*,
klug. Ebenso: *sli'm-nik(a)-s*, Kranker, v. *sli'm-s*, krank; *tuksch-
e-nik(a)-s*, Habenichts, von *tuksch*, leer; *swesch-i-nik(a)-s*, Fremdling, von *swesch*, fremd; *ist-e-nik(a)-s*, Blutsverwandter, von
*ist-s*, eigentlich.

β) *ôtr-e-nik(a)s*, der eine von den beiden Arbeitern, die
abwechselnd eine Woche um die andere zur Hofesfrohne kommen, von *ôtr-s*, d. andere; *setur-nik(a)-s* für *seturt-nika-s*,

Viertler, Viertelhakenbauer, v. *setturtais*, vierter; *desmit-nik(a)-s*, Aufseher über zehn, lat. *decanus*.

γ) *prett-i-nik(a)-s*, Gegner, von *prett(im)*, entgegen.

e) Um die Herkunft oder den Wohnort anzugeben, sind die Substantiva auf *-nik(a)-s* in Kurland viel gebräuchlicher, als die gleichbedeutenden auf *-iti-s* (§. 208), die mehr in Livland ihr Bürgerrecht haben. In Livland sind diese Bildungen selten, vielleicht nur gebräuchlich, wenn der Gutsname *sch* als letzten Stammconsonanten hat, cf. *Eikasch-nik(a)-s*, Angehöriger des Gutes Eikasch, *Eikaschi*. *Pabbasch-nik(a)-s*, Bauer des Gutes Pabbasch, *Pabbaschi*. Aus Kurland cf. *Ridf-i-nik(a)-s*, Rigenser, von *Riga*, Riga; *Jelgaw-nik(a)-s*, Mitauer, von *Jelgawa*, Mitau; *Aus-e-nik(a)-s*, Bewohner der Autzschen Gegend; *jûr-mal-nik(a)-s*, Strandbewohner, von *jûr-mala*, Meeresstrand; *laus-i-nik(a)-s*, Bewohner der waldlosen Fläche, von *lauk(a)-s*, Feld; *mesch-i-nik(a)-s*, Bewohner einer Waldgegend, von *mesch*, Wald; *uppe-e-nik(a)-s*, Flußanwohner, von *uppe*, Fluß; *lêij-e-nik(a)-s*, Thalbewohner, von *lêija*, Thal, Niederung.

f) Von Verbis abgeleitet sind z. B. *didel-nik(a)-s*, Faullenzer, Tagedieb, von *di-d-el-êt*, sich herumtreiben; *ne-bêd-nik(a)-s*, Fragenichts, der sich um nichts kümmert und vor nichts Respect hat, von *bêd-ît*, Sorge haben; *mitt-e-nik(a)-s*, Roßtäuscher (B. 1162), von *mi-t*, tauschen, Freq. *mitt-ît*; *swêij-e-nik(a)-s*, Fischer, von *swêij-ît*, fischen; *medd-i-nik(a)-s*, Jäger, von *medd-ît*, jagen; *wa'ld-i-nik(a)-s*, Herrscher, von *wa'ld-ît*, regieren.

Primäre Bildungen sind vielleicht: *krâp-nik(a)-s*, Betrüger, cf. *krâp-t*, betrügen; *jâ-t-nik(a)-s*, Reiter, Kavallerist, cf. *jâ-t*, reiten.

2) \*-nîse f. *nikja*, oder *ninkja*, ltth. *-ninke*, bildet auch meist mit dem Bindelaut die entsprechenden Feminina zu all den durch *-nik(a)-s* gebildeten Masculinis, cf. *ku'rp-e-nîse*, Schuhmachersfrau, *grêf-i-nîse*, Sünderin, *krôdf-i-nîse*, Schenkwirthin, *wal-i-nîse*, Frau des Lostreibers; *pusch-e-nîse*, Frau des Hälftners, oft so viel als Nachbarin; *sli'm-nîse*, Patientin; *Aus-e-nîse*, Autzerin, u. s. w.

3) \*-nîsa, wie es auf lett. Standpunkt scheint, f. *nikja* und dann wesentlich identisch mit dem vorhergehenden Suffix und gleich jenem aus einer Urform *-ninkja* entstanden, wie ja *in* oft in *î*, oft in *i* sich wandelt, cf. *kritu* f. *krintu*, ich falle, *snig'* f. *sninga*, es schneit, litth. *-nycze*, das aber nach Schleicher (litth. Gr. P. 125) aus *-nytja* entstanden. Subst. femin. zur Be-

zeichnung von Sachen, während die Nebenform -nïse sich für
die Bezeichnung von Personen festgestellt hat. Beim Zusam-
menstofs schwieriger auszusprechender Consonanten tritt der
Bindevocal wie oben ein. *wèj e-nïsa*, Baumspitze, Windfahne,
von *wèj-sch*, Wind; *lemes-nïsa*, die Holzgabel am kurischen
Pfluge, woran die beiden eisernen Pflugscharen befestigt sind,
von *lemesi-s*, Pflugschar; *pa-wàr-nïsa*, Kochlöffel, v. *pa-wàr(a)-s*,
Koch; *sèr-nïsa*, Käsehaus, von *sèr(a)-s*, Käse; *jèr-e-nïsa*, Mütze
von Lammsfell (B. 1659), von *jèr(a)-s*, Lamm; *sèkl-e-nïsa*, Saat-
stock, v. *sèkla*, Saat, Samen; *t-sa'l-nïsa*, Malzdarre, v. *t-sa'l(a)-s*,
Malz. In den zwei letzten Beispielen tritt deutlich wieder die
Bedeutung des Machens im Suffix hervor: Samenmacherin, Malz-
bereiterin.

Das einzig in seiner Art dastehende *sprès-lïsa*, Handspindel,
Wocken (Oberland), scheint auch hierher zu gehören, einmal
der Bedeutung nach als Werkzeug, sodann weil das *l* leicht die
Stelle des *n* eingenommen haben kann. Sofern aber kein Nomen,
sondern ein Verbum (*sprèf-t*, spinnen) zu Grunde liegt, so mufs
es mit *kràp-nïk-s* und *jàt-nik-s* (No. 1, f.) verglichen werden. —
Endlich: *baf-nïsa*, mit kurzem i, neben *baf-nïsa*, Kirche, litth.
*bai-nÿcsa*, ist aus dem Slavischen entlehnt: божница, von бог,
Gott, √ *bag*, cf. *bagg-àt(n)-s*, reich.

## 12. Hauptelement des Derivationssuffixes: *k*.

§. 219. *k* wird häufig in der Derivation verwandt und
kommt in folgenden Verbindungen vor:

### a) -ka.

1) -*k a·s*, litth. -*ka-s*, Subst. masc. *pu'l-k(a·s*, Menschenhaufe, cf. *pil-n(a)-s*,
voll; *spè-k a)-s*, Kraft, cf. *spè-t*, vermögen.

2) -*ka*, Subst. Generis comm. *plüt-ka*, einer (oder eine), der (die) den
Durchfall hat, cf. *pliit-it*; *plis-ka* und *plus-ka*, Lump, ein zerkodderter Mensch,
√ *plas*, cf. *plus-t*, reifsen (intr.); *plôsit*, (Freq.), reifsen (tr.); *rusch-ka*, Schmierpesel,
cf. *pe'lnu-rusch-kis*, Aschenbrödel, √ *rus*, cf. *ráus-t*, schüren, wühlen. — Aus dem
Slavischen scheint entlehnt: *waf-anka*, *waf-anki-s*, Herumtreiber, cf. *waf-à-tt-s*, sich
umhertreiben.

3) -*ka*, litth. -*ka*, Subst. fem. *pim-ka*, Zotte, √ *pi*, cf. *pi-t*, flechten, litth.
*pin-ti*; *wal-a-ka* (f. *wa'l-ka*, wie local *darab-s* f. *da'rb-s*, Arbeit), Platz auf dem
Acker, wo sich ein Pferd gewälzt hat (Harder), √ *wal*, cf. *we'l-t*, wälzen.

4) *°-ka*, Substant. mascul. *swèt-k(a)-i* (Pl.), hohe Kirchenfeste, von
*swèt(a)-s*, heilig.

### b) -kja.

§. 220. 1) -*ki-s* f. -*kja-s*, Subst. masc. Appellat. *kasch-ki-s*, Krätze, cf.
*kass-it*, kratzen; *pel-ki-s*, Pfütze, (√ *pal*, cf. √ *pald*, √ *pluid*?). Vielleicht gehören hierher

anch: *kusch-ki-s*, (*kussch-ki-s*), Päckchen, Wisch. — In *tarkschk-i-s*, Schnarre, scheint *k* sich nur von *sch* losgelöst zu haben, wie in dem Verb. *tarkschk-it* f. *tarksch-il*, (cf. *schkinkis* == Schinken), cf. die Nebenform *tarks-i-s* (Harder), in welchem Fall das Derivations-Suffix *i* allein, d. h. *ja* ist. Derselbe Fall scheint in *pusckk-i-s*, Büschel, stattzufinden.

Nomina agentis: *lisch-ki-s*, Schmeichler, eig. Lecker, √*lif*, cf. *laif-it*, Nebenform ist: *laisch-ki-s*, Lecker, in der Bezeichnung des Zeigefingers als *kreimu-laisch-ki-s*, Schmand-Lecker; *plusch-ki-s*, Lump, √*plas*, cf. *plis-t*, reißen (intr.), *plūfit* (Freq.), reißen (tr.); *rusch-ki-s*, Aschenbrödel, √*rus*, cf. *rdus-t*, schüren, wühlen. Da im Litth. das Suffix -*ki-s* gar nicht vorkommt, entsteht die Frage, ob nicht das *k* in den obigen Beispielen überhaupt nur euphonisches Element ist und gar nicht der Derivation dient. Freilich aber scheint *k* allerdings wohl Derivationselement in den sub 2. und 3. angeführten Bildungen zu sein.

2) -*si-s* f. -*ki-s*, d. i. -*kja-s*, Subst. masc. *sen-zi-s*, alter Einwohner, wahrscheinlich überhaupt einer aus der alten, früheren Zeit, cf. Adv. *sen'*, längst, vor Zeiten, litth. Adject. *sen-a-s*, alt; *widd-u-zi-s*, Mittelstück, Gegend, cf. *widd-u-s*, Mitte, Gegend.

3) -*se* f. -*ke*, d. i. -*kja*, Subst. fem. *pel-ze*, Pfütze, (in der Kindersprache: *pen-ze*), Femin. zu *pel-ki-s*; *plē-ze*, breiter Schulterknochen (√*pla* == √*plat*?).

## c) -*áka*, (-*éka*).

§. 221. 1) °-*ák(a)-s*, fem. -*áka*, bildet den Comparativ zu den primär gebildeten Adjectiven, z. B. *labb-ák(a)-s*, besser, von *lab(a)-s*, gut; *sa'ld-ák(a)-s*, süßer, von *sa'ld(a)-s*, süß. Im Litth. entspricht die Endung -*oka-s*, fem. -*oka*, deren Bedeutung Schleicher (litth. Gr. P. 132) derjenigen des deutschen -lich parallel setzt, cf. *silpn-oka-s*, schwächlich, von *silpna-s*, schwach; *sald-oka-s*, süßlich, von *saldu-s*, süß; *did-oka-s*, ziemlich groß, von *didi-s*, groß; *mai-oka-s*, ziemlich klein, von *maƶa-s*, klein. Die beiden letzten Beispiele stehen der lett. Comparativbildung ganz nahe (§. 355).

2) °-*ék(a)-s*, fem. -*éka*, dürfte einzig in dem Adjectiv *pel-ék(a)-s*, grau, vorkommen, litth. *pel-éka-s*, von *pel-e*, Maus, litth. *pele*.

## c) -*ikja*.

§. 222. 1) -*iki-s* f. -*ikja-s*, Subst. masc. Nomina agentis: *jum-iki-s*, Dachdecker, cf. *ju'm-t*, decken; *rūn-iki-s*, Castrierer, cf. *rūn-it*, castrieren; *rdm-iki-s*, dass., cf. *rdm(-a)-s*, zahm, sanft; *glūn-iki-s*, Auflaurer, cf. *glūn-et*, lauern, glupen; *térp-iki-s*, Pferdearzt, cf. *térp-t*, den Pferden Würmer aus der Nase ziehen (? Livl.), cf. *tdrp(-a)-s*, Wurm.

Appellativa: *u'rb-iki-s*, Bohrer, cf. *u'rb-t*, bohren; *klabb-iki-s*, Thürklopfer, cf. *klabb-ét*, klopfen, klappern.

2) °-*iki-s* f. -*ikja-s*, litth. *iki-s* (nur secundär), Nomina agentis: *nam-iki-s*, Hauswächter, Portier, von *na'm(a)-s*, Haus; *dumm-iki-s*, Dummkopf, mit lettischer Endung von dem deut-

schen „dumm" abgeleitet, und umgekehrt sammt der lettischen
Endung im provinciellen Deutsch gebräuchlich, Dummik.

Appellativa, (meist Bezeichnungen von Pferden, die man
aber in Mittelkurland kaum hören dürfte): *meln-iḱi-s*, Rappe
(St.), v. *meln(a)-s*, schwarz; *strupp-iḱi-s*, Stumpfschwanz (Stend.),
von *strup(a)-s*, stumpf, kurz; *sa'ln-iḱi-s*, Eisschimmel (Stend.),
von *sa'lna*, Frost.

3) *-ise* f. *-iḱe*, d. i. *iḱja* (*-inḱja?*), (ob Femin. zu den vorhergehenden Masculinformen?) ist nur in wenigen und heutzutage
minder gebräuchlichen Beispielen vorhanden: *mās-ise*, Mannesschwester, von *māsa*, Schwester; *māt-ise*, Schwiegermutter, von
*māte*, Mutter, cf. litth. *moczeka*, wo das *k* des Suffixes ungetrübt
erscheint und der Wurzelauslaut *t* durch das urspr. folgende *i*
zu *cz* verwandelt ist, in Folge dessen wiederum das ursprüngliche *i* Suffixi zu *e* sich hat schwächen können.

### d) *-iska*, *-iskja*.

§. 223. 1) °*-isk(a)-s*, fem. *-iska*, hat ursprünglich Adjectiva gebildet, wie das litth. *-iszka-s*, fem. *-iszka*, und das
deutsche *-isch*. Im Litth. ist die Form noch beliebt, im Lett.,
wegen der nach Ausfall des Suffix-Auslautes *a* zu harten Aussprache nicht mehr, außer in denjenigen Gegenden (Oberland),
wo sich das litth. *sch* für *s* findet, cf. *diw-ischk(a)-s*, göttlich,
von *diw(a)-s*, Gott; *tew-ischk(a)-s*, väterlich, von *tēw(a)-s*, Vater,
litth. *dēw-iszkas*, *tēw-iszka-s*. Deutsche Zungen, die fühlten,
daß *diw-ischk(a)-s*, *tēw-ischk(a)-s* nicht ächt lettisch sei, bil-
deten ohne Grund die Monsterformen: *diw-ischk-ig(a)-s*, *tēw-
ischk-ig(a)-s* (1), deren Unächtheit schon Harder (Zusätze, 2. Ed.
P. 21) bemerkt. Allgemein üblich ist im V. U.: *diw-ischka
māise*, das tägliche Brod. Die ächt lettischen von Stender ver-
zeichneten substantivierten Adjectivformen *meit-iska*, lediges
Frauenzimmer, *sew-iska*, verheirathetes Frauenzimmer, und die
Adjectiva: *latw-isk(a)-s*, lettisch, *pōl-isk(a)-s*, polnisch, *bērn-
isk(a)-s*, kindlich u. s. w. mögen nur noch local im Gebrauch
sein. Und es ist Thatsache, daß von jenen alten Adjectiven
allgemein nur noch die Adverbialformen üblich sind: *krīw-
isk(a)-i*, russisch, von *krīw-isk(a)-s*; *pōl-isk(a)-i*, polnisch, von
*pōl-isk(a)-s*; *leit-isk(a)-i*, litthauisch, v. *leit-isk(a)-s*; *wās-isk(a)-i*,
deutsch, v. *wās-isk(a)-s*; *sprāns-isk(a)-i*, französisch, v. *sprāns-*

*isk(a)-s*; *bérn-isk(a)-i*, kindlich, von *bérn-isk(a)-s*; *ratt-isk(a)-i*, rollend, von *ratt-isk(a)-s*, u. s. w.

2) *°-ischki-s* f. -*iskja-s* (fem. -*ischke* f. *iskja*?), ltth. -*iszki-s*, fem. -*iszke*, bildet den eben besprochenen Adjectiven entsprechend **Substantiva**, und zwar in der Art, dafs die Masculin-Endung auch das weibl. Geschlecht hier umfafst. Cf. *wir-ischki-s*, Mannesperson, von *wir(a)-s*, Mann, *wir-isk(a)-s*, männlich; *séw-ischki-s*, Weibsperson, von *séw-a*, Weib, *séw-isk(a)-s*, weiblich.

### c) -kla, -klja.

§. 224. 1) *-kl(a)-s*, litth. -*kla-s*, **Subst. masc. Appellativa**, Bezeichnungen von Werkzeugen: *a'r-kl(a)-s*, Pflug, cf. *a'r-t*, pflügen; *ir-kl(a)-s*, Ruder, cf. *ir-t*, rudern; *ti-kl(a)-s*, Netz, cf. *ti-t*, winden, wickeln. — Die Herleitung von *fchü-kl(a)-s*, Kinnlade, ist dunkel. Secundärbildung für *fchüd-kl(a)-s*, von *fchüd(a)-s*, litth. *żanda-s*, Kinnlade, ist es schwerlich, da das Suffix -*kla* sonst weder im Lett., noch im Litth. Secundärbildungen vermittelt. Vielleicht liegt dieselbe Wurzel zu Grunde, als wie bei dem Verb. *fchäw-ät*, gähnen, litth. *żo-ti*. Hiernach wäre *fchü-kl(a)-s* das Werkzeug zum Gähnen.

Nicht die Bedeutung eines Werkzeuges, aber wohl einer Ursache liegt in: *smi-kl(a)-s*, Spafs, cf. *smi-t*, lachen.

2) *-kla*, litth. -*kla*, **Subst. fem.**, oft mit passiver Bedeutung: *sé-kla*, Saat, Samen, cf. *sé-t*, säen; *dé-kla*, Eisen, das angeschweifst wird, cf. *dé-t*, setzen, legen, stellen. Dasselbe Wort scheint active Bedeutung zu haben, wenn es Glücksgöttin heifst, (die setzende, bestimmende, wie *laime* mit *lem-t* zusammenhängt); *gan-i-kla*, Pl. -*kla-s*, Weide, Trift, cf. *gan-ît*, hüten, weiden; *wedd-e-kla*, Schwiegertochter, als die heimgeführte, cf. *wef-t*, führen; *du-kla*, Pastelschnur (Autz), cf. *du-t*, die Füfse bekleiden; *mi-kla*, Räthsel, cf. *mi-t*, *min-ét*, rathen.

3) *-kli-s* f. -*klja-s*, sehr beliebt zur Bildung von **Subst. masc.**, im Litth. nicht vorhanden, bedarf meistens eines euphonischen Bindelautes (*e* oder *i*), wenn nämlich der Auslaut der Wurzelsylbe nicht leicht sich an das Suffix -*kli* anfügt. **Appellativa**, die meistens ein Mittel und Werkzeug oder das Resultat der in der Wurzel angedeuteten Handlung ausdrücken: *au-kli-s*, Pastelschnur, cf. *au-t*, die Füfse bekleiden; *dedf-e-kli-s*, Brenneisen, cf. *deg-t*, brennen; *gräb-e-kli-s*, Harke, cf. *gräb-t*,

harken; *séd-e-klis*, Sitz, cf. *séf-t*, sitzen; *we'rp-e-kli-s*, Spinngeräth,
cf. *we'rp-t*, spinnen; *mif-e-kli-s*, Harnröhre, cf. *mif-t*, mingere;
*pin-e-kli-s*, Pferdegespannsel, cf. *pi-t*, flechten; *u'rb-e-kli-s*, Bohrer,
cf. *u'rb-t*, bohren. Die passivische Bedeutung tritt directer hervor in: *lazz-i-kli-s*, Hundesuppe, was geleckt wird, cf. *lak-t*,
lecken; *mett-e-kli-s*, Zoll, Steuer, was zusammengeworfen, col-
lectiert wird, cf. *mes-t*, werfen, collectieren; *wěm-e-kli-s*, Aus-
vomiertes, cf. *wem-t*, vomieren; *tin-e-kli-s*, Flechtwerk, cf. *tt-t*,
winden; *schuw-e-kli-s*, Nähzeng, cf. *schú-t*, nähen; *puw-e-kli-s*,
Eiter, Verfaultes, cf. *pú-t*, faulen; *juzz-e-kli-s*, Mißverständniß,
cf. *juk-t*, sich verwirren. Activ scheint: *áus-e-kli-s*, Morgen-
stern, cf. *áus-t*, tagen, oder es ist damit das Mittel für den an-
brechenden Tag ausgedrückt. Auch folgende Bildungen dürften
noch als primär gelten: *kass-i-kli-s*, Kratzeisen (des Böttchers),
cf. *kass-it*, kratzen; *suss-e-kli-s*, Bürste, cf. *suhk-ót*, bürsten,
striegeln; *kaw-e-kli-s* (*kaw-ó-kli-s*), Hinderniß, wodurch man auf-
gehalten wird, cf. *kaw-ét*, aufhalten, verzögern; *gan-e-kli-s*, Viehtrift, cf. *gan-ít*, hüten, weiden; *stäip-e-kli-s*, fliegender Sommer,
cf. *stíp-t*, recken, strecken, Freq. *stäip-it*; *lüz-e-kli-s*, Glied, Ge-
lenk, cf. *lüz-it*, beugen, √ *lank*; *add-i-kli-s*, Strickzeug, cf. *add-it*,
stricken.

Ob *bar-ú-kli-s*, Mastvieh, cf. *bar-ú-t*, mästen, und *dfiw-ú-
kli-s*, Wohnung, cf. *dfiw-ú-t*, leben, wohnen, im Anklange an
die Classenzeichen der entsprechenden Verba *ú* zum Bindelaut
statt *e* oder *i* gewählt haben, oder ob beide Wörter mittelst
des unten noch zu erwähnenden Suffixes *-úkli-s* gebildet sind,
ist fraglich.

**Personalbezeichnungen**, auch mit passivischer Bedeutung: *máz-e-kli-s*, Schüler, cf. *máz-ít*, lehren; *lutt-e-kli-s*,
Zärtling, verwöhntes Kind, cf. *lutt-ét*, verzärteln; *stum-d-e-kli-s*,
ein Mensch, der immer gestofsen werden muß, cf. *stum-t*, stofsen.
Sollte das *d* hier nicht blofs euphonisches Element sein, sondern auf das Freq. *stum-d-it*, hinweisen, so müßte *stum-d-e-
kli-s* zu den unten folgenden Secundärbildungen gerechnet werden. — Ferner *áudf-e-kli-s*, mit der üblicheren Nebenform: *áudf-
e-kni-s*, (*audf-ó-kni-s*), Zögling, Pflegekind, cf. *áug-t*, wachsen,
*áudf-in-út*, erziehen; *jáuz-e-kli-s*, nach Lange == Lockspeise,
eig. Gemischtes, cf. *jáuk-t*, mischen oder Mittel des Lockens,
== litth. *junk-y-kle*, cf. litth. *jauk-in-ti*, gewöhnen, anlocken, —
nach Harder == ein Mensch, der überall Verwirrung anrichtet,

in welchem Fall die active Bedeutung auffällt, die aber doch auch ihre Analogieen hat, cf. *dé-kla*, Glücksgöttin, die setzende, bestimmende, und *me'l-kuli-s* (f. *me'l-kli-s*?), Lügner, cf. *mel-ét*, lügen.

4) *°-kli-s* f. *-klja-s*, Subst. masc. *swét-e-kli-s*, Heiligthum, Reliquie, von *swét(a)-s*, heilig; *diw-e-kli-s*, Götze, von *diw(a)-s*, Gott; *mi(k)st-e-kli-s*, Instrument zum Flachsbrechen, v. *mi(k)st-ít*, weich machen; *fim-e-kli-s*, Zirkel, von *fim-ét*, Zeichen machen; *bi-d-e-kli-s*, Popanz, Schreckbild, doch auch mit pass. Bedeutung: Hasenfuls, der leicht sich schrecken läfst (Autz), von *bi-d-ét*, = *baid-it*, schrecken, (könnte auch Primärbildung sein, wenn *d* blofs euphonisch eingeschoben ist); *widd-u-kli-s*, Mittelstück, v. *widd-u-s*, Mitte; *wi'rs-u-kli-s*, Oberstück (B. 2719), v. *wi'rs-u-s*, Oberfläche; *jaun-e-kli-s*, Jüngling, von *jaun(a)-s*, jung.

5) *-kle* f. *-klia*, litth. *-kle*, Subst. fem. Appellat. *ri-kle*, Kehle, cf. *ri-t*, schlingen; *dé-kle* oder *dékla* (B. 997), Nebenform des schon oben erwähnten *dé-kla* (oder *dé-kla*), Glücksgöttin; *wir-kne* f. *wir-kle*, Schnur, Reihe, eig. Aufgereihetes, wie eine Perlenschnur, cf. *wer-t* (*wér-t*), fädeln. Sodann bilden sich mittelst *-kle* die Feminina zu den oben angeführten männlichen Personalbezeichnungen, cf. *mäz-e-kle*, Schülerin, *audf-e-kne*, Pflegetochter.

f) *-ksna, -kslja, -ksnja, -ukslja, -uknja, -ukslja, uksnja.*

§. 225. 1) *-ksna*, wie auch die folgenden Suffixa im Wesentlichen identisch mit *-kla* (*-kna*) oder *-klja* (*-knja*), denn *s* ist hier blofs euphonisches Element. Subst. fem.: *si-ksna*, (minder classisch ist *si-ksne*), Riemen, √ *si*, cf. *sì-t*, binden. Vielleicht gehört hierher auch *wi-ksna* in der Verbindung: *wara-wi-ksna* (Stend.), local *wara-wi-ksna* (Autz), Regenbogen, Luftkranz, Luftgeflecht, √ *wi*, cf. *wi-t*, flechten, winden. Das erste Glied des Compositum hängt nicht mit *war-sch*, Kupfer, zusammen, sondern, wie das litth. *oro-rykszte*, Regenbogen, eig. Luftruthe, beweist, mit litth. *ora-s*, das Freie, Luft, gr. ἀήρ, cf. lett. *árá*, draufsen. Das Digamma ist im Lett. nichts allzuseltenes und die locale Mouillierung des *r* kann leicht erst dann in der willkührlichen Erinnerung an *warsch* entstanden sein, als das Verständnifs des alten Subst. (*w*)*ár(a)-s*, Luft, geschwunden war. Dafs *wara-wiksna* blofs eine Verstümmelung des litth. *oro-rykszte* sein sollte, ist nicht wahrscheinlich.

2) *°-ksni-s* (*-ksli-s*) f. *-ksnja-s* (*-kslja-s*), Subst. masc.
*darw-a-ksni-s*, Kienholz zum Theerbrennen, = *darw-a-ksli-s*,
von *darwa*, Theer; *puddu'r-ksni-s*, Haufen (z. B. Ameisen, Küch-
lein u. dergl.), von *pudduri-s*; *zettu'r-ksni-s*, Viertel, v. *tschetri*,
vier; leicht könnte hier blofs *-ni* das Derivationssuffix, *k* blofs
euphonisches Element und *s* aus *t* entstanden sein: *zettu'r(k)s-
ni-s* f. *zettu'rt-ni-s*, von *zettu'rtáis*, der vierte. Endlich cf. *putt-
e-ksni-s*, Stäubchen, Pl. *putt-e-kschni* (coll.), Staub, cf. *putt-ét*,
stauben.

3) (°?) *-ükli-s* f. *-üklja-s*, ltth. *-ükli-s*, Subst. masc. *ser-
ükli-s*, worauf jemand seine Hoffnung setzt, z. B. das Kind, das
der Eltern Hoffnung ist, von *ser-ét*, hoffen. Vielleicht gehören
hierher auch die schon sub No. 3. erwähnten Subst. *bar-ükli-s*,
Mastvieh, v. *bar-ít*, mästen; *dfiw-ükli-s*, Wohnung, v. *dfiw-ít*,
leben, wohnen.

4) *-ükni-s* f. *-üknja-s*, Subst. masc. *del-ükni-s*, Schwind-
sucht, cf. *di'l-t*, schwinden.

5) (°?) *-üksli-s* f. *-ükslja-s*, cf. ltth. *-ükszla-s*, Subst. masc.
*grem-üksli-s*, Wiederkäusel (passiv), cf. *grem-ít*, wiederkäuen;
*éd-üksli-s*, das Gegessene, cf. *éf-t*, essen.

6) *°-üksni-s* f. *-üksnja-s*, Subst. masc. *fal-üksni-s*, Mensch
(oder auch Thier) in seiner vollen Lebenskraft, v. *fa'l-sch*, grün.

7) *°-üksne* f. *-üksnja*, Subst. fem. *sa'ld-üksne*, Vogelbeeren-
strauch (Stend.), v. *sa'ld-s*, süfs.

## g) -ksta.

§. 226. *-kst(a)-s* fem. *-ksta*, ltth. *-ksta-s*, fem. *-ksta*, Adjectiva: *mi-kst(a)-s*,
weich, cf. *mi-t*, treten.

## 13. Hauptelement des Derivationssuffixes: g.

### a) -ga, -gana.

§. 227. 1) *-g(a)-s* (selten), Subst. masc. *kar-ü-g(a)-s*, Fahne, als das Han-
gende, cf. *kar-t* (*bár-t*), hangen; cf. ltth. *kar-wa*; *skabar-g(a)-s*, Splitter, scheint Secundärbildung von *skab-r(a)-s*, splitterig; das Adjectiv *bar-g(a)-s* (*bár-g(a)-s*), streng,
zanksüchtig, viel scheltend, cf. *bar-t* (*bár-t*), schelten, könnte vielleicht aus *bár-
ig(a)-s*, zusammengezogen sein, cf. ltth. *bár-a-s*, *bár-inga-s*.

2) *°-gan(a)-s*, fem. *-gana*, Adjectiva, die in der Bedeutung
den ltth. auf *-oka-s*, entsprechen, indem sie meist Spielarten
von Farben bezeichnen: *bal-gan(a)-s* f. *balt-gan(a)-s*, weifslich,
ltth. *balt-oka-s*, von *balt(a)-s*, weifs; *si'l-gan(a)-s*, bläulich, ins
Graue spielend, ltth. *źil-oka-s*, von *si'l(-a)-s*, graublau; *sa'l(d)-
gan(a)-s*, süfslich, ltth. *sald-oka-s*, v. *sa'ld(a)-s*, süfs. Vielleicht

ist ebenso gebildet: *sa'rkan(a)-s* f. *sa'rt-gan(a)-s* oder *sa'rk-gan(a)-s*, roth, röthlich, von *sa'rt(a)-s*, roth.

### b) -*iga*, -*igja*.

§. 228. 1) -*ig(a)-s*, fem. -*iga*, (ltth. -*inga-s*, fem. -*inga*, blofs secundär), Adjectiva, die den deutschen auf -ig, -lich entsprechen. Der Sinn ist, dafs die in der Wurzel angedeutete Handlung leicht geschieht. Cf. *niz-ig(a)-s*, vergänglich, cf. *nik-t*, vergehen; *plês-ig(a)-s*, zum Reifsen geneigt, cf. *plês-t*, reifsen; *dedf-ig(a)-s*, hitzig, eifrig, cf. *deg-t*, brennen; *grîf-ig(a)-s*, scharfschneidig, cf. *grîf-t*, schneiden; *dew-ig(a)-s*, freigebig, cf. *dŭ-t*, geben; *lîdf-ig(a)-s*, vergleichlich, vergleichbar, cf. *lîg-t*, sich vergleichen, gleich werden; *kûp-ig(a)-s*, fleifsig, beflissen, cf. *kŭp-t*, pflegen, ordnen; *lîdf-ig(a)-s*, weigerlich, cf. *lîg-t*, weigern, versagen; *rîb-ig(a)-s*, widerlich, *rîb-t*, anwidern; *mâz-ig(a)-s*, gelehrig, cf. *mâz-ît*, lehren, *mâz-êt*, können, verstehen. Mit euphonischem *st*: *mir-st-ig(a)-s*, sterblich; (das Sterben-müssen ist mehr in *mir-st-a'm-s* ausgedrückt).

2) °-*ig(a)-s*, fem. -*iga*, litth. -*inga-s*, fem. -*inga*, bildet Adjectiva von Verbis mit der Bedeutung der vorher angeführten Beispiele, von Substantivis in der Art, dafs sie den Besitz dessen ausdrücken, was das zu Grunde liegende Subst. bezeichnet.

a) *if-dew-ig(a)-s*, ergiebig, v. *if-dŭ-tî-s*, gedeihen; *if-ness-ig(a)-s*, geläufig, eig. was sich leicht herausträgt, (z. B. *if-nessiga walûda*, geläufige Rede, B. 2710); *pa-zît-ig(a)-s*, geduldig, von *pa-zîs-tî-s*, sich gedulden; *pa-têiz-ig(a)-s*, dankbar, v. *pa-têik-t*, danken; *nû-fîdf-ig(a)-s*, schuldig, schuldvoll, v. *nû-fîg-tî-s*, sich versündigen; *êd-el-ig(a)-s*, gefräfsig, v. *êd-el-êt*, viel essen; *wêl-ig(a)-s*, wohlgefällig, wie man sich wünschen kann, v. *wêl-êt*, wünschen (B. 2634); *âudf-el-ig(a)-s*, fruchtbar (z. B. von Regen), v. *âudf-el-êt*, Freq. zu *dug-t*, wachsen. Substantiviert ist: *befd-el-iga*, Schwalbe, v. *befd-el-êt*, Freq. oder Demin. zu *befd-êt*, stänkern.

b) *laim-ig(a)-s*, glücklich, d. i. Glück habend, von *laima*, Glück; *prât-ig(a)-s*, verständig, d. i. Verstand habend, v. *prât(a)-s*, Verstand; *bêd-ig(a)-s*, kummervoll, von *bêd-a*, Kummer; *milt-ig(a)-s*, mehlig, v. *milt(a)-i* (Pl.), Mehl; *mil-ig(a)-s*, liebreich, nicht vom Verb. *mil-êt*, lieben, sondern von dem im Lett. nicht mehr vorhandenen litth. Subst. *meile*, Liebe; *si'rd-ig(a)-s*, herzhaft, v. *si'rd(i)-s*, Herz; *dusm-ig(a)-s*, zornig, v. *dusma*, Zorn;

*rass-ig(a)-s* für *rasm-ig(a)-s*, ergiebig, v. *rasma*, Ergiebigkeit, Ertrag (an Körnern, Getreide), cf. *raſ-ti-s*, sich finden. *bērn-ig(a)-s*, kinderreich, v. *bērn(a)-s*, Kind. *brēsm-ig(a)-s*, schrecklich, v. *brēsma*, Gefahr, Schreck; *weikl-ig(a)-s*, gedeihlich, für *weikn-ig(a)-s*, v. *weik-ne*, Gedeihen; *turr-ig(a)-s*, wohlhabend, nicht unmittelbar v. *tur-ēt*, halten, sondern f. *turt-ig(a)-s*, v. litth. *tur-ta-s* oder *tur-te*, Habe, Besitz; *sin-ig(a)-s*, würdig, ehrwürdig, nicht von *sin-ī-t*, werth halten, sondern von *zin-a*, Preis, Werth, ltth. *czēna*, russ. ц‍ѣна. — Vielleicht gehören hierher auch: *sess-ig(a)-s*, gedeihlich, f. *sekm-ig(a)-s*, v. *sek-me*, Gedeihen; und *rūp-ig(a)-s*, sorglich, sorgfältig, v. *rūpa*, Sorge. — Auf bloſs lett.-litth. Standpunkt dürfte man endlich auch annehmen, daſs das Subst. *ku'n-g(a)-s*, litth. *kun-inga-s*, Herr, im Litth. besonders: Pfarrer, von einem Adj. *kun-ig(a)-s*, herkommt, das im Lett. nur vorausgesetzt werden müſste, aber im Litth. wirklich existiert, *kun-inga-s*, beleibt, Bauch habend, cf. litth. *kuna-s*, Leib, Körper, cf. lett. *kūna-s dina*, Frohnleichnamstag. Darnach würde *ku'n-g(a)-s* den Wohlgenährten bedeuten und nicht mit slav. *sens*, Roſs, zusammenhängen, cf. lat. *eques*, Reiter und Ritter, wie Pott (de litth. bor. in slav. lett. ling. principatu P. 23) annimmt, noch mit dem deutschen „König", wie Grimm (Gesch. der deutsch. Spr. II. P. 351) vermuthet.

Anmerk. Selten bezeichnen Adjj. auf -ig-s die Aehnlichkeit mit dem Gegenstand, den das zu Grunde liegende Substantiv ausdrückt, cf. *pūz-ig-s*, böse, wie eine Eule; *zál-ig-s*, mager wie ein Hühnchen; *eſig-s*, empfindlich wie ein Igel. — Total unlettisch ist es, wenn schriftstellernde Letten neuerdings die Endung -igs parallel mit dem deutschen -isch in entlehnten Adjj. brauchen, cf. *geografigs*, geographisch; *wiſigs*, physisch.

3) *-idſe* f. *-igja*, Subst. fem. mit ähnlichem Sinn als die Adjectiva auf *-ig(a)-s*, fem. *-iga*: *pēn-idſe*, milchreiche Kuh, v. *pēn(a)-s*, Milch, *tel-idſe*, Kuh kurz vor oder nach dem Kalben, eig. Kalbhabende, v. *te'l-sch*, Kalb. Eben hierher scheinen zu gehören: *siwēn-ize* f. *siwēn-idſe*, Sau mit Ferkeln, cf. *siwēn(a)-s*, Ferkel; *kumel-ize* für *kumel-idſe*, Stute mit einem Füllen, von *kume'l-sch*, Füllen.

## 14. Hauptelement des Derivationssuffixes: ſ.
### -ſja, -aſja.

§. 229. 1) -ſi-s f. -ſja-s, Subst. masc. l-ſi-s, steile Sandsteinwand (Harder), cf. l-t, gehen (?).

2) -ſe f. -ſja, litth. -ſe, -ſa für urspr. -gja, Subst. fem. wi-ſe, geflochtener Bastschuh, litth. wy-ża, cf. wi-t, flechten; bir-ſe, Strich Landes zwischen zwei Furchen, dessen Breite der Säer mit einem Wurf besäet, cf. bir-t, streuen, rieseln (intr.).

3) -*fcha* f. -*fja*, Subst. Generis commun. *ne-rim-fcha*, eine unruhige Person, √ *ram*, cf. *rim-s*, sanft, zahm, *rī'm-t*, ruhig werden, (local: *ne-rim-scha*, Autz).

4) -*afcha* f. -*afja*, Subst. fem. *grubb-afcha-s* (Pl.), zusammengeraffter Kram, cf. *grub-t*, raffen. — Vielleicht gehört hierher auch: *nagg-afcha*, Demin. *nag-afch-ina*, Klauenträgerin (D. 1142), cf. *nag(a)-s*, Nagel, Klaue.

## 15. Hauptelement des Derivationssuffixes: *b.*
### -*ba*, -*iba*, -*est-iba*.

§. 280. 1) -*b(a)-s*, Subst. masc. *da'r-b(a)-s*, Arbeit, √ *dar*, cf. *dar-it*, thun; √ *darb* scheint im litth. *dirb-ti*, arbeiten, Secundärwurzel zu sein. *sta-b(a)-s*, Pfosten, √ *sta*, cf. *stā-t*, stellen.

2) -*ba*, litth. -*ba*, Subst. fem. *schkir-ba*, Ritze, Spalte, cf. *schkir-t*, spalten, theilen. Von derselben Wurzel √ *skar* scheint *skar-b-ela*, Lumpen, (von *skar-ba*), zu kommen, cf. *skar-a*, dass.

3) -*iba*, litth. -*yba*, Subst. fem. Nomina actionis, oft entsprechend der deutschen Endung -*ung*: *zer-iba*, Hoffnung, cf. *zer-ét*, hoffen; *mās-iba*, Lehre, Unterweisung, cf. *mās-it*, lehren; *dsiw-iba*, Leben, cf. *dsiw-út*, leben; *béidf-iba*, Vollendung, cf. *béig-t*, endigen; *gād-iba*, Mäsigkeit, cf. *gād-āt*, zum Voraus sorgen; *tiss-iba*, Glaube, cf. *tiss-ét*, glauben; *laul-iba*, Trauung, dann auch: Ehe, cf. *laul-āt*, trauen; *gan-iba*, Hütung, das Hüten, dann auch oft im Plur. = die Weide, Ort der Hütung, cf. *gan-it*, hüten; *trūs-iba*, Mangel, cf. *trúk-t*, mangeln; *der-iba*, Contract, Vergleich, Pl. *der-iba-s*, Verlobung, cf. *der-ét*, dingen, miethen, contrahieren; *krust-úba*, oft im Pl. *krust-úba-s*, durch Assimilation des *i* in der Endung an das *u* in der Wurzel aus *krust-iba*, oder auch mit umgekehrter Assimilation *krist-iba*, Pl. *krist-iba-s*, Taufe, Taufung, cf. *krust-it*, *krist-it*, taufen.

4) *-iba*, litth. -*ybe*, Subst. fem. Abstracta, gebildet von Adjectiven, entsprechend der deutschen Endung -*heit*, -*keit*: *táisn-iba*, Gerechtigkeit, v. *táis-n(a)-s*, gerecht; *kútr-iba*, Trägheit, v. *kútr(a)-s*, träge; *jáun-iba*, Jugend, v. *jáun(a)-s*, jung; *augst-iba*, Hoheit, v. *áug-st(a)-s*, hoch; *baggát-iba*, Reichthum, v. *bagg-ât(a)-s*, reich; *nabadf-iba*, Armuth, v. *na-bag(a)-s*, arm; *lén-iba*, Sanftheit, v. *lén(a)-s*, sanft; *wessel-iba*, Gesundheit, v. *wessel(a)-s*, gesund; *patts-iba*, Wahrheit, v. *patts(a)-s*, wahr; *pasem-iba*, Demuth, v. *pa-se'm(a)-s*, niedrig, cf. *pasem-ig(a)-s*, demüthig; *pa-ztt-iba*, Geduld, *lél-si'rd-iba*, Uebermuth, *lén-prát-iba*, Sanftmuth, *múfch-iba*, Ewigkeit, gewissermaßen von *pa-ztt-ig(a)-s*, geduldig, *lél-si'rd-ig(a)-s*, übermüthig, *lén-prát-ig(a)-s*, sanftmüthig, *múfch-ig(a)-s*, ewig. Eigenthümlich ist die Bildung

von wa'lst-iba, Reich, Herrschaft, cf. wa'lsts, dass., wa'ld-it, herrschen.

Eine besondere Erwähnung verdient die Endung

5) *-est-iba, die in wenigen Subst. fem. abstractis erscheint. Die ersten Laute -est- sind nicht euphonischer Natur, noch zwecklose Lückenbüßer, sondern weisen zurück auf eine Gattung von Substantiven, die im Lettischen bereits fast ganz ausgestorben sind und nur noch im Litth. sich erhalten haben. Darnach sind die Substantiva auf -est-iba zwiefach abgeleitet, secundäre Bildungen von primären auf -este oder -iste. Cf. mil-est-iba, Liebe, (neben mil-iba), cf. mil-ét, lieben. Das Mittelglied zeigt sich im Litth. meil-yste, Huld, Liebe, cf. lett. mél-ast(a)-s, Gastmahl (§. 206), wovon seinerseits: mél-ast-iba, Gasterei (Stender), formell identisch mit mil-est-iba, und nur rücksichtlich des Sinnes im Lauf der Zeit modificiert und heutzutage wegen seiner Vereinzelung nicht mehr nach seinem Ursprung erkannt; fchél-ast-iba, Gnade, Erbarmung, cf. fchél-it, bemitleiden, cf. litth. gail-esti-s, gail-yste, Mitleid, Bedauern.

Nach eben diesen Analogieen ist gebildet: briw-est-iba, Freiheit, von dem unlettischen briw(a)-s, frei.

## 16. Hauptelement des Derivationssuffixes: m.

### a) -ma.

§. 231. 1) -m(a)-s, Subst. masc. mit passiver Bedeutung, wie sie in allen Bildungen mittelst m characteristisch ist; ze'l-m(a)-s, Baumstumpf, ursprünglich Hümpel, Erhobenes, $\sqrt{kal}$, cf. ze'l-t, heben.

2) -ma, litth. -ma, Subst. fem. ras-ma, Ergiebigkeit des Kornes, $\sqrt{rad}$, cf. raf-ti-s, sich finden; bláf-ma, Glanz, Schein, $\sqrt{blag}$, cf. litth. blizgu, blisgéti, funkeln; dfís-ma, Lied, Gesang, cf. dfíd-át, singen; sa'r-ma, Reiffrost, $\sqrt{sar}$, cf. si'r-m(a)-s, bereift, grau; gdis-ma, Tageslicht, cf. gdis(a)-s, Aether, gäisch, hell; brés-ma, Gefahr, Schreck; dus-ma, Zorn, $\sqrt{dus}$, cf. litth. dus-ti, keuchen; jaus-ma, Ahnung, $\sqrt{jut}$, cf. jus-t, merken; dráus-ma, Drohung, cf. dráud-ét, drohen; dráf-ma (nicht drás-ma), Haufe, Schwarm, $\sqrt{drug}$, cf. dráug-s, Gefährte. Vielleicht gehört hierher auch; t-la-ma, pa-la-ma, Schimpfwort, $\sqrt{la}$, cf. lá-d-ét, fluchen, lá-t, bellen.

3) -m(a)-s, fem. -ma, litth. -ma-s, fem. -ma, Adjectiva: si'r-m(a)-s, grau, cf. sa'r-ma, Reiffrost.

Ueber dasselbe Suffix, insofern es Participia Praes.
Passivi bildet, cf. §. 478 *).

## b) -mja, -smja.

§. 232. 1) -mi-s f. -mja-s, Subst. masc. *kur-mi-s*, Maulwurf.

2) -me f. -mja, litth. -me, Subst. fem. *dse'l-me*, Tiefe, Kolk,
cf. *dsi'l-sch*, tief, √ gal; *swe'l-me*, Dampf von Gesengtem, cf.
*swi'l-t*, sengen (intr.); *sek-me*, Gedeihen, Erfolg, cf. *sek-t*, folgen;
*si-me*, Zeichen, cf. *at-si-t*, erkennen, *si-n-dt*, wissen; *pús-me*,
Hauch, Athem, cf. *pús-t* f. *pút-t*, blasen; *stráu-me*, Strom, cf. ltth.
*sraw-dti*, strömen.

3) -sme f. -smja, litth. -sme, Subst. fem. *we'r-sme*, Gluth,
Hitze, √ war, cf. *wi'rt*, kochen (intr.), *wdr-it* (tr.); *twe'r-sme*,
Anhalt, Rückhalt, cf. *twe'r-t*, fassen; *kŏr-sme* (Sackenhausen) f.
*kur-sme*, das Quantum Brennholz, das bei einem Mal in den
Ofen gesteckt wird, cf. *kur-t*, heizen, cf. *pus-kŏr-sme*, das halbe
Quantum Brennholz, ein halber Ofen voll Holz.

## c) -áima, -uma.

§. 233. 1) -áim(a)-s, Subst. masc., dürfte einzig und allein vorkommen in:
*putr-áim(a)-s*, Grützkorn, Pl. *putr-áim(a)-i* (Collect.), Grütze.

2) -um(a)-s, bei vocalischem Wurzelauslaut, um den Hiatus
zu vermeiden: -j-um(a)-s, ohne daß doch hier das *j* zum Classencharacter der entsprechenden Verba gehört **), — bildet
Subst. masc. mit concreter und passiver Bedeutung. Das
entsprechende litth. Suffix -ima-s bildet außer eben solchen Substantiven (Schleicher litth. Gr. P. 129) auch noch zahlreiche
andere abstracter und zugleich activer Bedeutung (Schleicher
litth. Gr. §. 40), z. B. *griow-ima-s*, das Zertrümmern, — die im
Lettischen nie vorkommen. Genauer gesagt drücken die lett.
Substantiva auf -um(a)-s das Resultat derjenigen Handlung,
welche, oder das Resultat desjenigen Geschehens aus, welches
in dem von eben der Wurzel zunächst gebildeten Verbo (trans.

---

*) Rosenberger führt (P. 254) ein Suffix -mja an und dazu als Beispiel:
*kul-múj-i*, Flachsstengel ohne die Köpfchen. Dieses Wort, das übrigens Verf. nicht
gehört hat, scheint nur eine Corruption oder wenigstens Kürzung der definiten Form
Partic. Praes. Pass. zu sein: *kula-máj-i*, von *kula-mái-s*, indefin. *kula-m(a)-s*, was geschlagen werden muß und wird. Terminus technicus für die Behandlung der Flachsstengel ist ja *kul-st-it*, Freq. von *kul-t*, schlagen.

**) Daß *j* hier nicht Verbalclassencharacter sein kann erhellt daraus, daß es
bei consonantisch auslautenden Wurzeln, wo Verba Cl. IV entsprechen, sich vor dem
Suffix -um(a)-s nicht zeigt. Cf. *krá-j-um(a)-s*, Ersparniß, Erspartes, aber *bráuk-
um(a)-s*, nicht *bráuz-um(a)-s*, Fahrt, Gefahrenes.

oder intrans.) angedeutet wird. Die passive Bedeutung dieser
Bildungen erinnert lebhaft an das Partic. Praes. Pass. auf
*-a-m(a)-s*, fem. *-a-ma*, und die Aehnlichkeit beider Formen wird
noch auffallender, wenn man beachtet, dafs sowohl das *u* in
*-um(a)-s*, als das *i* im litth. *-im(a)-s* sich mit Bopp (§. 805) nur
als Bindelaut auffassen läfst und endlich seinen Ursprung füglich in einem *a* gehabt haben mag uud gehabt haben wird.
Da in dem Suffix *-ma*, dem nach Bopp (§. 804. 368) der alte
Demonstrativstamm *ma* (cf. griech. μίν, ihn) zu Grunde liegt,
ursprünglich kein Zeitverhältnifs angedeutet ist, so ist es nicht
zu verwundern, dafs die Participialform *-a-m(a)-s* sich für das
Praesens festgesetzt hat (§. 470), die Substantivform auf
*-um(a)-s* dagegen scheinbar den Sinn eines Partic. Praeteriti
Pass. hat, so sehr, dafs oft die Uebersetzung ins Deutsche nur
in dieser Art durch Umschreibung möglich ist. Beispiele:
a) wo Verba transitiva entsprechen: *rakk-um(a)-s*, Gegra-
benes, cf. *rak-t*, graben, (cf. *schis dinas rakku'ms*, was an diesem Tage gegraben worden ist); *kal-um(a)-s*, Beschlag, eig.
Geschmiedetes, cf. *kal-t*, schmieden; *wes-um(a)-s*, Fuder, eig.
Geführtes, sei es noch auf dem Wagen, oder sei es bereits ab-
geladen, cf. *wes-t* f. *wed-t*, führen, *was-dt*, schleppen; *we'rp-
um(a)-s* Gespinnst, d. i. Gesponnenes, cf. *we'rp-t*, spinnen; *plés-
um(a)-s*, Reifsland, eig. Aufgerissenes, cf. *plés-t*, reifsen; *pa-
twér-um(a)-s*, Stütze, Halt, eig. Gefafstes, Ergriffenes, woran
man sich hält, cf. *twe'r-t*, fassen; *séj-um(a)-s*, Aussaat, eig. Ge-
säetes cf. *sik tew séjuma?* wie grofs ist deine Aussaat? wie
viel ist oder wird von dir ausgesäet?), cf. *sé-t*, säen; *kré-j-
um(a)-s* oder *kréim(a)-s*, Schmand, d. i. Geschmändetes, cf. *krí-t*,
schmänden; *likk-um(a)-s*, etwa = Legung, z. B. *tas nau ma'n-s
likku'm-s*, das ist nicht meine Legung, d. h. so habe ich es nicht
gelegt (Autz), dann heifst *likk-um(a)-s* auch Gesetz, d. h. Ge-
setztes, Verordnetes, cf. *lik-t*, legen, setzen; *slép-um(a)-s*, Ge-
heimnifs (auch *nu-slép-um(a)-s*), d. i. Verheimlichtes, cf. *slép-t*,
verbergen; *pin-um(a)-s*, Geflecht, d. i. Geflochtenes, cf. *pi-t*,
flechten, Secuudärwurzel: *pin*, Primärw. *pi*; *schkin-um(a)-s*, Ab-
gestreiftes, cf. *schki-t*, streifen, pflücken, Secundärwurzel: *schkin*.
urspr. √ski; *lüg-um(a)-s*, Bitte, eig. das Gebeten-worden-sein,
z. B. *tas diwa lüg-u'm-s nebus par we'lti*, dafs wir Gott gebeten haben, oder dafs Gott gebeten worden, wird nicht umsonst sein (Autz).

b) wo Verba intransitiva zunächst stehen: *gá-j-um(a)-s*, Gang, Gegangenes, √*gd*, cf. Praet. zu *i-t*, gehen: *gá-ju*, (cf. *winas stundas gáju'ms*, so weit, als in einer Stunde kann gegangen werden, oder gegangen worden ist); *bridd-um(a)-s*, das Gewatet sein, √*brad*, cf. *brif-t*, waten; *wir-um(a)-s*, Gericht, eig. Gekochtes, √*war*, cf. *wi'r-t*, sieden (intr.); *plis-um(a)-s*, Rifs, d. i. Gerissenes, √*plas*, cf. *plis-t*, reifsen (intr.); *pu'mp-um(a)-s*, Geschwulst, d. i. Geschwollenes, √*pamp*, cf. *pu'mp-t*, schwellen; *tikk-um(a)-s*, Tugend, eig. das sich Schickende, das Passende, Gefallende, cf. *lik-t*, gefallen, passen; *dfim-um(a)-s*, Geschlecht, Herkunft, √*gam*, cf. *dfi'm-t*, geboren werden; *lik-um(a)-s*, Krümmung, Umweg, cf. *lik-t*, krumm werden; *trúk-um(a)-s*, Mangel, cf. *trúk-t*, mangeln; *dug-um(a)-s*, Wuchs, eig. Gewachsenes, cf. *dug-t*, wachsen; *bráuk-um(a)-s*, Fahrt, Gefahrensein, cf. *bráuk-t*, fahren, (cf. *tas bráuk-u'm-s ne-if-dewd-s*, die Fahrt mifsglückte, eig. das Gefahrensein war erfolglos).

Hier müssen wir auf den Unterschied in der Bedeutung der Substantiva auf -*um(a)-s* und derer auf -*in(a)-s* (§. 216) aufmerksam machen. Passivisch ist die Bedeutung beider Endungen, aber mit letzterer wird die Handlung mehr in ihrer Dauer, mit ersterer mehr in ihrer Vollendung aufgefafst und dargestellt, cf. *wái tas ir wiss jûsu aru'ms?* ist das alles, was ihr gepflügt habt? Auf solche Frage des Herrn antworteten die Pflüger: *schúdin grúts arins*, heute geht das Pflügen schwer; *téik-u'm-s* ist der (grammatikalische) Satz, eig. das Gesagte, cf. *téik-t*, sagen; aber: *labs téiz-in-s* ist eine gute Aussprache, ein guter Vortrag. Es giebt Ausnahmen von dieser Regel (cf. *mett-in-s*, die Lage ungedroschenen Getreides auf der Tenne zum Dreschen, eig. Gelegtes, cf. *mes-t*, legen, werfen, u. a. m.), aber wohl nur, wo nicht beide Formen -*in-s* und -*u'm-s* neben einander existieren.

3) *-um(a)-s*, litth. -*uma-s*. Mittelst eben dieses Suffixes werden Subst. masc., die den soeben besprochenen ganz gleichen, abgeleitet von mehrsylbigen, d. h. im Allgemeinen abgeleiteten Verben, nur sind sie verhältnifsmäfsig seltener als die obigen primären Bildungen. Hier findet sich zwischen der Wurzelsylbe und dem Derivationssuffix stets das deutliche Classenzeichen des Verbi, -*áj*, -*éj*, -*ij*, -*íj*. Cf. *mafg-dj-um(a)-s*, Wäsche, nicht in abstractem Sinn = Waschung (Rosenberger §. 233), sondern concret das Gewaschene, das Resultat der Waschung,

(cf. *schis dinas masg-di-u'm-s*, was heute fertig gewaschen worden ist); *pernáis más-ij-u'm-s*, was im vorigen Jahr gelehrt und gelernt ist (Autz), cf. *máz-ît*, lehren; *wassaras lúk-ij-u'm-s* wird im Volkslied die Braut genannt, die der Bursche sich während des Sommers durch Umschau ausgesucht hat, cf. *lúk-ů-t*, schauen.

Dasselbe Suffix leitet wie im Litth. so im Lett. Substantiva von Adjectiven her, und bezeichnet die Eigenschaft — jedoch nicht in der abstracten Allgemeinheit, sondern für den concreten einzelnen vorliegenden Fall im Unterschiede von den wirklich abstracten Eigenschaftssubstantiven auf -*iba*, — oder vertritt gewissermaßen das Neutrum des Adjectivs; cf. *aukst-um(a)-s*, Kälte, v. *aukst(a)-s*, kalt; *âugst-um(a)-s*, Höhe, v. *âugst(a)-s*, hoch; *fchél-um(a)-s*, Kummer, cf. Adv. *fchél(i)*, „leid", litth. Adj. *gailus*, mitleidig, kläglich; *jaun-um(a)-s*, Jugend, v. *jaun(a)-s*, jung; *wess-um(a)-s*, Alter, v. *wez(a)-s*, alt; *tâl-um(a)-s*, Ferne, v. *tâl-sch*, fern; *tuw-um(a)-s*, Nähe, v. *tuw(a)-s*, nahe; *agr-um(a)-s*, Frühe, v. *agr(a)-s*, früh; *dfestr-um(a)-s*, Kühle, v. *dfestr(a)-s*, kühl; *tuksch-um(a)-s*, Leere, von *tuksch*, leer; *labb-um(a)-s*, Vortheil, Wohlfahrt, v. *lab(a)-s*, gut; *ball-um(a)-s*, die Weiße und auch das Weiße, v. *ball(a)-s*, weiß; *meln-um(a)-s*, die Schwärze und auch das Schwarze, v. *meln-s*, schwarz; *saur-um(a)-s*, Loch, v. *saur(a)-s*, durchlöchert; *tir-um(a)-s*, Brustacker, eig. das von Steinen, Wurzeln u. s. w. reine Feld, v. *tir(a)-s*, rein; *mikst-um(a)-s*, das Weiche (z. B. vom Brod), v. *mikst(a)-s*, weich; *zit-um(a)-s*, das Harte, Feste, dann auch das Gefängniß, v. *zit(a)-s*, hart, fest; *bif-um(a)-s*, das Dicke (z. B. in der Suppe), v. *bif(a)-s*, dick.

Einzig in seiner Art steht *austr-um(a)-s*, Osten, da, sofern daneben kein Adj. *austr(a)-s* sich findet, wie doch *dfes-tr(a)-s* neben *dfestr-um(a)-s*. Und dennoch ist zwischen der Wurzel √ *aus* (√ *us*?), cf. *âus-t*, tagen, und dem Substant. *aus-tr-um(a)-s*, ein Mittelglied anzunehmen, in welchem *t* euphonisches und *r* ableitendes Element zu sein scheint. Cf. ltth. *ausz-ra*, Morgenröthe, cf. die altdeutsche Göttin *Ostara* und unser heutiges Ostern.

### d) -men.

§. 234. -*me'n-s*, litth. -*mú*, Genit. -*men-s*, ein uraltes Suffix, jetzt nur noch selten, bildet Subst. masc., urspr. mit consonantisch auslautendem Stamm, die gegenwärtig in den meisten Formen in die Classe der *ja*-Stämme übergegangen sind, als ob -*men-s* f. *menja-s* oder *meni-s* stände, wofür es in Wirklichkeit nicht steht (§. 349). Cf. *ak-me'n-s*, Stein, litth. *ak-mû*; *as-me'n-s*, Schneide, litth. *asz-mû*; *tes-me'n-s*, Euter, litth. *tesz-mû*; *ré-me'n-s*, Sodbrennen, litth. *ré-mu*.

## 17. Die Deminutivbildungen,

§. 235. allzumal secundär, fassen wir um des Sinnes willen im Folgenden zusammen, abgesehen von der bisher beobachteten lautlichen Ordnung der Derivationssuffixa. Deminutiva liebt der Lette sehr, theils um wirkliche Kleinheit, theils um seine Zärtlichkeit und Liebe, theils um Spott und Verachtung, wie jedesmal aus Ton und Zusammenhang der Rede ersehen werden mufs, auszudrücken. Einen besonderen Reichthum von Deminutivbildungen entfaltet allerdings die Sprache der Kinder, der Weiber und die des Volksliedes, doch ist auch dem Manne der Gebrauch keineswegs fremd. Ja zuweilen findet sich hier eine grofse Feinheit der Sprache, die sogar bei Adjectiven und Adverbien das Ziemlich, das Etwas u. s. w. durch Deminutiv-Endungen ausdrückt.

In Betracht kommen hier zur Bildung deminuierter Substantiva die Suffixa:

a) -*inja*, (-*ena*, -*enja*);
b) -*itja*;
c) -*elja*, -*ulja*.

### a) -*inja*, (-*ena*, -*enja*).

1) -*i'n-sch* f. -*inja-s*, fem. *ina* f. *inja*, local (z. B. in Niederbartau) ohne Mouillierung: -*ina*. Im Litth. existiert das formell hiermit identische Suffix -*iny-s* f. -*inja-s*, aber ohne Deminutivbedeutung, wie auch das lett. -*i'n-sch* in seltneren Fällen vorkommt (§. 214), cf. litth. *kret-iny-s*, frischgedüngter Acker, *siunt-iny-s*, Bote, cf. lett. *kaim-i'nsch*, Nachbar. Als hierher gehörige Beispiele mögen genügen:

Masc.: *wir-i'n-sch*, Männchen, v. *wir(a)-s*, Mann; *kúz-i'n-sch*, Bäumchen, v. *kúk(a)-s*, Baum; *radf-i'n-sch*, Hörnchen, v. *rag(a)-s*, Horn. *kumel-i'n-sch*, Röfschen, v. *kumel-sch*, Rofs, Füllen. Im Volksliede erscheint der Nom. Sing. dieser Deminutiva häufig mit Contraction des *ja* zu *i*, also ähnlich der litth. Form auf -*iny-s*; cf. *kumel-ini-s* f. *kumel-i'n-sch*, Röfschen; *menes-n-ini-s*, Mondchen, f. *menes-n-i'n-sch*, v. *menes-s*, Mond.

Fem.: *séw-ina*, Weibchen, v. *séw-a*, Weib; *rúz-ina*, Händchen, v. *rúk-a*, Hand; *gu'lt-in-a*, Bettchen, v. *gu'l-ta*, Bett;

*ga'ka-ina,* Köpfchen, v. *ga'ka-a,* Kopf; *kâj-ina,* Füſschen, v.
*kâ-ja,* Fuſs.

In den mittleren Gegenden Kurlands ist es das Uebliche
und für die Schriftsprache das Empfehlenswerthe, daſs die einfache Endung -*i'n-sch,* fem. -*ina,* nur an *a*-Stämme, uncontra-
hierte *ja*-Stämme, *u*- und *i*-Stämme (über letztere beide cf.
gleich unten) behufs Deminuierung angehängt wird, nicht an
die contr. *ja*-Stämme (Nom. S. -*i-s,* fem. -*e*). Cf. Stender §. 36.
und namentlich Harder P. 29. Doch giebt es von dieser Regel
viele Ausnahmen in sprachlich minder reinen Gegenden, wo also
-*i'n-sch* sich auch an contr. *ja*-Stämme fügt, cf. *brâl-i'n-sch,* Brüderchen, von *brâli-s,* Bruder (B. 1487); *bâl-el-i'n-sch,* v. *bâl-
eli-s,* Brüderchen, sehr oft im Volkslied; *sir-ul-i'n-sch,* v. *sir-
uli-s,* Lerche (2600); *wi'ln-i'n-sch,* v. *wi'l-ni-s,* Welle (1995);
*puis-i'n-sch,* Knäbchen, v. *puisi-s,* Knabe (1713); — Fem. *seppur-
ina,* Mützchen, v. *seppure,* Mütze (588. 1445); *bitt-ina,* Bienchen,
v. *bitte,* Biene (1405); *krûf-ina,* Krüglein, v. *krûfe,* Krug (1208);
*prĕd-ina,* v. *prĕde,* Kiefer (1404); *egl-ina,* v. *egle,* Tanne (1454);
*maggŭn-ina,* v. *maggŭne,* Mohn (2322); *dfirkstel-ina,* v. *dfirkstele,*
Funke (2643); *mâmul-ina,* v. *mâm-ule,* Mütterchen (2706). Namentlich in Nordwestkurland ist die andere Deminutiv-Endung
-*ıli-s,* -*ıle* fast unbekannt.

Während die *a*-Stämme vor der Deminutiv-Endung -*i'n-sch,*
-*ina* den Stammauslaut -*a* verlieren, beharrt vor dem Suffix der
Stammauslaut -*u* und es wird zwischen *u* und *i,* um den
Hiatus zu vermeiden, ein euphonisches *t* eingeschoben *); cf.
*al-u-t-i'n-sch,* v. *al-u-s,* Bier; *medd-u-t-i'n-sch,* v. *medd-u-s,* Honig;
*lı-tu-t-i'n-sch,* v. *lı-tu-s,* Regen; cf. auch: *ragg-u-t-ina-s* (Pl.),
v. *ragg-u-s* (Pl. fem.), Schlitten; *dfirn-u-t-ina-s* (Pl.), v. *dfirn-
u-s* (Pl. fem.), Handmühle (B. 629. cf. §. 185). — Wenn *ti'rdf-
i'n-sch,* cf. *ti'rg-u-s,* Markt, vorkommt, so ist es nicht unmittelbar von *ti'rg-u-s,* sondern von der nicht wenig üblichen Nebenform *ti'rg(a)-s,* Pl. *ti'rg(a)-i,* herzuleiten.

Dasselbe Einschiebsel *t* findet sich nach allen consonantischen Stämmen, *akmi'n-t-i'n-sch,* Steinchen, von *akmi'n-s* oder
*akme'n-s,* Stein; *ûde'n-t-i'n-sch,* v. *ûde'n-s,* Wasser; *assi'n-t-i'n-sch,*

---

*) Richtiger kann hier wohl angenommen werden, daſs zwei Deminutionssuffixa
zusammengetreten sind: -*ıli-s,* fem. -*ule,* und -*in-sch,* fem. -*ina.* Uebrigens existiert
ersteres sonst nur im Litth., nicht mehr im Lett. Cf. die Bildungssylbe -*est-,*
-*ast-,* §. 280.

v. *assi'n-s*, Blut; *uggu'n-t-ina*, v. *uggu'n-s*, Feuer (B. 1092. 1061. 1697). Nach eben dieser Analogie: *fōbe'n-t-i'n-sch*, von dem, wie es scheint, entlehnten *fōben(i)-s*, Säbel; *s*-Stämme: *mēnes-t-i'n-sch*, Mondchen (875. 1328), neben *mēnes-n-i'n-sch* (B. 1), v. *mēnes-s*, Mond.

Auch die ursprünglichen *i*-Stämme schieben gern euphonische Elemente ein, sei es *t* oder *n* oder *sn*; cf. *as-t-ina*, Aeuglein, v. *as(i)-s*, Auge; *aus-t-ina*, Oehrchen, v. *aus(i)-s*, Ohr; *fiw-t-ina*, Fischlein, v. *fiw(i)-s*, Fisch, *aw-i-t-ina*, Schäflein, v. *aw(i)-s*, Schaf; *gō-t-ina*, v. *gūw(i)-s*, Kuh (B. 1512. 1493. 2180 und oft); *laut-in-i* (Pl.), Leutchen, f. *laud-t-in-i*; *du'r-t-ina-s* (Pl.), v. *du'rwi-s* (Pl.), Thür (B. 1567). — *si'rs-n-ina* f. *si'rd-n-ina*, Herzchen, v. *si'rd(i)-s*, Herz; *naks-n-ina* f. *nakt-n-ina*, v. *nakt(i)-s*, Nacht; *fūs-n-ina*, Gänschen, v. *fūs(i)-s*, Gans; — *gū(w)-sn-ina*, v. *gūw(i)-s*, Kuh; auch oft ohne euphonische Einschiebsel: *klēt-ina*, v. *klēt(i)-s*, Klete, Vorrathshaus (746. 1636); *ba'ls-ina*, Stimmchen, v. *ba'ls-s*, Stimme; *pi'rt-ina*, v. *pi'rt(i)-s*, Badstube (1681. 2144); *nakt-ina* (2139) neben *nakt-ite* (2192), v. *nakt(i)-s*, Nacht. *wēst-ina*, v. *wēf-t(i)-s* (*wēf-t(i)-s?*), Nachricht (2420); *smi'lt-ina-s* (Pl.), v. *smi'lti-s* (Pl.), Sand (2614).

Bei andern Stämmen, als den *u*-, *i*- und den consonantischen Stämmen findet sich ein eingeschobenes *t* selten, cf. *ābul-t-i'n-sch*, Aepfelchen, v. *ābuli-s*, Apfel; *ābēl-t-ina*, v. *ābēle*, Apfelbaum (B. 1602); *gredfe'n-t-i'n-sch*, Ringlein, v. *gredfen(a)-s* oder *gredfeni-s*, Ring (2280); *appe'n-t-i'n-sch*, v. *appi'n-sch*, Hopfen (1365); *brit-i'n-sch* f. *brid-t-i'nsch*, neben *brif-t-i'n-sch*, Weilchen (Sackenhausen), v. *bridi-s*, Weile; *stabb-u'l-t-ina*, Flötchen, v. *stabb-ule*, Flöte (B. 2181).

2) Vielleicht nur Nebenformen von *-i'nsch*, fem. *-ina*, sind die nicht allzu häufigen Endungen *-en(a)-s*, (*-ēn(a)-s?*), fem. *-ene*, cf. *puis-en(a)-s*, kleiner Knabe von etwa 6—10 Jahren, (*puis-ēn(a)-s?*), v. *puis-i-s*, Knabe; *mēit-en(a)-s*, (*mēit-ēn(a)-s?*), kleines Mädchen, v. *mēita*, Mädchen; *skukk-en(a)-s*, (*skukk-ēn(a)-s*), v. *skukki-s*, ein halberwachsenes Mädchen, cf. Demin. *skukk-en-i'n-sch* (B. 2072); *bār-en(a)-s* = *bār-i'n-sch*, Waise (2229), v. *bār(a)-s*, Waise (2482. 2630). Cf. die Bezeichnung junger Thiere mittelst der Endung *-ēn(a)-s* (§. 215, 4).

Femin. *mēit-ene* = *mēit-ina*, Mägdlein, v. *mēita*; *gu'lt-ene* = *gu'lt-ina*, Bettchen, v. *gu'lta* (Autz); *bār-ene*, Waise, eine Form, die der weiter entwickelten: *bār-en-ite* (2230) zu Grunde liegt.

20 *

b) -itja.

§. 236. -iti-s f. -itja-s, fem. -ite f. -itja, litth. -yti-s, fem.
-yte, fügt sich meist an contrahierte ja-Stämme, (vielleicht deshalb besonders gern, weil diese schon im Nom. Sing. ein i
haben?), cf. brâl-iti-s, Brüderchen, v. brâli-s; sun-iti-s, Hündchen, v. suni-s, Hund; sa'rk-iti-s, das rothe Pferdchen, v. sa'rki-s;
bêr-iti-s, das braune Pferdchen, v. bêri-s.

Fem. pel-ite, Mäus'chen, v. pele, Maus; pukk-ite, Blümchen,
v. pukk-e, Blume; lâs-ite, Tröpfchen, v. lâse, Tropfen.

Gar nicht selten findet sich dieses selbe Suffix auch an a-
Stämmen, obschon solche Bildungen in der reineren Sprache
vermieden werden, cf. kalp-iti-s, v. kalp(a)-s, Knecht (2481);
wir-iti-s, v. wir(a)-s, Mann (2541); kâr-um-iti-s, v. kâr-um(a)-s,
Hängung (2657); lill-iti-s, v. lill(a)-s, Brücke (2017); krekl-
iti-s, von krekl(a)-s, Hemd (2030); appin-iti-s, von appi's-sch,
Hopfen (2371); ezar-iti-s, v. ezar(a)-s, See (2579). Fem. laim-
ite, v. laim-a, Glück (2154); slaw-ite, v. slawa, Ruhm (667.
973. 1696); dfîsm-ite, v. dfîsma, Lied, Gesang (1191. 1269);
sêtuw-ite, v. sê-tuwa, Saatkorb (1127. 1614); war-ite, v. wara,
Kraft (1199. 1762); jûr-ite, v. jûra, Meer (1442); laps-ite, v.
lapsa, Fuchs (1463); kaman-ites (Pl.), v. kamana-s (Pl.), Schlitten
(798). Zu einem Theil erklären sich solche Bildungen aus der
Annahme, daſs die relativen Primitiva schon wirklich oder
scheinbar in die Classe der ja-Stämme übergewandert sind,
cf. lapse f. lapsa, slawe f. slawa u. s. w., was aber auch schon
Entartungen sind.

Zuweilen findet sich auch vor diesem Suffix ein euphonisches t, aber selten, cf. tê(w)-t-iti-s, allgemein gebräuchlich v.
dem a-Stamm, têr(a)-s, Vater, neben têr-i's-sch, Männchen
bei den Hausvögeln, selten nur: Väterchen von Menschen
(B. 1451).

c) -elja, (-ulja).

§. 237. -eli-s f. -elja-s, fem. -ele f. -elja, litth. -eli-s, fem.
-ele. Dieses Suffix, bei den Litthauern behufs Deminution das
bei weitem gebräuchlichste, findet sich auch bei den Letten
gar nicht selten, aber doch vielleicht vorzugsweise in südlichen Gegenden unweit der litth. Grenze und freilich oft mit
einem litthauischen Beigeschmack in den übrigen Lauten. Harder schon (P. 31) erklärt die folgenden Beispiele für verdächtig.

Cf. *krŏg-eli-s* f. *krŏdſ-eli-s*, was genauer lettisch wäre, aber kaum vorkommt, da man dann meist *krŏdſ-i'n-sch* sagt, Demin. v. *krŏg(a)-s*, Krug, Schenke, cf. litth. *krag-eli-s*, v. *kragas*, Bierkanne; *kŏk-eli-s* (f. *kŏz-eli-s*), Bäumchen, neben *kūz-i'n-sch*, v. *kŏk(a)-s*, Baum; *schun-eli-s*, Hündchen, litth. *szun-eli-s*, v. *suni-s*, Hund, litth. *szŭ*, Stamm: *szun* und *szuni*; *lauk-eli-s*, Feldchen, (f. *lauz-eli-s*), neben *lauz-i'n-sch*, v. *lauk(a)-s*, Feld; *na-bagg-eli-s*, Bettlerchen, litth. *na-bag-eli-s*, (f. *na-badſ-eli-s*), neben *na-badſ-i'n-sch*, cf. fem. *na-badſ-ile*, v. *na-bag(a)-s*, Bettler; *rŏk-ele* (f. *rŏz-ele*), litth. *rank-ele*, neben dem üblicheren *rūz-ina*, Händchen, v. *rúka*, Hand; *wēt-ele*, neben *wit-ina*, v. *wita*, Stelle; *dſir-ele-s*, ein kleines Gelage, v. *dſira-s*, (Pl.), Trinkgelage.

Aber nicht bloſs in Grenzdistricten, sondern durch ganz Kur- und Lettland dürften Bildungen bekannt sein, wie *brāl-eli-s*, Brüderchen, v. *brāli-s*; *wērsch-eli-s*, Ochsloin, v. *wērsi-s*, Ochse, cf. litth. *wērszi-s*, Kalb; *úſch-eli-s*, Böckchen, v. *áſi-s*, Bock, litth. *oźy-s*; *puisch-eli-s*, Knäblein, v. *puisi-s*, Knabe; *maisch-eli-s*, Säckchen, v. *mais(a)-s*, Sack, litth. *maisza-s*; *muiſch-ele*, Gütchen, v. *muiſcha*, Gut.

Bloſs eine (seltene) Nebenform von *-eli-s* scheint *-uli-s* zu sein, litth. *-uli-s*, cf. *brāl-uli-s*, Brüderchen.

Die Verbindung des deminuierenden *l* mit dem Suffix *-ėn(a)-s* (bei Bezeichnung junger Thiere) ist schon oben (§. 215, 4) erwähnt.

In der Kindersprache und im Volksliede erscheinen oft mehrfach deminuierte Formen, indem sich *-el-* oder *-ul-* oder *-en-* vor *-i'n-sch*, *-ina*, oder vor *-ili-s*, *-ile* einfügt, cf. *bāl-el-i'n-sch*, Brüderchen; *mām-ul-ile*, Mütterchen; *mêit-en-ile*, *mêit-en-ina* (B. 1756), Mägdlein.

**Anmerk.** Local finden sich noch die litthuanisierenden Deminutiv-Endungen *-uſi-s*, fem. *uſcha* f. *uſe*, litth. *-uzi-s*, fem. *uźe*, cf. *Annuſcha*, Aennchen, v. Anna, N. pr. (Mittelkurland). Sodann: *-ati-s*, fem. *-ate*, litth. *-ūti-s*, fem. *-ūte*, cf. *dēl-ati-s*, Gen. *dēl-ascha*, Söhnchen, v. *dēl a)-s*, Sohn; *ſi'rdſ-ati-s*, Pferdchen, v. *ſi'rg(a)-s*, Pferd, (Oppekaln, hochlett.).

§. 238. Auch **Adjectiva** deminuiert der Lette nicht selten und zwar nicht bloſs in dem Fall, wo er sie substantiviert, cf. *maſ-iná-i-s*, der „Kleinchen", definite Form von *maſ-i'nsch*, „Kleinerchen", — sondern auch, wo er sie als Adject oder Prädicat braucht, cf. *ir gan prāw-i'n-sch*, er (der Knabe) ist wohl (etwa: für sein Alter) ziemlich groſs, cf. *prāw(a)-s*, groſs, stark; *trauk-s jáu pill-i'n-sch*, das Gefäſs ist schon ziemlich voll, cf. *pilм(a)-s*, voll; *tu'мs-ind wakkard*, an einem recht dunkeln Abend (B. 145). So wird der Adjectivbegriff durch Deminution verstärkt, wie auch die Verba deminutiva sehr oft an die Frequentativbedeutung anstreifen und in dieselbe überschlagen, cf. *tin-t-el-é-t*, einmummeln, v. *tt-t*, litth. *tin-ti*, winden, wickeln; *púschlůt* f. *pút-sl-sl-t*, wiederholt blasen (bei sympathetischen Kuren). Ueber die Deminution der Comparativa cf. §. 355; über die der Adverbia cf. §. 536, wo auch gezeigt ist, wie die Deminution verstärken kann.

§. 239. Zum Schluſs folgen zwei tabellarische Uebersichten:

1) der Derivations-Suffixa nach den Stammclassen geordnet,
2) der Derivations-Endungen in der Nominativform, zusammengestellt mit den entsprechenden litthauischen Endungen.

## 1. Die lettischen Derivationssuffixa nach den Stammclassen.

| | a-Stämme. | ja-Stämme. | i-Stämme. | u-Stämme. | n-Stämme. |
|---|---|---|---|---|---|
| | a | | | | |
| | . . . . . . . | . . . . . . . | [i] | | |
| | . . . . . . . | . . . . . . . | | [u] | |
| j | . . . . . . . | ja | | | |
| | . . . . . . . | tja, âja | | | |
| v | [wa] . . . . | [wja] | | | |
| | [awa] | | | | |
| s | [sa] . . . . | [sja] | | | |
| | schana | | | | |
| | . . . . . . . | [snja] | | | |
| r | [ra, tra] . . . | [rja] | | | |
| | . . . . . . . | [wrja] | | | |
| | . . . . . . . | [drja] | | | |
| l | la . . . . | lja | | | |
| | ala . . . . | alja | | | |
| | ula . . . . | ulja, ûlja | | | |
| | . . . . . . . | elja | | | |
| t | ta, sta . . . | tja, stja . . . | [ti, sti] . . | [tu] | |
| | tawa | | | | |
| | . . . . . . . | tâjn | | | |
| | . . . . . . . | [tinja] | | | |
| | [ata, asta] | | | | |
| | [uta], ûta | | | | |
| | . . . . . . . | tlja, aitja, itja | | | |
| d | [da, ſda] | | | | |
| | [âda] | | | | |
| n | na . . . . | nja, [snja] . . . | [ni] . . . | | [nn] |
| | ana, âna | | | | |
| | . . . . . . . | inja, [inja] | | | |
| | ena, tna . . . | enja | | | |
| | ina, dina . . . | inja, ûnja | | | |
| | îna . . . . | ûnja | | | |
| | nika . . . . | nikja, nikja | | | |
| k | [ka] . . . . | [kja] | | | |
| | dka, [rka] . . . | | | | |
| | . . . . . . . | ikja | | | |
| | iska . . . . | iskja | | | |
| | bla, hana . . . | klja, kaja, ksla, | | | |
| | | ksnja, ûklja, ûkslja, | | | |
| | | ûkja, ûksnja | | | |
| | [kota] | | | | |
| g | [ga] | | | | |
| | gana | | | | |
| | iga . . . . | igja | | | |
| ſ | . . . . . . . | [ſja] | | | |
| | | [aſja] | | | |
| b | [ba] | | | | |
| | iba, aet-iba | | | | |
| m | ma . . . . | mja, smja . . . | | | [msn] |
| | [âma] | | | | |
| | uma | | | | |

## 2. Vergleichende Uebersicht der lettischen und lit-

Primäre Bildungen.

| | Subst. masc. | | Subst. fem. | | Adjectiva | |
|---|---|---|---|---|---|---|
| | lett. | litth. | lett. | litth. | lett. | litth. |
| **I. Rein vocalische Derivationssuffixa.** | | | | | | |
| 1. *a* | (-a)-s . . . . | -a-s . . . . | -a | -a . . . . . | (-a)-s . . . | -a-s |
| 2. *i* | . . . . . . . | . . . . . | [(-i)-s] . . . | -i-s | | |
| 3. *u* | [-u-s] . . . | -u-s | | | | |
| **II. Derivationssuffixa, die aus vocalischen und** | | | | | | |
| 4. *j* | -j-sch f. ja-s | { -ja-s . . . <br> { -ji-s . . . | -ja } <br> -je } . . . . | -ja . . . . | -j-sch f. ja-s | . . . . . |
| | -i-s f. ja-s . | -i-s, -y-s | -e | -e | | |
| | -j(a)-s } <br> -dj(a)-s } . . | { -dja-s . <br> { -dji-s . . <br> { -dju-s | -tja . . . . <br> -tje | -tja | | |
| 5. *w* | [-w(a)-s] . . | -wa-s | [-wa] . . . . | -wa | | |
| | [-wi-s für <br> -wja-s] | -wi-s . . . | [-we f. -wja] | -we | | |
| | . . . . . . . | . . . . . | (-awa?) . . | (cf. -jawa, <br> -ows) | . . . . . . . | |
| 6. *s* | . . . . . . . | . . . . . | [-sa] . . . . | -sa | | . . . . . |
| | [-si-s f. -sja-s] | . . . . . . | [-scha, -sche <br> f. -sja, Gen. <br> comm.] | . . . . . . | [-sch(s) für <br> -sja-s] | . . . . . |
| | [-esi-s für <br> -esja-s] | -esi-s | | | | |
| | . . . . . . . | | -schana für <br> -sjana | -sena . . . . | | |
| 7. *r* | [-r(a)-s] . . <br> [-tr(a)-s] | -ra-s | . . . . . . . | . . . . . | [-r(a)-s] . . <br> [-tr(a)-s] | -ra-s . . . |
| | [-wri-s für <br> -wrja-s] | -wry-s | [-re f. -rja] | cf. -ra | | |
| | . . . . . . . | | | | | |
| 8. *l* | -l(a)-s . . . | -la-s . . . . | -la . . . . . | -la | -l(a)-s . . . | -la-s |
| | -li-s f. -lja-s | -li-s, -ly-s . | -le f. -lja | -le | | |
| | -al(n)-s . . | -ala-s | -ala | | | |
| | -wl(a)-s | | | | | |
| | -uli-s f. -ulja-s | -uli-s . . . . | -ule f. ulja | | | |
| | -ŭli-s f. -ŭlja-s | | | | | |
| | -eli-s f. -elja-s | -eli-s . . . . | -ele f. -elja | -ele . . . . | | |
| 9. *t* | -t(a)-s . . . | -ta-s . . . . | -ta | -ta . . . . | -t(a)-s . . . | -ta-s <br> -sta-s <br> -sta-s |
| | -st(a)-s | | | | -st(a)s | |
| | [-t(i)-s] . . . | (-ti-s) . . . | [-t(i)-s] . . <br> [-st(i)-s] | -ti-s | | |
| | [-ta-s] . . . | -ta-s | | | | |
| | -ti-s f. -tja-s | -ti-s . . . . | -te f. -tja | -te | | |
| | | | -scha f. -stja | -escha f. stja | | |

## thauischen Derivationssuffixa in der Nominativform.

### Secundäre Bildungen.

| Subst. masc. | | Subst. fem. | | Adjectiva | |
|---|---|---|---|---|---|
| lett. | litth. | lett. | litth. | lett. | litth. |
| | | | | | |

consonantischen Elementen zusammengesetzt sind.

| Subst. masc. | | Subst. fem. | | Adjectiva | |
|---|---|---|---|---|---|
| -s f. -ja-s<br>-ij(a)-s … | { -aji-s …<br>  -oju-s | -dja<br>-ija | …… : …… | -ij(a)-s<br>-ij(a)-s | |
| …… | …… | [-ava] | | | |
| [-si-s f. -sja-s] | | | | | |
| …… | …… | -schana für<br>    -ejana | | | |
| [-ri-s f. -rja-s] | | | | | |
| [-dri-s, -dra<br>  f. -drja-s] | -oria-s | | | | |
| -li-s f. -ljas<br>…… | …… | -ala<br>-ala<br>-ale } f. -alja | | | |
| -ali-s f. -alja-s | -ali-s …… | -ale f. -alja | -ale | | |

Primäre Bildungen.

| | Subst. masc. | | Subst. fem. | | Adjectiva | |
|---|---|---|---|---|---|---|
| | lett. | litth. | lett. | litth. | lett. | litth. |
| | . . . . . . . | . . . . . . . | -tava . . . . | -tuve f. -tuvja | . . . . . . . | . . . . . . . |
| | . . . . . . . | . . . . . . . | [-tane f.-tanja] | -tine | | |
| | [-at(a)-s] . | . . . . . . . | [-ata] | -ata | | |
| | [-ast(a)-s] . . | -asti-s | | | | |
| | | -asti-s | | | | |
| | [-ut(a)-s] . . | -uta-s | | | | |
| | . . . . . . . | . . . . . . . | | | | |
| | . . . . . . . | . . . . . . . | | | | |
| 10. d | . . . . . . . | . . . . . . . | [-da, (-de)] . | -da . . . . | [-d(a)-s?] . | (-du-s?) |
| | | | [-sda, (sde)] | | | |
| 11. n | [-i'n-s] . . . | -d, (-en) | . . . . . . . | . . . . . . . | . . . . . . . | . . . . . . . |
| | -n(a)-s . . . | -na-s | -na . . . . | -na . . . . | -n(a)-s | -na-s . |
| | . . . . . . . | | [-ni-s] . . . | (-ni-s) | | |
| | | | [-sni-s] | (-sni-s) | | |
| | -ni-s f. nja-s | -ni-s . . . | -ne f. nja . | -na | | |
| | | -ny-s | | | | |
| | [-n-sch für | | | | | |
| | -nja-s] | | | | | |
| | . . . . . . . | . . . . . . . | -ana | -ana . . . . | -an(a)-s . . | -ana-s . |
| | -i'n-sch für | -iny-s . . . . | | | | |
| | inja-s | | | | | |
| | -en(a)-s | | | | | |
| | . . . . . . . | . . . . . . . | -ane f. -enja | cf. -ine, (-ena, | | |
| | | | | -ine) | | |
| | . . . . . . . | . . . . . . . | | | | |
| | (-in(a)-s) . . | | | | | |
| | . . . . . . . | . . . . . . . | . . . . . . . | | -ain(a)-s . . | cf. -na-s |
| | | | | | -ain-sch für | |
| | | | | | -dinja-s | |
| | -in(a)-s | -ina-s | | -ini-s . . . . | | |
| | -dni-s f. inja-s | -ona-s | | | | |
| 12. k | [-k'a)-s] . . | -ka-s . . . . | [-ka] . . . . | -ka . . . . | . . . . . . . | |
| | [-ka (Gener. | | | | | |
| | comm.)] | | | | | |
| | [-ki-s od. -si-s | . . . . . . . | [-ze f. -kja] | | | |
| | f. -kja-s | | | | | |
| | . . . . . . . | . . . . . . . | . . . . . . . | . . . . . . . | . . . . . . . | |

## Secundäre Bildungen.

| Subst. masc. | | Subst. fem. | | Adjectiva | |
|---|---|---|---|---|---|
| lett. | litth. | lett. | litth. | lett. | litth. |
| -tái-s f. -tája-s | -toji-s . . . . | -tája . . . . . | -toje | | |
| . . . . . . . | . . . . . . | . . . . . . | . . . . . . | -ák(a)-s . . . . | -áka-s |
| -iti-s f. -itja-s | } -aiti-s . . . | -ite f. itja | -aite . . . . | (-ák(a)-s ) | |
| -aiti-s f. -aitja-s | | | | | |
| -iti-s f. -itja-s | -yti-s . . . . | -ite f. itja | -yte | | |
| . . . . . . . | | . . . . . . | . . . . . . | [ -àk(a)-s ] | |
| . . . . . . . | | . . . . . . | . . . . . . | -ена(а)-s . . . . | -na-s |
| . . . . . . . | | . . . . . . | . . . . . . | -en(a)-s . . . . | -ena-s |
| | | | | -в(n)-s | |
| -i'n-s ch f. -inja-s | . . . . . . | -ina f. -inja . | | -i'n-s ch f. -inja-s | -ina-s |
| (-ini-s f. -injn-s) | -yna-s | | | | |
| -eni-s f. -enja-s | | | | | |
| -in(a)-s | | | | | |
| -in(a)-s . . . . | -ona-s . . . . | -ena } . . . . | -ena | | |
| | | -ina } | | | |
| -in(a)-s . . . . | -yna-s | | | | |
| -ini-s f. -inja-s | | | | | |
| -aini-s für | -aini-s . . . . | -aine f. -ainja | -aine . . . . | -ain(a)-s . . . | cf. -ini-s |
| -ainja-s | | | | -ain-s ch für | |
| | | | | -ainja-s | |
| -oni-s f. -onja-s | -oni-s | | | | |
| -ink(a)-s . . . | -ninka-s . . . | -nice f. -nikja | -ninke | | |
| | | -nice f. -nikja | -nyone (für | | |
| | | | ny(ja?) | | |
| [ -k(a)-s ] | | | | | |
| . . . . . . | | . . . . . . | . . . . . . | -ák(a)-s . . . . | -oka-s |
| | | | | [ -ák(a)-s ] | -oka-s |

Primäre Bildungen.

| | Subst. masc. | | Subst. fem. | | Adjectiva | |
|---|---|---|---|---|---|---|
| | lett. | litth. | lett. | litth. | lett. | litth. |
| | -ski-s f. -skja-s | . . . . | . . . . . | . . . . | . . . . | . . . . |
| | . . . . . . | . . . . | . . . . . | . . . . | . . . . | . . . . |
| | . . . . . . | . . . . | . . . . . | . . . . | . . . . | . . . . |
| | . . . . . . | . . . . | . . . . . | . . . . | . . . . | . . . . |
| | -kl(a)-s . . | -kla-s . . . | -kla . . . . | -kla | | |
| | -kli-s f. -klja-s | . . . . | . . . . . | | | |
| | . . . . . . | . . . . | -kena | | | |
| | . . . . . . | . . . . | . . . . . | . . . . | . . . . | . . . . |
| | -skni-s für -sknja-s | | | | | |
| | -sksli-s für -sksla-s | | | | | |
| | -sksli-s für -skslja-s | | . . . . . | . . . . | | |
| 13. g | [-g(a)-s?] . | . . . . | . . . . . | . . . . | [-kst(a)-s] . | -ksts-s |
| | | | | | [-g a)-s?] | |
| | | | | | -(g(a)-s | |
| 14. ſ | [-ſi-s f. -ſja-s] | . . . . | [-ſe für -ſja] | -śe für gja | | |
| | [-ſcha f. ſja (Gen. comm.)] | . . . . | [-aſcha für -aſja] | | | |
| 15. b | [-b(a)-s] . . | . . . . | [-ba] . . . . | -ba | | |
| | . . . . . . | . . . . | -iba . . . . | -yba | | |
| 16. m | -m(a)-s . . . | . . . . | -ma . . . . | -ma . . . . | -m(a)-s . . . | -ma-s |
| | -mi-s f. -mja-s | . . . . | -me für -mja | -me | | |
| | | | -sma f. -smja | -sma | | |
| | [-sim(a)-s] | | | | | |
| | -sm(a)-s . . | -sms-s | | | | |
| | [-ms'n-s] . . | -ma f. -men | | | | |

# Anhang.

## Die lettischen Ortsnamen.

### Allgemeines.

§. 240. Rücksichtlich der Uebertragung fremder Namen ins Lettische cf. §§. 315 seq. und den Aufsatz von Pastor Schulz im Magazin der lett. liter. Gesellschaft XI, 2. P. 13 seqq. „Ueber die lett. Eigennamen." Hier ist nur die Rede von den ächt lettischen oder wenigstens seit alter Zeit bei den Letten eingebürgerten Ortsnamen. Die Etymologie derselben ist in vielen

Secundäre Bildungen.

| Subst. masc. | | Subst. fem. | | Adjectiva | |
|---|---|---|---|---|---|
| lett. | litth. | lett. | litth. | lett. | litth. |
| -iki-s f. -ikja-s | -iki-s | | | | |
| . . . . . . . . | . . . . . . . . | -ise f. -ikja | | -isk(a)-s . . . | -iszka-s |
| . . . . . . . . | . . . . . . . . | . . . . . . . . | | | |
| -ischki-s für -iskja-s | -iszki-s . . . . | (-ischke?) . . | -iszke | | |
| -kli-s f. -klja-s | . . . . . . . . | -kle f. -klja . | -kle | | |
| -kmi-s für -kmja-s | | | | | |
| -kli-s für -klja-s | | | | | |
| -ikli-s für -iklja-s | -ikli-s | | | | |
| -ikmi-s für -ikmja-s | . . . . . . . . | -ikme für -ikmja | | | |
| . . . . . . . . | -idje für igja | . . . . . . . . | . . . . . . . . | -gas(a)-s -g(a)-s . . . | -inga-s |
| . . . . . . . . | | -iba . . . . . -ast-iba | -ybe | | |
| -an(a)-s . . . | -una-s | | | | |

Fallen dunkel, theils weil die Namen im Lauf der Zeit bedeutend verstümmelt sind und nicht mehr den ursprünglichen Lautbestand errathen lassen, theils und öfter vielleicht noch weil die Ortsnamen treuer ihre ursprüngliche Lautbeschaffenheit bewahrt haben, als die anderen Stücke der Sprache. Wir finden gerade in den Ortsnamen Ueberreste einer vorhistorischen Zeit, Denkmäler einer sonst bereits vergangenen Sprachepoche, die um so mehr interessant und bedeutungsvoll sind, als es keine anderen des Alters giebt. Endlich wird oft die Deutung der Ortsnamen erschwert dadurch, daß oft nicht sogleich einleuchtet, ob der Ursprung wirklich im Lettischen oder Litthauischen, oder aber vielleicht im Deutschen, Russi-

schen, Livischen zu suchen ist. Kann dieser Ursprung auf-
gespürt werden, so lassen sich nicht unwichtige Resultate ermitteln rücksichtlich nicht allein der Sprachentwicklung, sondern
auch rücksichtlich der Geschichte der Urbewohner dieser Provinzen. Untergegangene und verdrängte oder aber herrschende
und drüberwandernde Völkerschaften haben in den Ortsnamen
ihre Spuren dem Grund und Boden aufgedrückt.

Die livischen Ortsnamen in dem ursprünglich sogenannten
Kurland, d. h. dem Dreieck zwischen Riga, Libau und Domesnäs,
z. B. *Matkule*, unweit Zabeln, cf. esthn. *külla*, Dorf; *Nurmuifcha*,
Nurmhusen bei Talsen, cf. liv. *nurm*, Feld, Acker; Kanger-See
unweit Schlock, cf. esthn. *kani jerw*, Gänse-See, cf. auch den
bis ins südliche Kurland verbreiteten Gänse-Ruf: *käne, käne*,
oder auch: *äne, äne*; cf. die Bezeichnung jeder Schlucht, in
der ein Flüsschen fliesst, als *örga* im Sackenhausenschen, liv.
*arga*, — lassen schliessen auf eine in alter Zeit viel weitere
Verbreitung livischer Stämme sogar bis ins Innere des Landes
hinein, als heutzutage sich wirklich Reste derselben vorfinden,
also auf ein allmäliches Zurückgedrängtwerden der Liven durch
die von Süden heranziehenden lett.-litth. Völker. Ebenso zeugen die livisch-esthnischen Ortsnamen im südwestlichen, jetzt
ganz von Letten bewohnten Livland zwischen der Düna und
Salis, z. B. Uexküll, Jerküll, Nurmis, Loddiger, Napküll, Zep-
küll, Erküll, Kadfer und viele andere für die ehemalige Existenz der Liven in diesem ganzen Landstrich und helfen die
Entstehung des Namens „Liv"land begreiflich machen.

Die deutschen Ortsnamen haben alle ihren Ursprung aus
jüngerer Zeit und finden sich vornehmlich an denjenigen Wohnsitzen, die von den eingewanderten Deutschen angelegt worden
sind, z. B. den Schlössern, Burgen, Landgütern, Beihöfen u. s. w.,
obschon oft auch hier der frühere nationale Name der Oertlich-
keit auf den neuen Wohnsitz übertragen ist.

Wiederum eine andere Bewandtnifs hat es mit den Ortsnamen Kurlands, die nur aus dem Litthauischen sich deuten
lassen. Aus denselben darf weder gefolgert werden, dafs ursprünglich sefshafte Litthauer aus kurischen Districten verdrängt seien, denn die Völkerbewegung ist hier von Südost nach
Nordwest und nicht umgekehrt gegangen, noch auch dafs Litthauer später etwa über daselbst wohnhafte Letten herrschend

oder zu ihnen einwandernd und sich mithin ihnen weiterhin
amalgamierend aus ihrem Idiom Ortsbezeichnungen geschaffen
und nachgelassen hätten; dafür fehlt wenigstens jeder historische
Nachweis. Vielmehr ist anzunehmen, daſs diese litthauisch
scheinenden Namen nur Reste des Altlettischen sind, das dem
Litthauischen näher gestanden haben muſs, oder aber Bildungen, wie sie noch heute in denjenigen Theilen Kurlands, die an
Litthauen angränzen in den besonders gefärbten Localdialecten
auch sonst vorkommen.

Die ergiebigste Ausbeute geben die Namen der Bauerhöfe; es ist aber hier nicht der Ort eine ausführliche Untersuchung über dieselben anzustellen. Auch wäre das im Augenblick nicht möglich, da das Material bei weitem noch nicht zu-
sammengebracht ist. Das Gesagte nebst dem Folgenden soll
nur die Basis künftiger reicherer Forschungen bilden.

Wir haben hier in der Kürze zu handeln von den Namen

A. der Länder,
B. der Städte,
C. der Höfe, Rittergüter, und
D. der Bauerhöfe, Gesinde.

## A. Die Länder-Namen

§. 241. sind im Lettischen gewöhnlich nicht besondere Sub-
stantiva, etwa mit gewissen Endungen, wie sie sich in andern
Sprachen und auch im Litthauischen finden, cf. litth. *Woke*,
Deutschland, *Turkije*, Türkei, sondern werden vertreten durch
den Plur. des Volksnamens in allen Casus, namentlich in dem
Genitiv, Dativ und Locativ, cf. *Leischùs*, in Litthauen, *Krìwùs* in
Ruſsland, eigentl. unter den Litthauern, unter den Russen *); 
*uſ Prúschim*, nach Preuſsen; *Pôlu kéninsch*, König von Polen.
Nominativ und Accusativ dürften übrigens nur dann für das
Land gebraucht werden, wenn dieses im Deutschen nur in über-
trageuer Bedeutung den Volksnamen vertritt, cf. Ruſsland rüstet,
*Krìwi uſ karu taisás.*

*) Der Ausdruck *kriws* hat übrigens noch eine specifische Bedeutung: unter
den Rekruten, Soldaten, wie *kriws* heutzutage für den Letten ebensosehr den Begriff
„Soldat" als den Begriff „Russe" bezeichnet.

Eine zweite ebenso übliche Art ein Land zu bezeichnen ist die Umschreibung durch *feme*, Land, mit dem (vorangehenden) Genitiv des Volksnamens, cf. *Kūr-feme* (*Ku'r-feme*) für *Kūru feme*, Kurland, Land der Kuren; *Wāz-feme* für *Wāzu feme*, Deutschland, Land der Deutschen, cf. *wāzi-s* = *wāzīti-s*, Deutscher; *Iggáunu feme*, Esthland, Land der Esthen, cf. *Iggáuni-s*, Esthe.

Neuerdings werden in der Literatur ganz passend nach litth. Analogie Bildungen eingeführt wie *Belgija*, *Jtalija*, *Spánija* u. s. w.

### B. Die Namen der Städte und Flecken

§. 242. sind innerhalb der Grenzen lettischer Zunge fast ausschließlich Feminina Singul., cf. *Rīga*, Riga; *Jelgawa*, Mitau; *Lēpája*, Libau, (Lindenstadt, v. *lēpa*, Linde); *Went(a)-s-pi'l(i)-s* oder *Went(a)-s-pile*, Windau, (eig. Windausburg, v. *Wenta*, Windaustrom und *pi'l(i)-s*, Burg); *Kuldiga*, Goldingen (ob deutschen Ursprungs?); *Tukkums* oder *Tukkuma* (?), Tuckum; *Kandawa*, Kandau; *Zábile*, Zabele; *Aifputte*, Hasenpoth; *Talse*, Talsen; *Dóbele*, Doblen; *Ilukste*, Illuxt; *Walmare*, *Walmēris*, Wolmar; *Walka*, Walk; *Zēse*, oder Plur. *Zēsi-s*, *Zēse-s* (B. 2196), Wenden; *Limbafcha*, Lemsal, u. s. w.

Die meisten dieser Namen sind sehr dunkler Herkunft und wir wollen nur für *Jelgawa*, Mitau, eine, allerdings wahrscheinliche und für die Urgeschichte des Landes interessante Hypothese aufstellen. *Jelgawa* liefse sich zur Noth aus dem Lett.-Litth. erklären, = „tief Wasser", cf. *dfilsch*, litth. *gilus*, tief; Flufsnamen *Gilge* in Ostpreufsen; *dfe'l-me*, Kolk; und *awa* = lat. *aqua*, althochdeutsch *aha*, Flufsnamen Aa, cf. Flufsname: *Dáug-awa*, Düna, = „viel oder grofs Wasser". Diese Erklärung würde auch ganz gut zu der niedrigen, wasserreichen Lage Mitaus passen. Aber trotzdem ist die unmittelbare Herleitung aus dem livischen Appellativum *jálgab*, Stadt, viel wahrscheinlicher, da die Mitausche Gegend zur Zeit der deutschen Eroberung noch von Liven bewohnt gewesen ist. Darnach würde der Name von Friedrichstadt an der Düna: *Jáun-Jelgawa* eigentlich Neustadt bedeuten.

## C. Namen der Rittergüter.

§. 243. Die Namen der von Deutschen gegründeten Güter und Edelhöfe sind vorzugsweise aus dem Deutschen entlehnt und dann oft so verstümmelt, daſs die ursprüngliche Gestalt sich schwer erkennen läſst, oft allerdings auch ächt lettisch und dann meist wohl von den früher ebenda befindlichen lettischen Wohnsitzen auf die neuen Anlagen übertragen.

Der Form nach sind letztere entweder Singularia Generis femin. mit der Endung -a (nach Kehl-, Gaum- und Lippenlauten), oder -e (besonders gern nach Zahnlauten), cf. die Analogie der Städtenamen. Cf. *Auze*, Autz, *Esere*, Essern, *Swârde*, Schwarden, *Dúndanga* oder *Dindaga*, Dondangen, *Sussêja*, Sussei, *Ēsawa*, Ekau, *Sâlwa*, Salwen, *Nereta*, Nerſt, u. s. w. — oder aber Pluralia Generis masc. nach der Analogie der gleich unten zu besprechenden Bauer-Gesinde-Namen, cf. *Kursischi*, Kursieten; *Waltáiki*, Neuhausen; *Lutrini*, Luttringen; *Lippáiki*, Lippaiken.

Seltner sind Pluralia Generis fem., cf. *Rubba-s*, Rubben, (Pastorat Ringen), am seltensten Singularia Gen. masc., cf. *Sa'ldu-s*, Frauenburg. Oft sind die Namen zusammengesetzt mit dem Wort: *pi'l(i)-s*, Schloſs, Burg, oder mit *muiſcha*, Gut, Hof, einerseits und einem Adjectiv (das oft die Flexion bewahrt) oder Substantiv im Genitiv andererseits. Cf. *Jûun(a)-pi'l-s*, Neuenburg, *Mâl(u)-pi'l-s*, Lemburg; *Salâ-muiſcha*, Grünhof; *Meſcha-muiſcha*, Grenzhof (eig. Waldhof).

## D. Namen der Bauerhöfe.

§. 244. Die Namen der lett. Bauerhöfe („Gesinde“), die in Kurland meistens paarweise, seltner zu dreien oder vieren, nie aber oder nur ausnahmsweise in eigentlichen Dörfern wie bei den Litthauern, Liven und Esthen zusammenliegen, sind in der Regel Pluralia und zwar meist mascul., doch auch nicht ganz selten femin. Generis. Als Probe theile ich folgende verständlichere Beispiele mit, die geordnet sind nicht nach der Bildungsart oder nach etwaigen Ableitungssuffixen, sondern nach der Bedeutung der Namen. Es sind nämlich entweder

1) christliche Taufnamen (oder Völkernamen), oder sie bezeichnen

2) ein Handwerk, Gewerbe, Amt oder Beschäftigung, oder characterisieren (sehr oft)

3) den Bauerhof nach seiner Localität, oder rühren her

4) aus dem Thierreich, (Thiernamen), oder

5) aus dem Pflanzenreich, (bezeichnen Bäume, Pflanzen, Blumen), oder drücken aus

6) Geräthschaften,

7) Speisen,

8) Eigenschaften.

Dieses dürften die Hauptclassen sein.

## 1. Taufnamen

§. 245. finden sich entweder unmittelbar zu Ortsnamen verwandt, (bei kleinen Gesinden oft in Deminutivform), oder mit gewissen Ableitungs-Endungen; namentlich sind dann beliebt: -*aischi* oder -*tschi*, Sing. -*aiti-s*, -*tti-s* (§. 208). Weibliche Eigennamen sind verhältnifsmäfsig selten. Ihr Ursprung ist selbstverständlich ein relativ junger, ein nicht vor die Christianisierung dieser Provinzen hinaufreichender. Der Singular aller Gesindenamen bezeichnet als Nomen proprium ganz abgesehen von der sonstigen Bedeutung des Wortes den Wirthen des Gesindes, den Inhaber des Bauerhofes.

*Allekschi*, S. *Alleksi-s*, Alex(ander).

*Andul-aischi*, S. *Andul-aiti-s*, v. *And-uli-s*, Anton, cf. litth. *Ande*, Antonie.

*A'ns-eli* od. *A'nsch-eli*, S. *A'nseli-s*, Dem. v. *A'nsi-s*, Hans.

*Bertul-aischi*, v. *Bertuli-s*, Bartholomäus.

*Ewalti*, S. *Ewalt-s*, Ewald.

*Ewarschi*, S. *Ewardi-s*, Eberhard.

*Grigg-uschi*, S. *Grigg-uti-s*, Dem. v. *Grigga*, Gregor, cf. -*uti-s*, litth. Demin.-Endung.

*Jek-dischi*,⎰ v. *Jesis* = *Jekaup-s*,
*Jek-uli*, ⎰ Jakob.

*Jurgi*, Nebenform v. *Juri*, Sing. *Juri-s*, Georg.

*Jur-tschi*, Demin. v. *Juri-s*.

*Kaspari*, S. *Kaspar-s*, Kaspar.

*Kldwi*, ⎱ von *Kldw(u)-s*,
*Kldw-ini*, Dem. ⎰ Klaus, Ni
*Kldw-aischi*, ⎰ klaus.

*Kldw-Indriki*, S. *Kldw-Indriki-s*, Klaus-Heinrich.

*Lauri*, cf. litth. *Lauru-s*, Lorenz.

*Libbart-ini*, Dem. v. *Libbart-s*, Liborius.

*Martin-aischi*, von *Martin-sch*, Martin.

*Mattusch-eni*, ⎱ (v. *Mattis-s*, *Matsch-*
*Matsch-uli*, Dem. ⎰ *us*, Matthias.

*Mikkuf-aischi*,⎱ entweder von
*Nikkuf-aischi*, ⎰ *Mikkus* = *Mikkeli-s*, Michel, oder v. *Nikkus*, = *Niklaws*, Nikolaus.

*Niklaw-aischi*, v. *Niklaws*, Nikolaus.

Pilupi, S. *Pilup-s*, Philipp.

Simani, S. *Simani-s*, Simon.

Tisi, | v. *Tis(a)-s*, Matt-

Tis-ini, Dem.} *is(a)-s*, Matthias.

Töm-dischi, v. *Töm(a)-s*, Thomas.

Ann-ile-s, Dem. }
Ann-äischi, } v. *Anna*, Anna.

Ann-éni, S. *Ann-én-s*, kleine
Anna.

Līne-s, S. *Līns* od. *Līne*, Helene.

Māle-s, S. *Māle*, Amalie.

Componiert sind:

Ka`lna-Jāni, v. *ka`ln(a)-s*, Berg, und *Jāni-s*, Johannis.

Ka`lna-Juri, v. *ka`ln(a)-s* und *Juri-s*, Georg.

Gar-A`nschi, v. *gar-sch*, lang, und *A`nsi-s*, Hans.

Kara-Matschi, v. *ka`rsch*, Krieg, und *Matschu-s*, Matthias.

Aelteren Ursprungs können manche von denjenigen Gesinde-
Namen sein, die von einem Volksnamen herrühren, cf.

Kūra-s, | (beide Gesinde in der Neuenburgschen Gemeinde),

Kurs-e-niki,} v. *Kūri-s* od. (?) *Kūr(a)-s*, Kure, (jetzt im mittleren
Kurland nicht mehr gebräuchlich), cf. litth. *Kurssi-s*, Bewohner der kurischen Nehrung; cf. *Kūr-feme* f. *Kūru-feme*,
cf. d. Gutsnamen: *Kurs-eischi* od. *Kurs-ischi*, Kursieten.

Lib-Ischi (im Doblenschen), erinnert an die Liven, *Liwi*.

Iggāuni, Sing. *Iggāuni-s*, Esthe.

Gudd-e-niki (unter Ulmahlen), v. *Gud(a)-s*, litth. *Gudda-s*, Pole,
Russe aus der Ukraine, (Gothe?).

Sprantschi, Sing. *Spranzi-s*, Franzose, oder auch = Franz.

## 2. Bezeichnungen von Handwerk, Gewerbe, Amt, Be-
schäftigung.

§. 246. Wēweri, Sing. *wēweri-s*, Weber, (entlehnt).

Dreimani, Sing. *dreimani-s*, Drechsler (Dreh-mann), cf. *dreijât*,
drehen, drechseln.

Ratt-e-niki, Sing. *ratt-e-nik(a)-s*, Radmacher, Stellmacher, Drechsler, v. *rat-s*, Rad, cf. *ratt-i`nsch*, Spinnwocken, Rädchen.

Rumb-e-niki, Sing. *rumb-e-nik(a)-s*, Radnabenmacher, cf. *rumba*,
Radnabe.

War-kali, S. *war-kali-s*, Kupferschmied, (*warsch — kal-t*).

Wartschi, local wie *Waratschi* ausgesprochen, S. *wartschu-s*, ltth.
*warcsu-s*, Kupferschmied.

Biss-kali, S. *biss-kal-i-s*, Büchsenschmied.

Kal-éj-ini oder *Kaléini*, S. *kal-éj-in-sch*, Dem. v. *kal-éj-s*, Schmied.

Pūd-niki, S. *pūd-nik(a)-s*, Töpfer.

*Muss-e-niki*, S. *muss-e-nik(a)-s*, Böttcher.

*Wez-wagg-ári*, S. *wezz(ais)-wagg-ári-s*, der alte, d. h. ehemalige Aufseher, Aelteste.

*Wez-jā-t-niki*, S. *wezz(ais)jā-t-nīk(a)-s*, der ehemalige Schild-reiter.

*Woiti* oder *Waiti*, S. *wait(a)-s*, litth. *waita-s*, Richter, Dorf-schulze.

*Sūd-niki*, S. *sūd-nīk(a)-s*, Richter, cf. *sūd-i-t*, richten.

*Tulza-s* oder *Tulzi*, S. *Tulza*, v. *tulk(a)-s*, Dollmetscher.

*Luk-scha-s*, S. *Luk-scha*, Laurer, Name eines Eckhöfschen Eta-blissements, wo ein Wiesenwächter wohnt, cf. *lūk-ū-t*, lauern, schauen, cf. *luk-t-s*, Stellage, wo man auf einen Bären lauert.

*Greb-fchi*, S. *greb-fi-s*, ltth. *grēb-eźu-s*, Häscher, Auspfänder, — an der Gutsgrenze gelegen.

*Strēli*, S. *strēl-i-s*, Schütze.

*I-sa'l-niki*, S. *i-sa'l-nīks*, Malzfabrikant, v. *i-sa'l(d)-s*, Malz.

*Gōb-dfini*, S. *gōb-dfin-i-s*, Abgabeneintreiber, v. *gōba*, Zins, *dfit*, treiben.

*Nam-iki*, S. *nam-iki-s*, Hausknecht, v. *na'm(a)-s*, Haus.

*Milt-iki*, S. *milt-iki-s*, Müller (unweit einer Mühle gelegen).

*Min-áiki*, S. *min-áiki-s*, litth. *min-ika-s*, Flachsbracher.

*Laiw-e-niki*, S. *laiw-e-nīk(a)-s*, Bootsmann, cf. *laiwa*, Boot.

*Swēij-e-niki*, S. *fwēij-e-nīk(a)-s*, Fischer.

*Swēiji*, S. *fwēiji-s*, Fischer, litth. *źweji-s*.

*Schukli*, S. *fchukli-s*, Fischer, litth. *źukli-s*.

*Pa-wári*, S. *pa-wdr(a)-s*, Koch.

In diese Classe könnte man auch Gesinde-Namen rech-nen wie:

*Pāni*, S. *pan(a)-s*, litth. *pona-s*, Herr.

*Ku`ndf-ini*, S. *ku`ndf-i`n-sch*, Herrchen, Dem. v. *kw`ng(a)-s*.

### 3. Bezeichnungen der Localität.

§. 247. Vielleicht am allerhäufigsten bezeichnen die Ge-sindenamen in irgend einer Art die Localität des Gesindes je nach Wald oder Wasser, nach Wiese oder Feld, nach Boden-Güte oder Schlechtigkeit, nach Berg oder Thal, oder nach der Beziehung zu irgend andern Localitäten.

1) Die Nähe des Waldes, die Lage des Gesindes in wal-diger Gegend, — zuweilen freilich nur zum Zeugnifs dessen, was einst vor Zeiten gewesen ist, deuten Namen an wie:

*Dſir-e-niki*, S. *dſir-e-nik(a)-s*, Waldbewohner, ltth. *gire*, Wald.

*Dſir-kant-i*, S. *dſir-kant(a)-s*, cf. den litth. Dorfnamen *Gir-konczei*, dessen zweite Hälfte an das russ. конецъ, Ende, erinnert, ohne daſs im Litth. ein ähnliches Wort vorkäme.

Nähere Bestimmungen liegen in folgenden Namen.

*Meſch-dâm-e-niki*, S. *meſch-dâm-e-nik(a)-s*, wahrscheinlich für *meſch-nam-nik-s*, Waldhäusler, cf. *na'm(a)-s*, Haus, = slav. домъ.

*Au-dſira-s* f. *âugst-dſira-s*, S. *Au-dſira*, = *âugsta dſira*, Hoch-wald, cf. den litth. Ortsnamen: *Auksztagirrei*.

*Mel-dſira-s*, S. *Mel-dſira*, = *mella dſira*, Schwarzwald. Bei allen diesen Namen ist zu beachten, daſs das alte Wort *dſira* als Appellativum im Lett. nicht mehr vorkommt.

*Sil-äischi*, S. *sil-äiti-s*, Fichtenwäldler, cf. *si'l(a)-s*, Fichten-wald, Haide.

*Sil-äini*, S. *sil-äini-s*, Subst. — *sil-äin-sch*, Adj. reich an Fich-tenwald.

*Sil-ini*, S. *sil-i'n-sch*, Demin. von *si'l(a)-s*, oder Adj. = litth. *ssill-ini-s*, zum Fichtenwald gehörig.

*Sil-awa-s*, S. *sil-awa*, v. *si'l(a)-s*.

*Sil-bajâr-i*, S. *sil-bajâr(a)-s*, der reiche Bauer (Bojar) aus dem Fichtenwalde.

*Prêd-äischi*, S. *prêd-äiti-s*, Kieferwäldler, cf. *prêde*, Kiefer.

*Prêd-äini*, S. *prêd-äini-s*, Subst. — Adj. *prêd-äin-sch*, reich an Kiefernwald.

*Egles-lauki*, Sing. *egles-lauk(a)-s*, Tannenfeld.

*Bi'rſ-e-niki*, S. *bi'rſ-e-nik(a)-s*, Birkenwäldler.

*Aiſ-bi'rſchi*, S. *äiſ-bi'rſ-i-s*, der hinter dem Birkenwald (*bi'rſe*) wohnt.

Daſs das Gesinde auf altem Waldgrund stehe, deuten Na-men an wie:

| | |
|---|---|
| *Degg-uschi*, S. *degg-uti-s*, (Demin.?) | von *deg-t*, bren- |
| *Degsch-e-niki*, S. *degsch-e-nik-s*, v. *degscha*, | nen, mit Feuer |
| *Pa-degga-s*, S. *pa-degga*, | röden, cf. litth. |
| *Dedſ-ini*, S. *dedſ-i'n-sch*, | Ortsnamen wie |

*Isz-dagai*, *Uż-dagai*, u. s. w.

*Lid-umi*, S. *lid-um(a)-s*, Rödung, v. *liſ-t*, röden.

*Ze'lmi*, S. *ze'lm(a)-s*, Baumstumpf.

*Ze'lmji*, S. *ze'lm-i-s*, Baumstümpfler, vom vorhergehenden abgeleitet.

Eben hierher könnte man auch Namen rechnen wie:

*Jáun-femji*, S. *jáun-fem-i-s*, Neuländer, d. i. der neues Land
urbar gemacht hat.

*Jáun-sêfchi*, S. *jáun-sêd-i-s*, Neusiedler, cf. ltth. *wên-sêdi-s*, Ein-
siedler, cf. *sêd-êt*, sitzen.

2) Viele Gesindenamen deuten auf die Nähe eines Baches,
Flusses (oft eines bestimmten Flusses), einer Flußmündung,
eines Teiches, Morastes, Sumpfes, einer Niederung, u. s. w.

*Wi'ls-ini*, S. *wi'ls-i'n-sch*, Dem. v. *wa'lk(a)-s*, Regenbach, wo
das Wasser abzieht, cf. *wi'lk-t*, ziehen (trans.).

*Straut-i*, S. *straut(a)-s*, Regenbach.

*Áif-strauschi*, S. *áif-straut-i-s*, local: *áf-straut-i-s*, der jenseit
des Baches wohnt.

*Upp-e-niki*, S. *upp-e-nik(a)-s*, der am Fluß wohnt, cf. *uppe*,
Fluß.

*Pár-upji*, S. *pár-upp-i-s*,            ⎫ der jenseit des Flus-
*Áif-upji*, S. *áif-upp-i-s*, local: *áf-upp-i-s*, ⎬ ses wohnt.

*Till-dischi*, S. *till-diti-s*, etwa = Brückner; — Gesinde am
Fluß, wo eine Brücke (*till-s*) hinüber führt.

*Litschi*, S. *ks-i-s*, Flußkrümmung, ⎫ von *lik-t*, krumm werden,
*Li'nk-uli*, S. *li'nk-uli-s*,        ⎬ sich krümmen.

*Trentschi*, S. *trens-i-s* f. *trenk-i-s*, etwa = der sich badet und
wäscht, cf. litth. *trenk-ti*, waschen, baden, Gesinde an der
*Swêt-uppe*, unter Grenzhof.

*Plú-ini*, S. *plú-ini-s*, √*plu* = √*plud*, cf. *plúf-t*, fluthen, — liegt
am Fluß und ist Ueberschwemmungen ausgesetzt. Die-
selbe Lage hat:

*Pluggi*, S. *pluggi-s* f. *plud-ji-s* (§. 181), √*plud*.

Auf bestimmte Flüsse weisen Namen wie:

*Gráud-upji*, S. *Gráud-upp-i-s*, der an der *Gráud-uppe* wohnt;
cf. *gráuf-t*, nagen, ausspülen.

*Und-upji*, S. *Und-upp-i-s*, an der *Und-uppe*, cf. *uden-s*, Wasser,
litth. *undu*, *wandu*.

*San-e-niki*, S. *San-e-nik(a)-s*, an der *Sane*.

*Ábauw-ischi*, S. *Ábauw-iti-s*, an der Abau, *Ábawa*, wohnhaft.

*Júd-uppe-s*, (*Júd-upji?*), S. *Júd-uppe*, (*Júd-uppi-s*), an der *Júd-*

*uppe*, d. h. Schwarzbach, cf. litth. *júda-s*, schwarz, cf. lett. *jôd(a)-s*, Teufel, eig. der Schwarze.

Unweit von Flufsmündungen, Teichen, Morästen u. s. w. liegen:

*Griwa-s*, S. *griwa*, Flufsmündung, Zusammenflufs; oft heifst *griwa* die Fortsetzung zweier Flüsse nach ihrer Vereinigung.

*Griw-áischi*, S. *griw-áiti-s*,  ⎱ der an einer Flufsmündung
*Griw-e-niki*, S. *griw-e-nik(a)-s*, ⎰ lebt.

*Diki*, S. *diki-s*, Teich (entlehnt).

*Tir-eli*, S. *tir-eli-s*, grofser Morast ohne Bäume, cf. *tir(a)-s*, rein.

*Pu'rwji*, S. *pu'rw-i-s*, Morastanwohner, v. *pu'rw(a)-s*, Morast.

*Pu'r(w)-mali*, S. *pu'r(w)-mal-i-s*, Moraststrand, cf. *mala*, Rand.

*Áif-pu'rwji*, (*Áif-puri*), S. *áif-pu'rw-i-s*, hinter dem Morast gelegen.

*Brinki*, S. *brink-i-s*, — liegt an grofsen niedrigen Wiesen, Stauungen, — cf. litth. *brink-ti*, betrocknen (v. aufgeweichtem Boden).

*Áif-lékni*, S. *áif-lék-ni-s*, jenseit der Niederung, *lékna*, wohnhaft.

*Duppuri*, S. *dupp-uri-s*, cf. litth. *dub-ury-s*, nasse, quellige Stelle, √ *dub*.

*Murde-s*, S. *murde*,  ⎱ cf. litth. *murd-yna-s*, nasse, quel-
*Murd-éni*, S. *murd-én(a)-s*, ⎰ lige Stelle.

3) Auf Wiese oder Feld, auf die Beschaffenheit, resp. Güte oder geringe Ertragsfähigkeit des Bodens weisen:

*Plaw-e-niki*, S. *plaw-e-nik(a)-s*, Wiesenbewohner.

*Drwwa-s*, S. *drwwa*, Flur, cf. litth. *dirwa*, Acker, Saatfeld.

*Lauk-ini*, S. *lauk-in(a)-s*, als Adj. == auf dem Felde, in der Fläche gelegen, litth. *lauk-ini-s*, v. *lauk(a)-s*, litth. *lauka-s*, Feld.

*Lauk-áini*, S. *lauk-áini-s*, Subst. — *lauk-din-sch*, Adj., reich an Feld oder Fläche.

*Láma-s*, S. *láma*, niedrige Stelle, Vertiefung im Acker.

*Zini*, S. *zini-s*, Hümpel.

*Mdli*, S. *mdl(a)-s*, Lehm.

*Smi'lt-e-niki*, S. *smi'lt-e-nik-s*, Sandmann, v. *smi'lt(i)-s*, Sand.

*Kalki*, S. *kalki-s*, Kalk.

*Rás-drwwa-s*, (*Lás-drwwa-s*), S. *Rás-drwwa*, contr. aus *rawas-drwwa*, Sumpfland.

*Geri*, S. *ger-i-s*,  ⎱ cf. litth. *gera-s*, gut.
*Ger-ini*, S. *ger-i'n-sch*, ⎰

*Pláni*, S. *plán-i-s*, ein Schwacher, v. d. Adj. *plán(a)-s*, schwach,
schlecht (von der Bodenbeschaffenheit).

*Greini*, S. *grein-i-s* (Subst.), ein Armseliger, cf. Adj. litth.
*gryna-s*, wüst, armselig. Cf. *Grina-s* (Pl.), N. propr. des
einige Quadratmeilen grofsen wenig bewaldeten Haide-
landes zwischen Bächhof-Sackenhausen und dem Vorgebirge
Steinort.

*Plisse-s*, S. *plisse*, = *plikka*, ein unfruchtbares Stück Land,
cf. *plik(a)-s*, kahl; *nu-pliss-it*, (einen Acker) herunterbringen,
entkräften.

**4) Auf Berg und Thal und dergl. deuten:**

*Ka`ln-tji*, S. *ka`ln-tj(a)-s* (Adj.), auf dem Berge *(ka`ln(a)-s)*
gelegen.

*Kalwa-s*, S. *kalwa*, Hügel.

*Málu-ka`lni*, S. *málu-ka`ln(a)-s*, Lehmberg.

*Gar-rúfe-s*, S. *gar(a)-rúfe*, langer Hügelrücken.

*Pa-krét-eli*, S. *pa-krét-eli-s*, auf einer Höhe zwischen Bach
und Morast gelegen, cf. litth. *kranta-s*, Ufer, Rand, Dem.
*krant-eli-s*.

*Léij-tji*, S. *léij-tj(a)-s*, Adj., im Thal *(léija)* gelegen.

*Grdw-tji*, S. *grdw-tj(a)-s*, Adj. v. *grdwi-s*, Graben, *grawa*,
Schlucht, Grube, — unweit eines Hohlweges und eines
Flüfschens mit steilen Ufern.

*Inke-dúbe-s*, S. *Inke-dúbe*, Katzenschlucht, cf. *dúbe*, Schlucht;
*inse*, Dem. *ins-ite*, *ins-én(a)-s*, junge Katze. Eben davon
auch:

*Ins-éni*, S. *ins-én(a)-s*.

**5) Endlich werden Gesinde nicht selten durch Relationen
auf andere Localitäten bezeichnet:**

*Kíli*, S. *kíli-s*, Keil (entlehnt?) — keilförmig in die Grenze
eines benachbarten Gutes mit seinen Ländereien sich er-
streckend.

*Danga-s*, S. *danga*, Ecke, Winkel, — liegt in einer Waldecke.

*Lau(k)-gali*, S. *lau(k)-gal-i-s*, Feld-Ende, cf. *ga`l(a)-s*, Ende.

*Pa-druwji*, S. *pa-druw-i-s*, unter dem Felde (des Hofes) gelegen.

*Rubba*, (seltner Fall, dafs der Singular gebraucht wird), cf.
litth. *ruba*, = lett. *rúb-esch*, Grenze, hart an der litth.

Grenze gelegen; cf. *Rubba-s bafnisa,* die Ringensche Kirche
beim Gute Essern.

*Pastari,* S. *pastar(a)-s,* Adj., der letzte, äufserste, (ein Doblen-
sches Gesinde, an der Ihlenschen Grenze, also am Ende von
Doblen aus gerechnet).

*Semeli,* S. *femeli-s,* an der nördlichen Grenze des Gutes gelegen.

### 4) Aus dem Thierreich.

§. 248. Thiernamen werden ohne weiteres zur Bezeichnung
von Orten, besonders häufig, wie es scheint zur Bezeichnung
von Buschwächtereien verwandt. Beachtenswerth sind namentlich die hier vorkommenden Namen von sonst ausgestorbenen
Thieren und die alterthümlichen Formen.

#### Vierfüfsler:

*Kuili,* S. *kuili-s,* Eber.

*Afchi,* S. *áfi-s,* Bock.

*Bulli,* S. *bulli-s,* Ochse, Boll,
(entlehnt).

*Pûgi,* S. *pûgi-s,* Weifshals, ein
beliebter Hunde-Name.

*Kalite-s,* S. *kal-ite,* Dem. zu d.
litth. *kale,* Hündin.

*Meschki,* S. *meschki-s,* cf. litth.
*meszka,* Bär.

*Látschi,* S. *lázi-s,* Bär.

*Wi'lki,* S. *wi'lk(a)-s,* Wolf.

*Wi'lk-aschi,* S. *wi'lk-ati-s,* Wölf-
chen, cf. die litth. Dem.-En-
dung *-ati-s,* cf. *wilk-ata-s,*
Werwolf (cf. B. 1644).

*Súbri,* Sing. *súbr(a)-s,* (gleich
*sumbr(a)-s),* Auerochs.

*Lapsa-s,* S. *lapsa,* Fuchs.

*Apschi,* S. *ápsi-s,* Dachs.

*Brifchi,* S. *bridi-s,* Hirsch, Elen.

*Dan-eli,* S. *dan-eli-s,* cf. litth.
*dan-eli-s,* Damhirsch.

*Ermi,* S. *erm(a)-s,* Affe.

*Záune-s,* S. *záune,* Marder.

*Wáweri,* S. *wáweri-s,* Eichhörnchen.

*Sérmuli,* S. *sérmuli-s,* Wiesel,
Hermelin.

*Seski,* S. *sesk(a)-s,* Iltis.

*Bebri,* S. *bebri-s,* Bieber.

#### Hiezu:

*Afchu-ga'hoa-s,* S. *dfchu-ga'hoa,*
Bockskopf.

*Kaf-i-nlki,* S. *kaf-i-nlk(a)-s,* Zie-
genmann, v. *kafa,* Ziege.

*Zûk-áini,* S. *zûk-áini-s,* Adj. *súk-
áin-sch,* schweinisch.

*Kun-dischi,* S. *kun-diti-s,* von
*kuna,* Hündin.

*Bulla-raggi,* N. *bulla-rag(a)-s,*
Ochsenhorn.

*Ada-s,* S. *áda,* Haut, Fell.

#### Vögel:

*Putni,* S. *putn(a)-s,* Vogel.

*Gáili,* S. *gáili-s,* Hahn.

*Kráukli,* S. *kráukli-s,* Rabe.

*Irbe-s,* S. *irbe,* Feldhuhn.

*Swi'rpji,* S. *swi'rpi-s,* Steinbeifser.

*Sile-s*, S. *sile*, Meise.
*Dseni*, S. *dseni-s*, Specht.
*Dsi'lna-s*, S. *dsi'lna*, Grünspecht.
*Medni*, S. *medni-s*, Auerhahn.
*Wālūdses*, S. *wālūdse*, Pfingst-
  vogel.
*Sili*, S. *sili-s*, v. *sil(a)-s*, Mar-
  quard, Häher.
*Balūschi*, S. *balūdi-s*, Taube.
*Zir-uli*, S. *zir-uli-s*, Lerche.
*Pūki*, S. *pūki-s*, Drache, cf. *pū-
  ze*, Eule.
*Pūs-ēni*, S. *pūs-ēn(a)-s*, junge
  Eule.
*Wanagi*, S. *wanag(a)-s*, Habicht.
*Dsegusēni*, S. *dseggus-ēn(a)-s*, jun-
  ger Kukuk.
*Kaij-ēni*, S. *kaij-ēn(a)-s*, junge
  Möwe.
*Stārki*, S. *stārk(a)-s*, Storch,
  (entlehnt).
*Pēpji*, S. *pēpi-s*,            } cf. *pēpa*,
*Pēp-ischi*, S. *pēp-iti-s*,  } wilde Ente.
*Mescha-pēpa-s*, S. *mescha-pēpa*,
  cf. *pēpa*, wilde Ente.

                Hiezu:

*Pil-āischi*, S. *pil-āiti-s*, v. *pile*,
  Ente.

*Gáil-e-niki*, S. *gáil-e-nik(a)-s*,
  Hahnemann, v. *gáili-s*, Hahn.
*Irb-e-niki*, v. *irb-e-nik(a)-s*, v.
  *irbe*, Feldhuhn.

                Fische:

*Suschi*, S. *sutti-s*, Aal.
*Nēgi*, S. *nēgi-s*, Neunauge.
*Kischi*, S. *kisi-s*, Kaulbars.

        Würmer, Insecten, u. dergl.:

*Ki'rma-s*, S. *ki'rma*, = *sērmo*
  (Autz), *sērm(a)-s* (Stend.),
  Wurm.
*Ki'rm-e-niki*, S. *ki'rm-e-nik(a)-s*,
  cf. litth. *kirmi-s*, Wurm.
*Muscha-s*, S. *muscha*, Fliege.
*Bitte-s*, S. *bitte*, Biene.
*Blussa-s*, S. *blussa*, Floh.
*Sparwini*, S. *sparw-i'n-sch*, Dem.
  v. *sparw(a)-s*, Bremse.
*Ud-ini*, S. *ud-i'n-sch*, Demin. v.
  *ud(a)-s*, = *knausi-s*, Mücke.

                Hiezu:

*Waschki*, S. *waschki-s*, von
  *wask(a)-s*, litth. *waszka-s*,
  Wachs.


## 5. Aus dem Pflanzenreich.

§. 249.  Die von Baum-, Strauch-, Pflanzen- und Blumen-
namen hergeleiteten Ortsnamen zeigen gleich der vorhergehenden
Classe selten irgend welche besonderen Ableitungssuffixa.

*Bērsi*, S. *bērs(a)-s*, Birke.
*Bērs-ini*, Demin. v. *bērs(a)-s*.
*Lēpa-s*, S. *lēpa*, Linde.
*Usūl-ini*, S. *usūl-i'n-sch*, Dem.
  v. *usūl-s*, Eichbaum.

*Apsch-e-niki*, S. *apsch-e-nik(a)-s*,
  v. *apse*, Espe.
*Kārkli*, S. *kārkli-s*, Strauchweide.
*Kārkl-lauki*, S. *kārkl-lauk(a)-s*,
  Weidenfeld.

Mischi, S. *misi-s*, Gerste.

Mis-dji, Gerstenstoppeln, S. *mis-dj(a)-s*.

Auf-dji, Haferstoppeln, S. *auf-dj(a)-s*.

Sirni, S. *sirni-s*, Erbse.

Pa'mp-dli, S. *pa'mp-dli-s*, Kartoffel.

Kanepe-s, S. *kanepe*, Hanf.

Swikli, S. *swikl(a)-s*, rothe Rübe.

Kdli, S. *kdli-s*, Schnittkohl.

Burkáni, S. *burkán(a)-s*, Möhre.

Rutki, S. *rutk(a)-s*, Rettig. Davon:

Rutk-áischi, S. *rutk-áiti-s*.

Kukuri, S. *kukur(a)-s*, Alraun, cf. litth. *kaukora-s*.

Jáun-kauki, S. *jáun-kauki-s*, cf. litth. *kauka-s*, Alraun.

Lépatschi, cf. *lépa-s* (Pl.), Huflattich.

Zési, S. *zési-s* f. *sés(a)-s*, cf. fem. *sésa-s*, Queken.

Dadschi, S. *dadsi-s*, Distel, Klette.

Üg-dini, S. *ügdini-s*, Subst.

v. *ûg-din-sch*, Adj., beeren-reich.

Súni, S. *súni-s*, neben d. Fem. *súna*, Pl. *súna-s*, Moos.

Pukke-s, S. *pukke*, Blume.

Strébula-s, S. *strébula*, Angelicablume.

Hierzu lassen sich noch rechnen:

Skúija-s, S. *skúija*, Tannen-strauch, Tannennadel.

Zékuri, S. *sékur(a)-s*, Tann-zapfen.

Pu'mp-uri, S. *pu'mp-uri-s*, Knospe.

Sar-ini, S. *sar-i'n-sch*, Demin. v. *sa'r(a)-s*, Ast, Zweig.

Sáus-fari, trockene Reiser, v. *sáus-s*, dürr, *-sa'r-s*, Zweig.

Balki, S. *balki-s*, Balken (entlehnt).

Swikki, S. *swikki-s*, Harz.

Kruss-ini, S. *kruss-i'nsch*, cf. litth. *krausse*, Birne, *krauss-ini-s*, Birnenmost.

Sal-umi, S. *sal-um(a)-s*, Grünes, v. *sa'l-sch*, grün.

## 6. Geräthschaften.

§. 250. Nicht wenige Ortsnamen bezeichnen Werkzeuge oder irgend welche Geräthschaften des häuslichen Lebens und Bedarfes:

Rufcha-s, S. *rufcha*, litth. *ruźia*, Geräth, Werkzeug.

Âmari, S. *dmar(a)-s*, Hammer (entlehnt).

Ileni, S. *ile'n(a)-s*, Pfriem.

Dunki, S. *dunki-s*, Nebenform: *dunsi-s*, Messer, Dolch.

Lemeschi, S. *lemesi-s*, Pflugschaar.

Grebli, S. *grebli-s*, litth. *grebly-s*, Harke.

Gar-gröfchi, S. *gar-grödi-s*, lange Leine (?).

Segli, (S. *segl-s*), Sattel.

Púdi, S. *púd(a)-s*, Topf; Dem. davon: Púd-ini, S. *púd-i'n-sch*.

*Blöd-e-nìki*, S. *blôd-e-nik(a)-s*, v. *blôda*, Schüssel.

*Táura-s*, S. *táura*, litth. *taure*, hölzerner Becher.

*Bèrf-káusi*, S. *bèrf-káusi-s* f. *káus(a)-s*, litth. *kausza-s*, Schöpf-
gefäſs von Birkenholz.

*Pipji*, S. *pipi-s*, Pfeife.

*Kram-ini*, S. *kram-i'n-sch*, Demin. v. *kra'm(a)-s*, Feuerstein.

*Tappa-s*, S. *tappa*, Zapfen (entlehnt).

*Kimschi*, S. *kimsi-s*, cf. litth. *kimszi-s* (fem.), Stöpsel. Davon:

*Kims-ischi*, S. *kims-íti-s*, Demin.

*Pa-kimschi*, eine Art Stöpsel, oder: unter *Kimschi*, gelegen.

*Sta-kli*, S. *sta-kli-s*, cf. litth. *sta-kle-s* = lett. *ste-lle-s*, Webstuhl, √*sta*.

*Spaudi*, S. *spaud(a)-s*, cf. litth. *spauda*, Presse, cf. *spif-t*,
drücken.

*Rumba-s*, S. *rumba*, Radnabe.

*Stabb-ini*, S. *stabb-i'n-sch*, Demin. v. *stab(a)-s*, Pfosten.

Hiezu lassen sich noch rechnen einige Bezeichnungen von
Baulichkeiten, Kleidungsstücken u. dergl.:

*Rôwa-s*, S. *rôwa*, das gewölbte Dach über den Kaminen oder
Oefen der alten Zeit.

*Pùni*, S. *pún(a)-s*, cf. litth. *pune*, Viehstall.

*Bùd-e-nìki*, oft Appellativbezeichnung kleinerer Gesinde, S.
*bùd-e-nik(a)-s*, Häusler, v. *bùda*, Hütte.

*Biksa-s* (Pl. tant.), Hosen.

*Zeppu'r-nìki*, S. *zeppu'r-nik(a)-s*, v. *zeppure*, Mütze.

*Kikka-s* und *Kikki*, S. *kikka* und *kikki-s*, cf. litth. *kyke*, Weiber-
haube.

*Jùfl-nìki*, S. *jùfl-nìk(a)-s*, v. *jùfla*, Gürtel.

*Skari*, v. *skara*, Lumpen.

*Áki*, S. *áki-s*, Haken (entlehnt).

*Wifuli*, S. *wif-uli-s*, Flitter.

### 7. Speisen.

§. 251. *Pùteli*, S. *pút-eli-s*, eine lett. Nationalspeise von erst
gekochten, dann gemahlenen Erbsen, Weizen- und Hafer-
körnern.

*Kunk-uli*, S. *kunk-uli-s*, Klümpchen.

*Weggi*, S. *weggi-s*, Kringel, Brezel.

*Kepp-ali*, S. *kepp-al(a)-s*, Laib Brod, Fladen, cf. *sep-t*, backen.

*Krèimji*, S. *krèim-i-s*, v. *krèim(a)-s*, = *krè-j-um(a)-s*, Schmand.

*Putr-daugi*, S. *putr-daug-i-s*, Grützreichthum, cf. *putra*, Grütze, ltth. *daug-i-s* (masc.), Reichthum, Fülle, cf. lett. *daudf.* viel.

*Labba-s-mäife-s*, S. *labba-mäife*, gutes Brod.

## 8. Eigenschaften.

§. 252. *Brammani*, S. *brammani-s*, Bramarbas, cf. *bramm-êt*, brausen, keifen.

*Lûla-s*, S. *lûla*, Gener. comm. litth. *luly-s*, fetter, tölpischer Mensch.

*Libb-ene-s*, S. *libb-ene*, Demin. von litth. *libba* (Gen. comm.), Stammler.

*Slubji*, S. *slub-ji-s*, Subst. v. Adj. ltth. *sluba-s*, = lett. *klib(a)-s*, lahm.

*Kaul-dini*, S. *kaul-dini-s*, Subst. v. Adj. *kaul-din-sch*, knochig.

*Sweik-uli*, S. *sweik-uli-s*, cf. Adj. *sweik(a)-s*, gesund.

*Platt-kdji*, S. *platt-kdj-i-s*, Breitfuss, v. *plat(a)-s*, breit, *kdja*, Fuss.

*Gröf-gali* f. *gröf-ga'luji*, S. *gröf-ga'l(w)-i-s*, Kopfschüttler, Kopfdreher, cf. *gröf-i-t*, drehen, *ga'lwa*, Haupt.

*Lèl-degguni*, S. *lèl-deggun(a)-s*, Großnase.

*Ger-daini*, S. *ger-dain-i-s*, Gut - Lied, Gut - Sänger, cf. litth. *gera-s*, gut, *daina*, Lied.

*Bal(t)-ga'lwji*, S. *bal(t)-ga'lw-i-s*, Weißkopf, cf. *balt(a)-s*, weiß.

*Läuki*, S. *läuk-i-s*, Subst. v. Adj. *läuk(a)-s*, der einen weißen Fleck auf der Stirn hat (v. Ochsen u. s. w.).

*Pökaini*, S. *pök-dini-s*, Subst. v. Adj. *pök-din-sch*, rauhhaarig, befiedert.

Die genannten acht Classen sind die wichtigsten. Nur vereinzelt finden sich Ortsnamen, die andere Bedeutung haben. Zuweilen sind die Namen von Gliedern oder Theilen des menschlichen Körpers genommen:

*Dlnini* oder *Dininas*, S. *dini'n-sch*, cf. *denini*, Schläfen.

*Ranki*, S. *ranki-s*, cf. litth. *ranka*, lett. *rŭka*, Hand; cf. litth. *rankis*, Wegweiser.

*Bibji*, S. *bib-i-s*, litth. *bybi-s*, lat. *penis*.

oder von Gegenständen oder Erscheinungen der leblosen Natur:

*Dabba-s* oder auch *Dabji*. S. *dabba*. Natur.

*Saule-s*, S. *saule*, Sonne.

*Saul-ite-s*, S. *saul-ite*, Demin. des vorherg.

*Debbeschi*, S. *debbesi-s*, Wolke.

*Wêji*, S. *wêj(a)-sch*, Wind.

*Audari*, S. *audari-s*, cf. litth. *audra*, Sturm.

*Migla-s*, S. *migla*, Nebel.

Sehr selten sind Abstracta zu Ortsnamen verwandt, wie: *wäijadſ-iba-s*, S. *wäijadſ-iba*, Nothwendigkeit, Bedürfniſs.

Anmerk. Gleichnamige und vielleicht gar nahe bei einander liegende Gesinde (nur dürfen es nicht *paschentki*, zusammengehörende Hälftner sein), unterscheidet der Lette je nach der Gröſse durch Vorsetzung der Adjj. *lèl-*, groſs, *maſ-*, klein, z. B. *Lèl-Gawili*, *Maſ-Gawili*; oder auch nur durch Deminuierung des einen Namens, cf. *Dreimani*, *Dreimanischi*; oder je nach der höheren oder niedrigeren Lage durch Vorsetzung der Genitive: *ka'lna*, des Berges, *lêija-s*, des Thales, z. B. *Ka'lna-Dſirkanti*, *Lêijas-Dſirkanti*, u. s. w.

## Zweites Kapitel.

## Bildung der Verba.

### Allgemeines.

§. 253. Im Folgenden ist von der Bildung der Verba im allgemeinsten Sinn des Worts die Rede, von der Bildung nicht allein der sogenannten „abgeleiteten" aus sogenannten „primitiven", sondern ebenso sehr von der Bildung der letzteren aus den Wurzeln. In derselben Allgemeinheit handelt das vorhergehende Kapitel von der Bildung der Nomina, und überdieſs ist es fast unmöglich fürs Lettische die Scheidegrenze der Verba primitiva und derivata im Sinn von Primär- und Secundärbildungen aufzufinden, wenn man nicht mit Bopp (vergl. Gr. §. 732) nur die Denominativa für Secundärbildungen erklären und für alle anderen Verba ein gleichartiges Verhältniſs zur Wurzel voraussetzen will, was allerdings auch im Lettischen dadurch sehr annehmlich erscheint, daſs sehr oft sogenannte abgeleitete Verba z. B. Frequentativa auf *-i-t* (Cl. XI) den Wurzelvocal reiner und ursprünglicher bewahrt haben, als die angeblich zu Grunde liegenden Primitiva, cf. *kratt-i-t*, schütteln (XI), Freq. zu *krēs-t*, fallen machen (IV), und dieses das trans. Factitiv zu dem intr. *kris-t*, fallen (III); oder: *walk-a-t*, tragen (Kleider) (VI), Freq. zu *wi'lk-t*, ziehen (II), oder: *bar-st-i-t*, streuen (XI), Freq. zu *ber-t*, streuen (IV), und dieses das trans. Factitiv zu dem Intrans. *bir-t*, ausrieseln (V). Jedenfalls paſst das von Schleicher (litth. Gr. §. 65) angegebene Merkmal zur Erkennung litthauischer Verba derivata: treue Bewahrung des Ableitungssuffixes in allen Verbalformen — für das Lettische

bei dessen dermaligem Entwicklungszustande durchaus nicht,
weil dieses die Ableitungs-Elemente bei gewissen Verbalclassen
(X—XII) nicht mit gleicher Treue als das Littbauische, namentlich oft gerade nicht im Praesens bewahrt hat.  Cf.:

ltth. Praes. *láuż-a-u*, Praet. *láuż-i-an*, Inf. *láuż-y-ti*, ⎫ brechen,
lett. Praes. *láuf-u*, Praet. *láuf-ij-u*, Iuf. *láuf-í-t*,  ⎬  Freq. zu
*láuf-t*, brechen (IV), litth. *lauż-ti*, √ *luf*.  ⎭

Auf rein lettischem Standpunkt wäre man versucht das
unterscheidende Merkmal in der einsylbigen oder aber mehrsylbigen Form des Infinitivs zu suchen.  Es dürfte aber bereits
seit Harder feststehen, daß ein Theil der Verba mit mehrsyl-
bigem Infinitiv (cf. Cl. XII) auch Primärbildungen sind, und
andererseits daß selbst die einsylbigen Verba weit davon entfernt sind der Wurzel begrifflich und lautlich gleich nahe zu
stehen.

Letzteren Punkt zu erkennen ist höchst interessant und für
die Sprachgeschichte wichtig.  Es ist nämlich eine Thatsache,
daß die einsylbigen Verba intransitiva (neutra, inchoativa)
durch die Beschaffenheit ihres Wurzelsylbenvocals den Vorzug
der Alterthümlichkeit und Ursprünglichkeit vor den einsylbigen
Verbis transitivis (activis, im prägnanten Sinn) haben und
zu letzteren sich verhalten wie Primär- zu Secundärbildungen,
jedenfalls wenigstens wie ältere zu jüngeren Bildungen.  Unter
109 Verben der Cl. V (Verba neutra) giebt es höchstens 9,
die nicht einen der (ursprünglichen) Vocale *a*, *i* oder *u* (sei es
nun kurz oder lang) in der Wurzelsylbe hätten.  Die Verba
Cl. III, die im Praesens vor dem consonant. Wurzelsylben-Auslaut Nasalverstärkung ursprünglich gehabt, oder wenigstens nach
dieser Analogie sich bilden, etwa 51 an der Zahl (abgesehen
von denen, deren Wurzelsylbe offen ist, d. h. vocalisch auslautet)
haben ausschließlich die Urvocale *a*, *i* oder *u* und zwar kurz,
und die meisten von ihnen sind wiederum Verba intransitiva,
neutra.  Die scheinbare Vocalsteigerung im Praesens hat eben
ihren Grund in der Auswerfung des ehemals da vorhandenen
Nasals, cf. *plak-t*, flach werden, *lip-t*, ankleben, *tuk-t*, schwellen,
u. s. w.

Freilich giebt es andererseits (nicht bloß in Cl. III, sondern auch namentlich in Cl. IV) nicht wenige Verba transitiva
(objectiva) mit den Urvocalen *a*, *i*, *u* in der Wurzelsylbe, cf.
*mal-t*, mahlen, *grāib-t*, greifen, harken, *wi'l-t*, betrügen, *mi-t*,

tauschen, *kul-t*, dreschen, *súk-t*, saugen, aber doch macht deren
Summe noch nicht den dritten Theil innerhalb der Cl. IV aus.
Folgende Zahlenangaben werden einen Einblick in das Verhält-
niſs geben.  Von 212 Verben Cl. IV haben

      32 den Vocal *a*,
      17 -    - *i*,
      20 -    - *u*,

also 69 einen der Urvocale in der Wurzelsylbe, sodann:

      62 den Vocal *e*,
      30 den Diphthong *ĕ* oder *i*,
      2 -    - *ai*,
      4 -    - *ei*,
      6 -    - *ŏ* oder *ŭ*,
      39 -    - *au*,

also in Summa 143 Verba keinen der Urvocale, wobei aber
wohl zu beachten:

1) daſs ein Theil der 17 Verba mit *i* dieses *i* für ursprüngliches *a* haben, cf. *kif-t*, kriechen, √ *land*, cf. *lŏd-á-t* f. *land-á-t*,
Freq.; *ir-t*, rudern, √ *ar*, cf. *a'r-t*, pflügen; *schkil-t*, (Feuer) anschlagen, √ *skal*, cf. *skal-d-it* (Freq.), spalten; *schkir-t*, scheiden,
√ *skar*, cf. *skar-a*, Lumpen, u. s. w., und dann also eigentlich
zu der zweiten Abtheilung gehören würden, und

2) daſs Vocalkürze (Länge ist ja schon eine Steigerung
und ursprünglich sind die Wurzelvocale kurz) sich überhaupt
bei all diesen 212 Verben nur in den verhältniſsmäſsig sehr seltenen Fällen findet, wo der Wurzelsylbenauslaut eine Liquida
ist oder aus zwei Consonanten besteht.

3) Das Wichtigste ist aber folgendes, daſs, wenn auch
manche einsylbige Transitiva ursprüngliche Vocale und manche
einsylbige Intransitiva gesteigerte oder geschwächte Vocale haben, daſs doch, wo sich von derselben Wurzel ein primitives
Intransitivum und ein relativ primitives Transitivum gebildet
findet, *immer* der urspünglich*ere* Vocal in dem Intransitiv sich erhalten hat, niemals in dem Transitiv.  Zum
Belege mögen folgende Beispiele dienen:

*dfis-t*, verlöschen (intr.), — *dfés-t*, löschen (trans.);
*li-t*, regnen, — *lt-t*, gieſsen;
*bruk-t*, schichtweise abgehen, — *bráuk-t*, fahren, streifen, cf.
     Freq. *brauz-i-t*;
*juk-t*, sich verwirren, — *jáuk-t*, verwirren;

*kif-t*, brechen, entzweigehen, — *läuf-t*, brechen (tr.);

*ruk-t*, einschrumpfen, — *rauk-t*, in Falten zusammenziehn;

*schü-t*, trocken werden, — *schäu-t*, trocken machen;

*muk-t*, sich abstreifen, in weiches Erdreich einschiefsen, —
*mauk-t* (*sü-*), abstreifen.

Diese Thatsache, die für die *i*-Reihe und *u*-Reihe der Vocale feststeht, ruft die Vermuthung hervor, dafs in der *a*-Reihe die Schwächung des urspr. *a* in ältester Zeit *i*, in jüngerer erst *e* gewesen, ja dafs die *e*-Stufe oft gar nicht unmittelbar eine Schwächung aus *a*, sondern zunächst unmittelbar die Steigerung eines vorher aus *a* geschwächten *i* ist. Dann dürfen wir übereinstimmend mit der Analogie der *i*- und *u*-Reihe annehmen, dafs in der *a*-Reihe die Transitiva *ber-t*, (*bēr-t*), strenen, schütten, *kris-t*, fallen machen, *lik-t* f. *le'nk-t*, beugen, *plēs-t*, reifsen (tr.), die späteren jüngeren, dagegen die entsprechenden Intransitiva: *bir-t*, ausriesen, abfallen, *kris-t*, fallen, *lik-t*, krumm werden, *plis-t*, entzweigehen, reifsen (intr.), (in welchen allen nachweisbar *a* der urspr. Wurzelvocal gewesen, cf. §. 81), die älteren, ursprünglicheren Bildungen sind, und dafs wir in der That hier eine Steigerung von *i* zu *e* vor uns haben, wie in den Praesensformen Cl. II., cf. *kre'mi-u*, Inf. *kri'ms-t*, nagen; *we'r-d-u*, Inf. *wi'r-t*, sieden.

Dieser lautliche Unterschied der Verba intransitiva und transitiva stimmt vollkommen zu dem begrifflichen. Denn unzweifelhaft hat man vorher das objective Geschehen in der Natur sprachlich durch Verba ausgedrückt, und später erst das Bedürfnifs gefühlt auch seine eigenen oder eines anderen Handlungen auszusprechen, wie das Kind auch längst Anschauungen und Vorstellungen hat von dem, was an ihm und vor ihm geschieht, ehe es sich der eigenen Thätigkeit bewufst wird.

All diesem zufolge lassen wir hier beim Verbum den Unterschied primärer und secundärer Bildung am besten ganz fallen und bleiben bei der Thatsache stehen, dafs es eine grofse Zahl von Abstufungen und Classen nach Lautgestalt und Sinn je älterer oder jüngerer Formen giebt.

§. 254. Die Verbalbildungen gruppieren sich wie die des Nomens, abgesehen von den Wurzelvocalsteigerungen, nach denjenigen Lautelementen, die sich zwischen dem Wurzelauslaut einerseits und der Personal-, Tempus-, Modus-Endung anderer-

seits finden. Freilich werden diese Zwischenlaute bis heute
sehr verschiedenartig aufgefaßt und benannt. Es kommt aber
eigentlich nichts darauf an, ob man sie Ableitungssuffixa
oder Classenzeichen oder Bindevocale, resp. Binde-
sylben nennt. Alle diese Namen und die ihnen zu Grunde
liegenden Auffassungen haben an ihrer Stelle ihr Recht. In

mett-a-m, wir werfen, ist das -a-,

in sî-na-m, wir binden, das -na-,

- kráp-ja-m, wir betrügen, das -ja-,

- nîk-sta-m, wir vergehen, das -sta-,

- maſg-ája-m, wir waschen, das -ája-,

- lúk-ája-m, wir schauen, das -ája-, u. s. w.

sowohl Bindemittel für Wurzelsylbe und Endung, obschon
nicht bloſs euphonisches, als auch Classenzeichen, sofern
die Beschaffenheit jener Bindemittel zum Eintheilungsgrunde für
die Ordnung der Verba gewählt ist, als auch endlich Derivationssuffix, sofern ohne ein solches Element, — wenn wir
absehen von der jetzt bis auf geringe Spuren untergegangenen
„bindevocallosen" Conjugation (cf. die griech. Verba auf -μι), —
eine Wurzel nicht zur Verbalform werden kann. Selbst das einfachste Element der Art -ă- darf beim Verb ebenso wie beim
Nomen (cf. sa'rg(-a)-s, Hüter, Dat. sa'rg-a-m) das Recht in Anspruch nehmen nicht allein als Bindevocal, sondern auch als
Bildungsmittel zu gelten.

Die zwischen Verbal-Wurzelsylbe und -Endung sich findenden Bildungselemente sind nicht in allen Formen desselben
Verbi die gleichen. Vornehmlich kommen diejenigen des Praesens, als der Hauptform des Verb in Betracht, sodann die des
Infinitivs, in manchen Fällen auch die des Praeteriti. Aus dem
Praesensstamm und aus dem Infinitivstamm und aus
dem Praeteritstamm werden alle übrigen Formen der Tem-
pora, Modi und Verbalnomina gebildet. Doch bei aller Verschiedenheit wird sich unten zeigen, daſs auch die verschiedenen Bildungselemente der verschiedenen Stämme desselben Verbi
doch in der Regel nicht ganz ungleichartig sind, so daſs wir
auch in Folge dessen ein Recht haben sie nicht als bloſs Tem-
pusbildend, sondern in ihrem allgemeinen Wesen gerade als Verb-
bildend aufzufassen.

Alle lettischen Verba (abgesehen von den unten bei Darstellung der Personalformen besprochenen geringen Resten

einer bindevocallosen Conjugation), sondern sich in drei Gruppen, jenachdem

A. das Praesens ein einsylbiges Derivationssuffix: *d*
allein, oder in Begleitung eines vorangehenden Consonanten, *n*,
*j*, *t*, (*st*), an die Wurzelsylbe setzt *);

der Infinitiv aber die Lautelemente zwischen der Wurzelsylbe und seinem allgemeinen Character (-*t(i)*) durchaus aufgiebt, (einsylbige Verba); — oder jenachdem

B. das Praesens (und Praeteritum) ein zweisylbiges
Derivationssuffix einfügt, dessen zweite Hälfte immer *já* ist,
dessen erste Hälfte ein Vocal und zwar *á* oder *ú* oder *í* oder *é*,
welchem letzteren behufs Deminution des Verbalbegriffs noch
eine Sylbe, -*al*-, -*ar*-, -*ul*-, -*ur*-, -*el*- oder -*er*-, vorgeschoben
werden kann;

der Infinitiv wenigstens den characteristischen Vocal
dieses Lautcomplexes (*á*, *ú*, *í* oder *é*) bewahrt, (mehrsylbige Verba);

C. oder jenachdem endlich die Eigenthümlichkeit der Gruppe
A. und die der Gruppe B. in der Art gemischt erscheint, daß
das Praesens der Analogie A, der Infinitiv (und das Praeteritum) der Analogie B folgt. Fürs Praesens hier ist zu bemerken, daß es dem *á* oft nichts, in gewissen Fällen ein durch alle
Formen beharrendes *d* oder *st*, nicht selten die Sylbe *in* oder
*d-in* vorschiebt, und für den Infinitiv (nebst Praeteritum), daß
hier nur die Suffixa -*ája*-, -*á*-; -*ija*-, -*í*-; -*éja*-, -*é*-, aber nicht
-*úja*-, -*ú*-, vorkommen. Entsprechend der lautlichen Misch-
oder Doppelform sind die hierher gehörigen Verba zu einem
Theil mehr der Natur des Praesens folgend relativ „primitiv",
zu einem andern Theil mehr dem Sinn der Infinit.- und Praeterit.-Formen folgend relativ „abgeleitet", wenn wir die Verba
von Gruppe A. als vorzugsweise primitiv, dagegen die von
Gruppe B. als vorzugsweise abgeleitet ansehen wollen. Mit den
Verben unserer Gruppe C. lassen sich viele Verba aus dem Lat.
oder Griech. vergleichen, in denen kürzere mit erweiterten
Stämmen wechseln, cf. *cap-i-o*, *cup-ivi*, *cup-ere*; *juv-o*, *juv-i*,
*juv-a-re*; *vid-e-o*, *vid-i*, *vid-e-re*; *ven-i-o*, *ven-i*, *ven-i-re*; *or-i-or*,

---

*) Unten in der Flexionslehre ist gezeigt, wie durch Einfluß vorangehender
oder nachfolgender Laute die Bildungselemente sich modificiren, namentlich oft
verkürzen, was uns hier aber ganz und gar nichts angeht.

22*

*or-tus sum, or-i-ri*; δοx-ί-ω, δόξω, δοx-εῖν; γαμ-ί-ω, ἔ-γημ-α, γαμ-εῖν.

Die erste dieser Gruppen theilt sich in fünf, die zweite in vier, die dritte in drei Classen (cf. §. 402).

## Gruppe A.
## Erste Classe.

(Praes. -a-, Praet. -a- oder -ja-; Schl. litth. Cl. I).

§. 255. Das Derivationssuffix im Praes. Cl. I. erscheint in der möglichst einfachen Gestalt als *a* und wird deshalb auch blofs Bindelaut genannt, obschon zum eigentlichen Bindelaut lieber die leichteren Vocale *i* und *u* gewählt werden. Es ist nach Bopp (§. 499) wahrscheinlich identisch mit dem Pronominalstamm *a* und findet sich im Lett. und Litth. entsprechend dem Skrit (Bopp §. 109) reiner als z. B. im Griech., wo es zu *o* (vor μ und ν), cf. λύ-ο-μεν, λύ-ο-νται, oder zu *ε* (vor τ, σ), cf. λύ-ε-τε, λύ-ε-σθον, oder im Latein., wo es zu *u*, cf. *leg-u-nt*, oder zu *i*, cf. *leg-i-mus*, *leg-i-tis*, geschwächt ist. Dafs das *a* in der 1. P. Sing. (Praes. und überhaupt) nicht mehr erscheint, sondern mit dem Personalsuffix -m zu -u verschmolzen ist, bedarf nach §. 97 keiner Erläuterung mehr (§. 406).

Der Infinitiv fügt sein Suffix -t(i) hier, wie in den folgenden vier Classen unmittelbar an den Wurzelsylbenauslaut unter Berücksichtigung nur der Lautgesetze (z. B. dafs *t* vor *t* zu *s* wird, cf. *mes-t* f. *met-t*), und zeigt nirgend eine Spur von dem Derivationssuffix, aufser in den wenigen Fällen, wo ein unursprünglicher Nasal innerhalb der Wurzelsylbe sich durch alle Formen hindurch festgesetzt hat (cf. §. 259).

Das Praeteritum ist in der Mehrzahl der hierher gehörigen Verba, abgesehen von kleinen durchgängigen Eigenthümlichkeiten dieses Tempus — 1) treuere Bewahrung des Derivationsvocales (*a*) in der 3. Pers., 2) gestofsene Betonung des *a* in der 1. und 2. Pers. Plur., cf. §. 438) — eigentlich mit dem Praesens identisch. Zwei Abtheilungen dieser Classe entstehen dadurch, dafs die kleinere Hälfte der hierhergehörigen Verba zwischen den Wurzelsylbenauslaut und das *a* ein *j* einschiebt, wie es in den andern Classen, namentlich Cl. IV, noch häufiger geschieht; cf. *silt-u*, *silt-u*, *sis-t*, schlagen, aber: *ndk-u*, *ndsu* für *ndk-ju*, *ndk-t*, kommen; *mett-u*, *mett-u* (mit spitzem *e*) neben dem local üblichen *meschu* f. *met-ju*, *mes-t* f. *met-t*, werfen.

Als Wurzelauslaut erscheinen außer den Liquiden ziemlich alle Consonanten. Fünf Verba scheinen *n* zum Wurzelauslaut zu haben, es liegen hier aber Secundärwurzeln vor, die sich aus den ursprünglichen durch Hinzufügung des Nasals erweitert haben und letzteren in allen Formen des Verbs bewahren; wo er nicht durch die bestehenden Lautgesetze, d. h. vor einem andern Consonanten, unmöglich gemacht wird.

> *mi-n-u*, Praet. *mi-n-u*, Inf. *mi-t* f. *mi-n-t*, treten, √*mi*, (cf. lat. *me-are?*);
>
> *pi-n-u*, Praet. *pi-n-u*, Inf. *pi-t* f. *pi-n-t*, flechten, √*pi*;
>
> *schki-n-u*, Praet. *schki-n-u*, Inf. *schki-t* f. *schki-n-t*, pflücken, √*ski*, (cf. lat. *sec-are?*);
>
> *ti-n-u*, Praet. *ti-n-u*, Inf. *ti-t* f. *ti-n-t*, √*ti*.
>
> *tri-n-u*, Praet. *tri-n-u*, Inf. *tri-t* f. *tri-n-t*, schleifen, √*tri*, (cf. lat. *ter-ere*).

Wir zählen aber diese fünf Verba trotzdem zu Cl. I. und nicht zu Cl. III., weil die Verba Cl. III. den Nasal im Praet. und Infin. consequent abwerfen. Bei unsern fünf Verben ist der Nasal dagegen bereits zu inniger unauflöslicher Verbindung mit der Wurzel verwachsen, und selbst im Infinitiv ist er nur scheinbar verschwunden, cf. die Verlängerung des Vocals und die litth. Formen: *min-ti*, *pin-ti*, u. s. w.

Der Wurzelsylbenvocal ist in etwa der Hälfte der Verba ein ursprünglicher (*a*, *i*, *u*) (= VI. Verbalclasse im Skrit), in der anderen Hälfte ein gesteigerter (*au*, *ai*, *i*, *ê*, *e*) (= I. Verbalclasse im Skrit), und zwar dann in allen Formen desselben Verbi, cf. *dug-u*, *dug-u*, *dug-t*, wachsen, √*ug*, cf. *ug-a*, Beere.

Die Zahl der Verba Cl. I. ist verhältnismäßig sehr gering: 36, und von diesen wenigen erfreuen sich nur vielleicht die Hälfte eines wirklich allgemeinen und häufigen Gebrauches. Dieses ist um so mehr beachtenswerth, als die entsprechenden Classen der Skrit-Verba (I. und VI.) über 1100 Wurzeln zählen, d. h. ungefähr die Hälfte sämmtlicher überhaupt existierender Wurzeln (Bopp §. 109).

Die Bedeutung der Verba Cl. I. ist keine ausgesprochen gleichartige, wie wir wohl bei andern Classen finden.

§ 256.      **Catalog der Verba erster Classe.**

Wir lassen hier, wie später auch bei den andern Classen, ein Verzeichniſs der hergehörigen Verba folgen. Dasselbe ist nach Möglichkeit vollständig. In seiner ersten Rubrik stehen die drei Grundformen des Verbi, Praesens, Praeteritum, Infinitiv, nebst dialectischen oder localen Lautmodificationen und der Hauptbedeutung. In der zweiten Rubrik finden sich die entsprechenden litth. Verba. In der dritten beiläufige Bemerkungen rücksichtlich der Etymologie oder des Gebrauchs. Die Ordnung richtet sich nach der Natur des Praeteritstammes, nach dem Wurzelsylbenauslaut u. s. w. und ist erst innerhalb der kleineren Gruppen alphabetisch. Diese Verzeichnisse dienen zugleich zur Ergänzung der Flexionslehre.

## 1. Praeteritum ohne j.

**Wurzelsylbenauslaut: g.**

| | | |
|---|---|---|
| 1. | áug-u, (2. P. áf-i, doch auch -g-i, Gr. Essern), áug-u, áug-i, wachsen; | aug-u, aug-a-u, aug-ti . . . . | cf. úga, Beere. Factit. aud/-i-t, IX. |
| 2. | díg-u, díg-u, díg-i, stechen (intr.); in Compos. fadeln (tr.) . | díg-iu, díg-e, díg-ti, es sticht (im Leibe), impers. | cf. díg-s, Keimspitze, díg-t, V., keimen. |
| 3. | schmaug-u, schmaug-u, schmaug-i, einen Schlag (auf den Mund) geben; | smog-iu, smog-ia-u, smog-ti. | |

**Wurzelsylbenauslaut: b.**

| | | |
|---|---|---|
| 4. | dubb-u, dubb-u, dub-i, hohl werden, einfallen; | damb-u, dub-a-u, dub-ti; | Gehört in seiner Urform, wie aus dem Litth. erhellt, zu Cl. III. }'dúb, cf. dúb-e, Schlucht, damb—s, morastig, cf. Factit. dub-i-t, IX. |
| ● | (skrabb-u?), skrabb-u, skrab-i, schaben; | | Praes. skrab-d-u, von skrab-st-i-t, Freq. Cl. XI. |
| 5. | | | |

**Wurzelsylbenauslaut: t.**

| | | |
|---|---|---|
| 6. | (matt-u?), matt-u, mat-i, fühlen, wahrnehmen; | cf. mat-a-u, mac-a-u, mai-y-u, sehen; | cf. Freq. mat-i-t, XI. |
| 7. | ritt-u, ritt-u, rit-i, rollen, kullern, wälzen, tr. (u. intr.?), cf. rīti, rêti, rêti, z. B. naga nurāti, der Nagel ist abgegangen; | ric-u, rit-a-u, ru-ti; | cf. hiezu Factitiv: rét-i-t, IX. Freq. rut-i-t, rīt-i-t, XII. |
| 8. | sitt-u, sitt-u, sis-i, schlagen (tr.) . . . . | cf. sзkiu, Schlag | |

**Wurzelsylbenauslaut: d.**

| | | |
|---|---|---|
| 9. | wáid-u, wáid-u, waif-i, sich irgendwo aufhalten, befinden . | | cf. nз-ws am ne-rad, es ist nicht (da). |

**Wurzelsylbenauslaut: s.**

| | | |
|---|---|---|
| 10. | dus-u, dus-u, dus-i, keuchen (B. 2885); | cf. at-si-duc̓u-u,    -duc̓ú-ia-u, -dvc̓š-ti, aufathmen; | cf. dvóš-ele. Seele. urspr. Hauch, Athem, }'dvau, cf. dus-i-t, Freq. XII. |
| 11. | pis-u, pis-u, pis-i, coire cum femina (tr.) . | pis-u, pis-a-u, pis-ti. | |

| | | | |
|---|---|---|---|
| 13 | riss-u, riss-a, ris-i (Auts), Præs. rūssler (Livl. Schujen), rūr-a, rūr-a, rūr-i (Livl. Kaiseuau), | { binden; | cf. gabba'li jā-ta-rīsch, ein Stück muß angebunden werden, cf. Freq. rūis-i-i, losbinden, Cl. XI. |
| 13 | sau-u, sau-a, sau-i, dürre, trocken werden; | sau-fu, sau-u-u, sau-ii; | cf. sēau-u, trocken, √su, cf. Freq. sēau-i-i, XII. |

**Wurzelsylbenanslaut: f.**

| | | | |
|---|---|---|---|
| 14 | bif-u, bif-a, bif-i, gerinnen (von Milch); | | cf. Adj. biff-a, dick; cf. „Bebstmilch" = Frischmilch (kur. Prov.), cf. Freq. bif-i-i, XII. |
| 15 | duf-u, duf-u, duf-i, entsteigen, (item: in Nebel gehüllt sein, cf. fo-duf-ani senle less, die Sonne geht trübe auf? B. 848); | | cf. Factit. dauf-i, IV., Freq. bleau: dauf-i-i, XI. |
| 16 | maf-u (maf-tu V.), maf-a (maf-a), maf-i, stumpf werden (von den Zähnen). | | |
| 17 | uf-f-(a) (uf-i V.), uf-f-a, uf-f-i (impersou.), jucken; | uii-i, uii-o, uii-i; | Freq. uf-i-i, XII. |

**Wurzelsylbenanslaut: n (cf. § 255).**

| | | | |
|---|---|---|---|
| 18 | min-u (mim, Essern, Mesoten, Nerft, Livl.), min-a (min-a), mi-i, treten; | min-u, mym-is-u, mif-ti, (min-ti); | (cf. lat. me-o?), cf. Freq. mi-i-i, XI., mi-a-i-i, VI. |
| 19 | pin-u (pimu, Golding, Zirau, Mesota), pin-u, pi-i, flechten; | pin-u, pym-is-u, pf-ti, (pim-ti), | cf. lat. sec-o, cf. Sichel. |
| 20 | schtin-u (schtiuu?), schtin-u, schtii-i (schtii-i, Auts), päcken; | skin-u, skym-is-u, skf-ti, (skim-ti); | |
| 21 | tin-u (timu, Essern, Kabillen, Cremon), tin-u, ti-i, winden, wickeln; | | cf. Demin. Freq. tin-tt-i-i, IX. Freq. tt-tt-i-i, XI. |
| 22 | trin-u (trim-u), trin-u, tri-i, reiben, schleifen; | trin-u, trym-is-u, trf-ti, (trim-ti); | cf. lat. ter-o. |

## 2. Praeteritum mit f.

### a) Das f erscheint selbst noch (in s, sf = tj, g).

| | | | |
|---|---|---|---|
| 23 | ilg-u, ildf-u, ilg-i, verlieben (Stender, — ? —); | (u-a-)ylg-stu, -ilg-a-u, -ilg-ti, die Zeit nicht erwarten können, sehnsüchtig harren; | cf. Adv. ilg-i, lange. |

| | | | |
|---|---|---|---|
| 24 | adk-n (2. P. -t), add-n (ndtsche f. ndk-ja, Livl., B. 2204. 2771.), ndk-t, kommen; | | cf. t-ndk-ti-, reiten. |
| 25 | adel-n, ndess, ndel-t, mit Wolken überziehen (?) | | |
| 26 | (ad-prāg-t-, -dudf t-i-, -tāug-ll-t, aufklaben, rülpsen (Antz); | adn-n, ndten-n, ndd-ti; | cf. Freq. at-rāag-a-tt-n, VI. |
| 27 | rahh-n (carm. Herad, rihn, Hard.), sasan, sah-t, folgen, c.Acc.; Medium: gehalten, Erfolg haben; | | cf. w?lhn sahh, den Wolf verfolgen, cf. Freq. sahh-i-j, IX, ist. sagai. |

b) Das j ist selbst bereits verschwunden und macht sich nur noch in seiner Nachwirkung bemerklich, sofern das o der Wurzelsylbe (im Praet.) umgelautet (geeplitzt) wird.

| | | | |
|---|---|---|---|
| 28 | dd-n (itan f. ed-am, d. L ed-nuf), dd-n, df-t, essen; | ddd-n (dd-ma), ed-an, ed-i | cf. Freq. if-i-t-ti-, VII, sich härmen. Factit. td-in-di-, X. |
| 29 | ropp-n (N.Bart.), (rop-ju?) ropp-n, rop-t, cf. ap-rup-t, zur Heilung bevorkommen. | | |
| 30 | sopp-n (N.Bart.), (sop-ju?), sopp-n, sop-t, hecken, brüten (trans. und intrans). | top-n, hop-jan, hop-ti | |

c) Doppeltgeformtes Praeteritum, entweder nach Analogie a. oder nach Analogie b.

| | | | |
|---|---|---|---|
| 31 | adk-n (2. P. -t), adk-n; adn-t, anfangen. adn-n f. adk-ju, | adk-n | |
| 32 | big-n (2. P. -t/-t), big-n (Kehill, N.Bart, B. 2587), big-t, bidju f. big-ju (Antz), fliehen; | big-n, big-an, big-ti | |
| 33 | dogg-n (2. P. -t/-t), dogg-n (Kehill, N.Bart., dog-t, brennen didju f. dog-ju (Antz), (intrans). (In trans. Bedeutung nach Cl. IV: dedju, dedfn, dogt). | dog-n, dag-i-an, dag-ti; | cf. Factit. dad/-in-di, X. |
| 34 | meff-n, { meff-n (Antz), meche f. mefje (N.Bart., Kabessa, North), | med-n, med-an, med-ti; | √med, Freq. mdd-i-t-i, VI. Freq. med-in-d-t, X |
| 35 | wedd-n, { wedd-n (Antz), wefche f. wedju (N.Bart, Kokenhusen), werfen; med-t, führen; | med-n, wed-an, wed-ti; | √wed, Freq. wedd-i-t, VI. med-i-t-i, VI, wef-in-d-t, X). (cf. tm/-d-t, VI. |
| 36 | naes-n, { naes-n (Antz), naeche f. naesje, naes-t, tragen; | naes-n, naes-i-an, naes-ti; | √nes, Freq. nae-t-ti, VI. |

# Zweite Classe.

(Praes. -a- + Vocalsteigerung, Praet. -a-; Schl. litth. Cl II.).

§. 257. Die zweite Classe steht der ersten sehr nahe. Das Derivations-Element (Bindelaut) ist im Praesens hier wie dort: ā; das Praeterit. hat durchweg kein ſ. Die Wurzelsylbe erscheint also auch in allen Formen wesentlich als dieselbe bis auf den einen Umstand, daſs im Praes. der Wurzelsylbenvocal gesteigert erscheint und zwar gesteigert im Vergleich mit dem Wurzelsylbenvocal des Infinit. und Praeterit., nicht unmittelbar im Vergleich mit dem urspr. Wurzelvocal. Man könnte hieraus folgern, daſs die Steigerung in diesem Fall mehr ein tempusbildendes, als ein deriviendes Mittel sei. Die griech. Verba der Cl. II. („Dehnclasse", bei Curtius, Schulgramm. Ed. 3. 1857. §. 248) entsprechen den hier in Rede stehenden lettischen insofern nicht vollkommen, als dort der gesteigerte Vocal des Praes. nicht auf den Praesensstamm beschränkt bleibt, wie im Lettischen. Cf.:

|  | Fut. | Perf. | Inf. | Aor. 2. |
|---|---|---|---|---|
| φεύγ-ω, | φεύξω, | πέ-φευγ-α, | φεύγ-ειν, | ἔ-φυγ-ον; |
| λείπ-ω, | λείψω, | λέ-λοιπ-α, | λείπ-ειν, | ἔ-λιπ-ον; |

cf. we'lk-u, Fut. wi'lk-schu, Praet. wi'lk-u, Inf. wi'lk-t, ziehen.

Der Umfang unserer zweiten Classe ist auſserordentlich klein: 12 Verba, die wahrscheinlich alle urspr. den Vocal a in der Wurzel geführt haben, der sich zunächst zu i geschwächt (cf. Infinit. und Praeter.) und sodann wiederum aus i zu e gesteigert hat.

Beachtenswerth ist schlieſslich, daſs der Wurzelsylbenauslaut hier entweder eine Liquida allein ist, oder eine Liquida in Begleitung eines k, p, (t oder d).

§. 258.   Catalog der Verba zweiter Classe.

**Wurzelsylbenauslaut:** *k.*

| | | | |
|---|---|---|---|
| 1 | *pérk-u* (2. P. *-a-*), (*pérk-u,* Antz; *pérk-u,* Lkt. Kabill.), *pírk-u, pírk-t,* kaufen; | *pérk-u, pérka-u, pírk-ti;* . . | cf. *praa-t,* Waare, *praa-ti* (IX), handeln, freien. |
| 2 | *wélk-u* (2. P. *-a-*), *wélk-u, wi'lk-t,* ziehen, schleppen; . . | *wélk-u, wilk-a-u, wilk-ti;* . . | √ *walk,* cf. Freq. *walk-i-t,* VI. *wilk-in-t,* X. |

**Wurzelsylbenauslaut:** *p.*

| | | | |
|---|---|---|---|
| 3 | *té'lp-u, té'lp-u, té'lp-t,* eingehen, Raum haben; . . . | *télp-u, télpa-u, télp-ti.* | |
| 4 | *sérp-u* (Antz; öfter vielleicht sonst *sérp-u*) *sérp-u, sérp-t,* scheeren (mit der Scheere) ; | *sérp-u, sérpa-u, sérp-ti.* | |

**Wurzelsylbenauslaut:** *t, d.*

| | | | |
|---|---|---|---|
| 5 | *krém-t-u, krém-et-t, krém-es-t,* nagen; | *krem-t-u, krém-t-o-u, krém-es-ti;* | √ *kramt,* cf. Freq. *kra'm-i-t-t,* XI. |
| 6 | *sért-u* (Antz; oft auch: *sér-t-u*) ohne Steigerung: *sírt-u, Nerft,* cf. Imperat. *sí-t-t(i)!* Essen), *sírt-u, sírt-t,* hauen; | *kort-u, kírt-a-u, kírt-ti.* | |
| 7 | *pérd-u* (Antz; *pérd-u,* N.Bartau), *pérd-u, pí'r-f-t,* crepitum ventris edere; | *pérd-u, perdic-u, pér-ti.* | |

**Wurzelsylbenauslaut:** *l, m, n oder r.*

| | | | |
|---|---|---|---|
| 8 | *del-u* (*dí'l-ém,* Cl. V.), *dil-u, dil-t,* sich abschleifen; . . . | *dyl-u, dil-a-u, dil-ti;* . . . | cf. Factit. *de'l-d-i-t,* IX. |
| 9 | *dém-u* (*dé'm-ém* V. Kabillen), *dim-u, dí'm-t,* dröhnen; | | cf. *da m-t,* Hesselb. (cf. *damp-i-u,* Lärm?) cf. Freq. *dim-d-i-t,* XII. Factit. *d/e'm-d-i-t,* IX. *d/in-d-in-t,* X. |
| 10 | *d/in-u* (*d/ín-ém* V. Antz, Kabillen), *d/in-u, d/ín-t,* geboren werden; | *gema, gimja-u, gim-ti;* | |
| 11 | *d/in-u, d/in-u* (*d/in-u,* Goldingen), *d/i-t* (Antz: *d/í-t,* Kabillen), treiben; | *gen-u, gin-ia-u, gí-ti;* | √ *gen,* cf. Freq. *gan-i-t,* XI. *gam-d-i, d/in-d-i,* VI. |
| 12 | *we'r-d-u* (*vér-d-u,* N.Bartau), *wir-u, wir-t,* kochen (intr. und trans. (Nerft, B. 2322.) (Nordwestkurl. *wír-t*); | *werd-u, wirja-u, wir-ti* (trans. und intr.), | √ *gam,* cf. Factit. *gam-i-t,* XI. *gam-d-i, d/m-d-i,* VI. *d* euphon. √ *war,* cf. Factit. *we'r-d-i-t, X.* kochen, tr. XI. *wír-in-d-t, X.* |

# Dritte Classe.

(Praes. -*n*- + Nasalverstärkung, Praet. meist -*a*-, selten -*ja*-;
Schl. litth. Cl. III.).

§. 259. Das Derivationsmittel der Cl. III. ist entsprechend
der Cl. IX. (cf. Cl. V. u. VII.) der Skrit-Verba bei Bopp und
der Cl. V. der griech. Verba bei Curtius (§§. 321—323, cf.
δάμ-νη-μι, τέμ-νο-μεν): das obige kurze *a* mit einem vorhergehenden Nasal *n*, welcher bei vocalischem Wurzelsylbenauslaut unmittelbar vor dem *ă* steht, bei consonantischem
Wurzelsylbenauslaut dagegen vor diesem, also mitten innerhalb der Wurzelsylbe zur Verstärkung derselben erscheint. Das
Litthauische hat im letzteren Fall den Nasal meistens bewahrt,
der Genius der lett. Sprache hat ihn in der Regel bereits untergehen lassen (§§. 89—96), so dafs erst die Sprachvergleichung
zum Verständnifs der Formen hat führen können. Cf. *tûpu*,
ich werde, gelange, litth. *tampu*; *krítu*, ich falle, litth. *krintu*;
*tûku*, ich schwelle, litth. *tunku*. Das lett. *līku*, ich lege, f. *linku*
findet allerdings im Litth. kein entsprechendes *linku*, sondern
nur die jüngere Form *lēku*, aber cf. dafür das lat. *linquo*, √ *liq*,
cf. Perf. (re)*liqui*. Ebenso wird *mís-nu*, worin ebenso doppelte
Nasalierung erscheint, als wie im griech. λαμβ-άνω, √ λαβ, cf.
Aor. 2. ἔ-λαβ-ον, oder λανϑ-άνω, √ λαϑ, cf. Aor. 2. ἔ-λαϑ-ον, —
nicht durch das litth. *meìu*, wo das *n* auch bereits untergegangen ist, sondern durch das lat. *mingo*, √ *mig*, wo der Nasal sich
erhalten hat, erklärt.

Der Nasal hinter vocalischem Wurzelsylbenauslaut
ist im Lettischen wie im Litth. eigentlich selten. Allgemein
gebräuchlich sind vielleicht nur *sî-nu*, ich binde, und *áu-nu*,
ich bekleide (die Füfse). Alle übrigen Verba haben im Praesens Nebenformen nach Analogie der Cl. IV. mit dem Suffix
*ja*, die in gröfserem Umkreise Geltung haben dürften als die
nasalierten Formen, so in Kur- und Lettland, so im preufsischen
Litthauen. Das Žemaitische liebt die Nasalierung (Schleicher
litth. Gr. §. 114). Im Latein. entsprechen Verba wie *sper-no*,
im Griech. wie τέμ-νω, κάμ-νω, oder noch mehr durch vocalischen Wurzelsylbenauslaut und Vocalsteigerung: βαί-νω, √ βα;
ἐλαύ-νω, St. ἐλα, u. s. w.

Nach Bopps Vermuthung (§. 495) ist in dem Suffix *na*
wiederum ein Pronominalstamm, cf. skr. *na*, benutzt, um die in

der Wurzel in abstracto ausgedrückte Handlung oder Eigenschaft zu etwas Concretem zu machen.

In denjenigen Verben, die in dem folgenden Verzeichnifs als zu Cl. III. gehörig zusammengestellt sind, findet sich keines, das den Nasal aufser dem Praesensstamm zeigte. Sie bilden alle das Praeteritum ohne *n* und zu allermeist auch ohne *j* und zeigen hier die Wurzelsylbe wie im Infinitiv meist in der Urgestalt, cf. *rakku*, ich grub, *likku*, ich legte, *juttu*, ich fühlte.

Nur wenige unten sub Cl. IV. (und V.) verzeichnete Verba giebt es, die den Nasal oder dessen Product in allen Formen zeigen, dann aber eben ihn auch dermafsen zur Wurzel gehörig betrachten, dafs sie ein zweites Derivationsmittel (*ja*, Cl. IV, oder *sta*, Cl. V) dazunehmen, cf.:

*kamp-ju, kamp-t,* fassen, √ *kap,* (cf. jüdisoh-deutsch: chappen);

*grumb-ju, grumb-t,* Runzeln machen;

*sensohi-s, sens-ti-s,* sich anstrengen, cf. *stschi-s, sts-ti-s,* dulden;

*le'nsu, le'nk-t,* beugen, == *liksu, lik-t,* litth. *lenk-iu, lenk-ti,* einkreisen;

*tre'nsu, tre'nk-t,* schütteln, stofsen, == *triksu, trik-t,* litth. *trenk-iu, trenk-ti.* u. s. w.

Wie in den Nebenformen *lik-t, trik-t,* so deutet noch in mehreren anderen Verben Cl. IV. die Beschaffenheit des Wurzelsylbenvocals durch alle Formen hindurch auf frühere Nasalierung, wie das Litthauische in der Regel deutlich bestätigt. Cf.:

*tip-jus, tip-t,* spannen, strecken, litth. *temp-ju, temp-ti;*

*kúschu* f. *kúd-ju, kús-t,* beifsen, litth. *kand-u, kąs-ti;*

*lischu* f. *lid-ju,*  
*linu* f. *lid-u, lind-u,* } *lis-t,* kriechen, litth. *lend-u, lys-ti.*

Auch die fünf schon hervorgehobenen Verba Cl. I., deren Wurzelsylbe auf *n* auslautet, haben wir von Cl. III. ausschliefsen müssen, weil der Nasal bereits mit der Wurzel durchweg verwachsen ist (§. 255). Endlich cf. die Wurzelverstärkungen mittelst Nasals in *kla-n-i-ti-s,* sich verneigen (XI), √ *kla; mai-n-i-t,* tauschen (XI), √ *mi; pla-n-d-i-ti-s,* sich breit machen (XI), √ *pla,* und ähnliche.

Ein Theil übrigens der Verba Cl. III. (Nr. 32 — 51) gehört vielleicht nur scheinbar zu Cl. III. Es sind solche Verba, für die sich nicht mit Evidenz das frühere Vorhandensein eines

Nasals in der Wurzelsylbe nachweisen läfst. So könnte die
Vocaländerung im Praesens vielleicht lediglich eine Vocalsteigerung sein nach Analogie der Cl. II. Gewiſs ist dieses bei
*pül-u, pul-u, pul-t,* fallen, anzunehmen.

Die Verba Cl. III. gehören zu den primitivsten der
Sprache, wie wir aus der Beschaffenheit der Wurzelsylbenvocale und aus der Bedeutung schließsen dürfen.
Die 51 Verba Cl. III. mit consonantischem Wurzelauslaut zeigen
nur einen der drei Urvocale: *a, i* oder *u* und zwar kurz, eine
Erscheinung, die sich in dem Maaſs nur bei den Verben Cl. V.
wiederfindet. Was die Bedeutung anlangt, so finden sich unter
jenen 51 Verben kaum 9 Transitiva, Objectiva, und auch diese
haben eigentlich nur in seltenen Fällen wirklich einen Accus.
Objecti bei sich, cf. *rak-t,* graben; *pras-t,* verstehen; *sag-t,*
stehlen, u. s. w. Die überwiegende Mehrzahl sind ächte Verba
intransitiva oder subjectiva (§. 258).

Mit der zweiten Abtheiluug von Cl. III., d. h. mit den
Verben, wo der Nasal an vocalischen Wurzelsylbenauslaut sich
fügt, verhält es sich aber anders. Hier haben von 14 Verben
nur 2 den urspr. Wurzelvocal bewahrt, und zwar auch nicht
kurz, sondern gedehnt, cf. *gü-t,* haschen, und *schü-t,* nähen.
Die übrigen zeigen denselben gesteigert in allen Verbalformen,
wahrscheinlich um dem ganzen Lautcomplex bei Ermangelung
eines consonantischen Wurzelsylbenauslautes mehr Halt und
Festigkeit zu geben.

## Catalog der Verba dritter Classe.

### 1. Verba mit consonantischem Wurzelsylbenauslaut.

§. 260.

#### a. Wurzelsylbenvocal; a für e.

| № | | | |
|---|---|---|---|
| 1 | lihk-u (2. P. -z-i, N.Bartau, Kahzeman, und auch -k-i), lakk-u, lak-t, lecken; | lak-u, lak-io-s, lak-ti; . . . | cf. lat. lingo, *Leige*. Factit. u. Freq. *laz-in-ā-t*, X. |
| 2 | rak-u (2. P. -z-i und -k-i), rak-u, rak-t, graben; . . . | cf. romb-u, rubo-s, rak-ti, ein Loch aufpicken; | cf. altpreuß. *rnch-twei*, stehlen (= „bandeln“), cf. russ., litth. rembu, Hand; cf. Freq. rakā-d-t, VI. rah-ti-t (XI), schreiben. |
| 3 | plak-u (2. P. -z-i (u. -k-i?)), plakk-u, plak-t, flach werden; | . . . . . . . | cf. Planke, Flanke; cf. Factit. plaz-in-ā-t, X. |
| 4 | (diz-)rənāk-u, -rnokto, -rnak-t, heiser werden; . | cf. rnauk-u, rnauk-o-s, rnauk-ti, in einer Röhre hinabgleiten (?) | |
| 5 | tāp-u, topp-u, tap-t, werden, gelangen; . . . | tapu, tapjan, tap-ti; | (cf. Factit. tapp-in-ā-t, borgen, X?). |
| 6 | prāt-u, pratt-u, prae-t, verstehen; . . . | pratu, prat-o-s, pra-ti | |
| 7 | rūd-u (oft rūnu f. rund-u, nach Analogie von brūnu f. brūd-u, selten rūno, Kahzeman, cf. §§. 481. 407, 8), radd-u, raf-t, 1) finden, (vielleicht nur in Compos.) 2) gewohnt werden; | rund-u, rad-o-s, rad-ti; . | cf. Factit. 1) rādd-i-t (XI), zeigen; 2) rudd-in-ât (X), gewöhnen. |

#### b. Wurzelsylbenvocal: i oder î für e.

| № | | | |
|---|---|---|---|
| 8 | līk-u (2. P. -z-i), lik-u, lik-t, legen, urspr. wohl: (übrig) lassen; (im Compos. z. B. at-lik-t, intr. = übrig bleiben); | lik-u (lik-mi), lib-o-s, lik-ti; | cf. lat. Impero, *lego*. |
| 9 | (diz-)mīg-u (2. P. -z(i), -mīgg-u, -mig-t, einschlafen; | (at-)ming-u, -mig-o-s, -mig-ti; | cf. Factit. mid/-in-ā-t, X. |
| 10 | snīg-(-u) (mīg-ut, V.), snigg-u (midḉe, Nord), snig-t, schneien (impersonell) | sning-u, snig-o, snig-ti; . | cf. lat. ning-it und nix; cf. Demin. snigg-ul-ā-t, IX. |
| 11 | stīg-u (2. P. -z-i; -dd-i, Kahzeman), stigg-u, stig-t, einsinken (in Livl. sehr gebräuchlich); | cf. sting-u, stig-a-s, stig-ti, an einem Ort ruhig verweilen (?) | |
| 12 | brīd-u (Livl., aber meist: brīnu f. brīnd-u, cf. rūnu; selten brūno, Kahülien), brīdd-u, brīf-t, waten | brend-u, brid-o-s, bri-ti; | cf. Freq. *bradd-ā-t* (VI). |

| 13 | | | |
| 14 | | | |
| 15 | | | |
| 16 | | | |
| 17 | | | |
| 18 | | | |
| 19 | | | |
| 20 | | | |
| 21 | | | |

c. Wurzelsylbenvocal: i für u.

| 22 | | | |
| 23 | | | |
| 24 | | | |
| 25 | | | |

| No. | | | |
|---|---|---|---|
| 26 | krip-u, kripp-u, krup-t, gripe-u, gripp-u, grup-t (Livl.) } verkrampfen; | | cf. Facit grumb-t, IV. |
| 27 | kip-u (Stend., kupp-u, N.Bartau), kupp-u, kup-t, zusammen-gehen, gerinnen; | | cf. Facit kip-t, zusammenbringen, IV. kupp-in-t, I. |
| 28 | lip-u, lupp-u, lup-t, schälen, hernehmen; | lip-u, lup-r-u, lup-ti; | cf. Interm. lūup-t, XI. (cf. Lampen?). Facit jāup-t, IV. |
| 29 | jut-u, jutt-u, jus-t, fühlen; | jun-u, jut-r-u, jun-ti; | |
| 30 | sit-u, sutt-u, sus-t, heiss werden, (austrocknen, Kabmann); | sun-u, svut-a-u, svus-ti, gebrüht werden; | } cf. Freq. sūt-i-t, XII, Facit svut-i-t, IX. svut-in-t, X. Beide Verba wohl identisch. |
| 31 | schut-u, schutt-u, schus-t, böse werden; | cf. svut-u, svut-a-u, svus-ti, toll werden; | |

An die Analogie der vorhergehenden Verba schliessen sich folgende an, ohne dass sich jedoch die frühere Existenz eines Nasals im Praesens sofort nachweisen liesse. Ein Theil dieser Verba gehört vielleicht in Wahrheit zu Cl. II.

| No. | | | |
|---|---|---|---|
| 32 | (ap)-smok-u (?), -smok-u, -smok-t, Geruch bekommen; | cf. nog-in, nog-i-a-u, nog-ti (?) } us u? | cf. goda no-smōk-t-uš, das Fleisch ist verdorben; kūdós tur itč ap-smok-uš im ap-smok-uschi, die Leute dort sind ganz verstockert und verstöckert. |
| 33 | fug-u, fagg-u, fag-t, stehlen; | | (cf. stig-t, Kabmann). |
| 34 | strig-u (2. P. -dž-i; cf. 3. P. strig-st, V, Essern), strigg-u, strig-t (strig-t, Hemelb.), einsinken; | | (cf. stig-t?) |
| 35 | stib-u, stibb-u, stib-t, betäubt werden (Stend.); | | } cf. Freq. fibb-i-t, fabb-i-t, XII. fab-in-t, I. |
| 36 | { fib-u (fibb-u, Kabmann), fibb-u, fib-t, fchib-u (Essern, fchib-iu, V, Kabmann), fchibb-u, fchib-t, } simmern; | cf. fib-u, fib-ijem, fib-ści, glän-zen; | |
| 37 | knit-u, knitt-u, knit-t (knie-š), keimen. | | |
| 38 | schkitt-o), schkitt-u, schkitt-u, u. s. w. meinen (N.Bartau, Zirau); | | cf. schit-u-t, schön, dg. klar; schit-i-a-u, rein. cf. Freq. schit-i-t, zählen, XI (?) |
| 39 | gid-u, gidd-u, gif-t, lame werden, mathmaßen; | | cf. Freq. gidd-i-t, VI. |

| 40 | bruk-u (3. P. -t, N.Bartau, Kalnenau), bruks-u, bruk-t, schichtweise abgeben; | (cf. bruke, bruk-u-u, bruk-t, in eine Spalte enge einfügen, Kurschat; dringen, Nesselm.?) | cf. Factit. brûk-t, Ahrens, IV. bruk-in-t, I. |
| 41 | dūk-u, dukk-u, duk-t, matt sein oder werden. | . . . . . . . | |
| 42 | jūk-u, jukk-u, juk-t, verwirrt werden; | . . . . . . . | cf. Factit. jauk-t, IV. |
| 43 | mūk-u, mukk-u, muk-t, sich abstreifen, stieben, in Sumpf einschiefsen; | . . . . . . . | cf. Factit. mauk-t, IV. |
| 44 | plūk-u, plukk-u, pluk-t, verbrühen (intr.) | . . . . . . . | cf. Factit. plauk-in-ât, X. |
| 45 | sprūk-u, sprukk-u, spruk-t, entspringen. | . . . . . . . | |
| 46 | sūk-u, sukk-u, suk-t, schwinden (Lange), entwischen (Livl). | . . . . . . . | |
| 47 | schlūk-u, schlukk-u, schluk-t, glätschen; | . . . . . . . | cf. Freq. schlûkâ-t, VI. Factit. slauk-t (IV), melken. |
| 48 | drūp-u, drupp-u, drup-t, bröckeln, stückweise zerfallen; | cf. trup-u-u, trup-ij-u-u, trup-ât; | cf. Factit. draup-in-ât, I. |
| 49 | skūt-u, skutt-u, skus-t, barbieren, schaben; | skus-u, skus-u-u, skus-t; | cf. Freq. skûsi-elle, sich schubben, XI. |
| 50 | sūd-u, sudd-u, sus-t, verschwinden; | . . . . . . . | cf. Factit. sûd-i-elle, XI. sûud-i-t, IX. sûdi-in-ât, X. |
| 51 | pūl-u (pûl-u?), pul-u, pul-t, füllen; | pûl-u, pûl-i-u-u, pul-tt. | |

## 2. Verba mit vocalischem Wurzelsylbenauslaut. Doppelform des Praesens im Uebergang zu Classe IV.

### a) mit gesteigertem Wurzelvocal.

α) Praeteritum mit j (falls das j nicht euphonisch ist).

| 52 | {krī-nu (krī-mu, Kalznau),}<br>{krī-ju, } krī-ju, krī-t, schmieden; | grī-ju, grī-jo-u, grī-t; | cf. krī-j-u-u, krī-m-u, Schmand. Freq. krī-st-ât, XI. |
| 53 | sī-nu (sī-mu, Angermünde, B. 2021), sī-ju, sī-t, binden; | . . . . . . . | Vi, cf. sī-tma, Riemen; Freq. sei-nt-t, XI. |

| | | | |
|---|---|---|---|
| 54 | škrí-nu (skri-au, Ziau, B. 1899), škrí-ju, } škrí-ju, skrí-t, laufen; . . . . | skrė́-ju, skrė́-jo-u, skrė́-ti, im Kreise bewegen; | Vsbrt. cf. Freq. skrad-ė́-t-i, XI. Factit. sbrd-i-n-t-i, X. |
| 55 | slī́-nu, slī́-ju, } slí-ju, slí-t, anlehnen, schützen; . . . . . | slí-ju, slė́-jo-u, slė́-ti; | cf. slíg-t, IV. |

β) Praeterit ohne j.

| | | | |
|---|---|---|---|
| 56 | dū́-nu (dū-au, Meseten), } ū́-u (Autz, dun), dū-t, (die Füsse) bekleiden; . . . . . | du-u, au-jo-u, dė́-ti; . . | Vu. cf. lat. u-o in ex-u-o, in-d-u-o. |
| 57 | blī́-nu, blī́-ju (Autz), } blī́-u (blín-?), blí-t, schreien, bis- ken; . . . . | blím-u, } blíow-jo-u, blím-ti, blím-ju, } brüllen | |
| 58 | kráu-nu, kráu-ju (Autz), } kráu-u, krau-t, häufen; . . . . | kráu-ju, kráw-jo-u, krám-ti; . | cf. Freq. krau-st-ė́-t-i, XI |
| 59 | mū́-nu, mū́-ju; } mū́-u (B. 218), mū́-t, brüllen (v. d. Kuh); . | cf. mamu-ju, mamu-jo-u, mam-ti oder šamú-ju, šuok-ti. | |
| 60 | plū́-nu (Neuff), } plū́-u, plau-t, mähen; . . . . . | pjáu-u, } pjów-jo-u, pjów-ti. pjáu-ju, } pjów-ti. | |
| 61 | rū́-nu (Palmnar), } rū́-u, rū́-t, reiben; . . . . . | ráu-u, } ráw-jo-u, ráw-ti; ráu-ju, } | Freq. ráw-st-ė́-t-i, XI. ráw-ė-t-i, IX. |
| 62 | spī́-nu, spī́-ju; } spí-u, spí-t, spucken; . . . . . | spjáu-ju, spjów-jo-u, spjów-ti; | cf. Freq. spjau-st-ė́-t-i, XI. |
| 63 | šáu-nu, šáu-ju; } šáu-u, šau-t, schiessen; . . . . . | šáu-ju, šów-jo-u, šów-ti; . | cf. Freq. šchau-st-ė́-t-i, XI. |

b) mit ursprünglichem Wurzelvocal

| | | | |
|---|---|---|---|
| 64 | gā́-nu, gā́-ju (? oder gū́-ju?), } gū́w-u, gū́-t, haschen; (im Oberl. die litth. Form: gáu-nu oder gáu-ju, gáu-u, gau-t). | gu-ju, gu-jo-u, gui-t, jagen; cf. guo-u, guo-u-u, guo-t, em- pfangen; | cf. Freq. gá-st-ė́-t-i, XI. |
| 65 | schā́-nu (Livl, B. 2226), } schū́w-u (B. 689. 889), schú-t, schū́-ju, } nähen; | šéu-u, šéu-o-u, šú-ti; . . . | cf. Factit. schi-d-ė́-t-i, XI. |

## Vierte Classe.

(Praes. -ja-, Praet. -ja- oder -a; Schleicher litth. Cl. IV).

§. 261. Das Derivationssuffix oder Classenzeichen der Cl. IV.
ist *ja*, auch wenn das *j* in Folge der bekannten Lautgesetze
nicht überall selbst mehr sichtbar erscheint, sondern in dem getrübten consonantischen Wurzelsylbenauslaut verborgen liegt, cf.
*púscha-m*, wir blasen, f. *pút-ja-m*; *káscha-m*, wir seihen, f. *kás-
ja-m*; *kuļa-m*, wir dreschen, f. *kul-ja-m*; *brésa-m*, wir schreien,
f. *brék-ja-m*, u. s. w. (§§. 124. 126). Im Skrit entspricht formell
die Verbalclasse IV., sofern dort *ja* sich an die Wurzelsylbe
fügt, rücksichtlich der Bedeutung aber findet der Unterschied
statt, daß die skrit. Verba dieser Classe meist Verba neutra
sind, die lettischen dagegen mit wenigen Ausnahmen transitiva,
alle aber wenigstens activa, d. h. Verba, die kein bloßes Geschehen, sondern eine Handlung, eine Thätigkeit ausdrücken
(cf. §. 509). Im Griechischen entspricht bei Curtius (a. a. O.
§. 250) auch die Cl. IV., wo in ähnlicher Weise als im Lett.
und doch eigenthümlich nach den besonderen Lautgesetzen der
Einfluß des *j* den Wurzelsylben- oder Stamm-Auslaut modificiert. Cf. φυλάσσω f. φυλακ-jω, τάσσω f. ταγ-jω, φράζω f.
φραδ-jω, λίσσομαι f. λιτ-jομαι, βάλλω f. βαλ-jω, φαίνω f. φαν-jω.
Im Lat. entspricht ein Theil der Verba der sogenannten III. Conjugation, cf. *fug-io*, *cap-io*, *fac-io*, u. s. w. Die Uebereinstimmung der litth. Cl. IV. mit der unsrigen wird aus der Zusammenstellung im Cataloge von selbst in die Augen fallen.

Das Praeteritum bewahrt das Derivations- oder Classensuffix nur in etwa der Hälfte der hierher gehörigen Verba, und
zwar unmittelbar auch nur bei einigen vocalisch auslautenden
Stämmen (cf. *já-ju*, *já-ju*, *já-t*, reiten), mittelbar bei gutturalem
Wurzelsylbenauslaut, wo *k* als *s* und *g* als *dŝ* wie im Praesens
erscheint (cf. *plúsu*, *plúsu* f. *plúk-ju*, *plúk-t*, zupfen, *júdŝu*, *júdŝu*
f. *jung-iu*, *júg-t*, anspannen), oder in der Nachwirkung auf den
Wurzelsylbenvocal *e*, der, mag auch ein Consonant folgen, welcher wolle, doch im Praeterit Cl. IV. immer spitz lautet, eine
Thatsache, die nicht anders sich erklären läßt, als durch die
Annahme, daß ein *j* dahinter ausgefallen sei, wie denn auch das
Litth. durch treue Bewahrung des *j* in fast allen Verbis Cl. IV.
bestätigt (§. 436). Für die Verlängerung des kurzen Wurzelsylbenvocals im Praeteritum der meisten Verba, deren Wurzel-

sylbe auf eine Liquida auslautet, hat sich bisher kein Grund gefunden (§. 440).

Die Wurzelsylben der Verba Cl. IV. sind nicht identisch mit den entsprechenden Wurzeln. Gleichwie die Bedeutung dieser Verba eine abgeleitete jüngere ist (es sind meistens transitiva, oder wenigstens activa im prägnanten Sinn, und zwar sehr oft factitiva im Verhältniſs zu den Verbis intransitivis neutris der Cl. V. und III.), so ist auch die Lautform eine schon abgeleitete, jüngere. Unter den 212 Verbis Cl. IV. finden sich nur 27, die ein kurzes *a, i* oder *u*, d. h. einen der Urvocale sich bewahrt haben. Aber auch nicht einmal bei diesen allen finden wir die ursprüngliche Wurzelgestalt, denn z. B. *kamp-t*, fassen, und *grumb-t*, Runzeln bekommen oder machen, haben die Wurzel schon durch den Nasal erweitert; *ir-t*, rudern, *sokkil-t*, (Feuer) anschlagen, *schkir-t*, scheiden, *dſi'r-tt-s*, sich rühmen (cf. unten im Catalog), haben ein *i*, das aus *a* geschwächt sein muſs, und mit unveränderter Wurzelgestalt bleiben dann vielleicht nur folgende ſiarig:

| | | |
|---|---|---|
| *a'r-t*, pflügen. | *bi'lſ-t*, reden. | *bur-t*, zaubern. |
| *bar-t*, schelten. | *di'rs t*, cacare. | *dur-t*, stechen. |
| *kal-t*, schmieden. | *sir-t*, besuchen. | *gu'l-t*, schlafen legen. |
| *kar-t*, hängen (tr.). | *wi'l-t*, tragen. | *ju'ss-t*, Dachdecken. |
| *mal-t*, mahlen. | *wirſ-t*, hinaufrücken. | *kul-t*, dreschen. |
| *scha'lk-t*, rauschen. | | *kurk-t*, quarren. |
| | | *stum-t*, stoſsen. |
| | | *tup-t*, hocken. |
| | | *u'rb-t*, bohren. |

Alle übrigen, also circa 191 Verba dieser Classe haben unursprüngliche, theils geschwächte, theils und zwar meistens gesteigerte Vocale in der Wurzelsylbe.

Der Umfang der Cl. IV. ist verhältnifsmäſsig groſs und entspricht ziemlich dem Umfang der vier andern Classen einsylbiger Verba (I. II. III. V.) zusammen genommen.

§. 262.

# Catalog der Verba vierter Classe.

## 1. Praeteritum ohne j.

### a) Consonantischer Wurzelsylbenauslaut.

#### α) Wurzelsylbenvocal in allen Formen derselbe.

**Wurzelsylbenauslaut: p.**

1. kǎmp-ju, (kòmpu, Livland, wo sämmtliche Verba No. 1—19 das j im Praesens nicht haben), kǎmp-u, kǎmp-t, fassen greifen; . . . . . . cǎmp-ju, cǎmp-jow-u, czǎp-ti; . . cf. Frequent. kàmp-sti-t, XI. tschàmm-di-t, XI.

2. kǎp-ju, kǎp-u, kǎp-t, steigen; . . . . . kǎp-ju, kǒp-jow-u, kǒp-ti; . . cf. Demin. kàp-ali-t, IX.
3. krǎp-ju, krǎp-u, krǎp-t, trügen; . . . . . cf. Demin. kràp-ali-t, IX.
4. {kǎp-ju, kǎp-u, kǎp-t (Ants), {auf einen Haufen bringen, {kǎmp-ju, kǎmp-jow-u, kǎmp-ti; cf. Intr. kap-t, III.
   {kǒp-ju, kǒp-u, kǒp-t (Kabillen), {ordnen, dann: pflegen; {kǒp-ju, kǒp-jow-u, kǒp-ti;
5. rǎp-ju, rǎp-u, rǎp-t (B. 2513), rǎp-t, kriechen; . . cf. Freq. ràp-ā-t, VI.
6. {tlp-ju, tlp-u, tlp-t, Medium: sich steifen, sturmen; tǎmp-ju, tǎmp-jow-u, tǎmp-ti, span- cf. Intr. stip-t, III; cf.Freq. stàip-i-t, XI.
   {stlp-ju, stlp-u, stlp-t, dehnen, strecken (urspr. steifmachen); nen, dehnen;
7. trlp-ju, trlp-u, trlp-t, beschmieren, träufeln; . . cf. Freq. tràip-i-t, XI.
8. tǔp-ju, tǔpp-u, tǔp-t, hocken (B. 1048. 2519); . . wǎp-ju, wǎp-jow-u, wǎp-ti; cf. tupp-ā-t, XII.
9. wǎp-ju, wǎp-u, wǎp-t, Decke umlegen.

**Wurzelsylbenauslaut: b.**

10. glǎub-ju, glǎub-u, glǎub-t, ergötzen (Stend.). glǎb-ju, glǎb-jow-u, glǎb-ti, um- cf. Freq. glàbb-ā-t, VI.
11. glǎb-ju, glǎb-u, glǎb-t, retten; armen, umhüllen}
12. grǎb-ju, grǎb-u, grǎb-t, greifen, harken; . . grǎb-ju, grǎb-jow-u, grǎb-ti; cf. Freq. gràbb-ā-t, XII, wollen grǎb-sti-t, XI.
13. grǔmb-ju, grǔmb-u, grǔmb-t, Runzeln bekommen, urspr. wohl activ: Runzeln machen; cf. krap-t, III.
14. {knǎb-ju, knǎb-u, knǎb-t, picken, cf. Freq. knàb-ā-t, VI.
    {knap-ju oder knǎp-ju u. s. w. (W.Barton, Kabillen).
15. kǎlb-ju, kǎlb-u, kǎlb-t, hneifen;
16. rǐb-ju, rǐb-u, rǐb-t, verdrießen, widerwärtig sein,
17. schkǐb-ju, schkǐb-u, schkǐb-t, schief neigen (tr.) gǎb-ju, gǎyb-ow-u, gǎyb-ti;; cf. Freq. knàip-i-t, XI.

| No. | | | |
|---|---|---|---|
| 18 | urb-ju, urb-u, urb-t, bohren; | . . . | Demin. urb-al-i-t, IX; urb-m-i-t, X. |
| 19 | tuchit-ju, tuchit-u, tuchit-t, piepen (v. Küchlein). | | |

**Wurzelsylbenanlaut: t.**

| 20 | jäuschu, jdut-u, jäut-t, zu vernehmen geben; | cf. jusu-u, jusu-a, jusu-ti, fühlen; | Factitiv zu jus-t, III. cf. Freq. jäut-i-t, fragm., VI. Factit. zu käis-t, heiß werden, V. |
| 21 | käischu, käit-u, käit-t, eig. heiß machen, dann: erzürnen (cf. kas tau käisch? was quält dich? was fehlt dir?), meist Medium: (ne-)-e-käis-it-t-s, böse, zornig werden (cf. ne-s-käit-t-s, ärgere dich nicht, Antz; cf. §. 427); | | |
| 22 | pûschu, pût-u, pût-t, blasen; | pusu-u, pûsu-a, pûs-ti; | cf. Freq. pust-i-t, XII. pût-m-i-t, X. Demin. pûsch-l-i-t, VII. |
| 23 | schäuschu, schäus-u, schäus-t, schnaufen; | . . . | cf. su-t, lith. szu-ti, gedörrt werden III. (?) Freq. schäis-i-t, XI. |
| 24 | slschu, sit-u, sit-t, leiden, dulden; semecht-t, seme-t-s, seme-it-s, sich anstrengen, eig. sich hart machen. | sucu, sucu-u, süs-ti; | cf. sit-t, hart. |

**Wurzelsylbenanlaut: s.**

| 25 | dirschu, dirs-u, dirs-t, cacare. | | |
| 26 | kdrschu, kdrs-u, kdrs-t, (Wolle) tocken, kämmeln; | karsu-u, karsi-u-u, karu-ti; | |
| 27 | kdschu, kds-u, kds-t, reiben; | koes-iu, kou-si-u-u, kos-ti. | |
| 28 | pûschu, pâs-u, pâs-t, säubern, (eig. leer machen); | . . . | |
| 29 | räuschu, räus-u, räus-t, schüren, wühlen; | reau-iu, reau-i-u-u, reau-ti; | cf. pâs-i-s (pâs-i-s), Verwirrung, Verderben. |
| 30 | tdrschu, tdrs-u, tdrs-t (Stand), schälen; tdschu, tds-u, tds-t, | . . . | cf. Freq. rauch-a-s-t, X. räu-s-t, XI. cf. Freq. tds-t-i-t, XI. |
| 31 | wlschu-s, (wis-s-t?), wis-st-s, gedeihen, cf. wes-t-s No. 181. | | |

**Wurzelsylbenanlaut: d.**

| 32 | dufchu, dus-u, duf-t, weben; | audiu, audu-u-u, aus-ti. | |
| 33 | bilfchu, bilds-u, bilf-t, reden (Harder); | | cf. lith. byla, Rede, byl-o-ti, reden; cf. Freq. bil-ât-t, XII; Factit. bil-d-m-i-t. |

| № | | | |
|---|---|---|---|
| 34 | gauſchu, gaud-u, gauſ-t, klagen; | glâdin, glâdîn-u, glâd-ti, klagen (gradîn, gradîn-u, gauu-ti, kuulen); | cf. Freq. gaud-i-t, VI. |
| 35 | glauſchu, glaud-u, glauſ-t, streicheln, schmeicheln; | glaudîn, glaudîn-u, glauu-ti; | Freq. glaud-i-t, XII. glaud-i-t, VI. cf. Freq. glauſ-i-i-t, XI. |
| 36 | grâuſchu, graud-u, grâuſ-t, poltern. | | |
| 37 | grûſchu, grûd-u, grûſ-t, stoßen, stampfen; | grâdîn, prâdîn-u, grûu-ti, stampfen; | cf. Freq. grûd-i-t, XI. |
| 38 | ? jauſ-t, können. | | cf. Intens. jaud-i-t, VI. |
| 39 | kûſchu, kûd-u, kûſ-t, beißen; | kûud-u, kûud-u-u, kûp-ti; | cf. Freq. pi-kûd-in-u-t, X. |
| 40 | lâiſchu, laid-u, lâiſ-t, lassen; | lâidaa (lâid-mi), lâid-un, leis-ti; | cf. Freq. lîdd-in-d-ti-u, schweben, X. |
| 41 | lîſchu (Stund, linu, cf. III No. 18), lîd-u, lîſ-t, kriechen; | lûd-u, lûd-u-u, lje-ti. | |
| 42 | mâſchu, mûd-u, mûſ-t, wecken, Med. wach werden | | cf. Intens. mudd-in-u-t, X.   Factitiv zu mûſ-t, V. cf. Freq. paud-i-t, XII. |
| 43 | pâuſchu (Anu, paud-u, Kaisenau), pâud-u, pâuſ-t, ruchbar machen (praſ-i?); | | Factit. zu plûſ-t, V. |
| 44 | plâuſchu, plâud-u, plâuſ-t, naß machen (z. B. den Fußboden durch Waschen); | | |
| 45 | skauſchu, skûd-u, skûuſ-t, neiden; | cf. skaudin, skaudin-u, skûp-ti, klagen (gerichtlich) (?) | cf. skaud-i-t, == skaud-e-t, mißgönnen, neuren, XII. |
| 46 | snauſchu, snûd-u, snûuſ-t, schlummern; | snaudin, snaudin-u, snau-ti; | cf. Freq. snaud-i-t, XII.   Dem. snaud-i-t, IX. |
| 47 | spîſchu, spîd-u, spîſ-t, drücken; | cf. spendin, spendin-u, spou-ti; | cf. Freq. spîd-i-t, XI. |
| 48 | ? spîd-u (B. 1510), (spîſ-i?), glänzen; | spindin, spindin-u, spî-ti; | cf. Intens. spîd-i-t, XII.   Denim. spîg-d-i-t, VII. |
| 49 | sprâuſchu, spraud-u, sprâuſ-t, zwischen — einsecken (tr.) | | Factit. zu sprîſ-t, V.   Freq. sprîd-i-t, XI. |
| 50 | sprîſchu, sprîd-u, sprîſ-t, urtheilen, absprechen. | | |
| 51 | swîſchu, swîd-u, swîſ-t, werfen; | skîdin, skîdîn-u, skîd-ti; | cf. Freq. swîd-i-t, XI.   Factitiv zu schkîſ-t, V. |
| 52 | schkîſchu, schkîd-u, schkîſ-t, scheiden, trennen (Lange); | ſind-u, ſind-u-u, ſp-ti; | cf. Factit. ſîd-i-t, XI. |
| 53 | ſîſchu, ſîd-u, ſîſ-t, säugen; | ûdin, ûdin-u, û-ti; | cf. Freq. ſſch-a-d-t (VI), ſſch-a-t-t (IX), schnüffeln. ſg-ai-i-t, XI. |
| 54 | ûſchu, ûd-u, ûſ-t, riechen (trans.); | | |

**Wurzelsylbenauslaut: ſ.**

| № | | | |
|---|---|---|---|
| 55 | bûſchu, bûſ-u, bûſ-t, stopfen; | | |
| 56 | blîſchu, blîſ-u, blîſ-t (blîſ-i?), sich broßig machen (Stund.) | | cf. Freq. bûſch-i-t-i-u, XI. |

| № | | | |
|---|---|---|---|
| 57 | drâſchu, brâſ-u, brâſ-t, abstreifen (Kaiseman; nach Hard. von Winde, der die gefrorenen Aestchen im Walde abbricht, Schallwort); | . . . | cf. brâſ-d-â-t, braſ/â-t, poltern, XII. |
| 58 | (dauſche?), dauſ-u, dauſ-t (Stend.), trümmern, entzweischlagen; | dauſ-in, dauſi-u-s, dauſ-ti; | Häufiger ist das erweiterte dauſ-â-t, XI. Facit. u deſ-â, I. |
| 59 | drâſchu, drâſ-u, drâſ-t, schnitzen, schaben; | droſ-in, droſi-u-s, droſ-ti; | cf. Demin. droſ-i-u-ī-t, IX. |
| 60 | gâſchu, gâſ-u, gâſ-t, kippen, stürzen; | . . . | cf. Demin. gâſ-ti-u-ī-t, IX. |
| 61 | gmâuſchu, gmâuſ-u, gmâuſ-t, mit der Hand fassen, drücken, knittern (gmauſ-t?); | gmauſ-in, gmauni-u-s, gmauni-ti; | cf. Freq. gmuſ-â-t, XI. |
| 62 | grâuſchu, grâuſ-u, grâuſ-t, nagen; | grauſ-in, grauni-u-s, grauni-ti; | cf. Freq. gruſ-â-t, XI. |
| 63 | griſchu, griſ-u, griſ-t, wenden; | griſ-in, griſini-u-s, griſi-ti; | cf. Freq. grueſi-u-t, XI. |
| 64 | griſchu, griſ-u, griſ-t, schneiden; | riſ-in, rîſi-u-s, riſi-ti; | cf. Intens. jâſ-ti-t, XI. |
| 65 | jâſchu (B. 1984), jâſ-u, jâſ-t, gürten; | jâ-in (jû-a?), jûni-u-s, jû-ti; | cf. Intens. jûâ-t, III. |
| 66 | kulſchu, kulſ-u, kulſ-t, dicht aufkeimen (Stend.); | . . . | cf. kulâ-u, kulâ-t, III. |
| 67 | lauſchu, lâuſ-u, lâuſ-t, brechen (trans.); | lauſin, lauſi-u-s, lauſi-ti; | Facit. u luſ-ā, V. cf. Freq. lâuſ-â-t, XI. |
| 68 | wâſchu, wâſ-u (po-woſchu, B. 2848), docken, Deckel auflegen, stülpen; | woſ-in, woſi-u-s, woſ-ti. | |
| 69 | wirſchu, wirſ-u, wirſ-t, hinaufrächen (trans.). | . . . | |
| | Wurzelsylbenanlaut: l. | | |
| 70 | (ap)-gulu (-gulu, Livl.) -gul-u- (-gûlo?), -gû'ltt, Act. (Autm. B. 1449) und Medium: sich schlafen legen; | gulûn, gulû-u-s, gulû-ti; | cf. Intr. gul-â-t, liegen und schlafen, XII. Praes. gulu. Facit. gu'l-ti-t, XI. gu'l-din-ti, X. |
| 71 | kalu (kalu-, Livl.), kal-u, kal-t, schmieden, hämmern; | kal-u, kali-u-s, kal-ti; | Facit. kal-ti-t, XI. kal-din-â-t, X. |
| 72 | malu (malu-, Livl.), mal-u, mal-t, mahlen; | mal-u, mali-u-s, mal-ti. | cf. Freq. mal-ti-t, XI. Facit. mal-di-nû-t, X. |
| | Wurzelsylbenanlaut: m. | | |
| 73 | ju'm-ju (oft: jum-u), jum-u (jûm-u), ju'm-t, Dach-decken. | . . . | |
| | Wurzelsylbenanlaut: r. | | |
| 74 | aru (ar-u, Livl.), ar-u, ar-t (Autm. ârt, Kabillen), pflügen; | ar-in, arin-u-s, âr-ti. | |
| 75 | iru (ir-u, Livl.), ir-u, (i-u, Kabillen, N.Bartau), ir-t, rudern (Nordwestkurl. û-ô); | iru, grû-u, îrti. | jer. |

Anmerk. Die letzterwähnten Verba mit liquidem Wurzelsylbenauslaut bilden den Uebergang zu der folgenden Abtheilung, sofern ihre Praeterita schon mehr oder weniger allgemein gebräuchliche Nebenformen mit verstärktem Wurzelsylbenvocal zeigen.

β) Wurzelsylbenauslaut: l, m oder r.

| Nr. | | | | |
|---|---|---|---|---|
| 76 | *hula* (*hula*, Livl.), *kâl-u, kal-t*, dreschen; | *kul-iu, kul-ia-u, kul-ti;* | . | cf. Freq. *kul-st-i-t*, XI. |
| 77 | *skilu* (*skhilu*, Livl.), *skhil-u, skhil-t*, (Feuer) anschlagen; | *skil-iu, skyl-iu, skil-ti;* | . | cf. Freq. *skhil-t-i*, IV. Frequent *skal-d-i-t*, spalten, XI. |
| 78 | (*pl*)-*wilu* (*-wil-u*, Livl.), *-wil-u* (*-wilu*, Mascuw., B. 1584), *-wil-t*, betrügen; | *wil-u, wyl-au, wil-ti;* | . | cf. Freq. *wil-ô-i*, VI. *wil-in-â-t*, X. |
| 79 | *stum-ju* (*stum-u*, Livl.), *stûm-u, stum-t*, stossen; | *stum-ju, stûm-ja-u, stum-ti;* | . | cf. Freq. *stûm-i-ê-t-s, stum-st-i-tl-s, stit-st-i-t-s* (XI.) stottern. *stum-d-i-t*, XI. |
| 80 | *baru* (*baru*, Livl.), *bâr-u, bar-t* (Auts, *bâr-t*, Nordff.), schelten; | *bar-iu, bar-ia-u, bar-ti.* | . | |
| 81 | *buru* (*buru*, Livl.), *bâr-u, bur-t*, zaubern (N. wurtkurl. *bôr-û*); | *bur-iu, bûr-ia-u, bur-ti.* | . | |
| 82 | *duru* (*duru*, Livl.), *dâr-u, dur-t*, stechen, (N. wurtkurl. *dôr-û*); | *dur-iu, dûr-ia-u, dur-ti;* | . | |
| 83 | *karu* (*karu*, Livl.), *kâr-u, kar-t* (Auts, *kâr-t*, N. Bartau, Kabillen, Mascoten), hängen (trans.); | *kar-iu, kor-ia-u, kár-ti.* | . | |
| 84 | *kuru* (*kuru*, Livl.), *kâr-u, kur-t*, heizen, (N. wurtkurl. *kôr-û*); | *kur-iu, kûr-ia-u, kur-ti;* | . | √ *kar?* cf. *kà'r-u-o-s*, heiß, *krô-s-n-s*, Ofen (§. 212). cf. Freq. *kur-st-i-t*, XI. *kur-in-â-t*, X. cf. Freq. *kir-st*, VII. cf. *stry'-t*, IV. |
| 85 | *sîru* (?), *sîr-u, sir-t*, berauben, schmarotzen (Livl., B. 2744, 2751, 2759); | . | . | √ *ser*, cf. *sherw*, Lappen. |
| 86 | *skâiru* (*skhâir-u*, Livl.), *skâir-u, skâir-t*, scheiden, (Nordwestkurl. *skôir-û*); | *skir-iu, skyr-ia-u, skir-ti;* | . | √ *skar*, cf. litth. *sar-bé*, Ehre. |
| 87 | *dšir-û-s* (*dšir-d-s*, Livl.), *dšir-d-â-s* (Nordff, Livl.), *dšir-st-î-s*, sich rühmen, prahlen; | *gir-iu, gyr-io-s, gir-ti*, rühmen; | . | |

b) Vocalischer Wurzelsylbenauslaut (cf. §. 131).

| Nr. | | | | |
|---|---|---|---|---|
| 88 | *grâu-ju, grâu-u* (*grâun-u*, N.Bartau), *grâu-t* (Auts, *grâu-t*, N.Bartau), trümmern; | *grun-ju, groro-jou, grow-ti;* | *Facit zu grô-t*, V. | |
| 89 | *jâu-ju, jâu-u* (Auts, *jâun*, Auts), *jâu-t*, Teig machen, einrühren; | *jou-ju, jou-jau, jou-ti;* | *ja jâuk-t*, IV, wie *mâu-t = mânk-t*, IV. | |

| | | | |
|---|---|---|---|
| 90 | táu-ju, kláu-u (kláu-a?), káu-t, schlagen, schlachten; | | Factit. su kté-t, V. Frequent. klau-si-ti-t, XI. |
| 91 | (pí-)kldu-jú-s, -kldu-ú-s, -kldu-tí-s, sich austoben, austummen, austoben, (kláu-tí-t?); | kau-ju, kau-ja-u, kau-ti. | |
| 92 | lau-ju, láu-u, lau-t, zusamen, erlauben; | liau-ju (liau-u, III), liau-ja-u, liau-ti | — su máub-t, IV, wie jáu-t = juub-t, IV. cf. Freq. sau-d-i-t, XII. |
| 93 | máu-ju, máu-a, máu-t, streifen; | máu-ju, máu-ja-u, máu-ti; | |
| 94 | náu-ju, náu-u, náu-t, miauen; | | |
| 95 | skau-ju, skáu-u, skáu-t, umarmen (Stand.), (? oder skiau-t?) | | |
| 96 | {ʃkáu-ju, ʃkáu-u, ʃkáu-t (Aux), } trocknen (trans.); | díau-ju, díau-ja-u, díau-ti; | Factit. su ʃchú-t, V. cf. Freq. ʃchú-dí-t, XII. ʃchau-dí-t, IX. cf. Freq. mau-dí-t, XI. mi-di-t, VII. |
| | {ʃchau-ju, ʃchau-u, ʃchau-t, } | | |
| 97 | mí-ju, mý-u, mi-t, tauschen; | rý-ju, rý-ja-u, ry-ti; | cf. Freq. rí-i-t, XII. |
| 98 | plí-jú-s, plýj-ú-s, plí-tí-s, z.B. wé-rui, sich auftragen; | wíj-ju, wij-a-u, ry-ti; | cf. Freq. wí-t-í-t, XI. |
| 99 | rí-ju, rýj-u, rí-t, schlingen, schlucken; | | 1) ver- |
| 100 | wí-ju (wu-u, Schramel.), wíj-u (wíu-u, Schramel.), wí-t, flechten, winden; | folgen, 2) drehen (einen Strick); | |

## 2. Praeteritum mit j.

### a) j selbst ist noch vorhanden

#### a) in den Verschmelzungen z für bj, dj für gj.

| | | | |
|---|---|---|---|
| 101 | bráuzu, bráuzu (brázucche, Livl., B. 2210), bráuk-t, | brauk-iu, brumb-ia-u, brumb-ti, streiken; | Factit. su brub-i, III. cf. Freq. brum-ki, XI. brumb-di-t, VI. |
| 102 | bráze, bráze°) (bráteche, N.Barton), bráh-t, schreien; | réh-iu, réhi-ia-u, réh-ti; | Praes. mit breitem e, da z nicht als gewöhnbar Laut gilt. cf. brik-ti-t, VI. Freq. |
| 103 | dáze, dáze, dáh-t (dah-t, Keleman), brumm; | | cf. Freq. dun-ti-t, XII. Fact. daun-in-ti-t, X. |
| 104 | jáuze, jáuze, jáuk-t, mengen, mischen; | kumb-iu, kumb-ia-u, kumb-ti; | Factit. su jmb-t, III. |
| 105 | káuze, káuze, káuk-t, heulen; | | Fact. kaun-in-ti-t, I. Frequent kauk-uod-i, VI. |
| 106 | {kráze, krázu°), krák-t, } krähen (von Hühnern, Kindern); | | cf. Factit. und Freq. krun-in-t, X. |
| | {(kna, kraz, kráh-i) } | | |

| No. | | Bedeutung | | |
|---|---|---|---|---|
| 107 | *kurru, kurru*), *kurr-t*, knurren. | *krumb-u, krumb-ia-u, krumb-ti, schnarchen.* | | |
| 108 | *krauu, krauu, krāt-t (hrāt-)*, schnarchen, brausen (v. d. See); | *hrob-ūs, hrob-ia-s, hrob-ti, grunzen.* | | cf. *hurb-t*, V. Freq. *hurb-at-t-t*, XII. |
| 109 | *kurru, kurru, kurr-t*, quarren; | *hurb-iu, hurb-iau, hurb-ti;* | | cf. Factit. *hurb-in-t-t*, X. |
| 110 | *keiu, keiiu, keit-t*, } quieken; | | | Factit. zu *lāk-t*, V. |
| 111 | *liiu, liiu, lit-t*, bangen; | *laub-iu, laub-iu-u, laub-ti;* | | V'mit, cf. Freq. *lāv-it-t*, XI. *lāb-t-t*, VI. *lauv-in-t-t*, X. |
| 112 | *lauu,* ? *liiu*) *(litsche, Palcmar), lit-t,* } spritzen; | *lab-iu, lāb-iu-u, lāb-ti;* | | cf. Freq. *lab-at-t-t*, XII. *lāb-t-t*, VI. |
| 113 | *māiu, māiu, māt-t*, plagen; | | | cf. *sp-mab-d-s*, sich bewölken. cf. Freq. *mab-t-t*, XI. |
| 114 | *māuu, māuu, māsk-t*, streifen; | *manb-iu, manb-iu-u, manb-ti;* | | Factit. zu *mab-t*, III. cf. *mab-t*, No. 98. |
| 115 | *me'ruu, me'rru*), *me'r-t (mērb-)*, weichen (*trans.*); | *merk-ra, merk-ia-u, merk-ti;* | | cf. Freq. *mērr-t-t*, XII. |
| 116 | *plāuu, plāuu, plāk-t*, plätschern, rupfen; | | | cf. Freq. *plāk-t-t*, VI. |
| 117 | *rāuu, rāuu, rāsk-t*, } durch Falten enger machen, runzeln; | *rāub-iu, rāub-iu-u, rāub-ti;* | | Factit. zu *rūb-t*, III. |
| 118 | *rāuu, rāuu, rāk-t (rāb-t)*, brummen, summen, brüllen. | | | |
| 119 | *sāuu, sāuu (litsche, Palcmar), sāsk-t*, rufen; | *sanb-iu, sanb-iu-u, sanb-ti;* | | cf. Freq. *sanb-t-t*, VI. |
| 120 | *slāuu, slāuu, slāuk-t*, melken; | | | Factit. zu *slāk-t*, III. cf. Freq. *slauu-t-t*, fegen, XI. |
| 121 | *sūuu, sūuu, sūk-t*, saugen (v. Blutigels); | cf. *sub-iu, sub-iu-u, sub-ti, saugen.* | | |
| 122 | *schāiu, schāiu, schā'lk-t*, rauchen (vom Wind). | | | cf. Freq. *schlab-at-t-t*, XI. *slam-t-t*, XI. *schlāb-t*, VI. *slam-in-t-t*, X. |
| 123 | *schlāiu, schlāiu, schlāk-t*, Wasser ausschlürfen; | | | Factit. zu *schlāk-t*, III. |
| 124 | *schliiu, schliiu, schlivk-t*, spinnen, eig. gleiten machen; | | | cf. Freq. *schumb-t-t*, VI. |
| 125 | *schnāuu, schnāuu, schnāuk-t*, } schnauben; | | | |
| 126 | *schnāiu, schnāiu, schnād-t*, schnauben, schnarchen, brummen (v. Meer); | *smobincru, smobsscio-u, smob-su-ti.* | | |
| 127 | *tliiu, tliiu, tlik-t*, nagen; | *taig-iu, taig-iu-u, taig-ti;* | | (Freq. *tam-in-t-t*, X ?) |

| № | | | |
|---|---|---|---|
| 128 | (*tráisu*, *tráisus*, *trâuk-t*, } machen, daß etwas abfällt (z. B. | *tramb-is*, *tramb-io-s*, *tramb-ti*, | Fecit. zu *trik-t*, rinnen (intr.), V, und |
| | *tráuu*, *tráuus*, *trauk-t* (Auts.), } Aepfel schütteln), schreuchen, | stehen; | *truk-t*, erschrecken (intr.), III. |
| | Medium: sich beulen (B. 865). | | |
| 129 | (*tréuu*, *tréuus*, *trŷuk-t*, } schütteln, stoßen; | *treuk-is*, *treuk-io-s*, *treuk-ti*; | Fecit. zu lith. *trinka*, *trik-e-s*, *trik-ti*, |
| | (*trisu*, *trisus*, *trik-t*, } | | durch Schütteln in Verwirrung kommen. |
| 130 | *wáiu* (Auts. *wáim*), *wáiu* (Auts., N.Bartau, *wáim*, Auts.), | *woi-is*, *woi-io-s*, *woi-ti*. | cf. lat. jungo. |
| | *wáik-t*, zusammennehmen, ersaffen, fortschaffen; | | |
| 131 | (*(s)weii-s-s*, *(s)weii-ti-s*, *(s)weik-ti-s* (Auts.) } gedeihen; | cf. *woi-io-s*, *woi-io-s*, *woi-ti*, | cf. *wisseld-s*, *wiss-st-s*, gedeihen (Sand.), |
| | *wisti*, *wisti-s*, *wib-ti-s* (Kabillen), } | machen; | cf. *wisseld-s*, B. 2396. |
| | *wib-tu*, *wib-u*, *wib-i* (N.Bartau), | | |

### Wurzelsylbenvocal: g.

| № | | | |
|---|---|---|---|
| 132 | *bôidsu*, *bôidsu*, *bôig-t*, endigen; | *baig-is*, *baig-io-s*, *baig-ti* | |
| 133 | ? ? *dschaug-t*, ergötzen; | *daug-is*, *doug-io-s*, *daug-ti*, Med. sich freuen | |
| 134 | *dôdsu*, *dôdsu*), *dôg-t*, brennen, stunden; | cf. *paijég-a*, *jég-io s*, *jég-ti*, | Fecit. zu *deg-t*, brennen (intr.), I. |
| 135 | *jôdsu*, *jôdsu*), *jôg-t*, lose werden; | verstopfen (?) | |
| 136 | *jûdsu*, *jûdsu*, *jôg-t*, anspannen; | *jug-is*, *jung-io-s*, *jung-ti*; | cf. Freq. *bláig-a-t*, VI. |
| 137 | *klôdsu*, *klôdsu*, *klîg-t*, schreien, jauchzen; | *klŷb-is*, *klŷb-io-s*, *klŷb-ti*; | |
| 138 | *lôdsu*, *lôdsu*, *lîg-t*, weigern. | | |
| 139 | *lûdsu*, *lûdsu*, *lug-t*, bitten; | | |
| 140 | *rôdsu* (*weijche*, Kokenhusen), *rôd/u*) (*weijche*, N.Bartau, | *rag-s*, *rag-io-s*, *rag-ti*, bessern; | cf. *rag-ache*, Decke, *rag-tôj*, Brne, |
| | Kok.nh.), *rag-t*, 1) decken. 2) bessern; | | Schnalle (§. 292). |
| 141 | *slôdsu*, *slôdsu*), *slôg-t*, schließen; | | |
| 142 | *slîdsu*, *slîdsu*, *slîg-t*, cittzen (Lange); | | cf. *sli-t*, III. — cf. *slig-mai-t*, Schwelle. |
| 143 | *smôldsu*, *smôldsu*), *smôlg-t* (*smôlb-t?*), schmerzen (v. Zahn). | | |
| 144 | *smôdsu*, *smôdsu* (*maifchen*, Livl.), *smôg-t*, reichen; | | cf. Freq. *smôig-at-i-t*, XI. |
| 145 | *spôdsu*, *spôdsu*, *spôg-t*, pfeifen. | | |
| 146 | *spraudsu*, *spraudsu*, *spraug-t*, grob mahlen, (Grütze) schroten (Härden); | | cf. Freq. *spraug-d-i*, VI. |

| | | | |
|---|---|---|---|
| 147 | staidſä-a, staidiſtä-a, staidig-itä-a, ellen; | . . . | . . . |
| 148 | waj-ſtäſä-a, -ſtäſä-a, -ſtg-tto, sich vermüdigen, eine Schuld auf sich laden. | . . . | . . . |
| 149 | ſwidſu, ſwidſu, ſolg-t, wichern; | . . . | cf. Freq. ſwaig ä-t, VI. |
| 150 | { ſchaudſu, ſchaudſu, ſchaudg-t (Autz), ſchmudſu, ſchmudſu, ſchmug-t (Kaliszen.) } ſmudſu, ſmudſu, ſmug-t (Walk), wägun; | . . . | |

*) Die Verba brü-k-t, krö-k-t, mue-k-t, krö-k-t, tö-k-t, (res'mb-t, krö'ub-t, dog-t, jüg-t, rog-t, stög-t, modg-t hätten auch zur Abtheilung
IV, 2, b. geordnet werden können, weil die Spitzung des e in der Wurzelsylbe des Praeteritum nicht durch das folgende s oder ſ,
sondern durch das nicht mehr unmittelbar sichtbare j der Endung bedingt ist.

β) unmittelbar, hinter vocalischem Wurzelsylbenauslaut:

| | | | |
|---|---|---|---|
| 151 | jä-jn, jä-jn, jä-t, reiten; | . . . | jo-jn, jo-jo-n, jo-ti; | cf. Freq. jö-ö-t-i, XI. Freq. und Factit. jö-ä-n-t-i, X. |
| 152 | kld-jn, kld-jn, kld-t, (aus)breiten; | . . . | klo-jn, klo-jo-n, klo-ti; | nach Pott de princip. P. 81 = kre-t, wie rd-i == re-t. |
| 153 | krä-jn, krä-jn, krä-t, nammeln, häufen; | . . . | | |
| 154 | lä-jn, lä-jn, lä-t, bellen; | . . . | lo-jn, lo-jo-n, lo-ti; | cf. Freq. läd-ö-t, schmähen, XII. |
| 155 | rä-jn, rä-jn, rä-t, schelten; | . . . | | nach Pott de princip. P. 81 = rde-t, wie krä-i == kre-t. |
| 156 | stä-jn, stä-jn, stä-t, 1) urspr. stellen, 2) sich stellen, stehen; | . . . | sto-jn, sto-jo-n, sto-ti; | cf. den Wechsel trans. u. intr. Bedeutung bei d. g. [orrym.] cf. Intr. stäo-t-i, XII. Freq. stä-ö-t-i (XI), erzählen. sta-ö-t-i, XI. stä-ö-t-i, XI. |
| 157 | dö-jn, dö-jn, dö-t, (Eier) legen; | . . . | do-t, dö-jo-n, dö-ti; | in Lith. noch Reduplikation, wie im entsprechenden Griech. τί-θη-μι. cf. Freq. dö-ö-t-i, XI. |
| 158 | sö-jn, sö-jn, sö-t, säen; | . . . | sö-jn, sö-jo-n, sö-ti. | |
| 159 | opö-jn, opö-jn, opö-t, vermögen, können; | . . . | opö-jn, opö-jo-n, opä-ti, Muße haben. | |

Einen Vocalwechsel zeigen in der Wurzelsylbe (§. 441):

| | | | |
|---|---|---|---|
| 160 | lli-jn, lä-jn, li-t, gießen; | . . . | li-jn, li-jo-n, lä-ti; | Factit. za li-t, regnen, V. Freq. lü-öl-t-i, XI. |

b) *j* selbst ist nicht mehr vorhanden im Praeterit, bewirkt aber noch nachträglich die Spitzung des *e* in der Wurzelsylbe.

α) Die Quantität des Wurzelsylbenvocals bleibt in allen Formen gleich, sei es nun durchweg lang, oder in selteneren Fällen durchweg kur.

Wurzelsylbenauslaut *p, b, m.*

Wurzelsylbenauslaut: *t.*

| Nr. | | | | |
|---|---|---|---|---|
| 161 | *rēi-ju, rēi-ju, rēi-t,* bellen, belfen; | . . . . | *rēi-ju, rēi-ja-s, rēi-ti;* | cf. Factit *rī-d-i-t,* XI. *rī-i-o-t,* I. |
| 162 | *smēi-ju, smēi-ju, smēi-t,* lachen; | . . . . | | cf. Freq. *smai-d-i-t,* XI. Factit. *smi-d-i-t,* I. |
| 163 | *dēi-ju, dēi-ju, dēi-t,* tanzen; | . . . . | . . . . | cf. Frequent. *di-d-i-t,* IX. Factiv *di-i-t,* XI. |
| 164 | *slēp-ju, slēp-u, slēp-t,* verhehlen; | *slēp-ju, slēp-ja-s, slēp-ti;* | cf. Freq. *slap-st-i-t-s,* XI. *slapp-i-t,* XII. |
| 165 | *swēlp-ju, swēlp-u, swēlp-t,* pfeifen (B. 2290, North. Falkenau); | *swēlp-ju, swēlp-ja-s, swēlp-ti;* | cf. Freq. Intens. *swilp-t-t,* VII. |
| 166 | *slērp-ju, slērp-u, slērp-t,* kleiden, (*slērp-t, Autz*); | . . . . | (cf. *slērb-t??*) |
| 167 | *slērp-ju, slērp-u, slērp-t,* Pferden das Maul reinigen (Livl.); | . . . . | cf. *slērp-iki-a,* Pferdearzt; cf. *slērp(a)-s,* Wurm? |
| 168 | *wērp-ju, wērp-u, wērp-t,* *wērp-ju, wērp-u, wērp-t* (Autz), spinnen; | *wērp-ju, wērp-ja-s, wērpii;* | √ *warp-* cf. *warp-sta,* Spindel. |
| 169 | *gērb-ju, gērb-u, gērb-t,* *gērb-ju, gērb-u, gērb-t,* kleiden, | cf. *gērb-ju, gērb-ja-s, gērb-ti,* ehren. | |
| 170 | *grēb-ju* (*grēb-ōm,* Bend., ob nach Cl. XI?), *grēb-u, grēb-t,* (ausböhlen), schrapen (N.Bartau); | *grēb-ju, grēb-ja-s, grēb-ti,* greifen, harken. | |
| 171 | *strēb-ju* (*strēb-ju,* Kabillen), *strēb-u, strēb-t* (*strēb-t?* *strēb-t?*), schlürfen; | *strēb-ju, strēb-ja-s, strēb-ti.* | |
| 172 | *trēm-ju* (*trēmu*), *trēm-u, trēm-t* (*trem-t,* Livl Schujen), durch Trampeln scheuchen (stampfen?); | *trēmp-ju, trēmp-ja-s, trēmp-ti,* stampfen; | cf. Freq. *trmn-d-i-t,* XI. |
| 173 | *krēicha* (*krēicha*), *krēis, krēic-t* (*krus-t*), fallen machen, schütteln (z. B. Aepfel, Livl.); | *krēicu, krēicza-s, krēi-ti;* | Factitiv zu *kris-t,* III. cf. Frequent. *krati-i-t,* XI. |

| # | | | |
|---|---|---|---|
| 174 | plischu (plaschu), plit-u, plit-t (plit-t), breit machen, iffusu; | oplikru, oplkru-u, oplit-ti; | cf. Freq. plät-i-t, XI. |
| 175 | udruchu, udri-u, udra-t, wradu; pdr-u, verrun-<br>udruchu, udvi-u, udra-t (Astz), den; | uvrcu, uvrcu-u, uvr-ti; | cf. Freq. udru-i-i-t, udr-i-i-t, XI. |

**Wurzelsylbenauslaut: e.**

| # | | | |
|---|---|---|---|
| 176 | plischu, dit-u, plit-t, knechen; | cf. ilt-tu, ilt-a-u, ilt-ti, müde werden. | |
| 177 | liechu (lit-tu, Livl.), lit-u, lit-t (Kabillen), rechnen, zählen (z. B. die Faden beim Weben). | | |
| 178 | milschu (milt-tu, Livl.), milt-u, milt-t, verwirrt reden. | | |
| 179 | plischu, plit-u, plit-t, reifsen (tr.); | plan-iu, plät-ia-u, plän-ti; | Factitv zu plät-t, V. cf. Frequat. plät-i-t, XI. |
| 180 | tischu (täschu), tit-u, tit-t (tit-t), nach der Schnur behauen, beziummern; | tät-iu, tät-ia-u, tät-ti, richten, gerade machen; | cf. täit-a-u, gerade. cf. Freq. tait-i-t, XI. |
| 181 | djischu (djischu), dji-u, dji-t (dji-t), flechten (tr.); | cf. gu-u-u, gu-iu-u, gu-g-ti; | Factit zu dji-t, V. |
| 182 | xzuschu, xzu-u-s, xzu-it-s, sich austrengen; | | cf. uben uit-t, IV. No. 24. |

**Wurzelsylbenauslaut: d.**

| # | | | |
|---|---|---|---|
| 183 | sischu, sit-u, sit-t, setzen und sich setzen (cf. B. 552. 576. 860. 1861. — oft im Medium); | sit-iu, uit-i-u, uit-ti; | cf. Factiv. uit-ia-u-t, I. |
| 184 | sprischu, sprit-u, sprit-t, mit der Spindel spinnen; | cf. sprudit, sprudia-u, sprin-ti, mit der Spange umfassen. | |
| 185 | uchtirschu, uchtird-u, uchturf-t,<br>uchterschu, uchterd-u, uchterf-t (Astz), thellen, ver-<br>schwenden; | cf. uberdiu, uberdia-u, ubers-ti, schlachten (v. Schwein)! | cf. Freq. uchterd-i-t, XII. |

**Wurzelsylbenauslaut: f.**

| # | | | |
|---|---|---|---|
| 186 | birschu, birf-u, birf-t;<br>berschu, berf-u, berf-t (Astz, Kalzenau), schenern, reiben; | | cf. Freq. buf-f-t, XIII. IX. |
| 187 | buschu (bujschu?), buf-u, buf-t (buf-t), schoben, scharren; | | cf. beert, bir-i-t, IV. No. 205. |

| | | |
|---|---|---|
| 188 | blenfchu, blenf-u, blenf-t, übersichtig sein (Blender), sehen (v.Bartau). | |
| 189 | greimfchu, greimf-u, greimf-t, beissen, nagen (v. Ziegen, Krippenbeissern); | cf. gremzu, gremzlis-u, greml-ti, kratzen, schaben. |
| 190 | mefchu, mef-u, mef-t, kehren, misten; | mélum, méti-iu-u, méti-ti. |
| 191 | adrfchu, adrf-u, adrf-t (Autz), } spazierend besuchen, als Gast wo verweilen (N-Bartau). | |
| 192 | schkirfchu, schkirf-u, schkirf-t, schkerfchu, schkerf-u, schkerf-t (Autz), } quer durchschneiden. | |
| 193 | wirfchu, wirf-u, wirf-t, wirfchu, wirf-u, wirf-t (Autz), } werden, drehen; | cf. √ wert, wirt-t, No. 176. cf. Freq. wirf-t-t, IX. |

β) Das e in der Wurzelsylbe des Praeterit erfährt ausser der Spitzung eine Steigerung, d. h. Verlängerung (§. 440, b, β). Wurzelsylbenauslaut: eine Liquida.

Wurzelsylbenauslaut: l.

| | | |
|---|---|---|
| 194 | pel-u, pil-u, pel-t, verklumden (Livl.); | cf. stm-ju, stm-jos-u, stm-ti. |
| 195 | smei-u, smii-u, smei-t, schöpfen; | |
| 196 | sweid, swdi-u, swdi-t, zengen (trans.)! | Factit. zu swil-t, V. |
| 197 | schkeis, schkdi-u, schkdi-t, spalten; | cf. schkil-t, IV. No. 77. cf. Frequent. shol-d-t, XI. |
| 198 | feis, fil-u, feil-t, grünen; | cf. fdl, Gna. |
| 199 | welu, wei-u, wel-t, wälzen, walken; | cf. Freq. wall-at-t, XI.   rel-t-t, IX.   wel-t-t, VII. |
| 200 | selu, sdi-u, sel-t, haben; | cf. kei-a-t, Berg.   zill-in-t, I. cf. Freq. zill-t-t, VI. |
| 201 | sfeiu, dfeil-u, dfel-t, stechen (von Schlangen, Nesseln), feiu, fil-u, fel-t, } wehe thun; | cf. Freq. dfel-t-t, XII. |

**Wurzelsylbenauslaut: m.**

| | | | |
|---|---|---|---|
| 202 | lam-ju (lam-u) lëm-u, lom-t, das Schicksal bestimmen; | lam-ju, lëmajo-n, lëm-ti. | |
| 203 | nëm-u (nëm-ju?), nëm-u, nem-t; jëm-u, jam-t (N.Bartas), nëm-u, nëm-t, jam-t, jëm-t, (Auts), } nehmen; | im-u, ëm-ja-u, im-ti. | |
| 204 | wëm-ju, wëm-u, wëm-t, vomiren; | wëmju, wëmajo-n, wëm-ti. | |

**Wurzelsylbenauslaut: r.**

| | | | |
|---|---|---|---|
| 205 | bar-u, (bër-u, Livl.), bïr-u, ber-t (Auts, bër-t, N.Bartas, Kabillen), streuen, schütten; | bar-in, bïr- is-u, bër-ti; | Factit. an bër-t, V. cf. Frequent bar-st-t, XI. |
| 206 | kar-u (kër-u, Lirl.), kïr-u, kër-t (Rïr-t, Westkurl.), } fassen, greifen; tcar-u (tarr-u, Livl.), twïr-u, twër-t (Auts, twïr-t, Westkurl., karr-t, Allschwangen), (üü[-]-kar-u, -kër-u, -kër-t, antreten. | tar-u, twïr-in-u, twïr-ti; | cf. Freq. kar-n-a-t, durch wiederholtes Anfassen necken, I. twë'r-[n]ët, XI. tar-ë-t, haften, IX. kër-ë-t, VII. Factit. kër-in-ë-t, X. |
| 207 | por-u, (por-u, Livl.), pïr-u, pör-t, (pör-t, Westkurl.), mit Ruthen schlagen; | por-u, pïr-in-u, por-ti. | |
| 208 | sar-u, (srr-u, Livl.), sïr-u, sor-t (Auts, sïr-t, Westkurl.), Getreide in die Rije stecken; | sar-in, sïr-in-u, sor-ti; | |
| 209 | spar-u, (spr-u, Livl.), spïr-u, spër-t (Auts, spïr-t, Westkurl.), mit dem Fuss stossen, treten; | spïr-in, sppr-in-u, spïr-ti; | cf. Freq. spïr'd-ë-t, XI. spr-in-ë-t, I. |
| 210 | swar-u, (swrr-u, Livl.), swïr-u, swër-t (Auts, swïr-t, Westkurl.), wägen; | swr-in, swïr-in-u, swar-ti. | |
| 211 | war-u, (wrr-u, Livl.), wïr-u, wor-t (Auts, wïr-t, Westkurl.), wenden, fädeln; | war-in, wïr-in-u, wër-ti; | cf. Freq. wïr-in-ë-t, X. |
| 213 | djar-u (d[r]ar-u, Livl.), dfïr-u, dfïr-t (Auts, dfïr-t, Westkurl.), trinken; | gar-in, gïr-in-u, gër-ti; | cf. Fact. dfïr-d-in-ë-t, X. |

## Fünfte Classe.

(Praes. -ta oder -s-ta, Praet. -a-, sehr selten -ja-; Schl. litth. Cl. V.).

§. 263. Das Praes. Cl. V. deriviert sich scheinbar mit Hilfe
des Suffixes -sta, wovon aber in Wahrheit das s in vielen Fällen
nur der aus den Dentalen t (s), d (ſ) nach den Lautgesetzen
(§. 99) modificierte Wurzelsylbenauslaut selbst, in andern Fällen,
nach gutturalem, labialem, liquidem oder vocalischem Wurzelsylbenauslaut nur ein euphonisches, auch sonst im Lett. beliebtes
Einschiebsel ist (§. 144, 1). Das eigentliche Derivations-Element
ist also ta, und findet sich auch ohne den unorganischen Zusatz s wieder in der Cl. III. griechischer Verba bei Curtius
(a. a. O. §. 249), cf. τύπ-τω (ἔτυπον, τύψω == τύπ-σω), βλάπ-τω,
τίκ-τω; oder im Lateinischen (nur nach gutturalem Wurzelsylbenauslaut), cf. plec-to, nec-to. (Ueber die bloſs euphonische Einschiebung von t oder st hinter der Wurzelsylbe cf. §. 144, 4. 5).
Nach Bopps Vermuthung ist das Derivationssuffix ta identisch
mit dem Pronominalstamm ta (§. 199).

Im Praeteritum erscheint zwischen Wurzelsylbe und Personalsuffix nur der Bindelaut -a- anſser bei einigen seltenen
Verbis mit gutturalem Wurzelsylbenauslaut, die auch sonst nach
Cl. IV. hinüberzuspielen scheinen und nach deren Analogie hier
im Praeterit s (== kj) und dſ (== gj) zeigen. Es sind die Verba
kârk-t, ku'lk-t, kurk-t, ku'rk-t, sik-t, wik-t und ig-t No. 95—101.

Die Gestalt der Wurzelsylbe ist eine der ursprünglichen
Wurzel so nahestehende, wie wir nur in Cl. III. es wiederfinden.
Von 109 Verben führen 97 einen der drei Urvocale, wenn auch
nicht alle in der ursprünglichen Kürze und wenn auch zuweilen
das i aus einem älteren a geschwächt sein mag, wie in ri'st,
ruhig werden, ✓ram, cf. râm(-a)-s, ruhig, zahm. Es ist wahrscheinlich, daſs die stärkere Consonantenhäufung am Wurzelsylbenauslaut, insbesondere auch die Einschiebung des s das Beharren der ursprünglichen Vocale ermöglicht hat, oder daſs umgekehrt schon der ursprünglichere Vocal, um beharren zu können,
die Einschiebung des s gefordert haben mag. Es erhellt dieses
aus dem Umstande, daſs von all den (30) Verbis, deren Wurzelsylbe auf einen Dental (t, s, d, ſ) auslautet, nur diejenigen (7
an der Zahl) den kurzen Vocal sich gerettet haben, wo der
Wurzelsylbenauslaut aus zwei Consonanten besteht, nämlich:
ka'ls-t f. ka'lt-t, verdorren; gi'n-t f. gi'nd-t, vergehen; ka'rs-t,

heifs werden; *mi'ls-t*, dunkel werden, *üf-mi'rs-t*, vergessen, *smi'rf-t*, stinkend werden; *dfi'rf-t*, hören; dagegen alle übrigen mit einfachem (dentalem) Consonant im Wurzelsylbenauslaut ihren Vocal gesteigert zeigen, cf. *phif-t* f. *plŭd-t*, fluthen, √*plŭd*, cf. *pludd-i* (Pl.), Fluthen.

Bei einigen Verben ist übrigens die Steigerung eine scheinbare, nämlich in den Fällen, wo ein Nasal, der aber auch nur behufs Verstärkung der Wurzel eingeschoben war, wieder ausgeworfen ist. Im Litth. findet sich dieser Nasal oft noch erhalten, cf. *brif-tu*, *brid-u*, *brif-t*, an Dicke zunehmen, litth. *bręs-tu*. *brend-a-u*, *bręs-ti*, *mŭf-tu*, *mŭd-u*, *mŭf-t*, wach werden, litth. *bŭnd-u*, *bŭs-ti*; cf. *jŭk-stu*, *jŭk-u*, *jŭk-t*, gewohnt werden, litth. *junk-stu*, *junk-a-u*, *jŭnk-ti*; *lik-stu*, *lik-u*, *lik-t*, krumm werden, litth. *link-stu*, *link-a-u*, *link-ti*; *tŭk-stu*, *tŭk-t*, fett werden, litth. *tunk-u*, *tŭk-ti*; *at-fi-stu*, *-fin-u*, *-fi-t*, erkennen, √*fin* = √*fi*, litth. *ži-stu*, *žin-a-u*, *žj-ti*.

Drei Verba haben im Praeterit. und Infinit. den kurzen Vocal behalten, und steigern ihn nur im Praesens, scheinbar nach Analogie der Cl. II.: *bŭf-tu*, *budd-u*, *buf-t*, erwachen, *dfis-tu*, *dfiss-u*, *dfis-t*, verlöschen, intr. *kús-tu*, *kuss-u*, *kus-t*, schmelzen.

Diejenigen Verba, deren Wurzelsylbe auf eine Gutturalis, Labialis oder Liquida auslautet, und nun gar noch das euphonische *s* darnach einfügen, fühlen ihren kurzen Vocal durch solche Position hinreichend gestärkt und bedürfen keiner Vocalsteigerung. Nur etwa 26 Verba zeigen Steigerung, während in circa 42 andern der kurze Vocal beharrt, cf. *a'lk-t*, *mi'rk-t*, *sku'm-t*, u. s. w.

Bei vocalischem Wurzelsylbenauslaut ist die Verlängerung nach Obigem um so mehr nothwendig gewesen und in der That eingetreten. Cf. im Catalog No. 102—109.

Die Bedeutung aller Verba Cl. V. ist wohl ausnahmslos eine neutrale, genauer gesagt in den bei weitem meisten Fällen eine inchoative, dem Sinn nach denen auf *-sco-o*, *-sx-w* im Latein. und Griech. parallel, und es liegt bei der Verwandtschaft des intransitiven und des passiven Geschehens nicht fern, mit dem Classensuffix *-(s)ta* zu vergleichen das durch alle Sprachen verbreitete Suffix *-ta*, mittelst dessen das Part. Praet. Pass. sich bildet (§. 482).

§. 264.

## Catalog der Verba fünfter Classe.

### 1. Derivations- oder Classen-Suffix: -ta: Wurzelsylbenauslaut: eine Dentalis.

#### a. Wurzelsylbenvocal in allen Formen derselbe.

**Wurzelsylbenauslaut: t.**

1  kâit-tu, kâit-s, kâit-t, heiß werden, z. B. in dem Compos. knu-tu, kuit-u-u, kuit-ti, heiß werden;  .  cf. Factit. kait-t, IV. kait-in-d-t, X. Ueber die Medialform von Intrns. cf. §. 612. cf. kâit-t-t, XII.

.  saо-kui-ti-j (Stand.), -s-kui-ti-s, -s-kui-tbe, hitzig, böse werden;

2  kâlâ-tu, kâll-s, kâll-t, verdorren.  .

3  smit-tu, —? — smit-t, erglänzen, cf. diua smit-t, der Tag zmit-u, smit-o-u, smit-ti;  .  cf. diua smita, cf. Freq. smit-m-d-t, X. smit-t-t, XII.

   bricht an;

4  mla-tu, mli-s, mla-t (mi-t, Kabillen?!), welken;  .  mya-tu, myl-a-u, myo-ti;  .  cf. Factit. mit-i-t, IX. wie in smipit haupit. so so br.

**Wurzelsylbenauslaut: d.**

5  brit-tu, brid-s, brif-t, quellen, an Dicke zunehmen;  .  brit-tu, britud-o-u, brit-ti, kernig, fest werden, reifen.

6  glif-tu, glid-s, glif-t, schleimig werden, massen (v. Erbsen).

7  klit-tu, klid-s, klif-t (klit, Kabillen!), irren, sich zerstreuen;  .  klip-tu, klipd-o-u, klip-ti;  .  cf. Freq. klidid-t, XI. klid-i-t, IX. Factit. klid-in-d-t, X.

8  mit-tu, mid-s, mif-t, und mid-di-t, Med., erwachen;  .  .  .  cf. bif-tu, buf-t, V. No. 28. cf. Factit. mif-t, IV. mid-in-d-t, X.

9  mif-tu, mid-s, mif-t, bassen;  .  .  .  cf. Lasidau-, Halu, Peindschaft. cf. Freq. mid-t-t, XII.

10  plit-tu, plid-s, plif-t, überströmen;  .  plit-tu, plid-o-u, plia-ti;  .  cf. Factit. plimf-t, IV. plidd-in-d-t, X. Factit. plidd-t-t, VII.

11  (pl)-smirf-tu, -smird-s, smirf-t, erhaltend werden;  .  smir-tu, smird-o-u, smiro-ti, rühren.  .  .

12  sprif-tu, sprid-s, sprif-t, eingeklemmt werden;  .  cf. sprid-tu, sprid-o-u, sprid-ti, gleiten;  .  cf. Factit. sprimf-t, IV.

13  suif-tu, suid-s, suif-t, schwitzen;  .  .  .  cf. Factit. suid-t-t, IX.

14  schtif-tu, schtid-s, schtif-t, zerschellen, vergehen;  .  .  .  cf. Factit. schtf-t, IV.

| No. | | | |
|---|---|---|---|
| 15 | dʃīrf-tu, dʃīrd-ee, dʃīrf-t, hören, vernehmen; | gúra-tu, gúrd-a-u, gúra-ti; | cf. dʃīrd-d-t, XII. |
| 16 | gúuf-tu, gúd-ee, (Fut. gúuckn f. gúud-eckn), gúu-t (statt gúuf-t f. gúnd-t), vergaben; Eigenthümlich ist durch seine Infinitivform: | gundu, gúd-a-u, gun-ti, verderben. | |
| | Warzelsylbenanlaut: z. | | |
| 17 | dua-t (3. P.), dua-u (3. P.), dua-t, aubrechen (v. Tage); | mua-tu, mua-u, mua-ti. | |
| 18 | gúu-tu, gúia-u, gúia-t, verschwinden, verderben; | gaia-tu, gaia-u, gaia-ti. | |
| 19 | kdia-t (3. P.), kdia-a (3. P.), kdia-t, halb werden, brennen; | | √ krìa = √ brit. cf. bkird-t, V. No. 1. |
| 20 | kára-tu, kára-u, kára-t,  kára-tu, kára-u, kára-t (Aux), } erhitzt werden; | | cf. Factit. ka'ra-i-t, IX. |
| 21 | llu-tu, llu-u, llu-t, mager werden; | lyo-tu, lyo-a-u, lyo-ti, liu-tu, liu-a-u, liu-ti. | |
| 22 | míra-t (3. P.), míra-u (3. P.), míra-t, dunkel werden. | | |
| 23 | (au)-míra-tu, -míra-u, -míra-t, vergessen (nach Dr. Baar mit nicht gestoßenem Ton); | (u)-mira-tu, míra-a-u, míra-ti. | |
| 24 | (au-)(mia-tu? oder mía-tu?), -mia-u, -mia-t, verwirrt werden; | (au)-mia-tu, -mia-a-u, -mia-ti; | cf. Factit. maia-i-t, XI. mia-i-t, IX. cf. lat. mis-ce-o. |
| 25 | plia-tu, plia-t, plia-i-t, entschlüpfen, bersten, platzen, reißen; | plya-tu, plya-a-u, plya-ti; | cf. Factit. plia-i-t, IV. Freq. plia-i-t, XI |
| 26 | ria-ta (Kühlmann, ria-tu, Autr), ria-u, ria-t, ria-i-t, sich anfügen; | | cf. ria-i vatíum, es geht los, ślg. es fügt sich von einander. cf. ria-t, binden, l. at-raia-i-t, XI. |
| | Warzelsylbenauslaut: f. | | |
| 27 | láf-tu, láf-u, láf-t, brechen (intr.); | láf-tu, láf-a-u, láf-ti. | cf. Factit. láuf-t, IV. |
| | **b. Warzelsylbenvocal im Praesens allein gesteigert.** | | |
| | Warzelsylbenauslaut: d oder z. | | |
| 28 | bíf-tu, budd-u, buf-t, erwachen (N.Bartan); | bmd-tu, bud-a-u, bua-ti; | = mif-t, V. No. 8. cf. Factit. budd-im-d-t, X. mudd-im-d-t. |
| 29 | dʃiu-tu, dʃiu-u, dʃiu-t, verlöschen, kühl werden; | gu-tu, gu-a-u, gu-ti; | cf. Factit. dʃiu-t, IV. dʃuu-d-t, X. dʃuu-im-d-t, X. |
| 30 | kúa-tu, kua-u, kua-t (kúa-i?), schmeißen, müde werden; | | cf. Factit. kúua-i-t, IX. Freq. kú-u-a-i-t, VI. |

## 2. Derivations- oder Classensuffix -sta.

### a. Wurzelsylbenauslaut consonantisch (Guttaralis, Labialis, Liquida).

#### α) Praeteritum ohne j.

##### Wurzelsylbenauslaut: k.

| No. | | | |
|---|---|---|---|
| 81 | (us)-ellk-ota, -ellk-u, -ellk-t, hungern (fleischlich bei Stend. if-ee'lkt angegeben, aber allerdings lautet das f der Praeposit. hier hart nach der litth. Analogie); | (us)-allk-ota, allk-u-u, allk-ti. | |
| 82 | jmk-ota, jmk-u (Stend., jmk-u, Autz, jmu, Bockborn), jmk-u; jmk-t, (Stend. jmk-t, Autz), gewohnt werden; | jmk-ota, jmk-u-u, jmk-ti; | cf. Factit. jemm-i-t, IX. |
| 83 | lik-ota (Erwahlen, N.Bartau, Kalzenau, Stend.), lik-u, Stend.), lik-u, lik-t, krumm werden; | lik-ota, lik-u-u, lik-ti. | |
| 84 | (mik-ota?), mik-u, (mik-t?), verstehen, können; | mik-ota, mok-u-u, mok-ti; | Part. Praes. Act. Westkurland. B. 969. 1020. 1185. 1850. cf. mak-i-t, XII. Factit. mak-i-t, XI. |
| 85 | mirk-ota, mirk-u, mirk-t, weichen, im Wasser liegen; | mirk-ota, mirk-u-u, mirk-ti; | cf. Factit. merk-i-t. IV. √ merk, cf. ma'rka, Fischtrancke. |
| 86 | nik-ota, nik-u, nik-t, zu nichte geben; | nyk-ota, nyk-u-u, nyk-ti; | cf. Factit. nik-n-i-t, X. |
| 87 | pik-ota, pik-u, pik-t (pikt?), zornig, böse werden; | pyk-ota, pyk-u-u, pyk-ti; | cf. no-pik-oti! werde, sei nicht böse. su-pai-n, erzürnt. Adj. pik-t-a, zornig. |
| 88 | plauk-ota, plauk-u, plauk-t, sprießen; | plauk-ota (plauk-ota), plauk-u-u, plauk-ti. | |
| 89 | (plik-ota?), plik-u, plik-t, kahl, arm werden; | plik-u, plik-o-u, plik-ti. | |
| 40 | { sark-ota, sark-u, sark-t (Autz), sark-ota, sark-u, sark-t (Neehkarl), } roth werden. | | |
| 41 | slik-ota, slik-u, slik-t, untergehen ertrinken; | | |
| 42 | slik-ota, slik-u, slik-t, sich neigen; | slimb-u (slimb-u), slimb-o-u, slimb-ti, cf. trägt sein, dann: weichen, rutschen, kriechen; | mit dem folgenden Verb. identisch? cf. Factit. slin-n-i-t, X. cf. slimb-u, faul. |
| 43 | schaurk-ota, schaurk-u, schaurk-t (schaurk-t?), nieder-geschlagen sein (Adolphi), naß und erfroren sein (Hennelberg); | | cf. scharry-t, V. No. 57. |

44 | *schnab-stu, schnib-u (schûb-u?), schnb-t (schûb-t?)*, 1) schartig werden, zertrümmern, intr., 2) zerbrechen, intr. (N.Bart.), mangeln, fehlen;

45 | *trak-stu, trak-a, trak-t*, reihen, entzweigeben, mangeln, fehlen; — *trûk-stu, trûk-a-s, trûk-ti;* · cf. Factit. *traus-ê-t*, IX. *trais-in-ā-t*, I.

46 | *tsik-stu, tsik-u, tsik-t* (Autz), *tsik-stu, tsik-u, tsik-t* (Kabill.), } schwellen, fett werden; — cf. *tuuk-s, tuk-a-s, tuk-ti;* · cf. *tuk-t*, III. cf. Factit. *tuk-ê-t*, IX. — *tuumb-ia, tuupik-ia, tuumb-ti.*

47 | *twik-st* (3. P.), *twik-a* (3. P.), *twik-t*, schwül sein;

**Wurzelsylbenanslaut: g.**

48 | *dig-stu, dig-u, dig-t*, keimen; — *dygg-tu, dygg-u-s, dygg-ti;* · cf. Factit. *dîdj-ê-t*, IX *dîdj-in-ā-t*, I.

49 | *līg-stu, līg-u (līdju), līg-t, līk-stu, līk-u, līk-t* (Altkan, Goldingen, B. 869), } gleich werden; *so-līg-t*, sich mit einander vergleichen, Handels-eins-werden; — *lyg-stu, lyg-u-s, lyg-ti;* · cf. Factit. *līdj-in-ā-t*, I.

50 | *mirg-stu (mirdju, Kaivsran?), mirg-u, mirg-t*, verschwimmen (von den Augen eines Sterbenden, Erwaiden); · cf. *axis mirg-êt.* cf. *mirdj-ê-t*, flimmern, XII?

51 | *rūg-stu, rūg-u, rūg-t*, gähren, sauer werden; — *rūg-stu, rūg-u-s, rug-ti;* · cf. *pён-s so-ruz-is* in N.Bart., ob nicht *so ru-rdj-u?* Dem. *rud-t*, III. = faltig werden. cf. Factit. *rüudj-ê-t*, IX.

52 | *sirg-stu (ārgetu, Dr. Baar, serg-u* nach Analogie von Cl. II., N.-Bartau), *sirg-u, sirg-t*, krank werden; — *serg-a, sirg-u-s, sirg-ti.* · cf. *sirdj-êt = sirlik-st-ê-t*, XII. √malk.

53 | *smilg-stu, smilg-u, smilg-t*, wimmeln; · cf. Factit. *spirdj-in-ā-t*, X.

54 | *spirg-stu, spirg-u, spirg-t*, entarten, gnessen; · cf. Freq. *sprig-ā-t*, VI. Freq. *sprag-st-ê-t*, XII.

55 | *sprāg-stu, sprāg-u, sprāg-t (prāg-i)*, bersten, platzen; — *sprog-stu, sprog-a-s, sprog-ti;*

56 | *sting-stu, sting-u, sting-t*, erstarren; — *sting-stu, sting-a-s, sting-ti, stiag-u-s, stiag-ti, so-riuzen;* · cf. *sting-r-s*, stramm, steif, stark.

57 | *string-stu, string-u, string-t*, stramm werden (Lvl.), verdorren (Stender); *schnurg-stu, schnurg-u, schnurg-t*, am Schnupfen leiden; · cf. *schnurb-t*, V. No. 48. Freq. *schnurg-st-ê-t*, XI.

58 | *swirg-stu, (swirdju? Stender), swirg-t*, rieseln, grobkörnig zerfallen.

| № | | | |
|---|---|---|---|
| 59 | wàrg-stu, wàrg-u, wàrg-t (Autz), wàrg-stu, wàrg-u, wàrg-t, wàrg-stu, u. s. w. (Kabillen), } krünkeln, qnimen, sich elend befinden; | wàrg-stu, wàrg-a-u, wàrg-ti; | cf. Freq. wàrg-ā-t, VII. Factit wàrg-in-ā-t, X. |

**Wurzelsylbenauslaut: p.**

| 60 | kùmp-stu (kùmp-ju, Bockhorn), kùmp-u, kùmp-t, krumm werden, verschrumpfen. | | |
| 61 | pùmp-stu (pùmp-ju, Stend.), pùmp-u, pùmp-t (Nebenformen: pùmp-t, pùmp-t), schwellen; | pump-u, pump-ja-u, pump-ti; | In N.Bartau pa'mp-t (im Unterschiede v. pa'mp-t) mit der besondern Bedeutung: v. Luft aufgetrieben werden. |
| 62 | ? pùup-t, verrecken. | | |
| 63 | pùup-stu, pùupp-u, pùup-t, sprudeln, wie kochende Grütze (Schallwort). | | |
| 64 | slàp-st (S.P.), slàp-a (S.P.), slàp-t, durnen; slàp-stu u. s. w. personell = ersticken. | | cf. Factit slàp-i-t, IX. |
| 65 | slìp-stu, slìp-u, slìp-t, gleiten, schief werden; | | cf. Factit slìp-ī-t, IX. |
| 66 | stìrp-stu (stìrp-ju, Stend.), tìrp-u, tìrp-s (tìrp-t, Nordwestkurl.), vertauben; | cf. tìrp-stu, tìrp-a-u, tìrp-ti, schmelzen (intr.). | |

**Wurzelsylbenauslaut: b.**

| 67 | gìb-stu, gìb-u, gìb-t, ohnmächtig werden; (Nebenformen: gìb-t, geib-t, scheib-t, schwindlich werden, Livl. Walk). | | |
| 68 | gùb-stu, gùb-u, gùb-t, } sich krümmen, beugen. | | |
| 69 | gìb-ru, gìb-u, gìb-t (Stend.), } ? leib-t, das Leben kaum durchbringen (Hasselberg); betragen (Livl). | | |
| 70 | rcìb-at (S.P.), rcìb-a (S.P.), rcìb-t, schwindeln; | | cf. Factit. rcìb-in-ā-t, X. |
| 71 | (an-)skàb-stu, -skàb-u, -skàb-t, sauer werden; | | cf. Adj. skàbs-t, sauer. |
| 72 | skurb-stu, skurb-u, skurb-t, (Nordwestkurl. skèrb-t), schwindlig, ohnmächtig werden. | | |
| 73 | (ap-)stu'lb-stu, -stu'lb-t, blind werden; | | cf. Adj. stulbs-t, blind. |
| 74 | fchìlb-stu, fchìlb-t, fchìlb-t, erblinden, in Ohnmacht fallen (= fchu'lb-). | | |

**Wurzelsylbenauslaut: m.**

| 75 | glîm-stu, glûm-u, glaî-m-t, glatt, schleimig werden; | | cf. Adj. glaîm(a)-s, glatt. |
| 76 | grîm-stu, grîm-u, grîm-t, sinken; | grîma-tu, grîmed-a-u, grîma-ti (Neeselmann); | cf. Factit. grîmd-î-t, IX. |
| 77 | rîm-stu, rim-u, rîm-t, ruhig werden; | rîma-sta, rîma-sa, rim-ti; | √rum, cf. rûma(s)-s, ruhig. cf. Factit. rîmd-î-t, IX. rûma-in-d-t, X. |
| 78 | (ni-)skum-stu, -skum-u, -skum-t, traurig werden; | | cf. Factit. skîm-d-in-d-t, I. |
| 79 | (ap-)slîm-stu, -slîm-u, -slîm-t, krank werden; | | cf. Adj. slîma(s)-s, krank. |
| 80 | tum-st (3. P.), tum-a (3. P.), tum-t, dunkel werden; | tem-sta, tem-o, tem-ti; | √tum, == cf. litth. tem-sa, Dunkelheit. |

**Wurzelsylbenauslaut: n.**

| 81 | (ntr-)/sî-stu, -sîm-u (-sîm-u, Goldingen), -sî-t, erkennen; | -dj-ot, -djm-a-u, -dj-ti; | √sa == √ta, cf. Cl. I. No. 18—22. cf. /sm-d-t, X. |

**Wurzelsylbenauslaut: l.**

| 82 | ? (adj-)bâl-u, (-bâl-t?), bleich werden; cf. Partic. Praet. Act. ni-bâl-is, erblichen; | bâl-u, bâl-a-u, bâl-ti; | cf. Adj. bâl(a)-s, bleich. cf. Freq. bâl-î-t, XII. Factit. bal-in-d-t, I. |
| 83 | dîl-stu (dél-u, II.), dîl-u, dîl-t, sich abschleifen, abnutzen; | dyl-u, dîl-a-u, dîl-ti; | cf. Factit. del'-d-t-t, IX. dîl-in-d-t, X. |
| 84 | ? mel-u, (mel-t?), schwarz werden (Essern); | | cf. Adj. mel-a s)-s, schwarz. |
| 85 | pil-stu, (pilu?), pil-t, voll werden; | | cf. Adj. pil-na(s)-s, voll. Factit. pil-d-î-t, XI. |
| 86 | sal'-stu, sal-u, sal-t, frieren, kalt werden; | sedl-u, szdl-a-u, medl-ti; | cf. Factit. sal'-d-î-t, IX. sal'-d-in-d-t, X. |
| 87 | sil-stu, sil-u, sil-t, warm werden; | szyl-u, sil-a-u, sîl-ti; | cf. Factit. sil-d-î-t, XI. |
| 88 | swil-stu, swil-u, swîl-t, sich versengen; | swyl-u, swil-a-u, swîl-ti; | cf. Factit. swel'-î-t, IV. swîl-in-d-t, X. |

**Wurzelsylbenauslaut: r.**

| 89 | bir-stu, bir-u, bir-t, riesen, abfallen (von Getreidekörnern), (Nordwestkurl. ber-u); | byr-u, bir-a-u, bîr-ti; | cf. Factit. ber-u, IV. bir-d-î-t, XI. bir-d-in-d-t, X. |
| 90 | gur-stu, gur-u, gur-t, ermatten (Nordwestkurl. gôr-u); | gur-stu, gur-a-u, gur-ti. | |
| 91 | îr-stu (irstu), ir-u, îr-t (irt), sich zertrennen, raffeln (Nordwestkurl. îr-u); | gyr-u, ir-a-u, ir-ti; | cf. Factit. ir-d-î-t, XI. Var. |
| 92 | kur-stu, kur-u, kur-t, heizen (intr.); | | cf. Factit. kur-î-t, IV. |

| | | | |
|---|---|---|---|
| 93 | mir-stu, mir-u, mir-t, sterben. (Nordwestkrl. mir-ti); | mir-stu, mir-ieu, mir-ti | cf. Factit. mir-d-i-t, IX. mar-u-t, XI. ỹ mar, cf. lltth. mar-in-ti. (cf. Factit. spar-in-ât, X?). |
| 94 | spur-stu, spur-u, spur-t, ausfasern (intr.); | | |

β) Praeteritum mit *j* (cf. Cl. IV).
Wurzelsylbenauslaut: *k, g.*

| | | | |
|---|---|---|---|
| 95 | kârk-stu, kârk-u, kârk-t, krähen (wie eine Krähe); | | Factit. u. Freq. kirz-in-â-t, X. |
| 96 | kul'k-stu, ku'lk-u, kulk-t, kakeln (wie eine Henne); | | |
| 97 | kurk-stu, (kurr-, Hessels.), kurr-u, kurk-t, quarren; | kurk-ieu, kurkien, kurk-ti | |
| 98 | ka'rk-stu, ka'rz-u, kârk-t, hohl werden (von anwachsendes Raben u. dergl., Kabillen). | | |
| 99 | sik-stu (Livl.-dzw., Elvers), stzu, sik-t, rauchen, riechen (von hochmendem Wasser). | | |
| 100 | wik-stu, (wiss?), wik-t (wiks? L.), geschmeidig werden, sich biegen (L.); | | Factit. wiz-in-â-t, X. |
| 101 | (g-stu, idju, ig-t, innerlich Schmerz haben (Stend.), verdriesslich sein (Stend. Auts), torpere (Kaisenau): | | cf. vazzi lâudis ig-st, alte Leute sind mürrisch; azzis ig-st, die Augen schmerzen (Auts)〉 |

b. Wurzelsylbenauslaut vocalisch.
(Praeterit. ohne *j*; §. 181. 183).

| | | | |
|---|---|---|---|
| 102 | bi-stu-s, bij-â-s, bi-tî-s, sich fürchten; | cf. bîj-â-s, bij-oja-s, bîj-o-tî-s; | cf. Intens. bij-â-dâ-t, VI. Factit. bâî-dî-t, bî-d-î-t, XI. bî-d-ê-t, IX bâi-d-în-â-t, I |
| 103 | li-st (S. P., li-j, Rosenberger), li-ja (S. P.), li-t, regnen; | lîj-a, lîj-o, lîj-tî; | Denin. lî-n-â-t, VI. |
| 104 | ni-stu-s, nîj-â-s, ni-tî-s, kämpfen, ringen; | | cf. Intens. st-bôi-dî-t, XII. |
| 105 | dfi-stu, dfîj-u, dfî-t, heilen (intr.); | gî-jâ, gîj-o-s, gy-tî; | cf. Factit. dfî-d-î-t, IX dfî-d-în-â-t, X. |
| 106 | grd-stu, grâu-s (grû-s), grû-t, einstürzen; | grû-jâ, grûu-o-s, grû-t-i; | cf. Factit. grû-t, IV. |
| 107 | kid-stu, kîzw-u (kîd-o), kid-t, werden, gelangen, (hängen bleiben?); | blîs-o-s (blîd-o-s)), blûm-o-s, | cf. Factit. blûm-ti-s, IV. Frequent blî-d-î-t, XI. |
| 108 | pâ-stu, pâw-u (pâ-u), pâ-t, faulen; | pâ-jâ, pîro-o-s, pâ-tî; | cf. Factit. pâ-d-î-t, IX. |
| 109 | fchû-stu, fchûw-u (fchû-u), fchû-t, (dfchûuw, dfchû-t), trocken werden; | dêû-o-s, dâm-o-s, dâ-â-i; | cf. Factit. fchû-d-î-t, IV. |

## Gruppe B.

## Sechste Classe.

( Praes. -aja-, Praet. -aja, Infin. -t; Schl. litth. Cl. VII.)

§. 265. Das Derivationssuffix oder Classenzeichen der Cl. VI. ist -aja, das im Praesens und Praeteritum, abgesehen von einzelnen Contractionen und Kürzungen vollständig erscheint, im Infinitiv wenigstens nach seinem characteristischen Element -a- sich wiederfindet. Praes. 1. P. S. -aj-u, Praet. -aj-u, Infin. -a-t.

Unsere Cl. VI. ist in Berücksichtigung des eigenthümlichen Lautsystems identisch mit der Cl. VII. litthauischer Verba bei Schleicher (§. 68): -oju, -oja-u, -o-ti, (denn litth. o ist == lett. a), und stimmt allein in vollkommener Treue unmittelbar zu Cl. X. der Sanskrit-Verba, deren Character aja ist, während die entsprechenden griech. Verba auf -aw, (-ew, -ow) oder die lateinischen der 1. (2. 4.) Conjugation (am-á-re, doc-é-re, aud-i-re) bereits weiter von jenem Grundtypus sich entfernen.

Rücksichtlich der Bedeutung zerfallen die Verba Cl. VI. in folgende Gruppen:

1. Denominativa, die in gewissem Sinn auch als Factitiva oder Causativa sich bezeichnen lassen, sofern sie in der Regel ein Machen dessen ausdrücken, was das zu Grunde liegende Nomen (1.) subst. oder (2.) adject. bedeutet, cf. gud-á-t, (v. gud(a)-s, Ehre), ehren, d. i. Ehre erweisen; migl-á-t, (v. migl-a, Nebel), nebeln, d. i. Nebel machen; run-á-t, (v. run-a, Rede), reden, d. i. Rede machen; — at-jáun-á-t, (v. jáun(a)-s, jung), ver-. jüngen, d. i. jung machen; seltener (3.) ein Machen mit dem, was im Begriff des Stammworts liegt, cf. sukk-á-t, kämmen, v. sukk-a-s (Pl.), Kamm, und noch viel seltener ein Sein oder Werden dessen, was in dem Substant. (4.) oder Adjectivum (5.) primitivum ausgedrückt ist, cf. hochlett. tiss-á-t f. tisl-á-t, hinken, d. i. lahm sein, v. tisl(a)-s, lahm (niederlett. tif-át, — tifts).

2. Schallwörter, Verba onomatopoetica, wenige an der Zahl, eigentlich auch Factitiva, cf. bamb-á-t, Bam-machen.

3. Frequentativa, (Iterativa, Durativa, Intensiva), welche den Begriff der Wurzel oder des entsprechenden Primitiv-Verbs extensiv (nach der Zeitdauer, ein- oder mehrmalig) oder intensiv verstärkt ausdrücken. Zuweilen hat

die Frequentativform keine Frequentativbedeutung, namentlich wenn das relative Primitivum im Lett. nicht mehr existiert: cf. *dir-á-t*, schinden. — In den meisten Fällen fügt sich das Suffix *-ája* hier unmittelbar an die Wurzelsylbe; in einigen wenigen Fällen wird zwischen Wurzel und Suffix ein *j*, *n* oder *n*, d. i. *nj* eingeschoben. Die Beispiele cf. unten. — In der Hälfte etwa oder gar in der Mehrzahl der aufzuführenden Frequentativa hat der ursprüngliche Wurzelvocal sich erhalten, ja nicht selten reiner als in den entsprechenden einsylbigen sogenannten Primitivis, cf. *wadd-á-t*, hin und her führen. — *wes-t*, führen; *walk-á-t*, oft anziehen, — *wi'lk-t*, ziehen, woraus man folgern darf, daß diese Frequentativa eigentlich direct von der Wurzel gebildet sein müssen und gar nicht eigentlich Verba derivata sein können (§. 253). Zuweilen aber ist allerdings der Wurzelvocal noch um eine Stufe weiter gesteigert als in dem entsprechenden einsylbigen Verb; cf. *klīg-t*, schreien, Freq. *klaig-á-t*. — Sehr beachtenswerth ist der häufig gedehnte Vocal im Frequent., wo das relative Primitivum gestoßenen Ton hat: *klīg-t*, — *klaig-á-t*; *knáb-t*, — *knáb-á-t*; *lék-t*, — *lék-á-t*; *plūk-t*, — *plūk-á-t*; *li-t*, — *li-n-d-t*; cf. *wi'lk-t*, — *walk-á-t*, u. s. w. Vielleicht deutet die Dehnung des Tones auf die Extension des Begriffes.

4. Deminutiva, die zwischen der Wurzel und dem Suffix die Derivationssylben: *-al-*, *-at-*, *-ar-* oder *-ur-* einschieben und dadurch an das Deminutivsuffix des Nomens *-elja-*, (für urspr. *-alia-?*), Nominat. *-eli-s*, *-ele*, erinnern (cf. die Verba deminutiva Cl. VII. und IX. *-ul-ú-t*, *-el-é-t*, *-er-é-t*). Die entsprechenden litth. Verba deminut. führen hinter dem Deminutivsuffix das Classensuffix *-ija*, gehören also zur folgenden Verbalclasse. — Oft schwimmt hier und bei den folgenden Classen die Deminutivbedeutung und die Frequentativbedeutung in einander.

Aus dem oben angedeuteten Begriff der Frequentativa und Denominativa folgt es schon, daß die ersteren in der Regel transitive oder intransitive Bedeutung haben müssen, je nachdem die entsprechenden sogenannten Primitiva transitiv oder intransitiv sind, und daß die letzteren in der Regel intransitiv sind, bis — meist durch Composition — die Bedeutung modificiert und namentlich transitiv gemacht wird. Cf. *wái essi kártájis?* hast du zum zweiten Mal gepflügt? aber: *wái essi semi* (oder *lauku*) *nu-kártájis?* hast du den Acker zum zweiten

Mal gepflügt? In den Fällen, wo Denominativa simplicia Reflexivformen bilden, läßt das suffigierte Pronomen reflexivum sich ansehen als Dativ, cf. *béd-d-tl-s*, sich (*sibi*) Kummer, Sorgen machen.

§. 266.        **Catalog der Verba sechster Classe.**

Anmerk. Die Cataloge der Verba zu dieser und den folgenden Classen machen nicht den Anspruch, absolut vollständig zu sein und zwar noch weit weniger, als die Cataloge zu den ersten fünf Classen. Jedenfalls aber werden die gebräuchlicheren Verba zusammengestellt sein und von den seltneren diejenigen, die zur Hand waren. Vieles nur local oder dialectisch übliche dürfte immer fehlen. — Die Verba sind hier und bei den folgenden Classen meist nur in der Infinitivform aufgeführt, da die Bildung des Praesens und Praeteritum hier nach allem Früheren gar keine Schwierigkeit macht.

# 1. Denominativa.

| No. | [*] | Form, Bedeutung | Grundwort | Vergleich |
|---|---|---|---|---|
| 1 | 1[*] | aiſ-á-t, Riss bekommen, eig. R. machen (Elvers); | aiſ-a, Riſs, Spalte im Eis. | |
| 2 | 1 | bíd-d-t, Kummer haben (machen), reflex. sich bekümmern; | bída, Kummer. | |
| 3 | 8 | {bót-á-t (Stand.),} {báb-á-t (Lange),} überdreschen, um die Hülsen des (Gersten-) Korns abzutrennen; cf. kvaia-t-t, IX. | bíka-s (Pl.), Gerstenhülsen. | |
| 4 | 1 | dáusn-á-t, schenken, (cf. dáu-in-á-t, Freq., Cl. X); | dáu-ana, Gabe; | dáuan-in-ti. |
| 5 | 2 | diſch-á-il-s, sich groß und breit machen, prahlen; | dúch, groß; | dúili-i-ti-e. |
| 6 | 1 | dóm-á-t, denken; | dóma, Gedanke; | dúm-o-ti. |
| 7 | 3 | dúil-d-t, bei brennenden Pergeln krehen (Lange); | dúil, Lunte, brennender Pergel, cf. dúlp-e, ein gespaltenes faules Stück Holz zum Ausstechen der Bienen. | |
| 8 | 4? | gnág-d-t,} nég-á-t,} mit langen Zähnen essen; | gnág-a (nég-a), der so ißt. | |
| 9 | ? | góſ-d-t, rösten, schmoren, (cf. gúrſ-t-t;) | góſa, Röste, cf. smú-góſ-i-s, Sonnenhitze. | |
| 10 | 1 | gumb-á-t,} kumb-á-t,} tüttenweise übereinander rollen (Lange): | gumb-aia (kumb-aia), Titte; | cf. gumbo-e, Geschwulst. |
| 11 | 1 | gúd-d-t (gúd-t-t, VIII. Palanar, Autz), ehren; | gúd(-a)-s, Ehre; | god-o-ti, zem. |
| 12 | 2 | (at-)jáun-á-t (-á-t, VII., Autz), erneuern, verjüngen; | jáun(a)-s, jung; | at-jaun-in-ti. |
| 13 | 1 | jók(a)-t, scherzen; | jók(a)-t, Scherz. | |
| 14 | 1 | kárt-á-t (kart-á-t, IX. kárt-á-t, VII.), zum zweiten Mal pflügen, prov. „karajen"; | kárta, Mal, eig. Reihe, Schicht, cf. ótri kárta, zum zweiten Mal | kart-o-ti, wiederholen. |
| 15 | 1 | káun-d-il-s (B. 1680; káum-á-il-s, IX), sich schämen; | káuna(s)-s, Scham. | |
| 16 | 1 | kíl-á-t (kíl-á-t? IX), pfänden; | tíla-s (Pl.), Pfand. | |
| 17 | 1 | hild-á-il-s, sich zanken; | hild-a, Zank. | |
| 18 | 1 | krank-d-t, falten; | krank-a, Falte. | |
| 19 | 4? | kûl-á-t (kúl-á-t, IX), verderren; | kûla, verdorrtes Gras; | cf. kul-t-ti, brandig werden; kula, XII., Brand im Getreide. |
| 20 | 1? | lam-á-t, schimpfen; | cf. l-lam-a, po-lam-e, Schimpfwort, suchen, schmähen, Intens. zu lith. le-ti, beſſen; vielleicht aber auch v. Vlam. cf. lem-t, laime, cf. lúth, lam-oig-ti, wünschen (?). | vielleicht v. Vla, cf. lá-d-t-t, XII., |
| 21 | 1 | mâit-á-t, zum Aas machen, „ver-asen", verderben; | mâit-a, Aas. | mâit-in-ti. |

*) Die Ziffern dieser Rubrik bezeichnen die oben §. 265, 1. angegebenen 5 Classen der Denominativa.

| | | | | |
|---|---|---|---|---|
| 22 | 1 | migl-á-t, nebeln, fein regnen (Aun); (ni-migl-á-t, B. 1919, sich mit Nebel beziehen). | migla, Nebel. | |
| 23 | 1 | mif-á-t, schallen; | mifa, Schaale. | |
| 24 | 1 | nóm-á-t, miethen, pachten; | nóma, Miethe, Pacht; | nám-o-li; |
| 25 | 1 | paí-j-á-t (-ú-t), pal machen, streicheln; | pei, ein Kinderwort (im Endn. um lieb, gut); plaúka, Lumpen, cf. plú-t, V., entzweigehen. | liv. paí. |
| 26 | 12 4? | pluk-á-t, zerkloddern; | | |
| 27 | 8 | pőg-á-t, klingeln, schellen; | pőg-a, Schelle. | |
| 28 | 1 | prőw-á-t, processieren; | prőwa (Pl.), Procefs; | prowo-li. |
| 29 | 1 | prís-á-tt-s, sich freuen; | príza, Freude. | |
| 30 | 1 | (if-)pít-á-t, aufasern; | píta, Feder; | |
| 31 | 1 | (if-)rít-á-t, vernarben; | ríta, Narbe. | cf. púka-a, Flaumfeder. |
| 32 | 1 | rőt-á-t, 1) schmücken; 2) wüten, B. 1679. √rot; | rőt-a, Schmuck. cf. ratti (Pl.). Wagen (eig. Räder). runa, Rede. | |
| 33 | 1 | run-á-t, reden; | | |
| 34 | 1 | stkal-á-t, speicheln; | stkale (Pl.), Speichel; | scil-ú-ti. |
| 35 | 8 | skríd-á-t, Getreide durch die Harfe, d. l. ein schräge gestelltes Drahtsieb (skrída), laufen lassen, √skri, cf. skrí-t, laufen. Für ein Caussativum oder Factitivum, direct gewissermaaen von skrí-t mit euphonischem d nach Analogie so vieler Verba auf d-á-t, Cl. XI, darf man skríd-á-t nicht halten, weil es überhaupt keine Caussativa auser den Denominativis in Cl. VI. giebt. | | |
| 36 | 1 | smarg-á-t, sudeln; | smarg-a, Schmutz. | |
| 37 | 1 | (ná-)spalw-á-tt-s, sich abfedern, abhaaren; | spalw-a, Haar an Thieren, Feder. | |
| 38 | 1 | sprőg-á-t, kraus werden; | sprőg-a, Locke. | |
| 39 | 1 | stíp-á-t (stíp-ú-t, B. 2275), blnden, Fafsbande anlegen; | stíp-a, Fafsband, Reif. | |
| 40 | 8 | sukk-á-t, kämmen (sukk-ú-t, VII, Goldingen); | sukk-a (Pl.), Kamm | | szab-o-ti; |
| 41 | 1 | súl-á-t (sul-ú-t), siepen, langsam fliefsen, tröpfeln; | sula, Saft, z. B. aus der Birke; | sul-o-ti. |
| 42 | 6 | schdel-á-t, flattern (Lange); | schúsel(n)-a, flatterhaft. | |
| 43 | 8 | fchaggar-á-t, in Compos. quartzen; | fchaggar(a)-a, Zweig, Ruthe, Pl. Brennerauch. | |
| 44 | 1 | (ap-)fchág-á-t, anskumen; | fchúgis(a)-a, Zaun. | |
| 45 | 5 | tif-á-t (f. tif-á-t, hochlett. tiwá l. tiwát), hinken, lahmen, (Lange); | tif(a)-a (hochlett. tis(a)-a), lahm. | |
| 46 | 1 | tte-á-t, richten, Gericht halten; | ttsa, Recht, Gericht. | |
| 47 | 8 | tráb-á-t, trompeten; | tráb-a, Trompete; | trub-y-ti. |

| | | | |
|---|---|---|---|
| 48 | 2 | *wäj-â-t*, schwächen (Stend.); . . . . . | *wâj-ech*, schwach. |
| 49 | 1 | *waid-ê-t*, klagen; . . . . . . | *waid-a*, Klageruf. |
| 50 | 1 | *waiman-â-t*, wehklagen; . . . . | *wai-man-a*, Wehklage, od. *wai man!* weh mir! |
| 51 | 3 | *wainak-â-t* (*wainak-â-t*), bekränzen; . . | *wainak-a-s* (*wainak(a)-s*), Kranz, Krone. |
| 52 | 3? | *wal-â-t*, beawingen; . . . . | *wala*, Freiheit, Selbstbestimmung; |
| 53 | 3 | (*sa-*)*walg-â-t*, binden, fesseln; . . . | *walg-s*, Strick, Schlinge. |
| 54 | 1 | (*at-*)*wass-â-t*, von Neuem spriessen (Stend.); . | *ú-wass-a, at-wass-e*, neuer Schöss- ling, Sprössling; |
| 55 | 4? | (*sa-*)*wiech-â-tl-e*, sich versammeln (Lange); . (Das ech hier deutet nicht auf einen nominalen *ja*-Stamm, sondern ist ein Litthuanismus). Cf. *sa-wit-ât-e*, zusammen kommen (Stend.). | *wies-i-s* f. *wis-o-e*, Gast; . . . *wies-ê-ti*, zu Gast geben. |
| 56 | 2 | *wis-â-t* (= *wis-in-â-t*, X), kühlen, kühl machen; . | *wis(a)-s*, kühl; . . . . . *wâs-g-a.* |
| 57 | 3 | '*wick-â-t* (*wickб-â-t*), worfeln, schaukeln (L.); . | *wicka* (*wiczka*), Warfschaufel (L.); llv. *wik.* |
| 58 | 1? | *sin-â-t* (*sin-ê-t*, VIII), gastlich bewirthen, ehren; | *sina*, Preis, (Ehre?). |

## 2. Schallnachahmende Verba.

| | | | |
|---|---|---|---|
| 1 | 1 | *bamb-â-t* (*bamb-ê-t*), ein hohlklingendes Getöse machen. | |
| 2 | 2 | *pischk-â-t* (*pischk-ê-t*), leit. mingern, ein Kinderwort. | |
| | | Vielleicht kann man auch hierher rechnen: | |
| 3 | 3 | ( *smuli-â-t*, sabbeln, wie die kleinen Kinder beim Zahnen machen. ( *muli-â-t*, im Schmutz herumrühren; | cf. *smull-i-s*, Sabler (L.). |

## 3. Frequentativa (Iterativa, Durativa, Intensiva).

a) Das Suffix *-ija-* (*-â*) fügt sich unmittelbar an die Wurzelsylbe.

| | | | |
|---|---|---|---|
| 1 | 1 | *bîj-â-tl-e*, sich fürchten; das Praesens dieses überhaupt nicht häufigen Verbi scheint sich besser nach Cl. X zu bilden: *bîj-â-s*, statt *bîj-ij-â-s*. cf. litth. *bij-o-s*. Das *ij* der Wurzelsylbe ist Spaltung von *î*, wie im Praet. v. *bî-ti*: *bîj-â-s*. (Das Verbal- nomen *(bkeo-)bîj-â-schana*, (Gottes-)Furcht, ist nicht malerisch); | √*bî, bi-ti-e,* . . . . . v. | *bîj-o-ti-e*, VI. |

| | | | |
|---|---|---|---|
| 2 | bradd-â-t, hin und her waten; | √ brad, brîs-t, waten, . | III. | braki-o-ti, braudi-o-ti (mit Zwischenschiebung von j). |
| 3 | brauk-â-t, hin und her fahren, oft fahren; | √ bruk, brauk-t, fahren, | IV. | |
| 4 | brîk-â-t, mehr schreien; | brîk-t, schreien, | IV. | |
| 5 | dâw-â-t, schenken; | dû-t, gehen. | . | |
| 6 | dir-â-t, schinden; | | . | Prim. dare, dirva, dirti, schinden. |
| 7 | dragg-â-t, schmettern, reifsen, √ drag. — wahrscheinlich verwandt mit dem folgenden: | | . | |
| 8 | druk-â-t, reifsen, zerren, √ druk, mit eingeschobenem s (§. 144, 1); | | IV. | drauk-ý-ti, Freq. zu drûk-ti. |
| 9 | gaud-â-t, klagen; | gaud-t, | IV. | |
| 10 | gidd-â-t, bewarken (Lange); | sy?-t, inne werden, | III. | |
| 11 | glabb-â-t, hüten, bewahren; | glob-t, retten, | IV. | glob-o-ti, — glob-ti, umarmen. |
| 12 | glaud-â-t, streicheln; | glud, glauj-d, | IV. | |
| 13 | grabb-â-t, zusammenraffen (Lange); | grab-t, greifen, | IV. | |
| 14 | jaud-â-t, vermögen (Livl., B. 2481), Reflex. sich anstrengen: | √ jud, jauj-t. | IV. | cf. jaudu, jud-ê-ti, sich rühren, Freq. zu jundu, jus-ti; cf. liv. joud, Kraft haben. |
| 15 | jáut-â-t, fragen; | √ jut, juut-d, zu vernehmen geben, cf. kap-o-tie, llacke; | IV. | kap-o-ti. |
| 16 | kapp-â-t, hauen, hacken; | kur-t, | IV. | |
| 17 | kar-â-tis, hangen; | kilg-t, | IV. | |
| 18 | klaig-â-t (klâg-ê-t), schreien; | √ kti = √ klid, cf. klij-t, | V. | klaj-o-ti. |
| 19 | klaj-â-t, umherirren; | kr-ith-t, | IV. | |
| 20 | knâb-â-t, picken; | krau-t, | IV. | |
| 21 | krâw-â-t, packen, kramen; | kua-t, | V. | |
| 22 | (t-)ksa-â-t, (drauf-)thanen; | lak, lêb-t, | IV. | lub-i-o-ti, umberliegen. |
| 23 | lêk-â-t, springen; | lij-t, kriechen, | III. | landi-o-ti. |
| 24 | lêd-â-t (...), umherkriechen; | lamk, lêb-t, | IV. | |
| 25 | lûk-â-t (od. lôk-ê-t?), biegen, krümmen (cf. lûk-t, XI)? | √ mak, mak-t-t, können, | XII. | moku, mok-ti, können, zahlen. |
| 26 | mak-â-t, zahlen; | | | |
| 27 | mašg-â-t, waschen; | √ mut? | . | matg-o-ti. |
| 28 | mit-â-t, wiederholt werfen; | mat, nir-t, | III. | mit-ç-ti. |

Hiernach scheint das s ein anorganischer Zusatz zur Wurzel, wie bei drusk-â-t. Minder wahrscheinlich ist, dafs matr-ât Denom. v. makra, Zahlung, und dafs dieses mittelst -os v. √ mak abgeleitet.

| 29 | mḗſa-d-t, mingere; | . . . . . . . . . . . . . | mujet (Praes. mija-s), | . . . . . | III. | |
| 30 | neza-d-t (nèz-ā-t, Rujen), hin und her tragen; | . . . . | nar, nes-t, | . . . . | I. | neza-t-o-ti. |
| 31 | pláp-a-t, schwatzen, (pláp-ā-t, IX. pláp-a-t, VII); | . . . | pláp t (Stend.), | . . . . | IV. | plop-o-ti. |
| 32 | plák-a-t, zausen; | . . . . . . . . . . . . . . | plūk-t, pflücken, | . . . . | IV. | |
| 33 | rakt-a-t, graben; | . . . . . . . . . . . . . . . | rak-t, | . . . . . | III. | |
| 34 | rḗp-d-t, kriechen; | . . . . . . . . . . . . . . | rēp-t, | . . . . . | IV. | |
| 35 | (at-)rāug-d-t(-s, rülpsen; | . . . . . . . . . . . | (at-)rūng-tī-s, | . . . . | I. | |
| 36 | zauk-a-t, wiederholt rufen; | . . . . . . . . . . . | zauk-t, | . . . . . | IV. | zauk-au-ti. |
| 37 | sij-d-t, sieben, sichten; | . . . . . . . . . . . . | sij, | . . . . . | | sij-o-ti. |

Im Begriff sieben liegt schon so sehr eine Frequenz, daß ganz natürlich kein Primitiv dazu vorkommt; cf. sd-t(-s)-s, Sieb.

| 3ª | (ap-)slág-a-t (= sládſ-t-t, XI) beschweren; | . . . . . | ſ ſlag-t? | . . . . . | | ſlag-v-ti, sleg-ti. |

Wegen des litth. sleg-ti haben wir nicht nöthig, slág-i-t für ein Denomin. von slag a-s, Gewicht, Last, anzusehen, was sonst möglich wäre.

| 39 | sprāug-d-t, grob mahlen, schroten; | . . . . . . . | spraug-t, | . . . . . | IV. | |
| 40 | sprḗg-a-t, prasseln (wie Tannenholz im Feuer); | . . . | sprēg-t, bersten, platzen | . . . | V. | |
| 41 | staig-d-t, gehen, wandeln; | . . . . . . . . . . . | ſ staig, cf. steg-o-s, Pfad. | | | |
| 42 | strád-d-t, arbeiten. | . . . . . . . . . . . . . . | | . . . . . | | |
| 43 | schlák-a-t (N.Bart. — schlág-a-t, Stend.), Wasser aus-schlagen, | schlák-t, | . . . . | IV. | |

cf. slakt-ā-t; slenz-ie-t, schlenzt-ie-t, XI.

| 44 | schlók-d-t, glitschen; | . . . . . . . . . . . . . | schlok-t, | . . . . | III. | |
| 45 | schnauk-a-t, schnauben; | . . . . . . . . . . . . | schnaukt, | . . . . | IV. | |
| 16 | ſwaig-d-t, wiehern, übermüthig lachen; | . . . . . . | ſwig-t, | . . . . . | IV. | |
| 17 | ſcháw-d-t (ſchāw-d-te, N.A.), gähnen; | . . . . . . | | . . . . . | | ſ aw-aw-ti, — lund; den Mund aufsperren. |

| 48 | tek-ā-t, hin und her laufen; | . . . . . . . . . . | ſ tek, teza-t-t, | . . . . | XII. | tyr-a-ē-ti, tēr-d-u-i-ti, forschen. |
| 49 | tir-ā-t (tir-ſ-ā-t), fragen (Elvers); | . . . . . . . | | . . . . . | | |
| 50 | wadd-d-t, hin und her führen; | . . . . . . . . . . | ſ wad, wes-t, | . . . . | I. | wadž-o-ti. |
| 51 | weiſj-ā-t, (weiſj-d-t, Autsh, verfolgen; | . . . . . . | | . . . . . | | weſ-o-ti, — ug-ti. |
| 52 | walk-d-t, tragen (Kleider), d. i. oft anziehen, schleppen; (walk-iā-t, | walk, wilk-t, | . . . | II. | walk-i-o-ti. |

VII, Kabill, B. 2426.

| 53 | waſ-ā-t, schleppen; | . . . . . . . . . . . . . . | ſ waſ = ſ wad, weſ-t, cf. wēſ-in-a-t, (trans.) | . . | I. | waſi-o-ti. |

54. dʃen-ä-t, hin und her treiben (aus gam-i-t, XI, und gam-ä-t, cf. √gam, dʃi-t f. dʃm-t, . . . . II. | gam-g-ti, — gʃ-ti. gleich unten);

b) Zwischen Wurzel und Classensuffix schiebt sich ein, wie es scheint, blofs euphonisches Element ein: j, n oder nj.

55. gain-a-t f. gan-j-ä-t, abwehren, durch Fechten in der Luft von √gam, gin, — dʃi-t, . . . . II. | Schleicher unterscheidet: gam-a, sich abtreiben; cf. dʃen-ä-t, gam-i-t, XI.    giniau, gʃti, treiben, u. giwa. gysiau, gʃti, wehren.

56. lōʃch-n-ä-t, hin und her kriechen; . . . . lʃ-t, . . . . III. | cf. lind-in-ł-ti.

57. min-ä-t f. min-j-i-t, wiederholt treten; . . . . nit-t, treten, . . . . I.

58. dʃch-n-ä-t, schnüffeln; . . . . ü-t, riechen, . . . . IV. | min-dʃ-o-ti.

59. scheum ä-t, wiederholt schniefen; . . . . scheum-t, . . . . III.

60. schluʃch-ä-t f. schlaudj-ä-t (slauʃch-ä-t), schlarren, glitschen; . . . . dlidd-ä-t, (schlid-ä-t, Lange),

61. tau-j-ä-t, unentschlossen sein (Lange). Cf. die auch frequenta-tive Nebenform: tau-ti-t, XI, urspr. tasten. . . . . (j glad?), . . . . XII. | Primit. ezleż-ti?

62. wil-ä-t, locken, verführen; . . . . w-l-t, trägen, . . . . IV. | wil-i-o-ti.

63. sill-ä-t (f. zil-n-ä-t, wie aus dem Litth. zu ersehen ist), oft √kal, zel-t, beben, (zilä?); . . . . IV. | kil-n-o-ti.

64. zinn-ä-ti-s, sich erheben, nicht ein Denomin. v. zinni-s, Hügel, Hümpel, f. zil-ni-s, litth. kil-na-s, sondern Nebenform von zil-d-fi-s, nur mit umgekehrter Assimilation des l an das n.

65. ll-n-ä-t (glian-ä-t, VII), fein regnen, (deminut. Bedeutung); . . . . li-t, regnen, . . . . V. | ly-n-o-ti.

## 4. Deminutiva.

1. kauk-ur-ä-t, wiederholt heulen (Kabillen); . . . . kauk-t, heulen, . . . . IV. | byb-aun-i-ti, √keb. Cf. kiba, kib-ł-ti, sich rühren.

2. kepp-ar-ä-t, zappeln; . . . .

3. kräp-at-ä-t, kleine Bewegungen machen; . . . . kräp-t, wackeln, . . . . IV.

4. krll-at-ä-t, oft ein wenig fallen; . . . . √krut, kri-t, fallen, . . . . III.

5. mēr-d-at-ä-t, lange im Sterben liegen (Kabillen); . . . . √mer, mir-t, sterben, . . . . V. | cf. mer-d-ł-ti.

6. staig-at-ät, (staig-at-ä?), etwas hin und her gehen; . . . . √stin, staig-ä-t, . . . . VI.

7. straip-at-a-t (straup-l-i-t), taumeln; . . . .

8. tekk-an-dt, f. tekk-nl-n-ä-t, hin und her laufen (B. 1876); . . . . √tek, tezz-t-t, laufen, . . . . XII. | cf. tryp-ti, stryp-ti, trampeln (?)

Anhangsweise lassen wir einige Verba dieser Classe folgen, die rücksichtlich ihrer Rangierung in obige vier Abtheilungen, und rücksichtlich ihrer Etymologie dunkel, übrigens zum Theil sehr gebräuchlich sind.

1. *daun-á-t*, knittern (B. 1812. Kabillen).
2. *ĕsk-á-t*, lausen; scheint aus dem russ. искать, suchen, entlehnt zu sein.
3. *gád-á-t*, Vorsorge treffen, vielleicht Denomin. wie litth. *gadau, gadyti*, berathschlagen, zielen, v. *gad-a-s*, Vereinigung, Uebereinkunft; oder cf. *god-o-ti*, muthmaßen, cf. lett. *at-gád-á-tl-s*, sich erinnern; od. v. d. liv. *gód*, Sorge tragen, verschaffen.
4. *klauw-á-t* (*klauw-é-t*, Autz), an d. Thür pochen (√*klu?*)
5. *kûs-á-t*, wallen, sieden.
6. *laul-á-t*, trauen (zur Ehe), cf. liv. *loul*, verehelichen, *lölat*, trauen.
7. *nĕk-á-t*, Grütze schwingen (in einer Mulde), um die Hülsen abzusondern, B. 1545. Praes. *nĕk-u!* B. 2331., litth. *nĕk-o-ti*.
8. *nĕw-á-t*, verachten.
9. *plûsk-á-t*, den Staub vom Korn mit einem Sack abschlagen (Stend.) (?)
10. *púi-j-á-t*, zu sehr gebrauchen, abschinden; cf. liv. *puij*, verschwenden.
11. *suin-á-tl-s*, sich schubben, sich scheuern, wie die Hunde und Schweine thun.
12. *tĕg-á-t*, forschen (Harder).
13. *till-á-t*, ausbreiten (z. B. Heu, Flachs) (Stend.), ausgebreitet liegen (N.Bartau), cf. *tas sins ilgi tillájis*, das Heu ist lange der Witterung ausgesetzt gewesen; cf. liv. *till*, ausgebreitet sein; *tillint*, ausbreiten.
14. *lôfch-á-tl-s*, zaudern (?)
15. *waiz-á-t*, fragen.

# Siebente Classe.

(Praes. -*éja*-, Praeterit. -*íja*-, Infinit. -*i*-; Schl. litth. Cl. VIII. und IX. und VII).

§. 267.  Das Derivations- oder Classensuffix der Cl. VII.
ist für Praes. und Praeterit. gleicherweise -*ija*-, für den Infinit.
-*i*-; mit den Flexionssuffixen: -*ij-u*, Praet. -*ij-u*, Infin. -*i-t*. Im
Litth. entsprechen bei Schleicher die Verba Cl. VIII. auf -*ij-u*,
-*awa-u*, -*ú-ti*; Cl. IX. -*auj-u*, -*awa-u*, -*au-ti* und zu einem
grofsen Theil auch Cl. VII. -*oj-u*, -*oja-u*, -*o-ti* (Schl. litth. Gr.
§. 68—70), welche bei der früheren ungenauen litth. Orthographie (in Folge der dialectisch verschiedenen Aussprache,
Schl. litth. Gr. §. 69) nicht streng gesondert scheinen.  Rücksichtlich der Vergleichung mit den andern Sprachen und der
Bedeutung, die den Verben dieser Classe eigen ist, gilt ziemlich dasselbe, was oben §. 265 zu Cl. VI. bemerkt ist.  Nur
herrschen hier die Denominativa überwiegend vor und lassen
sich noch heute fast von jedem Nomen nach Bedürfnifs neu
bilden.  Die Zahl der Frequentativa ist sehr gering, die der
schallnachahmenden Verba und der Deminutiva (letztere
mit Einschiebung von -*ul*-) desgleichen.

§. 268.      **Catalog der Verba siebenter Classe.**

### 1. Denominativa.

Vorbemerk.  Von nominalen *ja*-Stämmen behalten die Denominativa in den allermeisten Fällen das *j*, wodurch der letzte
Consonant des Stamm-Nomens mouilliert erscheint, cf. *dugl-ů-t*,
*birfch-ů-t*, *butsch-ů-t*, *kårsch-ů-t*, *püschn-ů-t*, *sapn-ů-t*, *swekk-ů-t*,
*wéfch-ů-t*, u. s. w.  Umgekehrt entwickeln nominale *ja*-Stämme
sich nicht leicht anders zu Verbis denominat., als indem sie
gerade in diese Cl. VII. (-*ija*) eintreten (cf. §. 121).  Die Ziffern der zweiten Rubrik bezeichnen die fünferlei Arten von Denominativen, die schon §. 265 genannt sind:

1) Denominativa factitiva, abgeleitet v. Substantiven,
2) Denominativa factitiva, abgeleitet v. Ad-  } (machen, was?)
jectiven,
3) Denominativa factitiva im weiteren Sinn (machen, womit?)
4)      -      substantialia (sit venia verbo!) v. Substantiven.
5)      -         -      von Adjectiven.

| No. | | | | |
|---|---|---|---|---|
| 25 | 3 | (pa-)gattaw-d-t, fertig machen; | gataw(a)-t, fertig; | gataw-a-ti. |
| 26 | 1 | gloim-d-t, liebkosen, streicheln; | glaim, Schmeichelei (Stend).- | grĭbam-ti. |
| 27 | 1 | grīt-d-t, ründigen; | grīkt(a)-t, Sünde; | gralam-ti. |
| 28 | 3 | grĭfa-d-t, schmücken; | grŭfna(a)-t, schön; | |
| 29 | 3 | grŏfch-d-t (f. grŏff-d-t; daneben grŏfch-d-t, B. 1107), Zügel, Leinen anlegen; | grŏfchi (PL), Leinen, Zügel, cf. grŏfi-t, lenken | |
| 30 | 2 | gadr-d-t, erschweren; | grŏit(a)-t, schwer. | |
| 31 | 5 | gadr-d-t, (klug sein), klügeln; | gadr(a)-t, klug | |
| 32 | 2 | iĭg-d-t, sich sehnen; | [iĭgo-t, langr], Adv. ilgi | |
| 33 | 3? | jām-d-t, Johannlautbarkeit halten; | Jŏni (PL), Johannisfest. | jŭĭ-ŭ-ti. |
| 34 | 2 | (ad-)jdun-d-t (ad-jam-d f), verjüngen; | jŏmo(a)-t, jung | |
| 35 | 3 | jŏt-d-t, scherzen; | jŏko(a)-t, Scherz; | |
| 36 | 4 | kalp-d-t, als Knecht dienen; | kalpa(a)-t, Knecht. | |
| 37 | 1 | kar-d-t, Krieg führen; | kar-och, Krieg; | kari-am-ti. |
| 38 | 3 | kǎrsch-d-t (d.l. kǎrĭj-d-t), mit Stangen belegen; | kǎrti-t, Stange. | |
| 39 | 3 | kegg-d-t, auf Stelzen gehen (Lange); | keggia-t, Stelze (L.). | |
| 40 | | klipp-d-t, husten; | klappa(a)-t, Husten | |
| 41 | 5 | klĭbb-d-t (-dĭ, VI), hinken, lahm sein; | klĭbia-a-t, lahm; | aiwŭ-a-ti. |
| 42 | 3 | klĭg-ŭ-t (klĭg-d-t, VI), mit Weidenreiben binden; | | |
| 43 | 3 | krĭfch-ŭ-tĭ-t, mit Kreide anschreiben (NA)- | krit-t, Kreide. | |
| 44 | 1? | kŭn-ŭ-tĭ-t (kŭn-ĭ-tĭ-t), aus der Puppe austrieben; | kŭn-i-t, kŭn-t, Puppe, Hülle, Kör-per; | cf. i-t-kum-y-ti-t, sich verbergen, hme-t, Leib. |
| 45 | 5? 2? | kŭpl-ŭ-d-t, verdichten, üppig gedeihen; | kupfut(a)-t, dicht, voll. | kupi-am-ti. |
| 46 | 4 | kŭpīach-ŭ-t, Handel treiben; | kupiachia-t, Händler, Aufläufer; | po-kum-y-ti. |
| 47 | 1 | (ap-)laim-ŭ-t, beglücken; | laima, Glück; | |
| 48 | 1 | laip-d-t, Stege machen (B. 1850); (cf. unten das Freq. laip-d-t). | laipa-t, Steg. | |
| 49 | 5 | ldiak-ŭ-tĭ-t, faullenzen; | laiska(a)-t, faul, nachlässig; | cf. liv. ldiska, faul. |
| 50 | 3 | laiw-ŭ-t, schiffen; | laiwa, Schiff, Boot. | |
| 51 | 1 | lapp-ü-t, Blätter treiben; | lappa, Blatt. | |
| 52 | 3 | ldiach-d-t (d.l. laj-d-t), Bärenjagd machen; | lzi-t, Bär. | |
| 53 | 2 | laun-d-tĭ-t, sich ereifern, übel nehmen; | launo(a)-t, böse. | |
| 54 | 5 | lŏpp-d-t (f. lŏpn-d-t), übermüthig sein; | lŏpno(a)-t, stolz; | lŏp-am-ti. |
| 55 | 3 | ligem-d-tĭ-t, sich freuen, fröhlich sein; | ligem(a)-t, fröhlich; | linkim-am-ti. |

| | | | | |
|---|---|---|---|---|
| 56 | 8 | ling-ā-t (līg-ā-t), sich wiegen (intr.); schleudern (tr.); | linge, Schleuder; | ling-o-ti, sich vor- und rück- wärts beugen. |
| 57 | 1? | līg-ā-t, Liebge singen, — wahrscheinlich identisch mit dem vorhergehenden Verb. | | |
| 58 | 8 | lin-ā-t, Flachs sammeln, mit Flachs handeln (B. 619): | lini (Pl.), Flachs. | |
| 59 | 8 | ṁdj-ā-t, bauen, wohnen; | mája-s (Pl.), Haus, Heimath. | |
| 60 | 8 | (ṁ)medʼk-ā-t, aus dem groben Holz aushauen; | maʼka, Holz, Brennholz. | |
| 61 | 1 | (t-)mant-ā-t, erwerben; | manta, Habe. | |
| 62 | 8 | mant-ā-t (mant-ā-t, VI), Unzucht treiben; | manta, Hure. | |
| 63 | 8 | (ap-)medd-ū-t, mit Honig bestreichen; | medda-s, Honig. | |
| 64 | 2 | melu-ā-t, schwärzen; | melwa-s, schwarz; | cf. mēl-yn-ā-ti, blau schimmern. |
| 65 | 1 | mel-ā-t, lügen; | meli (Pl.), Lügen; | mel-ū-ti. |
| 66 | 8 | mūr-ū-t (mir-ū-t, Autz, Golding. — mir-ū-t, VIII, Autz, Mesoten), mauern; | mir(e)-s, Maas; | mūr-ū-ti. |
| 67 | 8 | mēl-ū-t, schätzen, Steuer auflegen; | mez-l(e)-s, Steuer, √ mez. | |
| 68 | 1 | mary-ā-t, phantasieren; | margi (Pl.), Phantasieen, Krem Nord- licht. | |
| 69 | 8 | muʃch-ū-t, küssen; | muʃcka, Mund (cf. musto). | |
| 70 | 2 | naschk-ū-tl-s, sich fördern (Lange): | cf. Adv. naschki (Stend.), (somt naschki. | cf. naszlaus, Compani, ge- schwinder. |
| 71 | 9 | nikn-ū-t, böse machen; | nik-na(-s), böse. | |
| 72 | 8 | pitt-ū-t, pichen; | pikti-s, Pech; | pikti-ū-ti. |
| 73 | 1 | punstsch-ū-t, verwickeln, koppeln, (= pint-ū-t, IX); | pin-ti, Zote; √ pint, cf. pī-t, flechten. | |
| 74 | 8 | pāp-ū-t, in d. Wiege schlafen; | pápa, Wiege, cf. pápe, eine Art von Wiesen ohne festen Untergrund, die über Seerändern schwimmt und schwankt. | |
| 75 | 8 | puschk-ā-t (puschkū), mit Sträußen, Troddeln zieren; | puschki-s, Busch, Büschel. | |
| 76 | 1 | pūcka-ā-t, eitern; | pū-mi-s, Verfaulten, Eiter, √ pū. | |
| 77 | 1 | pātr-ū-t, plappern, schnattern (z. B. Worte), (cig. ein Schallwort); | patra, Grütze. | |
| 78 | 1 | putt-ā-t (pat-ū-t), schäumen | putta, Schaum; | pūt-o-t. |
| 79 | 1 | rasa-ū-t, fein regnen; | rasa, Thau. | |
| 80 | 8 | rēkst-ū-t, Nüsse suchen; | rēksti(e)-s, Nuß. | |

| # | | Entry | | |
|---|---|---|---|---|
| 81 | 3 | rik-ä-t, mustern (St.), rücken, beschirren (Aatzi); | riki (Pl.), Geräthschaften, Pferde-geschirre. | |
| 82 | 3 | ripp-ä-t (rpp-ä-t), mit einer Holzscheibe spielen; | rppa, Holzscheibe. | |
| 88 | 1 | (t-)saks-ä-tl-a, sich einwurzeln; | sakse, Wurzel; | szakn-in-ti-r. |
| 84 | 2 | särt-ä-t, roth machen (L.); | sartin-e, roth. | |
| 85 | 1 | sopa-ä-t, träumen; | sopa-r, Traum; | sopn-o-ti. |
| 86 | 1 | sormä-t, Reif frieren; | sormä, Reif; | szirm-o-ti. |
| 87 | 1 | (ap-)sikl-ä-t, besamen; | si-kla, Samen. | |
| 88 | 1 | sär-ä-tl-a, sich härmen; | sä-ra, Kummer (cf. sär-d/n-i-t. Wanie). | |
| 89 | 1 | skabbarg-ä-t, splittern (L.); | skabborg-e, Splitter. | |
| 90 | 2 | skaidr-ä-t, reinigen; | skaidr a -t. rein. | |
| 91 | 5 | slenk-ä-t, faullenzen; | slenk(e)-r, faul. | slenkr-o-ti, das meinerseits Freq. zu slenk-ti sein könnte. |
| 92 | 1 | smakk-ä-t, Geruch von sich geben (Kalzenau); | smakka, Geruch. | |
| 93 | 4 | spīg-ä-t (spigg-ä-t, spigg-ä-t), spionieren; | spīg(a)-r, spigg, Spion; | spīg-o-ti. |
| 94 | 1 | spargal-ä-t, fäserig werden, (Fasern machen); | spergali-r, Faser. | |
| 95 | 1? 3? | (ap-)stīg-ä-t (stīg-ä-t), besaiten; | stīga, Saite. | |
| 96 | 2 | stipr-ä-t, stark machen, (== stipr-in-ä-t, X); | stipr a-r, stark. | |
| 97 | 2 | stel'b-ä-t, blenden; | stel'ba-t, blind. | |
| 98 | 3 | (ap-)sudrab-ä-t, versilbern; | sudrabe-r, Silber. | |
| 99 | 3 | sud-ä-t, düngen; | sud-a-r, Mist. | |
| 100 | 1 | (ap-)siu-ä-tl-a (-ä-ti-t), benutzen; | siua-r (Pl.), Moos; | ap-sauan-o-ti; sauana, Moos. |
| 101 | 3 | srekk-ä-t, harzen, picben; | srekki-r, Harz. | mk-o-ti. |
| 102 | 1 | sr(d)r-ä-t, schwitzen, (auch trans.; in Schweiß bringen, B. 1159); | srdri (Pl.), Schweiß. | |
| 103 | 4 | sckipa-ä-t, spotten; | sckipai-r, Spottvogel; | szip-m-t. |
| 104 | 8 | sckk(m-ä-t, mit dem Raufeisen (srkkmi-r) Rodungen von kleinem Gesträuch reinigen (Stend.); | cf. srkkt-t, lat. secare. | |
| 105 | 1 | schin-ä-t, locker, schwammig machen (Stend.); (ob nicht eig. == Wachszellen machen? cf. schä-t, nähen, Term. technicus f. d. Arbeit der Bienen. | cf. schimi-r, Honigwabe. | |
| 106 | 5 | sad-ä-t, grünen; | sīlzch, grün. | sīli-ä-t. |
| 107 | 1 | sar-ä-t, Ante melten (B. 3223); Reflex. sich betasten; | sarra-r, Ant. | |
| 108 | 8 | (ap-)sīlt-ä-t (enI sīlt-ä-t, VIII), vergolden; | sīltar-r, Gold. | |

| No. | | Wort und Bedeutung | Vergleich |
|---|---|---|---|
| 109 | 2 | (pa-)ſom-á-t, erniedrigen; | |
| 110 | 3 | ſil-á-t, blau färben; | |
| 111 | 1 | ſil-á-t, Eicheln tragen (B. 1794), mit Eicheln, „Krellen" versehen; | |
| 112 | 1 | ſin-á-t, Nachricht geben; | |
| 113 | 3 | ſid-á-t, Geschenke machen; | |
| 114 | 1 | (ap-)ſwáigſcha-á-t, besternen, (ſwaiſch-á-t und ſwaiſcha-á-t, B. 642); | |
| 115 | 3 | ſwái-j-á-t, saubern; | iſrej-o-ti. |
| 116 | 3 | ſwin-á-t, schuppen; | na-ſwrgm-o-ti. zàb-i-ti. |
| 117 | ? | ſchabb-á-t, räumen; | |
| 118 | 1 | ſchagg-á-t, schmocken (cf. ſchag-à-t-i); | |
| 119 | ? | ſchōl-á-t, bemänteln; (vielleicht Freq. zu d. lituh. ſaūe, ſuil-é-ti). | guil-au-ti. |
| 120 | 2 | ſchigl-á-t, beschleunigen, antreiben; | |
| 121 | 3 | ſáira-á-t, rechtfertigen; | |
| 122 | 3 | ſilku-t (Stend. — ſib-á-t, VI. Anm.), wonach trachten, eig. in der Stille heimsern, beschleichen; | |
| 123 | 1 | ſlack-á-t, trotzen; (oft úti-t, VIII.), muthwillig reizen; | tyk-o-ti, — tyku, Stille. tycz-o-ti, — tycza, Trotz, Tücke. |
| 124 | 3 | ſirg-á-t, dingen, feilschen; | twrza-n-o-li. |
| 125 | 5 | ſrakk-á-t, tollen, sich toll betragen; | |
| 126 | 3 | ſutzch-á-t, leer machen; | twai-m-ti. tulk-au-ti. |
| 127 | 4 | ſulk-á-t, dolmetschen; | |
| 128 | 1 | ſraiss-á-t, Blitze, Dampf machen; | |
| 129 | 4 | ſbagg-á-t, als Bettler umhergehen; | ubag-m-ti. úg-au-ti. wag-á-ti. |
| 130 | 3 | ſg-ú-t, Beern lesen; | |
| 131 | 1 | ſwagg-á-t, Farben riechen; | |
| 132 | 1 | ſwain-á-t, beschuldigen (B. 882), verwunden; | |
| 133 | 2? | ſwair-á-t, mehren; | cf. liv. vaur, mehren. |
| 134 | 1 | ſwáiel-á-t-a, becken, seine Art mehren; | |
| 135 | 1 | ſwárd-á-t, Worte machen, ap-a- besprechen; | nerd-j-ti, zaubern. |
| 136 | 4 | ſwpl-á-t (ſwpl-á-t?), gasen; | wipl-o-ti. |
| 137 | ? | ſwir-ú-t, glauben, abschätzen; | witrg-ti. — witra, Glaube. |

| | | | |
|---|---|---|---|
| 138 | 8 | *wĭsch-ă-t*, kreben; . . . . . . . . . . . . . | *wĭsa*, Krebs; | *wŭsi-o-ti.* |
| 139 | 2? | *welt-ă-t*, vereiteln; (beschenken?). . . . . | cf. *pa-veĭlti*, umsonst, *veĭla*, Ge-schenk. | *werg-an-ti.* |
| 140 | 4 | *wêrg-ă-t*, Sklave sein, Sklavendienste thun; . | *wêrg(a)-s*, Sklave; | |
| 141 | 5 | *(as-)werr-ă-t*, alt werden (B. 2621); . . . | *wer(a)-s*, alt. | |
| 142 | 1 | *wĭln-ă-t*, Wellen schlagen (B. 1294); . . . | *wĭl-ni-s*, Welle. | |
| 143 | 8 | *wĭṣul-ă-t*, mit Flittern beputzen; . . . . . | *wĭṣul* (Pl.), Flitter. | |
| 144 | 2 | *(pa-)wĭgl-ă-t*, erbleichen; . . . . . . . . | *wĭgl(a)-s*, leicht. | |
| 145 | 2 | *(as-)wĭn-ă-t*, vereinigen; . . . . . . . . | *wĭn(a)-s*, einer. | |
| 146 | 1 | *(ap-)zĭlp-ă-t*, zuhakeln; . . . . . . . . . | *zĭlpa*, Schleife, Oese. | |
| 147 | 8 | *zĭm-ă-t*, im Gaste sein; . . . . . . . . . | *zĭm(a)-s*, Dorf, *zĭmĭnech*, Nachbar. | |
| 148 | 5 | *dzĭw-ă-t*, leben, arbeiten, (die letzte Bedeutung allein hat die Nebenform: *dzĭw-ŏ-t*, VI.); | *dzĭw-a-s*, lebendig; | *gyu-o-ti.* |

## 2. Schallnachahmende Verba.

| | | | |
|---|---|---|---|
| 1 | *gugg-ă-t*, schaukeln, weinen (Nerft. B. 2282}. | | |
| | *gugg-ă-t*, | | |
| | *kukk-ă-t* (*kùk-o-t*), } Kukuk rufen; . . . . . . . . . . . . . . . | *kuk-ù-ti.* |
| 2 | *lull-ă-t*, Kinder in Schlaf singen mit lalala, (auch vom Singen auf der Hütung, Autz); cf. lallen. | | |
| 8 | *maur-ă-t* (*-ŏ-t*, VI), brüllen; . . . . . . . . . . . . . . . | | cf. liv. *maur.* |
| 4 | *plantsch-ă-t* (*plantsch-ŏ-t*, VI. *plantsch-ĭ-t*, IX.), plantschen, im Wasser Plantsch machen. | | |
| 5 | *ŭb-ă-t*, girren (von Tauben), cf. *ŭb-ele*, Turteltaube, . . . . . . . | | litth. *ul-o-ti, ulŏ-oti, ulb-o-ti.* |
| 6 | *tschĭk-ă-t* (*ŭkk-ĭ-t*), auf der Violine tschihk machen. | | |

## 3. Frequentativa, (Iterativa, Durativa, Intensiva).

Zuweilen mit euphonischen Einschiebseln: t, j, s. Cf. VI, 3, b.

| | | | |
|---|---|---|---|
| 1 | *bar-ă-t*, schmausen; . . . . . . . . . . . . . . . | vielleicht von *bēr-t*, streuen, | IV. |
| 2 | *bŭsch-ă-t*, ängstlich schreien (Lange); . . . . . . . . . | √ *bug*? | *bug-oru, bug-ti*, sich entsetzen. |

| Nr. | | | | | cf. |
|---|---|---|---|---|---|
| 3 | if-i-i-ti-s, sich vermehren, sich grämen; | if-t, essen, | . | I. | |
| 4 | gaud-ā-t, heulen (vom Hund, Wolf); | gauž-t, klagen, | . | IV. | cf. gauje, gauk, heulen. |
| 5 | grem-ū-t, kämen, wiederkäuen; | cf. grem-t, | . | IV. | cf. grum-ul-ō, grom-ul-ti. |
| 6 | kār-ū-t, begehren; | kēr-t, kar-t, greifen, | . | IV. | cf. gor-o-ti, lüstern sein. |
| 7 | laip-ū-t, steigen (Goldingen, B. 1049. 1497), aus dem Wege | √ lip, lip-t, klettern, | . | III. | laip-o-ti, — lip-ti. |
| 8 | lak-st-ā-tī-s, flattern (von Vögeln, Verlieben); | lēk-t, fliegen, | . | IV. | cf. lak-st-y-ti. |
| 9 | lōl-ū-t, wiegen, schaukeln (trans.); | | . | | lul-o-ti, intr., sich schaukeln lassen, Freq. an lulu, lul-ē-ti, sich wellenförmig bewegen. |
| 10 | lāk-ā-t (lāk-ā-t, VI, B. 2808), schauen; | | . | | luku, luk-ē-ti, — laukiu, lauk-ti, warten, (anschauen), hoffen. |
| 11 | main-ā-t (f. mainy-ā-t), oft tauschen (Goldingen, B. 968); | main-ī-t, tauschen, | . | XI. | |
| 12 | mēl-ā-t (s euphonisch); mil-ā-t (f. milj-ā-t), lieben, (cf. mīšek, lieb)t | mīl-ē-t, lieben, | . | IX. XII. | |
| 13 | mirst-ā-t, tauschen; | mes-t, | . | IV. | |
| 14 | plūdd-ā-t, fluthen, sich ergiessen, 2) obenauf schwimmen (Lange); | plūs-t, fluthen, | . | V. | cf. plau-ti, obenauf schwimmen. |
| 15 | sir-ā-t (sir-ā-t, VI), umherbummeln, schwärmen; | sir-t, | . | IV. | |
| 16 | skall-ā-t (f. skalb-ā-t), waschen, spülen; | skalav-t, | . | | cf. skalbju, skalb-ti, (Zeug) waschen. |
| 17 | snirg-ā-t, schluchzen; | snaurg-t, | . | V. | cf. sznerkszti, schnarchen. |
| 18 | swilp-ā-t (swilp-ī-t, IX), pfeifen; | swilp-t, | . | IV. | swilp-o-ti, — swilp-ti. |
| 19 | schlamp-ā-t, (-ā-t, VI. -ī-t, IX), im Koth waten, eig. nass werden; | √ slap, cf. Adj. slapjsch, nass; | . | | szlampa, szlap-ti, nass werden. |
| 20 | schāp-ā-t (schāp-ā-t, VI. cf. tschāpi-ā-t, Lange), wiegen; | | . | | sup-o-ti, — sup-ti. |
| 21 | swir-ā-t (swir-ī-t? Lange), glühen, flimmern (B. 921); | √ suk, švaku, švi-t-s, | . | (III). | žar-o-ti, — žer-ti, žer-ē-ti. |
| 22 | tisk-ā-t, schwellen; | √ tuk, twi-k-s, | . | IV. | |
| 23 | wil-ā-t (d. i. wdij-ā-t), hin und her wälzen (NA); | √ wal, wel-t, wälzen, | . | V. | |
| 24 | warg-ā-t, Elend leiden (Neuff, B. 2415); | warg-t, | . | | |

## 4. Deminutiva.

| | | |
|---|---|---|
| 1 | püsch-l-ä-t (f. pür-el-ä-t), blasen bei Zauberkuren; . . . . püs-t, blasen. . . . IV. |
| 2 | spig-ul-ä-t (f. spid-ul-ä-t), cf. spid-el-ä-t, schimmern; . . spid-t, glänzen. . . XII. |
| 3 | strim-al-ä-t, Nebenform zu streip-al-ä-t, streip-el-ä-t, taumeln. |
| 4 | (lip-ul-ä-t, trüb Wetter werden (L.), vielleicht Deminutivum zu (em-ôts, um-ôš, finster werden, √tam. |

Vielleicht gehört hierher:

wirat-ä-t, ausgelassen sein (Menoza, B. 1671).

Eine eigenthümliche Deminutivbildung ist:

gul-scha-ä-t, etwas liegen und schlummern; . . . . . . gul-t, liegen und schlafen, . XII.

---

Rücksichtlich der Herleitung dunkel oder entlehnt sind folgende Verba:

1) al-ä-t, sich verirren, liv. all.
2) bif-ä-t, biesen, wie die Kühe mit aufgehobenen Schwänzen thun, wenn sie die Bremsen hören, in Mittelkurland meist: bif-en-ä-t, IX; sicher nicht wie bif(s, Haarzopf; vielleicht nebst dem deutschen biesen von dem Gesumme der Bremsen: bees ...
3) brīn-ä-tt-s (brīn-ât-s, cf. mb Cl. VIII), sich wundern.
4) dai-j-ä-tt-s, zweifeln (Elvern).
5) idr-ä-t, einen faulen Kern bekommen (Lange).
6) kas-ä-t, abstrapazieren (Stend.).
7) kik-ä-t, auf dem Fuss wippen (St.).
8) palg-ä-t, schmälben; cf. liv. pualg.

9) rīk-ä-t, rechnen, schätzen.
10) rēst-ä-ll s, pflanzen (wie die Auerhähne).
11) spulg-ä-t, funkeln.
12) saim-ä-t, lastern; cf. liv. saim.
13) arka-ä-t, mit der Schnautze wühlen, wie die Schweine thun: (brummen?)
14) (if-)wadd-ä-t, auslösen, auskaufen (Autz), litth. wad-o-ti.
15) waʃch-ä-t, fahren (Kabillen, B. 1940), litth. weʒ'é-ti (intr.), cf. tr. wiʒ-ti, führen, √weʒ.
16) wiʃch-ä-t, wollen, Lust haben (Autz, und zwar nicht allein mit der Negation, wie in N.Bartau).

Anmerk. Als einzig in seiner Art verzeichnen wir hier das Verbum da-bi-t, Praes. da-bu-j-u und da-bu-ju, 3. P. da-bi und da-bu-ju, Praet. da-bu-ju, dialect. (Goldingen) da-buja, da-buju, da-bi-t, bekommen, erlangen, componiert aus der Präposition da, bis (§. 544) und √bū, cf. bū-t, sein, nicht identisch mit dem litth. da-bus-s, da-buw-a-u, da-bu-ti, bleiben, ausharren, auch nicht mit dem litth. da-bo-ju, da-bo-ju, da-bo-ti, Acht geben, aber wohl = russ. ДО-быть, ДО-бываю, polnisch do-byvać. In seiner Vereinzelung hat da-bi-t, zumal da nach die Präpos. da im Lett. selten ist, ein Zusammengesetztsein vergessen lassen und gilt scheinbar für ein abgeleitetes Verb. Dialectisch hat es sich ganz an Cl. VII. angeschlossen.

# Achte Classe.

( Praes. -ija-, Praet. -ija-, Infin. -i-: Schl. litth. Cl. X).

§. 269. Das Derivations- oder Classensuffix der Cl. VIII.
ist für Praes. und Praeteritum: -ija-, für den Infinitiv -i-, mit
den Flexions-Endungen also -ij-u, -ij-u, -i-t. Im Litth. entsprechen die Verba Cl. X. (Schleicher litth. Gr. §. 71) auf -yj-u.
-yja-u, -y-ti; im Latein. die Verba Conjug. 4. Cf. aud-i-o,
aud-i-s, aud-i-re.

Die Verba dieser Classe unterscheiden sich von denen der
beiden vorhergehenden Classen zuerst rücksichtlich der Herleitung dadurch, daß alle (mit wenigen Ausnahmen dunkler
Herkunft) als Denominativa sich nachweisen lassen, sodann rücksichtlich der Bedeutung dadurch, daß sie ausschließlich Factitiva (Causativa) sind, und daß also die Abtheilungen 4. und 5.
die bei den Denominativis Cl. VI. und VII. vorkommen, hier
ganz wegfallen, mit anderen Worten, daß sie allzumal eine (jedoch nicht immer transitive) Handlung und keinen Zustand ausdrücken. Die Denominativa der Abtheilung 3. haben oft eine
entferntere Beziehung zu dem Stamm-Nomen, cf. medd-i-t (v.
mesch, d. i. med-i-s oder med-ja-s, Wald), nicht: mit d. Walde,
sondern in d. Walde etwas thun, nämlich: jagen; wê-d-i-t, lüften,
d. i. dem Winde aussetzen, v. wê-j-sch, Wind, wo wiederum der
Wind nicht eigentlich das Werkzeug, das Mittel des Machens
ist; sin-t-tl-s, wettkämpfen um einen Preis, von einem Subst.,
das im Lett. gar nicht mehr existiert, aber wohl im Litth., cf.
czêne, Antheil, Pensum, russ. цѣна, Werth, Preis, cf. lett.
zin-â-t, ehren.

In seltnen Fällen kommt es in Cl. VIII. vor, daß zwischen
Stamm und Endung ein euphonisches t oder d eingeschoben ist,
cf. unten: na'rs-t-i-tl-s, slâis-t-i-tl-s, ur-d-i-t, wê-t-i-t.

## Catalog der Verba achter Classe.
### Denominativa.

§. 270.

| | | | | |
|---|---|---|---|---|
| 1 | 3 | áus-i-tt-s, lauschen; | áus-s, Ohr. | |
| 2 | 1 | baščh-i-tt-s, sich bekümmern; (ob nicht stammverwandt mit bid-a-s (PL.), Kummer, bid-a-tt-s, in welchem Fall für den Wechsel von d nnd ſ zu vergleichen ist: báſ-t, IV. — bedd-i-t, XI). | bašcha-s (PL.), Verlegenheit (Sæ.) | baig-ti-s, bekhssern, ist anderer Herkunft, cf. bert, Gott, ſ bag. |
| 3 | 1 | biudd-i-t, Thorheiten begehen, pfuschen; | | biud-g-ti, — blude, Thorhalt. |
| 4 | 2 | gaus-i-t, reichlich machen (In dem Grah an Ersande: | | gaus-in-ti, bereichern; gauss-s, reichlich. |
| 5 | 2 | dhu gaus-á? Gott segne (es) reichlich)! | | |
| | | gúr-i-tt-s, sich rehkeln (N.Bartau), sich säumen (Antz); (cf. kä tu gúrto? was säumst du?) | gúr-ech, lang. | |
| 6 | 1 | gúd-i-tt-s, sich heuern, sich anständig machen; | gúd(a)-s, Anstand, Ehre. | |
| 7 | 1 | krist-i-t (krust-i-t), taufen, eig. bekreuzigen; | krust(a)-s, Kreuz; | |
| 8 | 1 | lága-d-i-t, Rechnung halten (Livl. obsolet); nach Harder von dem schwedischen lagha, Recht, Gesetz, Gericht. | | |
| 9 | 2 | lél-i-tt-s, grofsthun, prahlen; | lél(a)-s, grofs. | |
| 10 | 1? | lôb-i-tt-s, sich rühren; | | |
| 11 | 1 | lúb-i-t, schälen; | lúbs, Baumrinde (cf. lup-t, schälen, III); | |
| 12 | 3 | medd-i-t, jagen, Jagd machen; | mach, d.i. med-ja-s, Wald; | |
| 13 | 2 | mikst-i-t (miist-i-t), weich machen, (Flachs) brechen; | mi-kst(a-s, weich, ſ miut. | |
| 14 | 2 | mödr-i-t, ermuntern, = medd-i-t; | mödr-s, mödr-s, munter. | |
| 15 | 1 | náʔre-t-i-t, laichen; | (náʔre-ie, Laichneit) | |
| 16 | 1 | péʔn-i-t, verdienen, erwerben; | péʔn(a-s, Erwerb, ſ pal, ſ pil; | |
| 17 | 2 | plát-i-t, breit machen (B. 2437.2729); | plat(a)-s, breit. | |
| 18 | 1? | pít-i-t-t, Durchfall haben (onomatopoetisch); | at phút-s (PL.), Durchfall. cf. ſ pit. | |
| 19 | 2 | plast-i-t (plát-i-t), verwirren; (Eine Nebenform des Praes. pát-s, also nach Cl. XI, dürfte sich als Freq. zu pít-t, ändern, ſ pu, mit esphos. t, ansehen lassen). | plést(a)-s (pást(a)-s), Verderben; | |

| | | | | |
|---|---|---|---|---|
| 20 | 3 | rdib-i-t, Buntwerk machen, sodann (nach Herder) bezeichnet es eine überglaubliche Kur gegen Zahnschmerzen; | rdsb(a)-t, bunt. | | ram-y-ti. |
| 21 | 2 | rdm-i-t, kastrieren, eig. zähmen; | rdm(a)-t, zahm, sanft; | | rdd-y-ti — rdd-e-s, Ordnung. |
| 22 | 1 | rdd-i-t, bezahlen, (Antz — eig. löthen); | cf. rinde, Reihe; | | |
| 23 | 3 | { rudd-i-t, schmutzig } machen, braunroth machen; { rdd-i-t, glühend | rud(a)-s, braunroth. | | |
| 24 | 1 | rdn-i-t, kastrieren; | | | ram-y-ti — rama, Wande. |
| 25 | 2 | rib-i-t, kerben; | rdt-e-t, Einschnitt; | | Cf. rus. рубъ-к-шь. |
| 26 | 3 | rds-i-tl-s, geschäftig sein; | rdsk, geschäftig; | | ruzaw-ti. |
| 27 | ? | rdf-i-tl-s, sich strecken, dehnen, Gliederbrechen haben; | rdf-e-s (Pl.), Gliederbrechen. | | |
| 28 | 3 | rds-i-t, cavieren (Stend.); | ribs, Hand. | | |
| 29 | 3 | sdl-i-t (sdl-i-t, VII), salzen; | sdli(u)-s, Salz. | | |
| 30 | 1 | (sif-)sfi-i-t, umziunen; | sfa, Zaun. | | |
| 31 | 1 | sird-i-til-s, sich zu Herzen nehmen, zornig werden, (eig. sich ein Herz machen); | sird i-s, Herz; | | sird-y-ti, erbittern. |
| 32 | 1 | (prettim-)skarb-i-til-s, widerspenstig sein, eig. entgegensplittern; | skar-bs, Splitter, √ sker. | | |
| 33 | 3 | skdut-i-t, verkeilen (Lange); | skiut(a)-t, Keil (L.) | | |
| 34 | 3 | sléit-i-itl-s, sich recken, rekkeln; | sléiter-t, schlank. | | cf. spendan, speti, Fallen legen. |
| 35 | 3 | spdf-i-t (Antz, spdfn-i-t, Kabill.), mit Schlingen fangen; | spuf/te)-e (spif-e), Dohne; | | |
| 36 | 1 | sun-i-t, hunzen; | suni-s, Hund. | | sul-y-ti. |
| 37 | 1 | sid-i-t, richten, ratrafen; | sidd(a)-t, Gericht; | | cf. svid-e-s, blank, glänzend. |
| 38 | ?? ?? | svdid-i-t, salben; | cf. svif-s(a)-e, Butter, (Fettiges), √ svid. | | |
| 39 | 3 | swdi-i-t, heiligen, feiern; | svet(a)-s, heilig; √ siadd; | | szenni-n-ti. |
| 40 | ? | schkib-i-t, hauen, schneiden; | | | skab-s, skab-y-ti, — skab-s-t, scharf. |
| 41 | 2 | schkust-i-t, reinigen; | schkist(a)-s, rein; | | szyri-y-ti. |
| 42 | 3 | fwan-i-t, läuten; | (fwante)-e, (Glocke?) | | szwanz-y-ti, — zwana-s, Glocke. |
| 43 | 3 | (sp-)fchdll-i-t, vergällen; | fchu'lde, Galle. | | |
| 44 | ? | till-i-t (= zlacki-t, VII), trotzen, zörgen; | | | |
| 45 | 3 | tir-i-t, reinigen; | tir(a)-s, rein. | | cf. tyra-s-ti. |

| | |
|---|---|
| 46 | { $w\hat{i}d$-$\hat{i}$-$t$ (= $w\hat{i}d$-$\hat{i}$-$n$-$\hat{i}$-$t$), lassen; } $w\hat{o}$-$\hat{i}$-$g$-$t$. |
| 47 | { $w\hat{i}l$-$\hat{i}$-$t$, (Getreide) windigen, im Winde sieben; } |
| | $w\hat{e}lt$-$\hat{i}$-$t$, schwaken (B. 2111., Livl.); |
| 48 | $w\hat{e}\!f\!t$-$\hat{i}$-$t$, Nachricht geben; |
| 49 | $w\hat{i}ket$-$\hat{i}$-$t$, (= $m\hat{i}kst(e)$-$t$?), weich machen (L.); |
| | (cf. $w\hat{i}t$-$\hat{i}$-$t$, V., sich biegen, schmiegen, L.) |
| 50 | { $z\hat{i}n$-$\hat{i}$-$t$ (= $z\hat{i}n$-$\hat{e}$-$t$), ehren, würdigen, bewirthen; } $c\hat{i}na$-$w$-$o$-$t\hat{i}$, schätzen, taxiren; |
| | { $z\hat{i}n$-$\hat{i}$-$ti$-$t$, (um einen Preis?) wettkämpfen; } $c\hat{i}na$, Antheil, russ. цѣна, Preis, Werth. |

Dunkler Herkunft sind die folgenden Verba:

1. $dk\hat{e}t$-$\hat{i}$-$tl$-$s$, (sein, (Praes. $\hat{a}ks\hat{i}$-$s$, XI? Stand.), cf. $dk\hat{a}t$-$s$, Geck (Stand.).
2. $bla\!j\!f$-$\hat{i}$-$t$, schwatzern (L.), prügeln (Harder).
3. $bl\hat{a}nd$-$\hat{i}$-$t$, müssig umherschweifen, (Praes. $bl\hat{a}nd$-$\hat{a}$-$s$, XI?), cf. $blinda$, Umtreter (Lange).
4. $blankst$-$\hat{i}$-$t$, abrbrauten, auf die Seite geben (Elvers), cf. $blakkon$, neben?
5. $brin$-$\hat{i}$-$tl$-$s$, sich wundern, Praes. $brin$-$ij$-$\hat{u}s$ (Stand.), und $brin$-$\hat{a}$-$s$ (Anz. N.Bartau); cf. liv. $brin$.
6. $j\hat{a}d$-$\hat{i}$-$t$, entscheiden (L.).
7. $k\hat{a}\!f$-$\hat{i}$-$t$, schnurgeln, verhunzen, schmähen; cf. liv. $kas$.
8. $k\hat{a}\!f\!f$-$\hat{i}$-$t$, knibbern mit dem Schnabel (L.).
9. $lipp$-$\hat{i}$-$t$ (= $lipp$-$\hat{i}n$-$\hat{i}$-$t$?) Licht anzünden (N.Bartau); cf. $lip$-$t$, kleben, III?
10. $mark$-$\hat{i}$-$t$, durch Einweichen beseldeln, — scheint nach Analogie von $b\hat{a}r\!f$-$\hat{i}$-$t$ neben $b\hat{a}r\!f$-$\hat{a}$-$t$ nur eine Nebenform von $m\hat{a}rn$-$\hat{i}$-$t$, XII. Cf. lith. $mirk$-$a$-$u$, $mirk$-$y$-$ti$, einweichen, (Praesens: $merkju$? oder $markiu$?).

11. $mar$-$\hat{i}$-$t$, besudeln; vielleicht verwandt mit dem vorhergehenden; cf. $brin\ laskd\ n\hat{a}$-$mar$-$yj\hat{o}$-$t$, die Kinder besudeln sich draussen. Cf. $m\hat{a}r$-$\hat{i}$-$t$, Cannet. zu $mir$-$t$, sterben, sub Cl. XI.
12. $pa\!f\!f$-$\hat{i}$-$t$, überschwemmen; cf. liv. $paiz$.
13. $pest$-$\hat{i}$-$t$, erlösen, cf. liv. $past$, retten, befreien. Cf. $past$-$el$-$i$ (Pl.) Zauberwerk.
14. $ram$-$\hat{i}$-$t$, beerdigen (Fivers).
15. $sk\hat{a}st$-$\hat{i}$-$t$, Staub vom Korn mit dem Sack abschlagen (Stand.).
16. $sla\!f\!f$-$\hat{i}$-$t$, kauderwelschen (Goldingen, B. 1086).
17. $sraip$-$\hat{i}$-$t$, peischen (L.).
18. $sch\hat{a}tt$-$\hat{i}$-$t$, schleudern (Stand.).
19. $sair$-$\hat{i}$-$t$, ($sair$-$\hat{e}$-$t$?), hüten, in Acht nehmen (Livl., B. 2847, Goldingen, B. 814); Reflx. sich hüten, in Acht nehmen (St.), cf. $s\hat{a}r\!\cdot\!u\ s\hat{e}\!\cdot\!m\!t$, in Acht nehmen, cf. litth. $s\hat{e}ru$, Glaube; vielleicht Freq. (XI?) zu $sar$-$\hat{i}$-$t$, schauen.

Unter den letztgenannten zum Theil mir ganz unbekannten
Verben dürften einige sein, die vielleicht zu Cl. XI. gehören.
Aber nicht allein dieses; sogar unter den sicher zu Cl. VIII.
gehörenden meist unzweifelhaften Denominativis finden sich
welche, die in ihren Praesensformen mehr oder weniger gern
nach Cl. XI. hinüberschwanken. Namentlich dürften es folgende sein:

gör-+-ti-s, säumen, 3. P. Praes. gör-á-s, 1. P. Pl. Praes. gör-
a-mi-s;

pe'ln-i-t, erwerben, 3. P. Praes. pe'lna, 1. P. Pl. Praes. pe'ln-a-m.

plût-i-t, Durchfall haben, 3. P. Praes. plét-a, 1. P. Pl. Praes.
plût-a-m;

pôst-i-t, verwüsten, 3. P. Praes. pôst-a, 1. P. Pl. Praes. pôst-a-m;

rúb-i-t, kerben, 3. P. Praes. rúb-a, 1. P. Pl. Praes. rúb-a-m;

swan-i-t, läuten, 3. P. Praes. swan-a, 1. P. Pl. Praes. swan-a-m.

Die umgekehrte Erscheinung wird uns bei Cl. XI. vor die
Augen treten, indem dort bei den Frequentativis und Factitivis
ausnahmsweise Praesensformen mit dem Suffix ija, also nach
Analogie von Cl. VIII. vorkommen.


# Neunte Classe.

(Praes. -éja, Praet. -éja, Infin. -é-; Schl. litth. Cl. XI.)

§. 271. Das Derivations- oder Classensuffix der Cl. IX.
ist für Praes. und Praeterit. -éja, für den Infinitiv -é-, mit dem
Flexionssuffix also: Praes. -éj-u, Praet. -éj-u, Infin. -é-t, cf. aukl-
éj-u, aukl-éj-u, aukl-é-t, Kinderwärterin sein. Im Litth. entspricht
Cl. XI: -éj-u, -éja-u, -é-li; im Latein. die Conjug. II: cf. doc-e-o,
doc-é-s, doc-ĕ-re; im Griech. die Verba contracta auf -εω.

Die hierhergehörigen Verba zerfallen in vier Gruppen:

1. Denominativa, die nach Bildung und Bedeutung denen
auf -á-t (VI), -ì-t (VII) und -i-t (VIII) parallel laufen (cf. §§.
265. 267. 269), nur dafs hier auffallend wenige von Adjj. gebildete erscheinen und die von Substantivis meist von ja-Stämmen
herrühren.

2. Factitiva oder Causativa, allzumal transitiv, die das
Machen, das Hervorrufen eines Geschehens bezeichnen, wofür
der primitive Ausdruck meist in den intrans. Verbem der Cl. V

26 *

vorliegt. Wie diese Factitiva in der Bedeutung zu den Verbis der Cl. IV. stimmen, so auch in der Form, sofern auch hier die Wurzelsylbenvocale sich gern steigern, cf. *káus-ê-t*, schmelzen (tr.), — *kus-t*, schmelzen (intr. V). Um Hiatus zu vermeiden oder nach Liquidis (*l, m, r*) erscheint ein euphonisches *d* eingeschoben, cf. *bi-d-ê-t*, schrecken, √ *bi*, cf. *bi-tt-s*, sich fürchten (V); *dsi-d-ê-t*, heilen (tr.), cf. *dsi-t*, heil werden (V); *pú-d-ê-t*, in Fäulniß bringen, cf. *pú-t*, faulen (V); *de'l-d-ê-t*, stumpf machen, abschleifen (tr.), cf. *di'l-t*, sich abschleifen (II); *dse'm-d-ê-t*, gebären, cf. *dsi'm-t*, geboren werden (II); *mêr-d-ê-t*, zu Tode quälen, cf. *mir-t*, sterben (V); u. s. w. Bopp freilich (vergl. Gr. §. 636) stellt die Vermuthung auf, daß die Endung *-d-ê-t* lettischer Verba eigentlich ein besonderes Verb sei: *dê-t*, setzen, = litth. *dê-ti*, (skr. √ *dhâ*, griech. *τίθημι*), wovon allerdings die Endung des litth. Imperfects *-dawau* und die Endung des lett. litth. Partic. Praes. Act. II. *-dam(a)-s* herstammt. Die Vermuthung ist aber für unsere Endung *-d-ê-t* nicht wahrscheinlich, erstlich, weil hier überall euphonische Gründe für das Einschiebsel auf der Hand liegen, (es wird dadurch entweder ein Hiatus vermieden oder einer Liquida *l, m, n, r* oder dem Halbvocal *ſ* eine Stärkung verliehen), sodann weil die Endung *-d-ê-t* bei weitem nicht bloß in Causativis, Factitivis, sondern ebenso oft oder öfter in Frequentativis sich findet, cf. Cl. XII, 3, 2. Cf. dazu die Factitiva und Frequentativa auf *-i-t* und *-d-i-t*, Cl. XI. Der euphonische Character des *d* wird fast evident erwiesen durch das ganz parallele Eintreten anderer euphonischer Einschiebsel, cf. *t*, namentlich aber *st*, das in Cl. XII. und besonders häufig in Cl. XI. gerade auch zur Vermeidung des Hiatus erscheint.

Was endlich noch die Beziehung der Cl. IX. zu Cl. IV. anlangt, so finden sich nur ausnahmsweise Doppelformen desselben Causativs nach Cl. IX. und nach Cl. IV. Im Gegentheil pflegen die Causativa (Factitiva) der Cl. IX. nur da einzutreten, wo aus irgend welchen Ursachen Cl. IV. keine geliefert hat. Zu den seltenen Ausnahmen gehört etwa:

*dsess-ê-t* neben *dsês-t*, löschen;

*schaw-ê-t* neben *schâu-t*, trocknen;

*traus-ê-t* (Autz, *trdus-ê-t*, Kabillen) neben *trauk-t*, abfallen machen, erschrecken.

In der Regel, wo dergleichen vorkommen, haben die lautlich

verstärkten Formen (Cl. IX) auch eine prägnante, intensive oder frequentative Bedeutung.

Viele Verba factitiva dieser Classe haben gleich beliebte Nebenformen nach Cl. X. auf *-in-u*, *-in-áj-u*, *-in-á-t*, ohne dafs man gerade berechtigt wäre, die Formen auf *-é-t* für Contractionen derer auf *-in-á-t* anzusehen; cf.

> *áudf-é-t*, = *áudf-in-á-t*, grofszichen;
> *didf-é-t*, = *didf-in-á-t*, keimen machen;
> *dfid-é-t*, = *dfid-in-á-t*, gesund machen;
> *dfe'm-d-é-t*, = *dfe'm-d-in-á-t*, gebären;
> *slapp-é-t*, = *slapp-in-á-t*, netzen, u. s. w.,

eine Mannichfaltigkeit der Wortbildung, die im Litth. fehlt, indem die Factitiva auf *-in-u*, *-in-a-u*, *-in-ti* allein ausreichen und für die lett. auf *-é-t* (Cl. IX) Ersatz leisten müssen.

3. **Frequentativa** (Iterativa, Insensiva, Durativa) giebt es nur höchst wenige, eigentlich nur ausnahmsweise, da die Cl. XII. das Vorrecht hat Frequentativa auf *-é-t* zu bilden.

4. **Deminutiva** dagegen, oft mit frequentativer Bedeutung sind zahlreich vorhanden. Sie schieben zwischen Wurzelsylbe und Endung die Deminutionssylben: *-el-*, *-ul-* oder aus euphonischen Gründen *-d-el-*, *-t-el-* oder *-st-el-*, oder aber *-er-*, oder endlich *-in-*, (*-en-*), ein; cf. im Deutschen Deminutivbildungen wie tänzeln, schnitzeln; im Litth. die Formen auf: *-t-er-in*, *-t-er-e-ti* (Schl. Cl. IV. — §. 116. P. 246) und *-in-éj-u*, *-in-é-ti* (Schl. Cl. XI. §. 72). Oft tritt Dehnung für gestofsene Länge hier ein, wie bei den Freq. der Cl. VI. Cf. *bránk-t*, — *brauk-á-t*, *brauk-el-é-t*.

§. 272.

## Catalog der Verba denominativa.

### 1. Denominativa.

| № | | Eintrag | | |
|---|---|---|---|---|
| 1 | 3 | *air-i-i*, rudern, (könnte auch Freq. zu *i-i* (IV) sein); | *air-ie*, Ruder. | |
| 2 | 4 | *auki-i-i*, Kinderwärterin sein, Kinder warten; | *aukie* f. *aug-ie*, Kinderwärterin. | |
| 3 | 3 | *aur-i-i*, Jagdhorn blasen; | *aur-e*, Jagdhorn. | |
| 4 | 1 | *badd-i-ti-e*, vor Hunger umkommen (Länge); | *badar)-e*, Hunger; | *bad-d-i*; Hunger leiden. |
| 5 | 4 | *bäil-i-il-e* (*bäil-d-il-e*), sich fürchten; | *bäil-e*, Furcht, √bi. | |
| 6 | 1 | *band-i-i*, bätteln, Henker sein; | *bend-e*, Henker. | |
| 7 | 1 | *birf-i-i* (*birf/ch-d-i*, d.i. *birf-j-d-i*), Baartreifen durch Furchen bezeichnen; | *birf/e*, Saatstreif, | *bar*. | |
| 8 | 1 | *blth-i-i* (*blta-i-i*, *blta-d-i*, L.), Enrich machen; | *blthi-e*, Schicht. | |
| 9 | 3 | *bibd-i-i*, schmarotzen; | *bidda*, Schüssel. | |
| 10 | 1 | *brid-i-i*, bänhalten (= *brid-im-i-i*, X); | *brid-i-e*, Weile, Frist. | |
| 11 | 1 | *brukschk-i-i*, schrammen; | cf. *brie-e*, Schramme. √brak. | *bruise-o-ti*, Linien ziehen, — *brukirzi-e*, Linie. *berthel-o-ti*. |
| 12 | 1 | *bu-bul-i-i*, Blasen machen, sprudeln; | *bu-b-ul-i-e*, Wasserblase; | |
| 13 | 4 | *did-i-i*, alt sein od. werden; | | *did-o-e*, Greis, (Onkel). |
| 14 | 4 | *dslwrr-i-i*, sich herumtreiben; | *dslwrr-i*, Herumtreiber. | |
| 15 | 1 | *drank-i-i*, schlagen, Schlackerwetter machen; | *dronk-i-e*, (- Trank), Spälicht; *slap-dromän*, Schlackerwetter. | |
| 16 | 1 | (*an-*)*dräuf/-i-i*, befremden; | *dränpia-e*, Freund; | *drangen-t*. |
| 17 | 3 | *dukkur-i-i*, Fische stechen (Antr.), od. scheuchen (Hard.), v. *dukkuriz*, eiserne Gabel zum Fischstechen (Antz), od. Stange zum Fischscheuchen; | | |
| 18 | 1 | *dump-i-ti-e*, Anfstand erregen; | *dumpi-e*, Anfstand, Lärm. | |
| 19 | 1 | *dussal-i-i* (*dus-d-i-i*), husten; | *dus-ali-e*, Husten, √dus; | *durul-an-ti*. |
| 20 | 1 | *gal-i-i*, endigen; | *galio -e*, Fade. | |
| 21 | ? | *kaul-i-ti-e*, mit einander dingen, feilschen; | cf. *kaul(e)-e*, Knochen; (?) | *kaul-p-ti-e*, sich zanken. |
| 22 | 1 | *kibbel-i-i*, Handel machen; | *kibb-ele*, Handel, Verdruß; | cf. *kab.in-ti*; anhängen (tr.), cf. *kib-in-ti*, reizen, necken. |
| 23 | 3 | *kluss-i-i*, still machen, (= *kluss-in-i-i*); | *klursa)-e*, still. | |
| 24 | 3 | *kökl-i-i*, Hackebrett spielen; | *kökle*, Hackebrett. | |
| 25 | 3 | *krekhi-i-i*, mit der Krücke handthieren (B. 1858); | *krekhi-e*, Krücke. | |

| | | | |
|---|---|---|---|
| 26 | 1 | (sa-)kuſchel-ê-t, zermassen (Stend.); | (cf. kuſchel(iſ)-s, zottiger Hund); *kudlis*, Haarzotte. |
| 27 | 2 | labb-ê-ll-s, sich bessern; | *labs* -a, gut. |
| 28 | 1 | laim-ê-ll-s, glücken; | *laima*, Glück. |
| 29 | 4 | lieckh-ê-t, schmeicheln, verleumden; | *lieckhis*, Verläumder, Schmeichler. |
| 30 | 8 | makschker-ê-t, angeln; | *makschkere*, Angel; *meskere-e-t, — mesekere.* |
| 31 | 8 | ment-ê-t, mit der Schaufel rühren; | *mente*, Schaufel. |
| 32 | 1 | mistr-ê-t, mischen, mengen; | *mis-tr(a)-s*, Mischmasch. √ *mis.* |
| 33 | 1 | (ap-)miſ-ê-tl-s, sich berinden, behäuten; | *miſa*, Schale, Rinde. |
| 34 | 2 | mkschk-ê-t, welch machen; | *m-kstsi-s*, welch. |
| 35 | 8 | (ap-)mtt-ê-t, bepfählen; | *mit ai-s*, Pfahl. |
| 36 | 8 | paur-ê-tls, sich den Kopf kratzen; | *paure*, Hinterkopf. |
| 37 | 1 | pil-ê-t, tröpfeln (tr.); | *pile*, Tropfen. |
| 38 | 1 | (sa-)pink-ê-t, verknoten, „verplakern" (Prov.); | *pin-ka*, Zotte. } *pis*. |
| 39 | 1 | pian-ſ-t, falzen (z. B. Bretter); | *pinne*, Falz. |
| 40 | 8 | pip-ê-t, schmauchen; | *pipe*, Pfeife (entlehnt). |
| 41 | 1 | plp-d-t, kahmig werden; | *plp-e* (Pl.), Kahm. |
| 42 | 1 | plow-ê-tls, sich behäuten; | *pléwa*, Häutchen. |
| 43 | 8 | prdt-ê-t (prds-ê-t, VII), klügeln; | *prdts -a*, Verstand. |
| 44 | 4 | präsl-ê-t (prawl-ê-t, VII, B. 1043), glühen, modern; | *prawl(ai-s*, Feuerbrand. |
| 45 | 1? 2? | prdw-ê-t, zurecht machen (hochlett.); | *prāwa*, Recht, *praw(a)-~*, recht; *prow-y-ti*, recht machen. |
| 46 | 8 | prezz-ê-t, handeln, freien. (Praes. auch nach XII, cf. *pretschi-s*); | *prexe*, Preis, Werth, Waar. |
| 47 | 1 | p'lk ai-t, verunmehren; | *p'lk ai-s*, Haufe, Menge. |
| 48 | 1 | puak-d-t, rothem; | *puakts-a*, Roth. |
| 49 | 1 | raiſ-ſ-tl-s, sich Sorgen machen; | *raiſ-e-s* (Pl.), Sorgen. |
| 50 | 1 | (sa-)reſchg-ê-t (raſchg-ſ-t, Stend.), verreiben; | *reſchgis*, Geflecht; |
| 51 | 1 | rās-d-t, rosen; | *rise*, Rost. |
| 52 | 1 | ruſt-ê-t, braunroth färben; | *ruſ-te*, braunrothe Farbe von Eilern- rinde. |
| 53 | 4 | ruschk-d-t (ruſchg-d-t), (Feuer) schüren; | *ruschks (ruſchgis)*, Feuerschürer. |
| 54 | 1 | setm-ê-t, das Gedeihen fördern; | *sub-me*, Gedeihen. |
| 55 | 1 | (sa-)skerbal-ê-t, zerkoddern (tr.); | *ska'-b-als*, Lumpen. |
| 56 | 4 | (sa-)skrand-ê-t, zerfetzen (tr.); | *skrande*, Fetzen. |
| 57 | 4 | skrull-ê-t, wild, ausgelassen sein; | *skrulle*, eine ausgelassene Person. |
| 58 | 1 | slaw-ê-t, rühmen; | *slawa*, Ruhm; } *slow-y-ti.* |

| | | | |
|---|---|---|---|
| 59 | 3 | spil-d-t, zwicken, klemmen, (= spil-d-t, VI, B. 1869); | spilis, Zwicke, Holz zum Klemmen. |
| 60 | 1? | spil-d-t, trotzen; | spli-s, Trotz. |
| 61 | 3 | sprddf-d-t, schnallen; | sprddf-t, Schnalle. |
| 62 | 3 | stabbul-d-t (stabbul-d-t, B. 1819), äse; | stabbule, Hirtenflöte. |
| 63 | 1 | strsi-d-t, schienen; | strsie, Schiene. |
| 64 | 3 | strapp-d-t, = trapp-d-t, kurz machen, insbesondere: das Baum-Ende abhauen; | strap(a)-s, kurz. |
| 65 | 3 | schlster-d-t, spritzen (Lunge); | schlster-s (Pl.), Feuerspritze. |
| 66 | 3 | schnäker-d-t (snäker-d-t), schnäffeln; | snäki-s, schnäkeri-s, Schnauze; |
| 67 | 3 | sárd-d-t, (Erbsen) auf ein Gerüst legen; | sárdi (Pl.). Erbsengerüst. |
| 68 | 3? | sil-dt, wahrsagen; | sile, Meise (ein zukunftkundiger Vogel), |
| 69 | 1 | sim-d-t, zeichnen, Zeichen machen; | sim-s, Zeichen. |
| 70 | 1? | trull-d-t, trällall singen, (= trull-in-d-t, X). | |
| 71 | 3? | wll-d-t, erlauben, wünschen, Rath geben, (Praes. wll-i)-s und contr. wlli-s, auch nach Cl. XII wlle, Henselb, B. 1874. 1676. 1819); | wela, freier Wille. |
| 72 | 3 | weldf-d-t, anfeuchten; | cf. welganap-s, feucht (L.). |
| 73 | 3 | (ai-)wesssi-d-it-s, genesen, (wssi-d-ii-s, VII); | wssoli(a)-s, gesund. |
| 74 | 3 | wsss-d-it-s, alt werden; | wsisia-s, alt. |
| 75 | 4 | wis-d-t, Gast sein; | wis-s, Gast; |
| 76 | 3 | wii-d-t, Stelle geben (L.); | wi-is, Stelle. |
| 77 | 3 | (sp-)seppsr-d-t, behauben, einer jungen Ehefrau die Haube, Mütze aufsetzen; | seppsr, Mütze. |
| 78 | 1 | tschukkur-d-t (-d-t, VII), Dachfirst machen; | tschukkur(a)-s, Dachfirst. |
| 79 | 1 | dfsi-d-t (fsi-d-t), nuscheln (Harder); | |
| 80 | 3 | dfsli-d-it, gelb färben; | ef. dfsllin(a)-s, gelb. (cf. lith. gelt(a)-s). |

## 2. Factitiva, (Caussativa).

### a) ohne euphonische Einschiebsel.

| 1 | dudf-d-t, aufschieben, wachsen machen (= dudf-in-d-t, X); | dug-t, wachsen, . . . . . I. |
| 2 | bal-d-t, bleichen, (= bal-in-d-t, X); | (bli-t, bleich werden, . . . V.) |

| # | | | | |
|---|---|---|---|---|
| 3 | didf-ĕ-t, keimen lassen, in Keime legen; | digf-t, keimen, | V. | dang-in-ti. |
| 4 | deb-ĕ-t, höhlen; | deb-t, hohl werden, | I. | janb-in-ti. |
| 5 | jân-d-t, gewöhnen; | jidf-t, gewohnt werden, | V. | |
| 6 | kelli-ĕ-t, dörren, trocken machen; | ka'lo-t, dürr werden, | V. | |
| 7 | (ze)kâro-ĕ-t, erhitzen; | ka'ro-t, heiß werden, | V. | |
| 8 | kânz-i-t, schmelzen (tr.); | knz-t, schmelzen (intr.), | V. | |
| 9 | { klane-d-ĕ-t, / klaudf-ĕ-t, } klopfen, pochen, sig. hören machen; | √ khu, cf. skhi-so. √ khay, Erweiterung von √ khu, wie khuo, cf. klami-t, hören. | | |
| 10 | klld-ĕ-t, zerbrechen (= klid-in-ĕ-t, X); | kluf-t, sich zerbrechen, | V. | |
| 11 | kwip-i-t, räuchern, (= kwep-in-ĕ-t, X); | kup-i-t, rauchen, | XII. | |
| 12 | miz-ĕ-t, irre machen, Reflex. irre werden, sich versehen; | mi-ĕ-t, sich mischen, | V. | rang-ta-ti. |
| 13 | rând-f-ĕ-t, säuern, gähren lassen; | rig-t, gähren, | I. | |
| 14 | ri̇t-ĕ-t, machen, daß etwas rollt (= ritt-in-ĕ-t, X); | ri̇-t, rollen, | III. | gmb-in-ti. |
| 15 | saui-i-t, bähen, (= sutt-in-ĕ-t, X); | au-t, heiß werden, | V. | |
| 16 | slap-ĕ-t, ersticken (tr.); | slap-t, ersticken (intr.), | | |
| 17 | slapp-d-t, naß machen (= slapp-in-ĕ-t, X), nicht Denominativ von slapjack, naß, sondern Factitiv zu: | | V. | čtmapa, ečtapti, naßt werden. |
| 18 | sllp-ĕ-t, schräg machen; | slip-t, schräg werden, | V. | |
| 19 | (serip-j-t, = herp-i-t); | | III. | čad-y-ti. |
| 20 | swid-ĕ-t, schwitzen machen (B. 2418); | swif-t, schwitzen, | V. | |
| 21 | fand-d-t, verloren gehen lassen; | sˇuf-t, verloren gehen, | | |
| 22 | frasz-ĕ-t (Autt, trans-ĕ-t, Kahlišen), (= tromb-t, IV), reißen (tr.), abfallen machen (B. 2178), erschrecken (B. 2197); | trâs-t, reißen (intr.), | | |
| 23 | tan-ĕ-t, schwellen machen (vollstopfen, L.); | tak-t, schwellen, | V. | čak-ta-ti, fett machen. |
| 24 | wlt-ĕ-t, welken lassen (B. 2387. cf. weʒ-ĕ-t oder wis-ĕ-t, B. 1841. Mesoten); | wlf-t, welken, | V. | |
| 25 | dfezs-ĕ-t, löschen, tr. (= dfis-t, IV); | dfu-t, verlöschen. | V. | |

b) mit euphonisch eingeschobenem d.

| # | | | | |
|---|---|---|---|---|
| 26 | bi-d-ĕ-t, schrecken, ängstigen (= boi-d-m-ĕ-t); | √ bi, bi-ti, sich fürchten, | V. | |
| 27 | deʒ-d-i-t, stumpf machen, abnutzen; | dˇl-t, sich abschleifen, | II. V. | |

| | | | |
|---|---|---|---|
| 28 | *grauſ-d-ê-t*, Eier härten (Stand), braten (Lage); (Das d könnte hier auch zur Wurzel gehören, in welchem Fall ſ euphonisches Einschiebsel ist). | . | √ *grud*; |
| | | | *grûnd-in-ô-t*, neben *grûldes*,*grûd-j-û*. |
| 29 | *grêm-d-ê-t*, senken; | . | V. |
| 30 | *mìr-d-ê-t*, zu Tode quälen; | . | V. |
| | | | |
| 31 | *pìd-d-ê-t*, faulen lassen; | . | V. | *pû-d-j-ût*. |
| 32 | *rêm-d-ê-t*, lindern, sänftigen (== *rêm-d-in-ô-t*, X). | . | V. | *rêm-d-j-û*. |
| 33 | *ra'l-d-ê-t*, machen, dafs einer sich erkältet; | . | V. | *sal-d-j-û*. |
| 34 | *skus-d-ê-t*, erschallen lassen (== *skus-d-in-ô-t*, X); | . | XII. | cf. *shand-u-m-ii*. |
| 35 | *dſêm-d-ê-t*, gebären (== *dſim-d-in-ô-t*, X); | . | II. | *ʒim-d-j-û*. |
| 36 | *dſl-d-ê-t*, gesund machen (== *dſl-d-in-ô-t*, X); | . | V. | *ʒv-û-t-ti*, IV. 2. |

## 3. Frequentativa, (Iterativa, Durativa, Intensiva).

| | | | |
|---|---|---|---|
| 1 | *bèrſ-d-t* (*bèrſ-ê-t*), schauern, rauben, knillen (XII?); | . | *bèrſ-t*, schauern, | IV. |
| 2 | *draschk-ê-t* (neben *drusk-ê-t*, wie *drikk-t-t*, neben *druik-ê-t*, drücken), zerreifsen; | . | √ *druk*; | *drusk-ø-u*, *drusk-j-ti*, Freq. zu *drik-ti*, ziehen. |
| 3 | *gelb-d-ê-t*, helfen, retten; | . | . | *gelbu* (*gelb-mi*), *gelb-t-ti*. |
| 4 | *käs-ê-t*, husten, minder wahrscheinlich Denom. v. *kâss*, Husten, als Freq. zu | . | . | *kos-ti*, cf. *kos-t-ti*. |
| 5 | *klenz-ê-t*, humpeln (B. 1877). | . | . | |
| 6 | *krûss-ê-t*, (die Spitzen der Gerstenkörner auf d. Tenne mit d. Dreschrolle ab)stampfen (Antz); | . | √ *krus*, cf. *krusu*, Hagel. | Prim. *krus-ti*, stampfen. |
| 7 | *raus-ê-t* (*rûss-ê-t?*), schüren, wühlen, (auch *rûsu-ê-t*, VI, Zittau, B. 1068); | . | √ *rus*, *rusu-t*, | IV. *rusu*, *rusu-ti*. |
| 8 | *rẁv-d-ê-t*, jäten; | . | . | III. *rûv-ê-û*. |
| 9 | *sett-ê-t*, folgen (*rudſio jòu sunu leitu sekki*, der Roggen hält schon seine Zeit ein mit dem Reifwerden); | . | *sek-t*, | I. |
| 10 | *ſchaw-û-t* (*dſchaw-ê-t*), trocknen (tr.); | . | *ſchaw-t*, | IV. cf. *dſaw-n-ti*. |

| | | | |
|---|---|---|---|
| 11 | | *tór-f-i-t*, schwatzen (√ euphonisch); | . . . . . | |
| 12 | | *woll-d-t*, wälken; . . . . . . . | *wel'l-t*, wälken, | IV. |
| 13 | | *weŕf-d-t*, lenken (St.); . . . . . | *weŕf-t*, wenden, | IV. |
| | | Vielleicht gehört noch hierher: | | |
| 14 | | *ser-d-t*, hoffen, (Praes. *ser-éju*, *serv*, und *serv* nach Cl. XII, 3.P. *serl* (*ser'*?), als Freq. an . . . . | *heŕ-t*, fassen, | IV. |

## 4. Deminutiva, (Frequentativa).

(1. -el-, -ol-; 2. -er-; 3. -in-, -en-).

| | | | | |
|---|---|---|---|---|
| 1 | 1 | *b-f-d-el-d-t*, flattern (cf. *b-f-d-el-dge*, Schwalbe); . . . | *b-f-d-i-t*, | XII. |
| 2 | 3 | *b-f-en-d-t*, hiesen, wie die Kühe thun, wenn sie Bremsen merken; | *b-f-i-t* (*b-f-e-t*), | IX. od. XII. |
| 3 | 1 | *broack-el-d-t* (*broack-el-d-t*, VI), hin und her fahren; | *broach-t*, fahren, | IV. |
| 4 | 3 | *b-rid-en-d-t*, scheilen (vielleicht Factit. in Schrecken setzen, = *brid-in-d-t*, VI); | *'brid*, cf. *brid-en-s* (Pl.), Schrecken, Gefahr. | |
| 5 | 1 | *di-d-el-d-t*, mässig umhergehen, bummeln, betteln; (cf. das deutsche verschiedliche: umhertanzen). | *di-t*, tanzen, | IV. |
| 6 | 1 | *dr-f-f-el-d-t*, schnitzeln; | *draf-t*, schnitzen, | IV. | cf. *drai-an-d-ti.* |
| 7 | 1 | *id-el-d-t*, gehässig sein; | *if-t*, essen, | I. |
| 8 | 1 | *g-f-el-d-t*, wiederholt kippen (tr.); | *g-f-t*, kippen (tr.), | IV. |
| 9 | 1 | *gr-f-f-el-d-t*, umherstossen; | *gr-f-t*, stossen, | IV. |
| 10 | 1 | *ja-d-el-d-t*, umherjuckern, reiten; | *ja-t*, reiten, | IV. |
| 11 | 1 | *k-p-el-d-t*, umhersteigen, klettern; | *k-p-t*, steigen, | IV. |
| 12 | 1 | *koss-el-d-il-t* (*w'rovi*), sich anschmiegen, anschmiegeln; | *k-f-i-t*, schmiegeln, | VIII. |
| 13 | 1 | *kink-el-d-t*, knüpfen, „pinkern" (Prov.); | *kink-d-t*, knüpfen, (Pferde) anspannen, | II. |
| 14 | 2 | *kland-er-d-t* (*kland-er-d-t*), umherschwärmen; | *k-f-t*, irren, | V. | *b-f-d-in-d-ti.* |

| | | | | | |
|---|---|---|---|---|---|
| 15 | 8 | lôſchu-ś-ś (f. lôś-m-ś-ś, neben lôſchuai-ś, VI, f. lôś-m-a-ś), hin und herkriechen; | √ lomś, lĭſ-ś, kriechen, cf. lôś-ś-ś, VI | III. | |
| 16 | 1 | migg-el-ś-ś, mit den Augen plinkern (Antr); | l-mig-ś, einschlafen, | III. | |
| 17 | 2 | (jſ-)mikschk-er-ś-ś, verrauchen; | cf. miſg-ś-ś, stauchen, | . | miks-ś-er-ś-ti. |
| 18 | 3 | ſſchn-ś-ś (f. ŏś-in-ś-ś, neben ſſchn-ś-ś, VI, f. ŏś-in-a-ś), schnüffeln; | ŭſ-ś, riechen, | IV. | |
| 19 | 1 | ras-st-el-ś-ś, zerren; (cf. rŭin-ŏś-ś, XI); | rŭin-ś, reißen, | IV. | |
| 20 | 1 | rŏś-el-ś-ś, ringeln; | √ rot, rŏś-ś-ś, wälzen, cf. ratii (Pl.), Wagen, (eig. Ruder). | VI. | |
| 21 | 8 | rŭsch-(i)a-ś-ś, geschäftig sein; | √ rus, cf. rŭsś-ś-ś, | VIII. | cf. rŭsm-ś, geschäftig. |
| 22 | 1 | ss'l-d-el-ś-ś, ein wenig frieren (vom Wetter); | ss'l-ś, frieren, | V. | |
| 23 | 1 | skrai-d-el-ś-ś, ein wenig umherlaufen; | skri-ś-ś, laufen, | III. | |
| 24 | 1 | smerg-ul-ś-ś, nudeln; (wenn nicht Denom. v. smerg-uli-s, Schmutzfink). | smerg-ś-ś, | VI. | cf. smerkst-in-ti. |
| 25 | 1 | snaud-el-ś-ś, schlummern; | snauf-ś, | IV. | |
| 26 | 1 | spid-el-ś-ś (spig-ol-ś-ś, VII), glänzen, leuchten; | spid-ś-ś, | XII. | |
| 27 | 1 | spind-ul-ś-ś, summen (von Bienen, Bremsen), Schallwort, wenn es nicht besser als Denom. zu spind-ulś, Bremse, aufzufassen ist. | | | |
| 28 | 1? | spręusch-l-ś-ś, prahnten (von Pferden); scheint bloß ein Schallwort zu sein. | | | |
| 29 | 1 | straip-el-ś-ś (straip-ol-ś-ś, VI) taumeln; | √ skor(ś), cf. sckterd-ś-ś, verschwenden, | IV. | cf. trŷp-ti, strŷp-ti, trampeln. |
| 30 | 1 | sckterd-el-ś-ś, verschnicken, im Zuchmitt verderben; | | XII. | |
| 31 | 2 | sckkett-er-ś-ś, gesponnenes Garn zusammendrehen; | | | |
| 32 | 1 | śin-l-ol-ś-ś (śin-ś-ol-ś-ś), einsammeln; | √ śi-s), śi-ś, winden, | I. | |
| 33 | 1 | s'rb-ul-ś-ś, bohren, durchlöchern; | s'rb-ś, bohren, | IV. | |

Endlich gehören zu Cl. IX. auch wohl noch alle folgenden zum Theil sehr viel gebrauchten, zum Theil veralteten Verba, deren Etymologie aber dunkel ist:

1. *ál-é-t*, Netze unter dem Eise treiben lassen; ob Denom. v. *ala*, Höhle, (Loch?), cf. *āliṅgi s*, Wuhne im Eis. Cf. liv. *all*, unten.
2. *blin-é-t*, glupen, mit halbem Auge sehen (Elvers).
3. *bramm-é-t*, hastig schelten, (B. 1759. Kabillen).
4. *brill-é-t*, mahlen (Lange), cf. *brille*, Gemälde (L.).
5. *bunk-é-t*, mürbe klopfen (Stend.).
6. *déw-é-t*, nennen (Stend.), halten für etwas.
7. *gaw-é-t*, fasten, litth. *gawju* oder *gaw-éj-u*, *gaw-é-ti*.
8. *gúrf-é-t* (= *gôf-d-t*), rösten, z. B. Brod auf Kohlen, vielleicht Causativ zu einem Verb, das dem russ. горѣть, brennen (intr.) entspricht. Dann wäre das *s* euphonisches Einshhiebsel, cf. *tirrá-t* = *tirfát*: fragen.
9. *kaw-é-t*, verzögern, hindern.
10. *kérn-é-t* (*swistu*), (Butter) körnen, — aus dem Plattdeutschen entlehnt.
11. *kink-é-t*, knüpfen, (Pferde) anspannen, litth. *kink-a-u*, *kink-y-ti*.
12. *kiw-é-ti-s*, sich zanken (B. 2493. 2518.); cf. liv. *kiv*, Streit.
13. *knitt-é-t*, anstreichen, — *knitle*, Maurerpinsel (Stend.).
14. *lutt-é-t*, verzärteln
15. *mekl-é-t*, suchen.
16. *mil-é-t*, lieben, Praes. *mil-éj-u*, *milu*, 2. P. *mil-é* u. *mil-i*, 3. P. *mil-é*, *mil* (B. 1976. Kabillen) und *mil* (Autz), u. s. w. Daneben auch: *mil-ú-t*, Cl. VII., litth. *myliu*, *myl-é-ti*.
17. (*sa-*)*mifg-é-t*, verstauchen, √*mig*?
18. *witt-é-t*, verändern, unterlassen (Lange), Reflex. nachlassen, intr. aufhören (nach Hesselberg nach Cl. XII?).
19. *pōl-é-t*, pfropfen.
20. *pûl-é-t*, quälen, plagen.
21. *pûp-é-t*, in die Luft verflattern (Stend.), cf. *pûpédi-s*, Bovist, ein Erdschwamm.
22. *saw-é-t*, hexen, zaubern (St.), (cf. litth. *sawin-ti*, sich zueignen, von *saw(a)s*, sein).
23. *sekschk-é-t*, sich schmutzig halten, besudeln (L.).
24. *stëk-é-t*, (Balken) behauen, cf. *stekkes* (Pl.), Baugerüst, (entlehnt?).

25. *schkör-ê-t*, in Gluth flammen, glasieren (St.).

26. *schkutt-ê-t*, Küttis machen, Denom. v. *schkutte-s*, Küttis (esthnisch), eine in Livland beliebte Art Waldboden durch Brennen urbar zu machen.

27. *têl-ê-t* (*úf sittu*), (auf einen andern) schieben, (ihm) aufbürden (St.).

28. *tid-ê-ti-s*, untertauchen (L.).

29. *tufn-ê-t*, aufschwellen, in Affect gerathen (St.).

### Gruppe C.
## Zehnte Classe.

(Praes. -*a*-, Praet. -*aja*-, Inf. -*i*-; Schl. litth. Cl. VI, 1. XI, 2. XII).

§. 273.  Classe X. steht in der Mitte zwischen Cl. I. u. II. einerseits und Cl. VI. andererseits, indem das Praesens jener, das Praeterit. und der Infinitiv dieser Analogie folgt. Die Suffixe für die drei Hauptformen sind also: -*a*-, -*aja*-, -*i*-; die Endungen -*u*, -*aj-u*, -*a-t* oder, da in den allermeisten Fällen hier noch ein eingeschobenes Derivations-Element -*in*, (*d-in*) sich findet: -(*d*-)*in-u*, -(*d*-)*in-aj-u*, -(*d*-)*in-a-t*.

Von der ersten Art giebt es im Lettischen nur noch vier Verba, die in ihren Praesensformen auch oft zur Cl. VI. hinüberschwanken, da jedes Vereinzelte keinen Halt hat und sich durch Assimilation an eine gröfsere Gesammtheit gern anschliefst. Im Litthauischen entsprechen die auch nicht sehr zahlreichen Verba auf -*a-u*, -*oja-u*, -*oti*, Cl. VI, 1. Schleich. litth. Gr. §. 66.

Die lettischen vier Verba, deren Alterthümlichkeit daraus erhellt, dafs drei von ihnen im Litth. zu der bindevocallosen Conjugation auf -*mi* (griech. -*μι*) gehören, sind folgende:

1. *ráud-á-t*, weinen, Praesens: *ráud-u*, *ráud-i*, *ráud*, (neben *ráud-dju*, (*ráuschu*, Autz), *ráud-á*, *ráud-á*) u. s. w, Praet. *ráud-áj-u*, litth. *raud-mi* (neben *raud-aj-u*), *raud-oja-u* (neben *raud-awa-u*), *raud-o-ti*.

2. *sa'rg-á-t*, hüten, Praes. *sa'rg-u*, *sa'rg-i*, *sa'rg-á*, *sa'rg-a-m*, *sarg-a-t* (neben *sa'rg-áj-u*, *sa'rg-u*, *sarg-á*, *sarg-ája-m*, *sa'rg-ája-t*); Praet. *sa'rg-áj-u*; ltth. *serg-mi* (neben *serg-iu*, *serg-éj-u*), *serg-ája-u*, *serg-é-ti*, √ *sarg*.

3. *fin-á-t*, wissen, Praes. *fin-u*, *fin-i*, *fin* oder *fin-á*, *fin-a-m*, *fin-a-t*; Praet. *fin-áj-u*; litth. *fin-a-u*, *fin-oja-u*, *fin-o-ti*, √ *fi(n)*, cf. *at-fi-t*, erkennen, Cl. V. litth. *fin-ti*.

4. *dſíd-d-t*, singen, Praes. *dſíd-u*, *dſíd-i* (B. 561), *dſíd* (*dſíd-é* f. *dſíd-ä*, B. 1266), *dſíd-a-m*, *dſíd-a-t* (neben *dſíd-áj-u* oder *dſischu*, 2. *dſíd-i*, 3. *dſíd-á* oder *dſisch*, B. 1219. 1. Pl. *dſíd-ája-m* oder *dſischa-m*, 2. *dſíd-ája-t*, u. s. w.), litth. *gĕd-mi* (neben *gĕd-u*, *gĕd-aj-u*), *gĕd-aja-u*, *gĕd-o-ti*. Cf. Partic. Praes. Act. I. *dſíd-i-t* (B. 561); Partic. Praes. Pass. *dſíd-ája-ms* (B. 581).

§. 274. Der Zahl nach so überwiegend, daſs die genannten vier Verba im Umfang dieser Classe schier verschwinden, sind die Bildungen mit dem Einschiebsel -*in*-, resp. *d-in*. Im Litth. entspricht hier Cl. XII (Schleich. §. 73. 74) -*in-u*, -*in-a-u*, -*in-ti*, oder in seltneren Fällen: -*ĕn-u*, -*ĕn-a-u*, -*en-ti*. Die lettischen Praesensformen schwanken ebenfalls zwischen Cl. I. (II.) und VI., und es ist schwer zu entscheiden, welche die ursprünglicheren sind. Das Litth. scheint für die kürzeren Formen (I.) zu zeugen; factisch aber lautet die 1. P. S. Praes. (in Livland vielleicht gewöhnlich, nach Harder) auf *in-áj-u* neben -*in-u* (cf. *dudſ-in-u*, B. 520. *dans-in-u*, B. 886). Beachtenswerth ist, daſs -*in-áj-u* in der ganzen Büttnerschen Liedersammlung vielleicht kein einziges Mal vorkommt. Die 1. P. Pl. hört man auch in Kurland nicht selten auf -*in-dja-m*, cf. *klausch-in-ája-m*. Bei der 2. P. sind mir die längeren Formen weniger aufgefallen (cf. *mŏd-in-i*, B. 527. *nĕs-in-d-t*, 462. *wiſ-in-a-t*, 564). In der 3. P. wechselt -*in-d* und -*in-á* promiscue, cf. *pur-in-á*, *stipr-in-d* neben *purr-in-á*, *stipr-in-á*. Das Reflexivum dürfte meistens sich an die Analogie der Cl. VI. anschlieſsen, cf. 3. P. *lidd-in-ájá-s*, niemals: *lidd-in-á-s* oder *liddin-á-s*. Cf. Partic. Praes. Pass. *labb-in-a-m-s*, *nĕs-in-a-m-s*, B. 1815.

Der Bedeutung nach müssen folgende Abtheilungen unterschieden werden:

1. Denominativa. Sie sind allzumal Factitiva im engeren Sinn und zwar zumeist von Adjectiven, seltener von Substantiven abgeleitet. Sie sind als Simplicia meist intransitiv, durch Composition aber werden sie transitiv.

2. Schallnahahmende Verba, im Grunde auch Factitiva, — wenig an Zahl, cf. *bubb-in-á-t*, Bubbubbub machen; *klabb-in-á-t*, Factitiv zu *klabb-é-t*, XII.

3. Factitiva (Causativa) verbalia, d. h. nicht Denominativa, sehr beliebte und zahlreiche Bildungen. Sie haben mit den Factitivis (Causat.) der Cl. IX. auf -*éj-u*, -*éj-u*, -*é-t* gemein, daſs die entsprechenden sogenannten Primitiva hier wie

dort meistens Intransitiva sind. Ein Unterschied ist, daſs bei
Cl. IX. als Primitiva fast nur die Verba der Cl. V. erscheinen,
hier dagegen auch nicht wenig zahlreich Verba (immer meist
intr. u. neutra) der übrigen Classen, namentlich auch Cl. I—III.
und XII. und selbst von Cl. IV., aber nur solche Verba, die,
obschon activa, doch nicht transitiva sind, z. B. Verba, die eine
Bewegung oder die Hervorbringung eines Schalles ausdrücken,
cf. *less-in-á-t*, springen machen, — *lék-t*, springen; *skrí-d-in-á-t*,
laufen machen, — *skrí-t*, laufen; *smí-d-in-á-t*, lachen machen, —
*smí-t*, lachen, u. s. w. Höchst wichtig und interessant ist es
zu beachten, daſs, wenn neben transitiven Verben Cl. IV. Bildungen auf *-in-á-t* vorkommen, letztere selten Causativa, sondern meistens Frequentativa oder Deminutiva (cf. die folgende
No.) sind; *kal-d-in-á-t*, hämmern, neben: schmieden lassen, *káp-
in-á-t*, hin und her klettern, (= *káp-ol-é-t*), nicht steigen
machen.

Ein zweiter Unterschied zwischen den Causativis Cl. IX.
und Cl. X. ist der, daſs, während dort die Steigerung des Wurzelvocals meistens eintritt nach Analogie der Cl. IV., hier der
kurze und ursprüngliche Vocal in der Regel seine Existenz bewahrt, zum Theil vielleicht unter dem Schutz der Mehrsylbig-
keit des Wortes und der Schärfung des consonantischen Wurzelsylbenauslautes, cf.

| | | |
|---|---|---|
| *dſis-t*, verlöschen (intr.), V. | *dſess-é-t*, IX. | *dſiss-in-á-t*, X. |
| *júk-t*, gewohnt werden, V. | *jáus-é-t*, IX. | *juss-in-á-t*, X. |
| *ris-t*, rollen, I. | *rét-é-t*, IX. | *ritt-in-á-t*, X. |
| *sus-t*, heiſs werden, I. | *sáut-é-t*, IX. | *sutt-in-á-t*, X. |
| *ſuſ-t*, verloren gehen, III. | *ſáud-é-t*, IX. | *ſudd-in-á-t*, X. |

Ja, es kommen sogar Fälle vor, wo das angebliche Derivatum
den primitiven Vocal zeigt, und das angebliche Primitivum ihn
verloren hat, cf. *ke'r-t*, fassen, greifen, IV., Freq. *kar-in-á-t*,
durch wiederholtes Anfassen reizen, zörgen; *ráud-á-t*, weinen,
Factit. *rúd-in-á-t*. Beiläufig erhellt aus dieser Thatsache, daſs,
wo Doppelformen vorkommen, diejenigen mit dem kürzeren,
ursprünglicheren Vocal die classischeren sind, cf. *ritt-in-á-t*,
*mudd-in-á-t*, *pludd-in-á-t* besser, als *rét-in-á-t*, *múd-in-á-t*, *plúd-
in-á-t*. — Aehnliches weist Bopp (§. 745) von den Causal-
verben des Sanskrit, des Germanischen und Slavischen nach.
Im Litth. dagegen findet oft Vocalsteigerung statt, wie auch der

folgende Catalog zeigt, cf. *rûd-in-â-t*, litth. *raud-in-ti*, *mitt-in-â-t*, litth. *mait-in-ti*.

Den lett. Factitivis denominat. u. verbal. Cl. X. entsprechen die litth. Verba auf (*d*)-in-*ti* (XII, 1. bei Schleicher §. 73).

4. Frequentativa, (Iterativa, Deminutiva), denen im Litth. die Verba iterativa und deminutiva auf *in-ėj-u*, -*in-ėja-u*, -*in-ė-ti* (Schleicher litth. Gr. §. 72. Cl. XI, 2) und die Verba durativa auf -*en-u*, -*ena-u*, -*en-ti* (Schleicher §. 74. Cl. XII, 2) entsprechen. Es ist zu beachten, daſs die litth. Endung -*in-ti* gar keine Frequentativa bildet.

Frequentativa dieser Art können gebildet werden zu Primitivis aller Art, namentlich auch zu den Activis und Transitivis auch der Cl. IV. Gerade letztere Bildungen sind lieber Frequentativa als Causativa. Die ganze Abtheilung von Frequentativis auf -*in-â-t* ist von den früheren Grammatikern, selbst von Harder, übersehen worden.

## §. 275.

## Catalog der Verba zehnter Classe auf -in-â-t.

### 1. Denominativa.

| | | | | |
|---|---|---|---|---|
| 1 | 2 | aš-in-â-t, schärfen; | aš(a)-, scharf; | cf. ašti-in-ti. |
| 2 | 2 | bala-in-â-t (Zitau, Wenden, B. 1112. 1558. mit eigenthümlichem Uebergang des t vor i in s, f. balâ-â-i-t), bleichen; | bal(a)-, weiss; | bali-in-ti, bâls-in-ti. |
| 3 | 1 | (ap-)bid-in-â-t, in Kummer versetzen; | bid(a)-, Kummer; | |
| 4 | 1 | (ao-)bidr-in-â-t, gewollen, (ao-bidr-â-t, VII); | bidr(a)-, Gemosse, | |
| 5 | 1? | brid-in-â-t, an der Neue herumsiehen, hinhalten; | bridi-e, Weile, Frist. | |
| 6 | 2 | dardš-in-â-t, theuer machen (B. 851); | dârg(a)- theuer. | |
| 7 | 2 | daudš-in-â-t, Gerode machen, eig. vermehren; | cf. Adv. daudš, viel; | |
| 8 | 1 | (ao-)drdudš-in-â-t, freund machen; | druugt(a)-, Freund; | dauç-in-ti, mehren. |
| 9 | 2 | dr-if-in-â-t, zur Eile antreiben; | cf. Adv. dri(š), schnell, bald. | drusg-in-ti-s, sich grollen. |
| 10 | 2 | (-)dr-ših-in-â-t, ermuthigen; | drüsch, kühn, getrost. | |
| 11 | 1? | šra-in-â-t, ein inneres tiefes Leiden verursachen (Lunge); | (cf. ärse, lith. erk̃, Holzbock?). | |
| 12 | 2 | (po-)gar-in-â-t, verlängern; | gar-sch, lang. | |
| 13 | 2 | gauš-in-â-t, reichlich machen; | gauš(a)-, glatt. | gauš-m-ti, — gauma, reichlieb. |
| 14 | 2 | gludd-in-â-t, glatt machen; | glud(a)-s, gluuld-m(a)-s, glatt. | |
| 15 | 2 | grât-in-â-t, schwer machen; | grât(a)-s, schwer. | |
| 16 | 1 | gdd-in-â-t, ehren; | gdd(a)-s, Ebre. | |
| 17 | 2 | ildf-in-â-t, verlängern; | (ilg(a)-s) Adv. ilg-i, lange; | ilg-m-t. |
| 18 | 2 | (po-)io-in-â-t, verkürzen; | in(a)-s, kurz. | |
| 19 | 1 | balp-in-â-t, knechten; | kalp(a)-s, Knecht. | |
| 20 | 3 | (t-)kirm-in-â-t, anbohren (von Würmern im Holz), vielleicht nur im Part. Praet. Pass. gebräuchlich. | sirm-i-e, lith. šrmu-s, Wurm. | |
| 21 | 3 | kluss-in-â-t, still machen; (kuschindi, von kusch! als Zuruf = still! corrumpiert aus kluss!), | klus(a)-s, still | |
| 22 | 3 | labb-in-â-t, begrügen, mit Gutem locken; | lab(a)-s, gut; | lab-in-ti, begrüssen, willkommen heissen. |
| 23 | 1 | ldr-in-â-t, trisseln (Stand); | Idre, Tropfen; | lare-in-ti. |

| No. | | Eintrag | Vergleich |
|---|---|---|---|
| 24 | 2 | līt-in-a-t, im Preise bearbeiten (B. 1881); | līt(a)-s, billig. |
| 25 | 2 | līdʒ-in-a-t, gleich machen, vergleichen, ebenen; (könnte auch mit gleichem Recht als Factitiv zu līg-t, gleich werden (V), angesehen werden). | cf. Adr. līdʒi, gleich. |
| 26 | 2 | maʒ-in-a-t, mindern; | maʒ-a-s, klein. |
| 27 | 2 | mell-in-a-t, schwärzen; | melna·s, schwarz. |
| 28 | 1 | mīr-in-a-t, Frieden machen, beruhigen; | mīria·s, Friede. |
| 29 | 1 | (g-)mulisch-in-a-t, dumm machen (Aats); | meʼlk-is, Dummkopf. |
| 30 | 1 | pil-ia-t, tröpfeln (tr.)) (könnte auch Factitiv zu pil-ē-t, tröpfeln (Intr., XII), sein). | pile, Tropfen. |
| 31 | 1 | (sa-)pulḳa-in-a-t, versammeln; | pulka·s, Haufen, Menge; |
| 32 | 1 | rasa-in-a-t, Thau machen, (= rasa·t); | rasa, Thau. |
| 33 | 1 | rubb-in-d-t, anfressen; | riba·s, Kerb. |
| 34 | 2 | sald-in-d-t, versüßen (sald-in-a-t), nach St. besondern dem Melz die Süßigkeit geben; | salda·s, süß; (cf. l-an'l-s, Malz); |
| 35 | 1 | skdid-in-a-t, Späne machen (St.); | skidin, Span. |
| 36 | 2 | skubb-in-a-t, entreiben, beeilen; | |
| 37 | 2 | smals-in-d-t, fein machen; cf. smaʼldʒ-in-a-t (St.), — smildʒ-in-t, fein regnen (B. 1011). | |
| 38 | 1 | spēr-in-a-t, kräftigen; | spēra·s, Kraft. |
| 39 | 2 | spȧsch-in-a-t, blank machen; | spȧsch, blank, glänzend. |
| 40 | 2 | stipr-in-d-t, stärken; | stipr(a)·s, stark; |
| 41 | 2 | strepp-in-a-t, stutzen, abstumpfen; | strupi·s, gestutzt, kurz. |
| 42 | ? | sun-in-a-t, bewillkommnen (B. 1860); | cf. suni·s, Freund (L.). |
| 43 | 2 | (at-)sarabb-in-a-t, befreien; | cf. swabbadia·s, frei. |
| 44 | 1 | saldr-in-a-t, Schweiß treiben; | suddri (Pl.), Schweiß. |
| 45 | 2 | sweit-in-a-t, begrüßen; | sweitka·t, gesund; |
| 46 | 2 | schmuk-schk-in-a-t, „dem Frauenvolk verliebtes vorreden" (Stend.), elg. wohl = schön thun; | |
| 47 | 1 | fild-in-a-t, Geschenke geben (B. 726); | smuka·s, schön, hübsch. |
| 48 | 87 47 | wd-d-in-a-t, lüften, weben (B. 2311); | fldia·s, Blüche, Ornament. |
| 49 | 2 | wde-in-a-t, kühlen; | udj-a·t, Wind. |
| 50 | 2 | (sp-)walt-in-a-t, befestigen, verhärten; | winta·s, kühl; alsta·s, hart, fest; |

Rechte Randspalte:
- 24: līg-in-ti, — līgnu, gleich, ähnlich.
- 30: pulk-o-ti.
- 34: saldin-ti. Im Litth. existiert auch den Prim. saldu, saldau, saldat; wozu jenes das Causativ.
- 36: skub-in-ti, — skuba·s, eilig.
- 37: smelk-in-ti (§ 120).
- 40: stipr-in-ti.
- 46: swelk-in-ti.
- 49: ade-in-ti.
- 50: bl-in-ti.

## 2. Schallnachahmende Verba.

1) *bubb-in-â-t*, wiehern, hahhhhuh machen (wie die Pferde, wenn sie Hafer witern).
2) *klabb-in-â-t*, klappern, (Factitiv zu *klabb-t*, XII), (B. 1949), litth. *klab-in-ti*.
3) *klitzchk-in-â-t*, hämmern (wie der Specht thut, B. 2255).
4) *mass-in-â-t*, flüstern.
5) *plitzchk-in-â-t*, plätschern (B. 2217).
6) *purp-in-â-t*, kullern (v. Birkhahn), cf. litth. *purpleia*, Lachtaube.
7) *rubb-in-â-t*, kullern (v. Birkhahn).
8) *skrabb-in-â-t*, rascheln (Sünd.).

9) *smaizchk-in-â-t*, schmatzen.
10) *schad-in-â-t*, schwatzen (v. d. Elster, *schagata*, N.Bartau, B. 1458).
11) *schaschk-in-â-t*, Sssn machen beim Einschläfern eines Kindes (B. 2287).
12) *schwatzi-in-â-t*, klingeln (v. Schellen, B. 2199).
13) *tranzchk-in-â-t*, klingeln.
14) *usch-in-â-t*, Usch machen (wie man die Schweine treibt).
15) *tschwsch-in-â-t* (ins Ohr) tschacheln.
16) *dschundsch-in-â-t*, klingeln (v. Schellen, B. 1960).

## 3. Factitiva (Causativa).

### a) ohne euphonisches Einschiebsel.

| # | | | | | |
|---|---|---|---|---|---|
| 1 | *dis-in-â-t*, kommen lassen, herrufen; | ? ? | | | |
| 2 | *dud-in-â-t*, groß stehen, erziehen; | *dug-t*, wachsen, | I. | *aug-in-t.* | |
| 3 | *bal-in-â-t*, bleichen; | (*bal-t*, bleich werden, | V). | | |
| 4 | *br'ja-in-â-t*, schreien machen; | *br'k-t*, schreien, | IV. | | |
| 5 | *bridd-in-â-t*, waten machen; | *br'j-t*, waten, | III. | | |
| 6 | *brazz-in-â-t*, machen, daß etwas (z. B. Haut, Haare), abgeht (Haare); | *bruk-t*, abgehn, | III. | | |
| 7 | *budd-in-â-t*, an *usid-in-â-t*, cf. naten. | | | | |
| 8 | *danz-in-â-t*, tanzen machen; | *danz-â-t*, tanzen (entlehnt), | VII. | | |
| 9 | *dar-in-â-t*, machen lassen; (cf. unten auch als Freq.) | *dar-in-t*, machen, fertigen, | XI. | | |
| 10 | *(ae-)der-in-â-t*, machen, daß einer sich verdingt, daß Streicade sich vertrage, Bräutigam und Braut mit einander verloben; | *der-â-t*, einen Vertrag machen, dingen, | IX? XII? | *der-in-ti* (Frequentativ?) | |
| 11 | *dedf-in-â-t*, in Brand setzen; | mieten, | I. | *deg-in-ti.* | |
| 12 | *dil-in-â-t*, stumpf machen; | *deg-t*, brennen, | II. V. | *del-in-u.* | |
| 13 | *didf-in-â-t*, keimen lassen; | *dil-t*, stumpf werden, | V. | *daug-in-ti.* | |
| | | *dag-t*, keimen, | | | |

| № | | | | |
|---|---|---|---|---|
| 14 | drupp-in-a-t, zerbröckeln (trans.); | drupp-t, bröckeln (intr.). | III. | duz-a-t, schwermüthig ma- |
| 15 | duss-in-a-t, ruhen lassen; | dusz-t, ruhen, | XII. | chen. — duz-ê-tt, keuchen. |
| 16 | dasz-in-á-t, donnern (B. 2377); | disk-t, brausen, | IV. | |
| 17 | íd-in-a-t, flittern; | íf-t, casen, | I. | |
| 18 | (at-)gíd-in-a-t, machen, daß einer sich erinnert; | at-gídd-a-ti-t, sich erinnern, | VI. | |
| 19 | (t/-)gass-in-a-t, verderben, umkommen lassen; | gass-t, verderben (intr.), | V. | gass-in-t. |
| 20 | (ap-)grèz-in-á-t, sündigen machen, Anlaß, Anstoß zum Sündigen geben; | grèk-á-t, sündigen, | VII. | |
| 21 | idj-in-á-t, zum Weinen bringen, verdrießlich machen; | ig-t, verdrießlich sein, | V. | jauk-in-t. |
| 22 | juzz-in-á-t, gewöhnen; | juk-t, gewohnt werden, | V. | kab-in-tt. — kabu, kab-ê-tt, haugen. |
| 23 | kab-in-a-t, hängen (trans.). (cf. B. 1858); | | | |
| 24 | katt-in-á-t, in Zorn bringen; | kau-t, hitzig werden, | V. | kais-in-tt. |
| 25 | kait-in-á-t, dürr machen; | kais-t, dürr werden, | V. | |
| 26 | kap-in-d-t (káp-in-a-t?), steigen machen (B. 1786); | kap-t, steigen, | IV. | |
| 27 | kars-in-á-t, heiß machen; | kars-t, heiß werden, | V. | |
| 28 | kask-in-á-t (kass-in-á-t?), heulen machen; | kask-t, heulen, | IV. | |
| 29 | kirs-in-á-t, zum Kreischen bringen; | kirk-t, kateln, kreischen, | IV. | |
| 30 | kibb-in-á-t, kitzeln, zörgen, eig. machen daß sich einer bewegt; | | | kib-in-tt, — kibu, kib-ê-tt, sich rühren. |
| 31 | klaudsf-in-u-t, klopfen, pochen, eig. wohl hören machen; | [klieg, wohl wie klau, Erweiterung v. √ kla. cf. klées, klaues-i (XI.) hören. | V. | |
| 32 | hlíd-in-a-t, zerstreuen, in die Irre führen; | ktif-t, irren, | V. | klaid-in-tt. |
| 33 | klupp-in-d-t, zu Fall bringen, (Schwung geben, St.), (auch Freq. strancheln, St.). | klup-t, strancheln, | III. | klup-in-tt. |
| 34 | {kap-in-a-t, / kwip-in-u-t,} räuchern; | kup-t, rauchern, | XII. | cf. kwêp-in, kwêp-tt, einen Geruch geben. |
| 35 | kupp-in-á-t, (Milch) gerinnen, käsen lassen; | kup-t, zu Käse gerinnen, | III. | kup-in-tt. |
| 36 | (pi-)kuzz-in-a-t, müde machen; | kuz-t, müde werden, | V. | |
| 37 | kuit-in-á-t, bewegen; | kui-t, sich bewegen, | XII. | kun-in-ti. |
| 38 | kuit-in-á-t, kitzeln (trans.); | kuit-t, kitzeln (intr.), | XII. | kui-in-tt. |
| 39 | kwitt-in-d-t, flimmern machen; | {kwist-t, dimmern, / rmis-t, erglänzen,} | XII. / V. | mwit-in-tt. |

| № | | | | |
|---|---|---|---|---|
| 40 | kwik-in-d-t, zum Quieken bringen; | kuik-t, quieken, | IV. | |
| 41 | laaa-in-d-t, lecken lassen, füttern (Hunde); (auch Frog., St.) | lak-t, lecken, | III. | lab-in-ti. |
| 42 | lass-in-d-t, springen machen; | lib-t, springen, | IV. | |
| 43 | lipp-in-d-t, kleben machen, kleben (tr.); | lip-t, kleben (intr.), | III. | lip-in-ti. |
| 44 | (an-)llif-in-d-t, machen, daß ein Vertrag geschlossen wird; | lip-t, gleich, einig werden, | V. | lif-in-ti. |
| | (oder Denominat.?) | | | |
| 45 | (ap-)lif-in-d-t, Zeugniß ablegen über etwas. Das Simplex lif-t, übrig lassen (und übrig bleiben in Comp.), | III. | lif-in-ti. |
| | uspr. — machen, daß etwas übrig bleibt (?): | | | |
| 46 | mit-in-d-t, nähren; | min-t, sich ernähren, | V. | mit-in-ti. |
| 47 | midf-in-d-t, in Schlaf bringen; | l-mip-t, einschlafen, | III. | mip-in-ti. |
| 48 | mudd-in-d-t, wecken; mid-in-d-t, budd-in-d-t, | mif-t, wach werden, | V. | mud-in-ti. |
| 49 | nie-in-d-t, zu nichte machen; nfe-in-d-t, bekritteln, tadeln (B. 1808); | nik-t, zu nichte geben, | V. | naik-in-ti. |
| 50 | p'ld-in-d-t, schwemmen; | pe'ld-t-t, schwimmen, | XII. | |
| 51 | pil-in-d-t, betaufeln (vielleicht auch Denomin.?); | pil-t-t, tröpfeln (intr.), | XII. | |
| 52 | plazz-in-d-t, platt schlagen; | plab-t, flach werden, | III. | |
| 53 | pludd-in-d-t (plud-in-o-t), überfischen machen; | plif-t, fluthen, | V. | |
| 54 | pluzz-in-d-t, verbreiten (trans.); | pluk-t, verbreiten (intr.), | III. | |
| 55 | (at-)put-in-d-t, machen, daß jemand sich erholt; eig. blasen machen; | at-put-ti-t, sich erholen. cf. put-t, blasen. | IV. | |
| 56 | radd-in-d-t, gerädnen; | ref-t-t, gerudert werden, eig. finden, | III. | |
| 57 | rlib-in-d-t, schwindlig machen; | rlib-t, schwindlig werden, | V. | |
| 58 | redf-in-d-t, seben machen; | redf-t-t, seben, | XII. | |
| 59 | rud-in-d-t, zum Weinen bringen; (cf. rüud-in-d-t, Messotzn, B. 1854). | rud-d-t, weinen, | X. | rund-in-ti. |
| 60 | rüp-in-d-t, betrüben, bekümmern; | rüp-d-t, sorgen, | XII. | cf. rüp-in-ti, c. Acc. der Sache, sorgen um etwas. |
| 61 | ruzz-in-d-t, einschrumpfen machen, in Falten ziehen; | ruk-t, einschrumpfen, | III. | ruuk-in-ti. |
| 62 | add-in-d-t, setzen; | zid-d-t, sitzen, | XII. | zid-in-ti. |
| 63 | slapp-in-d-t, naß machen (nicht Denomin. von slappjack, naß); | | | slap-in-ti, — sluupp, sluup-ti, naß werden. |
| 64 | slik-in-d-t, ertränken; | slik-t, ertrinken, | V. | |

| | | | | |
|---|---|---|---|---|
| 65 | smildf-in-a-t, winseln machen; | smildf-i-t, winseln, | XII. | smird-in-ti |
| 66 | smrd-in-a-t, stäuhern; | smird-i-t, sinken, | XII. | |
| 67 | spirdf-in-a-t, stärken, gesund machen; | spirg-t, stark, gesund werden, | V. | |
| 68 | steidf-in-a-t, eilen machen, beschleunigen; | steig-t, eilen, | IV. | |
| 69 | swil-in-a-t, versengen (trans.); | svil-i-t, versengen (intr.), | V. | svil-in-ti. |
| 70 | schüss-in-a-fl-s (schüss-in-a-fl-t, Harder), sich im Schlitten vom Berge herabgleiten lassen; | schüss-t, gleiten, | III. | |
| 71 | schuss-in-d-t, ärgern, böse machen; | schuss-t, böse werden, | III. | |
| 72 | fudd-in-d-t, verloren geben lassen; | fuf-t, verloren geben, | III. | |
| 73 | fwir-in-d-t, beeidigen, schwören lassen; | fwir-i-t, schwören, | XII od. IX. | |
| 74 | tapp-in-d-t, leiben (B. 1760); | cf. tap-t, gelangen? | III. | cf. liv. tapp, tapini. |
| 75 | less-in-d-t, laufen machen; | less-i-t, laufen, | XII. | teb-in-ti. |
| 76 | tiss-in-a-t, verbähren, ob nicht eig. = sagen machen? | trik-t, sagen, | IV. | |
| 77 | tris-in-d-t, zittern machen, (triss-in-d-t, tris-in-d-t); | trit-i-t, zittern, | V. | |
| 78 | tris-in-d-t, Abbruch thun; | trük-t, mangeln, | V. | |
| 79 | wardf-in-d-t, quälen, elend machen; | wirg-t, elend sein, | IV. | |
| 80 | weis-in-d-t, fördern, gelingen lassen; | weik-ti-s, gelingen, | II. | wr-in-h. |
| 81 | wir-in-d-t, kochen (trans.); | wir-i-t, kochen (intr.), | V. | |
| 82 | wiss-in-d-t (wiz-in-d-t), geschmeidig machen, hin und her schwesken (wiz-in-d-t, schwenken, B. 579. 854. 1762. 2384)\| | wik-t, geschmeidig werden, | | |
| 83 | tschabb-in-d-t, machen, dafs es rachelt (B. 1810)\| | tschabb-i-t, racheln, | XII. | |
| 84 | tschusch-in-d-t, einschlüfern (cf. fchufch-in-d t?); | tschusch-i-t, schlummern, | XII. | |
| 85 | dfiss-in-d-t, kühlen, löschen; | dfiss-t, verlöschen (intr.), | V. | gss-in-ti. |

b) mit euphonischem d ( nach Vocalen oder Liquidis).

| | | | | |
|---|---|---|---|---|
| 86 | { bai-d-in-d-t, } bange machen; { bi-d-in-d-t, } | bi-tti-s, sich fürchten, | V. | baid-in-ti. |
| 87 | bil-d-in-d-t, fragen, anreden, eig. machen dafs einer redet, antwortet; | bildi-i-t, reden, | XII. | |
| 88 | bir-d-in-d-t (bir-in-d-t), auatronen, auarinnen lassen; | (bil\|f-t, reden, bin-t, strenen, rinnen (intr.), | IV. | |
| 89 | gul-d-in-d-t, schlafen legen; | gul-i-t, liegen und schlafen, | V. | |
| 90 | ja-d-in-d-t, reiten lassen (nach Freq.); | ja-i-t, reiten, | XII. | jo-in-ti. |
| 91 | kal-d-in-d-t, schmieden lassen (nach Freq.)\| | kald-i-t, schmieden, | IV. | |

| | | | |
|---|---|---|---|
| 92 | kar-d-in-â-t (kkr-in-â-t, St.), in Vermehrung (Jahren, eig. be- gehren machen; | kâr-â-t, begehren, . . . . . | VII. |
| 93 | ll-d-in-â-t, (Erzcachen) gießen lassen (B. 1098); | ll-t, gießen, . . . . . | IV. |
| 94 | mal-d-in-a-t, mahlen machen (Livl.); . . . . . | mal-t, mahlen, . . . . | IV. |
| 95 | perd-îa-â-t, baden lassen (B. 2477), (ob nicht bloß Freq.?): | pér-t (pér-t), baden, eig. mit Ruthen schlagen, . . . | IV. |
| 96 | rém-d-in-â-t llndern, beruhigen; | rîm-t, ruhig werden, . . . | V. | ram-d-in-ti. |
| 97 | sa'l-d-in-a-t, frieren machen; . . . . | sa'l-t, frieren, . . . | V. |
| 98 | skan-d-in-a-t klingen machen; . . . | skan-é-t, klingen, . . | XII. | skamb-in-ti. |
| 99 | skri-d-in-â-t, laufen machen, (skrī-d-in-a-t): | skri-t, laufen, . . . | III. |
| 100 | skte'm-d-in-â-t, betrüben; . . . . . | sho'm-t, traurig machen, . . | V. |
| 101 | slu-dd-in-â-t, bekannt machen, eig. hören machen: | Velvmm/klu. cf. Klauri-t, hören; slau-t, Ruhm, klu-rê-t, in-clu-tu-s. | |
| 102 | smi-d-in-â-t, lachen machen, (smi-d-in-â-t, B. 2127): | smi-t, lachen, . . . . | IV. | gam-m-ti, erzeugen. |
| 103 | dfe'm-d-in-d-t, gebären, erzeugen; | dfim-t, geboren werden, . . | II. | gird-y-ti. |
| 104 | dfir-d-in-a-t, trinken; . . . . | dfir-t, trinken, . . . | IV. | gy-dim-ti. |
| 105 | dfî-d-in-â-t, heilen (tr.); . . . . . | dfî-t, heilen (intr.), . . | V. |

## 4. Frequentativa (Iterativa, Deminutiva),
(auch mit euphonischem *d*, wo es nöthig ist).

| | | | |
|---|---|---|---|
| 1 | bif-in-â-t, biesen; . . . . . | bif-î-t, biesen, . . . | XII. |
| 2 | braus-in-â-t, oft abstreichen; . . . . | braus-î-t, streichen, . . | XI. |
| 3 | dar-in-â-t, mit Geschäftigkeit etwas thun, eine Arbeit machen (Kabill.), färben (N.Bartau): | dar-î-t, thun, . . . | XI. | dar-in-ê-ti. |
| 4 | dâr-in-â-t (neben dôram-â-t), oft geben; (vielleicht nur Denom. von dawana, Gabe, mit geschwächtem a. Doch cf. Lith.) | da-t, daw-â-t, geben, . . | VI. | dar-in-ê-ti. |
| 5 | dê-d-in-â-t, oft setzen, z. B. eine Henne auf Eier, damit sie brüte, (vielleicht auch Causativ)? | dê-t, setzen, legen, . . | IV. | dê-d-in-ê-ti, hin-und-her-legen. |
| 6 | gâd-in-â-t, besorgen; . . . . . | gâd-â-t, . . . . | VI. |

| | | | |
|---|---|---|---|
| 7 | jā-d-in-ā-t (= jā-d-ei-t, IX), hin und her reiten, (auch Factit.); | IV. | jo-d-in-ā-ti. |
| 8 | kal-d-in-ā-t, hämmern, (auch Factit.); | IV. | kap-in-ē-ti. |
| 9 | kap-in-ā-t, hin und her klettern, (auch Factit.); | IV. | steigen (cf. *kāp-*ka-t), |
| 10 | kar-in-u-t (kir-in-ā-t, Autz), wiederholt anfassen, zörgen; | IV. | klaus-m-ē-ti, — klaus-, |
| 11 | klaus-in-ā-t (klausch-in-ā-t, klausch-a-ā-t, IX, Autz), wiederholt | · | (} klu? klaus-ti, hören?)   klaus-ti, fragen. |
| 12 | fragen, Erkundigung einziehen, „hinhorchen"; | IX. | klaus/-ī-t, |
| | klausj/in-ā-t, pochen, klopfen, vielleicht Freq. zu | | |
| | (oder auch facitiva Nebenform v. klausj/-ī-t). | | |
| 13 | klapp-in-ā-t, wiederholt stolpern; | III. | klap-t, stolpern,   klup-in-ē-ti. |
| 14 | knibb-in-ā-t, knibbern, klauben, zupfen; | XII. | knibb-ī-t, kulbbern,   knub-in-t-ti. |
| 15 | knusch-in-ā-t (nusch-in-ā-t, nu/ch-al-ī-t, IX), knibbern, wühlen, | | ? |
| | nicht recht arbeiten, „nuscheln" (Prov.); | | |
| 16 | kul-d-in-ā-t, wiederholt dreschen; | IV. | kul-t, dreschen,   kar-in-ti. |
| 17 | kar-in-ā-t, Feuer im Ofen machen und unterhalten; | IV. | kur-t, heizen, |
| 18 | (pt-)klaid-in-ā-t, streng einschärfen; | IV. | bu/-t, heißen, |
| 19 | { (pt-)laid-in-ā-t, biurnfügen (Lange); | IV. | lauj-t, lassen,   leid-in-ti. |
| | { lidd-in-ā-t, Act. u. Reflex. schweben; | | (pt-)lai/-t, auffegen). |
| 20 | lass-in-u-t, lecken (St.), (auch Factit.) | III. | lak-t, lecken, |
| 21 | lasar-in-u-t, hin und her schwingen, wedeln; | XI. | los-ī-t, biegen, } lauk,   cf. lang-in-ti, wedeln, schmeichelu. |
| 22 | lāp-in-ātī-s, sich „lippen", schnäbeln; | VI. | (lāp-i-ī-s, dass., v. lūpa, Lippe), |
| 23 | lapp-in-ā-t, schälen, bolstern; | III. | lup-t, dass.,   lup-in-ē-ti. |
| 24 | la/ch-in-ā-t, verzärteln (Elvers), scheint gleich dem gebräuch- | | |
| | licheren latt-in-ā-t, trotz des /ch Freq. zu sein zu | | |
| 25 | mal-d-in-ā-t (mal-in-a-t), oft mahlen (B. 1988); | IX. | latt-i-t,   Prim. mag-ti, Gefallen an et- |
| 26 | mig-in-ā-t (mid/-in-ā-t), probieren; | IV. | mal-t, mahlen,   was haben. |
| | | XII. | cf. mid/-i-t, pflegen.   mel-in-ē-ti. |
| 27 | mett-in-ā-t, wiederholt werfen, (pt-m., auschweifen); | · | ·   I. | mes-t, werfen, |
| 28 | mīl-in-ā-t, liebkosen; | IX. | mīl-ī-t, lieben, |
| 29 | mirkoch-in-ā-t (azzi-o), (mit d. Negen) plinkern; | XII. | mir'koch-ī-t, dass.,   cf. mirko-o-ti, mirkl-in-ē-ti. |
| 30 | perv-in-ā-t, brüen (Durstr) | XII. | perv-i-t, dass., |
| 31 | purr-in-ā-t (f. pur-in-a-t), schaukeln; | · | purr-i-t, schaukeln,   Prim. pur-te, pur-e-ti, schütteln. |
| 32 | putt-in-ā-t, stark wehen, „stürmen", stöbern (v. Schnee- | IV. | pūs-t, blasen,   cf. pus-in-ē-ti. |
| | gestöber); | | |

| № | | | |
|---|---|---|---|
| 33 | rak-rek-in-á-t, graben, wühlen (N.Bart.); | | III. rous-in-t-ti, viel schreiben. |
| 34 | ritt-in-á-t, kullern, rollen (tr.), und auch: sich im Kreise umherbewegen (intr.); (kann auch Factit. sein zu dem intr. ru-t). | rab-t, graben, rau-t, rollen (tr. u. intr.), | I. ri-in-t-ti. |
| 35 | rusch-in-á-t, wühlen; | | Prim. reus-u, rons-ú. |
| 36 | (t-)sitt-in-á-t, einschlagen, einwickeln (B. 543. 581); | siu-t, schlagen, | I. |
| 37 | slass-in-á-t (schlass-n-u-t), spritzen, feuchten; | slass-i-t (schlass-i-t), | XI. |
| 38 | swelt-in-á-t, zabbeln; | swelt-i-t, | VI. |
| 39 | sper-in-á-t, mit dem Fuss ausschlagen; | sper-t, treten, | IV. spir-d-in-ti, (spir-d-m-t-t?) |
| 40 | schtett-in-á-t (= schtett-in-i-t, IX), gesponnene Fäden zusammendrehen. | | |
| 41 | schä-d-in-á-t, Kleinigkeiten nähen (B. 1287); | schä-t, nähen, | III. rus-m-t-ti. |
| 42 | sibb-in-á-t (sibb-en-i-t, Anrz), blitzen; | sib-t, | III. |
| 43 | tenz-in-á-t, mit vielem Worten danken (Anrz); | cf. teik-t, sagen, pa-teik-t, danken, | IV. |
| 44 | tirp-in-á-t, Pferden das Maul reinigen; | terp-t, dass. (?) | IV. |
| 45 | tir-in-á-t (tir-d-in-u-t?) reizen (bibl.) umpr. wiederholt fragen; | cf. tir-d-t, VI., auch schon ein Freq. cf. d. Caus. tir-d-t-t | |
| 46 | urb-in-á-t, bohren, (= u'rb-u-t-t, IX); | u'rb-t, bohren, | IV. |
| 47 | wair-in-á-t, wiederholt fragen; | wair-á-t, fragen, | VI. |
| 48 | (se-)waldf-in-á-t, fesseln; | (se-)walg-á-t, dass., | VI. |
| 49 | wasch-in-á-t, im Schlitten fahren, (nicht Denom. v. waschw-s, Schlitten); | | IV. wai-in-t-ti, Freq. zu wai-o-t, fahren (intr.). |
| 50 | wi-d-in-á-t, flechten (LivL); | wi-t, flechten, | IV. |
| 51 | wil-in-á-t, locken, verführen; | wil-t, tragen, | IV. |
| 52 | wilz-in-á-t, aufschieben, hinziehen; | wilk-t, ziehen, | II. |
| 53 | wir-in-á-t, auf und zu machen (z. B. eine Thür); | wer-t, wenden, | IV. wai-in-t-ti, wai-ti. |
| 54 | wi-in-á-t, umherfahren, spazieren fahren (tr.); | y'waf = y'wad, | IV. |
| 55 | zil-in-á-t, oft beben (B. 1889), (= zil-á-t f. zil-n-at); | ze'l-t, heben, | IV. Primit. wach, |
| 56 | tschupp-in-á-t, grabbeln, tasten (St.); (cf. Freq. tscham-d-u-t, XI). | kump-t, greifen, | IV. Prim. czop-ti. |

## Eilfte Classe.

§. 276.  Die Classe XI. steht in der Mitte zwischen Gruppe A, besonders Cl. I. u. II., und Gruppe B, besonders Cl. VIII., sofern sie das Praesens mittelst -ă-, Praeter. dagegen und Iufin. mittelst -ija-, -i- bildet.  Diese Bildungssuffixa treten oft unmittelbar an die Wurzelsylbe, oft wird dazwischen ein euphonisches d oder st eingeschoben.  So ist der Typus der drei Hauptformen:

$$\begin{matrix}(-d-)\\(-st-)\end{matrix}\Big\{-u, \quad \begin{matrix}(-d-)\\(-st-)\end{matrix}\Big\{-ij-u, \quad \begin{matrix}(-d-)\\(-st-)\end{matrix}\Big\{-i-t.$$

Im Litthauischen entsprechen nach Form und Bedeutung die Verba auf -a-u, -ja-u, -y-ti, bei Schleicher (litth. Gr. §. 67) Abtheilung 2. von Cl. VI., wo gleicherweise die euphonischen Einschiebsel d oder st sich finden.  Der Bedeutung nach zerfallen die Verba Cl. XI. in zwei Abtheilungen: 1) Frequentativa, 2) Causativa.

1. Frequentativa (Iterativa, Durativa, Intensiva), welche in dieser Classe mit besonderer Vorliebe und zahlreicher als in anderen Classen erscheinen.  Wie in Cl. VI. kommt es auch hier vor, daſs Frequentativformen doch scheinbar keine Frequentativbedeutung haben.  Das geschieht, wo das Primitivum nicht mehr existiert oder vielleicht nie existiert hat, und wo schon in dem primitiven Begriff der Handlung eine gewisse Frequenz oder Intensität liegt, cf. add-i-t, stricken, dar-i-t, thun, käis-i-t, streuen, sut-i-t, senden, sazz-i-t, sagen, u. s. w.

Die Wurzelvocale i und u haben hier in der Regel die Steigerung zu ai und au erfahren, u in einigen Fällen auch zu ú, seltener zu û, cf. ráis-i-t, binden, √ ris, cf ris-t, binden, I; láup-i-t, schälen, √ lup, cf. lup-t, III; súl-i-t, √ sul? stūm-i-ti-s, stottern, √ stum, cf. stum-t, stoſsen, IV; fûd-i-tl-s, sich härmen, √ fud, cf. fut-t, verloren gehen.  Ist a urspr. in der Wurzel gewesen, so bleibt es, cf. wa'ld-i-t, herrschen, √ wald, kass-i-t, kratzen, √ kas, oder es kehrt wieder, wo es in den entsprechenden Primitiven zu i (e) geschwächt gewesen sein sollte.  Auch hier liegt so zu sagen eine Steigerung in der Aufhebung der geschehenen Schwächung, cf. √ wad, wef-t, führen, Freq. wadd-i-t; √ gan, dfi-t, treiben, gan-i-t, hüten (das Vieh hin und her treiben); √ krat, kris-t, fallen, krés-t, fällen; kratt-i-t, schütteln.  Ausnahmen von diesem Gesetz giebt es nicht viele; nur schein-

bare Ausnahme ist es, wenn *u̇*, *ŏ* für älteres *an* oder *u̇* für
älteres *un* sich findet, cf. *kûd-i-t*, beißen, *grôf-i-t*, wenden, *lûs-i-t*,
biegen, *sût-i-t*, schicken, wo, wenn nicht das Lettische, doch
das Litthauische die Stämme *kand-*, *granf-*, *lunk-*, *sunt-*, nachweist. Der Vocal *e* findet sich nur in der Wurzelsylbe von
*bedd-i-t*, graben, und *mêd-i-t*, spotten, *i* nur in *tit-i-t*, necken,
welches letztere aber besser zu den Denominativis zu rechnen
ist (cf. *tisch-ŭ-t*, VII), da neben der 3. P. S. Praes. *tit-a* auch
*tit-i* vorkommt. Zwischen *plôs-i-t*, reißen, und √*plas* (= √*plat?*),
cf. *plês-t*, IV. ist wahrscheinlich das litth. *ŏ* = lett. *â* das Mittelglied. Absonderlich steht *mur-i-t*, zu Tode quälen, da, wo *mur*
durch den Einfluß des *m* (§. 118—121) aus √*mar* sich verdumpft hat, cf. *mir-t*, sterben, litth. Factit. *mar-in-ti*. — Wo die
Frequentativa dieser Classe ein euphonisches *st* einschieben,
unterbleibt die Steigerung öfter, wie es scheint in Folge der
eintretenden Position, *dur-st-i-t*, stechen, *kur-st-i-t*, heizen, *kul-
st-i-t*, schlagen, (Flachs) schwingen, denn, wo vor dem *st* kein
radicaler Consonant mehr existiert, fehlt die Steigerung selten,
cf. *glan(d)-sti-t*, streicheln, *krau-st-i-t*, packen, fleihen, *krûst-i-t*,
schmänden; übrigens cf. *snâig-sti-t*, schlenkern, und *wi-st-i-t*,
flechten, *ti-st-i-t*, wickeln.

Die Bildungen mit *st* scheinen ausschließlich Frequentativa zu sein.

2. **Factitiva**, (Causativa), in verhältnißmäßig geringer
Anzahl, umfassen den größeren Theil der Bildungen mit dem
euphonischen *d* (wie im Litth.), und beschränken sich beinahe
auf diese. Vocalsteigerung kommt hier nur ausnahmsweise
vor (wie im Litth.), namentlich weit seltner, als bei den Frequentativis dieser Classe (Schleicher litth. Gr. P. 158).

# Catalog der Verba eilfter Classe.

## 1. Frequentativa (Iterativa, Durativa, Intensiva).

### a) ohne euphonische Einschiebsel.

§. 277.

| | | | |
|---|---|---|---|
| 1 | add-i-t, stricken; | . | add-g-ti, VI. |
| 2 | badd-i-t, stechen, stossen; | IV. | bad-g-ti, VI. |
| 3 | bafch-i-tt-s (= baf-i-tt-s), sich umherstossen ("bauen" L.); | IV. | |
| 4 | baud-i-t, versuchen, (kosten, prüfen, heimsuchen); | IV. | baudz-e, baus-ti, baud-s, baud-ē-ti, } züchtigen, baud-s-s, band-g-ti, vermachen, ♂ zu Grunde an liegen scheint. |
| 5 | bedd-i-t, graben (Livl.); | wo das au dem au, wie sonst dem ü, (Har-bef-t (L.). — Part. Praet. bedd-i-s der), graben, cf. bed-re, Grube, √bruk, braut-t, fahren, | bef-s, bed-z-ti? |
| 6 | brass-i-t, Praes. braus-s, streifen, streichen; | IV. | brauk-g-ti, VI. |
| 7 | darf-i-t, thun, machen; | IV. | darp-g-ti, VI. |
| 8 | dauf-i-t, oft, hart schlagen; ze-d., zertrümmern; | √dauf, — dauf-t, zertrümmern, | |
| 9 | gaid-i-t, warten, Sehnsucht, Verlangen haben; | | geid-ma-ti, Frequent. zu geid-e, geis-ti, verlangen. |
| 10 | gain-i-t, verfolgen (L.), (√gin = √gun), cf. gaino-t, VI.; dji-t, treiben, | II. | gar-g-ti, VI. |
| 11 | gan-i-t, (Vieh) hüten, eig. hin und her treiben; | | |
| 12 | gān-i-t, beschmutzen, schmähen; | | cf. slav. гнѫ, Mist. |
| 13 | gnauf-i-t, knittern; | gnauf-t, dass. IV. | gnau-g-ti, VI. |
| 14 | graif-i-t, schnitzen; grif-i-t, schneiden, | IV. | |
| 15 | grass-i-tl-t, "prauzeln" (St.), Act = drehen; | | graus-g-ti, VI, warnen, cf. grau-ti, V., Ekel empfinden? |
| 16 | grōf-i-t, kehren, wenden, drehen; grōf-t, dass. | IV. | graiz-g-ti, VI. |
| 17 | grūd-i-t, stampfen (L.); grūf-t, stossen, | IV. | |
| 18 | gumf-i-t, krümmen, Rad. sich krümmen, (würgen, erbrechen); √gus/, cf. gu/u, Kropf, Buckel (cf. lud mani gumf-i-s so uri dusche, — Hochzeitslied). | | |
| 19 | kāid-i-t, stossen; | | cf. liv. kaus. |
| 20 | kārn-i-t, auskehren, säubern (Fische); | | |
| 21 | kārp-i-t, scharren; . . . ob von demselben √ mit cārp-t, scheeren, | II? | cf. karp-g-ti, VI, Frequent. zu karp-ti, scheeren. |

| No. | | | | |
|---|---|---|---|---|
| 22 | kass-i-t, kratzen; | | | kas-y-ti, VI, Freq. zu kas, kas-ti, scharren, graben. |
| 23 | bleid-i-t, sich umhertreiben; | | V. | cf. blaid-o-ti. |
| 24 | klan-i-tis, sich verneigen, vielleicht mit erweiterter Wurzel (cf. alsdann mai-n-i-t und mi-t, tauschen). | √klan =√klón: cf. kló-t, ausbreiten, IV? | | klón-o-ti. |
| 25 | klaus-i-t, hören, horchen; | √klus =√kłu, klú-so, | IV. | klaus-y-ti, VI. |
| 26 | knaip-i-t, kneifen, (knaib-i-t); | knip-t, = knib-t, dass. | IV. | gnaib-y-ti, VI. |
| 27 | kratt-i-t, schütteln, damit etwas herunter falle; | krói-t, beißen, | IV. | krot-y-ti, VI. |
| 28 | (pł-)kűd-i-t, streng annavern (St.), = płkűd-in-d-t; (das Praes. płkűd-u dürfte schwerlich vorkommen). | kaj-t, beißen, | | |
| 29 | laif-i-t, lecken; | √lij, | | laid-g-ti, VI, Freq. zu lizu, liź-ti. |
| 30 | lait-i-t (láit-i-t?), z. B. wéderu, den Bauch abstreichen; | √lit? | | lit-ī-t, beunruhigen, reizen, ermatten, Prim. liczu, liź-ti. |
| 31 | lass-i-t, lesen, auflesen; | √lap-t, schälen, | III. | las-y-ti, VI. |
| 32 | láup-i-t, schälen, rauben; | láuf-t, dass. | IV. | laub-y-ti, VI. |
| 33 | lduf-i-t, brechen (Praes. lóu/u, kommt schwerlich vor); | | IV. | |
| 34 | lút-i-t, beugen, (Praes. lúbu, -ki, 2. P. Pl. -ki-t); | √lenk, lík-t = lénk-t, | IV. | |
| 35 | mid-i-t, fühle, Stangen einstecken (t. smáig-i-t); | cf. smig-sté, smáigsti)-s, Stange; | | smaigc v, smaigic, smaig-ti. |
| 36 | mai-n-i-t, tauschen, (cf. kla-n-i-t-s); | √mai, √mi, mi-t, | IV. | mán-g-ti, VI. — min-s, min-ti, erraiben. |
| 37 | men-i-t, denken, merken; | √man, cf. min-i-t. gedenken, | XII. | |
| 38 | matt-i-t, empfinden; | mas-t, dass. | | mat-g-ti, VI., sehen. |
| 39 | míd-i-t, nachlassen; | míd-t, dass. | | meg-di-o-ti, — med-mi, med-t-ti. |
| 40 | mśt-i-t, quälen, Praes. móxu; | | | mucz-g-ti (s durch m aus s verdumpft). |
| 41 | míd-i-t (mudd-i-t), wecken, cf. mif-i-t, IV, dürfte besser als Denominativ f. mídr-i-t (mudr-i-t), Cl. VIII., angesehen werden; | Praes. mudd-j-u, schwerlich: mid-s. √mdk | IV. | |
| 42 | país-i-t, Flach schwingen oder brechen; | | | |
| 43 | paif-i-t, stürmen, überschwemmen (St.); | (= péis-t-(? B. 3845). | A. | (cf.pauş-ti(VI), die Spitzen der Gerstenkörner abstampfen?) llr. pais. |
| 44 | plāt-i-t (pláu-i-t?), bersten, platzen, √plas; | plá-t, dass. | IV. | |
| 45 | plāt-i-t (plāt-i-t, plāt-i-t), breit machen; | √plat, plát-i-t, dass. | IV. | |
| 46 | plōt-i-t, zerren, reißen (tr.); | √plat, plái-i-t, dass. | | |
| 47 | praш-i-t, fragen, fordern; | | VI. | praus-ti, VI. |

| | | | |
|---|---|---|---|
| 48 | radd-í-t, schaffen, (gebären); . . . . . | cf. radd-iba, Niederkunft, lith. rad- gna-s (Pl.). | . | |
| | (ob mit raf-t, finden, verwandt?) | | | |
| 49 | raia-t-t, binden, (nicht „reissen" Stand.); | rii-t, dass. | I. | rama-g-ti, VI. |
| 50 | ra'at-í-t, scheiden, kerben, quer durchhauen; | . | . | ram-g-ti, VI. — rescan, rçn-ti. |
| 51 | rāss-í-t, Saatfurchen ziehen (Kaisman); . | (cf. rash-t, falten, | IV). | |
| 52 | ravef-í-t, Praes. ravg-a, schauen, (√ rag, wie es scheint = √ rag; | ref-í-t, sehen, | XII. | cf. reg-ti. |
| 53 | sazz-(í-t, sagen, Praes. sazb-a; . . . . | . | . | sak-g-ti, VI. |
| 54 | | √ sbi, | III. | skait-g-ti, VI. |
| 55 | skait-(í-t, zählen; . . . . . . | | | |
| 56 | skatt-í-t, schauen; . . . . . . | cf. skbio-t, meinen, | | |
| 57 | skāt-í-dt-í-t, sich schubben (L.); . . . | skno-t, schaben, | III. | |
| 58 | slass-í-t, Praes. slaub-a, wischen, fegen; | √ sluk, slaub-t, melken, | IV. | |
| 59 | slass-í-t, schlaus-í-t, Praes. schlaub-a, Wasser sprengen, (cf. | (cf. intr. schlub-t, gleitschen, | III). | |
| | slabb-o-t, schläg-a-t, VI).) | schläb-t, dass. | IV. | |
| 60 | slāf-í-t, Praes. släg-a, beschweren, niederdrücken; | . | . | slog-o-ti, Freq. zu slegis, slegis. |
| | die Nebenform släsf-í-t, Praes. släsf-/-çs, ist Denom. (VIII) von | | | |
| | slēgis-s, Last. | | | |
| 61 | spdid-í-t, wiederholt drücken; . . . | spl-t, drücken, | IV. | spand-g-ti, VI. |
| 62 | sprāsd-í-t, zwischenklemmen, (Praes. wohl ungebräuchlich); | sprāsf-t, dass. | IV. | |
| 63 | stdip-í-t, dehnen, strecken; . . . . | stip-t, dass. | IV. | tamp-g-ti, VI. |
| 64 | stdm-í-tt-s, stottern (stdm-ot-í-tt-s); . . | stam-t, stossen. | IV. | |
| 65 | sdt-í-t, schicken, senden; . . . . | . | . | Prim. sunte, sun-ti. |
| 66 | sūl-í-t, versprechen, bieten; . . . . | . | . | sul-g-ti, VI. |
| 67 | svdid-í-t, hin und her werfen; . . . | svif-t, werfen, | IV. | |
| 68 | schdub-í-t (schtib-í-t), zum Wackeln bringen; | (cf. schtib-t, schlaf neigen, | IV). | Pott vergleicht svb-o-ti sva ent-o-ti, schaukeln, Freq. zu svp-ti. |
| 69 | schdut-í-t, geisseln, schlappen; . . . | schdau-t, dass. | IV. | |
| 70 | tata-í-t, machen, etc. zurecht machen; . | tit-t, gerade machen, bessern, | IV. | tring-g-ti, VI., zurecht machen. |
| 71 | tasp-í-t, schonen, sparen, (oder Factitiv?) . | (√ tap? cf. tapp-í-t, hocken, | XII). | |
| 72 | trdip-í-t, tröpfeln (tr.); . . . . | trip-t, dass. | IV. | |
| 73 | wadd-í-t, geleiten, führen; . . . . | √ wad, wef-í-t, führen, | L. | wadí-o-ti, |
| 74 | wdld-í-t, herrschen, regieren; . . . | . | . | wald-g-ti, VI. — veld-u, veld ē-ti. |
| 75 | wārt-í-t, hin und her wälzen, (wbrt-í-t); . | √ wart, wbrs-t, wenden, | IV. | cf. vercas, vert-ti. |

Es könnte auch sur die Wurzel sein, und dann wäre t euphonisches Einschiebsel, cf. vas-at-í-t.

### b) mit euphonischem Einschiebsel, α) -d-.

| Nr. | | | | | |
|---|---|---|---|---|---|
| 75 | já-d-i-t, hin und her oder stark reiten; (Praes. já-d-ju?? Stend.). | . . . . . . | já-t, reiten, | . . . . . . . | IV. | je-d-y-ti, VI. |
| 76 | kid-d-i-t-s, allmälig wohin kommen; | . . . | kid-t, werden, gelangen, | . . . | V. | kis-t-g-ti, hangen bleiben. min-t-g-ti, VI. |
| 77 | mi-d-i-t, treten; | | mai-t, dass. | . . . . | I. | |
| 78 | plan-d-i-t, breit machen, Red. dch bmem, — wallen (von Gewändern) (B. 684. 1338. 1886.); | | √ plan = √ pla, cf. √ plat, | . . . | | (cf. √ kla — klau-it-s). |
| 79 | skal-d-i-t, spalten; | . . . | schkel'-t, dass. | . . . | IV. | skal-d-y-ti, VI. |
| 80 | skrai-d-i-t, hin und her laufen; | . . | abri-t, laufen, | . . . | III. | |
| 81 | smii-d-i-t, lächeln; | . . . . | smi-t, lachen, | . . . . | IV. | |
| 82 | spárd-i-t (spár-d-i-t), mit den Füssen schlagen; (»spertain« Prov.); | | spe'r-t, dass. | . . . | IV. | spar-d-y-ti, VI. |
| 88 | splau-d-i-t, speien; | . . . . | splau-t, dass. | . . . | III. | spjau-d-y-ti, VI. |
| 84 | std-d-i-t, pflanzen, stellen, (— sta-tt-i-t); | | sta-t, stellen, | . . . | IV. | |
| 85 | stum-d-i-t, hin und her stossen; | . . | stum-t, stossen, | . . . | IV. | stum-d-y-ti, VI. |
| 86 | schau-d-i-t, oft schiessen; | . . . | schau-t, schiessen, | . . | III. | sau-d-y-ti, VI. |
| 87 | tram-d-i-t, durch Trampeln scheuchen (cf. tram-d-i-t, IX.. B. 1441); | | tram-t, dass. | . . . | IV. | |
| 88 | tscham-d-i-t, (tscham-d-i-t, Stend.), tauten, greifen; | | kmp-t, fassen, greifen; | . . | IV. | cf. czep-ti. |

### γ) -t- (vereinzelt).

| | | | | | |
|---|---|---|---|---|---|
| 89 | mal-t-i-t, anhaltend mahlen; | . . . . . | mal-t, mahlen, | . . . . | IV. | |
| 90 | sta-tt-i-t, stellen, (nach Stend. Praes. sta-tt-iju?); (cf. std-d-i-t). | | sta-t, stellen, | . . . | IV. | sta-t-y-ti, VI. (cf. Schl. lith. Gr. P. 168. Anmerk.) |

Vielleicht gehört hierher auch das schon oben erwähnte war-i-t-t, wenn √ war vor und nicht √ wart zu Grunde liegt, cf. wer-t, wenden.

### γ) -t-.

| | |
|---|---|
| 91 | bak-st-i-t (od. eig. bag-st-i-t) f. bad-st-i-t, »stäkern« (Prov.), √bad, cf. badd-i-t. wiederholt stechen (§. 98) Nebenform bik-st-i-t (B. 1878). |
| 92 | bal'-st-i-t, stützen; nicht √ bal'-tü-ju-s, Stütze, weil dann d. Praes. nach Cl. VIII. ba'ist-ija lauten müsste, √bal. |
| 93 | bar-st-i-t, streuen; √bar, ber-t, dass. |
| 94 | bik-st-i-t, Act. u. Red. umherstreichen (? Stend.), richtiger wohl big-st-i-t zu schreiben, und dann wohl urspr. = erschrecken, instr. (Red. big-st-i-t-s, dass. N.Bart.), Freq. oder Intens. zu lütb. bugztu, bug-ti, erschrecken. |

| № | | | | |
|---|---|---|---|---|
| 95 | dé-st-i-t, pflanzen; | dé-t, setzen, legen, | IV. | dur-st-y-û, VI. |
| 96 | dur-st-i-t, staken, stochen; | dur-t, stechen, | IV. | glaust-û, VI. — glaus-ti, Adj. |
| 97 | glaust-i-t f. glaud-st-i-t, (gláust-î-t), streicheln; | glauž-t, √ glud, | IV. | glohu, glatt. |
| 98 | grâb-st-i-t, oft greifen; | grãb-t, greifen, | IV. | grub-st-y-û, VI. |
| 99 | gû-st-i-t, haschen, jagen; | gû-t, das. | III. | gun-d-y-û, VI. |
| 100 | kamp-st-i-t, oft greifen; | kamp-t, das. | IV. | |
| 101 | { klau-st-i-t, stecken, hängen bleiben (klau-?); { kâu-st-i-it-s, } Nebenformen des vorhergehenden; | klau-st-s (klau?); √ klu. | IV. | |
| 102 | knak-st-i-t, unzüchtige Griffe thun (L.); | kri-t, das. | III. | Cf. knary-û, VI, wühlen, — knū-ti. |
| 103 | krâi-st-i-t, schmänden; | kri'm-t, das. | II. | kromt-y-û, VI. |
| 104 | krâm-st-i-t, f. krâust-i-t, nagen (Intense. Durst); | √ kru, krãu-t, das. | IV. | krau-st-y-û, VI. |
| 105 | kras-st-i-t, packen, feiben; | kul-t, dreschen, schlagen, | IV. | |
| 106 | kul-st-i-t, hart schlagen, schwingen (Flache); | ker-t, beißen, | IV. | ker-st-y-û, VI. |
| 107 | ker-st-i-t, scharf einheizen, "einhacheln", das Feuer schüren; | li-t, gießen, | IV. | lái-st-y-û, VI. |
| 108 | lái-st-i-t, wiederholt gießen; | lik-t, springen, | IV. | lak-st-y-û, VI. |
| 109 | lak-st-i-t, hin und her springen (lak-st-î-t, VII. B. 1716), hin und her fliegen; | | IV. | |
| 110 | mõ-st-i-t, "mit der Sprache nicht heraus wollen" (Stend.), wahrscheinlich urspr. = durch Zeichen zu verstehen geben; | | III? | Prim. mojis, mo-ti, winken. |
| 111 | rak-st-i-t, schreiben, (urspr. eingraben?); | rak-t, graben, | IV. | rau-y-û, VI. |
| 112 | râu-st-i-t, zerren; | rãu-t, zieben, reißen, | IV. | |
| 113 | ri-st-i-t, hastig schlingen; | ri-t, schlucken, | IV. | |
| 114 | sâi-st-i-t, fest binden, mehrfach fesseln; | sî-t, binden, | III. | |
| 115 | skap-st-i-t, befeuchten; | ? | | |
| 116 | skrab-st-i-t, schaben, böhlen; | skrab-t, das. | | |
| 117 | skrõst-i-t f. skrõd-st-i-t, kerben; | | I. | strod-y-û, schnitzen, — skrudis, skrus-ti. |
| 118 | s-kup-st-i-t, küssen (nach Stend. u. Hesselb. Praes. skip-stijs; nach Cf. VII?); wahrscheinlich von √ kup, mit euphonischem s im Anlaut, wenn dieses nicht präfigiertes Reflexivpronom. ist, das bei dem Begriff des Küssens stets Sinn hätte; oft: s-kip-st-i-t-s, dessen eigentliche Bedeutung also: wiederholt einander berühren — wäre. Freq. zu kup-t, zusammengeben, gerinnen, III. (Cf. kûp-t, rauchen). | | | |
| 119 | slap-st-i-tl-s, sich verstecken, Schlupfwinkel suchen; | slãp-t, verbergen, | IV. | |
| 120 | snãig-st-i-t, hin und der reichen, schlenkern, wie die Pferde mit den Köpfen thun gegen die Fliegen; | snãig-t, reichen, | IV. | |

| № | | | |
|---|---|---|---|
| 121 | *splk-st-i-t*, trotzen (L.), (f. *spk-st-i-t*, cf. *bag-st-i-t*); | *spk-i-t*, | IX. |
| 122 | *sla-st-i-t*, erzählen; scheint Freq. zu | *sti-i-t*, stellen, | IV. |
| 123 | *sto-st-i-ti-s*, stottern, minder wahrscheinlich Freq. zu *sti-ti-t*, stehen bleiben, als zu | | IV. |
| | cf. *stim-t-ti-t*, *stum-st-ti-t*. | | |
| 124 | *swårp-st-i-t* (eig. *swårb-st-i-t*), bohren; | *stum-ti-t*, sich stossen, | IV. |
| | | | *skwarb-g-ti*, VI. Freq. *swåwarb-ju*, *skwarb-st-g-ti*, durchlöchern. |
| 125 | *schlak-st-i-t* (*schlag-st-i-t*), wiederholt Wasser spengen; | *schlåk-i-t*, sprengen, | IV. |
| 126 | *schaurg-st-i-t*, schnurgeln (intr.); | *schaurg-i-t*, dass. | IV. |
| 127 | *tåd-t-t* f. *tåd-st-i-t*, schälen; | *tåd-i-t*, dass. | IV. |
| 128 | *tau-st-i-t*, tasten; (cf. die andere Freq.form: *tau-j-s-i-t*, VI). | | |
| 129 | *ti-st-i-t*, wickeln; | *ti-t*, winden, | I. |
| 130 | *twar-st-i-t* (*twor-st-i-t*), greifen, haschen; | *twer-t*, ((*twir-t*), dass. | IV. |
| 131 | *sg-st-i-t* und *sst-i-t* f. *sd-st-i-t*, schnuffeln, spüren; | *sf-i-t*, riechen (tr.), | IV. |
| | (cf. *bag-st-i-t* für den Uebergang des *d* in *g*). | | |
| 132 | *wa'l-st-i-t*, hin und her wälzen, (mit euphonischem *s* oder prosteriertem Reflex. pron.?); | *wa'l-st*, wälzen, *waal'-st-i-t*, | IV. |
| 133 | *wårs-t-i-t* (*wårs-t-i-t*), hin und her wenden; | *V war*, *wårs-t* (*wårs-t*), wenden, | IV. |
| | (cf. *wart-i-t*, *wårt-i-t*). | | |
| 134 | *wi-st-i-t*, flechten, wickeln; | *wi-t*, winden, | IV. |
| | | | *wy-st-g-ti*, VI. |

## 2. Factitiva (Causativa).

### a) ohne euphonisches Einschiebsel, (selten).

| № | | | |
|---|---|---|---|
| 1 | *maiss-i-t*, durcheinander rühren, mischen; | *mis-t*, sich mischen, | V. *maiss-g-ti*, VI. |
| 2 | *mås-i-t*, lehren, (Praes. *måz-u*); | *måk-u*, *måz-i-t*, können, verstehen, | XII. *moku*, *mok-g-ti*. |
| 3 | *mur-i-t*, zu Tode quälen, (Praes. richtet sich trotz der Causat. bedeutung nach Cl. VIII. *mur-ju*); | *V mar*, *mir-t*, sterben | V. |
| 4 | *råd-i-t*, zeigen; scheint Factit zu sein zu | *ra-t*, finden, *j'ra-t*, | III. *trad-g-ti*, VI. |
| 5 | *fsd-i-t*, säugen; | *sf-t*, saugen, | IV. *sud-g-ti*, VI, umbringen. |
| 6 | *fåd-i-ti-s* (*fåd-i-ti-s*, Kabillen), sich härmen; | *fuf-t*, verlieren gehen, | III. |
| 7 | *wår-i-t*, kochen (trans.); | *wir-t*, kochen (intr.), | II. |

### b) mit eingeschobenem euphonischem d, (ci).

| № | | | |
|---|---|---|---|
| 8 | { *ar-d-i-t* (*ar-d-i-t*), { *ir-d-i-t* (*ir-d-i-t*, B. 2620), } reffeln (tr.); } reffeln (intr.); | *V ar*, *ir-t*, reffeln (intr.), | V. *ar-d-g-ti*, VI. |

| Nr. | | Primitiv | Cl. | Derivat |
|---|---|---|---|---|
| 9 | { bai-d-i-t, scheuchen, in Furcht setzen; / bi-d-i-t (bi-d-i-t), (rücken, schieben, L.), in Furcht setzen; } Livl., B. 2621. | √öi, bi-ti-t, sich fürchten, | V. | |
| 10 | bir-d-i-t, streuen, machen, daß etwas abfällt; (Praes. auch bir-d-iju nach Cl. VIII). | bir-t, riesen, abfallen, | V. | |
| 11 | di-d-i-t, tanzen machen, tanzen lehren; (Praes. auch di-d-iju nach Cl. VIII., Hard., Hesselb.). | di-t, tanzen, | IV. | |
| 12 | gran-d-i-t, poltern (Schallwort). | | | |
| 13 | gu'l-d-i-t, schlafen legen, beitigen; | gal-t, schlafen, (cf. gu'l-t, tr. und intr. | XII. IV). | guld-ç-ti, VI. |
| 14 | gum-d-i-t, anreizen, in Versuchung führen (Autz), cf. hû-d-i-t. | | | gum-d-ç-ti, VI. |
| 15 | kal-d (-t, schmieden lassen; | kal-t, schmieden, | IV. | |
| 16 | kâ-d-i-t, antreiben, reizen, wahrscheinlich für kum-d-i-t, zu gum-d-i-t. Cf. oben. | | | |
| 17 | pil-d-i-t, füllen; | pil-t, voll werden, | V. | pil-ti-ti, VI. |
| 18 | ri-d-i-t, hetzen (Praes. auch ri-d-iju, nach Cl. VIII); | r-t, bellen, beißen, | IV. | zil-t-ç-ti, VI. |
| 19 | sil-d-i-t, wärmen; | sil-t, warm werden, | IV. | su-d-ç-ti, VI. |
| 20 | schä-d-i-t, mähen lassen; | achä-t, mähen, | III. | |
| 21 | tir-d-i-t, fragen, forschen, (cf. tir-i-t, tir-i-d-i-t); | | | tar-d-ç-ti, VI. Fact. zu tirm, tir-ti, erfahren. gir-d-ç-ti, VI. |
| 22 | d/ir-d-i-t, trinken; | d/ėr-t, trinken, | IV. | |
| 23 | Nur vereinzelt kommt das Einschiebsel t oder st vor. skäi/t-i-t f. skäid-i-t oder skäid-st-i-t, schön machen (Praes. auch skäi/t-iju nach Cl. VIII); | cf. skäi/t(a)-t, schön, f. skäid-t(a)-t, | | Prim. skuiss, skuis-ti. |

Nur ganz ausnahmsweise finden sich in Cl. XI einige Denominative, oder wenigstens Verb, die Denomin. zu sein scheinen, z. B.:

| Nr. | | | | |
|---|---|---|---|---|
| 1 | dal-i-t, theilen; | dola, Theil; | | dai-ç-ti, X. |
| 2 | gadd-(-it-a, sich ereignen, zutreffen; | | | gadч-ti-t, X. von gadч-t, Vereinigung, Uebereinkunft |
| 3 | lảp-i-t, flicken; | Llảp(a)-t, Flick; | | lop-ti, X und VI. |
| 4 | mân-i-t, gaukeln; äp-m-, bethören; | mâni (Pl.), Gaukelwerk, Zauberwerk; | | mom-ti, X |
| 5 | roid-i-t, senden; | ruidч-t, bereit, fertig (Essen). | | |
| 6 | schläup-st-i-t, abschrägen; | schlamp(a)-t, schräge; | | |

Unklar ist, zu welcher Abtheilung der Cl XI gehören:

| Nr. | | | | |
|---|---|---|---|---|
| 7 | mēl-d-i-t, irren, fehlen; | ½mal, cf. meli, Lügen; | | |
| 8 | walb-i-t, (d. Augen) verdrehen (nach Stender Praes.: walb-iju, VIII). | | | cf. mē'l-d-t-t, XII. |

Eine Anzahl der bereits namhaft gemachten Verba schwanken in der Praesensbildung nach Cl. VIII. hinüber, wie wir bei
Cl. VIII. den umgekehrten Fall beobachtet haben. Als solche
sind namentlich zu erwähnen:

    (1, a) *slass-t-t*, (*schlass-i-t*), Wasser sprengen;
          *swáid-i-t*, oft werfen;

    (1, b) *já-d-i-t*, hin und her reiten;
          *s-kúp-st-t-t*, küssen;

    (2, a) *mur-i-t*, zu Tode quälen;
          (*fid-i-t*, säugen, sofern nach Stend. davon d. Partic.
            Praes. Pass. *fifcham-s = fid-ijam(a)-s* vorkommt);

    (2, b) *bir-d-i-t*, streuen;
          *dl-d-i-t*, tanzen machen;
          *ri-d-i-t*, hetzen.


## Zwölfte Classe.

(Praes. -*o*-, Praet. -*ija*-, Infin. -*t*-; Schl. litth. Cl. I, 2. IV, 2).

§. 278. Die Cl. XII. steht in der Mitte zwischen Cl. I.,
II., IV (Gruppe A) einerseits und Cl. IX (Gruppe B) andererseits, sofern sie das Praesens mittelst -*a*- (Cl. I. II.) oder -*ja*-
(Cl. IV), das Praeterit. aber und den Infinitiv mittelst -*éja*-, -*é*-
(Cl. IX) bildet. Der Typus der Hauptformen ist also: -*u*, -*éj-u*,
-*é-t*. Von Einschiebseln zwischen Wurzelsylbe und Suffix kommt
in wenigen Fällen höchstens -*d*- vor. Namentlich in dieser
Classe finden sich neben sogenannten derivierten Verben auch
eine große Anzahl solcher, die sich füglich als primitiv ansehen
lassen, entsprechend denjenigen litth. Verben, die nach Schleicher
in Cl. I, 2 und IV, 2 den Stamm im Inf. (und Praeterit.) durch
*e* erweitern: -*u*, -*éja-u*, -*é-ti*; -*iu*, -*éia-u*, -*é-ti*. Die Verba dieser
Classe sind:

    1. Primitiva (fast durchweg) intransitiva; primitiv je-
doch immer nur in relativem Sinn zu nennen, sofern keine ursprünglicheren Formen des Praet. und Infin. bekannt sind. Seit
Harder (Zusätze §. 15. P. 88. Ed. 2) das Litthauische zu Rathe
gezogen, sind viele scheinbar primitive Verba durch Ermittlung
der litth. Primitiva in die Abtheilung der Derivata gerückt worden, und selbst heute ist bei der beschränkten Erforschung der
Sprache und namentlich ihrer Geschichte der Schluß daraus,

daſs wir ein mögliches Primitiv nicht kennen, darauf, daſs nie eines existiert habe ein mehr als zweifelhafter. Jedenfalls steht fest, daſs mit genauerer Erforschung des litth. oder altlett. Wortschatzes die Zahl der angeblichen Primitiva dieser Classe eingeschmolzen ist und noch weiter einschmelzen wird. Schon das Praesens ist hier oft nicht von Einschiebseln frei, die keinesweges euphonischer Natur scheinen. Das *j* in *dſi'rſchu* f. *dſi'rd-ju*, ich höre, *titschu* f. *tik-ju*, ich glaube, (litth. *girdźu*, *tik-iu*), das nicht bloſs in Grenzdistrikten sich hören läſst, und dessen frühere Existenz, wo es fehlt, durch die spitze Aussprache des *e* in der Wurzelsylbe (z. B. in Autz) sich erschlieſsen läſst, cf. *deru*, *stenu* u. s. w. (§. 21) erinnert an den Charakter der auch gar nicht absolut primitiven Cl. IV. oder deutet gar auf eine Contraction des Bildungssuffixes *-éja*, namentlich wo dieses in Nebenformen factisch existiert, cf. *zeru*, d. i. *zer-ju*, und *zer-éju*, ich hoffe; *deru* d. i. *der-ju*, und *der-éju*, ich miethe, Reflexiv: *sader-éj-û-s*, ich vertrage mich; *sûdſchu*, d. i. *sûdſ-ju*, und *sûdſ-u*, ich klage, Refl. *wi'nsch sûdſ-éja-s*, er beklagt sich. — Andererseits fällt in die Augen, daſs die Wurzelvocale dieser Abtheilung oft sich in ursprünglicher Reinheit bewahrt haben, und daſs der meist dentale Wurzelsylbenauslaut um der Selbsterhaltung willen vor dem Suffix Infinitivi leicht die Einschiebung eines vocalischen Zwischenelementes veranlaſst haben kann.

2. Schallnachahmende Verba, die mit entschiedener Vorliebe nach dem Typus dieser Classe gebildet sind und nöthigenfalls noch immer gebildet werden. Die schallnachahmenden Verba in anderen Classen erscheinen nur als verhältniſsmäſsig seltene Ausnahme. In gewissem Sinn sind es allzumal Factitiva: *nau-d-é-t*, miau machen, *spurkschk-é-t*, spurksch machen.

3. Frequentativa (Iterativa, Durativa, Intensiva), zu denen bemerkenswerther Weise im Litth. keine entsprechenden Bildungen, oft aber die im Lett. verloren gegangenen relativen Primitiva sich finden. Wurzelvocalsteigerung kommt nur zuweilen vor. Sehr nahe steht die Bildung der Frequentativa der Cl. XI (*-u*, *-éju*, *-i-t*).

## Catalog der Verba zwölfter Classe.

### 1. Primitiva (meist intransitiva).

1. dar-ī-t, taugen, miethen, dingen, Praes. dar-u (Stand.) und dvru (Auts), 3. P. dar; ... dar-ia, dar-ē-ti. drīb-u, drīb-ē-ti.
2. drabb-ī-t, zittern, Praes. drebb-u, 3. P. drebb;
3. glān-ī-t, lauern, Praes. glān-u, 3. P. glūn.
4. gruʃd-ī-t, schwelen, glimmern, Pr. gruʃd-u, 3. P. gruʃd; ... gruzd-u, gruzd-ē-ti.
5. gul-ī-t, liegen, schlafen, Pr. gul-u (St.), gulu (Auts), 3. gul; cf. das Factit gul-e, gule, gu'lt (IV), schlafen legen; ... gul-iu, gul-ē-ti.
6. kait-ē-t, schaden, fehlen, Pr. kāit-u und kāisch, 3. kāit und kaisch; (vielleicht Causat. zu kāi-t (V), heiß werden, im Sinn von helfs machen, == kāi-t, IV, und dann ausnahmweise in CL XII?) ... krib-iu, krib-ē-ti.
7. (ee-)krass-d-t (oder -rezi-ī-t), gerinnen, Pr. krezz-u, 3. krezz';
8. kurn-d-t, murren, Pr. kurn-u, 3. kurn. ... kur-u, kun-ē-ti. kut-u, kut-ē-ti (tr.?).
9. kust-d-t (ku-t-ī-t mit euphonischem (?)), sich rühren, bewegen, Pr. kust-u, 3. kut;
10. kutt-d-t, kitzeln, jucken, intr. Pr. 3. kuti;
   (Nebenformen: kutt-l-t, kuid-ī-t, kuidd-ī-t).
11. kvēl-d-t, glimmen, glühen, Praes. 3. kvēlz (nach Stender kvēl-zju, kvēl-z), (Nebenform: kvsl-d-t, Hasselb.).
12. līdʃ-ī-t, helfen, Pr. līdʃ-u (pa-līdʃchu, N.Auts), 3. līdʃ; √līg.
13. lum-ī-t, wackeln, Pr. lum-u, 3. lum, (Nebenform lum-ī-t).
14. māz-ī-t, können, verstehen, Pr. māk-u, 3. māk;
15. mīl-ē-t, lieben, Pr. mīm und mīl-ju (Cl. IX), 3. mil, mīl-i;
16. mirdʃ-ī-t, flimmern, Pr. mirdʃ-u, 3. mirdʃ; ... mirg-u, mirg-ē-ti.
17. madʃch-d-t, wimmeln, Pr. 3. madʃch.
18. pēld-ī-t, schwimmen, Pr. pēld-u, 3. pēld, √pald, √pald == √plad; ... cf. plau-tu, plau-ti, oben auf schvimmen.
19. pel-ē-t, schimmeln, (grau werden, cf. pel-ēkx)-s, grau), Pr. pel-u, 3. pel; ... pel-u, pel-ē-ti. per-u, per-ē-ti.
20. per-ē-t, brüten, Pr. per-u, 3. per (pera, per?)
21. pil-ī-t, tröpfeln, triefen (intr.), Pr. pil-u, 3. pil.
22. redʃ-d-t, sehen, Praes. redʃ-u (und redʃchu), 3. redʃ; ... reg-iu, reg-ē-ti.
23. rāp-d-t (e. Dat. Pers.), Sorge machen, Pr. 3. rāp; ... rāp, rāp-ē-ti.
24. sāp-d-t, schmerzen, Pr. 3. sāp; ... sop-u, sop-ē-ti.
25. sēd-ī-t, sitzen, Pr. sēd-u und sēdchu (Zinn, Auts), 3. sēd und sēdch; cf. Factit sēd-t, IV, setzen; ... sēdin (sed-u, sed-mi), sēd-ē-ti.

26 | stan-i-t, klingen, schallen, P. stan-u, 3. stan;
27 | stür-i-t, steben, Pr. stür-u (und stirju), 3. stür; cf. Factit stü-t, IV, stellen;
28 | sten-i-t, stöhnen, Pr. sten-u, 3. sten;
29 | swin-i-t, feiern, heiligen, Pr. swin-u, 3. swin. Davon swt-i(a)-s, litth. szwen-ta-s.
30 | şid-i-t, blühen, Pr. şidu (und şişdu, Ziran B. 1259. Nerft), 3. şid. (şişd);
31 | tezz-i-t, laufen, Pr. tekk-u, 3. tekk;
32 | tizz-i-t, glauben, Pr. tizz-u, titezku, 3. tizz;
33 | tren-i-t (tron-i-t), modern, faulen, Pr. tren-u, 3. tren;
    (Häufige Nebenform mit Vocalisation des n und Bewahrung des d: trud-i-t f. trund-i-t).
34 | tur-i-t, halten, beben, Pr. turu und turw, 3. tur;
35 | war-i-t, können, vermögen, Pr. war-u, war-u, 3. war.
36 | wiş-i-t, flimmern, Pr. wiş-u, 3. wiş.
37 | zer-i-t, hoffen, Pr. zer-u, zer-u, zer-iju (IX), 3. zer und zer-d (IX).

## 2. Schallnachahmende Verba.

1 | bauksch-i-t, klopfen, poltern;
2 | beşd-i-t, fisten;
3 | blaksch-i-t, windtrocken dreschen (? Stamm);
4 | braksch-i-t, knarren, knacken;
5 | braşd-i-t, (braşd-i-t), poltern;
6 | briksch-i-t, knistern, knacken.
7 | bukst-i-t, puffen, Fauststöße geben.
8 | dard-i-t, klappern (von Knochen, Gebeinen), B. 2578.
9 | dunksch-i-t, = buksch-i-t;
10 | grabb-i-t, skrabbeln, rasseln, klappern.
11 | id-i-t, ächsen, stöhnen (von Kühen).
12 | klabb-i-t, klappern;
13 | kladş-i-t, kakeln (von der Henne), (= kladş-i-t, glaksen);
14 | kliksi-t (klinş-i-t), wackeln (wie ein Zahn, wie ein niedloses Messer).
15 | klikst-i-t, (klinksch-i-t, Heselb.), glucksen;
16 | klunşt-i-t, (klunksch-i-t, Heselb.), klinkurn (im Leibe).
17 | kmadu-i-t, Laut schmatzen (Heselb.).

skamb-u, skamb-ē-ti.
stan-iu (stan-mi), stan-ē-ti.
sten-u, sten-ē-ti.

şid-iu, şid-ē-ti.
tek-u, tek-ē-ti.
tik-iu, tik-ē-ti.

(su-)trend-u, (trend-ē-ti. Cf.
trūnd, Holzwurm.
tur-iu, tur-ē-ti.

cf. rueigenil Interject. bauksch.

ef. blaksch;
a-u, blau-şg-ti, das Getreide vorklopfen (nicht ganz ausdreschen).
cf. brukscht;
cf. brişdu, braşda, mit Holter Gepolter;
cf. briş-t, IV.

ef. dunksch, "Dals" (Prov.) = Faustschlag.

berd-u, bezisē-ti.
blaszk-iu, blaszk-u-ti und blaszk-

klab-u, klab-ē-ti.
klag-u, klag-ē-ti.

cf. klug-u, klug-t-ti, klugżd-u,
klugżd-ē-ti.

| No. | Word forms and glosses | cf. | Roman | Cross-references |
|---|---|---|---|---|
| 18 | knakscht-ē-t, knacken, knastern; | cf. knakach. | | |
| 19 | knankscht-d-t, pnffen, knallen; | cf. knankach. | | |
| 20 | krakscht-d-t, krachen; | cf. krakach. | | |
| 21 | krankscht-ē-t, krachen (v. dürren Sachen zwischen den Zähnen); stöhnen. | cf. krankach. | | |
| 22 | kungst-i-t, | | | |
| 23 | kurkst-ē-t, (twirbrkt-i-t), quarren (== kwrkt-i-t), (cf. purkscht-i-t); | Intens. zu kurb-t, | IV. | cf. kwarkzu-u, kwarkzt-ē-ú (v. Enten, Hennen). { kwakin, kwakt-ē-ti, { kwakzu, kwakt-ē-ti. kwakt-er-ē-ti. |
| 24 | { kwakst-i-t, schnattern; { kwakst-ē-t, quaken (v. Frosch); | | | |
| 25 | kwäkscht-i-t, quatschen (von fallenden Körpern); | | | |
| 26 | kwelkst-e-t (kwelbrkt-i-t), belfern (vom Anschlagen der Hunde auf der Jagd). | | | |
| 27 | { nurd-e-t (nurk-i-t), brummen, marren, knurren; { murd-e-t, | | | marm-u, marm-ē-ti. |
| 28 | mau-d-i-t, miauen; | Intens. zu mau-t, | IV. | |
| 29 | purkscht-d-t, quarren; | cf. paukach; | | cf. purpju, purp-ti. pauka-tu, paukzt-ē-ti. |
| 30 | puukscht-d-t (paukscht-i-t), klatschen, knacken; | | | |
| 31 | pinkst-e-t, (pikzt-i-t, pinkzcht-i-t), pfeifen (v. Mäusen), weinen. | | | |
| 32 | { plakscht-e-t, { plaukscht-e-t, klatschen; { plitscht-e-t (plitiberkt-i-t), | cf. plakzch, plaukzch, u. s. w. | | { plauk-oju, plaub-ó-ti; plaukzu, plaukzn-ē-ti. plauzh-iu, plauzt-ē-ti. |
| 33 | plakscht-d-t, plappern, schwatzen, flustern; | | | |
| 34 | prakscht-d-t, prikscht-i-t, knautern, prauseln (v. Feuer). | | | |
| 35 | pukst-ē-t, klopfen (v. Puls); | | | pupru, pup-ē-ti. (purkzcu, purkzti, schnarchen, pruhten). |
| 36 | purkscht-d-t, crepitum ventris edere; | cf. purkzch; | | |
| 37 | rib-ē-t, drôhnen. | | | |
| 38 | { smilkst-d-t, { smildf-d-t, winseln (v. Hunden); | cf. smelkable, fein; smilg-t, | | |
| 39 | sprag-st-d-t, prasseln; | Intens. zu sprag-t, | V. | sprag-u, sprag-ē-ti. |
| 40 | spurkscht-d-t, pruhzen (von Pferden); | | V. | Intens. zu purkzcu, purkzt-ti. |
| 41 | stinkscht-d-t, klingen (v. zerschlagenem Glase, Hosenlb.), (cf. strinkscht-i-t, von einer strafen Schnur, Saite). | | | |
| 42 | swadf-d-t, tôsen (von einem Eisen, das am Wagen losgegangen); | | | swag-iu, swag-ē-ti. czandu, (czand-m), czand-ti. |
| 43 | schkaud-d-t, niesen. Praen. schkaud-u (und schkauf/cka, Essern); | | | |
| 44 | schkind-d-t, klirren, klingen, krachen; Freq. zu skum-i-t, XII. | | | |
| 45 | schlupst-i-t, liepeln. | | | |

46 *schmaksch-ê-t*, schmatzen.
47 *schmait-ê-t*, schnarren, Praes. *schmeiza*, Frq. zu *schmeid-t*, IV.
48 *schnaukst-ê-t*, (*schnaukscht-ê-t*), schnaucken (beim Weinen).
49 *schnaurkst-ê-t*, klingeln (v. Geld, B. 578), rauschen (vom Bach, B. 595).
50 *schweingst-ê-t* (Antz. *schweingrkit-ê-t*), klingen (in den Ohren oder von Glaserbeiben);   cf. *schwing/ch.*
51 *tarkscht-ê-t* (*tarschk-ê-t*, *tarscht-al-ê-t*), schnarren;   *tarszk-u, tarszk-ê-i-u*, klappern, rasseln.
52 *urkscht-ê-t*, grunzen.
53 *wai-d-ê-t*, klagen, schreen;   cf. *wai*, weh!
54 *wankscht-ê-t*, knurren (von Katzen, L.).
55 *witscht-ê-t*, plärren.
56 *widfsch-ê-t*, zwitschern.
57 *tschabb-ê-t*, rauschen, rasseln (von dürrem Laube).
58 *tschakst-ê-t*, knistern (von Eierschalen), rasseln.
59 *tschangst-ê-t*, rascheln (wie Hopfen, trockner Schnee);   cf. *tschaugstere*, Bsen von Reisern mit dürrem Laube zum Ausfegen des Backofens;   cf. *czember-t*, knistern.
60 *tschibb-ê-t*, zischelnd rasseln.
61 *tschikst-ê-t*, knarren (von ungeschmierten Achsen).
62 *tschingst-ê-t*, klingen.
63 *tschirkst-ê-t*, knirschen (wie Sand zwischen den Zähnen), zirpen (von Grillen);   *czirszk-u, czirkss-u.*
64 *tschirkst-ê-t*, zwitschern (B. 1922).
65 *tschuk-at ê-t*, flustern, zischeln.
66 *tschukst-ê-t*, zischen (wie nasses Holz im Feuer, oder glühend Eisen im Wasser);   *czwirzku, cawrzk-ê-ti.*
67 *tschurkst-ê-t*, rieseln.

## 3. Frequentativa, (Iterativa, Durativa, Intensiva).
### a) ohne euphonisches Einschiebsel.

1 (*mà-*)*bâl-ê-t*, erbleichen, Praes. -*bâla*, 3. -*bâl*;   *bâl-t*, dass.   V.
2 *bérf-ê-t*, schauern, Praes. *bérfa* (Stend.) und *bérfchu*, 3. P. *bér'f-t*, dass.   IV.
   *be'rf, bérfchi*;
3 *bif-ê-t*, biesen, Pr. *bifu*, 3. *bif*; (vielleicht nur Verkürzung von *bif(-en-ê-t*, IX?)
4 *bif-ê-t*, gerinnen, Pr. *bifu*, 3. *bif*;   *bif-t*, dass.   I.
5 *dair-ê-ti-s*, nach Stend. = sich herumtreiben, wahrscheinlich *dair-ŷ-ti-s*, VI, Frq. zu *dŷrn, dŷr-ê-ti*, gaffen.
   aber = gaffen, sich umsehen; Pr. *dair-ŭ-s*, 3. *dair-â-s*;

| № | | | | |
|---|---|---|---|---|
| 6 | dess-ê-t, ruhen, urspr. keuchen, Pr. dess-u, 3. dess; at-dess-ê-t-s, sich ausruhen, eig. sich ankeuchen; cf. at-pus-tê-s, sich ausruhen, eig. sich ausathmen. | das-t, keuchen. | I. | dusu, (dus-tju), dus-ê-ti. |
| 7 | duss-ê-t, braunen, Pr. dazz-u, 3. dazt; | dåb-t, dass. | IV. | |
| 8 | glaud-ê-t, streicheln, Pr. glaud-u, 3. glaud; | glauf-t, dass. | IV. | |
| 9 | glid-ê-t, schleimig werden, Pr. glid-u, 3. glid, St. (?) In Compos. schleimig machen, z. B. as-glid-i-t lawgi, den Magen verschleimen, und als Factitivum an Cl. IX gehörig. | glif-t, dass. | V. | |
| 10 | gribb-ê-t, wollen, Pr. gribb-u, 3. gribb; | grab-t, greifen, (cf. grab-t, IV). | IV. | graib-y-ti, VI, wiederholt greifen. |
| 11 | kass-ê-t, erreichen, Pr. kazz-u, 3. kazz' (Westkurland); | | . | kahm, (kab-tju), kab-ê-ti, Freq. zu kumb-u, kab-ti. Prim. kuib-u, kuib-ti. |
| 12 | knibb-ê-t, knittern, in den Fingern klauben, zupfen, Pr. knibb-u, 3. knibb'; | | . | |
| 13 | kup-ê-t, rauchen, dampfen, Pr. kup-u, 3. kup; | | . | kvêp-ju, kvêp-ê-ti, Freq. zu kvêp-ju, kvêp-ti. |
| 14 | kur-ê-t, heizen, vielleicht nur eine Verkürzung v. kur-in-ê-t; Praec. kur, 3. kur (B. 800. 2046); | kur-t, | IV. | kur-u-ti — kur-ti. |
| 15 | kritt-ê-t, flimmern, glänzen, Pr. kritt-u, 3. kritt'; | mris-t, erglänzen, | V. | swrit-u, swrit-ê-ti, — gwsis-u, swrip-ti. |
| 16 | mirz-ê-t, eintunken, weichen, Pr. mirz-u, 3. mirz; | mrz-t, dass. | IV. | mark-y-ti, VI. |
| 17 | midj-ê-t, pflegen, Gewohnheit haben, Pr. mdsj-u, 3. mdsj; | | . | Prim. mêgstu, (mêg-mi), mêg-ti, Gefallen haben an etwas. |
| 18 | min-ê-t, gedenken, Pr. min-u (ai-mine), 3. mn; | cf. if-min-t, errathen; √ mn; | I. | min-u, min-ê-ti, Freq. man, min-ti, minhen. |
| 19 | mirkschk-ê-t, (mit d. Augen) blinzen, zwinkern, Pr. mirkscku, 3. mirkzck; | mirkzck; | . | mirka-y-ti, VI. — merbit, merk-ti. |
| 20 | nêsj-ê-t, jucken, Pr. 3. nêsj; | nsj-t, dass. | V. | nêsu, nêt-ti. |
| 21 | nîd-ê-t, hassen, Pr. nîd-u, 3. nîd; | nîf-t, dass. | V. | |
| 22 | paud-ê-t, ruchtbar machen, Pr. paudu (u. pauscku), 3. paud; | pauf-t, blasen, | IV. | |
| 23 | putt-ê-t, stark wehen, „stühnen", Pr. putt-u, 3. putt; | put-t, dass. | IV. | pauc-y-ti, VI. |
| 24 | ritt-ê-t, { rollen, } Pr. ritu, 3. rit; rt-it-t, { Pr. rt-u (rt-ju), 3. rt (rt-i) (B. 2176); | rit-t, } dass. rt-t, | I. | |
| 25 | ritt-ê-t, dünn werden, Pr. ritt, 3. ritt'; | cf. rt(s)-u, selten, undicht; | . | Prim. rt-tu, rt-ti. |
| 26 | saus-ê-t, trocken werden, Pr. saus-u, 3. saus (L.); (sus-ê-t, Stend.) | aus-t, dass. | I. | saus-u, saus-ê-ti, — saus-u, saus-ti. |

| # | | | | |
|---|---|---|---|---|
| 27 | säudʃ-é-t, schonen, sparen, Pr. säudʃu, 8. säudʃ; | | · | säug-u-s, (säug-ai, säug-ëja), säug-o-ti, in Acht nehmen. |
| 28 | skaud-é-t, misgönnen, skäudu (Stend. skäuʃchu), 8. skäud, (mit dem (skäuʃch); | skäuʃ-t, dass. vorhergehenden identisch?) | IV. | |
| 29 | skund-é-t, misgönnen, murren, Pr. skund-u, 8. skund, | | · | |
| 30 | slepp-é-t, verheimlichen, verbergen, Pr. slepju, (slepp-ëja), B.slepj, (slepp-é, Stend.); | slip-t, dass. | IV. | slap-y-tl, VI. |
| 31 | { slidd-é-t, } gleiten, { Pr. slidd·u, 8. slidd; slid-é-t, (achkid-é-t, L.). slid-u, 8. slid; | | · | Prim. slg-tu, slg-ti. |
| 32 | smird-é-t, stinken, Pr. smird-u (smirʃchu), 8. smird; | smirʃ-t, dass. | V. | smird-in, smird-ē-ti.— smirs-tu, smirs-ti. |
| 33 | snaud-é-t, schlummern, Pr. snaud-u, 8. snaud; | snauʃ-t, dass. | IV. | |
| 34 | spid-é-t, glänzen. Pr. spid-u, 8. spid; | spiʃ-t, Praet. spidu, (Nesoten, B. 1510) | IV. | spind-u, spind-ē-ti, — spindu, spi-ti. (cf. svg-in, sug-ti, heulen, winseln??) |
| 35 | säudʃ-é-t, klagen, Pr. säudʃ-u (säudʃchu), 8. säudʃ; | säuʃ-t, dass. | · | |
| 36 | schke'rd-é-t (achkird-é-t), verschwenden, Pr.schke'rd-u, 8.schke'rd; Praesensformen nach Cl. IX. scheinen Causativ zu sein zu schkir-t, scheiden, theilen. | schke'rʃ-t, dass. | IV. | |
| 37 | schkid-é-t, in Theile zergeben, Pr. schkid-u, 8. schkid; | schkiʃ-t, dass. | V. | cf. skid-ju, skidij-u, berstenn. Prim. scrju, scrg-t, wimmern, winseln. |
| 38 | ʃurʃ-é-t (ʃurʃʃ-é-t), pfeifen, weinen, Pr. ʃurʃ-u, 8. ʃurʃ; | | · | |
| 39 | { ʃibb-é-t (L.), } flimmern, blitzen, { Pr. 8. ʃibb; { ʃchibb-é-t, } - - ʃchibb; | { ʃib-t, { schib-t, } dass. | III. | ʃib-u, ʃib-ē-ti. |
| 40 | tris-é-t, zittern, Pr. tris-u, 8. tris; | | · | Prim. trimb-u, trib-ti, durch Schütteln in Verwirrung kommen. |
| 41 | tupp-é-t, hocken, Pr. tupp-u, 8. tupp'; | tup-t (B. 1949), | IV. | tupu, tup-ē-ti, — tupju, tup-ti. Prim. czubu, czub-ti, im Bett liegen. |
| 42 | tschusch-é-t, schlummern, Pr. tschusch-u, 8. tschusch; | | · | |
| 43 | dʃird-é-t, hören, Pr. dʃird-u (St. Goldingen, B. 586), dʃirʃchu, 8. P. dʃird; (Autz, Zinu, B. 1827), | dʃirʃ-t, dass. | V. | girdin, gird-ē-ti; gira-tu, gira-ti. |

## b) mit euphonischem Einschiebsel (d, t, st).

44   *bil-d-é-t*, reden, Pr. *bil-d-u* (*bil(che*), 3. *bil-d*; . . . . . . . . *bif[-t*, dass.   IV.   cf. *byl-oja*, *byl-o-ti*.

45   *bi-st-é-tt-s* (*bi-ket-t-ti-s*), sich fürchten, Pr. *bi-st-u-s*; . . . . . *bi-tt-s*, dass.   V.

46   *dimd-é-t*, dröhnen, Pr. *di-m-du*, 3. *di-m-d*; . . . . . . . . . *di-m-t*, dass.   II.

47   *driks-t-é-t*, dürfen, sich erkühnen, Pr. *driks-t-u*, 3. *driks-t*; . . . √ *driss* oder √ *dress*; . .   Prim. *dirp-u* (*dirp-tu*), *dirp-ti*.

     (*t* euphonisches Einschiebsel).

48   *gremf-d-é-t*, schrapen, Praes. *gremf-d-u* (*grem-d-a*), 3. *gremf-d*; *grem[-t*, nagen.   IV.   *gramé-g-ti*, VI.

     (Nach dem Litth. zu urtheilen könnte nämlich *d* zur Wurzel gehören und *f* euphonisches Einschiebsel sein).

49   *klimf-t-é-t*, schwirmen, schweifen, Pr. *klimf-tu*, 3. *klimf-t*; . . . . . . . . .   V.

     √ *klimd* = √ *klind*, cf. *klend---t*, IX;

50   *lid-é-t*, schmähen, flechen, Pr. *lid-du* (*lif-che*, N.Antz), 3. *lid-d*; *blif-t*, irren, hallen, . . .   IV.   cf. *loj-o-ti*, schmähen, Freq. zu *lo-ti*, bellen. Lügen.

51   *ma'l-d-é-t*, phantasieren, verwirrt reden, Pr. *ma'l-d-u*, 3. *ma'l-d*; √ *mal*, cf. *ma'l-d-i-t*, irren, *mel-t* (Pl.),   III.

52   *ri-t-é-t*, schlingen, prassen, Pr. *ri-t-u*, 3. *ri-t*; . . . . . . . . . . *ri-t*, dass.   IV.

53   *süs-t-é-t*, brennend schmerzen, Pr. *süs-t-u*, 3. *süs-t*; . . . √ *sut*, *sus-t*, heiß werden,   IV.

54   *fchau-d-é-t*, trocknen (tr.), Pr. *fchaud-a*, 3. *fchau-d*; . . . . . *fchau-t*, dass.   V.

55   *si-kst-é-t*, ringen, kämpfen, Pr. *si-kst-u*, 3. *si-kst*; . . . . . . . *si-kst*, dass.   IV.

56   *dfel-d-é-t*, schmerzen, stechen (L.), Pr. *dfel-d-u*, 3. *dfel-d*; . . . . . *dfel-t*, dass.  

 

Eine absonderliche Bildung ist:

57   *widjad-é-t*, nöthig sein, Praes. 3. *widjags*, Praet. 3. *widjad[-ija*. Cf. das livische *vajāg*, Bedürfniß, Anliegen; nöthig, nothwendig, fehlend.

§. 280. Folgende Tabelle giebt zum Schluſs die Uebersicht sämmtlicher zwölf Classen der lettischen ein- und mehrsylbigen Verba:

1) nach ihren Bildungssuffixen,

2) nach ihren Abtheilungen, sei es rücksichtlich der
Bedeutung (Factitiva, Frequentativa, Deminutiva, schallnachahmende Verba), sei es rücksichtlich der Herleitung (Denominativa). Bei den einsylbigen Verben ist eine solche Unterscheidung nicht möglich; wir geben daher nur an, ob eine Classe
ausschlieſslich Verba neutra oder Verba activa (§. 509) oder
beiderlei Verba enthält. Zu der Rubrik der gemischten Classen
(I. II. III.) zählen wir die Verba „primitiva" Cl. XII. und die vier
Verba Cl. X, die kein -in- zeigen. Die meisten Verba dieser
Rubrik sind Neutra;

3) nach ihrem Umfang und nach dem Umfang ihrer Abtheilungen. Die Zahlen sind namentlich bei Cl. VI—XII. freilich unter der Wirklichkeit, aber sie geben hinreichend sicher
die Verhältnisse an, nach denen die Sprache sich entwickelt hat.
Es erhellt aus ihnen, welche Bildungsarten oder welche Bedeutungen in der einen oder andern Classe die besonders beliebten, welche Bildungsarten oder Bedentungen für die eine
oder andere Classe die characteristischen sind. Cf. das aus-
schlieſsliche Vorkommen von Denominativen in Cl. VIII, das
Vorwalten der Denominativa und Frequentativa in Cl. VI, der
Denominativa in Cl. VII, der Denominativa und Deminutiva in
Cl. IX, der Factitiva in Cl. X, der Frequentativa in Cl. XI,
der schallnachahmenden Verba in Cl. XII. Es erhellt aus ihnen
das Verhältniſs der einzelnen Classen zu einander nach ihrem
Umfang, das Verhältniſs der ein- und mehrsylbigen Verba zu
einander (c. 1:3), das Verhältniſs der einsylbigen Neutra und
Activa (c. 1:1), der mehrsylbigen Factitiva und Frequentativa
(c. 1:2), u. s. w. u. s. w.

| | | Bildungssuffix und Endung für Praes. u. Prät. | Neutra. | Neutra, gemischt mit Activis. |
|---|---|---|---|---|
| Einsylbige Verba (434) | I. | 1. -a-, { -a- / -ja- }   2. -u, -(j)u | — | -t (86) |
| | II. | 1. -a-, -a-   2. -u, -u | — | -t (12) |
| | III. | 1. -na-, -a-   2. -n-u, -u | — | -t (65) |
| | IV. | 1. -ja-, { -a- / -ja- }   2. -ju, -(j)u | — | — |
| | V. | 1. -(s)ta-, { -a- / (-ja-) }   2. -(s)tu, -(j)u | -t (109) | — |
| Mehrsylbige Verba (1167) | VI. | 1. -dja-, -dja-   2. -aju, -dju | — | — |
| | VII. | 1. -uja-, -uja-   2. -uju, -uju | — | — |
| | VIII. | 1. -ija-, -ija-   2. -iju, -iju | — | — |
| | IX. | 1. -ija-, -ija-   2. -iju, -iju | — | — |
| | X. | 1. -a-, -aja-   2. -u, -aju | — | -a-t (4) |
| | XI. | 1. -a-, -ija-   2. -u, -iju | — | — |
| | XII. | 1. -a-, -ija-   2. -u, -iju | — | -i-t (37) |
| Summa: | | — | 109 | 154 |

| Frequentativa. | Deminutiva. | Denomina-tiva. | Schall-nachahmende Verba. | Dunkler Herkunft. | Summa. |
|---|---|---|---|---|---|
| — | — | — | — | — | 36 |
| — | — | — | — | — | 12 |
| — | — | — | — | — | 65 |
| — | — | — | — | — | 212 |
| — | — | — | — | — | 109 |
| -i-t (65) | -al -al -ar -ar } -i-t (8) | -i-t (58) | -i-t (8) | (15) | 149 |
| -t (24) | -al-i-t etc. (6) | -i-t (148) | -i-t (6) | (16) | 200 |
| — | — | (-d)-i-t (50) | — | (19) | 69 |
| -i-t (14) | (-d) (-t) (-ft) } -el -al -er -in } -i-t (33) | -i-t (80) | — | (29) | 192 |
| -t-in-i-t (56) | — | -in-d-t (50) | -in-d-t (16) | — | 231 |
| (-t) (-t) -i-t (134) (-t) | — | — | — | (8) | 165 |
| -i-i-t (57) | — | — | -i-t (67) | — | 161 |
| 350 | 47 | 386 | 92 | 87 | 1601 |

# Dritter Abschnitt.

## Composition.

### I. Composition der Nomina.

### Allgemeines.

§. 281. Wenn die im vorigen Abschnitt betrachteten Wort-
ableitungen zu ihren Stämmen oder Wurzeln sich, wie schon
die bildliche Bezeichnung der letzteren andeutet, verhalten wie
Blätter und Blüthen eines Baumes zu seinen Aesten, Stamm
und Wurzel, so lassen sich die Complexe zusammengesetzter
Wörter mit Krystallen vergleichen, deren Elemente nicht aus
einander hervorgewachsen, sondern von Aufsen zusammenge-
schossen sind. Dieses Bild diene zur Erläuterung, lasse aber
nicht übersehen, dafs hier die Theile zusammengesetzter Wörter
keinesweges durch eine innere Verwandtschaft sich aneinander
gezogen haben, und dafs dort in dem Wortgebilde kein leben-
diges, im wahren Sinn des Wortes organisches Princip wirkt.

Die Zusammensetzung ist stets Anfügung eines Wortes
vorne vor ein anderes, und dieses, — also das zweite in der
Reihe —, ist in der Regel das zu Grunde liegende und repräsentiert fast immer den Hauptbegriff. Die vorkommenden
Verbindungen sind:

1) Substantiv + Substantiv,
2) Adjectiv (Numerale) + Substantiv,
3) Partikel (d. h. Praeposition oder Negation) + Substantiv,
4) Partikel + Adjectiv,
5) Substantiv + Adjectiv,
6) Adjectiv + Adjectiv,
7) in seltenen Fällen: Verbum + Nomen.

§. 282. Die Zusammensetzung bezweckt für den Sinn,
man kann wohl sagen, in allen Fällen, dafs der wesentliche
Begriffsinhalt des zweiten Wortes durch den des ersten,
vorne angefügten, abgeändert werde, sei es durch Determination, d. h. Beschränkung auf eine engere Sphäre, (so
meist, wenn Nomen vor Nomen tritt), sei es anderweitig, (cf.
wenn ein Formwort, eine Partikel vor ein Nomen sich fügt).
Man erinnere sich, dafs die Ableitung den Begriffsinhalt

der Wurzel oder des Stammes im Wesen nicht modificierte, sondern nur jenen Begriffsinhalt formell in verschiedene Beziehungen setzte (cf. §§. 160. 170).

Es ist eine Determination, wenn *se'lsch*, Weg, vor *mala*, Rand, sich fügt: *zel-mala*, Wegrand, im Gegensatz zu *lauk-mala*, Feldrand, *jûr-mala*, Meeresufer, u. s. w., oder wenn aus *resns*, dick, und *ga'ls*, Ende, entsteht: *res-galis*, Stamm-Ende (des Baumes), im Gegensatz zu *tiw-galis*, dünnes Ende, Top-Ende, oder aber aus *mifchi*, Gerste, und *aufas*, Hafer, ein Wort: *mifch-aufas*, = Gemenge von Gerste und Hafer, ein mit Gerste gemischter Hafer, wo Hafer, als das gewöhnlich übliche Pferdefutter immer den Hauptbegriff bildet, — mag nun auch bei dem letzten Beispiel das Verhältniſs beider Elemente ein copulatives, ein Verhältniſs der Coordination sein (*mifch-aufas* = Gerste und Hafer), beim vorhergehenden Beispiel ein prädicatives Verhältniſs, (*res-galis*, dickes Ende), beim ersten Beispiel ein Abhängigkeitsverhältniſs (*zel-mala*, Rand des Weges).

Ja, es findet auch eine Determination des zweiten Begriffs durch den ersten statt in den sogenannten Besitzcompositis, die zunächst eigentlich nur den Theil oder die Eigenschaft einer Person oder eines Dinges bezeichnen, aber übertragen sind auf die Person oder das Ding selbst, dem jene Eigenschaft u. s. w. gehört; z. B. *rudd-azzis*, Braun-Auge, (*ruds, -da*; — *azs*), bezeichnet schliefslich den der braune Augen hat, *fem-faris*, (*fems, -ma*; — *fa'rs*), den Baum, der niedrige Aeste hat, *tri-kâja*, Dreifuſs, (*tris*, — *kâja*), das bekannte Küchengeräth mit drei Füſsen.

Eine weit gröfsere Modification des Wortbegriffs geht vor sich, wenn das erste Glied des Compositi eine Partikel, namentlich eine Praeposition oder Negation ist. Im letzteren Fall wird gerade das Gegentheil des Grundbegriffs ausgedrückt, cf. *ne-laime*, Unglück, (*laime*, Glück), *ne-labs*, schlimm, böse, (*labs*, gut), *ne-redfigs*, blind, (*redfigs*, sehend).

Im ersteren Fall, wo Praeposition und Substantiv sich verbinden, finden wir die Substantivierung adverbialer Ausdrücke (nach der Grundbedeutung der Praepositionen) für meist locale, zuweilen auch temporale Beziehungen. Diese Composita, meistens weit entfernt, den Begriff des zweiten Elementes als Grundbegriff zu bewahren, bezeichnen entweder einen Raum oder eine Zeit, cf. *aif-krâsnis*, (*dif*, hinter, *krâsnis*, Ofen),

Raum hinter dem Ofen; *pa-gu'lta*, (*pa*, unter, *gu'lta*, Bett),
Raum unter dem Bett; *pa-wakka'rs*, (*wakka'rs*, Abend), Vesper-
zeit, Zeit vor Einbruch des Abends, — — oder einen Gegenstand nach und mittelst seiner localen Beziehung, z. B. *pa-
pédis*, (*pédu*, Fusssohle), das am Ende der Fusssohle Befindliche,
d. i. Ferse; *i-ndschi*, (*i*, in, — *nàsis*, Pl., Nase), das in der
Nase befindliche, d. i. Schnupfen, insbesondere bei Pferden,
denen dabei die Drüsen in Nase und Luftröhre schwellen; *nù-
malis*, (*nù*, von-weg, — *mala*, Rand) „Schaalkante", d. i. das
äufserste vom Rande des Balkens abgesägte, „abgeschälte" Brett,
dessen eine Seite die rundliche Wölbung des Stammes bildet.
Nicht locale Beziehungen, aber doch Beziehungen sind substantiviert, z. B. in *bef-dwsele*, Ding ohne Seele, d. i. Puppe.

In der Verbindung mit Adjectiven scheinen die Praepositionen, die überhaupt so vorkommen, ihre praepositionelle
Bedeutung zu verlieren, z. B. *bef* (ohne) vertritt die Stelle der
Negation, cf. *bef-prátigs* = *ne-prátigs*, unverständig, (wenn man
nicht besser thut, hier eine Ableitung von dem adverbialen Ausdruck *bef práta*, ohne Verstand, anzunehmen); und *pa* determiniert fast wie ein Adverb den Begriff des Adjectivs zu einer
Abart, cf. *pa-sa'rkans*, röthlich, (*sa'rkans*, roth), *pa-kurls*, etwas
taub, u. s. w.

§. 283. Rücksichtlich der Form ist bei den Compositis
die Endung des zweiten, zu Grunde liegenden, und die Endung
des ersten, vorne angefügten Wortes zu beachten. Für jene
wie für diese ist es von der gröfsten Bedeutung, ob es sich
um eine ächte Zusammensetzung handelt, in welcher zwei
Wörter zu einem verschmelzen, oder ob um eine lockere
Zusammenfügung, in welcher jedes der beiden Elemente
mehr eigenen Lebens behält. Dieser Unterschied mufs namentlich gemacht werden, wenn ein rücksichtlich der Wortzusam-
mensetzungsregeln stattfindender Unterschied zwischen der lettischen und litthanischen Sprache verstanden werden soll. Im
Litthauischen gilt das unverbrüchliche Gesetz, dafs das an
zweiter Stelle stehende, also zu Grunde liegende Nomen, mag
seine Declination ursprünglich sein, welche sie wolle, in die
*ja*-Declination übertritt, also im Nomin. Sing. masc. *-is* oder
*-ys*, Gen. *-io*, fem. *-e*, Gen. *-es* zur Endung erhält. Eine Ausnahme machen fast nur die Zusammensetzungen mit der Negation (Schleich. litth. Gr. §. 57. P. 132).

Dieses Gesetz findet sich auch im Lettischen, cf. *kàj-galis*,
Fuſs-Ende (*kàja*, — *ga'ls*), aber theils in höherem, theils in viel
geringerem Grade, jenes insofern, als auch viele Feminina,
seien es a- oder i-Stämme, durch Composition veranlaſst werden
in masculine *ja*-Stämme überzugehen, cf. *jûr-malis*, Meeresstrand,
(*jûra* — *mala*), *wa'rd-azzis*, Hühnerauge, eig. Froschauge, (*wa'rde*
— *az*(i)-*s*), *trak-ga'lwis*, Tollkopf, (*traks*, -*ka*, — *ga'lwa*), —
dieses insofern, als in sehr vielen Fällen die ursprüngliche Declination bleibt und gar nicht in die der *ja*-Stämme übergeht.
Neben *jûr-malis* hat *jûr-mala*, und ebenso *up-mala*, *mefch-mala*,
Bachufer, Waldrand, u. s. w., neben *kàj-galis* hat *kàj-ga'ls*
u. s. w. nicht etwa blofs dialectische oder gar locale Geltung,
und Zusammensetzungen wie *ga'ld-duts*, Tischtuch (*ga'lds*, —
*duts*), *sân-kauls*, Rippe, (*sânis* (Pl.), Seite, — *kaul*(a)*s*, Knochen), *kap-sêta*, Gottesacker, (*kaps*, Grab, — *sêta*, Umzäunung),
*ga'r-fûb*(a)*s*, Spötter, eig. Langzahn, (*ga'rsch*, -*ra*, — *fûb*(a)*s*),
*swêt-dina*, Sonntag, eig. heiliger Tag, (*swêts*, -*ta*; — *dina*), und
so viele andere ermangeln gänzlich der Nebenformen auf -*is*
(masc.) oder resp. -*e* (fem.).    Von Adjectiven ist mir keines
bekannt, das in Folge von Composition aus der Reihe der *a*-
Stämme in die der *ja*-Stämme überginge, cf. *pus-dfiw*(a)*s*, halbtodt, eig. halblebendig, neben dem ltth. *pus-gywis*, fem. -*e*, (*pus*-,
halb, — *gywas*, lebendig).

Hiernach gilt für die ächten Zusammensetzungen das
littbauische Gesetz gleichermaſsen: das zweite Nomen, wenn es
ein Substantiv ist, geht in die *ja*-Declination über (ausgenommen
bei Composition mit der Negation), und, um das gleich hier zu
erwähnen, das erste vorne angefügte Nomen erscheint in einer
möglichst kurzen Gestalt, d. h. verliert Flexionsendung und,
wie es scheint, auslautenden Stammvocal. Statt des letzteren
tritt ein euphonischer Vocal ein, wo eine sonst zu harte Consonantenhäufung es erfordert, und dessen Quantität wird bedingt durch die Natur der vorangehenden oder folgenden Consonanten, cf. *a* bei Kehllauten in *abr-a-kassis*, Trogkratzer, ein
eisernes Instrument um den Rest des Brodteiges zusammenzu-
kratzen, (*abra*, — *kassis*, v. *kassit*, kratzen); *plikk-a-didis* (B.
2589), nackt-tanzender oder wohl nackt-tanzen-lassender (*pliks*,
— *didis*, v. *didit*, tanzen lassen); *u* bei Lippenlauten, z. B. in
*badd-u-miris*, Hungerleider, (*bads*, — *miris*, v. *mirt*, sterben),

*saur-u-máisis*, Nimmersatt, (*saurs*, entzwei, — *máiss*, Sack),
u. s. w.*).

Bei den lockeren Zusammenfügungen dagegen, und
hierher gehören alle Fälle, wo das zweite Nomen ein Adjectiv
ist, sofern dieses nie in die *ja*-Classe übergeht, — verändert
das zweite Nomen seine Stamm-Endung und Declination nicht,
und das erste, das vorne angefügte, verliert zwar auch oft seine
Flexions-Endung und vocalischen Stammauslaut, oft aber bewahrt es auch mehr oder weniger vollständig seine eigene Flexion
und läfst es oft fraglich erscheinen, ob überhaupt beide Wörter
noch in eines zusammengeschrieben werden dürfen; cf. *zel-mala*,
Wegrand, f. *sela mala*; *up-mala*, Bachufer, f. *uppes mala*, *ga'ld-
auts*, Tischtuch, f. *ga'lda auts*, und daneben: *pena püds*, Milchtopf, *güda kresls*, Ehrenstuhl, u. s. w. Interessant ist für letzteren Fall das Beispiel von *lels-se'lsch*, Heerstrafse, eig. grofser
Weg, durch Bewahrung des Nominativzeichens *-s* bei dem vor-
gefügten Adjectiv *lel-s*, grofs, das in den andern Casibus die
Flexionssuffixa meist verliert, cf. Gen. *lel-zela*, Dat. *lel-zelam*,
Nom. Plur. *lel-zeli*.

Nach dem für die lettische Betonung herrschenden logischen Princip liegt der Hauptton des zusammengesetzten Wortes
auf der Wurzelsylbe des ersten Gliedes, und je geringer auch
bei lockerer Fügung der auf der Wurzelsylbe des zweiten Gliedes ruhende Ton ist, um so mehr ist die Verbindung in der
Schreibung berechtigt, je mehr aber hier ein selbständiger Ton
sich bewahrt, um so klarer ist dadurch angedeutet, dafs die
beiden Wörter nicht zu einem verwachsen sind und besser getrennt geschrieben werden, cf. *diwa küsi'nsch*, Haberraute (eig.
Gottes Bäumchen), *grábekla küts*, Harkenstiel, *dirba laiks*, Arbeitszeit, u. s. w.

### 1. Substantiv + Substantiv.

§. 284. a) Aechte Composita

Mascul. *ga'lw-galis*, Kopfende, (*ga'lwa*, — *ga'l(a)s*); *kdj-
gali-s*, Fufsende, (*kdja*, — *ga'l(a)s*); *musch-méris* (Harder; nach
Stender: *musch-miris*, doch kann es kein Nomen agentis sein),
Fliegentod, eine Art von Schwämmen, (*muscha*, — *méris*, Pest.

---

*) Man könnte darüber streiten, ob dieser sogenannte Bindevocal nicht viel-
leicht der entweder treu bewahrte oder aber verdumpfte oder geschwächte Stammauslaut des ersten Nomen selbst ist.

√*mar*, cf. *mirt*, sterben); *badd-a-kāsis*, Hungerleider, eig. Hungerhaken (*bad(a)s*, — *kāsis*); *sān-kaulis*, Rippe, eig. Seitenknochen, (*sānis* (Pl.), — *kauls*, Knochen);

Mascul. aus Femin. *sel-malis*, Wegrand, (*ze'lsch*, — *mala*); *lauk-malis*, Feldrand, (*lauk(a)s*); *sēt-malis*, Strich am Zaun, (*sēta*); *druw-malis*, Feldrand, (*druwa*); *jūr-malis*, Meeresstrand, (*jūra*); *efch-malis*, Feldmark, (*efcha*, Rain); *up-malis*, Bachufer, (*uppe*); *rūb-esch(s)* f. *rūb-efis*, Grenzrain, (*rūb(a)s*, Einschnitt, Kerb, cf. litth. *ruba*, Grenze, — *efcha*), folgt der Declination der nicht contrahierten *ja*-Stämme, die also das *j* in steter Verschmelzung mit dem vorhergehenden Consonanten lassen, cf. Dativ niemals *rūbefim*, sondern stets *rūbefcham*.

Femin. *sel-male*, *jūr-male*, *up-male* u. s. w., Bildungen, die ebenso ächt lettisch sind, als die oben angeführten Masc. auf -*is*. *âr-pusse*, Außenseite, (*âr(a)s*, das Freie, die Luft, veraltet, cf. ltth. *oras*, — *pusse*, Hälfte); *Wid-feme*, Livland, wörtl. Mittelland, (*widdus*, Mitte, — *feme*); *Kūr-feme*, Kurland, (*Kūr(a)s*, Kure).

Sehr beliebt sind diejenigen Zusammensetzungen, deren zweites Glied ein Nomen agentis auf -*is* ist, das als Simplex gar nicht vorkommt. Das Eigenthümliche derselben ist, daß das erste Glied nicht einen Genitiv, wie bei den vorhergehenden Beispielen, sondern in der Regel einen Accusativ, seltner einen Instrumental repräsentiert.

Mascul. *rij-kuris* oder *ri-kuris*, Rijenheizer, (*rija*, — *kuris*, v. *kurt*, heizen); *krâs-kuris*, Ofenheizer, (*krasns*); *tis-nessis*, Richter, „Rechtsfinder" (Prov.), (*tisa*, Recht, — *nessis*, v. *nest*, tragen, bringen); *fe'lt-nessis*, Goldträger (B. 735), (*fe'lt(a)s*); *wēst-nessis*, Botschafter, (*wēsts*, Nachricht); *war-kalis*, Kupferschmidt, (*warsch*, — *kalis*, v. *kalt*, schmieden); *âd-minis*, Gerber, (*âda*, Fell, Leder, — *minis*, v. *mīt*, treten); *mat-pinis*, Zopfband (B. 872), (*matti* (Pl.), Haar, — *pinis*, v. *pīt*, flechten); *sim-lēmis*, Zeichendeuter, (*sīme*, — *lēmis*, v. *lemt*, bestimmen); *pup-fīdis*, Saugkind, eig. Brustsauger, (*pup(a)s*, Mutterbrust, — *fīdis*, v. *fīst*, saugen); *abr-a-kassis*, Brodtrogkratzer, (*abra*, — *kassis*, v. *kassīt*, kratzen, schaben); *sem-turis*, Land- oder Grundbesitzer, (*seme*, — *turis*, v. *turēt*, inne haben); *sūk-ganis*, Schweinehüter (B. 1717), (*sūka*, — *ganis*, v. *ganīt*, hüten, — oder aber vielleicht nur die oben besprochene Umformung des *a*-Stammes: *ga'n(a)s*, Hüter); *lātscha-dīdis*, Possenreißer, der mittelst einer

Maske und allerlei Capriolen den gezähmten Bären zum Tanzen reizt (*lásis*, — *dídis*, v. *didít*, tanzen machen); *fiw-kârnis*, Fisch-aar, (*fiws*, — *kârnis*, v. *kârnít*, ausweiden); *kann-u-raugis* oder *kann-u-raudfis*, Kannenschauer, der aus dem Schaum des Bieres wahrsagt, (*kanna*, — *raudfis*, v. *raudfít*). Wahrscheinlich gehört auch noch hierher: *pe'ln-u-ruschkis*, Aschenbrödel, (*pe'lni*, Pl., Asche, — *ruschkis*, v. *râust*, wühlen, schüren).

Einen Instrumental repräsentiert das erste Glied von: *rûk-turis*, Handhabe (*rûka*); *badd-u-miris*, Hungerleider, der vor Hunger oder durch Hunger stirbt, (*bad(a)s*, — *miris*, v. *mirt*, sterben).

Femin. (selten): *sûk-gane*, Demin. *sûk-ganíte*, Schweine-hüterin (*sûka*, — *gane*, Masc. *ganis*, v. *ganít*).

Besitzcomposita.

Mascul. *suw-purnis*, Hundeschnauze, auch Bezeichnung wilder Völkerschaften, z. B. der Kalmücken (Stend.), (*sunis*, — *purn(a)s*).

Mascul. aus Fem.: *kaschku-pauris*, Krätzkopf, (*kaschkis*, — *paure*, Hintertheil des Kopfes); *kram-ga'lwis*, Starrkopf (Sten-der, cf. *kra'm(a)s*, Feuerstein) vielleicht richtiger: Grindkopf, (*krama*, Grind, — *ga'lwa*); *gôb-femis*, Landpächter, wörtlich: Pachtländer v. Pachtlaud (B. 877), (*gôba*, Zins, Pacht, — *feme*, Land, Acker); *sêr-dinis*, Waisenkind, das kummervolle Tage erlebt, (*sêras* (Pl.), Kummer, — *dina*, Tag); *wârg-dinis*, ein Kreuzträger, eig. der Kummertage lebt (cf. ltth. *wârgas*, Eleud, — *dina*); *migl-assis*, der schwimmende Augen hat (B. 2620), (*migla*, Nebel, cf. *migls*, feucht, — *as(i)s*, fem., Auge).

Femin. *sik-spârne*, Fledermaus, eig. Lederflügel, (*siksna*, Riemen, litth. *ssiksua*, Leder, — *spârn(a)s*, Flügel); *sêr-dine*, Waisenmädchen, fem. zu dem oben erwähnten *sêr-dinis*.

§. 285.　b) Lockere Zusammenfügungen.

α) Erstes Glied ohne Flexionssuffix und Stamm-vocal.

Mascul. *ga'ld-dut(a)s*, Tischtuch, (*ga'ld(a)s*, — *dut(a)s*; *âr-pi'lsdt(a)s*, Vorstadt, (*âr(a)s*, obsolet, *ârd*, draußen, litth. *oras*, Luft, — *pi'lsâts*, Stadt); *ga'lw-âut(a)s*, Kopftuch (*ga'lwa*); *ga'lw-ga'l(a)s*, Kopfende, z. B. im Bett (*ga'lwa*, — *ga'l(a)s*); *kâj-ga'ls*, Fußende (*kâja*); *wi'rs-ga'ls*, Ober-Ende (*wi'rsus*, Ober-theil); *muggur-kaul(a)s*, Rückgrat (*muggura*, Rücken, — *kaul(a)s*, Knochen); *wassur-lauk(a)s*, Sommerfeld (*wassara* — *lauk(a)s*).

Femin. *sel-mala*, *mesch-mala*, *jûr-mala*, *sêt-mala*, *np-mala*, *plaw-mala* u. s. w. (B. 1439. 589. 2284. 663. 1170. 908. 977. 1113. 1156. 1457); *win-ûga*, Weinbeere (*win(a)s*, — *ûga*); *mâis-addala*, Packnadel, eig. Sacknadel, (*mâis(a)s*, — *addala*): *schkêp-addala*, dreikantige Pelznadel (Stend.), eig. Spielsnadel (*schkêp(a)s*; *kap-sêta*, Gottesacker (*kap(a)s*, Grab, — *sêta*, Umzäunung); *wid-sêta*, Mittelgehöft, der zwischen zwei andern liegende Bauerhof (*widdus*, Mitte, — *sêta*, Gehöft); *bêrf-lappas* (Pl.), eine Art essbarer Pilze, die gern unter Birkenblättern wachsen, (*bêrf(a)s*, Birke, — *lappa*, Blatt); *mifch-âufas*, Gemengsel von Gerste (*mifchi*, Pl.) und Hafer (*âufas*, Pl.); *puss-dina*, Mittag, (*pusse*, Hälfte, — *dina*); *puss-tîsa*, Halbtheil, (*tîsa*, zukommendes Theil).

Eine eigenthümliche Bildung ist *gad-s-kárta*, Jahreszeit, (*gad(a)s*, Jahr, — *kárta*, Schicht, Ordnung), wo das *s* vielleicht euphonisches Einschiebsel, (vielleicht merkwürdiger Weise das uralte Genitivzeichen?) ist.

β) **Erstes Glied mit Flexionssuffix (Flexions-Endung).**

Mascul. *gûda-wir(a)s*, Ehrenmann (*gûd(a)s*, — *wir(a)s*); *da'rba-laik(a)s*, Arbeitszeit, (*da'rb(a)'s*, — *laik(a)s*); *pêna-pûd(a)s*, Milchtopf, (*pên(a)s*, — *pûd(a)s*); *bendes-kalp(a)s*, Henkersknecht (*bende*, — *kalp(a)s*); *si'rds-prât(a)s*, Herzensmeinung (*si'rd(i)s*, — *prât(a)'s*); *rudfu-lauk(a)s*, Roggenfeld (*rudfi*, Pl. — *lauk(a)s*); *grêku-plûdi* (Pl.), Sündfluth (*grêk(a)s*, — *plûdi*, Pl.).

Femin. *tettera-mâte*, Birkhenne (*tetteris*, Birkhahn, — *mâte*, Mutter); *lâtschu-mâte*, Bärin, wo das *u* aus *a* sich verdumpft hat durch Einfluss des folgenden *m*, (*lâzis*, Bär); *wi'lka-mâte*, Wölfin, (*wi'lk(a)s*, Wolf); *jûras-mâte*, Meergöttin, eig. Meermutter, (*jûra*, Meer); *semes-mâte*, Erdgöttin, (*feme*); *bêrnu-mâte* (f. *bêrna-mâte*), Frau, die ein lebendes, noch der Mutterpflege bedürftiges Kind hat, wörtl. Kindesmutter, (*bêrn(a)s*); *mâtes-mêita*, Mädchen, das eine Mutter am Leben hat und noch unter deren Schutz und Obhut steht, wörtlich: Muttertochter, (*mâte*, — *mêita*); *kakla-drâna*, Halstuch, (*kakl(a)s*, — *drâna*); *ugguns-wita*, Feuerstätte, (*ugguns*, — *wita*); *Krawu-feme*, Russland, Land der Russen, (*Krhw(a)s*, — *feme*); — *bêrnu-sâipes*, Geburtsschmerzen, Wehen, (*bêrn(a)s*, Kind, — *sâipes* (Pl.), Schmerzen); *ku'ngu-gaitas* (Pl.), Frohnarbeit, wörtlich: Herrn-Gänge (*ku'ng(a)s*, — *gaita*).

## 2. Adjectiv (Zahlwort) + Substantiv.

§. 286.  a) Aechte Composita.

Mascul. *tlir-galis*, Top-Ende (Zopf-Ende), wörtl. dünnes Ende des Baumes, (*tiw(a)s*, — *ga'l(a)s*; *res-galis*, Stamm-Ende, wörtl. dickes Ende des Baumes, (*resn(a)s*); *stdic-kŭzis*, stehendes, (mehr hohes als breites) Holzgefäſs, (*stdic(a)s*, — *kŭk(a)s*, Holz); *dſiw-nadſis*, das Lebendige unter dem Nagel oder über dem Huf, (*dſiw(a)s*, lebendig, — *nag(a)s*, Nagel, Huf). — *zaur-u-mãisis*, Nimmersatt, wörtlich „ein durcher Sack" (Prov.), (*zaur(a)s*, entzwei, — *máis(a)s*).

*win-kŭzis*, Gefäſs aus einem Stück Holz, (*win(a)s*, ein, — *kŭk(a)s*, Holz).

Auch mit Adjectiven verbinden sich Nomina agentis auf -*is*, die isoliert nicht vorkommen, doch nicht so häufig, als mit Substantiven. Cf. *wis-gribbis*, der Alles haben will, was die Augen sehen, (*wis(a)s*, jeder, Pl. alle, — *gribbis*, v. *gribbét*, wollen); *plikk-a-didis*, der nackt tanzt und andere nackt tanzen läſst, Schimpfwort (B. 2589), *plik(a)s*, nackt, — *didis*, v. *didit*, tanzen machen); *lab-daris*, Wohlthäter, Zauberer, (*lab(a)s*, gut, — *daris*, v. *darit*, thun); *tuks-nessis*, Wüste, (*tuksch*, leer, — *nessis*, v. *nest*, tragen).

Einzelne von letzteren Compositis mögen Feminina auf -*e* bilden, z. B. *wis-gribbe*, die Alles haben will.

Besitzcomposita (sehr beliebt).

Mascul. *fi'l-fūbis*, Blauzahn (B. 1727), (*fi'l(a)s*, blaugrau, — *fūb(a)s*); *ga'r-fūbis*, Spötter, eig. Langzahn, (*ga'rsch*); *ball-saris*, Weiſsmähne (v. einem Pferde, B. 1845), (*ball(a)s*, — *sari*, Pl.), *fe'm-faris*, Baum mit niedrigen Aesten, (*fe'm(a)s*, — *fa'r(a)s*, B. 2141).

*win-radſis*, Einhorn, (*win(a)s*, — *ray(a)s*); *tri-fari* (Pl.), Heugabel mit drei Zinken (*tris*, — *fa'r(a)s*); hiervon ist vielleicht nur eine Verstümmelung das gleichbedeutende in Mittelkurland gebräuchliche *tri-ſuli* (Pl.).

Mascul. aus Femin. *rudd-azzis*, Braunauge, (*rud(a)s*, — *az(i)s*, B. 1826); *mell-azzis*, Schwarzauge, (*meln(a)s*); *platt-azzis*, Groſsauge, (*plat(a)s*, breit); *gréiſ-azzis*, Schielauge, (*gréiſ(a)s*, schief); *kurl-äusis*, Taub-Ohr, (*kurl(a)s*, — *äus(i)s*); *plik-ga'lwis*, Kahlkopf, (*plik(a)s*, — *ga'lwa*); *trak-ga'lwis*, Tollkopf, (*trak(a)s*); *stŭr-ga'lwis*, Dickkopf, (litth. *storas*, dick stark, schwer); *ball-*

*kdjis*, Weifsfufs, (*ball(a)s*, — *kdja*); *gar-kdjis*, Langfufs, (*ga'rsch*); *klib-kdjis*, Hinkebein, (*klib(a)s*, lahm); *klein-kdjis*, Krüppelbein (B. 1877), (*klein(a)s* wohl aus dem Deutschen entlehnt, klein); *plik-pauris*, Kahlkopf, (*plik(a)s*, — *paure*, Hinterkopf); *rud-ba'rdis*, Rothbart, (*rud(a)s*, — *ba'rda*); *plat-riklis*, Breitmaul, (*plat(a)s*, — *rikle*, Rachen); *strupp-astis*, Stumpfschwanz, (*strup(a)s*, — *aste*); *mikst-melis*, Schmeichler, (*mikst(a)s*, weich, — *mele*, Zunge); *grût-dinis*, Waisenkind, das schwere Tage hat, (*grût(a)s* — *dina*), nicht: *grûd-lnis*, von *grûf-t*, stofsen, was schon die Qualität der Betonung nicht anzunehmen gestattet; *lèl-dabbis*, Leichtsinniger, (*lèl(a)s*, leicht, — *dabba*, Natur, Charakter).

*win-rûsis*, Einhändiger, Einhand, (*win(a)s* — *rûka*); ebendamit wird auch die kurze, mit einer Hand geführte Sense bezeichnet.

**Feminina**, die oft nicht direct componiert, sondern von den entsprechenden Masculinis auf *-is* abgeleitet erscheinen. Cf. *plat-spa'rne*, Breitflosse, v. der Butte, Flunder (B. 1998), (*plat(a)s*, — *spa'rns*, Flügel, Flosse); *grût-spa'rne*, Schwerflosse (B. 2740), (*grût(a)s*); *rudd-azze*, Roth-Auge (*rud(a)s*); *mell-azze*, Schwarz-Auge; *kurl-duse*, Taub-Ohr; *strupp-ûse*, Stumpf-Ohr; *gar-ûse*, Lang-Ohr; *ball-ga'lwe* f. *ball-ga'lwe*, Weifskopf (B. 1952); *ball-kdje*, Weifsfufs; *ga'r-kdje*, Langfufs; *strup-kdje*, Kurzfufs (B. 1280); *strupp-aste*, Kurzschwanz; *gar-aste*, Langschwanz; *kupl-aste*, Dickschwanz (v. Eichhörnchen, B. 1888); *grût-dine*, Waisenmädchen; *lèl-dabbe*, Leichtsinnige; *lèl-mutte*, Grofsmaul, (*lèl(a)s* — *mutte*); *ball-skare*, Weifsfahne, (*ball(a)s* — *skara*, Gehänge), (B. 2254); *rud-mises*, Riezchen, Pilze mit rothbraunem Fleisch, (*rud(a)s* — *misa*);

*win-rûke*, einhändiges Frauenzimmer (Autz); *dewin-azze*, Neun-Auge, (*dewini*); *tri-kdje*, Dreifufs; *si'mt-u-kdje*, Hundertfufs, (*si'mt(a)s*, hundert).

§. 287. b) Lockere Zusammenfügungen.

a) Erstes Glied ohne Flexionssuffix und Stammvocal.

Femin. *strâuj-uppe*, Giefsbach (B. 1161), (*strânjsch*, reifsend, *uppe*, Bach); *lèl-dinas* (Pl.), Ostern, eig. die grofsen Tage, (*lèl(a)s* — *dina*); *swèt-dina*, Sonntag, heiliger Tag, (*swèt(a)s*); *pirm-dina*, Montag, (*pirm(a)s*, erster); *ôtr-dina*, Dienstag (*ôtr(a)s*, zweiter); *tresch-dina*, Mittwoch, (*tresch(a)s*, dritter); *zettur(t)-*

*dĩna*, Donnerstag, (*setturt(a)s*, vierter); *pĩk(t)-dĩna*, Freitag,
(*pĩkt(a)s*, fünfter); *ses(t)-dĩna*, Sonnabend, (*sest(a)s*, sechster).

*β)* Das Flexionssuffix des ersten Gliedes bewahrt
sich in Verbindungen wie z. B. *lèls-ze'lsch*, Heerstraße, großer
Weg, (*lèl(a)s*, — *ze'lsch*). In den übrigen Casus dieses Compositi verschwinden die Flexionssuffixa durchaus. Vielleicht kann
man hierher zählen: *plikka-dessa*, Hungerleider, eig. Kahldarm
(*plik(a)s*, — *dessa*), wenn das *a* in der Mitte nicht ein euphonisches Einschiebsel ist.

### 3.  Partikel + Substantiv.

§. 288. 1) Praeposition + Substantiv: Verbindungen,
die einen Raum oder eine Zeit durch eine Relation charactcrisieren (cf. §. 282).

**a)** Aechte Composita.

Mascul. aus Femin. *pa-wassaris*, Frühling, eig. Zeit vor
dem Sommer, (*wassara*), (B. 866); *pa-w-énis*, Ort wo Schutz vor
dem Winde ist, (*pa*, unter, — *éna*, Schatten, Schutz); *pa-ga'lwis*,
Kopfkissen, das unter dem Kopf (*ga'lwa*) ist.

Femin. *äif-krásnis*, fem., oder *äif-krásne* (N.Bart.), Raum
hinter dem Ofen, (*äif*, hinter, — *krásnis*, Ofen); *äf-ŭt(i)s* oder
*äf-ŭte*, Busen, eig. der Raum am Busen, hinter dem Gewande,
(*äif* hier mit beinerkenswerther Verkürzung zu *äf*, und *ŭt(i)s*,
das im Lett. nicht mehr isoliert vorkommt, aber im Litth. cf.
*antis*, Gen. -*czo*, Busen); *pa-egle*, Platz unter einer Tanne (B.
1486), (*egle*); *pa-gn'lte*, Raum unter dem Bett, (*gŭ'lta*).

Femin. aus Mascul. *pa-lŏdfe*, Raum unter dem Fenster,
(*lŏg(a)s*); *pa-spa'rne*, Raum unter dem Flügel, (*spa'rn(a)s*);
*pa-benke* neben *pa-benkis*, Raum unter der Bank (*benkis*); *pa-ka'lne*, Anhöhe, prov. Auberg, eig. Ort unter dem Gipfel eines
Berges oder aber Hügel (*ka'ln(a)s*).

**b)** Lockere Zusammenfügung.

Mascul. *äif-ga'ld(a)s*, Verschlag, eig. Raum hinter einer
extemporierten Bretterwand, namentlich für verschiedenes Kleinvieh, (*ga'ld(a)s*, Tischplatte); *pa-ga'ld(a)s*, Raum unter dem Tisch;
*pa-sa'r(a)s*, Raum unter den Zweigen (B. 663. 2287), (*sa'r(a)s*);
*pa-wakka'r(a)s*, die Zeit vor Einbruch des Abends (*wakka'r(a)s*),
wo die Sonne schon sich merklich zu neigen beginnt, (cf. *pa-wassaris*); *nŏ-wakka'r(a)s* oder *nŏ-wakkaris*, die Zeit nach Sonnenuntergang am späten Abend (oft auch als Plurale gebraucht,

cf. *par nŏ-wakkarim*, cf. §. 548. über den Unterschied der beiden
Praepositionen *pĭ* und *nŭ*); *pĕ-darb(a)s* (nicht *pĭ-darb-s*, eine
beachtungswerthe Aenderung der Tonqualität, wie in dem vorhergehenden Beispiel *nŏ* für sonstiges *nŭ*). Dreschtenne (*pĭ*, bei,
— *da'rb(a)s*, Arbeit). Es ist nicht klar, was der ursprüngliche
Sinn dieser Zusammensetzung sein mag: Raum bei der Arbeit??

Femin. *pa-wassara*, Frühling, neben dem oben angeführten
*pa-wassaris*.

Oder: die Verbindungen von Praeposition und Substantiv
characterisieren nicht Ort oder Zeit, sondern einen Gegenstand oder eine Person durch die locale oder dergleichen Relation.

a) Aechte Composita.

Mascul. *bef-bérnis*, Kinderloser, (*bef*, ohne, — *bérn(a)s*,
Kind); *bef-da'rbis*, Müssiggänger, (*da'rb(a)s*, Arbeit); *bef-
dibben(i)s*, Abgrund, (*dibbe'ns*, Grund, Boden); *bef-gúdis*, Ehr-
loser, (*gúd(a)s*, Ehre), im Nominat. auch *bef-gúda*, Gen. comm.;
*bef-galis*, Abgrund, (*ga'll(a)s*, Ende); *bef-wárdis*, Namenloser,
(*wárd(a)s*, Name); — *nŏ-saris*, *pĕ-saris*, Nebenzweig, (*nŭ*, von-
weg, *pĭ*, bei, — *sa'r(a)s*, Zweig), (B. 1656); *áif-gawénis*, der
Sonntag nach Fastnacht, (*áif*, nach, hinter, — *gawéni*, Pl., Fastnacht, Fastenzeit); *i-radfis*, das Lebendige im Horn, (*rag(a)s*);
*i-nadfis*, das Lebendige im Huf, (*nag(a)s*, Huf); — *pa-káusis*,
Nacken, zunächst unter dem Schädel (*káus(a)s*); *pa-délis*, Stief-
sohn (*pa* bezeichnet hier und in den folgenden Beispielen eine
Abart, — *dél(a)s*, Sohn); *pa-bérnis*, Stiefkind (B. 2129), (*bérn(a)s*);
*pa-téwis*, Stiefvater, (*téw(a)s*); *pa-wárdis*, Zuname, (*wárd(a)s*),
= *úf-wárdis*.

Mascul. aus Fem. *áif-uppis*, der jenseit des Baches (*áif*,
— *uppe*) wohnt; *bef-tísis*, ungerechter Richter (*tísa*); *bef-wal-
údis*, Stummer, Sprachloser (*walúda*, Sprache); *i-nádschi*, Schnupfen, Rotz (Pferdekrankheit), (*ndsis*, Pl., Nase, Nasenlöcher);
*nŏ-malis*, „Schmalkante" (Prov.), das Brett von der Seite des
Balkens, (*mala*, Rand); *nŏ-galis*, Topende des Baumes (*ga'll(a)s*);
*pa-debbesis*, Wolke, (*pa*, unter, *debbess*, Himmel); *pa-kájis*, Tritt
am Webstuhl, (*kája*, Fuß); *pa-pédis*, Ferse, (*péda*, Fußsohle).

Femin. *bef-dwésele*, Puppe (Ohne-Seele), (*dwésele*, Seele);
*nŏ-mala* = *nŏ-malis*; *pa-aste*, Schwanzriemen, (*pa*, unter, *aste*,
Schwanz); *pa-káje*, die Wolle am Bauch des Schafes, (*pa*, unter,
*kája*, Fuß); *pa-ga'lwe*, Kopfkissen (unter dem Kopf, *ga'lwa*);

*pa-mâte*, Stiefmutter, (*mâte*); *pa-mêite*, Stieftochter, (*mêita*); *pa-egle*, Wachholder, eig. eine Art Tanne (*egle*), nach der einfachen Naturauffassung des Volkes; (*pa-d-uppes*, Pl, Krebsnester, unter dem Bach (*uppe*), mit euphonischer Einschiebung von *d?*); *pi-d-rūkne* (*pi-d-urkne*), Aermel, (*pi*, bei, — *rūka*, Hand, Arm); *ap-rūse*, Querl, um das Handgeleuk, (*ap*, — *rūka*).

Femin. aus Mascul. *ap-kakle*, Kragen, um den Hals, (*ap*, — *kakl(a)s*); *pa-bêrse*, Beinholz, Wundholz (Stend.), eig. eine Art Birke (*bêrs(a)s*).

### b) Lockere Zusammensetzung.

Feminina. *t-lêija*, Niederung (*t*, in deminuierender Bedeutung, cf. §. 547. — *lêija*, Thal); *pa-sala*, Halbinsel, eig. eine Art von Insel (*sala*); *ûf-assis* (Pl.), Augenbrauen (*ûf*, auf, *as(i)s*, Auge).

Anmerk. 1. Wo Substantiva mit unächten Präpositionen zusammengesetzt scheinen, muß richtiger die scheinbare Präposition als ein Substantiv angesehen werden, cf. *pêz-laik(a)-s*, die spätere Zeit, (*pêz*, Adverb. nachher, Präpos. nach, von einem im Litth. noch vorhandenen Substantiv *petis*, fem., Schulter (Rücken); *priksch-âuit(a)s*, Schürze, eig. Vortuch, (*prikscha*, Vordertheil, *âuts*, Tuch); *priksch-ga'l(a)s*, Vorder-Ende (*ga'l(a)s*); *priksch-na'm(a)s*, Vorhaus, (*na'ma's*); *priksch-rakst(a)s*, Vorschrift, (*rakst(a)s*); *priksch-sime*, Vorbild, (*sime*, Zeichen); *priksch-sina*, Vorrede, (*sina*, Nachricht); *iksch-puuse*, Innenseite, (*ikscha*, das Innere, — *puse*, Hälfte, Seite).

Anmerk. 2. Genau zu unterscheiden von den Compositis sind die von zusammengesetzten Verben gemachten Ableitungen, z. B. *at-swa'r(a)s*, Gegengewicht, von *at-swe'rt*, aufwiegen; *isâku'ms*, Anfang, von *t-sâkt*, anfangen; *palig(a)s*, Hälfe, von *pa-lidz't*, helfen; *pamat(a)s*, Fundament, von *pa-mest*, drunter werfen, drunter legen; *atmat(a)s*, und *atmatta*, Trift, Acker, der zur Weide liegen gelassen ist, von *at-mest*, bei Seite legen, liegen lassen; *appija*, Pflugstange, von *ap-pit*, umwickeln, weil um die beiden Pflugstangen die Zugstrickjugen mehrfach gewunden werden; *is-runas*, Ausreden, von *is-runât*, ausreden; *imesls*, Einwurf, von *t-mest*, einwerfen.

2. Negation + Substantiv: *ne-gūd(a)s*, Unehre, Schande; *na-bag(a)s*, Armer, Unvermögender; *ne-laime*, Unglück; *ne-stunda*, Unglücksstunde; *ne-dina*, Unglückstag; *ne-litis*, Nichtsnutz; u. s. w.

### 4. Partikel + Adjectiv.

§. 289. 1. Negation + Adjectiv: *ne-lab(a)s*, schlecht, (*lab(a)s*, gut); *ne-dsîw(a)s*, leblos, (*dsîw(a)s*, lebendig); *ne-spêzigs*, kraftlos; *ne-redfigs*, blind, nicht sehend; u. s. w.

2. Praeposition + Adjectiv: *bef-dîwig(a)s*, gottlos, (*bef*, ohne, vertritt hier scheinbar die Stelle der Negation, — *dîwig(a)s*, Gottbesitzend nach der Grundbedeutung der Adjectiva auf -*ig(a)s* (§. 228); *bef-kârtig(a)s*, unordentlich, (*kârtigs*, der Ordnung gemäß); *bef-prätig(a)s*, unverständig, (*prätigs*, ver-

ständig). — *pa-sa'rka'n(a)s*, röthlich, (*sa'rka'n(a)s*, roth); *pa-kurl(a)s*, etwas taub, (*kurl(a)s*, taub); *pa-rupj-sch*, ziemlich grob; *pa-slt(a)s*, etwas hart; *pa-lēl(a)s*, ziemlich grofs; *pa-disch*, dass. *pa-mafs*, etwas klein, (B. 593. *si'mts man i(rr) bāleliuu, padischäju, pamafāju*, hundert Brüderchen habe ich, gröfsere und kleinere, d. h. von allerlei Gröfse und Alter in vielen Abstufungen.

**Anmerk.** Entschieden nicht Composita, sondern Ableitungen eigenthümlicher Art von Complexen je eines Substantivs und eines Adjectivs mittelst des Suffixes *-iga-* (§. 228) sind Bildungen wie: *lēn-prāt-igs*, sanftmüthig, der sanften Muth (*lēns prāts*) hat; *uagst-prāt-igs*, hochmüthig, der Hochmuth (*uagsts prāts*) hat; *zlt-sī'rd-igs*, hartherzig, von *zlta sī'rds*, hartes Herz, Hartherzigkeit; *grūt-sī'rd-igs*, bekümmert, von *grūta sī'rds*, schweres, bekümmertes Herz; *schēl-sī'rd-igs*, barmherzig, von *schēla sī'rds*, mitleidiges Herz; allerdings kommt das Adjectiv *schēls* im Lett. nicht mehr vor, doch cf. das Adverb. *schēli* und das identische litth. Adj. *gailus*, mitleidig; — *zlt-ga'lw-igs*, hartköpfig, der schwer lernt, von *zlta ga'lwa*, harter Kopf, schweres Begriffsvermögen; *stūr-ga'lw-igs*, eigensinnig, dickköpfig, von *stūra ga'lwa*, cf. litth. *storas*, dick; *wīn-kārt-igs*, einfach, *diw-kārt-igs*, zweifach, u. s. w. von *wīna kurta*, eine Schicht, *diwi kurtas*, zwei Schichten; cf. *dafch-kārt-igs*, mannichfach, u. s. w.

## 5. Substantiv + Adjectiv.

§. 290. Substantiv + Adjectiv ist eine selten vorkommende Verbindung, cf. *sī'rds-schēligs*, von Herzen mitleidig; *sī'rds-drūsch*, von Herzen muthig. Vielleicht kann man solche Adjectiva besser als Ableitungen, wenn auch nicht der Form nach, doch dem Sinn nach von Substantivis compositis wie *sī'rds-schēlastiba*, Herzensmitleid, *sī'rds-drūschĭbu*, Herzensmuth, ansehen. Entschieden so aufzufassen ist: *fe'lt-spangi'nsch*, goldschuppig, (vom Hecht, B. 1007) = *fe'lt-spangâinsch*, von *fe'lta spanga*, Goldschuppe. — Ebenso *diwa-bijigs*, gottesfürchtig, von *diwa bilis*, Gott fürchten (§. 228). Dagegen wirkliche Composita sind: *puss-appa'lsch*, halbrund; *puss-dfīws*, halbtodt, eig. halblebendig; *puss-pelēks*, halbgrau (B. 1959).

## 6. Adjectiv + Adjectiv.

§. 291. Auch sehr seltene Verbindung, cf. *sa'rka'u-dfe'ltēns*, rothgelb; *tu'msch-i-brūn(a)s*, dunkelbraun.

## 7. Verbum + Nomen.

§. 292. Endlich giebt es eine nicht gar grofse Anzahl von interessanten Zusammensetzungen, wo das erste Glied kein Nomen, sondern ein Verbalstamm ist. Cf. *lūk-aste*, Wedelschwanz, (von einer Hündin, B. 2491), (*lūsit*, hin und herbiegen, — *aste*, Schwanz); *spu'lg-assis*, Funkel-Auge, (*spu'lgŭt*, funkeln, — *as(i)s*,

Auge); *klundur-kájis* f. *klender-kájis*, Herumtreiber, wörtl. Irre-
lufs, (*klenderét*, umherschweifen, — *kája*), (B. 1339).

Anmerk. Die ersten Theile von *knép-addata*, Stecknadel, und *kirn-a-péa(n)s*,
Buttermilch, kommen nicht, oder nicht unmittelbar von den Verben *knibt* (*kulpt*),
kneifen, *kirnét* (*mrifts*), (Butter) schlagen, sondern stehen in näherem Zusammenhang mit dem plattdeutschen Knöp- (d. i. Knopf-) Nadel und Körn- (spr. Kern-)
milch; cf. Butter körnen und das entlehnte *áif-knépét*, zuknöpfen.

## II. Composition der Verba.
## Allgemeines.

§. 293. Vor die Verben fügen sich nur entweder Praepositionen (in adverbialem Sinn cf. §. 587) oder die Negation (*ne*). Der letztere Fall gehört streng genommen nicht
hierher, da er nur im Satzgefüge vorkommt: *ne-gribbét* ist nicht
identisch mit dem lat. *nolle*. Das lett. Verbum mit der präfi-
gierten Negation ist nicht ein Ganzes mit eigenthümlichem Begriff, das als solches seine Flexion hat, sondern jede einzelne
Verbalform nimmt je nach Bedürfnifs die Negation vor sich
oder aber nicht. Anders war es beim Nomen, das mit der Negation zu einem besonderen Begriff verschmilzt, cf. *ne-gúds*, Unehre, d. i. Schande; *ne-labs*, nicht-gut, d. i. schlecht. Ebenso
ist es nicht eine eigentliche Composition, wenn das isoliert nirgends vorkommende Passivzeichen *já-* sich vor das Verbum fügt
(§. 456). Doch sowohl die Negation, als auch das Praefix *já-*
ziehen den Hauptton von der Wurzelsylbe des Verbi auf sich,
worauf Recht und Pflicht sich gründet, die Negation (wie das
Passivzeichen *já-*) mit dem Verbo in ein Wort zusammen zu
schreiben. So zieht auch die praefigierte Praeposition den Hauptaccent auf sich und dieses ist die einzige Aenderung die an der
Form des Verbi durch die Composition hervorgerufen wird.

§. 294. Die Bedeutung der Verba wird durch die prae-
figierten Praepositionen oft sehr bedeutend abgeändert. Da nicht
selten die Praepositionen in der Verbalcomposition noch ganz
besondere Bedeutungen haben, die bei isoliertem Gebrauch nicht
vorkommen, so wird es nützlich sein das Hauptsächlichste hier
zusammenzustellen und mit einigen Beispielen zu belegen.

1. *áif* =
a) hinter — hin, cf. *áif-líft*, hinterkriechen.
b) hinter — weg, fort (urspr. hinter — hin), hin-,
ent-, cf. *áif-bégt*, weglaufen, entfliehen; *áif-sútit*, fortschicken,

hinschicken; *áif-dſit*, forttreiben; *áif-ít*, weggehen; *áif-turét*, vorenthalten; *áif-llgt*, verbieten; *áif-schkaudét*, durch Niesen ein böses Omen wegschaffen (Ulmanu).

c) **anstatt**, cf. *áif-stáwét*, Jemanden vertreten, eigentl. an eines andern Stelle stehen; *áif-bi'ldét*, entschuldigen, eigentl. an eines andern Stelle antworten. Vielleicht gehört auch hierher: *áif-maksat*, bezahlen, für das Gekaufte, falls hier *áif* nicht bloſs die Vollendung der Handlung ausdrückt.

d) **hinter — zu oder hinter — vor**, im Sinn des Verschlieſsens, um etwas nicht heraus oder herein zu lassen, **ver-,** cf. *áif-darít*, zumachen; *áif-báſt*, zustopfen, *áif-mest*, vorschieben, *áif-slégt*, zuschlieſsen, verschlieſsen.

e) **Nur die Vollendung der Handlung** wird durch *áif* ausgedrückt z. B. in *áif-migt*, einschlafen.

**2. ap =**

a) **um, über, (ver-),** in räumlichem Sinn, cf. *ap-fe'ltit*, vergolden; *ap-bert*, überschütten; *ap-gáſt*, umwerfen; *ap-griſt*, umwenden; *ap-likt*, herumlegen, *ap-mest*, bewerfen.

b) **über, (be-),** metaphorisch, cf. *ap-dômát*, bedenken: *ap-smit*, belachen, verspotten; *ap-ne'mtis*, übernehmen, auf sich nehmen; *ap-schélûtis*, sich erbarmen über etwas.

c) **Deminuierend** ist *ap* in *ap-barít*, etwas (be-)mästen: *ap-maſgát*, etwas bewaschen.

d) **Die Vollendung der Handlung** drückt es aus in *ap-éſt*, aufessen; *ap-gu'ltis*, sich hinlegen; *ap-káut*, todtschlagen; *ap-slizinát*, ertränken.

**3. at =**

a) **herzu, (lat. ad),** *at-ít*, hergehen; *at-nákt*, herkommen; *at-tezzét*, herlaufen; *at-bráukt*, herfahren; *at-weſt*, herführen; *at-nest*, hertragen; *at-púst*, herblasen; *at-ligút*, herbeischweben, herbeischaukeln.

b) **davon — weg,** (russ. отъ), cf. *at-darít*, losmachen, öffnen; *at-ne'mt*, wegnehmen; *at-sassítis*, sich lossagen, absagen; *at-mest*, verwerfen, bei Seite legen.

c) **zurück,** cf. *at-dút*, zurückgeben; *at-grúſt*, zurückstoſsen: *at-sáuktis*, einem Ruf durch einen Ruf antworten; *at-lít*, zurückgieſsen; *at-ráut*, zurückreiſsen, auch: wegreiſsen; *at-skattitis*, zurückschauen.

d) **Die Vollendung der Handlung** deutet *at* an in: *at-éſtis*, sich satt essen, so daſs man nicht mehr essen kann; *at-*

*griftis*, sich stumpfschneiden, von einem Messer, so daß es nicht mehr schneiden kann; *at-stáwél*, abstehen, abdienen, so lange an einem Ort stehen, als nöthig oder Pflicht war.

4. *da* = bis — hin, cf. *da-lt*, hingehen; *da-ndkt*, hinkommen; *da-dŭt*, hingeben; *da-bŭt*, erlangen, bekommen.

5. *i* =

a) hinein, cf. *i-it*, hineingehen; *i-sc'lt*, hineinheben; *i-mest*, hineinwerfen; *i-dŭt*, (jemandem etwas in die Hand hinein-) geben.

b) *i* bezeichnet nie die Vollendung, aber interessanter Weise oft den Anfang einer Handlung, cf. *i-ne'mt*, annehmen, d. h. anfangen zu nehmen, z. B. *swiftu*, von der Butter eines bis dahin unberührten Vorrathes; *i-grlft*, z. B. *maifi*, Brot anschneiden, *i-láift*, z. B. *mussu*, eine Tonne anzapfen; *i-a'rt*, anfangen zu pflügen; *i-plaut*, ein Stück ins Feld hineinzumähen.

c) Nahe hiermit verwandt ist die deminuierende Bedeutung von *i* in: *i-sdpét*, etwas schmerzen; *i-rŭkt(is)*, etwas donnern.

6. *if*, (*is-*), =

a) hinaus, heraus, *if-it*, hinausgehen; *if-brdukt*, ausfahren; *if-dŭt*, ausgeben, verausgaben; *if-birt*, ausrieseln; *if-ne'mt*, herausnehmen; *if-glābt*, herausretten.

b) auseinander, cf. *if-árdit*, auseinander refseln: *if-schkift*, auseinandergehen, zergehen.

c) Eine Vollendung oder mindestens Verstärkung der Handlung ist ausgedrückt in: *if-fchŭt*, austrocknen, fertig trocknen; *if-nikt*, ganz zu nichte gehen; *if-pildit*, erfüllen, ganz ausfüllen; *if-pe'rt*, durchpeitschen; *if-máisit*, tüchtig durchrühren, durchmischen.

7. *nŭ* (oder *nŏ*, letzteres vielleicht namentlich in mehr als zweisylbigen Formen) =

a) von — herab, hinab, in localem Sinn, cf. *nŭ-kápt*, herabsteigen, *nŭ-likt*, aus der Hand hinlegen; (vielleicht ist nur die Vollendung der Handlung angedeutet). Metaphorisch: *nŭ-ŭugt*, schlecht wachsen, mißrathen (von Getreide).

b) von — hinweg: *nŭ-dfit*, wegtreiben; *nŭ-ne'mt*, wegnehmen.

c) Besonders häufig bezeichnet *nŭ* die Vollendung der Handlung: *nŭ-durt*, erstechen; *nŭ-darit*, fertig machen, beenden; *nŭ-plaut*, abmähen; *nŭ-dfe'rtis*, sich satt trinken; *nŭ-*

*ráudâtls,* „sich abweinen"; *nú-ît,* hingehen, *nú-bráukt,* hinfahren, *nú-nâkt,* hinkommen, wobei das Gelaugen bis hin ans Ziel angedeutet ist; *nú-kust,* ganz ermatten; *nú-di'lt,* ganz stumpf werden; *nú-fust,* völlig verloren gehen; *nú-lît,* tüchtig regnen; *nú-swíst,* stark beschwitzen.

8. *pa* =

a) **unter, drunter — hin,** cf. *pa-báft,* unterstecken; *pa-líft,* unterkriechen, *pa-dûtls,* sich unterwerfen.

b) **deminuiert den Verbalbegriff,** cf. *pa-spirgt,* ein wenig erstarken; *pa-smlt,* lächeln; *pa-nlkt,* nicht recht gedeihen, „quienen"; *pa-tezzét,* ein wenig laufen; *pa-nâkt,* ein wenig näher kommen; *pa-gaidît,* ein wenig warten; *pa-lassît,* ein wenig lesen.

c) **deutet die Vollendung der Handlung an:** *pa-darît,* fertig machen, beenden; *pa-béigt,* beenden; *pa-rádît,* ganz zeigen, beweisen; *pa-nâkt,* einholen; *pa-éftls,* sich satt essen; *pa-dûtls,* sich ganz hingeben.

d) **Zuweilen ist neben der Vollendung die Einmaligkeit der Handlung angezeigt,** cf. *pa-kart,* aufhängen; *pa-sassît,* erzählen, ansagen; *pa-turét,* behalten; *pa-schkîrt,* sondern; *pa-mit,* einen Tritt geben.

9. *pâr* =

a) **hinüber,** cf. *pâr-kâpt,* hinübersteigen; *pâr-se'lt,* hinüberheben; *pâr-áugt,* hinüber wachsen; *pâr-lûkît,* überschauen; *pâr-dút,* verkaufen, eig. fort geben; *pâr-staigdt,* durchwandern, z. B. *wissu pasauli,* die ganze Welt.

b) **hindurch, entzwei,** *pâr-plést,* hindurchspalten; *pâr-ráut,* entzwei reifsen; *pâr-zi'rst,* durchhauen.

c) **Eine Verstärkung oder gar ein Uebermaafs ist angezeigt in:** *pâr-kult,* tüchtig durchprügeln; *pâr-mi'rkt,* zuviel weichen, zu lange im Wasser liegen.

d) **wiederum, von Neuem, anders (Urbedeutung):** *pâr-taisît,* überarbeiten, umändern.

e) *pâr,* mit gestofsenem Ton, = **heim,** cf. *pâr-nâkt,* heim kommen; *pâr-ît,* heim gehen; *pâr-bráukt,* heim fahren; *pâr-jât,* heim reiten.

10. *pî* =

a) **hinzu, zu, an, bei,** cf. *pî-ît,* herangehen; *pî-likt,* zulegen; *pî-dút,* zugeben; *pî-lipt,* ankleben; *pî-sît,* anbinden; *pî-ke'rt,* anfassen; *pî-turét,* anhalten; *pî-mist,* beiwohnen; *pî-snégt,* erreichen; *pî-dfîwút,* erleben.

b) *pі* deminuiert den Verbalbegriff im Gegensatz gegen die Praeposition *nû, dif*, cf. *pі-knst*, etwas müde werden; *pі-dilt*, etwas stumpf werden; *pі-káut*, prügeln, (cf. *nû-káut*, erschlagen); *pі-mi'rst*, ein wenig, für den Augenblick vergessen; *pі-wert*, anmachen, anlehnen (die Thür, cf. *dif-wert, dif-darit*, ganz zumachen).

c) *pі* bezeichnet eine Vollendung, eine Füllung in: *pі-sme'lt*, vollschöpfen; *pі-kraut*, vollpacken; *pі-sert*, vollstecken (die Rije); *pі-báft*, vollstopfen; *pі-éftis*, sich vollessen; *pі-dfe'rtis*, sich volltrinken, betrinken; *pі-a'rt*, vollpflügen, z. B. einen Graben.

11. *sa* ==

a) zusammen, cf. *sa-itis*, zusammenkommen, sich begegnen; *sa-bidrûtis*, sich gesellen; *sa-derétis*, sich mit einander vertragen, aussöhnen; *sa-ligt*, übereinkommen; *sa-kraut*, zusammenpacken; *sa-grábt*, zusammenraffen; *sa-gddit*, verschiedene Dinge, von verschiedenen Seiten zusammenbesorgen.

b) Vollendung oder Verstärkung des Verbalbegriffs findet sich in: *sa-plúkt*, zerpflücken; *sa-plést*, zerreifsen; *sa-malt*, zermahlen; *sa-sa'lt*, gefrieren; *sa-bût*, bis zu Ende wo sich aufhalten, mit bestimmter Angabe der Zeit, z. B. *diwi finıas sabiju Wdsfené*, zwei ganze Winter bin ich in Deutschland gewesen.

12. *úf* ==

a) hinauf, local, cf. *úf-it*, auf etwas stofsen; *úf-kápt*, hinaufsteigen.

b) auf, an, in metaphorischem Sinn, cf. *úf-runát*, anreden; *úf-turét*, erhalten, ernähren; *úf-sáukt*, einem zuschreien; *úf-téikt*, loben.

# Anhang.

## Ueber Entlehnungen aus fremden Sprachen.

### Allgemeines.

**§. 295.** Der Lette hat vornehmlich von seinen östlichen Nachbaren, den Russen, und von den bei ihm lebenden und in Hinsicht der politischen Stellung und der Cultur über ihn herrschenden Deutschen Wörter entlehnt.

Die allgemein üblichen Entlehnungen aus dem Russischen sind schwerer als solche zu erkennen, weil sie meist sehr alt sind und weil manche Aehnlichkeiten in der ursprünglichen nahen Verwandtschaft beider Sprachen und ihrer Lautsysteme begründet sein können. Sicher aus dem Russischen herübergenommen scheinen z. B. folgende allgemein gebräuchliche Wörter: *bâba*, altes Weib, бабa; *bajârs*, Bojar, reicher Bauer, cf. бояринъ, Bojar, großer Herr; *baſnisa*, Kirche, божница; *beſmeris*, Schnellwage, безменъ; *birkaws*, Schiffpfund (= 400 Pfd.); берковецъ; *grâmata*, Buch, Brief, грамата, das Lesen und Schreiben, Brief, Urkunde, cf. griech. γράμματα (Pl. neutr.), *kâpûsts*, Kopfkohl, капуста; *pagasts*, Gebiet, волость, Dorf mit seinem Bezirk und seiner Pfarrkirche; *pirâgs*, Backwerk, пирогъ, Pastete; *prâwas* (Pl.), Rechtsverhandlungen, Proceß, право (neutr.), Recht; *sldrasts*, der Aelteste, староста (masc.), Aelteste, Schulze; *strûga*, Strombarke, „Struse", стругъ; *ſûbaks*, Stiefel, сапогъ.

Nicht entlehnt, sondern eben nur aus der Urzeit mit den entsprechenden russischen verwandt erscheinen Wörter wie: *dûscha*, Muth, (= *dwascha*, Athem), ỿ *dus*; душа, Seele; *mêsts*, Flecken, Städtchen, мѣсто, Ort, Stelle; *strélis*, Schütze, стрѣлецъ; *strélt*, schießen, стрѣлять; *zênît*, *zênât*, ehren, цѣнать; und unzählige andere.

Viele Entlehnungen aus dem Russischen haben nur dialectische Berechtigung im kurischen und livländischen Oberlande und sind durch den dort vielfachen Verkehr mit den Russen hervorgerufen.

§. 296. Eigentliche Entlehnungen aus dem Deutschen (und mittelst des Deutschen aus den andern Sprachen West- und Süd-Europas) finden sich zahlreicher und sind zum Theil unvermeidlich gewesen, sofern die Deutschen die Vermittler geistiger Cultur für die Letten gewesen und mit den neuen herübergebrachten Begriffen oft auch neue Ausdrücke nothwendig gemacht haben. Wir handeln im Folgenden vorzugsweise von denjenigen Entlehnungen, die schon in früherer Zeit geschehen sind und sich ein gewisses Bürgerrecht in lettischem Munde erworben haben. Wir übergeben die Entlehnungen der neueren Zeit, die allerdings zu einem Theil durch die stets zunehmende Erweiterung der Schulkenntnisse und der Literatur nothwendig erscheinen, zu einem andern Theil aber auch vollkommen unnütz

sind und nur von denen gebraucht werden, die die lettische
Sprache nicht kennen und daher verhunzen. Jedenfalls werden
sich aus der Betrachtung der älteren, eingebürgerten Entlehnungen die Hauptgesetze ergeben, unter deren Beachtung allein
heute und für die Zukunft Entlehnungen vollzogen werden dürfen,
ohne dem Genius der lettischen Sprache ins Gesicht zu schlagen.

Zweierlei ist bei den Entlehnungen zu beachten:

     I.  die Laute im Allgemeinen,

     II.  die Flexions-Endungen im Besonderen.

In beiden Stücken macht sich die Eigenthümlichkeit jeder einzelnen Sprache unabweislich geltend.


## I. Lautveränderungen.

### A.  Ersatz derjenigen Laute, die der lettischen Sprache fehlen.

§. 297. Der lettischen Sprache fehlen namentlich von Consonanten: der Spiritus asper: *h*, und die Aspiraten: *ch, f*,
(*ph, v*, letzteres in der deutschen Aussprache, und *pf*); von Vocallauten: *o; oe, ue, eu, aeu*.

Der Spiritus asper, *h*, der dem lettischen Sprachorgan
durchaus widerstreitet, wird nur erst in neuerer Zeit z. B. bei
Fremdnamen, um sie nicht allzu unkenntlich zu machen, von
Schriftstellern ins Lettische eingeführt. (Eine andere, nicht hier-
her gehörende Bedeutung hat das Zeichen *h* in der bisher üb-
lichen Orthographie, als Dehnungszeichen hinter Vocalen). Als
Hauchzeichen liefs man *h* bisher mit Recht sei es im An-, sei
es im Inlaut in der Regel weg; cf. *āķis*, Haken; *andele*, Handel;
*Ãnsis*, Hans; *aube*, Haube; *elle*, Hölle; *enge*, Hänge; *ėrbĝis*,
Herberge; *ėwele*, Hobel; *Indriķis*, Heinrich; *Abraäms, Abrams*,
Abraham. Zuweilen tritt im Inlaut wohl nach Analogie des
Niederdeutschen ein anderer Halbvocal, *w* oder *j*, ein, cf. *bliwêt*,
fleihen; *dreijât*, drehen, drechseln.

§. 298. Die palatale Aspirata *ch* fällt nur in gewissen
Fällen und dann im engen Anschlufs an die niederdeutsche Analogie aus, cf. *ndburgs*, Nachbar, nd. *naber*; stets vor *s*: *bisse*,
Büchse, nd. *büsse*; *disele*, Deichsel; *lassis*, Lachs; *lūsis*, Luchs;
*sesseris*, Sechser. (cf. nd. *osse*, Ochse; *wass*, Wachs, *foss*, Fuchs).
In der Regel wandelt sich *ch* in den Gaumenlaut *k*, und zwar
vor den spitzen Vocalen (*i, e*), oder aber in die reine Gutturalis

*k*, nämlich vor den breiten Vocalen (*a*, *u*) oder vor Consonanten oder im Wortauslaut. Beisp.: 1) *dukins*, Hähnchen, prov. Hahnchen, Krahn; *bikkeris*, Becher; *bischkis*, Bißchen; *blekis*, Bleiche; *dikis*, Teich; *likis*, Leiche; *Mikkelis*, Michael; *pikkis*, Pech; *spikeris*, Speicher; *strekis*, Strich; (der Aussprache nach gehört auch *ellikis*, Essig, hierher). — *brúkét*, brauchen; *smékét*, schmauchen; *wákét*, wachen (bei Leichen). — 2) *pukkét*, pochen, schelten; *slakka*, Geschlecht, Schlag, Art; — *bokstdbi*, Buchstaben; *dakts*, Docht; *dakstï'nsch*, Dachstein, Dachpfanne; *Kristups*, Christoph; *Kristus*, Christus; *rekte*, Recht, Gerechtsame; *slikts*, schlecht. *stärks*, Storch; *trekteris*, Trichter; *wakts*, Wacht; (der Aussprache nach gehört auch *jakts*, Jagd hierher); — *ak*, ach.

§. 299. Die labiale Aspirata *f*, (*ph*, *v*), fällt zuweilen im Anlaut weg, cf. *ödere*, Futter, nd. *foder*; *öderét*, füttern; *öre*, Fuhre; *örmanis*, Fuhrmann; oder sie wird ersetzt:

1) durch *w*, im Anlaut: *wdts*, *wdle*, Fals; *walschkis*, ein Falscher, Heuchler; (*walschkiba*, Heuchelei, Falschheit); *wastldurji* (Pl.), Fastelabend; *wérendele*, Viertel, nd. *rerndel*; *wérminderis*, Vormund, prov. Vormünder; *wile*, Feile; *wige*, Feige; im Inlaut: *Pótiwars*, Potiphar; *prawétis*, Prophet; *stiws*, steif; *stiwétis*, sich steifen; *féwelis*, Schwefel.

2) durch *b*, im Anlaut: *bldkis*, Fläche; *bldkét*, flachen, flach machen; *blaschke*, Flasche; *bliwét*, fleihen; *briws*, frei; im Inlaut: *pimberis*, Fünfer (= 7½ Cop. S.).

3) durch *p*, im Anlaut: *peddere*, Feder (in der Uhr, am Wagen); *pérwe*, Farbe; *pérendele*, Viertel; *pijöle*, Violine; *pimberis*, Fünfer; *pleideri* (*plédéri*) (Pl.), Flieder; *plinte*, Flinte; *pörüfis*, Vorhaus; *preilene*, Fräulein; im Inlaut: (*elpét*, nähren, — = helfen?); *jumprawa*, Jungfrau; *sinepes* (Pl.), Senf; *skappét*, schaffen; *skappis*, Schaff, Schrank; *stöps*, Stof, nd. *stöp*; *strdpe*, Strafe; *stripa*, Streif; *schkippele*, *schképele*, Schaufel; *trdpit*, treffen; *tuppele*, Pantoffel. — Oft mag der Vorgang des Niederdeutschen bestimmenden Einfluß auf die Wahl der Labialis geübt haben, cf. nd. *dörwen*, dürfen; *drepen*, treffen; *begrepen*, begreifen, u. s. w.

Die aspirierte Muta *pf*, (*ph*), wird in der Regel durch *p* ersetzt, cf. im Anlaut: *panna*, Pfanne; *páws*, Pfau; *pélis*, Pfühl; *pilaris*, Pfeiler; *pîpe*, Pfeife; *pippars*, Pfeffer; *pldksteris*, Pflaster; *plûme*, Pflaume; im Inlaut: *knöpe*, Knopf, nd. *knop*; *rumpis*, Rumpf; *stampa*, Stampfe; *uppuris*, Opfer.

Anmerk. Dem lat. *c* (vor spitzen Vocalen) entspricht genau dem Laute nach das deutsche und lettische *z*, cf. *Ábize*, Abece; *Zÿfars*, Caesar; — dem lat. und deutschen *qu* vor Vocalen das lett. *kw*, cf. *kwittanze*, Quittung; *quittance*, russ. квитанция; *kwarta*, Quart, ein Viertel.

§. 300.  Das reine *o* kennt der ächte Niederlette nicht und wandelt es daher, wenn es kurz ist,

1)  zu *u*, namentlich in der unmittelbaren Nachbarschaft von Lippenlauten (*p, b, m*) und *l* (§. 120): *apustulis*, Apostel; *blukkis*, Block; *bullis*, Boll; *bulwerkis*, Bollwerk; *dubbults*, doppelt, nd. *dubbeld*; *duls*, toll; *kluzzis*, Klotz; *Kristups*, Christoph; *pukkât*, pochen, schelten; *rullis*, Rolle; *skurstenis*, Schornstein; *trummête*, Trompete; *tuppele*, Pantoffel; *uppuris*, Opfer;

2)  zu *a*, namentlich in der unmittelbaren Nachbarschaft von Kehllauten (*k, g*) oder *r* (§§. 121. 118, b.): *biskaps*, Bischof, episcopus; *dakteris*, Doctor; *dakts*, Docht; *grassis*, Groschen; (*lindraks*, Lendenrock?); *pasts*, Posten, Post; *prawêtis*, Prophet; *falddâts*, Soldat; *trazz*, trotz! —

wenn es lang ist,

1)  selten zu *â*, (dieses übrigens vielleicht nach Vorgang des Niederdeutschen, cf. *apen*, offen; *kale*, Kohle, u. s. w.): *Dârta*, Dorothee; *Jâfeps* neben *Jôfups*, Joseph; *prâwests*, Propst; *stârks*, Storch;

2)  meist zu *ô*, cf. *kamfôlis*, Kamisol; *kattôlis*, Katholik; *knôpe*, Knopf; *krônis*, Krone, Kranz; *lôde, lôte*, Loth; *lône*, Lohn; *nôte*, Noth; *pijôle*, Violine; *pôrûfis*, Vorhaus; *rôfe*, Rose; *skôla*, Schule, schola; *skrôtes* (Pl.), Schrot. *smôrêt*, schmoren; *stôps*, Stof.

Anmerk. Selten ist *o* zu *e* geworden, cf. *ergeles*, (*e'rgeles*?) (Pl.), Orgel; *twelis*, Hobel; *wêrminderis*, Vormund; (Mittelglied ist wahrscheinlich älteres niederdeutsches *ô*).

§. 301.  Den Mischlaut *ö* ersetzt der Lette entweder

1)  durch *e*, cf. *elle*, Hölle; *elle*, Oel; *smêk't*, schmauchen, schmöchen; *fwêrêt*, schwören; *kêni'nsch*, König; *bêni'nsch*, Bodenraum eines Gebäudes, nd. *bön* (masc.), cf. Bühne;

2)  oder durch *ê, ei*, cf. *mêferis*, Mörser, nd. *moefer*; *Êstreikeri*, (*Eistreikeri*), Oestreicher.

Den Mischlaut *ü* ersetzt entweder

1)  *u*, cf. *bruggêt*, brücken, Steinpflaster machen; *bûk't*, bühken; *stutte, stôte*, Stütze;

2)  oder *i*, cf. *kimenes* (Pl.), Kümmel; *misse*, Mütze; *pimberis*, Fünfer; *biksas*, Hosen, nd. *büxsen*.

3) oder *e*, *ē* (nach niederdeutscher Analogie), cf. *kesteris*,
Küster; *melderis*, Müller; *pėlis*, Pfühl; *munderinsch*, Montur,
fr. *monture*;

4) oder *ō*, cf. *krōplis*, Krüppel; *schkōrėt*, schüren; *stōte*,
Stütze (am Hufeisen).

Der Diphthong *eu* wird *u* oder *ei*, cf. *lukturis*, Leuchter;
*schkūnis*, Scheune; *schkūrėt*, scheuern; — *streijas* (Pl.), Streu. —
*bidelėt*, beuteln, entspricht dem niederdeutsch. *büdeln*.

Der Diphthong *aeu* wird *ei*, cf. *preilene*, Fräulein; (in
*schūpis*, Säufer, *schūpėt*, saufen, entspricht das *u* dem Niederdeutschen, cf. *supen*).

## B. Lautabänderungen, die nicht durch einen Mangel der lett. Sprache hervorgerufen sind.

§. 302. Nur scheinbar und in Rücksicht auf das heutige
Hochdeutsch findet sich eine Lautabänderung in denjenigen Wörtern, die in älterer Zeit unmittelbar aus dem damals in den
Ostseeprovinzen herrschenden Niederdeutsch (Plattdeutsch) herübergenommen sind. Da entspricht nämlich oft:

1) lett. *b*, hochdeutschem *p*, niederdeutschem *b*, cf.
im Anlaut: *basūne*, Posaune, nd. *basune*; *bakkas* (Pl.), Pocken;
im Inlaut: *dubbults*, doppelt, nd. *dubbeld*.

2) lett. *d*, hochd. *t*, nd. *d*, cf. im Anlaut: *dālderis*,
Thaler, nd. *daler*; *danzāt*, tanzen; *dikis*, Teich; *drankis*, Trank
(für Schweine), nd. *drank*; *drīwėt*, treiben, nd. *drywen*; *drīwlāde*,
Treiblade; *dals*, toll; im Inlaut: *bidelėt*, beuteln, nd. *büdeln*;
*brand(a)wins*, Branntwein; *buddele*, Bouteille; *geldėt*, gelten; *kėde*,
Kette, nd. *keed*; *(k)nėdėt*, nieten; *lōde*, Bleiloth; *stridėt*, streiten;
*zeddele*, Zettel.

3) lett. *t*, hochd. *s* oder *z*, nd. *t*, cf. *ettikis*, Essig; *wāts*,
*wāte*, Fass; *wittėt*, weissen; — *terėt*, zehren, nd. *teren*; *tōweris*,
Zuber; *tullis*, Zoll, nd. *toll*; *bulta*, Bolzen, nd. *bolte*; *maltīte*,
Mahlzeit, nd. *maltydt*; *matta*, Metze.

4) lett. *w*, hochd. *b*, (*p*), nd. *w*, cf. *drīwėt*, treiben, nd.
*drywen*; *ēwelis*, Hobel; *gēwelis*, Giebel; *grāwis*, Graben; *kurwis*,
Korb; *pāwests*, Papst; *prōwėt*, proben, nd. *pruwen*; *pērwe*, Farbe;
*rīwe*, Reibe; *rīwėt*, reiben; *skrīweris*, Schreiber, nd. *schrywer*;
*schkīwis*, Teller, Scheibe; *salwe*, Salbe; *tōweris*, Zuber; *welwe*,
Gewölbe; *wēweris*, Weber.

5) lett. *s*, (*f*), hochd. *sch* oder *s*, das wie *sch* gesprochen wird, nd. *s*, cf. *slakka*, Art, Geschlecht, Schlag; *slakteris*, Schlachter; *slēgis*, Fensterschlag; *slikts*, schlecht; *smādēt*, schmähen; (*smakka*, Geschmack, Geruch?); *smēde*, Schmiede; *smēkēt*, schmauchen; *smekkēt*, schmecken; *smērēt*, schmieren; *smōrēt*, schmoren; *smuks*, schmuck; *swammis*, Schwamm; — *fwengelis*, Schwengel; *fwērēt*, schwören. — *spāre*, Sparren; *spekkis*, Speck; *spēlēt*, spielen; *spēgelis*, Spiegel; *spikeris*, Speicher; *spisse*, Spitze; *spōle*, Spule; *spunde*, Spund; *stallis*, Stall; *stampa*, Stampfe; *stenderis*, Stender; *stērkeles* (Pl.), Stärke, prov. Stärklis, Amydum; *stōps*, Stof; *stōle*, Stütze; *stridēt*, streiten; *students*, Student; *stunda*, Stunde; *sturme*, Gewitterregen, (Sturm); (Wörter die heute übertragen werden, zeigen auch im Lettischen die heutige deutsche Aussprache, cf. *schtāte*, Staat, Putz; *Schperli'nsch*, Sperling, als N. pr.).

6) lett. *schk*, (*kschk*), *sk*, hochd. *sch*, niederdeutsch *s-ch*, (cf. §. 298 und §. 108), cf. *blaschke*, Flasche; *mēkschkēt*, maischen; *naschkēt*, naschen; *schkelmis*, Schelm; *schkēpele*, *schkippele*, Schaufel; *schkēre*, Scheere; *schkēne*, Schiene; *schkilli'nsch*, Schilling; *schkindele*, Schindel; *schkinkis*, Schinken; *schkinkēt*, schenken; *schkīwis*, Teller, Scheibe; *schkōrēt*, schüren; *schkūnis*, Scheune; *schkūrēt*, scheuern; — *skāde*, Schade; *skādēt*, schaden; *skappēt*, (herbei-) schaffen; *skanste*, Schanze; *skōla*, Schule; *skōlmeisteris*, Schulmeister; *skramba*, Schramme; *skrīweris*, Schreiber; *skrōderis*, Schneider; *skrōtes* (Pl.), Schrot; *skrūwe*, Schraube; *skurstenis*, Schornstein; (heute übertragene Wörter zeigen jene niederdeutsche Spaltung des *s-ch*, die das lettische Organ an sich keineswegs fordert, nicht, cf *schirmis*, Schirm; *schūme*, Schaum.

§. 303. 7) lett. *i*, hochd. *ei*, nd. *i*, cf. *bliwēt*, fleihen; *brandwins*, Brantwein; *brīus*, frei, nd. *fry*; *dikis*, Teich; *driwēt*, treiben, nd. *drywen*; *likis*, Leiche; *lime*, Leim; *pilaris*, Pfeiler; *pīpe*, Pfeife; *skrīweris*, Schreiber, nd. *schrywer*; *spikeris*, Speicher; *stīus*, steif, nd. *styf*; *stridēt*, streiten; *strīpa*, Streif; *schkīwis*, Teller, Scheibe; *fide*, Seide, nd. *fyde*; *wiga*, Feige; *wile*, Feile; *wins*, Wein; *wife*, Weise, nd. *ryfe*; *wittēt*, weifsen;

8) lett. *ē*, hochd. *ei*, nd. *e*, cf. *blēkis*, Bleiche; *klēnsmits*, Kleinschmidt; *lēnēt*, leihen; *fēpe*, Seife.

9) lett. *ē*, (*e*, *ei*), hochd. *ie*, (*i*, *e*), nd. *e*, cf. *dēnēt*, dienen, nd. *denen*; *dēnderis*, Diener, nd. *dener*; *Grēkeris* oder *Grēkis*,

Grieche; *(k)nédét*, nieten; *pĕrendele*, *(wĕrendele)*, Viertel, nd.
*rerndel*; *prĕsteris*, Priester; *spĕgelis*, Spiegel; *balbĕris*, Barbier;
*kutschĕris*, Kutscher; — *dĕlis*, Brett, Diele, nd. *dele*; *gĕwelis*,
Giebel; *kerspĕle*, Kirchspiel, nd. *kerspel, kerkspel*; *smĕde*, Schmiede;
*smĕrét*, schmieren, nd. *schmeren*; *spĕlét*, spielen; *strĕkis*, Strich;
*sĕgelis*, Segel und Siegel: *wĕrkét*, wirken, (Term. techn. der Huf-
schmiede, den Huf auswirken); — *pleideri* (Pl.), Fliedergebüsch;
— *bĕte*, Bete, rothe Rübe; *Ērnasts*, Ernst, N. pr.; *prawĕtis*,
Prophet.

10) lett. *e*, hochd. *a*, nd. *e*, cf. *emma*, Amme; *enkuris*,
Anker; *nerra*, Narr; *nerrút*, narrieren; *pĕrwe*, Farbe; *slĕgis*,
Fensterschlag; *lĕgeris*, Lager, nd. *leger*.

11) lett. *ŏ*, hochd. *u*, nd. *o*, cf. *bŏde*, Bude, nd. *bode*;
*bŏkstabi*, Buchstaben; *bŏrste*, Brustjäckchen ohne Aermel, nd.
*borste* = Brust; *mŏdere*, Hofmutter; *bádmŏdere*, Bademutter,
Hebamme; *mŏsét*, musen (von Erbsen), cf. prov. Klunkermoos
= halbgemufste Klöfschen in Milch; *ŏdere*, Futter, nd. *foder*;
*ŏre*, Fuhre; *pankŏki* (Pl.), Pfannkuchen; *skŏla*, Schule; *spŏle*,
Spule; *schnŏre*, Schnur; *tŏrnis*, Thurm, nd. *torn*; *tŏweris*, Zuber.

12) lett. *ú* (*uw, ŏ*), hochd. *au*, nd. *u*, cf. *allúns*, Alaun;
*brankúfis*, Branntweinsbrennerei, prov. Brankhaus, cf. nd. *hus*,
Haus; *brúfis* (d. i. *brú-úfis*), Brauhaus; *brúkét*, brauchen, nd.
*bruken*; *brúfe*, Brause (an der Giefskanne); *brúte*, Braut, nd.
*brudt*; *brúwét*, brauen; *búwét*, bauen, nd. *buwen*; *búmeisteris*, Bau-
meister; *krúfs*, kraus, nd. *krus*; *múris*, Mauer, nd. *mure*; *múrét*,
mauern; *plúme*, Pflaume; *rúme*, Raum; *rúte*, Raute; *skrúwa*,
Schraube; *schúme*, Schaum; *trúrét*, trauern; — *bŏmis*, Baum
(zum Heben).

§. 304. Wiederum eine scheinbare Lautabänderung findet
sich, wo im Lett. Tenuis für deutsche Media eintritt, welche
letztere aber im Wortanslaut (Nom. Sing.) als Tenuis ausgesprochen wird; cf. *bante*, Band; *grunte*, Grundstück; *klĕite*,
Kleid; *jakts*, Jagd; *rinkis*, Ring; *fárks*, Sarg; (dagegen cf. aber
auch: *spunde*, Spund).

§. 305. Die eigentlich hierher gehörigen Lautabänderungen
sind bedingt durch die specifisch lettischen Lautgesetze oder
durch die specifisch lettische Euphonie.

1. Die Gesetze der Assimilation zeigen sich

a) in dem Uebergang von deutschem *k*, *g* in lett. *k*, *g* vor
spitzen Vocalen (§§. 111—114), cf. *akis*, Haken; *aptĕkis*, Apo-

theke: *balkis*, Balken; *bekkenis*, Becken; *bekkeris*, Bäcker; *benkis*, Bank; *blukkis*, Block; *dekkis*, Decke; *gurkis*, Gurke; *keisars*, Kaiser; *kerra*, Karre; *kikeris*, Fernrohr, Kihker, (von kucken, gucken); *merkis*, Merkzeichen, Ziel; *spekkis*, Speck; *sterkeles* (Pl.), Stärke, Stärklis, Amydum; *strikkis*, Strick; *strunkis*, Strunk; *winkelis*, Winkel; cf. die Verba: *akēt*, haken; *brākēt*, wraken; *bikēt*, bühken; *drikkēt* neben *drukkāt*, drucken; *mukēt*, muhken, u. s. w. — *enge*, Hänge; *engelis*, Engel; *gangis*, Gang; *gekkis*, Geck; *legeris*, Lager; *sāgis*, Säge; *singēt*, singen; *slenge*, Schleuge; *strenge*, Stränge, Strang; *wāgi* (Pl.), Wagen, (aber: *wāgy-ūsis*, Wagenhaus, Remise); *wige* neben *wiga*, Feige.

b) in dem Uebergang von *s, l, n* u. dergl. vor unreinen Lauten in *sch, l, n* (§. 108), cf. *bischkis*, Bißchen; *balkis*, Balken; *rinkis*, Ring, Kreis; *drankis*, Trank.

c) in der Angleichung des deutschen *e* in End- oder Ableitungssylben an das *a* oder *u* der Wurzelsylbe (§. 116), cf. *kambaris*, Kammer; *klambaris*, Klammer; *pātari* (Pl.), Gebete, (Pater noster); *danzāt*, tanzen; — *apustulis*, Apostel; *dubbults*, doppelt; *junkuris*, Junker; *lukturis*, Leuchter; *munsturis*, Musterung; *munsturēt*, mustern; *rubbulis*, Rubel; *Unguris*, Unger; *uppuris*, Opfer.

d) in Uebergängen, wie von *e* vor Zahnlauten zu *i*, cf. *ābize*, Abece; von *e* vor Kehllauten oder neben *r* zu *a*, resp. *u*, cf. *akschuli* (Pl.), Häcksel; *trāpit*, treffen; *enkuris*, Anker; von *a* vor Lippenlauten zu *u*, cf. *kumelini* (Pl.), Kamillen; *stumpēt*, stampfen; *nāburgs*, Nachbar; *pūpulis*, Pappel (§§. 118—121).

§. 306. 2. Dissimilation (§. 122) zeigt sich selten, cf. *bikkeris*, Becher; *walnis*, Wall; *dambis*, Damm; *skramba*, Schramme; *kambaris*, Kammer; *klambaris*, Klammer; (cf. *turpmāki* f. *turpāki*, weiterhin, §. 99. Anm. 2.). Hierher gehört auch, wenn ein zweites *r* im Wort sich in *l* wandelt, cf. *brūwelis*, Brauer; *kórtelis*, Quartier; *skróddelis*, Schneider.

3. Verschmelzung findet sich in *krischdnis* f. *kristjdnis*, Christian (§§. 124—126).

4. Spaltung von *i* zu *ij*, von *u* zu *uw*, um Hiatus zu vermeiden, (falls nicht *u* selbst in Diphthongen zu *w* sich wandelt) (§§. 130—132), findet sich z. B. in *bestija*, Bestie; *billijóns*, Billion; *millijóns*, Million; *klija*, Kleie; *meija*, Maie; *meldija*, Melodie; *pijóle*, Violine; *streijas* (Pl.), Streu; — *brūwēt*, brauen; *būwēt*, bauen; *jumprawa*, Jungfrau; (die letzteren Wörter zeigen das *w* auch schon im Niederdeutschen, cf. *bruwen, buwen, frouwe*).

§. 307. Die eigenthümlich lettischen Grundsätze der Euphonie machen sich geltend bei den Hinzufügungen und Wegwerfungen von Lauten.

1. Hinzugefügt wird im Anlaut: *k* (selten), cf. *knēdēt*, nieten; — *s* (öfter, namentlich vor *k, p*), cf. *skunste*, Kunst; *schkēde* (St.) neben *kēde*, Kette; *schkesteris* (Livl.) neben *kesteris*, Küster; — *spitschu-dfija*, Fitzen-Garn; *Spranzis*, Franz, Franzose; *spreddikis*, Predigt. *Sprissis*, Fritz; im Inlaut: *a*, *e*, *u* bei harten Consonantenverbindungen, cf. *amats*, Handwerk, Amt; *dēnasts*, Dienst; *Ērnasts*, Ernst, N. pr.; *pāwests*, Papst; *prāwests*, Propst; *lērums*, Lärm; *wērendele*, Viertel, nd. *verndel*; — *d* nach *l* oder *n*, cf. *dālderis*, Thaler; *mālderis*, Maler; *melderis*, Müller; *selderija*, Sellerie; — *Indrikis*, Heinrich, Hinrich; *dēnderis*, Diener; — *k* vor *st*, cf. *plāksteris*, Pflaster. — Vereinzelt sind Einschiebungen wie *g* in *ndhurgs*, Nachbar; *w* in *brīws*, frei.

2. Weggeworfen werden im Anlaut namentlich in der Regel die tonlose Vorsylbe *ge*, cf. *brūke*, Gebrauch, Brauch; *rātns*, gerathen; *nerātns*, ungerathen; *rikte*, Gericht; *smakka*, Geruch, Geschmack; *stelles* (Pl.), Webstuhl, Gestell; *sellis*, Gesell; *simse*, Gesimse; *welwe*, Gewölbe; *winnēt*, gewinnen; (auch im Niederdeutschen fällt dieselbe Sylbe zuweilen ab); im Inlaut einzelne Laute und ganze Sylben zur Erleichterung längerer Wörter oder schwierigerer Consonantenverbindungen, cf. *awkāts*, Advocat; *bōkstērēt*, buchstabieren; *ērbēģis*, Herberge; *siktērs*, Secretär; u. s. w.

§. 308. Aufser dem oben Besprochenen sind noch zwei interessante lautliche Erscheinungen an den aus dem Deutschen entlehnten Wörtern im Lettischen zu beachten:

1. Die langen Vocallaute zeigen sich nach ihrer Tonqualität stets gedehnt, nie gestofsen, und in Folge dessen ist gestofsener Ton ein fast untrügliches Merkzeichen dafür, dafs das Wort nicht aus dem Deutschen entlehnt ist. Einige der sehr seltenen Ausnahmen dürften sein: *mētelis*, Mantel; *kleite*, Kleid; *pāws*, Pfau. Oefter kommt es vor, dafs die Endung des Fremdworts, gleichlautend mit Endungen, die im Lettischen üblich sind, oder an deren Analogie sich anschliefsend, gestofsenen Vocal hat. Cf. *awkāts*, Advocat; *falddāts*, Soldat; *prawottis* neben *prawētis*, Prophet; *maltite*, Mahlzeit; *tabāks*, Ta-

bak; *aldáris*, Altar; *lustigs*, lustig, u. s. w. So bei entlehnten
Verben der Infinitiv regelmäfsig *-ét*.

§. 309. 2. Liquidae nach kurzem Vocal in der ersten
Wortsylbe, die im Lettischen eigentlich niemals geschärft erscheinen (§. 136), werden in entlehnten Wörtern nach Analogie
des Deutschen wohl geschärft und demnach in der Schrift
mit Recht verdoppelt; cf. *rullis*, Rolle; *elle*, Hölle; *krelles* (Pl.),
Korallen; *balla*, Ballie; — *emma*, Amme; *swammis*, Schwamm;
— *Anna*, Anna, N. pr.; *wanna*, Wanne; *winnét*, gewinnen; —
*kerra*, Karre; *nerrit*, narrieren. Jedoch ist diese Regel nicht
ausnahmslos und es finden sich wohl eine Anzahl entlehnter
Wörter, in denen die Liquida nach lettischem Sprachgenius nicht
geschärft ist, cf. *Jánis*, N. pr., wohl zu unterscheiden von der
andern Form *Jánis*, Johann; *Júris*, Georg; *Wilis*, Wilhelm; *rêne*,
Rinne; *ámats*, Amt, Handwerk.

## II. Die Flexionsendungen.

### A. Substantiva.

§. 310. Es ist Regel, dafs die Endung der Fremdwörter,
damit sie flectiert werden möge, schon im Nominativ eine lett.
Form annimmt, falls sie nicht zufällig schon eine hat.

1. Die deutsche Endung *-e* (meist fem.)

a) bleibt im Lettischen nach den Consonanten *t, d, f, l,
n, r, k, g, z, m, p, w*, namentlich wenn in der vorhergehenden
Sylbe ein *i* oder *e* steht, cf. *kárte*, Karte; *plinte*, Flinte; *rente*,
Rente, Arrende; *rúte*, Raute; *bôde*, Bude; *kéde*, Kette; *skáde*,
Schade; *sméde*, Schmiede; *fíde*, Seide; *rôse*, Rose; *wise*, Weise;
*elle*, Hölle; *pérle*, Perle; *spôle*, Spule; *wíle*, Feile; *rene*, Rinne;
*schkéres* (Pl.), Scheere; *apléke* neben *aplékis*, Apotheke; *enge*,
Hänge; *strenge*, Stränge, Strang; *spisse*, Spitze; *misse*, Mütze;
*plûme*, Pflaume; *pípe*, Pfeife; *strápe*, Strafe; *fépes* (Pl.), Seife;
*treppes* (Pl.), Treppe, Leiter; *pérwe*, Farbe; *riwe*, Reibe; *falwe*,
Salbe; *welwe*, Gewölbe.

b) wandelt sich in *-a* nach den Consonanten *k* und *g*
(stets), nach *r, p, b, m, w, t, d, f, l, n*, namentlich wenn in
der vorhergehenden Sylbe ein *a, u* oder *ô* steht, cf. *bakkas* (Pl.),
Pocken; *lúka*, Luke; *ldga*, Lage; *stanga*, Stange, Zange; *kerra*,
Karre; *stampa*, Stampfe; *skramba*, Schramme; *emma*, Amme;
*skrûwa*, Schraube; *jumprawa*, Jungfrau; *matta*, Metze; *stunda*,

Stunde; *ūfas* (Pl.), Hosen; *skōla*, Schule; *kanna*, Kanne; *panna*, Pfanne.

c) **wandelt** sich nicht selten sogar in die lett. Endung -*is* (= -*jas*, masc.), ein Wandel des Geschlechts, wie er auch in den Grenzen des Lettischen selbst bei der Composition vorkommt (§. 283); cf. *aptěkis*, Apotheke; *blěkis*, Bleiche; *dekkis*, Decke; *erbēgis*, Herberge; *gurkis*, Gurke; *krōnis*, Krone; *līkis*, Leiche; *rullis*, Rolle; *schkīwis*, Teller, Scheibe; *schkūnis*, Scheune; *fāgis*, Säge.

§. 311. 2. Die zahlreichen im Nom. S. consonantisch **auslautenden** oft der Derivationselemente bereits entbehrenden deutschen **Substantiva** sind ins Lettische in der Regel durch Anfügung der Endung -*e* (fem.) oder -*is* (masc.) übertragen, ohne dafs bei der Wahl der einen oder anderen Endung das ursprüngliche Geschlecht des Wortes oder die Natur der vorhergehenden Laute maſsgebend gewesen zu sein scheint. (Gewisse deutsche Ableitungssuffixa, namentlich -*el*- und -*er*-, sind als zum Stamm gehörig betrachtet).

a) -*e* (d. i. -*ja*) ist angehängt z. B. an ursprüngliche Feminina: *ādere*, Ader; *brūte*, Braut; *disele*, Deichsel; *ērgeles* (Pl.), Orgel; *maltīte*, Mahlzeit; *mōdere*, Hofmutter, Viehpflegerin; *nōte*, Noth; *peddere*, Feder; *skunste*, Kunst; *schkippele*, Schaufel; *schnōre*, Schnur; — an urspr. **Masculina** oder **Neutra:** *andele*, Handel; *ārste* (masc.), Arzt; *bante*, Band; *ēwele*, Hobel; *glāfe*, Glas; *grunte*, Grundstück; *klēite*, Kleid, (Pl. local auch masc. *klēiti*); *knōpe*, Knopf; *krūfe*, Krug, prov. Krus; *lime*, Leim; *lōne*, Lohn; *lōte*, Loth; *ōdere*, Futter; *pērendele*, Viertel; *rūme*, Raum; *skrōtes* (Pl.), Schrot; *spunde*, Spund; *stelles* (Pl.), Gestell; *sturme*, Regenschauer, (Sturm); *tuppele*, Pantoffel; *zeddele*, Zettel.

b) -*is* (d. i. -*jas*) ist angehängt meist an ursprüngliche **Masculina** und **Neutra,** cf. *prawětis*, Prophet; *lassis*, Lachs, *lūsis*, Luchs; *pōrūsis*, Vorhaus; *kurwis*, Korb; *bōmis*, Baum (zum Heben); *schkelmis*, Schelm; *swammis*, Schwamm; *dambis*, Damm; *grāpis*, Grapen, Kessel; *rumpis*, Rumpf; *skappis*, Schaff, Schrank; *klussis*, Klotz; *blukkis*, Block; *dikis*, Teich; *drankis*, Trank (für Schweine); *ettikis*, Essig; *gekkis*, Geck; *pikkis*, Pech; *rinkis*, Umweg, Ring; *spekkis*, Speck; *strěkis*, Strich; *strikkis*, Strick; *strunkis*, Strunk; *gangis*, Gang; *slēgis*, Fensterschlag; *tōrnis*, Thurm; *ballis* neben *balle*, Ball; *bullis*, Boll;

*engelis*, Engel; *efelis*, Esel; *géwelis*, Giebel; *kamfōlis*, Kamisol;
*kŏrtelis*, Quartier; *mételis*, Mantel; *pélis*, Pfühl; *rubbulis*, Rubel;
*spégelis*, Spiegel; *stallis*, Stall; *fegelis*, Segel; *fellis*, Gesell;
*féwelis*, Schwefel; *swengelis*, Schwengel; *winkelis*, Winkel; *pdris*,
Paar; *bikkeris*, Becher; *dakteris*, Doctor; *dälderis*, Thaler; *kesteris*, Küster; *légeris*, Lager; *lukturis*, Leuchter; *melderis*, Müller;
*méferis*, Mörser; *pimberis*, Fünfer; *pldksteris*, Pflaster; *spikeris*,
Speicher; *stenderis*, Ständer; *fesseris*, Sechser; *lŏweris*, Zuber;
*trekteris*, Trichter; *uppuris*, Opfer; — selten an ursprüngliche
Feminina, cf. *gurkis*, Gurke; *kambaris*, Kammer; *klambaris*,
Klammer.

Anmerk. In die Classe der *a*-Stämme sind aufser den Taufnamen (cf.
§. 317) und aufser den §. 310, b. namhaft gemachten Feminina Fremdwörter
aufserordentlich selten aufgenommen, doch sind unter den wenigen recht gebräuchliche Wörter. Cf. mit Masculin-Endung: *lōkis* (Pl.), Lauch; *stórks*, Storch;
*schoks*, Schock; *fúrks*, Sarg; *tabáks*, Tabak; *krŏgs*, Krug, Schenke; *néfdŏgs*, Nasen-
tuch, Schnupftuch; *stŏps*, Stof; *biskups*, Bischof; *lérums*, Lärm; *pdivs*, Pfau; *papirs*,
Papier; *siktérs*, Secretär; *brŭtgáns*, Bräutigam; *sátans*, Satan; *wins*, Wein; *amats*,
Amt, Handwerk; *déwasts*, Dienst; *sallata*, Salat; *samts*, Samt; *studeuts*, Student;
*saldáts*, Soldat; — mit Feminin-Endung: *nerra* (Gen. comm.) neben *nerris*,
Narr; *smakka*, Geschmack, Geruch; *streija*, Streu; *stripa*, Streif.

§. 312.  3. Die deutsche Endung -*en* wird im Lettischen aufserordentlich selten bewahrt, cf. *bekkenis*, Becken; in
der Regel weicht sie dem lett. -*is* (masc.), cf. *dkis*, Haken;
*balkis*, Balken; *bischkis*, Bischen; *grassis*, Groschen; *grdwis*,
Graben; *krampis*, Krampen; *schkinkis*, Schinken; *wdgi* (Pl.),
Wagen. In die Classe der *a*-Stämme ist aufgenommen als Mascul. z. B. *pasts*, Posten; als Femin. z. B. *mdga*, Magen.

4. Einige deutsche Substantiva auf -*t* (-*d*, -*te*, -*de*),
mit oder ohne vorhergehenden Consonanten nehmen im Lett.
das Nominativzeichen -*s* an und flectieren sich ohne Rücksicht
auf das ursprüngliche Genus nach der Analogie der weibl. *i*-
Stämme; cf. *bikts*, Beichte; *bŏts* neben *bŏte* und *bŏde*, Bude;
*dakts*, Docht; *dénasts*, Dienst; *jakts*, Jagd; *krits*, Kreide; *makts*,
Macht; *telts*, Zelt; (*wdts*, Fuſs).

5. Einige deutsche Substantiva auf -*ing* oder -*ein*
haben sich angeschlossen an die lett. Endung -*i'nsch* (hier ohne
Deminutivbedeutung), cf. *missi'nsch*, Messing; *schkilli'nsch*, Schilling; *wérdi'nsch*, Ferding; (cf. *kéni'nsch*, König; *béni'nsch*, Bodenraum eines Gebäudes, nd. *bŏn*); *daksti'nsch*, Dachstein, Dach-
ziegel. An eine andere ächt lett. Endung hat sich angeschlossen
*skurstenis*, Schornstein; *preilene*, Fräulein.

6. Die **biblischen Eigennamen** behalten die Endung
-*us*, falls sie sie haben, cf. *Kristus*, Christus; *Pilâtus*, Pilatus;
ja, sie bekommen dieselbe öfters, falls sie sie nicht haben, cf.
*Môfus*, Moses.

## B. Adjectiva

§. 313. finden sich sehr selten entlehnt; wenn aber, so
sind sie in die Classe der *a*-Stämme aufgenommen, cf. *brîws*,
frei; *dubbults*, doppelt; *duls*, toll; *knaps*, knapp; *krûfs*, kraus;
*lustigs*, lustig; *slikts*, schlecht; *smuks*, schmuck; *stîws*, steif;
*wêrts*, werth.

## C. Verba

§. 314. sind wohl in Folge des in der deutschen Infinitiv-
Endung herrschenden *e* fast ausschließlich in die Cl. IX. der
lett. Verba aufgenommen, cf. *âkêt*, haken; *audelêt*, handeln; *bi-
delêt*, beuteln; *brâkêt*, wraken; *brûkêt*, brauchen; *brûwêt*, brauen;
*dambêt*, dämmen; *dînêt*, dienen; *drikkêt* neben *drukkât*, drucken;
*êwelêt*, hobeln; *gêrêt*, gerben; *(ûf-)krampêt*, (zu-)krampen; *krônêt*,
krönen; *lênêt*, leihen; *limêt*, leimen; *lônêt*, lohnen; *mâlêt*, malen;
*mûrêt*, mauern; *munsturêt*, mustern; *naschkêt*, naschen; *ôdêt*,
füttern; *pagêrêt*, begehren; *plâksterêt*, pflastern; *plettêt*, plätten;
*pumpêt*, pumpen; *puzzêt*, putzen; *rîwêt*, reiben; *rullêt*, rollen;
*skâdêt*, schaden; *skappêt*, (herbei-)schaffen; *smêkêt*, schmauchen;
*smekkêt*, schmecken; *smêrêt*, schmieren; *spêlêt*, spielen; *spizzêt*,
spitzen; *strâpêt*, strafen; *stuttêt*, stützen; *singêt*, singen; *swêrêt*,
schwören; *têrêt*, zehren; *trûrêt*, trauern; *wâkêt*, wachen; *waktêt*,
Wacht halten; *welwêt*, wölben; *wîlêt*, feilen; *winnêt*, gewinnen;
*wittêt*, weißen, u. s. w.

Anmerk. 1. *geldît*, gelten und *dînêt* In der Bedeutung nützen, richtet sich
in der Flexion nach Cl. XII.

Anmerk. 2. Höchst selten haben entlehnte Verba sich an andere Verbalclassen
angeschlossen, z. B. an Cl. VI: *dancât* neben *dancût*, tanzen; *drukkât* neben *drikkêt*,
drucken; *pukkât* neben *pukkut*, pochen; *stampât*, stampfen; *streijât*, streuen; *zêrut*,
spazieren; — an Cl. VII: *bruggût* neben dem üblicheren *bruggêt*, „brücken", mit
Steinen pflastern; *naglût* neben *naglât*, nageln; *nerrut*, narrieren; *pikkut*, pichen;
*schkinkût*, schenken. (Einige von diesen Verbis lassen sich als nicht direct entlehnt,
sondern als Denominativa auf lettischem Gebiete betrachten). — An Cl. VIII: *trâpît*,
treffen; *wandît*, wenden

§. 315. Aus dem Obigen und aus dem in jüngster Zeit
sich allmählich bildenden Usus lassen sich für die Entlehnung
von Fremdnamen, wie namentlich historische und geographische

Schulbücher sie fordern, folgende Grundsätze abstrahieren, bei deren Anwendung jedoch der Natur der Sache nach eine Consequenz ziemlich unmöglich ist.

1) **Laute**, die im Lettischen fehlen und möglicher Weise selbst dem lettischen Sprachorgan widerwärtig sind, werden, falls das Wort nicht schon anderweitig sich eingebürgert haben sollte, dennoch bewahrt und mit herübergenommen, um das Wort nicht unkenntlich zu machen oder um nicht Mifsverständnisse hervorzurufen. Namentlich gewöhnt sich der geschulte Lette allmälich an

*f*, (*v*, *ph*, *pf*), und neben *Pótiwars*, Potiphar, *Waráus*, Pharao, *Wilips*, Philipp, *Awrika*, Africa, dürfte eine Schreibung *Afrika*, *Frankfurte*, *Franzûfchi*, Franzosen, gerechtfertigt und bei Familiennamen, wie *Vorkampf* u. dergl. nothwendig sein.

*h* wird oft wohl mit Recht weggelassen, cf. *Amburga*, Hamburg; *Abraams*, *Abrams*, Abraham; dürfte aber in minder dem Letten bekannten Ortsnamen oder gar bei fremden Familiennamen beibehalten werden müssen, cf. *Hâga*, Haag; *Hâna* oder *Hahna ku'ngs*, Herr (von) Hahn.

Minder bedenklich dürfte sein der stete Ersatz

von *ch* durch *t* oder *k*, cf. *Kina*, China; *Ansbaka*, Ansbach;

von *c* durch *z* (resp. *k*), cf. *Kalzedona*, Chalzedon;

von *x* durch *ks*, cf. *Aleksanders*, Alexander;

von *qu* durch *kw*, (*k*), cf. *Kwebeka*, Quebec;

von *v* durch *w*, cf. *Werona*, Verona.

Was die Vocallaute anlangt, so wird *o* ohne Schwierigkeiten herübergenommen, cf. *Ollante*, Holland; *Olsteine*, Holstein; *ae*, *ue*, *oe*, *eu* werden aufser vielleicht in fremden Familiennamen ersetzt durch *è*, *i*, *ê*, *ei*, cf. *Mèru feme*, Mähren; *Minkene*, München; *Wirsburga*, Würzburg; *Êstreikeris*, Oestreicher; *Baireite*, Baireuth; — sodann *ie* oder *y* durch *i*, cf. *Wine*, Wien; *Lidija*, Lydien.

Bei Eigennamen aus Sprachen, bei denen Orthographie und Aussprache gar nicht mehr zusammenstimmen (Französ. und Engl.) scheint es nothwendig die Schreibung der fremden Sprache beizubehalten und in Parenthese die Aussprache in lettischer Schreibung hinzuzufügen. Bei anderem Verfahren wird wenigstens deutschem Auge die Form des Worts leicht bis zur Unkenntlichkeit entstellt.

§. 316. 2) Für die Endungen scheint der richtige Grundsatz bei Orts- und Personennamen der zu sein, daſs man, wo sich die lettischen Derivations- und Flexionsauslaute -e, (-a) oder -is, (-(a)s), leicht und natürlich anfügen, solche anfügt, weil der Lette das Bedürfniſs fühlt, auch die Fremdnamen in seiner Weise zu flectieren. Cf. auſser den schon oben angeführten Beispielen: *Parise*, Paris; *Turina*, Turin; *Prâga*, Prag; *Klodowigs*, Chlodowig. Wo aber die ursprünglichen Auslaute der Fremdnamen Schwierigkeit der Anfügung machen, scheint es doch gerathener das Wort als Indeclinabile ohne specifisch lettische Endung herüberzunehmen, cf. *Kartâgo, Onolûlu, Buênos-Eiros*, u. s. w.

Völkernamen, die im Deutschen so oft auf -er endigen, sind bisher von den Pflegern der lettischen Literatur übertragen worden mit Anhängung der Endsylbe -is, cf. *Estreikeris*, Oestreicher; *Arâberis*, Araber; und zwar nicht ohne Analogie und Vorgang der Letten selbst, wenn man vergleicht: *légeris*, Lager; *melderis*, Müller, u. s. w. (§. 311, b). Da aber der Lette eine eigenthümliche Endung zur Ableitung der Völkernamen von Ländernamen hat; -itis, fem. -ite, (cf. *Wâsîtis*, Deutscher), so läſst sich diese zuweilen anwenden, cf. *Kinischi*, Chinesen; *Spânischi*, Spanier; aber nicht immer, wie denn *Portugischi*, Portugiesen, besser sein dürfte, als *Portugalischi*. Am besten Lettisch scheint es, wenn man ohne andere Ableitungselemente, abgesehen von dem nothwendigen -is, auskommen kann, cf. *Dâni*, Dänen; *Sprantschi*, Franzosen; *Grêki*, Griechen; *Ârâbi*, Araber.

Eigene Ländernamen hat der Lette eigentlich gar nicht (cf. §. 241), aber es ist erlaubt heute welche, wo es geht, nach litthauischer Analogie zu bilden, wie *Turkija*, Türkei; *Itâlija*, Italien.

§. 317. Von Taufnamen sind folgende die üblicheren, von denen übrigens einzelne nur in gewissen Gegenden beliebt sind.

### Männliche Taufnamen.

*Âdams*, Adam.

*Aleksanderis, Sanderis*, Alexander.

*Alleksis*, Alexius.

*Andrêjs, Andrews*, Andreas.

*A'ns(i)s* (f. *A'nsas*), (*A'nsch*), Dem. *Anschelis*, Hans.

*Antons*, Dem. *Anti'nsch*, (*Inte?*), Anton.

*Atte*, Dem. *Atti'nsch*, Otto.

*Augusts. Andse, Gusts.* August.
*Balseris,* Balthasar.
*Bērtmējs, Bērtulis, Bērtnis,* Bartholomäus, Barthold.
*Bērants, Bērns,* Bernhard.
*Bindus,* Benedict.
*Dānijel(i)s, (Tanne, Tannis?),* Daniel.
*Dāwids, Dāwis, Dāwrus,* David.
*Didfis, Dirikis, Tīsis,* Diedrich.
*Ermanis,* Hermann.
*Ewards,* Eberhard.
*Erikis,* Erich.
*Ernasts, Ernasts,* Ernst.
*Ewalts,* Ewald.
*Gābrijel(i)s,* Gabriel.
*Gatti'nsch, Gatsrkis, Grdderts, Geddus, Gottars,* Gotthard, (Gerhard?).
*Gi'rts, Gērts, Gēts, Gērkis,* Gerhard.
*Grigga,* Gregor, Dem. *Griggulis.*
*Grōmuls,* Hieronymus (?)
*Gustaws,* Gustav.
*Jānis,* Dem. *Jānelis; Jānis,* Dem. *Janka, Jankus, Janzis,* Dem. *Janusch,* (= -*utis*), Johann.
*Jāsrps, Jōsups, Jaschis, Jēps,* Joseph.
*Jēkabs, Jēkaups, Jēka, Jēkus, Jēsis, Jesrhka, Kubbis. Kubbi'nsch,* Jacob.
*Ilbrants,* Hildebrand.
*Indrikis,* Dem. *Indulis, Inde. Indus, (Iuts, Inte?). Inga. Ingus, (Imba?),* Heinrich.
*Jōrgis, Jurgis, Juris, Jōrens,* Dem. *Jurasch* (= -*atis*), Georg, Jürgen.

*Jukkums, Jussis,* Joachim, Jochum.
*Justs, Jōsts,* Justus, Justinus.
*Kārlis, Kafchis, Kafcha, Karluks,* Karl.
*Kafparis, Gefperis,* Kaspar.
*Kasimirs,* Kasimir.
*Kristaps, Kristups,* Christoph.
*Krifchānis, Krischus, Krists,* Dem. *Kristi'nsch, Schkērsts.* Dem. *Schkērsti'nsch,* Christian.
*Kundrāts.* Conrad.
*Labrenzis, Lawris, Brenzis,* Laurentius.
*Lēnarts.* Leonhard.
*Libbarts,* Liborius.
*Mārti'nsch, Martschis, Markus,* Martin.
*Mattis(i)s, Matschis, Matschus, Tis(i)s,* Matthias.
*Melkerts,* Melchior.
*Mikkēlis, Mikkals, Mikkass, Mikkus,* Michael.
*Niklāws, Klāsis, Klāuris, Klāwus,* Demin. *Klāwri'nsch,* Nikolaus, Niklas, Klaus.
*Pāwils, Pāwuls,* Paul.
*Pēteris, Pētscha,* Peter.
*Pridrikis, Priddikis, Wridrikis, Prizzis, Sprizzis, Frizzis,* Friedrich, Fritz.
*Reinis,* Reinhold.
*Rōlups,* Rudolph.
*Sāmelis, Sāmulis,* Samuel.
*Sidderz,* Desiderius.
*Simanis,* Simeon.
*Spranzis,* Franz.
*Stanislaws,* Stanislaus.
*Steppi'nsch, Strppus,* Stephan.
*Teuniss,* Dionysius.

*Tōms*, Thomas.
*Uldrikis*, Ulrich.
*Walters*, Walter.
*Wallinsch*, Valentin.

*Werlands, Ferlands*, Ferdinand.
*Wilips, Wihups, Pilups*, Philipp.
*Wilums, Willis*, Wilhelm.

## Weibliche Taufnamen.

*Addala, Audala*, Adelheid.
*Agdte*, Agathe.
*Agnēfe, Annēfe, Nēfe, Nēfe*, Agnese.
*Anna*, Dem. *Annina, Anni(i)s, Annis* (m.), Dem. *Annufcha*, Anna.
*Bárbule, Barba, Babba, Baiba*, Dem. *Baibale*, Barbara.
*Billa*, Sybille.
*Bina, Binna*, Benigna (?), Sabina (?), Jacobine (?).
*Britta, Birta, Birra*, Brigitte.
*Dárta, Dártija, Tija*, (*Tiga, Tike*). Dorothee.
*Ebba*, Ebertine (? St.).
*Edda*, Dem. *Edfcha, Edfchuks*, Hedwig.
*Ewa*, Dem. *Ewufcha*, Ewa.
*Frōne*, Veronica.
*Gērda, Gerta, Gēda, Gedda, Jedrúte*, Gerdrute.
*Ilfe*, Dem. *Ilfcha, Ilfchuks; Lifbete, Life*, Elisabeth.
*Júle*, Julie.
*Karline, Line*, Karoline.
*Katrine, Katrina, Katscha, Katschix* (m.), *Trine, Trina*, Dem. *Trinuks, Trufcha*, Katharine.

*Kristine, Krista, Kērsta, Schkērsta*, Christine.
*Lawife, Lafcha, Lufcha*, Louise.
*Latte, Lascha*, Charlotte.
*Lēne, Léne*, Helene.
*Lēnore, Linore, Nōre*, Eleonore.
*Liba, Libus* (m.), Gottlieb.
*Madlēne, Madlēne, Muddala, Madde* (*Mafcha?*), Dem. *Madfcha, Madfchuks, Madduks*, Magdalene.
*Magrēta, Margēta, Mārēta, Magga, Mágule*, (*Mafcha?*), *Mddfcha, Grēta, Grētschus* (m.), *Tfchiha* (Rumbenhof), Margarethe.
*Mālc, Mēle*, Amalie.
*Mára, Marrija, Marrute, Marruscha, Marrike*, (*Maija, Mddfe, Mddfcha?*), Marie.
*Nasta*, Dem. *Nastufcha*, Natalie (St.).
*Órta, Ortija*, Hortensia (?) (Eleonore? Dorothee?)
*Sappa, Tschappa*, Sophie.
*Súfa*, Susanne.
*Anlife*, Anna-Louise.
*Saplife*, Sophie-Louise.
*Marlife*, Marie-Louise.
*Antrine*, Anna-Katharine.
*Santrine*, Susanna-Katharine.

# Druckfehler, Nachträge, Berichtigungen.

S. 9, Z. 8 v. u. lies *se'ms*.
- 10, - 1 v. o. - *Kûrseme*.
- 10, - 18 v. u. - *seme*.
- 12, - 4—1 v. u. Hochlettisch spricht in Kurland in verschiedenen Abstufungen die ganze Selburgsche Oberhauptmannschaft, namentlich aber der Illuksetsche Kreis. Im östlichsten Zipfel Kurlands, im Oberlauzschen Kirchspiel, ist das Lettische vielfach mit russischen und polnischen Elementen gemischt. Verf. gedenkt nach Bereisung Hochlettlands eine Karte der lettischen Dialekte herauszugeben.
- 14, Z. 26 v. o. lies *Zabeln*.
- 16, - 14 v. u. - *ne'muchu*.
- 40, - 2 v. o. lies *tach*.
- 40, - 10 v. o. lies *ds*.
- 40, - 20 - - *krekli'nsch*.
- 40, - 8 v. u. lies *swescha'ms*.
- 41, - 20 v. o. statt Niederbartau lies Westkurland.
- 42, Z. 2 v. u. lies *mére'ns*.
- 48, - 2 - - *gurde'ns*.
- 44, - 8 - - *teirim*.
- 44, - 1 - - *teiwi',m*.
- 45, - 18 v. o. lies *oischu, oischu tŏ bérnin, tas i(r) bédäs nûmiris*.
- 47, Z. 19 u. u. lies *dugsto — ä'ogàs*.
- 51, - 8 v. u. lies *bla'ndit, (blandit?)*.
- 51, - 6 - - *brûkit*.
- 51, - 4 - - *bagatit*.
- 53, - 27 v. u. lies *dudfis*.
- 54, - 6 v. u. lies *plakstì'nsch*.
- 61, - 27. 26 v. u. lies *wìfts – wifts*.
- 61, - 19 v. u. lies *wesse'ls*.
- 62, - 8 v. o. lies *dfe'ltīns*.
- 62, - 10 v. o. lies *dfe'rt*.
- 62, - 19 - - *-e'ns und -me'ns*.
- 68, - 27 - - *ilksa*.
- 64, - 10 - - *mi'rdfet*.
- 66, - 5 - - *tluis*.
- 67, - 8 - - *-i'nsch*.
- 68, - 8 - - *dáka'ns*.
- 68, - 20 - - *° gludde'ns*.
- 69, - 2 - - *kume'tsch*.
- 69, - 25 - - *lu'nka'ns*.
- 71, - 8 v. u. lies *Gesäfs*.
- 72, - 1 v. o. lies *ûde'ns*.
- 78, - 18 v. o. lies *fäimdit*.
- 78, - 2 v. u. lies *reifa*.

S. 74, Z. 8 v. o. lies *Kahrn*.
- 75, - 26 v. u. lies *krûnklis*.
- 75, - 11 v. o. lies *zĕku'rs*.
- 77, - 28 - - *spûfts — spûfts*.
- 77, - 18 - - *Verderben*.
- 88, - 16 - - *loch (loch)*.
- 99, - 21 - - *slûtiais*.
- 100, - 15 - - *fégelites*.
- 106, - 2 - - *tuchamdit*.
- 107, - 10 - - *dust*.
- 109, - 12 - - *spûfts*.
- 109, - 15 - - *szwentinti*.
- 111, - 11 - - *nûgas*.
- 118, - 8 - - *semé*.
- 122, - 8 v. u. lies *min-it*.
- 126, - 25 v. o. lies *wi'lts-i'asch*.
- 127, - 1 v. u. lies *ratt-i'nach*.
- 142, - 8 v. o. lies *in — i, L*.
- 144, - 8 - - *se'm-o*.
- 144, - 14 v. u. statt Vocalisation lies Auswerfung.
- 146, Z. 5 v. o. lies *j'stn*.
- 147, - 7 - - *brunka* neben *kvöka*.
- 147, Z. 11 v. o. lies *kungstit*.
- 150, - 4 v. u. lies *na'm-niki*.
- 151, - 8 v. o. lies *sträipulut* oder *sträipaldt*.
- 151, Z. 17 v. o. lies *wrifmdt*.
- 153, - 1 v. u. lies *lubba*.
- 155, - 4 v. o. lies *balga'ns* f. *balt ga'ns*.
- 155, Z. 5 v. o. lies *balga'lws* f. *baltga'lws*, *sa'lga'ns* f. *sa'ld-ga'ns*..
- 158, Z. 2 v. u. lies *(fchg)*.
- 159, - 15 - - *Weilehen*.
- 165, - 7 - - *tl*.
- 171, - 8 v. o. lies *ki'rwis*.
- 171, - 10 - - *gilte'ns*.
- 171, - 19 v. u. lies *wilk-an-i*.
- 171, - 20 - - *ku'ng-a-i*.
- 171, - 8 - - *jäuk-a-i*.
- 172 - 17 v. o. lies *lĕk* —
- 174 - 7 v. u. ist wegzustreichen: In Livland und.
- 175, Z. 4 v. u. lies *dfiparin(us?)*.
- 176, - 7 v. o. lies *meli*.
- 187, - 14 v. u. lies *smebu*.
- 187, - 6 - - *dwam*.
- 192, - 1 - - *si'rdis*.
- 192, - 18 v. o. lies *labbu'ms*.

S. **199**, Z. 7 v. o. lies *áuoti)s.*
- **200**, - 17 - - *zela, des.*
- **200**, - 2 v. u. lies waschend, von.
- **203**, - 22 v. o. lies *sch.*
- **205**, - 21 v. u. lies *dlvins.*
- **205**, - 17 - - *June — Jani.*
- **205**, - 18 - - *Janis.*
- **210**, - 5 v. o. lies *ja* (?)
- **213**, - 2 - Das Verb *ur-d-it* gehört zu Cl. XI.
- **214**, Z. 14 v. o. lies *tin-t-elít.*
- **231**, - 12 - - *esa'rs.*
- **232**, - 20 - - *dáranins.*
- **232**, - 21 - - *dîwaninêm.*
- **236**, - 2 v. u. lies *tâ mun.*
- **256**, - 4 - - *tilt(-a -s.*
- **257**, - 12 v. o. lies *lam-st-yti.*
- **259**, - 21 - - §. 181. 1. Nomina u. s. w.
- **261**, Z. 12 v. u. lies *túisch.*
- **262**, - 1 - - *fchél-û-tája.*
- **273**, - 7 v. o. lies *pattiniskwn.*
- **280**, - 7 - - (inja).
- **283**, - 7 v. u. lies *Blinki,*
- **299**, - 7 - - *lín-ibn — lín-a)-s.*
- **301**, - 8 v. o. lies *at-fl-t.*
- **305**, - 1 - - *mc'ns.*
- **305**, - 2 - - *ré-mú.*
- **305**, - 7 v. u. lies *kume't-sch.*
- **306**, - 2 - - *-i'n-sch.*
- **314**, - 22 v. o. lies *-nja-s.*
- **314**, - 25 - - *-i'n-sch.*

S. **320**, Z. 2 v. o. lies *Belgija, Itálija.*
- **320**, - 11 v. u. lies *dfît-sch.*
- **322**, - 10 - - *Mûrt-i'n-sch.*
- **325**, - 18 - - *Oi'l-bajár-i,* S. *ai'l-bajár(a)-s.*
- **327**, Z. 1 v. u. lies *Oer-ini,* S. *ger-i'n-sch.*
- **328**, Z. 18 v. u. lies *grâw-fjtá:-s.*
- **330**, - 11 - - *Fil-aischi.*
- **331**, - 4 v. o. lies *'Auf-ajl.*
- **331**, - 18 - - *sáus(a)-s* statt *fa'r.u)-s.*
- **336**, Z. 20 v. o. lies *skn'l-d-i-t.*
- **357**, - 16 v. u. lies *übrig.*
- **359**, - 2 - - *audíu-u.*
- **360**, - 20 v. o. lies *smaudíu-u.*
- **362**, - 6 - - *ska'l-d-i-t.*
- **366**, - 8 v. u. lies *dé-st-i-t.*
- **367**, - 14 - - *térp-iki-s.*
- **370**, - 5 v. o. lies *ne'm-t.*
- **370**, - 12 - - *twa'r-st-i-t.*
- **373**, - 11. 12 v. o. in der dritten Rubrik gehören die Worte: „wie in *swcípét* = *kwcípét. sw* = *kw.*" zu der vorhergehenden Nr. 2.
- **376**, Z. 15 v. o. lies in der zweiten Rubrik: *rég-ti.*
- **376**, Z. 6 v. u. lies *string-t.*
- **379**, - 11 - - *bai-d-i-t.*
- **379**, - 10 - - *bai.d-in-á-t.*
- **383**, - 2 v. o. lies *dûm-o-ti.*

Gedruckt bei A. W. Schade in Berlin, Stallschreiberstr. 47.

In der Verlagsbuchhandlung sind ferner erschienen:

# Zeitschrift für Völkerpsychologie und Sprachwissenschaft.

Herausgegeben von Dr. M. Lazarus, Professor an der Hochschule zu Bern, und Dr. H. Steinthal, a. o. Professor für allgemeine Sprachwissenschaft an der Universität zu Berlin.

Erster Band (1859. 1860. in 6 Heften zu 15 Sgr.) gr. 8. 3 Thlr.
Zweiter Band (1861. 1862. in 4 Heften) gr. 8. geh. 3 Thlr.
Dritter Band, erstes und zweites Heft. Preis für 4 Hefte 3 Thlr.

Die bisher erschienenen Bände enthalten u. a. folgende Beiträge:

Steinthal, Zur Characteristik der semitischen Völker. — Pott, Ueber Mannichfaltigkeit des sprachlichen Ausdrucks nach Laut und Begriff. — Tobler, Versuch eines Systems der Etymologie mit besonderer Rücksicht auf Völkerpsychologie. — Lazarus, Ueber den Ursprung der Sitten. — H. v. Blomberg, Das Theatralische in Art und Kunst der Franzosen. — Steinthal, Die ursprüngliche Form der Sage von Prometheus. — Derselbe, Die Sage von Simson. — W. Lübke, Der gothische Styl und die Nationalitäten. — Steinthal, Der Durchbruch der subjectiven Persönlichkeit bei den Griechen. — Lazarus, Ueber das Verhältnifs des Einzelnen zur Gesammtheit. — Rüdiger, Ueber Nationalität. — Laband, Die rechtliche Stellung der Frauen im altrömischen und germanischen Recht. —

# Beiträge zur vergleichenden Sprachforschung

auf dem Gebiete der arischen, celtischen und slawischen Sprachen, herausgegeben von A. Kuhn und A. Schleicher.

Bd. I (Heft 1—4. 1856—1858 zu je 1 Thlr.) gr. 8. 4 Thlr.
Bd. II (Heft 1—4. 1859. 1860 zu je 1 Thlr.) gr. 8. 4 Thlr.
Bd. III (Heft 1—4. 1861—1863 zu je 1 Thlr.) gr. 8. 4 Thlr.

Von den wichtigen Arbeiten, die sich in diesen Bänden finden, seien hier nur folgende gröfsere erwähnt:

Schleicher, Kurzer Abrifs der Geschichte der slawischen Sprache. — Miclosich, Verba intensiva im Altslowenischen. — Derselbe, Das Suffix -ъ, ŭ- im Altslowenischen. — Schleicher, Ist das Altkirchenslawische slowenisch? — Derselbe, Das Auslautgesetz des Altkirchenslawischen. — Derselbe: Zur litauischen Grammatik. — Smith, Bemerkungen über die primitiven Fürwörter der baltischen und slawischen Sprachen. — Pott, Zur Kulturgeschichte. — Schleicher, Die beiden Instrumentale des Indogermanischen. — Derselbe, Die Genusbezeichnung im Indogermanischen.

**Charakteristik der hauptsächlichsten Typen des Sprachbaues**

von Dr. H. Steinthal, Privatdocenten der allgemeinen Sprachwissenschaft an der Universität zu Berlin. Zweite Bearbeitung seiner „Classification der Sprachen". 1860. gr. 8. 2 Thlr.

Nach der von W. v. Humboldt geschaffenen Methode werden neun der hauptsächlichsten Sprach-Typen als eben so viele grundverschiedene Systeme dargestellt, deren jedes auf ein eigenthümliches Princip gebaut ist. So wird die vom Verf. schon in früheren Schriften behauptete principielle Verschiedenheit der Sprachen und namentlich der wesentlichste Unterschied zwischen formlosen und Form-Sprachen durch ausgeführte historische Darlegungen bewiesen und nach ihren wichtigsten Zügen vorgeführt. Dem Sprachforscher wie dem Psychologen muß der hier eröffnete Einblick in eine ungeahnte Mannichfaltigkeit und häufig genug Seltsamkeit der Redeweisen von nicht geringem Interesse sein. Ein diesen Charakteristiken vorausgeschickter allgemeiner Abschnitt legt die Grundlage der befolgten Methode und besonders den Unterschied zwischen Grammatik und Logik in möglichster Kürze und Bestimmtheit dar, und ein Ihnen folgender Abschnitt legt die charakterisirten Sprachen in einer Classification dem Leser vor die Augen.

**Franz Bopp. — Vergleichende Grammatik**

des Sanskrit, Send, Armenischen, Griechischen, Lateinischen, Altslavischen, Gothischen und Deutschen. Zweite, gänzlich umgearbeitete Ausgabe. Band I—III. 1857—1861. gr. 8. geh. 15 Thlr.

Die „Vergleichende Grammatik", das Endergebniß der vielseitigen Forschungen des Verfassers, hat vor allen übrigen Werken desselben der Sprachvergleichung einen festen Grund und Boden geschaffen. Der Zweck der darin geführten Untersuchungen ist ein doppelter. Wenn einerseits nachgewiesen wird, daß die indogermanischen Sprachen in den von ihnen ausgebildeten Sprachformen entweder eine vollkommene Identität zeigen oder zur Darstellung derselben sich verwandter Mittel bedienen, ist andererseits das unablässige Streben des Verfassers darauf gerichtet, der Entstehung und Bedeutung dieser Sprachformen auf die Spur zu kommen und so den Organismus des Sprachkörpers zu erkennen. Dient die erstere dieser engverknüpften Richtungen vorzüglich dazu, die Geschichte der Sprache aufzuhellen, so sucht die andere das Wesen derselben zu ergründen, d. h. in der letzten Instanz den Schleier zu lüften, welcher das Verhältniß zwischen dem Gedanken und dem lautlichen Ausdruck desselben bedeckt hält. —

Ein ausführliches Verzeichniß von diesen und anderen linguistischen Schriften (3½ Bogen stark) ist gratis durch jede Buchhandlung zu erhalten.

# NEUERE SCHRIFTEN

## AUF DEM GEBIETE DER

# SPRACHFORSCHUNG

### ERSCHIENEN IN

## Ferd. Dümmler's Verlagsbuchhandlung

### Harrwitz und Goßmann

## in Berlin.

(Nachtrag zu dem größeren Verzeichniß vom März 1862.)

**Jacob Grimm. — Ueber den Ursprung der Sprache.**
Aus den Abhandlungen der königlichen Akademie der Wissenschaften vom Jahre 1851. Fünfter unveränderter Abdruck.
1862. 8. Velinpapier. geh. 10 Sgr.

Es war vor allem die Thunlichkeit einer Untersuchung über den Ursprung der Sprache zu erweisen. Nachdem hierauf dargethan worden, daß die Sprache dem Menschen weder von Gott unmittelbar anerschaffen, noch geoffenbart sein könne, wird sie als Erzeugniß freier menschlicher Denkkraft betrachtet. Alle Sprachen bilden eine geschichtliche Gemeinschaft und knüpfen die Welt aneinander. In ihrer Entwicklung werden drei Hauptperioden unterschieden, welche mit meisterhafter Feinheit und Durchsichtigkeit geschildert werden.

**H. Steinthal. — Geschichte der Sprachwissenschaft**
bei den Griechen und Römern mit besonderer Rücksicht auf
die Logik, von Dr. H. Steinthal, a. o. Professor für allgemeine Sprachwissenschaft an der Universität zu Berlin.
(46½ Bogen.) gr. 8. geh. 3 Thlr. 25 Sgr.

Nach der allgemeinen Einleitung, in welcher Wesen und Beziehungen der Geschichte, sowie die Keime der Sprachwissenschaft bei verschiedenen Völkern dargelegt werden, wird zunächst die Geschichte der Sprachbetrachtung bei den Philosophen gegeben und dann die Stellung der Grammatiker im Zusammenhange mit dem allgemeinen Geiste der Griechen in der Zeit nach Alexander und mit der Entwicklung des griechischen Geistes überhaupt dargelegt. — Hierauf wird das Object, an welchem sich die griechische Grammatik entwickelte, nämlich die Sprache der alten Classiker und im Gegensatze zu ihr die spätere Sprache, endlich die Eigenthümlichkeit des Textes der homerischen Dichtungen, im Verhältnisse zur grammatischen Thätigkeit charakterisirt, wobei das

Wesen der vielbesprochenen Κοινή ausführlicher zu bestimmen versucht
wird. — Dann folgt der Versuch einer gründlichen Darstellung des
Kampfes für und gegen die Analogie und Anomalie. Endlich wird die
Grammatik der Alten sowohl nach ihrem allgemeinen Geiste, als auch
nach ihren wesentlichen Ergebnissen im Einzelnen angeführt, insofern
letztere entweder an sich wichtig sind oder als die Verwirklichung grammatischer Ideen zu gelten haben.

## Zeitschrift für Völkerpsychologie und Sprachwissenschaft.

Herausgegeben von Dr. M. Lazarus, Professor an der Hochschule zu Bern, und Dr. H. Steinthal, a. o. Professor für
allgemeine Sprachwissenschaft an der Universität zu Berlin.
Dritter Band. Erstes Heft. 1863.
Preis des Bandes von 4 Heften (zu je 8 Bogen) 3 Thlr.

Den Abonnenten dieser Zeitschrift wird die Nachricht erwünscht
sein, daß die Hindernisse, die seit einem Jahre dem weiteren Erscheinen derselben entgegenstanden, nunmehr beseitigt sind und die nächsten Hefte daher rascher folgen werden. Es liegen für dieselben wichtige Arbeiten vor. Das erste Heft des dritten Bandes, das sich unter
der Presse befindet, wird zwei größere Arbeiten bringen, nämlich:

M. Lazarus, Einige synthetische Gedanken zur Völkerpsychologie. —
W. Rübiger, Ueber Nationalität.

### F. Eimele. — Die wesentlichen Unterschiede

der Stamm- und abgeleiteten Sprachen, hauptsächlich an
der deutschen und französischen Sprache nachgewiesen, nebst
einer Einleitung über das Wesen der Sprache. (Gothenburg
1862.) 1863. 8. geh. 10 Sgr.

### G. Michaelis. — Ueber den Unterschied

der Consonantes tenues und mediae und über die Unterscheidung des Ach- und Ich-Lautes. gr. 8. geh. 6 Sgr.

Von der Ansicht ausgehend, daß in den grammatischen Werken
eine befriedigende Erklärung der sogenannten Mediae nicht gegeben und
diese Benennung aus einer unvollkommenen Auffassung der Natur dieser
Laute hervorgegangen und nicht länger haltbar sei, sucht der Verf., sich
an die Ansichten Kempelens und unter den neueren Forschern namentlich an die von Brücke und Lepsius anschließend, die Erscheinungen
der Lautverschiebung aus der physiologischen Natur der Laute herzuleiten und weist nach, wie bei den Engländern längst eine richtige Ansicht von dem Verhältnis der Tenues und Mediae, für welche er den
Namen Crassae vorschlägt, sich Bahn gebrochen und in der Pitman'schen

Phonographie einen beachtenswerthen Ausdruck gefunden hat. Er versucht dann, die in einzelnen Punkten davon abweichenden Ansichten *Brucks*, *Rudolph von Raumers* und *F. H. du Bois-Reymonds* zu widerlegen.

In der zweiten Abhandlung bespricht der Verf. den Unterschied des gutturalen und des palatalen *ch* in unserer Sprache.

## Franz Bopp's Vergleichende Grammatik. — Register dazu.

Ausführliches Sach- und Wortregister zur Vergleichenden Grammatik des Sanskrit, Şend, Armenischen, Griechischen, Lateinischen, Altslavischen, Gothischen und Deutschen von Franz Bopp. Zweite, gänzlich umgearbeitete Ausgabe. — Bearbeitet von C. Arndt, cand. phil. ca. 16 Bogen.

## Zeitschrift für vergleichende Sprachforschung

auf dem Gebiete des Deutschen, Griechischen und Lateinischen, herausgegeben von Dr. Adalbert Kuhn, Professor am Cölnischen Gymnasium zu Berlin.

Band XII. Heft 1—5.

Preis des Bandes von 6 Heften (zusammen 30 Bogen) 3 Thlr.

Aus diesen Heften seien folgende Abhandlungen hier hervorgehoben:

H. Düntzer: zur homerischen wortforschung; Max Müller: ΓΑΛΑ; Heinrich Martens: die verba perfecta in der Nibelungendichtung: Leben: weichbild; Pauli: das praeteritum reduplicatum der indogermanischen sprachen und der deutsche ablaut; H. Grassmann: über die aspiraten und ihr gleichzeitiges vorhandensein im an- und anlaute der wurzeln; derselbe: über das ursprüngliche vorhandensein von wurzeln, deren anlaut und anlaut eine aspirate enthielt; Pott: romanische elemente in den langobardischen gesetzen; Theod. Kind: pelasgisch — albanesisch — griechisch; H. Grassmann: über die casusbildung im indogermanischen; W. Sonne: sprachliche und mythologische untersuchungen angeknüpft an Rigveda I. 50.

Register zur Zeitschrift für vergleichende Sprachforschung I — X.

Gesammtregister zu den ersten zehn Bänden der Zeitschrift für vergleichende Sprachforschung auf dem Gebiete des Deutschen, Griechischen und Lateinischen. Herausgegeben von Dr. Adalbert Kuhn, Professor am Cölnischen Gymnasium zu Berlin. 1862. gr. 8. geh. 1 Thlr. 10 Sgr.

## Beiträge zur vergleichenden Sprachforschung

auf dem Gebiete der arischen, celtischen und slawischen
Sprachen, herausgegeben von A. Kuhn und A. Schleicher.
Dritter Band. Heft 1—4. 1861—1863. zu je 1 Thlr.

Es folgen hier die Titel der gröfseren Arbeiten in diesen Heften:
H. Ebel: celtische studien; derselbe: altbactrisches; Whitley-Stokes:
bemerkungen über das altirische verbum; derselbe: über die inschrift
von Todi; Friedrich Müller: zur charakteristik des armenischen; A.
Kuhn: sprachliche resultate aus der vedischen metrik; Whitley-Stokes:
cornisches; J. Becker: die inschriftlichen überreste der keltischen sprache; Friedrich Müller: bemerkungen über die sprache der Lycier; H.
Ebel: celtische studien; Pott: zur culturgeschichte; A. Weber: finales as
im sanskrit vor tönenden.

## Rig-Veda-Sanhita.

Die Hymnen des Rigveda. Herausgegeben von Th. Aufrecht.
Zweiter Theil. Mandala VII—X. 1863. gr. 8. 4 Thlr.

Der zweite Theil dieses Werkes, das den ganzen Text des Rigveda
durch römische Buchstaben umschrieben liefert, ist als Band VII der
Indischen Studien, wie früher der erste als Band VI. erschienen.

Das ganze Werk, nunmehr in zwei Bänden abgeschlossen, kostet
8 Thlr.

## C. Weinhold. — Alemannische Grammatik.

Grammatik der deutschen Mundarten von Dr. Carl Weinhold.
Erster Theil: Alemannische Grammatik. 1863. gr. 8. geh.
3 Thlr. 10 Sgr.

Nachdem durch Jacob Grimm die geschichtliche Grammatik der germanischen Sprache in bewundernswerther Art geschaffen und durch eine
Reihe von Forschern einzelne Theile derselben von verschiedenen Stand-
punkten behandelt worden, wandte sich die Aufmerksamkeit mit Vorliebe
der Ergründung der deutschen Mundarten zu. Eine Anzahl von Idio-
tiken entstand, durch welche die Kenntnifs des deutschen Wortschatzes
bedeutend gefördert ward. Noch fehlt es aber an einem Werke, welches die grammatischen Verhältnisse der einzelnen deutschen Dialekte
nach festerem Plane nicht blos nach ihrem heutigen Zustande, sondern
nach ihrer ganzen Entwickelung bearbeitete, welches demnach eine wichtige und längst verlangte Ergänzung zu Grimm's Grammatik gäbe.

Prof. Weinhold beabsichtigt diese Lücke auszufüllen und will die
Dialekte der Alemannen, Baiern, Franken, Thüringer, Sachsen und Frie-
sen in einer Reihe von Bänden grammatisch darstellen, so dafs die Lautverhältnisse, die Wortbildung und die Wortbiegung von den ältesten
Zeiten an und soweit die Quellen zugänglich sind, wie J. Grimm dies

an den germanischen Hauptdialekten lehrte, entwickelt werden. Der
erste Band, die alemannische Grammatik, wird über die Bedeutung dieses Unternehmens für die germanistischen Studien hoffentlich keinen
Zweifel lassen.

Der Verfasser wird zu den folgenden Bänden schreiten, wenn die
Aufnahme des ersten ihm gezeigt hat, daſs er seine Absicht erreicht.
Um allen Seiten volle Freiheit zu lassen, erscheint jeder Band unter
besonderem Titel.

## C. A. F. Mahn.
## Etymologische Untersuchungen über geographische Namen.
Lief. 4. 1862. 8. 5 Sgr. Lief. 5—7. 1863. 8. 15 Sgr.

Inhalt: 4. Madrid, Rostock, Wittstock, Bialystock, Cbimhorazo,
Andes, die Pichelsberge, Potsdam 5. Berlin, Köln an der Spree, Span-
dau, der Müggelsee und die Müggelberge, Köpenick, Stolp, Stolpe, der
Schlachtensee.

Diese Abhandlungen wenden sich an den wissenschaftlichen Leser
überhaupt, der für geschichtliche Untersuchungen Interesse hat; denn
etymologische und geographische Namen sind meist das einzige Denkmal der vorgeschichtlichen Völkerwanderungen. Der Werth dieser Arbeiten wird nicht blos durch andere gelegentliche Etymologieen, sondern
auch dadurch erhöht, daſs der Act der Namengebung an Völker und
Städte nach allen Möglichkeiten dargelegt wird und dadurch für alle hierher gehörende Untersuchungen anregende Fingerzeige gegeben werden.

## A. Bielenstein. — Die lettische Sprache
nach ihren Lauten und Formen erklärend und vergleichend
dargestellt von Aug. Bielenstein, ev. luth. Pastor zu Neu-Autz
in Kurland. Von der Kaiserlichen Akademie der Wissenschaften zu Petersburg gekrönte Preisschrift. Erster Band.
1863. gr. 8. geh. 3 Thlr. 10 Sgr.

Die Aufgabe, die sich der Verf. bei Abfassung dieser Grammatik
stellte, zu der ihn die ehrenvolle Aufforderung der lettischen literarischen
Gesellschaft bestimmt hatte, war zunächst, den Sprachstoff nicht zu
schöpfen aus der bisher von Deutschen gepflegten Literatur, sondern
aus dem lebendigen, reinen Born des Volkes. Ferner wollte er sich
nicht blos auf die Mittheilung der sprachlichen Thatsachen beschränken,
sondern ging darauf aus, den Zusammenhang derselben darzustellen und
sie auf wissenschaftlich anerkannte Gesetze zurückzuführen. Zu diesem
Behufe unterschied und verglich er innerhalb des Lettischen alle Dialekte genau und zog zur Vergleichung auch die nächstverwandten Sprachen, namentlich das Litthauische und das Slavische, für die Erklärung
des Lettischen herbei. Der Verf. hat die Resultate der vergleichenden

Sprachforschung sorgfältig benutzt, den volksthümlichen Sprachgebrauch in umfassender Weise berücksichtigt und treffliche Vorarbeiten auf diesem Gebiete gewissenhaft benutzt und hofft somit das tiefere Verständniss des Wesens dieser Sprache den Freunden derselben erschlossen zu haben. Der vorliegende erste Band umfasst die Lautlehre und die Wortbildung. Der zweite binnen Jahresfrist erscheinende wird die Wortbeugung und die nöthigen Wort- und Sachregister enthalten.

**Joh. Carl Ed. Buschmann.**

**Die Verwandtschaftsverhältnisse der athapaskischen Sprachen,** dargestellt von Joh. Carl Buschmann. Zweite Abtheilung des Apache. Aus den Abhandlungen der Königl. Akademie der Wissenschaften zu Berlin 1862. 1863. gr. 4. 20 Sgr.

---

# Anhang.

**Lazarus** (Prof. Dr. M.), Ueber den Ursprung der Sitten. Antrittsvorlesung gehalten am 23. März 1860 in der Aula der Hochschule zu Bern. Abdruck aus der Zeitschrift für Völkerpsychologie und Sprachwissenschaft. 1860. gr. 8. geh. 8 Sgr.

---

**Gerhard** (**Eduard**), Ueber Orpheus und die Orphiker. Aus den Abhandlungen der Königl. Akademie der Wissenschaften zu Berlin 1861. gr. 4. cart. 28 Sgr.

, Ueber die Hesiodische Theogonie. Aus den Abhandlungen der Königl. Akademie der Wissenschaften zu Berlin 1856. gr. 4. cart. 22 Sgr.

**Grimm** (**Wilhelm**), Die Sage von Polyphem. Aus den Abhandlungen der Königl. Akademie der Wissenschaften zu Berlin 1857. gr. 4. geh. 10 Sgr.

**Kuhn** (**Adalbert**), Die Herabkunft des Feuers und des Göttertranks. Ein Beitrag zur vergleichenden Mythologie der Indogermanen. 1859. gr. 8. geh. 1 Thlr. 20 Sgr.

„Wir begrüssen dieses gediegene, treffliche Werk als die erste in vollem Detail ausgeführte Monographie auf dem Gebiete der vergleichenden Mythologie der Indogermanen. Waren die bisherigen derartigen

Arbeiten *Kuhns*, der als der wahrhaftige Schöpfer dieser neuen
Wissenschaft dasteht, vielleicht in etwas zu allgemeinen Umrissen
gehalten, um sich die ihnen gebührende Anerkennung und Zustimmung
auch in weiteren Kreisen sofort allseitig zu gewinnen, so wird jetzt vor
der Fülle der hier für einen einzelnen Fall gebotenen Thatsachen jeder
Zweifel, auch der Bedenklichsten, schwinden müssen."

*Literar. Centralblatt.*

**Olfers** (**J. F. M. v.**), Ueber die lydischen Königs-
gräber bei Sardes und den Grabhügel des Alyattes nach
dem Bericht des Königl. General-Consuls *Spiegelthal* zu
Smyrna. Aus den Abhandlungen der Königl. Akademie der
Wissenschaften zu Berlin 1858. Mit fünf Tafeln. 1859.
gr. 4. cart. 24 Sgr.

**Weber** (**Albrecht**), Ueber den Zusammenhang indischer
Fabeln mit griechischen. Eine kritische Abhandlung. Separat-Abdruck aus den Indischen Studien III. 2. 3. 1855.
gr. 8. geh. 12 Sgr.

**Windischmann** (**Fr.**), Zoroastrische Studien. Abhandlungen zur Mythologie und Sagengeschichte des alten Irans.
Nach dem Tode des Verfassers herausgegeben von *Fr. Spiegel.* 1863. gr. 8. geh. 2 Thlr. 20 Sgr.

**Pertsch** (**W.**), Alphabetisches Verzeichnifs der Vers-
anfänge der Ṛiksaṃhità. Separat-Abdruck aus den Indischen Studien III. 1. 1853. gr. 8. geh. 1 Thlr.

**Indische Studien.** Beiträge für die Kunde des indischen
Alterthums. Im Vereine mit mehreren Gelehrten herausgegeben von Dr. **Albrecht Weber.** Mit Unterstützung der Deutschen Morgenländischen Gesellschaft. Band I — VIII. 1849
—1863. gr. 8. geh. zu je 4 Thlr.

Der achte Band befindet sich unter der Presse und erscheint noch
in diesem Sommer. Derselbe wird ganz von einer größeren Arbeit des
Herrn Herausgebers „Ueber die Metrik der Inder" gefüllt werden.

**Weber** (**Albrecht**), Die vedischen Nachrichten von den
naxatra (Mondstationen). Aus den Abhandlungen der Kgl.
Akademie der Wissenschaften zu Berlin 1860. Erster Theil:
Historische Einleitung. 1860. gr. 4. geh. 15 Sgr.
Zweiter Theil. 1862. gr. 4. cart. 1 Thlr. 10 Sgr.

Weber (Albrecht), Indische Skizzen. Vier bisher in Zeitschriften zerstreute Vorträge und Abhandlungen. Nebst einer Schrifttafel. 1857. gr. 8. geh. 1 Thlr. 6 Sgr.

Inhalt: Die neueren Forschungen über das alte Indien; Ueber den Buddhismus; Die Verbindungen Indiens mit den Ländern im Westen; Ueber den semitischen Ursprung des indischen Alphabets.

——————, Zwei vedische Texte über Omina und Portenta. 1. Das Adbhutabrâhmana des Sâmaveda. p. 313—343. 2. Der Adbhutâdhyâya des Kauçikasûtra. p. 344—413. Aus den Abhandlungen der Königl. Akademie der Wissenschaften zu Berlin 1858. 1859. gr. 4. cart. 1 Thlr.

——————, Die Vajrasûci (Diamantnadel) des Açvaghosha. Aus den Abhandlungen der Königl. Akademie der Wissenschaften zu Berlin 1859. 1860. gr. 4. cart. 20 Sgr.

-        , Akademische Vorlesungen über indische Literaturgeschichte gehalten im Wintersemester 1851—52. 1852. gr. 8. geh. 2 Thlr. 12 Sgr.

--        , Ueber den Vedakalender Namens *Jyotisham*. Aus den Abhandlungen der Königl. Akademie der Wissenschaften zu Berlin 1862. gr. 4. cart. 1 Thlr. 8 Sgr.

Grimm (Wilhelm), Bruchstücke aus einem unbekannten Gedicht von Rosengarten mitgetheilt. Aus den Abhandlungen der Königl. Akademie der Wissenschaften zu Berlin 1859. 1860. gr. 4. geh. 8 Sgr.

--, Thierfabeln bei den Meistersängern. Aus den Abhandlungen der Königl. Akademie der Wissenschaften zu Berlin 1855. gr. 4. cart. 12 Sgr.

Pertz (G. H.), Ueber die gedruckten Ablassbriefe von 1454 und 1455. Aus den Abhandlungen der Königl. Akademie der Wissenschaften zu Berlin 1855. Mit zwei Kupfertafeln. 1857. gr. 4. geh. 15 Sgr.

, Ueber eine rheinische Chronik des dreizehnten Jahrhunderts. Aus den Abhandlungen der Königl. Akademie der Wissenschaften zu Berlin 1855. gr. 4. 10 Sgr.

Gedruckt bei A. W. Schade in Berlin, Stallschreiberstr. 47.